COORDENAÇÃO
Caroline Da Rosa Pinheiro

COMPLIANCE
ENTRE A TEORIA E A PRÁTICA

REFLEXÕES CONTEMPORÂNEAS E ANÁLISE
DOS PROGRAMAS DE INTEGRIDADE DAS COMPANHIAS
LISTADAS NO NOVO MERCADO

Adrienny Rúbia de Oliveira Soares | Alexandre Aguilar Santos | Alexandre Ferreira de Assumpção Alves | Aline Teodoro de Moura | Ana Continentino | Ana Frazão | Ana Luísa Macêdo Carvalho | Arthur Rodrigues da Silva | Artur de Brito Gueiros Souza | Bárbara Simões Narciso | Brenda Dutra Franco | Bruno Prima | Carlos Goettenauer | Carolina Guimarães Ayupe | Caroline da Rosa Pinheiro | Caroline de Andrade | Caroline Victor Soeiro Cabral | Elizabete Rosa de Mello | Fabrício de Souza Oliveira | Gabriel Ribeiro Brega | Hugo Vidigal Ferreira Neto | Jéssica Acocella | Karen Artur | Kelly Cristine Baião Sampaio | Leandro de Matos Coutinho | Luciano Benetti Timm | Maria Carolina França | Mariana Pinto | Matheus de Alencar e Miranda | Matheus Sturari | Milton Barossi Filho | Natanael Santos da Costa | Pedro Freitas Teixeira | Pedro Lucas Barão de Souza | Rachel Sztajn | Rafael Carvalho Rezende Oliveira | Raquel Bellini de Oliveira Salles | Renato Vieira Caovilla | Ricardo Villela Mafra Alves da Silva | Rodrigo Valverde | Tereza Cristina A. M. Gorito | Yasmin Oliveira Dutra

Dados Internacionais de Catalogação na Publicação (CIP) de acordo com ISBD

C737

Compliance entre a teoria e a prática: reflexões contemporâneas e análise dos programas de integridade das companhias listadas no novo mercado / Adrienny Rúbia de Oliveira Soares ... [et al.] ; coordenado por Caroline da Rosa Pinheiro. - Indaiatuba, SP : Editora Foco, 2022.

448 p. : il. ; 17cm x 24cm.

Inclui bibliografia e índice.

ISBN: 978-65-5515-395-8

1. Direito. 2. Direito empresarial. 3. Compliance. I. Soares, Adrienny Rúbia de Oliveira. II. Santos, Alexandre Aguilar. III. Alves, Alexandre Ferreira de Assumpção. IV. Moura, Aline Teodoro de. V. Continentino, Ana. VI. Frazão, Ana. VII. Carvalho, Ana Luísa Macêdo. VIII. Silva, Arthur Rodrigues da. IX. Souza, Artur de Brito Gueiros. X. Narciso, Bárbara Simões. XI. Franco, Brenda Dutra. XII. Prima, Bruno. XIII. Goettenauer, Carlos. XIV. Ayupe, Carolina Guimarães. XV. Pinheiro, Caroline da Rosa. XVI. Andrade, Caroline de. XVII. Cabral, Caroline Victor Soeiro. XVIII. Mello, Elizabete Rosa de . XIX. Oliveira, Fabrício de Souza. XX. Brega, Gabriel Ribeiro. XXI. Ferreira Neto, Hugo Vidigal. XXII. Acocella, Jéssica. XXIII. Artur, Karen. XXIV. Sampaio, Kelly Cristine Baião. XXV. Coutinho, Leandro de Matos. XXVI. Timm, Luciano Benetti. XXVIII. França, Maria Carolina. XXIX. Pinto, Mariana. XXX. Miranda, Matheus de Alencar e. XXXI. Sturari, Matheus. XXXII. Barossi Filho, Milton. XXXIII. Costa, Natanael Santos da. XXXIV. Teixeira, Pedro Freitas. XXXV. Souza, Pedro Lucas Barão de. XXXVI. Sztajn, Rachel. XXXVII. Oliveira, Rafael Carvalho Rezende. XXXVIII. Salles, Raquel Bellini de Oliveira. XXXIX. Caovilla, Renato Vieira. XL. Silva, Ricardo Villela Mafra Alves da. XLI. Valverde, Rodrigo. XLII. Gorito, Tereza Cristina A. M. XLIII. Dutra, Yasmin Oliveira. XLIV. Título.

2021-4419   CDD 346.07   CDU 347.7

Elaborado por Vagner Rodolfo da Silva - CRB-8/9410

Índices para Catálogo Sistemático:

1. Direito empresarial 346.07

2. empresarial 347.7

COORDENAÇÃO
Caroline Da Rosa Pinheiro

COMPLIANCE
ENTRE A TEORIA E A PRÁTICA

REFLEXÕES CONTEMPORÂNEAS E ANÁLISE
DOS PROGRAMAS DE INTEGRIDADE DAS COMPANHIAS
LISTADAS NO NOVO MERCADO

2022 © Editora Foco

Coordenadores: Caroline da Rosa Pinheiro e Alexandre Aguilar Santos
Autores: Adrienny Rúbia de Oliveira Soares, Alexandre Aguilar Santos,
Alexandre Ferreira de Assumpção Alves, Aline Teodoro de Moura, Ana Continentino, Ana Frazão,
Ana Luísa Macêdo Carvalho, Arthur Rodrigues da Silva, Artur de Brito Gueiros Souza, Bárbara Simões Narciso,
Brenda Dutra Franco, Bruno Prima, Carlos Goettenauer, Carolina Guimarães Ayupe, Caroline da Rosa Pinheiro,
Caroline de Andrade, Caroline Victor Soeiro Cabral, Elizabete Rosa de Mello, Fabrício de Souza Oliveira,
Gabriel Ribeiro Brega, Hugo Vidigal Ferreira Neto, Jéssica Acocella, Karen Artur, Kelly Cristine Baião Sampaio,
Leandro de Matos Coutinho, Luciano Benetti Timm, Maria Carolina França, Mariana Pinto,
Matheus de Alencar e Miranda, Matheus Sturari, Milton Barossi Filho, Natanael Santos da Costa,
Pedro Freitas Teixeira, Pedro Lucas Barão de Souza, Rachel Sztajn, Rafael Carvalho Rezende Oliveira,
Raquel Bellini de Oliveira Salles, Renato Vieira Caovilla, Ricardo Villela Mafra Alves da Silva,
Rodrigo Valverde, Tereza Cristina A. M. Gorito e Yasmin Oliveira Dutra
Diretor Acadêmico: Leonardo Pereira
Editor: Roberta Densa
Assistente Editorial: Paula Morishita
Revisora Sênior: Georgia Renata Dias
Revisora: Simone Dias
Diagramação: Ladislau Lima e Aparecida Lima
Impressão miolo e capa: FORMA CERTA

DIREITOS AUTORAIS: É proibida a reprodução parcial ou total desta publicação, por qualquer forma ou meio, sem a prévia autorização da Editora FOCO, com exceção do teor das questões de concursos públicos que, por serem atos oficiais, não são protegidas como Direitos Autorais, na forma do Artigo 8º, IV, da Lei 9.610/1998. Referida vedação se estende às características gráficas da obra e sua editoração. A punição para a violação dos Direitos Autorais é crime previsto no Artigo 184 do Código Penal e as sanções civis às violações dos Direitos Autorais estão previstas nos Artigos 101 a 110 da Lei 9.610/1998. Os comentários das questões são de responsabilidade dos autores.

NOTAS DA EDITORA:

Atualizações e erratas: A presente obra é vendida como está, atualizada até a data do seu fechamento, informação que consta na página II do livro. Havendo a publicação de legislação de suma relevância, a editora, de forma discricionária, se empenhará em disponibilizar atualização futura.

Erratas: A Editora se compromete a disponibilizar no site www.editorafoco.com.br, na seção Atualizações, eventuais erratas por razões de erros técnicos ou de conteúdo. Solicitamos, outrossim, que o leitor faça a gentileza de colaborar com a perfeição da obra, comunicando eventual erro encontrado por meio de mensagem para contato@editorafoco.com.br. O acesso será disponibilizado durante a vigência da edição da obra.

Impresso no Brasil (11.2021) – Data de Fechamento (112021)

2022
Todos os direitos reservados à
Editora Foco Jurídico Ltda.
Avenida Itororó, 348 – Sala 05 – Cidade Nova
CEP 13334-050 – Indaiatuba – SP

E-mail: contato@editorafoco.com.br
www.editorafoco.com.br

PREFÁCIO

Honra-me o convite formulado para prefaciar esta obra tanto pelos vínculos acadêmicos com a organizadora quanto pela sua importância para os operadores do Direito e para as sociedades empresárias. Não são muitas as publicações que procuram aliar a base doutrinária e a dogmática sobre o instituto do *compliance* com a necessária e imprescindível contextualização das regras e princípios seja no direito privado, como o direito societário e do mercado de capitais, seja no direito público.

O mundo globalizado e a eliminação das fronteiras (físicas e virtuais) intensificou as relações econômicas e potencializou os negócios empresariais. Se, por um lado, isso proporcionou grandes investimentos e lucros deles decorrentes, por outro, fez emergir escândalos e casos de gestão fraudulenta de organizações, falta de transparência nas demonstrações financeiras, corrupção e tráfico de influência em importantes grupos econômicos, com ou sem controle pelo Estado. A "desconformidade" das práticas de gestão das organizações com padrões de probidade, lealdade, diligência e, principalmente, eticidade, provocou danos sensíveis ao mercado de valores mobiliários, com crises mundiais que afetaram com maior impacto economias de países emergentes, como o Brasil.

Neste cenário, ao lado da maior projeção da necessidade de se implantar e garantir as melhores práticas de governança, ganhou destaque o *compliance* ou os programas de conformidade/integridade. É certo que a Lei Anticorrupção e seu Regulamento fortaleceram e propalaram o instituto, porém o âmbito da novel legislação (atos contra a administração pública) não abarca todos os agentes econômicos, já que os negócios interempresariais fogem a seu escopo. Sem embargo, os episódios negativos por que passaram grandes corporações e seus efeitos nos *stakeholders*, especialmente fornecedores diretos e indiretos, fez com que o próprio mercado exigisse a implantação de programas de integridade ou seu aprimoramente, mormente a partir de autorregulação do mercado de valores mobiliários, ou mesmo em disposições contratuais.

Neste contexto, a obra já nasce atual e relevante, pois é preciso verificar, *rectius*, investigar como as corporações privadas e os organismos públicos estão lidando com estes desafios na sua gestão interna e nas suas relações com seus investidores/administrados. Como elaborar, executar e fiscalizar programas de integridade em organizações complexas, de modo que todos os executivos e empregados (do menor ao maior nível) estejam a eles sujeitos e possam por ele ser punidos, se necessário.

A primeira parte da obra, de cunho teórico, reúne 14 (catorze) artigos sobre as mais diversas áreas do conhecimento em que o tema transita, não apenas na ciência jurídica, mas também na análise de institutos jurídicos sob viés da Economia e da Sociologia. Os autores/colaboradores buscaram apresentar, a partir de um tema específico, múltiplas facetas sobre o *compliance* e sua aplicação tanto pelo setor público quanto pelo privado.

A diversidade de abordagens imprime caráter inter e multidisciplinar ao livro, permitindo ao leitor percorrer temas os mais variados, tais como: (i) direito societário (responsabilidade civil dos administradores de companhias pela falha em instituir ou conferir efetividade a mecanismos internos de controle); (ii) direito falimentar (*compliance* e insolvência empresarial); (iii) mercado de capitais (*compliance* na era da governança ambiental, social e corporativa, efeitos na qualidade de vida e nos mercados); (iv) direito administrativo (programas de *compliance* e integridade nas contratações públicas, mapeamento normativo de Estados, Capitais e Municípios brasileiros quanto à regulamentação e implantação de seus programas e *compliance* nas empresas estatais); (v) proteção de dados e direitos fundamentais (governança e programa de privacidade, *compliance* como instrumento de inclusão e *compliance* de dados e incidente de segurança na proteção aos dados pessoais privados); (vi) direito do trabalho (*compliance* trabalhista: entre o comportamento e as instituições e *compliance*, investigações internas e direitos do empregado); (vii) direito penal (*compliance* e as políticas de prevenção à lavagem de dinheiro e de combate ao financiamento do terrorismo) e (viii) direito tributário (programas de integridade e estímulo à conformidade tributária, a obrigação tributária como processo e a conformidade aplicada aos procedimentos).

A parte prática do livro congrega 9 (nove) artigos com um eixo comum, ou seja, analisar os programas de integridade no âmbito do mercado de capitais, sobretudo no segmento do Novo Mercado. Tal escolha metodológica se justiça na medida em que a obra que se prefacia é fruto da intensa atividade do grupo de pesquisa EDRESP – Empresa, Desenvolvimento e Responsabilidade, vinculado à Faculdade de Direito da Universidade Federal de Juiz de Fora (UFJF). O Grupo realizou estudos e pesquisas sobre os sistemas de gestão em *compliance* das companhias no mercado de capitais, com foco em múltiplas áreas do Direito, muito bem representadas nos temas integrantes da parte primeira.

A Apresentação do livro trará ao leitor maiores detalhes e informações quanto a análise do processo de coleta, organização e sistematização dos dados; revisão de literatura e legislação; elaboração das perguntas-guia para a coleta de dados das sociedades empresárias selecionadas para a pesquisa e limitações metodológicas.

Os temas versados nesta segunda parte, em consonância com o eixo indicado no parágrafo anterior são: (i) *compliance*, regulação e autorregulação no mercado de capitais; (ii) conflito de interesses, Novo Mercado e eficiência autorregulatória; (iii) *compliance* de dados pessoais das sociedades do Novo Mercado; (iv) compliance consumerista e o estudo da qualidade dos programas de integridade das companhias listadas no Novo Mercado; (v) compliance trabalhista, seu conteúdo mínimo e eficiência autorregulatória da B3; (vi) análise dos programas de conformidade sobre governança e sustentabilidade das companhias do Novo Mercado; (vii) *enforcement* e *compliance*: desafios dos programas de integridade na aplicação de sanções; (viii) análise dos programas de integridade das estatais listadas no Novo Mercado à luz das exigências da Lei 13.303/2016; (ix) o compromisso concorrencial nos programas de integridade das companhias do Novo Mercado.

Ao encerrar este breve prefácio congratulo-me com os professores integrantes do EDResp da Faculdade de Direito da UFJF, seus alunos-pesquisadores e com os notáveis colaboradores desta obra. A toda esta grandiosa "equipe" temos que agradecer tanto a acolhida quanto o comprometimento, e, principalmente, a certeza de estarmos oferecendo ao leitor um trabalho que certamente enriquecerá a literatura sobre os programas de integridade.

Alexandre Ferreira de Assumpção Alves

Professor Titular de Direito Comercial na Faculdade de Direito da UFRJ. Professor-Associado de Direito Comercial na Faculdade de Direito da UERJ. Professor permanente do PPGD da UERJ, linha de pesquisa Empresa e Atividades Econômicas.

AGRADECIMENTOS

Aos meus pais Paulino e Jurânia e à minha irmã Magally, meus parceiros de vida, agradeço o amor e o estímulo para que eu realize todos os meus projetos.

Aos queridos alunos, pesquisadores do grupo de pesquisa Empresa, Desenvolvimento e Responsabilidade (EDResp), em especial Alexandre Aguilar e Bárbara Narciso, agradeço por aceitarem o desafio que foi a realização da pesquisa e por estarem comigo desde 2018 idealizando e concretizando este projeto.

Aos colegas Karen Artur, Fabrício Oliveira e Marcos Vinício Chein Feres pelo incentivo na construção desse trabalho.

A Leonardo, meu amor e companheiro de vida, grande incentivador e cúmplice de todos os meus sonhos. Agradeço por sua profunda imersão comigo em mais um projeto.

A Universidade Federal de Juiz de Fora que, por meio de financiamento de bolsa de iniciação científica, colaborou com a pesquisa, bem como, aos professores, alunos e servidores da Faculdade de Direito, que colaboraram para o desenvolvimento da pesquisa, muito obrigada.

Caroline da Rosa Pinheiro

Professora Adjunta de Direito Empresarial da Universidade Federal de Juiz de Fora. Coordenadora do Grupo de Pesquisa Empresa, Desenvolvimento e Responsabilidade (EDResp).

SUMÁRIO

PREFÁCIO

Alexandre Ferreira de Assumpção Alves V

AGRADECIMENTOS

Caroline da Rosa Pinheiro IX

**PRIMEIRA PARTE
TEORIA**

EFETIVIDADE DOS MECANISMOS INTERNOS DE CONTROLE DA COMPANHIA E A RESPONSABILIDADE DOS ADMINISTRADORES

Alexandre Ferreira de Assumpção Alves e Ricardo Villela Mafra Alves da Silva........ 3

COMPLIANCE: DESAFIOS REGULATÓRIOS A PARTIR DO MAPEAMENTO NORMATIVO DE ESTADOS, CAPITAIS E MUNICÍPIOS BRASILEIROS

Aline Teodoro de Moura e Pedro Lucas Barão de Souza 21

COMPLIANCE DE DADOS E INCIDENTES DE SEGURANÇA

Ana Frazão e Mariana Pinto.. 35

COMPLIANCE, INVESTIGAÇÕES INTERNAS E DIREITOS DO EMPREGADO

Artur de Brito Gueiros Souza e Matheus de Alencar e Miranda.............................. 57

REGULAÇÃO FINANCEIRA, *COMPLIANCE* E AS POLÍTICAS DE PREVENÇÃO À LAVAGEM DE DINHEIRO E DE COMBATE AO FINANCIAMENTO DO TERRORISMO

Carlos Goettenauer e Ana Continentino 71

COMPLIANCE NO DIREITO TRIBUTÁRIO

Elizabete Rosa de Mello 87

O *COMPLIANCE* NA ERA DA ESG: UMA RESPOSTA A SEAN J. GRIFFITH

Fabrício de Souza Oliveira e Kelly Cristine Baião Sampaio 105

COMPLIANCE TRABALHISTA: ENTRE O COMPORTAMENTO E AS INSTITUIÇÕES

Karen Artur 119

EFEITOS PRÁTICOS DA ÉTICA NA GESTÃO PÚBLICA: OS MALEFÍCIOS DA FALTA DE PARÂMETROS E RIGOR, UMA RELEITURA DA AVALIAÇÃO DE CONDUTA E O VALOR DO *BACKGROUND CHECK* NAS EMPRESAS ESTATAIS

Leandro de Matos Coutinho, Rodrigo Valverde e Tereza Cristina A. M. Gorito 127

GOVERNANÇA E PROGRAMA DE PRIVACIDADE: PARA ALÉM DAS APARÊNCIAS E DA ADEQUAÇÃO

Luciano Benetti Timm, Renato Vieira Caovilla, Maria Carolina França e Matheus Sturari 143

O *COMPLIANCE* E A INSOLVÊNCIA EMPRESARIAL

Pedro Freitas Teixeira e Bruno Prima 159

ENVIRONMENT, SOCIAL AND CORPORATE GOVERNANCE: QUALIDADE DE VIDA E MERCADOS

Rachel Sztajn e Milton Barossi Filho 173

A EXIGÊNCIA DE PROGRAMAS DE *COMPLIANCE* E INTEGRIDADE NAS CONTRATAÇÕES PÚBLICAS

Rafael Carvalho Rezende Oliveira e Jéssica Acocella 187

DESAFIOS E POSSIBILIDADES PARA A INCLUSÃO DA PESSOA COM DEFICIÊNCIA NA EMPRESA: O *COMPLIANCE* COMO INSTRUMENTO DE INCLUSÃO

Raquel Bellini de Oliveira Salles e Arthur Rodrigues da Silva 205

PARTE II
PRÁTICA

COMPLIANCE: ENTRE TEORIA E PRÁTICA. REGULAÇÃO E AUTORREGULAÇÃO NO MERCADO DE CAPITAIS

Caroline da Rosa Pinheiro e Adrienny Rúbia de Oliveira Soares 229

CONFLITO DE INTERESSES, NOVO MERCADO E EFICIÊNCIA AUTORREGULA-TÓRIA: O COMPROMISSO FIRMADO PELAS COMPANHIAS LISTADAS NA B3

Bárbara Simões Narciso 251

O *COMPLIANCE* DE DADOS PESSOAIS DAS SOCIEDADES DO "NOVO MERCADO"

Alexandre Aguilar Santos 275

***COMPLIANCE* CONSUMERISTA: UM ESTUDO DA QUALIDADE DOS PROGRA-MAS DE INTEGRIDADE DAS COMPANHIAS LISTADAS NO NOVO MERCADO BRASILEIRO**

Ana Luísa Macêdo Carvalho e Yasmin Oliveira Dutra 297

***COMPLIANCE* TRABALHISTA: CONTEÚDO MÍNIMO E EFICIÊNCIA AUTORRE-GULATÓRIA DA B3**

Bárbara Simões Narciso e Caroline de Andrade 319

PROGRAMAS DE CONFORMIDADE: UMA ANÁLISE SOBRE GOVERNANÇA E SUSTENTABILIDADE DAS COMPANHIAS DO NOVO MERCADO

Brenda Dutra Franco 343

***ENFORCEMENT* E *COMPLIANCE*: DESAFIOS DOS PROGRAMAS DE INTEGRIDA-DE NA APLICAÇÃO DE SANÇÕES. UM PANORAMA DO NOVO MERCADO**

Carolina Guimarães Ayupe e Hugo Vidigal Ferreira Neto 369

O COMPROMISSO CONCORRENCIAL NOS PROGRAMAS DE INTEGRIDADE DAS COMPANHIAS DO NOVO MERCADO

Caroline Victor Soeiro Cabral 391

B3 E LEI 13.303/2016: UMA ANÁLISE DOS PROGRAMAS DE INTEGRIDADE DAS ESTATAIS LISTADAS NO NOVO MERCADO À LUZ DAS EXIGÊNCIAS DA LEI 13.303/2016

Gabriel Ribeiro Brega e Natanael Santos da Costa 411

PRIMEIRA PARTE
TEORIA

A primeira parte da obra reúne artigos sobre os Programas de *Compliance* considerando as mais diversas áreas em que o tema transita. Os autores buscaram apresentar, a partir de um tema específico, as recentes discussões sobre o instituto, seu desenvolvimento e possíveis formas de aplicação.

EFETIVIDADE DOS MECANISMOS INTERNOS DE CONTROLE DA COMPANHIA E A RESPONSABILIDADE DOS ADMINISTRADORES

Alexandre Ferreira de Assumpção Alves

Mestre e Doutor em Direito. Professor Titular de Direito Comercial na Faculdade de Direito da UFRJ e Professor Associado da UERJ. Docente permanente do Programa de Pós-Graduação em Direito da UERJ na linha de pesquisa Empresa e Atividades Econômicas.

Ricardo Villela Mafra Alves da Silva

Mestre e Doutorando em Direito pela UERJ na linha de pesquisa Empresa e Atividades Econômicas. Advogado.

Sumário: 1. Introdução – 2. Os mecanismos internos de controle da companhia – 3. Obrigação de os administradores instituírem mecanismos internos de controle efetivos – 4. Natureza dos mecanismos internos de controle das companhias – 5. Responsabilidade do administrador pela falha em instituir ou conferir efetividade aos mecanismos internos de controle – 6. Conclusão – 7. Referências.

1. INTRODUÇÃO

O presente trabalho tem como objetivo analisar a responsabilidade dos administradores de companhias, nos termos do artigo 158 da Lei 6.404/1976, pela falha em instituir ou conferir efetividade a mecanismos internos de controle.

Como pessoa jurídica voltada, em regra, à condução da macroempresa, a companhia expõe a si mesma e terceiros que com ela se relacionam a diversos tipos de risco. Ao mesmo tempo, como reconhecido pelo artigo 116, parágrafo único, da Lei 6.404/1976, o acionista controlador, a quem cabe dirigir a atividade da companhia, deve exercer seu poder em prol da consecução da função social, assim como possui deveres e responsabilidades perante acionistas, trabalhadores e a comunidade em que atua. Dada a complexidade de suas atividades, faz-se necessário que a companhia possua mecanismos internos de controle para evitar que os riscos de sua atividade se materializem, gerando danos a terceiros.

Na medida em que os administradores possuem poderes para fiscalizar as atividades da companhia, seguindo a orientação do acionista controlador, sendo essa atribuição exercida pelo Conselho de Administração, quando existente, ou pelos Diretores, cabe a eles a obrigação de instituir e conferir efetividade aos mecanismos internos de controle da companhia. Consequentemente, no caso de violação desta obrigação, os administradores podem ser responsabilizados.

Para dar supedâneo às conclusões apresentadas, a pesquisa adota o método científico dedutivo apoiando-se na premissa maior de que a função e responsabilidade sociais da companhia conferem contornos aos deveres do administrador perante ela e a comunidade em que atua, e da premissa menor de que a diligência da companhia e do administrador depende, necessariamente, da existência e efetividade de mecanismos internos de controle que garantam o adequado cumprimento da lei e a mitigação dos riscos gerados pela atividade empresária.

Para a análise do problema definido acima, o trabalho se dividirá em 4 (quatro) seções. A primeira seção buscará definir e qualificar os mecanismos internos de controle da companhia. A seção seguinte exporá a obrigação dos administradores em instituir e conferir efetividade a tais mecanismos. A terceira seção tratará da natureza dos mecanismos internos de controle e, por fim, a quarta seção estabelecerá os critérios para a análise da responsabilidade dos administradores pela falha em instituir ou conferir efetividade aos mecanismos.

2. OS MECANISMOS INTERNOS DE CONTROLE DA COMPANHIA

A sociedade empresária, exceto a unipessoal, é fruto do fenômeno associativo, constituindo estrutura por meio da qual diversas pessoas se organizam e cooperam na persecução de um interesse comum.[1] No contexto econômico atual, a companhia apresenta-se como instrumento por excelência da atividade capitalista, tendo em vista a sua capacidade de movimentar grandes volumes de capital e atrair a poupança popular, no caso das companhias abertas[2].

A atividade empresária gera, a depender da sua natureza, diversos riscos aos terceiros que com ela interagem. Ao conduzir as suas atividades, o empresário pode gerar danos ao meio ambiente, consumidores, trabalhadores, investidores, credores, dentre diversos outros atores. Não por outro motivo, o direito societário admite que a empresa se projeta para além dos limites internos da companhia e, por isso, atribui à pessoa jurídica uma responsabilidade social[3]. Neste sentido, o artigo 116, parágrafo único, da Lei 6.404/1976 realça a função social da companhia e destaca a necessidade de o acionista controlador observar os interesses dos acionistas minoritários, dos trabalhadores e colaboradores e da comunidade em que a companhia atua[4].

Embora seja inevitável que alguns dos riscos gerados pela atividade empresária se materializem (o que pode, a depender das circunstâncias e das normas aplicáveis, gerar para o empresário a obrigação de reparar os danos causados), o empresário

---

1. LAMY FILHO; BULHÕES PEDREIRA, 1995, p. 21.
2. REQUIÃO, 1977, p. 87.
3. LAMY FILHO; BULHÕES PEDREIRA, 1995, p. 95.
4. "A macroempresa envolve tal número de interesses e de pessoas – empregados, acionistas, fornecedores, credores, distribuidores, consumidores, intermediários, usuários – que tende a transformar-se realmente em centro de poder tão grande que a sociedade pode e deve cobrar-lhe um preço em termos de responsabilidade social" (LAMY FILHO; BULHÕES PEDREIRA, 1995, p. 147).

possui o dever de adotar todas as cautelas necessárias para evitar que a sua atividade cause danos a terceiros. Ao exercer a empresa, o empresário deve ser diligente. Enquanto a função e responsabilidade sociais da companhia conferem contornos ao conteúdo da sua obrigação perante a comunidade, o dever de diligência determina a forma pela qual esta obrigação deve ser cumprida pelos administradores.

O dever de diligência pode ser considerado um princípio geral de direito, "na medida em que tal dever acompanhar sempre a execução ou o cumprimento de qualquer obrigação".[5] A diligência pressupõe um dever de cuidado objetivo, visto que, ao praticar atos da vida, ainda que lícitos, deve-se "observar a cautela necessária para que de seu atuar não resulte lesão a bens jurídicos alheios"[6].

A diligência da companhia depende, necessariamente, da existência e efetividade de mecanismos internos de controle que garantam o adequado cumprimento da lei e a mitigação dos riscos gerados pela atividade empresária. A questão não é nova, mas é pouco explorada no direito societário.

Calixto Salomão e Fábio Konder Comparato[7] descrevem o problema em sua obra clássica sobre o poder de controle, da seguinte forma:

> Particularmente, dentro das organizações sociais, é preciso estar atento aos determinantes estruturais que fazem com que indivíduos se comportem de maneira cooperativa ou estratégica. A última forma de comportamento gera particular preocupação em face dos abusos que podem dela decorrer. É preciso, portanto, incentivar o primeiro tipo de atitude, desestimulando o segundo. A análise jurídica do fenômeno do poder dentro da sociedade anônima insere-se dentro dessa linha de preocupações. Se é a organização que estrutura as relações societárias e, portanto, cria e disciplina o poder, ela, e só ela, pode limitá-lo.

De fato, se são as relações societárias internas da companhia que determinam o seu comportamento externo (isto é, perante terceiros), a companhia que possuir organização interna com incentivos ao delito será descumpridora da lei, enquanto aquela que possuir organização interna com incentivos para a observância das regras será cumpridora da lei.

Por este motivo, Calixto Salomão Filho afirma, em trabalho no qual explorou o conceito dos controles internos, que, para "garantir as práticas éticas, é fundamental um regime de controles e pesos e contrapesos internos à sociedade"[8]. Para o autor, este regime de controles internos demandaria não só uma redistribuição de poderes entre o acionista controlador e os administradores, mas também a existência de outros mecanismos com impacto na formação da vontade da pessoa jurídica, como comitês com competências definidas e atribuições que lhes garantam participação efetiva na tomada de decisão.[9]

---

5. PARENTE, 2005, p. 40.
6. CAVALIERI FILHO, 2010, p. 32.
7. 2014, p. 19.
8. 2019, p. 139.
9. SALOMÃO FILHO, 2019, p. 141-142.

A existência de mecanismos internos de controle, que atuam como freios e contrapesos, está no cerne dos programas de integridade, que têm como objetivo, justamente, conciliar o ímpeto do empresário pela busca do lucro com a necessidade de observância de normas. Estes programas, segundo Carla Veríssimo[10], buscam "evitar a realização de infrações legais e detectar aquelas que, apesar das medidas de prevenção, tenham ocorrido". O artigo 41, *caput*, do Decreto 8.420/2015, que regulamenta a Lei 12.846/2013 (Lei Anticorrupção), estabelece o significado do programa de integridade nos seguintes termos:

> Art. 41. Para fins do disposto neste Decreto, programa de integridade consiste, no âmbito de uma pessoa jurídica, no conjunto de mecanismos e procedimentos internos de integridade, auditoria e incentivo à denúncia de irregularidades e na aplicação efetiva de códigos de ética e de conduta, políticas e diretrizes com objetivo de detectar e sanar desvios, fraudes, irregularidades e atos ilícitos praticados contra a administração pública, nacional ou estrangeira.

Pela própria definição disposta no referido decreto, os programas de integridade constituem mecanismos de controle interno da sociedade e exercem a função de evitar a ocorrência de desvios, fraudes, irregularidades e atos ilícitos. Segundo o Programa de Integridade – Diretrizes para Empresas Privadas, elaborado pela Controladoria-Geral da União[11], os programas de integridade têm como foco as medidas anticorrupção adotadas pelas sociedades e apoiam-se em 5 pilares: (i) comprometimento e apoio da alta direção; (ii) existência de uma instância responsável pelo programa de integridade; (iii) análise de perfil e riscos da sociedade; (iv) estruturação de regras e instrumentos adequados; e (v) emprego de estratégias de monitoramento contínuo.

A estruturação de regras e instrumentos adequados é essencial para o bom funcionamento do programa de integridade, a efetividade dos mecanismos internos de controle da sociedade assume papel de relevo no funcionamento destes programas, como inclusive ressaltam Rachel Sztajn e Andrea F. Andrezo[12]. Além disso, como indica Carla Veríssimo[13], a efetividade está diretamente associada à efetividade dos mecanismos internos de controle:

> É precisamente por isso que a existência de um sistema interno de prevenção de delitos operativo e efetivo é valorada juridicamente como prova de que o empresário cumpriu com seus deveres de controle e vigilância (na medida em que supõe delegar sua execução validamente e comprovar que dita execução se realiza de modo diligente).

Neste contexto, os mecanismos internos atuam como instrumentos para a companhia buscar, independentemente de interferência externa, o cumprimento de normas. Com base na lição de Calixto Salomão Filho,[14] tais mecanismos buscam o autocumprimento de normas. Na estruturação dos mecanismos internos de con-

---

10. 2017, p. 276.
11. 2015, p. 6-7.
12. 2020, p. 227.
13. 2017, p. 292.
14. 2019, p. 109.

trole, entram em jogo não apenas os riscos criados pela atividade da companhia, mas também as suas características institucionais, inclusive de governança corporativa.[15] Desse modo, o funcionamento dos mecanismos internos precisará buscar fundamento e eficácia nas normas estatutárias[16].

Devido ao seu lastro estatutário, os mecanismos internos de controle da companhia devem ser instituídos pelos seus órgãos sociais, especialmente o Conselho de Administração (se houver), tendo em vista a sua competência para fixar a orientação geral dos negócios da companhia e fiscalizar a gestão de seus diretores (artigo 142, I e III, da Lei 6.404/1976)[17]. Na ausência do Conselho de Administração, caberá à própria Diretoria incumbir-se desta tarefa, estruturando o sistema de freios e contrapesos que incentivará o autocumprimento de normas pela companhia[18].

3. OBRIGAÇÃO DE OS ADMINISTRADORES INSTITUÍREM MECANISMOS INTERNOS DE CONTROLE EFETIVOS

A efetividade dos mecanismos internos da companhia tem sido objeto de discussão em casos relacionados à conduta de administradores. Se os administradores deixam de instituir mecanismos internos de controle, ou, tendo-os instituído, deixam de conferir-lhes efetividade, eles podem ser responsabilizados por tal omissão.

Como noticiam Paulo Vieira e Lucas Hermeto, os escândalos empresariais ocorridos no Brasil na década passada (associados a denúncias de corrupção envolvendo sociedades empresárias e seus administradores, como nos casos do *"Mensalão"* e do *"Petrolão"*) e também em outros países, como os Estados Unidos (associados a crises do mercado, como a de 2008) geraram, por um lado, a percepção da necessidade de implementação de sistemas mais robustos de controle no âmbito das sociedades empresárias e, de outro lado, a proliferação de denúncias genéricas contra administradores, sem individualização de sua conduta ou fundamentação adequada para a sua responsabilização solidária[19].

---

15. VERÍSSIMO, 2017, p. 271.
16. Vide, a este respeito, lição de Calixto Salomão Filho (2019, p. 110): "Muito mais relevante no âmbito societário é estabelecer regras estatutárias ou programas de estímulos/punição aos funcionários que cumprirem/descumprirem regras ambientais/sociais. Incluir metas ambientais e sociais na remuneração dos funcionários significa admitir sua relevância interna. O mesmo pode ser dito da punição por descumprimentos ambientais e sociais sérios. Demonstra o comprometimento da organização empresarial com o tema".
17. A disciplina dos mecanismos de controle interno é realçada pela Lei 13.303/2016, conhecida como Lei das Estatais. Desde a previsão do art. 6º que o estatuto da empresa pública, da sociedade de economia mista e de suas subsidiárias deverá observar práticas de gestão de riscos e de controle interno, passando pela obrigatoriedade de a área responsável pela verificação de cumprimento de obrigações e de gestão de riscos ser vinculada ao diretor-presidente e liderada por diretor estatutário, devendo o estatuto social prever as atribuições da área, bem como estabelecer mecanismos que assegurem atuação independente (art. 9º, § 2º).
18. No caso de companhia "estatal", a lei especial atribui ao Comitê de Auditoria Estatutário, órgão auxiliar do Conselho de Administração e ao qual se reportará diretamente, competência para monitorar a qualidade e a integridade dos mecanismos de controle interno (art. 24, § 1º, IV).
19. VIEIRA; HERMETO, 2020, p. 207-212.

Segundo os autores, o modelo de aferição da responsabilidade de administradores deveria incorporar um novo fator, que seria "a existência e a adequação dos sistemas de controle de riscos, cuja manutenção atualmente se entende como um dos deveres da administração".[20] Neste cenário, o administrador deveria ser responsável não só no caso de ter ignorado alertas sobre irregularidades (*"red flags"*), mas também por não ter se certificado sobre a existência de mecanismos internos capazes de detectar irregularidades dentro da sua esfera de atuação[21]. Como exemplo da aplicação deste novo modelo, os autores citam o Processo Administrativo Sancionador (PAS) 18/2008, julgado pela Comissão de Valores Mobiliários ("CVM")[22].

No referido caso, a CVM examinou acusação da Superintendência de Relações com Empresas (SEP) contra membros do conselho de administração e diretores da Sadia S.A. por descumprimento de dever de diligência, em função de perdas milionárias sofridas pela companhia como consequência de operações de câmbio (*hedge*) supostamente praticadas em desconformidade com políticas internas. Em suas defesas, os membros do conselho de administração alegaram que não receberam alertas (*"red flags"*) sobre as operações cambiais e, portanto, não teriam tido condições de impedir a sua realização.

De acordo com a CVM (por maioria de seu Colegiado), no entanto, o desconhecimento de alertas não seria suficiente para afastar a responsabilidade dos membros do Conselho de Administração se não houvesse demonstração de que os administradores buscaram se certificar de que os mecanismos internos de controle seriam adequados para detectar possíveis irregularidades. Como afirmado pelo relator do caso, "[c]ai por terra, sob essa ótica, a alegada ausência de *red flags*, que permitissem que o CA tivesse ciência do risco que as operações apresentavam à companhia", pois os membros do conselho de administração "deveriam ter se informado sobre o fluxo dos seus sistemas de controle. Perceberiam, com isso, que os *red flags*, mesmo quando disparados, não chegariam ao seu conhecimento – como, de fato, ocorreu"[23]. Com base neste argumento, a CVM, por maioria, condenou os membros do conselho de administração ao pagamento de multa pecuniária no valor individual de R$ 200.000,00 (duzentos mil reais).

Superada a visão de que o administrador não pode se isentar de culpa simplesmente por não ter recebido alertas suficientes sobre determinada irregularidade, cria-se uma obrigação de se instituir "controles sobre controles", "que atribuam impessoalidade e que façam com que a eficiência do sistema não seja comprometida por eventuais falhas individuais"[24].

---

20. VIEIRA; HERMETO, 2020, p. 207.
21. VIEIRA; HERMETO, 2020, p. 214-218.
22. Comissão de Valores Mobiliários, processo administrativo sancionador CVM 18/08, Relator Diretor Alexsandro Broedel Lopes, j. 14/12/2010.
23. Vide item 47 do voto do Relator Diretor Alexsandro Broedel Lopes no processo administrativo sancionador CVM 18/08.
24. VIEIRA; HERMETO, 2020, p. 217.

Este novo padrão de aferição da culpa do administrador gera reflexos na análise da culpa da própria companhia, na medida que, como já mencionado, a ausência de mecanismos internos de controle poderá resultar em comportamento delituoso da pessoa jurídica perante terceiros. É nesta interseção entre os controles internos e o comportamento externo da companhia que é possível identificar a diligência (ou a ausência de diligência) da própria sociedade[25].

Assim como no Brasil, a questão dos mecanismos internos das companhias não foi ignorada pelo direito norte-americano. No caso Caremark[26], o Tribunal do Estado de Delaware julgou demanda em que se discutia a responsabilidade de membros do conselho de administração no âmbito da companhia Caremark International, Inc., em função de infrações recorrentes cometidas por ela. Tais infrações referiam-se à prática de realizar pagamentos a médicos que recomendassem aos seus pacientes produtos e tratamentos comercializados pela Caremark, visto que estes pagamentos seriam potencialmente ilícitos nos termos da Lei Contra Pagamento de Comissões (*"Anti-Referral Payments Law"*). Embora a companhia possuísse políticas para evitar pagamentos irregulares, comissões foram pagas a médicos por vários anos, até que, em 1994, a companhia e dois de seus diretores foram condenados por violações à referida Lei. Como consequência desta condenação, acionistas ajuizaram, em nome da companhia, ação de responsabilidade contra os membros do conselho de administração (*"derivative suit"*). Não obstante o caso tenha terminado em acordo, o Tribunal de Delaware entendeu adequado proferir sentença para fornecer critérios sobre a responsabilidade de membros do conselho de administração na hipótese de infrações recorrentes cometidas no âmbito da companhia.

A decisão do Tribunal de Delaware sugere que as ações de responsabilização de membros do conselho de administração podem ser divididas em dois grandes grupos. No primeiro grupo estariam as ações referentes a falhas dos administradores na tomada de decisão. Nestes casos, a responsabilidade do membro do conselho de administração poderia decorrer de dois fundamentos: (i) decisões tomadas pelo administrador com base em assessoramento deficiente ou com negligência; e (ii) prejuízos que, caso o administrador tivesse agido com cuidado, poderiam ter sido evitados. Nestas situações, a responsabilidade do membro do Conselho de Administração seria afastada se fosse demonstrado que agiu de boa-fé e de acordo com um procedimento racional

---

25. Confira-se, neste sentido, a posição de Rachel Sztjan e Andrea F. Andrezo (2020, p. 226-227): "Portanto, a observância de princípios éticos no relacionamento entre agentes, tanto no plano interno quanto no externo, é o eixo para a modelagem de regras de *compliance*. Isso facilita avaliar os riscos e sua mitigação e, de certa forma, abrange a governança corporativa na medida em que órgãos de fiscalização e controle também se submetem a esses princípios éticos. O alinhamento dos diferentes interesses – acionistas e administradores de um lado e outros *stakeholders* de outro – fica no campo da governança, que avalia a isonomia de tratamento entre acionistas e administradores e a responsabilidade da pessoa jurídica perante terceiros, o que faz da transparência da tomada de decisões fator primordial no estabelecimento desse diálogo".

26. ESTADOS UNIDOS. Tribunal da Chancelaria de Delaware. In re Caremark International Inc. Derivative Litigation, 698 A.2d 959 (Del. Ch. 1996), Relator William T. Allen, j. 25.09.1996. Disponível em: <https://law.justia.com/cases/delaware/court-of-chancery/1996/13670-3.html>. Acesso em: 02 maio 2021.

de tomada de decisão. No segundo grupo estariam as ações que imputam ao conselheiro comportamento omissivo na supervisão de operações realizadas no âmbito da companhia. A respeito deste grupo de ações, o Tribunal decidiu que o critério não deveria ser que o conselheiro somente teria responsabilidade caso não respondesse aos alertas que chegassem ao seu conhecimento. Além de reagir a possíveis sinais de alerta, o administrador teria o dever de buscar assegurar, de boa-fé, a existência de um sistema de informações e reportes dentro da organização empresarial, e que o descumprimento deste dever poderia ensejar a sua responsabilidade.

A decisão do caso criou o que se convencionou chamar de "responsabilidade Caremark" ("*Caremark liability*"), associada ao dever dos administradores (especialmente dos membros do Conselho de Administração) de garantir que a companhia tenha mecanismos internos para mitigar o risco de atos ilícitos no âmbito da organização empresarial.

Percebe-se que, tanto no Brasil como nos Estados Unidos, reconhece-se atualmente a obrigação de os administradores instituírem e obedecerem aos mecanismos de controles internos no âmbito da organização empresarial, para evitar que a companhia descumpra a lei e mitigar o risco de que a condução da empresa gere danos a terceiros. Para que se afira corretamente a responsabilidade civil dos administradores no caso de falta de efetividade dos mecanismos internos de controle, é necessário primeiro definir a sua natureza.

4. NATUREZA DOS MECANISMOS INTERNOS DE CONTROLE DAS COMPANHIAS

Na medida em que os mecanismos internos de controle da companhia são instituídos e postos em prática pelos seus órgãos de administração, é preciso reconhecer que a sua eficácia deriva, em alguma medida, do estatuto social, que constitui a "lei fundamental reguladora da atividade social"[27]. Além de prever as regras internas de funcionamento da sociedade, servindo de lei convencional, o estatuto social também funciona como garantia a terceiros que estabelecem relações jurídicas com a companhia[28]. Portanto, o funcionamento dos mecanismos internos de controle tem lastro no estatuto social da companhia.

Para parcela da doutrina, o estatuto social é fruto de um contrato de sociedade, visto por Tullio Ascarelli[29] como um contrato "plurilateral", por meio do qual os sócios não apenas regem as relações entre si, mas também criam uma organização voltada à condução da empresa, com patrimônio próprio, que pode assumir obrigações e direitos perante terceiros. No caso das sociedades anônimas, no entanto, a sua importância econômica e sua capacidade de atrair a poupança popular (no caso das

---

27. CARVALHO DE MENDONÇA, 2001, p. 356.
28. CARVALHO DE MENDONÇA, 2001, p. 357.
29. 2008, p. 503-504.

companhias abertas) fazem com que outros autores, como Egberto Lacerda Teixeira e José Alexandre Tavares Guerreiro (1979, p. 98), afastem a concepção do ato constitutivo da companhia como um contrato plurilateral, reconhecendo nele um ato institucional, ao qual os acionistas aderem quando adquirem participação societária.

De fato, a companhia – especialmente aquela que busca recursos no mercado de valores mobiliários – possui acentuado grau de institucionalidade. Cessada a necessidade de aprovação do Estado para a constituição das companhias, com o advento da Lei 3.150, em 4 de novembro de 1882[30], tornou-se ainda mais relevante que a lei estabelecesse regras para a organização administrativa dessas pessoas jurídicas, com a separação das atribuições da assembleia dos sócios e da administração e o estabelecimento de um sistema de responsabilização por descumprimento de deveres na constituição e gestão dos negócios da companhia[31].

A existência de normas detalhadas sobre o funcionamento interno da companhia e ao seu papel econômico fundamentam a Teoria Institucional, que enxerga a companhia como instituição com interesses próprios (não necessariamente coincidentes com os interesses de seus acionistas) e deveres específicos perante a comunidade em que atua[32].

Não obstante, o estatuto social, embora apresente características de um ato institucional, nem por isso deixa de ter traços contratuais, na medida em que decorre de um ato de vontade daqueles que constituem a companhia[33]. Em função da conjugação de características contratuais e institucionais no ato de constituição da companhia, Calixto Salomão Filho[34] propõe qualificar este ato sob ótica da teoria do contrato organização, qualificando o estatuto social como um ato de integração institucional que dá origem a uma organização de caráter jurídico-econômico.

Da mesma forma, ressaltando o teor organizacional do estatuto social, José Luiz Bulhões Pedreira[35] esclarece que o documento possui natureza objetiva, "no sentido de que é sistema de normas jurídicas genéricas, obrigatórias e permanentes, que somente são modificadas, ou deixam de existir, com observância de outras normas jurídicas – que regulam sua produção, vigência e eficácia".

---

30. O artigo 1°, *caput*, desta lei, dispensou a necessidade de aprovação previa do governo para a constituição de sociedades anônimas: "Art. 1° As companhias ou sociedades anônimas, quer o seu objeto seja comercial quer civil, se podem estabelecer sem autorização do Governo".
31. VALVERDE, 1953, p. 273-274.
32. Neste sentido, José Luiz Bulhões Pedreira e Alfredo Lamy Filho (2017, p. 64) explicam: "A classificação da companhia como instituição tem sido e continua a ser proposta para fundamentar (a) o dever dos administradores e do acionista controlador de exercerem as funções e o poder tendo em conta, além de interesses dos acionistas, os de empregados da empresa, de consumidores de seus produtos, e da economia nacional; (b) a transferência dos acionistas para administradores profissionais do poder de orientar os destinos da companhia, em função de outros interesses que não apenas os dos acionistas; (c) a subordinação dos direitos dos acionistas aos 'superiores interesses da empresa'; e (d) a possibilidade de ampla modificação desses direitos, assim pelas leis novas como por deliberação dos órgãos sociais".
33. BULHÕES PEDREIRA, 2017, p. 121.
34. 2019, p. 64-65.
35. 2017, p. 121.

Com o objetivo de prever regras claras de organização da companhia, os órgãos da administração podem formular regras e normas suplementares para preencher eventuais lacunas deixadas pelo estatuto social. A este respeito, Luiz Machado Fracarolli afirma[36]:

> O dia a dia de qualquer entidade, pública ou privada, conhece uma miríade de imprevistos, aos quais é preciso dar resposta pronta e adequada. Por isso, os órgãos de administração sociais podem completar os ditames, seja da lei, seja do estatuto, com outras normas, visando a solucionar tal ou qual situação imprevista. Estas normas, criadas pelos órgãos sociais, são válidas e gozam da mesma autoridade das disposições legais. Via de consequência, sua violação pode induzir penalidades, inclusive a declaração de nulidade do ato violador.

Assim como o estatuto social não pode contrariar normas legais, as normas internas criadas pelos órgãos de administração da companhia não podem contrariar o estatuto social. Como os poderes dos órgãos de administração são derivados do estatuto social, as normas criadas por estes mesmos órgãos possuem eficácia fundada no estatuto social.

Os mecanismos internos de controle constituem normas internas criadas pelos órgãos de administração da companhia. Por isso, compartilham com o estatuto social a natureza institucional, de caráter organizativo, pois também regem o funcionamento interno da companhia. Justamente por este motivo, as normas de diversas jurisdições atribuem à própria companhia a responsabilidade, perante terceiros pela falha de seus controles internos[37].

Ao passo que, externamente, a companhia pode ser responsabilizada perante terceiros pela falha ou ausência de mecanismos internos de controle, internamente, a responsabilidade por esta omissão poderá ser imputada aos administradores, que possuem o dever de instituir e garantir efetividade a tais mecanismos. Como os mecanismos internos de controle possuem lastro no estatuto social, o seu descumprimento (ou a sua não instituição) resultará em violação do próprio estatuto pelo administrador. Cumpre, na seção seguinte, estabelecer os critérios para aferição desta responsabilidade.

5. RESPONSABILIDADE DO ADMINISTRADOR PELA FALHA EM INSTITUIR OU CONFERIR EFETIVIDADE AOS MECANISMOS INTERNOS DE CONTROLE

Ao tratar dos deveres e responsabilidade dos administradores, a Lei 6.404/1976 optou por estabelecer padrões de conduta gerais e abstratos, ao invés de impor obrigações específicas aos administradores. Preservou-se, desta forma, a liberdade da atuação dos administradores, desde que observados certos *standards* de conduta[38].

---

36. 2006, p. 47.
37. VERÍSSIMO, 2017, p. 60.
38. ADAMEK, 2009, p. 112-113.

No exercício de suas funções, os administradores devem observar os deveres de: (i) diligência (artigo 153); (ii) não atuar com desvio de finalidade ou fora de suas atribuições (artigo 154); (iii) lealdade (artigo 155); (iv) não atuar com conflito de interesses (artigo 156); e (v) prestar informações à assembleia geral e ao mercado (artigo 157). A falha ou omissão em instituir e observar mecanismos internos de controle resultará em violação de um ou alguns destes deveres.

É possível afirmar que o dever de diligência constitui o dever fundamental dos administradores, perpassando todos os demais deveres impostos aos administradores pela Lei 6.404/1976, como defendem Flávia Parente[39], Marcelo Vieira von Adamek[40], Egberto Lacerda Teixeira e José Alexandre Tavares Guerreiro[41] e Alfredo Lamy Filho e José Luiz Bulhões Pedreira[42]. Por esta razão, a falha ou omissão em instituir e observar mecanismos internos de controle da companhia é tratada, geralmente, como hipótese de violação do dever de diligência, a exemplo do que ocorreu no Processo Administrativo Sancionador 18/2008 e no caso Caremark, abordados na seção 2 acima, conforme defendem Paulo Vieira e Lucas Hermeto.[43]

Viu-se na seção 3 que os mecanismos internos de controle têm lastro no próprio estatuto social, o que lhes confere natureza de regra estatutária, e não contratual ou estritamente legal. Desse modo, ao deixar de instituir estes controles ou violá-los, o administrador estará violando o próprio estatuto social, o que enquadraria a sua responsabilidade nos termos do artigo 158, II, da Lei 6.404/1976.

Partindo das premissas de que o administrador viola o seu dever de diligência ao não instituir ou observar mecanismos internos de controle e que tal conduta constitui violação ao próprio estatuto social, duas questões se impõem: (i) quais são os critérios mais adequados para definir se houve ou não violação do dever de diligência no caso concreto; e (ii) na medida em que se trata de violação do estatuto social, a culpa do administrador pode ser presumida, ou ela deve ser provada?

Quanto à primeira questão, o dever de diligência do administrador constitui obrigação de meio, e não de resultado, o que leva à conclusão de que o mérito (isto é, o resultado) do ato do administrador não deve ser perscrutado, sendo o exame da sua responsabilidade limitado à sua conduta no caso concreto.[44] Daí decorre o fundamento da regra da decisão negocial (*"business judgment rule"*), aceita no direito brasileiro[45], segundo a qual o mérito do ato do administrador não pode ser objeto

---

39. 2005, p. 248.
40. 2009, p. 136.
41. 1979, p. 471.
42. 1995, p. 243.
43. 2020, p. 207.
44. ADAMEK, 2009, p. 128-132.
45. Cf., por exemplo, a decisão da CVM no processo administrativo sancionador CVM RJ2013/11703, nos termos do voto proferido pelo diretor Gustavo Tavares Borba: "Assim, em se tratando de decisão negocial tomada pela Administração no âmbito da esfera de discricionariedade conferida pela legislação societária e pelo estatuto social, a business judgment rule pressupõe que, observados certos cuidados durante o processo decisório, não caberá ao julgador substituir-se aos administradores para avaliar a adequação e o mérito da

de questionamento, ainda que tenha causado prejuízo à companhia, desde que seja resultado de decisão negocial, tomada de boa-fé e sem conflito de interesses, dentro da discricionariedade conferida ao administrador pelo estatuto social[46].

Nem todo ato do administrador decorre de decisão negocial. Ao cumprir a lei ou o estatuto social, o administrador não toma decisão negocial, mas sim uma decisão de caráter normativo, que envolve um exercício de interpretação da norma e definição da forma mais adequada de cumprir o mandamento legal ou estatutário. Nestes casos, seria possível aplicar a regra da decisão negocial para afastar responsabilidade do administrador no caso de sua eventual falha?

A CVM já teve oportunidade de se debruçar sobre a questão no processo administrativo sancionador RJ2014/6517[47], que envolveu suposta violação do dever de diligência na divulgação de fatos relevantes imprecisos. Ao analisar a possibilidade de o administrador utilizar a regra da decisão negocial para afastar sua responsabilidade pessoal por falha no cumprimento de dever legal (no caso, divulgar fato relevante com informações precisas), o diretor-presidente Marcelo Barbosa afirmou que o diretor da companhia não possui margem de discricionariedade no cumprimento da lei, "não podendo o administrador alegar que uma decisão informada e refletida tomada com base em permissivo legal genérico o levou a concluir pela violação de comando específico que estava obrigado a cumprir"[48].

Segundo o diretor-presidente Marcelo Barbosa, o dever de diligência do administrador poderia ser analisado sob o aspecto negocial ou fiscalizatório, a depender das circunstâncias do caso concreto. Sob o aspecto negocial, o dever de diligência dever ser examinado conforme a regra da decisão negocial. Sob o aspecto fiscalizatório, no entanto, a diligência seria aferida "a partir da verificação da razoabilidade e adequação dos esforços despendidos pelo administrador no desempenho de sua função"[49].

Fundamento semelhante foi utilizado pela CVM no julgamento do processo administrativo sancionador RJ2016/7190[50], que tratou de suposta divulgação intempestiva de fato relevante pelo diretor de relações com investidores da MMX Mineração e Metálicos S.A. No voto vencedor do caso, o diretor Gustavo Gonzalez, embora tenha absolvido o diretor, esclareceu que "[q]uestões diretamente relacionadas à observân-

---

decisão tomada. [...] Ao se aplicar a business judgment rule, restringe-se a esfera de atuação do julgador, a quem caberá analisar tão somente se o comportamento do administrador ao longo do processo decisório demonstra que ele atuou de maneira informada, refletida e desinteressada, ainda que, posteriormente, considerando os resultados obtidos, venha a se verificar que a decisão tomada não foi a mais benéfica para a companhia" (COMISSÃO DE VALORES MOBILIÁRIOS, processo administrativo sancionador CVM RJ2013/11703, relator diretor Gustavo Tavares Borba, j. 31.07.2018).

46. COUTO SILVA, 2007, p. 195; BRIGAGÃO, 2017, p. 129.

47. COMISSÃO DE VALORES MOBILIÁRIOS, processo administrativo sancionador CVM RJ2014/6517, relator diretor Henrique Balduino Machado Moreira, j. 25.06.2019.

48. Item 11 do voto proferido pelo diretor-presidente Marcelo Barbosa no PAS CVM RJ2014/6517.

49. Item 26 do voto proferido pelo diretor-presidente Marcelo Barbosa no processo administrativo sancionador CVM RJ2014/6517.

50. Comissão de Valores Mobiliários, processo administrativo sancionador CVM RJ2016/7190, relator diretor Gustavo Machado Gonzalez, j. 09.07.2019.

cia de obrigações fixadas em lei, regulamento ou estatuto não são decisões negociais" e, portanto, não há, nestas hipóteses, qualquer margem de discricionariedade para o diretor decidir pelo cumprimento das obrigações legais[51].

A diligência do administrador que falha ao instituir ou observar mecanismos internos de controle da companhia, desse modo, não deve ser analisada a partir dos pressupostos da regra da decisão negocial, mas sim com base na razoabilidade e adequação dos esforços despendidos pelo administrador no desempenho de sua função. Isso significa dizer que o próprio conteúdo da decisão do administrador pode ser examinado, sendo vedado ao administrador, por exemplo, defender-se alegando que tomou uma decisão informada de não instituir mecanismos internos de controle.

Não obstante, já que a responsabilidade do administrador é subjetiva, é necessário examinar a sua culpa pela eventual violação do dever de diligência, o que atrai a segunda questão formulada anteriormente. Se a falha em instituir ou dar efetividade aos mecanismos internos de controle constitui violação do próprio estatuto, enquadrando-se a responsabilidade no artigo 158, II, da Lei 6.404/1976, com sustentando na seção 3 acima, indaga-se se a culpa pode ser presumida ou não.

O artigo 158, *caput*, da Lei 6.404/1976 elenca as hipóteses em que o administrador da companhia pode responder pessoalmente pelos seus atos, a saber: (i) se, embora agindo dentro de suas atribuições, ele atuar com culpa ou dolo (inciso I); e (ii) se o administrador praticar atos com violação da lei ou do estatuto (inciso II).

A diferença entre as hipóteses dos incisos I e II do artigo 158, *caput*, da Lei 6.404/1976 tem sido objeto de discussão na doutrina. Neste debate, há os que consideram que o inciso I cria uma responsabilidade civil com culpa, enquanto o inciso II estabelece hipótese de responsabilidade civil sem culpa ou com culpa presumida, invertendo-se o ônus da prova.

Nelson Eizirik é um dos que enxergam uma hipótese de culpa presumida no artigo 158, II, da Lei 6.404/1976. Segundo afirma o autor[52]:

> Parece-nos que na hipótese do n. II do art. 158 ocorre uma inversão do ônus da prova, devendo considerar-se que há, portanto, uma presunção da culpa do administrador quando ele infringe a lei ou o estatuto. Com efeito, ao invés da distinção radical entre responsabilidade objetiva e subjetiva, a evolução do direito, na matéria, inclina-se no sentido da aceitação de situações intermediárias, nas quais avultam os mecanismos das presunções e das provas em contrário. Mais prudente, então, é presumir-se a culpa de sua parte, cabendo-lhe, porém, provar a ausência de responsabilidade.

José Luiz Bulhões Pedreira, um dos autores do anteprojeto de lei que resultou na Lei 6.404/1976, também defende a teoria da presunção de culpa no caso de violação da lei ou do estatuto social pelo administrador. Segundo o jurista[53], a presunção de culpa seria justificada "porque os administradores são profissionais – comerciantes,

---

51. Item 16 do voto proferido pelo diretor Gustavo Gonzalez no PAS CVM RJ2016/7190.
52. 1984, p. 53.
53. 1996, p. 405.

empresários ou técnicos – e a estrita observância da lei e do estatuto é fundamental para a proteção de todos os interessados na companhia ou na sua atividade". Trajano de Miranda Valverde igualmente se alinhava à tese da presunção de culpa no caso de violação da lei ou do estatuto, ainda na vigência do Decreto-Lei 2.627/1940[54].

Por outro lado, há autores que defendem não haver no artigo 158, II, da Lei 6.404/1976, hipótese de presunção de culpa do administrador. Pode-se citar Fábio Ulhoa Coelho, que sustenta não haver distinção prática entre as hipóteses do inciso I e II do artigo 158 da Lei 6.404/1976, pois o ato ilícito culposo do administrador invariavelmente caracterizaria violação do estatuto social ou da lei, de modo que não seria cabível a interpretação de que, no caso de violação do estatuto social ou da lei, haveria presunção de culpa. Afirma o autor[55]:

> O administrador que descumpre norma legal ou cláusula estatutária, se não atua conscientemente, está sendo negligente, imprudente ou imperito. Pois bem, em razão da interdefinibilidade das hipóteses de responsabilização civil dos administradores de sociedade anônima, não há, ressalte-se, que distinguir a natureza destas. O que se afirma sobre a "responsabilidade fundada no inciso I do art. 158 da LSA aplica-se inevitavelmente à fundada no inciso II do mesmo dispositivo. Assim, não cabe nenhuma separação entre as duas hipóteses destacadas pelo legislador, que reclamam tratamento uniforme. Também em vista da plena interdefinibilidade das duas hipóteses do art. 158 da LSA, não podem ser corretas as afirmações da doutrina comercialista no sentido de que somente o inciso I desse dispositivo consagra modalidade subjetiva de responsabilização civil do tipo clássico, e que o inciso II prescreveria a inversão do ônus de prova, ou a responsabilidade objetiva.

Marcelo Von Adamek[56] também não se alinha à ideia de presunção de culpa do administrador no caso de violação da lei ou do estatuto social. O autor defende que a distinção entre os incisos I e II do artigo 158 da Lei 6.404/1976 diz respeito à vinculação ou não da companhia ao ato do administrador, de modo que os atos praticados pelos administradores dentro de suas atribuições obrigam a companhia perante terceiros, ressalvado eventual direito de regresso contra o administrador, enquanto os atos praticados pelo administrador fora de suas atribuições não vinculam a companhia, exceto: (i) se o ato for ratificado posteriormente, (ii) se a companhia dele se beneficiar, (iii) se a limitação dos poderes do administrador não tiver sido averbada na Junta Comercial[57] ou (iv) se a preservação do ato for necessária para preservar o direito de terceiros.

O presente artigo alinha-se à premissa de que não deve haver presunção de culpa do administrador no caso de violação da lei ou do estatuto social. Tanto no caso do artigo 158, I, da Lei 6.404/1976, como no caso do inciso II do mesmo dispositivo, é necessário demonstrar a culpa do administrador para que se conclua pela sua responsabilidade pessoal.

---

54. 1953, p. 319.
55. 2012, p. 414-415.
56. 2009, p. 219-223.
57. Esta hipótese tem fundamento no art. 1015, parágrafo único, I, do Código Civil, aplicável às companhias em razão do art. 1089 do mesmo diploma.

Acredita-se que a regra mais adequada é aquela aplicada pela CVM nos processos administrativos sancionadores RJ2014/6517 e RJ2016/7190, mencionados acima, isto é: (i) no caso de atos decorrentes de decisões negociais, a culpa do administrador deve ser aferida sob a ótica da regra da decisão negocial; e (ii) no caso de atos decorrentes do cumprimento da lei ou do estatuto social, a culpa do administrador dever ser aferida a partir da razoabilidade e adequação dos esforços despendidos por ele no desempenho de sua função.

Dentro deste quadro analítico, no caso de falha do administrador em instituir e conferir efetividade a mecanismos de controle interno da companhia, a sua responsabilidade decorrerá de eventual violação do seu dever de diligência. Deve ficar constatado, para fins de exame da culpa, que o administrador adotou todos os esforços razoáveis e adequados para se certificar de que os mecanismos internos de controle: (i) existem e funcionam; (ii) eram capazes de prevenir o cometimento de ilícitos pelos administradores e prepostos da companhia; e (iii) eram efetivamente empregados e observados pelos administradores responsáveis por efetivá-los.

6. CONCLUSÃO

O presente trabalho buscou analisar a responsabilidade dos administradores de companhias, nos termos do artigo 158 da Lei 6.404/1976, pela falha em instituir ou conferir efetividade a mecanismos internos de controle.

Para este fim, o trabalho buscou definir e qualificar os mecanismos internos de controle da companhia, abordou a obrigação dos administradores em instituir e conferir efetividade a tais mecanismos de controle, definiu a natureza dos mecanismos internos de controle e estabeleceu os critérios para a análise da responsabilidade dos administradores pela falha em instituir ou conferir efetividade aos mecanismos internos de controle da companhia.

Em apertada síntese, concluiu-se que a existência de mecanismos internos de controle é necessária para mitigar o risco de que a companhia gere danos a terceiros e que, segundo a doutrina e decisões recentes da CVM que se debruçaram sobre o tema, e conforme já decidido pelo Tribunal de Delaware nos Estados Unidos, cabe aos administradores a obrigação de instituir e conferir efetividade aos mecanismos internos de controle da companhia.

Sobre a natureza dos mecanismos internos de controle, constatou-se que, como a sua eficácia decorre diretamente do estatuto social da companhia, o mais adequado seria considerar que estes mecanismos possuem natureza estatutária. Em outras palavras, os mecanismos internos de controle são desdobramentos ou detalhamentos das regras contidas no estatuto social.

Por fim, concluiu-se que a obrigação dos administradores de instituir e conferir efetividade aos mecanismos internos de controle decorre do seu dever de diligência. Ademais, como os mecanismos internos de controle possuem natureza mais próxima das regras estatutárias, a sua violação constituiria, ao fim e ao cabo, violação do próprio estatuto social. Embora parte da doutrina defenda que, no caso de violação da lei ou do estatuto social, a culpa dos administradores é presumida (artigo 158, II, da Lei 6.404/1976), o presente trabalho alinhou-se aos autores que afastam tal presunção, sendo necessário comprovar a culpa do administrador para que possa haver a sua responsabilização pessoal.

Na análise da culpa do administrador pela falha em instituir ou conferir efetividade aos mecanismos internos de controle, defendeu-se que não é aplicável a *business judgment rule*, já que não há, nesta hipótese, decisão negocial pelo administrador. Ao invés disso, considerou-se mais adequado examinar a culpa do administrador a partir da razoabilidade e adequação dos esforços despendidos na instituição e efetivação dos mecanismos internos de controle da companhia.

7. REFERÊNCIAS

ASCARELLI, Tulio. *Problemas das sociedades anônimas e direito comparado*. São Paulo: Quorum, 2008.

BRIGAGÃO, Pedro Henrique Castello. *A administração de Companhias e a Business Judgment Rule*. São Paulo: Quartier Latin, 2017.

BULHÕES PEDREIRA, José Luiz. Responsabilidade civil do diretor de S.A.: ação social e individual: cabimento e prescrição. In: LAMY FILHO, Alfredo; BULHÕES PEDREIRA, José Luiz. *Pareceres*. Rio de Janeiro: Renovar, 1996. v. 2.

BULHÕES PEDREIRA, José Luiz; LAMY FILHO, Alfredo. Sistema Jurídico da Companhia. In: LAMY FILHO, Alfredo; BULHÕES PEDREIRA, José Luiz (Org.). *Direito das Companhias*. 2. ed. Rio de Janeiro: Forense, 2017.

BULHÕES PEDREIRA, José Luiz; LAMY FILHO, Alfredo. Conceito e natureza. In: LAMY FILHO, Alfredo; BULHÕES PEDREIRA, José Luiz (Org.). *Direito das Companhias*. 2. ed. Rio de Janeiro: Forense, 2017.

CARVALHO DE MENDONÇA, José Xavier. *Tratado de direito comercial brasileiro*. Campinas: Bookseller, 2001. v. 2.

CAVALIERI FILHO, Sergio. *Programa de Responsabilidade Civil*. 9. ed. São Paulo: Atlas S.A., 2010.

COELHO, Fábio Ulhoa. *Curso de Direito Comercial:* Direito de Empresa. 16. ed. São Paulo: Saraiva, 2012. v. 2.

COMPARATO, Fábio Konder; SALOMÃO FILHO, Calixto. *O poder de controle na sociedade anônima*. 6. ed. Rio de Janeiro: Forense, 2014.

CONTROLADORIA-GERAL DA UNIÃO. *Programa de Integridade* – Diretrizes para Empresas Privadas. Disponível em: <https://www.gov.br/cgu/pt-br/centrais-de-conteudo/publicacoes/integridade/arquivos/programa-de-integridade-diretrizes-para-empresas-privadas.pdf>. Acesso em: 28 abr. 2021.

COUTO SILVA, Alexandre. *Responsabilidade dos administradores de S/A*. Rio de Janeiro: Elsevier, 2007.

EIZIRIK, Nelson. Responsabilidade civil e administrativa do diretor de companhia aberta. *Revista de Direito Mercantil, Industrial, Econômico e Financeiro*. v. 56, p. 47-62, São Paulo, 1984.

ESTADOS UNIDOS. Tribunal da Chancelaria de Delaware. In re Caremark International Inc. Derivative Litigation, 698 A.2d 959 (Del. Ch. 1996), Relator William T. Allen, j. 25/09/1996. Disponível em: <https://law.justia.com/cases/delaware/court-of-chancery/1996/13670-3.html>. Acesso em: 02 maio 2021.

FRACAROLLI, Luiz Machado. O Sistema Normativo da Companhia. *Revista de Direito Mercantil, Industrial, Econômico e Financeiro*, São Paulo, v. 142, p. 27-55, 2006.

GOMES, José Ferreira; GONÇALVES, Diogo Costa. *A imputação de conhecimento às sociedades comerciais*. Coimbra: Almedina, 2018.

LAMY FILHO, Alfredo; BULHÕES PEDREIRA, José Luiz. *A Lei das S.A.*: pressupostos, elaboração, aplicação. Rio de Janeiro: Renovar: 1995.

PARENTE, Flávia. *O dever de diligência dos administradores de sociedades anônimas*. Rio de Janeiro: Renovar, 2005.

REQUIÃO, Rubens. *Aspectos modernos de direito comercial*: estudos e pareceres. São Paulo: Saraiva, 1977.

SALOMÃO FILHO, Calixto. *O novo direito societário*. 5. ed. São Paulo: Saraiva Educação, 2019.

SCHREIBER, Anderson. Novas tendências da responsabilidade civil brasileira. *Revista Trimestral de Direito Civil*. v. 22, p. 45-69, Rio de Janeiro, 2005.

SZTAJN, Rachel; ANDREZO, Andrea F. Compliance e controles internos: Brasil vs. EUA. In: MONTEIRO DE CASTRO, Rodrigo Rocha; AZEVEDO, Luis André; HENRIQUES, Marcus Freitas. *Direito Societário, Mercado de Capitais, Arbitragem e Outros Temas*: homenagem a Nelson Eizirik. São Paulo, Quartier Latin, 2020. v. II.

TEIXEIRA, Egberto Lacerda; GUERREIRO, José Alexandre Tavares. *Das sociedades anônimas no direito brasileiro*. São Paulo: Livraria e Editora José Bushatsky Ltda., 1979.

VALVERDE, Trajano de Miranda. *Sociedades por Ações*: comentários ao Decreto-Lei 2.627, de 26 de setembro de 1940. 2. ed. Rio de Janeiro: Revista Forense, 1953. v. 2.

VERÍSSIMO, Carla. *Compliance*: incentivo à adoção de medidas anticorrupção. São Paulo: Saraiva, 2017.

VIEIRA, Paulo; HERMETO, Lucas. Um mapa para responsabilização de administradores de sociedades em casos de falha no monitoramento de riscos: a doutrina do "Red Flag" e o papel dos sistemas de controle. In: MONTEIRO DE CASTRO, Rodrigo Rocha; AZEVEDO, Luis André; HENRIQUES, Marcus Freitas. *Direito Societário, Mercado de Capitais, Arbitragem e Outros Temas*: homenagem a Nelson Eizirik. São Paulo, Quartier Latin, 2020. v. II.

COMPLIANCE: DESAFIOS REGULATÓRIOS A PARTIR DO MAPEAMENTO NORMATIVO DE ESTADOS, CAPITAIS E MUNICÍPIOS BRASILEIROS

Aline Teodoro de Moura

Doutora em Direito Empresarial pela Universidade do Estado do Rio de Janeiro – UERJ. Professora da Escola do Legislativo do Estado do Rio de Janeiro – ELERJ e do Curso do Direito Empresarial e de Direito Financeiro e Tributário da Unigranrio Pesquisadora da UERJ e Coordenadora do Grupo de Pesquisa Empresa, Estado & *Compliance*. Advogada.

Pedro Lucas Barão de Souza

Graduando em Direito, membro do Grupo de Pesquisa Empresa, Estado & *Compliance*. Bolsista de Iniciação Científica com pesquisa em desenvolvimento sobre *Compliance*.

Sumário: 1. Introdução – 2. A composição do sistema de accountability no Brasil – 3. Considerações sobre as normas anticorrupção dos entes federativos e sua aplicação prática – 4. Perspectiva nacional e desafios na regulação do compliance – 5. Conclusão – 6. Referências.

1. INTRODUÇÃO

A literatura econômica da corrupção destaca seu impacto negativo nos investimentos, o que afeta indiretamente o crescimento econômico, já que introduz barreiras ao livre funcionamento dos mercados e reduz o desenvolvimento econômico-social[1]. A corrupção, em geral, acarreta redução do crescimento econômico, justamente como consequência do aumento da barreira de entrada nos mercados, em razão da concentração do poder econômico.

Resultados empíricos confirmam uma relação positiva entre baixos níveis de corrupção e investimento, pois corrupção e lavagem de dinheiro podem ser percebidas como os dois lados da mesma moeda. Embora a lavagem de dinheiro seja praticada para tornar lícito o produto do crime, a corrupção também é uma forma de fornecer um território livre para a lavagem de dinheiro. Sendo assim, não seria possível pensar em um controle eficaz de lavagem de dinheiro em um país onde existe corrupção[2].

A atuação dos agentes econômicos no mercado, com a prática de condutas anticoncorrenciais e ilícitas nos traz a reflexão sobre a necessidade de um sistema de transposição de normas, conjugando a eficácia, a obrigatoriedade e a executoriedade

---

1. MAURO: 1998, p. 12.
2. VEIGA, ANDRADE, OLIVEIRA: 2006.

necessárias a tal sistema, criando regras que deveriam impor limitações razoáveis ao exercício da atividade empresária, sem que, contudo, signifiquem um ônus excessivo que impeça o próprio exercício da atividade econômica.

Atos de corrupção podem ser identificados em relações promíscuas entre o Estado e as sociedades empresárias, sendo certo que tais sociedades estão contidas nas diversas formas de exploração da atividade econômica pelas pessoas jurídicas que se relacionam, direta ou indiretamente, com a Administração Pública, o que nos impõe desafios na análise da regulação no que se refere ao sistema legal anticorrupção, seja no aspecto preventivo (da conformidade, o conhecido *compliance*), quanto no repressivo (da seara do processo administrativo sancionador e da responsabilização tanto civil quanto penal).

A Lei 12.846/2013, conhecida como Lei Anticorrupção, Lei da Empresa Limpa, dente outras denominações, teve seu início de vigência em 29.01.2014, após *vacatio legis* de 180 dias. Dispõe sobre a responsabilização administrativa e civil de pessoas jurídicas pela prática de atos contra a Administração Pública, nacional ou estrangeira. Antes da referida norma entrar em vigor, havia uma lacuna legal em relação à responsabilização das pessoas jurídicas e, especialmente, das sociedades empresárias, pela prática de atos de corrupção, mesmo com a possibilidade de tais sociedades pudessem ser enquadradas na previsão da Lei de Improbidade Administrativa, Lei 8.429/1992; neste último caso, no plano judicial e quando houvesse a associação de uma conduta ímproba de um agente público.

Nesse contexto, há questões importantes que precisam ser operacionalizadas, sob a ótica do direito positivado, de forma que seja possível a viabilização de parâmetros claros na regulação que preventiva à ocorrência da corrupção na exploração da atividade econômica organizada e, *pari passu*, que seja garantida a segurança jurídica necessária para a geração de recursos que se revertem em benefício de toda a sociedade, diante da importante função social que a empresa titulariza.

Naturalmente, pode-se inferir que o resultado de uma produção legislativa que se propõe a exigir critérios mínimos para a contratação de uma sociedade empresária pela Administração Pública, bem como regular diferenças de tratamento legal a partir da identificação da existência de programas de integridade nas empresas, inclusive quanto ao andamento diferenciado de um processo administrativo sancionador quando for identificada a existência de um programa de integridade, pode causar impactos econômicos sobre a atividade empresarial.

É justamente sob o aspecto do estudo da produção normativa dos entes subnacionais, orientado pelo *compliance*, na perspectiva de que a integridade seja um norte, um indutor da cultura da integridade empresarial para todos aqueles que contratam ou pretendem contratar com a Administração Pública, especialmente as Microempresas (ME) e Empresas de Pequeno Porte (EPP), que se propõe a análise.

O *compliance* encontra muitos desafios para sua efetiva implementação no Estado brasileiro, haja vista sua expansão territorial de aproximadamente 8.510.345 km², nos quais se conformam 27 unidades federativas (Estados e Distrito Federal), além da existência de 5.570 Municípios, segundo dados do IBGE do ano de 2020. Com dimensões continentais, o Brasil está dentre os cinco maiores países do mundo. Tal particularidade dificulta o desenvolvimento uniforme e simultâneo da política anticorrupção proposta pelos programas de *compliance,* considerando-se os três níveis da federação e as respectivas competências dos entes federativos subnacionais no exercício das competências próprias de regular o que não estiver reservado à competência da União para tratar das normas gerais que versem sobre as contratações públicas.

Essa dificuldade não está presente somente nos aspectos espaciais e territoriais do país, uma conjuntura de incongruência sistemática também torna o desenvolvimento e a confiabilidade dos programas de integridade verdadeiras incógnitas quanto aos critérios mínimos de exigências normativas a que se submete a atividade empresária.

Nos itens que seguem serão observados aspectos da dimensão da política anticorrupção no Brasil sob o viés preventivo, positivada mediante a exigência e/ou orientação da existência de programas de compliance para que pessoas jurídicas possam contratar com Administração Pública, tendo em vista dados obtidos em pesquisa realizada no ano de 2021, associado ao sistema de *accountability* e seus atores, que estão entre as engrenagens mestras para a política anticorrupção e o desenvolvimento dos programas de integridade no país.

2. A COMPOSIÇÃO DO SISTEMA DE ACCOUNTABILITY NO BRASIL

A rede de prestação de contas, de controle ou simplesmente rede de *accountability brasileira* é formada pelo trabalho em conjunto das instituições fiscalizadoras nacionais, cujas principais funções são fiscalizar, apurar e punir atos de corrupção. A conjuntura de cooperação entre esses entes fiscalizadores torna a política de controle interno e externo da corrupção efetiva e legítima. Carson e Prado sublinham que a multiplicidade institucional tem melhorado o desempenho da rede, trazendo melhorias ainda maiores nas funções de vigilância e investigação[3].

O verdadeiro desenvolvimento dessa rede foi alcançado por meio de uma significativa consolidação legislativa, com o advento da redemocratização do Brasil em 1988, que fortaleceu antigas instituições de controle e criou outras, aptas a atuar nessa seara, além de ter sido instituído um novo regime de cooperação entre essas instituições.

---

3. CARSON, PRADO: 2016, p. 56-65.

Diante da evolução da conformação normativa sobreveio a Lei Anticorrupção, cuja regulamentação se deu através do Decreto nº 8.420/2015, que estabeleceu para a rede de *accountability* a necessidade do exame da adoção, aplicação ou aperfeiçoamento de programas de integridade pelas pessoas jurídicas para a dosimetria das sanções a serem a elas aplicadas pela inobservância das prescrições normativas anticorrupção.

Também houve a inserção de um novo modelo de acordo de leniência a ser firmado pelas pessoas jurídicas, distinto do previsto pela Lei que estrutura o Sistema Brasileiro de Defesa da Concorrência, a Lei 12.529/2011. Os acordos de leniência, nos termos da previsão da Lei Anticorrupção (LAC), devem considerar a existência dos programas de integridade e, inclusive, sua adoção e aplicação, para a dosimetria das sanções administrativas e civis da LAC, o que nos apresenta outros desafios específicos quanto aos acordos, o que, no entanto, não é objeto deste estudo. Contudo, merece atenção o que alude Raquel Pimenta, quando afirma que "as funções desempenhadas na celebração de acordos de leniência no Brasil divergem do que se espera da rede de *accountability*", recomendando um diagnóstico institucional da multiplicidade de atores neste novo conceito de atuação em acordos.

3. CONSIDERAÇÕES SOBRE AS NORMAS ANTICORRUPÇÃO DOS ENTES FEDERATIVOS E SUA APLICAÇÃO PRÁTICA

Empresas brasileiras de destaque, públicas ou privadas, já estiveram envolvidas em casos de corrupção, algumas delas também em casos de suborno de entes ou agentes públicos envolvendo outros países. Muitos decidiram negociar com o Estado, se utilizando do instrumento dos acordos de leniência, com o fito de reduzir as sanções que poderiam ser aplicadas. Os acordos realizados pelas empresas ligadas a casos de corrupção com a Administração Pública, envolvem os atores legitimados a atuarem estrategicamente no desenvolvimento da transação com a Administração, fundindo técnicas que conciliam ferramentas jurídicas para um melhor aproveitamento dessas investigações, com vistas a um resultado que abarque a cessação das condutas ilícitas e, assim, seja restabelecida, na medida do possível, a normalidade da concorrência, desde que devidamente ressarcidos os danos aos lesados.

Vale destacar que a legitimação de uma variedade de atores para a realização do controle, interno e externo, na Administração Pública e, como não poderia deixar de ser, daqueles que com ela contratam, pode gerar resultados positivos ou negativos. Dentre os pontos positivos, temos a credibilidade informacional, já que os dados, em vez de serem fiscalizados somente por um órgão, estão sujeitos a diversos possíveis procedimentos no mesmo sentido.

Não obstante, os pontos negativos identificados não são de pouca relevância, tais como a possibilidade da ocorrência de conflitos de competência na atuação do controle e a chance da incidência de processos administrativos sancionadores em flagrante *bis in idem* material e processual. A proposta de alteração da lei de Improbidade Administrativa, através do PL nº 10.887/2018, em trâmite no Senado, já demonstra a preocupação com o *non bis in idem*, ao inserir na alteração legislativa que infrações à LAC não são passíveis de serem cumuladas com as da LIA. Ora, além do desperdício de recursos públicos, apresenta-se também a evidente dificuldade de uma construção metodológica efetiva de medidas de combate à corrupção que considerem a função social da empresa e ônus excessivo para o exercício da atividade econômica organizada.

O sistema de controle aplica as regras postas, por vezes ambíguas ou caracterizadas como portadoras de conceitos jurídicos indeterminados, o que permite margem para subjetividade nas diferentes interpretações; depende-se, portanto, de análises diversas acerca da aferição dos programas de integridade estruturados, bem como das respectivas aplicações e atualizações, nos termos da previsão do Decreto 8.420/2015, sem que existam parâmetros objetivos para a análise da conformidade implantada no âmbito das pessoas jurídicas.

Nesse cenário, é importante que se faça uma investigação acerca dos instrumentos de que dispõe a então chamada rede de *accountability*, no Brasil, decorrentes da previsão dos programas de integridade, cujo marco legal estabelecido no estudo é a estrutura normativa da Lei Anticorrupção e seu Decreto regulamentador. Insta ressaltar que para o fortalecimento da política anticorrupção é fundamental "o aumento da quantidade e qualidade da informação disponível e a possibilidade de pragmatismo político para destinação de recursos"[4].

Portanto, é desejável a reflexão sobre os parâmetros da produção legislativa anticorrupção dos entes subnacionais, tendo em vista os parâmetros da norma paradigma, a LAC. É justamente essa reflexão que propiciará a identificação das eventuais inovações empreendidas, das semelhanças normativas, bem como das possíveis influências observadas entre os entes federativos no decorrer do desenvolvimento da política anticorrupção em âmbito nacional. Nesse sentido, Dimaggio e Powell ressaltam que as instituições tendem a adotar metodologias semelhantes ao longo do tempo e acredita-se que o fator central seja a diversidade em termos de orientação e forma[5].

Meyer e Rowan discorrem sobre três mecanismos de influência normativa entre os entes federados, sendo eles: o coercitivo, o mimético e o normativo. O modelo coercitivo se refere a pressões sociais, exercidas tanto por expectativas populares quanto por desejos de outras instituições – ou entes federados, na presente hipótese –, essas instituições ou entes podem exercer pressões formais ou informais. Logo o modelo mimético nos traz a ideia de um modelo tradicional, seguindo o caminho de instituições ou entes por eles considerados mais consolidados e evidentes. Já o modelo normativo diz respeito ao sistema de formação profissional dos atores que

---

4. PIMENTA: 2020, p. 54.
5. DIMAGGIO, POWELL: 2005, p. 74-89.

compõem a rede de *accountability* presente no âmbito dessas instituições ou entes, que se refere à profissionalização e as relações acadêmicas[6].

O Estado Brasileiro tem passado por um modelo, nas palavras de Meyer e Rowan, mimético de desenvolvimento de normas. Tenhamos em mente que em um cenário social de incertezas e constantes crises sociais e econômicas, regulamentar normas ou aprovar leis similares a outras já aprovadas por outros entes federados é uma boa tática para garantir celeridade ao processo legislativo e manter a estabilidade sociopolítica[7].

Em um caráter mais específico sobre o modelo mimético de produção normativa, as fontes legislativas originárias que serviram de inspiração para as normas em âmbito Estadual e Municipal foram as expedidas pela União Federal, assim como as leis estaduais serviram de fontes para as regulamentações municipais. A constatação é simples: a produção legislativa federal serve de referência e até mesmo molde para as demais normas editadas pelos entes subnacionais e, apesar desse fato, ainda são observadas incongruências quanto à coordenação entre os entes da rede de *accountability* e suas competências. Salienta Alsharari que esse tipo acontecimento incide, majoritariamente, em locais que possuem infraestrutura administrativa insuficiente[8].

4. PERSPECTIVA NACIONAL E DESAFIOS NA REGULAÇÃO DO COMPLIANCE

O desenvolvimento da política anticorrupção demanda o exame da conjuntura estrutural normativa na qual o sistema se insere e tem servido de fundamento de validade. A análise do desenvolvimento e da conformação legislativa nos Estados, Distrito Federal e municípios viabilizou a coleta de dados que tornam mais claros os efeitos da produção normativa que visa à indução da integridade pelo país, assim como favorece: (i) a identificação da quantidade de normas; (ii) a análise das estruturas que adotam; (iii) a observação sobre o tipo normativo escolhido pelo corpo legislativo dos entes federativos e as principais disposições referentes ao *compliance*.

Por conseguinte, gráficos são apresentados com objetivo de expor os dados coletados em dimensões específicas – de dois níveis da federação –, ou seja, um gráfico discorrerá sobre a conjuntura normativa das Unidades Federativas e outro sobre a mesma conjuntura, no entanto, relativamente aos Municípios. Na sequência, um terceiro gráfico apresentará a estrutura normativa nas capitais dos Estados, tendo em vista que são os Municípios de maior evidência nos Estados e, geralmente, os de maior relevância econômica.

---

6. MEYER, ROWAN: 1997, p. 347.
7. MEYER, ROWAN: 1997, p. 347.
8. ALSHARARI: 2019, p. 165-189.

Quadro 1 – Programas de Integridade nas Unidades Federativas.

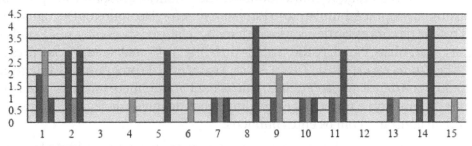

L – Lei; D – Decreto; PL – Projeto de Lei.

Fonte: Autores, 2021.

Quanto à análise do quadro normativo atinente às competências próprias dos Poderes Legislativo e Executivo de cada Unidade Federativa, sendo certo que a produção legislativa é operacionalizada por um Poder e regulamentada por outro, obteve-se o seguinte resultado no mapeamento por região:

(I) Na região Sudeste quatro Decretos tratam da celebração de acordos de leniência; quais sejam, nos Estados do Espírito Santo, Minas Gerais, Rio de Janeiro e São Paulo, além de outro Decreto, no Estado do Rio de Janeiro, que exige programas de integridade direcionados à Administração Pública. Há um Projeto de Lei do Estado do Rio de Janeiro que impõe a exigência de programas de integridade para a celebração de contrato com a Administração Pública; uma Lei do Estado do Espírito Santo sobre a exigência de programas de integridade no âmbito da Administração Pública e uma Lei no Estado do Rio de Janeiro que trata da exigência de programas de integridade para contratar com a Administração Pública.

(II) Na região Sul não foi identificado nenhum projeto de lei em processo de tramitação legislativa. No Estado do Paraná, foram identificados dois Decretos, um sobre a concessão de acordos de leniência e outro sobre a exigência de programas de integridade na Administração Pública, além de um Decreto no Rio Grande do Sul sobre a exigência de programas de integridade nos contratos com a Administração Pública e sobre a celebração de acordo de leniência, simultaneamente. Em Santa Catarina, temos um Decreto sobre a realização de acordos de leniência. Também foram formuladas nesta região leis sobre programas de integridade, uma no Estado do Paraná, sobre a exigência de programas de integridade no âmbito da Administração Pública e uma Lei no Estado do Rio Grande do Sul, discorrendo, simultaneamente, sobre a exigência de programas de integridade para contratar com a Administração Pública e sobre a previsão de acordos de leniência.

(III) A região Nordeste lidera o segmento com maior número de Projetos de Lei, três no total, todos no Estado da Bahia, dois sobre a obrigatoriedade de programas de integridade para contratação com a Administração Pública e um sobre esses programas instalados na própria Administração Pública. Nessa região, todos os Decretos elaborados tratam da concessão de acordos de leniência, normas presentes nos Estados de Alagoas, Maranhão, Paraíba e Rio Grande do Norte. Essa análise expressa a presença de três Leis, uma no Estado do Ceará, sobre a exigência de programas de integridade instalados na Administração Pública, e duas em Pernambuco, uma das quais prevê acordos de leniência e outra que exige programas de integridade nas empresas que pretendam contratar com os entes públicos.

(IV) A Região Norte foi aquela em que menos se observou produção legislativa no contexto do *compliance*, sendo computadas normas em poucas localidades. No Estado do Tocantins foi detectado um Projeto de Lei que propunha a obrigatoriedade de programas de integridade para contratar com a Administração Pública. Nos Estados do Pará, Rondônia e Tocantins, foram detectados Decretos relacionados ao estabelecimento de acordos de leniência. Finalmente, nesta região houve a identificação de uma Lei que dispõe sobre a exigência de programas de integridade para contratar com a Administração Pública no Estado do Amazonas.

(V) Na Região Centro-Oeste presentes estão as normas dos Estados do Mato Grosso, Mato Grosso do Sul e do Distrito Federal, que dispõe sobre a previsão de acordo de leniência; apenas um Decreto no Distrito Federal refere-se à exigência de programas de integridade para contratar com a Administração Pública e, em relação à obrigatoriedade de programas de integridade no âmbito da Administração Pública, os Estados de Goiás, Mato Grosso do Sul e o Distrito Federal possuem Decretos que os regulamentam. Nesta região reconhecemos um total de cinco Leis, duas no Estado de Goiás, em particular, uma que trata da possibilidade de acordos de leniência e, paralelamente, a exigência de programas de integridade direcionados à Administração Pública; e outra que tornam obrigatórios os programas de integridade nas empresas que desejam firmar contratos com a Administração Pública. Duas Leis no Estado do Mato Grosso, uma que dispõe sobre a obrigatoriedade de programas de integridade para os entes públicos e outra sobre a obrigatoriedade de programas de integridade para contratar com a Administração Pública; e uma lei do Distrito Federal que trata também da obrigatoriedade de programas de integridade para contratar com a Administração Pública.

Quadro 2 – Programas de Integridade nas capitais.

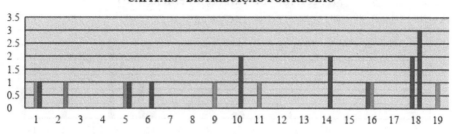

L – Lei; D – Decreto; PL – Projeto de Lei; Pr – Proposição.

■ Exigência de Programa de Integridade
■ Exigência de Programa de Integridade direcionado à Administração Pública.
■ Exigência de Programas de Integridade para Contratar com a Administração Pública
■ Previsão de Acordo de Leniência
■ Cláusula Anticorrupção

Fonte: Autores, 2021.

Nos termos do estudo realizado, restou evidenciado que a Região Sudeste lidera o número de normas relacionadas aos programas de integridade, com um total de seis normas, incluindo: (a) um Projeto de Lei que trata da exigência de programas de integridade para contratar com entes públicos; (b) três decretos destinados a regulamentar a concessão de acordos de leniência; e (c) dois decretos que regulamentam a exigência de programas de integridade no âmbito da Administração Pública.

Na região Sul, duas propostas podem ser observadas; estas tratam de questões como a exigência de programas de integridade para que sejam firmados contratos com os entes públicos e a demanda de programas de integridade destinados à Administração Pública, além de dois Decretos que regulamentam a previsão e acordos de leniência.

A região Nordeste apresenta um total de quatro regulamentações, entre elas: (a) um Projeto de Lei sobre a exigência de programas de integridade nos contratos com a Administração Pública; (b) dois decretos que regulamentam a concessão de acordos de leniência; e (c) uma lei que estabelece a obrigatoriedade de programas de integridade para contratar com a Administração Pública.

Na região Norte, existem Decretos e Leis que tratam de acordos de leniência. Além disso, possui Lei que estabelece a obrigatoriedade de programas de integridade para firmar contratos com a Administração Pública.

A região Centro-Oeste apresenta um novo viés para as políticas e padrões de controle anticorrupção: a inclusão obrigatória em contratos administrativos de uma cláusula anticorrupção. Regulamentação da capital do Estado de Mato Grosso do Sul, a cidade de Campo Grande, com o Decreto 13.159/2017.

Quadro 3 – Programas de Integridade nos Municípios.

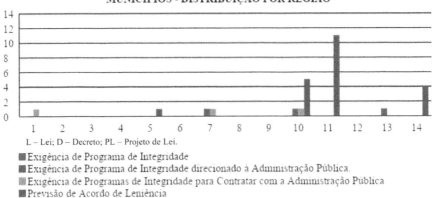

Fonte: Autores, 2021.

Dentre as regulamentações analisadas nas cidades da Região Sudeste, nenhum projeto de lei resta apresentado. Existem cinco Decretos nesta região e estão relacionados com questões como a responsabilidade objetiva da pessoa jurídica, a cláusula anticorrupção e a concessão de acordos de leniência. Aqui foi detectada apenas uma Lei consolidada com o objetivo de exigir programas de integridade para os entes da Administração Pública.

No que diz respeito às regulamentações municipais, a região Sul é a que apresenta melhor desempenho, em termos de um sistema regulatório desenvolvido e consolidado, com um total de vinte e uma regulamentações. Neste grupo, existem decretos que tratam tanto da concessão de acordos de leniência como da responsabilidade objetiva da pessoa jurídica. Nessa região também temos um conjunto de nove Leis, que tratam de questões como a responsabilidade objetiva da pessoa jurídica, a disposição de acordos de leniência, a exigência de programas de integridade para celebração de contratos com a administração pública e a exigência de programas de integridade destinados à Administração Pública.

Na Região Nordeste, assim como nas Regiões Norte e Centro-Oeste, há um tímido desenvolvimento de políticas públicas voltadas para os programas de integridade e combate à corrupção.

No Nordeste temos uma Lei que exige a instalação de programas de integridade nas empresas que pretendem firmar contratos com a Administração Pública, bem como na Região Centro-Oeste. A Região Norte possui um regulamento que prevê acordos de leniência.

5. CONCLUSÃO

Um desafio a ser superado para um bom desenvolvimento da política nacional anticorrupção voltada à prevenção de ilícitos por meio da adoção de programas de *compliance* está na dificuldade que a atividade empresária encontra para viabilizar a implementação dos seus próprios programas, tendo em vista o custo dessa estruturação, em geral elevado, especialmente para o caso das microempresas e empresas de pequeno porte.

Desse modo, mesmo com o aumento de previsões legais específicas no sentido de se exigir ou de se induzir a implantação de programas de *compliance* pelas pessoas jurídicas, ainda se percebe uma retração empresarial na adoção dessa medida. A complexidade da contratação de programas customizados às necessidades de cada empresa, associadas à necessidade de um monitoramento e atualização constantes costumam ser fatores inibidores da ampliação da cultura anticorrupção através da adoção de programas de *compliance*.

Ocorre que a ausência desses programas representa uma majoração dos riscos para o exercício da atividade empresária, que se submete a um controle regulatório externo sem o atendimento dos parâmetros mínimos exigidos pelo plexo normativo anticorrupção, além de ser também uma questão limitadora no que se refere à realização de negócios, já que exclui do rol de possibilidades da empresa a contratação com a Administração Pública em boa parte do país, como já demonstrado anteriormente.

As sociedades empresárias que se dispõem a implementar programas de *compliance* necessitam realizar uma análise de gestão dos riscos da atividade, o que inclui os custos da própria operação. A título meramente exemplificativo, sobre os custos que envolvem a consultoria dos profissionais *compliance*, foram pesquisados valores – segundo um sítio eletrônico que calcula a média de valores dos serviços de consultoria e implementação de programas de integridade – que variam de R\$ 50.000,00 (cinquenta mil reais) a R\$ 3.000.000,00 (três milhões de reais),[9] o que se apresenta distante da capacidade de custeio para boa parte das sociedades empresárias brasileiras.

Segundo o DataSebrae de 11/05/2020, cerca de 38,77% das empresas brasileiras são classificadas como Microempresas (ME) ou Empresas de Pequeno Porte (EPP), sendo, 6.297.201 classificadas como ME e 786.314 classificadas como EPP. Hipoteticamente, considerando que o teto de rendimentos brutos de uma ME é de R\$ 360.000,00 para ser classificada como tal, e, entre R\$ 360.000,00 e R\$ 4.800.000,00 para a classificação das EPP, teríamos o comprometimento de 13,88% a 62,5% do rendimento bruto anual da empresa.

No entanto, deve-se considerar também que, apesar de o custo para a elaboração e a implementação dos programas de integridade serem encarados como elevados, a não instalação de um programa de integridade pode custar bem mais que os valores supracitados. As sanções pelo cometimento de atos ilícitos contra a Administração

---

9. Os custos mencionados e utilizados, a título exemplificativo, como parâmetro para micro e pequenas empresas que buscam tais serviços ofertados por meio da rede mundial de computadores foram obtidos no site da "clickCompliance", disponível em: <https://clickcompliance.com/profissional-de-compliance--quanto-custa/>. Acesso em: 30 mar. 2021.

Pública podem facilmente ultrapassar esses valores, além do custo da reparação do dano causado, que é obrigatório.

Dessarte, se mostra imprescindível que ocorra a ampliação satisfatória e, portanto, a popularização dos programas de *compliance* entre as empresas país afora, o que inevitavelmente deve se dar com o decurso do tempo e a evolução da política anticorrupção, pelo simples fato de que não restará outra alternativa às sociedades empresárias para que seja viabilizada uma adequada e planejada exploração da atividade econômica organizada, com vistas à redução dos riscos inerentes à atividade. Para tanto, o enfrentamento e a superação de problemas como a assimetria normativa e a sujeição a uma multiplicidade de órgãos de controle devem ser sopesados por ocasião da elaboração dos programas.

6. REFERÊNCIAS

ALSHARARI, N, M. Accounting changes and beyond budgeting principles (BBP) in the public sector. *International Journal of Public Sector Management*, v. 33, n. 2/3, p. 165-189, 2019.

BRASIL, Lei 8.429, de 2 de junho de 1992. Disponível em: <http://www.planalto.gov.br/ccivil_03/leis/l8429.htm>. Acesso em: 26 jun. 2021.

BRASIL, Lei 12.529, de 30 de novembro de 2011. Disponível em: <http://www.planalto.gov.br/ccivil_03/_ato2011-2014/2011/lei/l12529.htm>. Acesso em: 26 jun. 2021.

BRASIL, Lei 12.846, de 1º de agosto de 2013. Disponível em: <http://www.planalto.gov.br/ccivil_03/_ato2011-2014/2013/lei/l12846.htm>. Acesso em: 26 jun. 2021.

BRASIL, Decreto 8.420, de 18 de março de 2015. Disponível em: <http://www.planalto.gov.br/ccivil_03/_Ato2015-2018/2015/Decreto/D8420.htm>. Acesso em: 26 jun. 2021.

BRASIL, PL 10.887, de 17 de outubro de 2018. Disponível em: <https://www.camara.leg.br/proposicoesWeb/fichadetramitacao?idProposicao=218445>. Acesso em: 26 jun. 2021.

CARSON, Lindsey D.; PRADO, Mariana M., Using institutional multiplicity to address corruption as a collective action problem: Lessons from the Brazilian case, *The Quarterly Review of Economics and Finance*, v. 62, p. 56-65, 2016.

DA SILVA, Sander José Couto. JÚNIOR, Antônio Carlos Brunozi. Lei Anticorrupção, *Compliance* e Isomorfismo: Responsabilização e Programas de Integridade nos Estados Brasileiros. *XXVII Congresso Brasileiro de Custos* – Associação Brasileira de Custos. 09 a 11 de Novembro de 2020. Disponível em: <https://anaiscbc.emnuvens.com.br/anais/article/viewFile/4757/4778>.

DiMAGGIO, P, J; POWELL, W, W. A gaiola de ferro revisitada: isomorfismo institucional e racionalidade coletiva nos campos organizacionais. *Revista de Administração de Empresas*, v. 45, n. 2, p. 74-89, 2005.

IBGE. *Estrutura Territorial - O que é?* Instituto Brasileiro de Geografia e Estatística, Brasília, 2021. Disponível em: <https://www.ibge.gov.br/geociencias/organizacao-do-territorio/estrutura-territorial/15761-areas-dos-municipios.html?=&t=o-que-e>. Acesso em: 26 jun. 2021.

MAURO, Paolo. *Corruption: Causes, Consequences, and Agenda for Further Research*. Finance & Development, 1998, p. 12. Disponível em: <http://syahia.atreides.online.fr/iae/ethics/corruption.pdf>. Acesso em 20 dez. 2020.

MEYER, John W.; ROWAN, Brian. *Institutionalized Organizations: Formal Structure as Myth and Ceremony*. The University of Chicago Press, v. 83, n. 2, p. 340-363, 1977.

PIMENTA, Raquel de Mattos. *A construção dos acordos de leniência da lei anticorrupção*. São Paulo: Blucher, 2020.

SEBRAE, DataSebrae. Painel de empresas. Disponível em: <https://datasebrae.com.br/totaldeempresas-11-05-2020/>. Acesso em: 25 jun. 2021.

VEIGA, L. H. C.; ANDRADE, J. P.; OLIVEIRA, A. L. R. *Money Laundering, Corruption and Growth: An Empirical Rationale for a Global Convergence on Anti-Money Laundering Regulation*, 2006. Disponível em: <http://www.anpec.org.br/encontro2006/artigos/A06A072.pdf>. Acesso em: 21 dez. 2020.

COMPLIANCE DE DADOS
E INCIDENTES DE SEGURANÇA

Ana Frazão

Advogada e Professora-Associada de Direito Civil, Comercial e Econômico da Universidade de Brasília – UnB.

Mariana Pinto

Mestre em Economia Empresarial pela Universidade Candido Mendes. Doutora em Direito pela Universidade do Estado do Rio de Janeiro (UERJ), na linha de pesquisa Empresa e Atividades Econômicas. Advogada.

Sumário: 1. Considerações iniciais – 2. Importância da segurança da informação: delineando o incidente de segurança – 3. Aspectos gerais do *compliance* de dados; 3.1 O compliance de dados no contexto geral dos programas de compliance; 3.2 As relações entre a autorregulação e a heterorregulação: o papel da ANPD – 4. A função preventiva do *compliance* de dados; 4.1 A importância da prevenção; 4.2 Os parâmetros oferecidos pela LGPD para a implementação das medidas preventivas de segurança; 4.3 As medidas de segurança preventivas no contexto das demais boas práticas de governança – 5. A reação a incidente de segurança; 5.1 Breve contextualização; 5.2 A determinação de envio de comunicação à ANPD e aos titulares; 5.3 Outras possíveis medidas a serem tomadas diante da ocorrência de um incidente de segurança – 6. Conclusões – 7. Referências.

1. CONSIDERAÇÕES INICIAIS

Não há dúvidas de que a segurança é um dos aspectos mais importantes de um programa de *compliance* de dados, ainda mais diante da constatação de que, na atualidade, não há mais dados "inocentes" e mesmo dados públicos e tornados públicos pelo titular precisam da adequada proteção[1]. Com maior razão, a proteção de dados pessoais privados – e especialmente de dados sensíveis – tem na garantia da segurança e da confidencialidade um dos seus principais pilares.

Não é sem razão que, recentemente, o próprio Supremo Tribunal Federal reconheceu a proteção de dados como um direito fundamental autônomo, deixando claro que a sua proteção está diretamente relacionada aos riscos de processamentos realizados por terceiros[2]. Daí por que, sob essa perspectiva, a proteção de dados passa a ter como pilares fundamentais a governança, a transparência e a sindicabilidade do tratamento de dados.

---

1. Note-se que os §§ 3º, 4º e 7º, do art. 7º, da LGPD, são claros no sentido de que tais dados, embora não estejam sujeitos ao mesmo regime protetivo dos demais dados, demandam as proteções específicas neles previstas.
2. Supremo Tribunal Federal. ADI 6.387 MC-Ref/DF, relatado pela Ministra Rosa Weber e julgado por maioria pelo Tribunal Pleno em 07.05.2020.

Não obstante, a realidade tem sido caracterizada por número acentuado de vazamentos de dados e incidentes de segurança, tanto em bases privadas como em bases públicas, que preocupam não só em razão da sua frequência, mas também em virtude da sua extensão. Tal cenário mostra que tanto agentes privados como agentes públicos ainda estão longe de contarem com estruturas adequadas de segurança para a proteção dos dados, o que se evidencia igualmente pelo fato de que muitos dos vazamentos recentes têm como causa falhas humanas banais, que poderiam ter sido perfeitamente evitadas.

Ao lado das falhas humanas, tem-se a ocorrência progressiva de ataques de *hackers* cada vez mais sofisticados e que competem com as tecnologias de segurança utilizadas para a proteção de dados. Motivados por diversas finalidades – que vão do dinheiro à satisfação pessoal, da "trolagem" a fins políticos ou supostamente éticos – e podendo assumir configurações de um verdadeiro sequestro de dados – como vem ocorrendo nos ataques *ransomware* –, os ataques de *hackers* vêm apresentando um desafio considerável para os agentes que realizam tratamento de dados sensíveis ou que podem representar riscos consideráveis para os seus titulares.

Encontrar soluções eficientes e exequíveis para garantir a segurança dos dados pessoais é, portanto, questão a merecer reflexão urgente. É diante desse cenário que o presente artigo procurará oferecer contribuição nesse sentido, abordando como a LGPD pretende assegurar a proteção da segurança dos dados pessoais e quais são os desafios que os programas de *compliance* enfrentarão para cumprir tal objetivo.

2. IMPORTÂNCIA DA SEGURANÇA DA INFORMAÇÃO: DELINEANDO O INCIDENTE DE SEGURANÇA

A segurança da informação é um dos pilares da LGPD, previsto como um dos seus princípios fundamentais no art. 6º, VII, que requer a "utilização de medidas técnicas e administrativas aptas a proteger os dados pessoais de acessos não autorizados e de situações acidentais ou ilícitas de destruição, perda, alteração, comunicação ou difusão".

Além de ser mencionada em diversas oportunidades, a própria questão da responsabilidade dos agentes de tratamento tem na questão da violação dos deveres de segurança um dos seus principais pressupostos. Por essa razão, o art. 44, da LGPD, prevê que "[o] tratamento de dados pessoais será irregular quando deixar de observar a legislação ou quando não fornecer a segurança que o titular dele pode esperar [...]", reafirmando, no parágrafo único, que "[r]esponde pelos danos decorrentes da violação da segurança dos dados o controlador ou o operador que, ao deixar de adotar as medidas de segurança [...] der causa ao dano".

Como se extrai do art. 6º, VII, da LGPD, a segurança da informação diz respeito aos seguintes vetores:

(i) *confidencialidade* dos dados: proteção contra a comunicação ou difusão;

(ii) *subsistência* dos dados: proteção contra destruição ou perda; e

(iii) *integridade* dos dados: proteção contra alteração.

Além dos aspectos explicitamente previstos pelo art. 6º, VII, da LGPD, ainda precisa ser mencionado o vetor da *disponibilidade*, cuja importância tem sido destacada pelos ataques *ransomware* ou sequestros de dados, em que o *hacker* indisponibiliza os dados de determinado agente privado ou público, inviabilizando em muitos casos a sua atividade, cobrando um resgate para a "devolução".

Não é sem razão que o GDPR, além da confidencialidade e da integridade, menciona também a disponibilidade e a resiliência dos tratamentos de dados, inclusive para ressaltar a necessidade de se restaurar a disponibilidade e o acesso aos dados em tempo adequado diante de incidentes físicos ou técnicos.

Talvez até por isso a ANPD tenha adotado um conceito ainda mais amplo de incidente de segurança, definindo-o como "qualquer evento adverso confirmado, relacionado à violação na segurança de dados pessoais, tais como acesso não autorizado, acidental ou ilícito que resulte na destruição, perda, alteração, vazamento ou ainda, qualquer forma de tratamento de dados inadequada ou ilícita, os quais possam ocasionar risco para os direitos e liberdades do titular dos dados pessoais"[3].

Dessa maneira, o incidente de segurança passa a ser definido também pela utilização inadequada ou ilícita dos dados, o que mostra como a questão da segurança está diretamente atrelada ao princípio da finalidade (LGPD, art. 6º, I), uma vez que qualquer violação na segurança dos dados os sujeita potencialmente a uma utilização indevida – e, portanto, distinta daquela que justificou o tratamento originário – por parte de terceiros.

Consequentemente, ataques de *hackers* são apenas uma das espécies de incidentes de segurança. Qualquer acesso não autorizado ou acidental, ainda que por meio ou por causa de funcionários ou prepostos dos agentes de tratamento, é considerado um incidente de segurança.

Fica claro, portanto, que os incidentes de segurança tanto podem decorrer de falhas técnicas – tecnologias de segurança inadequadas ou insuficientes – como também de falhas humanas, tais como não observância das regras de segurança, perda de equipamentos que contêm dados – como HDs, pendrives ou mesmo dispositivos eletrônicos – e até mesmo endereçamento equivocado de e-mails. Logo, falar em vulnerabilidade de dados é falar de algo muito mais amplo do que padrões de segurança de *softwares*, redes e sistemas operacionais, ainda mais diante da circunstância de que os incidentes de segurança tanto podem ser externos – causados por terceiros ao agente de tratamento, como é o caso dos *hackers* –, como internos – causados por descuidos dos membros da própria organização.

---

3. ANPD. Comunicação de Incidentes de Segurança. Disponível em: <https://www.gov.br/anpd/pt-br/assuntos/incidente-de-seguranca>. Acesso em: 02 jun. 2021.

Em razão da abrangência das obrigações de segurança e também do caráter multifacetado dos respectivos incidentes, a implementação de programas de *compliance* de dados enfrenta alguns desafios, como se passará a demonstrar.

3. ASPECTOS GERAIS DO *COMPLIANCE* DE DADOS

3.1 O compliance de dados no contexto geral dos programas de compliance

Um ponto comum das diversas definições de *compliance* é de associá-lo a um conjunto de ações adotadas pelos agentes econômicos a fim de reforçar o seu compromisso com a observância das normas éticas e jurídicas. Do ponto de vista prático, um dos principais resultados esperados de um bom programa de *compliance* é a prevenção das infrações ou, não sendo possível evitá-las, a tomada de providências que assegurem o imediato retorno à normalidade e a mitigação dos eventuais danos.

Para atingir os seus objetivos, além da enunciação dos princípios e valores que devem ser respeitados e cumpridos por todos os membros da empresa, os programas de *compliance* devem ter igualmente normas de conduta e soluções organizacionais que possibilitem que o risco empresarial seja devidamente gerenciado e supervisionado, inclusive para fins de possibilitar as necessárias atualizações.

Daí por que os impactos mais palpáveis de um programa de *compliance* robusto e eficaz projetam-se especialmente na questão da organização, pois se espera do agente econômico que crie uma estrutura compatível com os riscos da atividade e que possa monitorar tal risco de forma permanente, identificando a tempo falhas e debilidades para o fim de supri-las adequadamente.

Parte da importância do *compliance* decorre da constatação de que o modelo de regulação baseado apenas no comando-controle, estruturado na previsão de sanções e no monitoramento dos agentes econômicos, não é eficaz, até porque o Estado não tem condições de supervisionar todo o mercado e a sociedade. Isso é particularmente verdadeiro em relação à proteção de dados, que se estende a praticamente todos os aspectos da vida social, política e econômica, além da vida privada dos cidadãos.

Outra das preocupações dos programas de *compliance* é a mudança do próprio ambiente institucional e da cultura corporativa, partindo-se da premissa de que a mudança individual de cada agente econômico pode ser um fator de indução da modificação dos seus parceiros contratuais e dos demais agentes econômicos. Daí a importância de que bons programas de *compliance* não tenham apenas efeitos internos, mas possam também exteriorizar os valores e compromissos da empresa para a sociedade, inclusive para o fim de exigir de todos os parceiros contratuais o mesmo respeito às obrigações éticas e jurídicas.

Logo, por mais que a LGPD se baseie igualmente no *enforcement* a ser conferido pela ANPD, esta é apenas uma parte de um projeto maior, que envolve a cooperação entre os agentes e a criação de instituições fortes que possam lastrear tal propósito, criando "regras do jogo" que sejam compatíveis com a tutela de dados pessoais e, num cenário ideal, viabilizando esta proteção como um diferencial competitivo dos agentes que atuam em determinados mercados.

Nesse sentido, além de assegurar o cumprimento das regras legais, os programas de *compliance*, como mostram Colin Bennett e Charles Raab[4], podem e devem ir além da legislação, complementando-a. A depender da extensão desse papel suplementar, afirmam os autores que os programas de *compliance* podem até mesmo antecipar ou evitar a legislação.

Todas essas observações aplicam-se igualmente ao *compliance* de dados, até porque este precisa estar integrado no conjunto das iniciativas da empresa que procuram atender não apenas às preocupações específicas da proteção de dados, mas também de outras searas jurídicas.

3.2 As relações entre a autorregulação e a heterorregulação: o papel da ANPD

No caso do *compliance* de dados, os objetivos descritos na seção anterior passam a estar relacionados ao cumprimento dos direitos dos titulares de dados, razão pela qual a LGPD certamente assume um papel importantíssimo na configuração dos programas e das políticas de cada agente econômico.

Vale lembrar que, por mais que reconhecida a qualidade da LGPD, existem diversos aspectos da proteção de dados que não foram tratados por ela, o que evidencia a relevância do caráter complementar de um bom programa de *compliance* de dados. Já no que diz respeito ao papel de implementar a legislação, a importância do *compliance* decorre também da circunstância de que a LGPD é uma lei fundamentalmente principiológica, sendo que muitos das suas normas e conceitos abertos precisam não somente de densificação, mas *também de adaptação à situação específica de cada agente de tratamento e dos riscos dos respectivos tratamentos*.

Aliás, considerando que os agentes de tratamento podem apresentar diferentes portes e atividades, bem como podem realizar tratamentos de dados sujeitos a riscos muito distintos, o *compliance* de dados não deixa de ser uma oportunidade de adaptação da LGPD à realidade de cada agente econômico.

Todavia, para que possa atingir esses valiosos objetivos, e ainda ser fator de estímulo a uma cultura de respeito de dados, reforçando o viés preventivo da LGPD, é importante considerar que a autorregulação não ocorre no vazio. Daí a relevância da ANPD para regulamentar matérias e criar incentivos para o cumprimento da LGPD, o que é reconhecido, por exemplo, por seu art. 51, segundo o qual "a autoridade

---

4. Colin J. Bennett; Charles D. Raab. *The governance of privacy: Policy instruments in global perspective.* Cambridge: The MIT Press, 2006. p. 151-152.

nacional estimulará a adoção de padrões técnicos que facilitem o controle pelos titulares dos seus dados pessoais".

Portanto, a autonomia dos agentes privados para estruturarem seus programas de *compliance* não ocorre propriamente em um vazio institucional, mas depende das corretas orientações e dos adequados incentivos por parte da ANPD. Afinal, diante dos custos para a implementação e acompanhamento de um bom programa de *compliance*, os agentes econômicos precisam ter segurança sobre que soluções são consideradas eficientes e adequadas pelo regulador.

É por essa razão que, principalmente nessa fase inicial da vida da ANPD, em que se espera uma intensa atividade regulamentadora, os agentes econômicos precisam ficar bastante atentos para as normas e sinalizações vindas da autoridade, criando mecanismos para que possam reagir com celeridade às novas regulamentações, inclusive para o fim de realizar eventuais adaptações em programas já constituídos.

Um dos grandes incentivos para esse alinhamento com a ANPD é o fato de que a própria LGPD reconhece que um bom programa de *compliance* de dados deve ser utilizado na dosimetria da sanção por eventuais violações às obrigações legais (art. 52, § 1º, VIII, IX e X).

4. A FUNÇÃO PREVENTIVA DO *COMPLIANCE* DE DADOS

4.1 A importância da prevenção

A rigor, além do princípio da segurança (LGPD, art. 6º, VII), vários dos demais princípios constantes da LGPD estão conectados direta ou indiretamente à questão da segurança. Basta verificar que os princípios da finalidade (LGPD, art. 6º, I), da adequação (LGPD, art. 6º, II) e da necessidade ou minimicidade (LGPD, art. 6º, III), ao restringirem o tratamento de dados ao mínimo possível para se atingir à finalidade legítima que justificou o tratamento, corroboram para a segurança, na medida em que impedem tratamentos que não atendam aos parâmetros mencionados.

Tal aspecto é importante porque, embora nem sempre se perceba, ter acesso ou manter dados pessoais já gera uma grande responsabilidade para os agentes de tratamento, na medida em que terão que gerenciar os riscos de incidentes de segurança e tomar todas as providências cabíveis para preveni-los, até porque o princípio da prevenção, que impõe a "adoção de medidas para prevenir a ocorrência de danos em virtude do tratamento de dados pessoais" (LGPD, art. 6º, VIII), é um corolário lógico e valorativo do princípio da segurança.

Falar em prevenção de incidentes de segurança envolve uma análise necessariamente casuística, que possa avaliar as medidas tecnológicas e organizacionais que, ajustando-se ao perfil e ao porte do agente econômico, bem como ao grau de risco dos seus tratamentos de dados, possam ser consideradas suficientes para a prevenção. Dessa maneira, dificilmente haverá soluções *one size fits all*, embora se possa pensar em diretrizes gerais que serão moduladas de acordo com as especificidades de cada empresa.

Acresce que, especialmente no que diz respeito às tecnologias de segurança, há que se considerar não apenas as questões técnicas, como também as questões econômicas, traduzidas nos custos de implementação. É por essa razão que, como se verá em seguida, a questão das tecnologias de segurança é matéria que requer a regulamentação da ANPD, a fim de que os agentes possam orientar suas escolhas a partir de critérios seguros.

Aliás, sobre tal questão, o GDPR europeu, em seu art. 32, expressamente ressalta que as medidas técnicas e organizacionais a serem adotadas devem ser compatíveis com o "estado da arte", os custos da implementação, a natureza, o escopo, o contexto e os propósitos do tratamento, bem como o risco.

Outro ponto relevante é que, em diversos casos, a própria LGPD já acena no sentido da importância de relatórios de impactos à proteção de dados, definidos como documentação do controlador que contém a descrição dos processos de tratamento de dados pessoais que podem gerar riscos às liberdades civis e aos direitos fundamentais, bem como medidas, salvaguardas e mecanismos de mitigação de risco (LGPD, art. 5º, XVII), como etapa fundamental para saber se as medidas de segurança são compatíveis com os riscos específicos previamente identificados[5].

Também é importante, em qualquer caso, que o controlador possa deixar claro ao operador quais são as obrigações e medidas de segurança a serem tomadas e que este as cumpra, sob pena de incidir ao caso o parágrafo único, do art. 44, da LGPD, segundo o qual "responde pelos danos decorrentes da violação da segurança dos dados o controlador ou o operador que, ao deixar de adotar as medidas de segurança previstas no art. 46 desta Lei, der causa ao dano".

Vale ressaltar que, como ficou definitivamente esclarecido no recente Guia Orientativo para Definições dos Agentes de Tratamento de Dados Pessoais e do Encarregado, editado pela ANPD[6], administradores, sócios, empregados e demais colaboradores do controlador de dados não são considerados operadores. Entretanto, por mais que esses membros internos não tenham responsabilidades diretas pelas obrigações de segurança, é inequívoco que suas condutas omissivas ou comissivas que implicarem violações serão imputadas ao controlador.

---

5. Vale ressaltar que a ANPD, em maio de 2021, abriu inscrições para participação em reunião técnica para decidir os principais aspectos dos relatórios de impacto de proteção de dados pessoais, que auxiliarão na regulamentação do tema e no esclarecimento de questões sobre em que situações o relatório é exigível e que elementos devem dele constar. Disponível em: <https://www.gov.br/anpd/pt-br/assuntos/noticias/anpd-abre-inscricoes-para-participacao-em-reuniao-tecnica-sobre-relatorio-de-impacto-de-protecao-de--dados-pessoais>. Acesso em: 02 jun. 2021.

6. ANPD. Guia orientativo para definições dos agentes de tratamento de dados pessoais e do encarregado. Brasília: ANPD, 2021. Disponível em: <https://www.gov.br/anpd/pt-br/assuntos/noticias/2021-05-27-guia--agentes-de-tratamento_final.pdf>. Acesso em: 02 jun. 2021.

Essa é mais uma razão pela qual os controladores precisam assegurar que suas organizações sejam efetivamente compatíveis com o atendimento das obrigações de segurança e com o controle do risco respectivo, de forma que qualquer pessoa natural que esteja agindo sob a autoridade dos controladores e operadores só possa tratar dados pessoais de acordo com as instruções recebidas.

Em muitos casos, uma solução organizacional necessária será limitar o número de pessoas que pode ter acesso a determinados dados ou criar procedimentos, protocolos e controles para tais acessos. Outra solução que pode se mostrar necessária é a identificação e o registro dos acessos e dos procedimentos, a fim de possibilitar o monitoramento.

Da mesma maneira, os agentes econômicos precisarão ficar atentos aos casos de controle conjunto, em relação aos quais a responsabilidade é solidária, nos termos do art. 42, § 1º, II, da LGPD, assim como aos casos de tratamentos com dados sensíveis ou com riscos consideráveis, ainda que, neste último caso, não seja obrigatório o relatório de impacto de proteção de dados.

Não é demais lembrar que a utilização de inteligência artificial em tratamento de dados demanda obrigações adicionais de segurança, na medida em que ataques cibernéticos podem atingir a própria base de treinamento de dados (envenenamento de dados) ou ainda incluir *inputs* indevidos ou se utilizar de estratégias que atrapalhem o treinamento de dados ou possam levar o modelo a resultados equivocados, dentre inúmeros outros problemas.

É por essa razão, inclusive, que, na proposta da Comissão Europeia para a disciplina de inteligência artificial, há grande preocupação com a criação de sistemas resilientes contra tentativas de alterar o seu uso, comportamento, performance ou que comprometam suas propriedades de segurança por terceiros mal intencionados que procurem explorar as falibilidades do sistema[7].

Diante do que já se expôs, evidencia-se que a implementação de um bom programa de *compliance* de dados, embora não seja uma tarefa simples e trivial, passa a ser um fator fundamental para evitar os danos reputacionais, operacionais – como ocorre no caso da indisponibilidade dos dados – e econômicos – como ocorre diante da necessidade de reparação dos danos.

A prevenção aos danos decorrentes de incidentes de segurança atende, portanto, não somente aos interesses dos titulares de dados – até porque muitos dos danos decorrentes de incidentes de segurança são irreversíveis – mas também aos interesses dos próprios agentes de tratamento, que são também grandes prejudicados diante de problemas que podem comprometer até mesmo a continuidade da sua atividade empresarial.

---

7. Disponível em: <https://eur-lex.europa.eu/resource.html?uri=cellar:e0649735-a372-11eb-9585-01aa75e-d71a1.0001.02/DOC_1&format=PDF>. Acesso em: 02 jun. 2021.

4.2 Os parâmetros oferecidos pela LGPD para a implementação das medidas preventivas de segurança

Diante das dificuldades naturais que os agentes econômicos enfrentam para estruturar programas de *compliance* robustos e eficientes, a LGPD procurou auxiliá-los, prevendo desde já diretrizes nesse sentido.

A questão da segurança é tão importante que é destacada e priorizada no contexto das demais boas práticas de governança, recebendo uma seção própria da LGPD para tratar do tema, que congrega tanto as normas com viés mais preventivo, que serão exploradas na presente seção, como também medidas de reação e mitigação de danos, que serão abordadas na próxima seção.

No que diz respeito, portanto, à prevenção, o art. 46, da LGPD, prevê a regra geral de que "os agentes de tratamento devem adotar medidas de segurança, técnicas e administrativas aptas a proteger os dados pessoais de acessos não autorizados e de situações acidentais ou ilícitas de destruição, perda, alteração, comunicação ou qualquer forma de tratamento inadequado ou ilícito", destacando, no § 2º, que tais medidas devem ser observadas desde a concepção do produto ou do serviço até a sua execução.

Dessa maneira, cabe aos agentes econômicos encontrar soluções técnicas e organizacionais para assegurarem os vetores da segurança dos dados, ou seja, a confidencialidade, a subsistência, a integridade e a disponibilidade. Outro ponto importante é a garantia da segurança da informação em relação aos dados pessoais, mesmo após o término do tratamento de dados, obrigação que é igualmente estendida a qualquer pessoa que intervenha em qualquer das fases do tratamento (LGPD, art. 47).

Como a questão da segurança dos dados envolve diretamente a questão da utilização das tecnologias adequadas, o art. 46, § 1º, da LGPD, prevê que "a autoridade nacional poderá dispor sobre padrões técnicos mínimos para tornar aplicável o disposto no *caput* deste artigo, considerados a natureza das informações tratadas, as características específicas do tratamento e o estado atual da tecnologia, especialmente no caso de dados pessoais sensíveis, assim como os princípios previstos no *caput* do art. 6º desta Lei".

Em outras palavras, até que haja a regulamentação da ANPD, os agentes econômicos terão considerável liberdade para implementar suas medidas de segurança, com base nas tecnologias disponíveis e nos custos envolvidos, desde que estas se mostrem adequadas para os objetivos por ela propostos diante dos riscos dos tratamentos de dados.

4.3 As medidas de segurança preventivas no contexto das demais boas práticas de governança

A questão da segurança e do sigilo de dados obviamente não esgota o propósito de um bom programa de *compliance* de dados, razão pela qual a Seção II, do Capítulo VII, da LGPD, dedica-se a tratar das boas práticas e da governança de dados.

Nesse sentido, o § 1º, do art. 50, da LGPD, determina que, "ao estabelecer regras de boas práticas, o controlador e o operador levarão em consideração, em relação ao tratamento e aos dados, a natureza, o escopo, a finalidade e a probabilidade e a gravidade dos riscos e dos benefícios decorrentes de tratamento de dados do titular". Tais parâmetros são fundamentais para todos os riscos inerentes ao tratamento de dados, incluindo aí, como não poderia deixar de ser, os riscos relacionados à segurança.

Aliás, especificamente sobre a questão da segurança e da prevenção de danos aos titulares dos dados, o § 2º, do art. 50, da LGPD, já mostra alguns critérios que serão fundamentais para a configuração dos programas de *compliance* de dados: (i) estrutura do agente econômico, (ii) escala e volume de suas operações, (iii) sensibilidade dos dados tratados e (iv) gravidade dos danos que podem surgir para os titulares de dados.

Ademais, os §§ 2º e 3º, do art. 50, da LGPD, preveem os requisitos mínimos do que chama de programa de governança em privacidade, a partir dos seguintes indicativos:

(i) comprometimento do controlador em adotar processos e políticas internas que assegurem o cumprimento, de forma abrangente, de normas e boas práticas relativas à proteção de dados pessoais (§ 2º, inciso I, alínea "a");

(ii) aplicabilidade do programa a todo o conjunto de dados pessoais que estejam sob seu controle, independentemente do modo como se realizou sua coleta (§ 2º, inciso I, alínea "b");

(iii) adaptação à estrutura, à escala e ao volume das operações, bem como à sensibilidade dos dados tratados (§ 2º, inciso I, alínea "c");

(iv) existência de políticas e salvaguardas adequadas com base em processo de avaliação sistemática de impactos e riscos à privacidade (§ 2º, inciso I, alínea "d");

(v) atendimento, pelo programa, do objetivo de estabelecer relação de confiança com o titular, por meio de atuação transparente e que assegure mecanismos de participação do titular (§ 2º, inciso I, alínea "e");

(vi) integração do programa à estrutura geral de governança e estabelecimento e aplicação de mecanismos de supervisão internos e externos (§ 2º, inciso I, alínea "f");

(vii) existência de planos de resposta a incidentes e remediação (§ 2º, inciso I, alínea "g");

(viii) atualização constante com base em informações obtidas a partir de monitoramento contínuo e avaliações periódicas (§ 2º, inciso I, alínea "h");

(ix) demonstração da efetividade do programa de governança em privacidade quando apropriado e, em especial, a pedido da ANPD ou de outra entidade responsável por promover o cumprimento de boas práticas ou códigos de conduta, os quais, de forma independente, promovam o cumprimento da LGPD (§ 2º, inciso II);

(x) publicidade e atualização periódica das regras de boas práticas e de governança, que poderão ser reconhecidas e divulgadas pela ANPD (§ 3º).

COMPLIANCE DE DADOS E INCIDENTES DE SEGURANÇA **45**

Como se pode observar, vários desses parâmetros e requisitos são pertinentes à questão da segurança de dados e da precaução, embora um deles mereça especial atenção: a ideia de avaliações sistemáticas de impactos e riscos à privacidade, o que ressalta o caráter dinâmico de um bom programa de *compliance*, a exigir constante monitoramento e atualizações periódicas.

Ora, especialmente em questões de segurança, novas tecnologias e novas ameaças surgem a qualquer momento, a demandar dos agentes econômicos uma capacidade de resposta a tais alterações, especialmente quando implicam aumento dos riscos ou a possibilidade de assegurar maiores escalas de prevenção. Aliás, sobre a questão, mesmo que o agente econômico não tenha passado por incidentes de segurança, é interessante que esteja atento para as ameaças que caracterizam os tratamentos de dados de forma geral.

Dessa maneira, a partir do momento em que vazamentos de dados se tornam mais frequentes, é importante que os agentes econômicos possam aprender não somente com a própria experiência, mas também com a experiência alheia, aproveitando as debilidades que motivaram incidentes em outros agentes para verificar em que medida não estão sujeitos às mesmas fragilidades e, consequentemente, deveriam investir mais na questão da segurança.

Além disso, a criação de soluções organizacionais e normas de conduta que possam disciplinar o acesso a dados de forma segura é fundamental, o que igualmente exige não apenas o comprometimento da alta administração, como o treinamento de funcionários nesse sentido. Como se viu, até mesmo um e-mail dirigido para o destinatário equivocado pode ser considerado um incidente de segurança, o que requer atenção redobrada com tais procedimentos.

Portanto, a prevenção de incidentes de segurança requer uma combinação de soluções técnicas e organizacionais que possa fazer frente aos riscos respectivos de maneira adequada e razoável. Entretanto, os desafios do *compliance* de dados não se restringem à prevenção, uma vez que os agentes econômicos precisam estar preparados para reagir adequadamente diante de um incidente, como se passará a demonstrar na próxima seção.

5. A REAÇÃO A INCIDENTE DE SEGURANÇA

5.1 Breve contextualização

A efetiva e adequada adoção de medidas de segurança, de ordem técnica e administrativa, aptas a proteger dados pessoais, não elimina a possibilidade de ocorrência de incidentes de segurança. Em outros termos, certo grau de vulnerabilidade remanescerá, por mais zelosos sejam os agentes de tratamento em relação à proteção de dados, notadamente no que tange à observância dos princípios da segurança e da prevenção (LGPD, art. 6°, VII e VIII) e, ainda, à adoção e à atualização periódica de regras de boas práticas e de governança (LGPD, art. 50).

Nesse compasso, cabe refletir acerca da postura a ser adotada pelos agentes de tratamento de dados pessoais, sobretudo pelo controlador, diante da verificação de um incidente de segurança. A reflexão proposta nada tem de singela. Ao revés, ganha contornos de complexidade à luz dos múltiplos ingredientes que podem compor cada caso concreto.

O incidente de segurança (i) pode envolver os mais diversos tipos de dados pessoais, incluindo aqueles que se apresentem como sensíveis; (ii) pode voltar-se na direção dos mais variados controladores, de diferentes portes, atingindo, por exemplo, uma pessoa natural que preste serviços autonomamente, uma associação, uma sociedade ou o Poder Público; e (iii) pode decorrer da postura dos mais distintos agentes, advindo, ainda a título exemplificativo, da atuação de um funcionário do controlador ou do operador ou, ainda, de *hackers* integrantes de uma organização criminosa.

Sua gravidade oscila em função do potencial de exposição dos titulares de tais dados. Assim, pode-se ter, *e.g.*, desde uma simples alteração acidental e momentânea de dados pessoais, fruto de culpa pontual de um específico funcionário do controlador e plenamente revertida em um segundo momento, a, até mesmo, em outro extremo, um complexo sequestro de dados pessoais sensíveis, constantes de banco de dados de uma organização internacional, realizado por um grupo extremista.

5.2   A determinação de envio de comunicação à ANPD e aos titulares

A LGPD estabelece que o controlador deverá comunicar à ANPD e aos titulares a ocorrência de incidente de segurança que possa acarretar risco ou dano relevante a esses últimos[8]. Em complementação, preconiza que esta comunicação será feita "em prazo razoável, conforme definido pela autoridade nacional"[9], contemplando, no

---

8. Em documento denominado "Comunicação de Incidentes de Segurança", a ANPD previu que a obrigação de comunicação é do controlador. Em complementação, recomendou "que os controladores adotem posição de cautela, de modo que a comunicação seja efetuada mesmo nos casos em que houver dúvida sobre a relevância dos riscos e danos envolvidos", ressaltando que "eventual e comprovada subavaliação dos riscos e danos por parte dos controladores pode ser considerada descumprimento à legislação de proteção de dados pessoais". Por fim, destacou que, "embora a responsabilidade e a obrigação pela comunicação à ANPD sejam do controlador, caso excepcionalmente sejam apresentadas informações pelo operador, serão devidamente analisadas pela ANPD". Disponível em: <https://www.gov.br/anpd/pt-br/assuntos/incidente-de-seguranca>. Acesso em: 10 jun. 2021.

9. Na prefalada "Comunicação de Incidentes de Segurança", a ANPD fez constar o seguinte trecho: "A LGPD determina que a comunicação do incidente de segurança seja feita em prazo razoável (art. 48, § 1º), conforme será definido pela ANPD. Embora não tenha havido regulamentação nesse sentido, a realização da comunicação demonstrará transparência e boa-fé e será considerada em eventual fiscalização. Enquanto pendente a regulamentação, recomenda-se que após a ciência do evento adverso e havendo risco relevante, a ANPD seja comunicada com a maior brevidade possível, sendo tal considerado a título indicativo o prazo de 2 dias úteis, contados da data do conhecimento do incidente. Tal interregno foi estabelecido com parâmetro na definição de comunicação já existente no Decreto 9.936/2019 e em virtude da necessidade de gerenciamento dos incidentes de segurança com dados pessoais por parte da ANPD e das consequências danosas que podem ocorrer em razão do atraso nas ações de contenção ou mitigação". Disponível em: <https://www.gov.br/anpd/pt-br/assuntos/incidente-de-seguranca>. Acesso em: 10 jun. 2021.

mínimo, (i) a descrição da natureza dos dados pessoais afetados; (ii) as informações sobre os titulares envolvidos; (iii) a indicação das medidas técnicas e de segurança utilizadas para a proteção dos dados, observados os segredos comercial e industrial; (iv) os riscos relacionados ao incidente; (v) os motivos da demora, caso a comunicação não tenha sido feita de imediato; e (vi) as medidas que foram ou serão adotadas para reverter ou mitigar os efeitos decorrentes do prejuízo (*caput* e § 1º do art. 48)[10].

A regra suscita, de plano, uma série de indagações. Quais providências deveriam ser tomadas para aferir se o incidente de segurança é capaz de gerar *risco* ou *dano relevante* aos titulares dos dados envolvidos? O que poderia ser tido como *prazo razoável* para envio da referida comunicação? De que modo o objetivo maior de reversão ou ao menos de mitigação de danos poderia repercutir no *timing* do encaminhamento dessa missiva à ANPD e aos titulares? Quais elementos seriam capazes de justificar a sua realização de forma não imediata?

O desafio inicial pode vincular-se à própria confirmação da existência, ou não, de um incidente de segurança. De todo modo, uma vez superada essa primeira etapa, faz-se necessário analisar todas as informações disponíveis acerca do incidente, com o objetivo de identificar a sua espécie; os ativos comprometidos (*softwares*, redes, sistemas operacionais etc.); os dados pessoais envolvidos; de que maneira tais dados foram afetados (foram acessados, divulgados, copiados, modificados, corrompidos, bloqueados, roubados, excluídos etc.[11]); a reversibilidade, ou não, do quadro de afetação; o responsável pelo incidente; a sua eventual motivação; e os seus possíveis impactos. À luz desse diagnóstico, poder-se-á avançar em relação ao mapeamento dos riscos relacionados ao incidente em questão[12] e, consequentemente, à definição das medidas necessárias ao seu combate.

Incidentes de segurança de menor complexidade podem ser enfrentados pela equipe interna do próprio agente de tratamento; já os de maior complexidade podem demandar a realização de perícias e, até mesmo, em situações ainda mais graves e extremas, usualmente associadas a sofisticados ataques cibernéticos,

---

10. A ANPD consigna que as informações devem ser claras e concisas e, além do que prescreve o § 1º do art. 48 da LGPD, recomenda que a comunicação contenha um específico conjunto de informações, "disponíveis no formulário de comunicação de incidentes de segurança com dados pessoais da ANPD" (ANPD. Comunicação de Incidentes de Segurança. Disponível em: <https://www.gov.br/anpd/pt-br/assuntos/incidente-de-seguranca>. Acesso em: 10 jun. 2021).

11. O Grupo de Trabalho do Artigo 29º (grupo de trabalho independente que cuidou de questões relacionadas com a proteção de dados pessoais e a privacidade até o início da aplicação do GDPR) emitiu, em 25.03.2014, o Parecer 03/2014, sobre a notificação de violação de dados pessoais. No documento, os incidentes de segurança foram assim classificados: violação à confidencialidade, violação à disponibilidade e violação à integridade. Disponível em: <https://ec.europa.eu/justice/article-29/documentation/opinion-recommendation/files/2014/wp213_en.pdf>. Acesso em: 10 jun. 2021.

12. Para a ANPD, "pode-se extrair da lei que a probabilidade de risco ou dano relevante para os titulares será maior sempre que o incidente envolver dados sensíveis ou de indivíduos em situação de vulnerabilidade, incluindo crianças e adolescentes, ou tiver o potencial de ocasionar danos materiais ou morais, tais como discriminação, violação do direito à imagem e à reputação, fraudes financeiras e roubo de identidade" (ANPD. Comunicação de Incidentes de Segurança. Disponível em: <https://www.gov.br/anpd/pt-br/assuntos/incidente-de-seguranca>. Acesso em: 10 jun. 2021).

justificar a montagem de uma sala de guerra (*war room*), com a escalação de um específico time de gerenciamento de crise, composto por profissionais internos e externos de diferentes expertises. Assim, a depender do caso concreto, a verificação da efetiva capacidade do incidente de segurança de gerar risco ou dano relevante aos titulares de dados pessoais – gatilho para a necessidade de envio da comunicação à ANPD e a tais titulares – pode, legítima e justificadamente, consumir parcela considerável do prazo compreendido entre a identificação do aludido incidente e o envio da mencionada comunicação, sem que isso, por si só, suprima a razoabilidade de tal prazo.

Diferentemente do GDPR, a LGPD não previu a possibilidade de fracionamento da comunicação, isto é, do seu envio em fases ou por etapas[13]. Porém, a nosso ver, esse silêncio não traduz óbice à sua implementação[14]. A ANPD caminha nessa mesma direção, ao prever que, dentre as informações a serem inseridas na comunicação, deve constar "a indicação se a notificação é completa ou parcial"[15].

Mas esses não são os únicos fatores a serem considerados.

O envio precipitado de uma comunicação à ANPD e aos titulares de dados pessoais, sensíveis ou não, pode ensejar consequências nefastas não só para estes últimos, como também para o próprio controlador e, consequentemente, para todos aqueles que com ele se relacionam[16].

Ademais, tendo especificamente em mira controladores que se organizam sob a forma de sociedades, cabe refletir sobre a necessidade de observância dos deveres

---

13. Nos moldes do art. 33º, n. 4, do GDPR, "caso, e na medida em que não seja possível fornecer todas as informações ao mesmo tempo, estas podem ser fornecidas por fases, sem demora injustificada".

14. Nesse sentido, Carlos Affonso Pereira de Souza assim consigna: "No caso de incidentes de segurança complexos, que dependem de uma perícia para determinar a razão da violação e a extensão dos dados que foram comprometidos, a notificação poderá ocorrer por etapas, sempre privilegiando a transparência no contato com a Autoridade Nacional" (Segurança e sigilo dos dados pessoais: Primeiras impressões à luz da Lei 13.709/2018. In: TEPEDINO, Gustavo; FRAZÃO, Ana; OLIVA, Milena Donato (Coord.). *Lei geral de proteção de dados pessoais e suas repercussões no direito brasileiro*. São Paulo: Thomson Reuters, 2019. p. 438-439).

15. Em complementação, é estabelecido que, "em caso de comunicação parcial", deve-se "indicar que se trata de uma comunicação preliminar ou de uma comunicação complementar". Mais adiante, o ponto é retomado nos seguintes moldes: "Caso não seja possível fornecer todas as informações no momento da comunicação preliminar, informações adicionais poderão ser fornecidas posteriormente. No momento da comunicação preliminar deverá ser informado à ANPD se serão fornecidas mais informações posteriormente, bem como quais meios estão sendo utilizados para obtê-las. A ANPD também poderá requerer informações adicionais a qualquer momento" (ANPD. Comunicação de Incidentes de Segurança. Disponível em: <https://www.gov.br/anpd/pt-br/assuntos/incidente-de-seguranca>. Acesso em: 10 jun. 2021).

16. Um exemplo pode trazer luzes para a nossa exposição. Consideremos que uma sociedade empresária funciona como controladora em um específico tratamento de dados pessoais. Em um determinado momento, ela atesta que tais dados foram objeto de um ataque cibernético. Na sequência, vislumbrando que o incidente de segurança pode ocasionar risco ou dano relevante aos titulares dos indigitados dados pessoais, antes mesmo de tomar medidas de contenção e reversão do ataque, no afã de atender ao disposto no *caput* e no § 1º do art. 48 da LGPD, envia comunicado à ANPD e esses titulares. Entretanto, ao agir dessa maneira, culmina por aumentar consideravelmente o nível de exposição desses últimos. A comunicação precipitada pode, portanto, gerar mais ônus do que bônus.

fiduciários por parte de seus administradores e também de seus sócios ou acionistas controladores[17].

Por um lado, quando o foco está posto na *prevenção* de incidentes de segurança, ganha especial relevo o dever de diligência, cujo núcleo mínimo é ampliado à luz do próprio conceito de *compliance*, para também abrigar o dever de instituir e manter a organização de modo compatível com as atividades desempenhadas e os riscos assumidos, inclusive no que tange à proteção de dados[18-19].

Por outro lado, sob a perspectiva da *reação* a incidentes de segurança, emergem outras relevantes reflexões. A primeira delas, volta-se especificamente na direção das companhias abertas e relaciona-se com a análise da forma de convivência dos deveres de informar e de guardar sigilo, comtemplados respectivamente no art. 157 e nos §§ 1º a 4º do art. 155 da Lei 6.404/76.

Nos moldes do art. 157 da Lei 6.404/76, o dever de informar possui dois núcleos de destinatários: os acionistas da companhia e o mercado como um todo. Ambos os conjuntos de destinatários devem ser participados de fatos relevantes[20] vinculados

---

17. Como já anotado por Ana Frazão, coautora deste trabalho, "a doutrina brasileira é farta em lições segundo as quais o controlador também está sujeito a deveres fiduciários, especialmente no que se refere à lealdade" (*Função social da empresa: Repercussões sobre a responsabilidade civil de controladores e administradores de S/ As*. Rio de Janeiro: Renovar, 2011. p. 251-252).

18. O tema já foi abordado por Ana Frazão, coautora deste trabalho, sob a ótica da prevenção de ilícitos, nos seguintes termos: "[...] o *compliance* reforça a dimensão organizacional do dever de diligência, a fim de que controladores e administradores estruturem a organização empresarial de forma compatível com as atividades da companhia e com o risco por ela assumido. Para tanto, torna-se necessário criar adequados sistemas de vigilância, supervisão e investigação sobre as atividades da sociedade, de modo a assegurar o respeito às obrigações legais e possibilitar a intervenção adequada diante da identificação de problemas e ameaças. Não é sem razão que um aspecto fundamental dos programas de *compliance* é a necessidade de comprometimento da alta administração. Logo, é inequívoco o potencial do *compliance* para ampliar o núcleo básico do dever de diligência, abrindo margem para que, ao lado do dever de agir bem informado, acrescente-se igualmente a importante obrigação de instituir e manter uma organização idônea para lidar com o risco assumido, inclusive no que diz respeito à prevenção de ilícitos" (Dever de diligência: Novas perspectivas em face de programas de *compliance* e atingimento de metas. *Portal Jota*, 15.02.2017. Disponível em: <http://jota.info/colunas/constituicao-empresa-e-mercado/dever-de-diligencia-15022017>. Acesso em: 10 jun. 2021).

19. Em estudo dedicado à implementação de programas de integridade como conteúdo do dever de diligência dos administradores de sociedades anônimas, Laís Machado Lucas assim sustenta: "Diante do que até aqui foi pesquisado, entende-se que a implementação dos programas de integridade é obrigatória pelo dever de diligência dos administradores, pois o artigo 7º, VIII, da Lei 12.846/2013 criou mais um subdever intrínseco à cláusula geral do artigo 153 da Lei 6.404/76. Lembre-se de que a concreção da normativa parcialmente em branco se dá mediante análise do caso concreto, buscando-se elementos no próprio ordenamento jurídico e em situações extrajurídicas. Por isso, pode-se afirmar que o conteúdo do dever de diligência dos administradores é mutante, podendo ser alterado, sempre que surjam novas legislações ou práticas de mercado que exijam a revisão ou readaptação da conduta dos administradores. No caso, diante do cenário social e jurídico que se vivencia, o dever de diligência requer nova conformação para exigir dos administradores uma postura voltada para o combate às fraudes empresariais, mais precisamente à corrupção" (*Programas de integridade nas sociedades anônimas: Implementação como conteúdo do dever de diligência dos administradores*. Porto Alegre: Livraria do Advogado, 2021. p. 153).

20. De acordo com o *caput* do art. 2º da Instrução CVM 358/2002, "considera-se relevante, para os efeitos desta Instrução, qualquer decisão de acionista controlador, deliberação da assembleia geral ou dos órgãos de administração da companhia aberta, ou qualquer outro ato ou fato de caráter político-administrativo,

às atividades exercidas pela pessoa jurídica (§ 1º, alínea "e", e § 4º). Contudo, os administradores podem deixar de fazê-lo, caso considerem que sua revelação colocará em risco *interesse legítimo* da companhia, cabendo, nessa hipótese, à Comissão de Valores Mobiliários, a pedido dos próprios administradores, de qualquer acionista ou até mesmo por iniciativa própria, decidir sobre a prestação de informação e, se for o caso, responsabilizar tais administradores (§ 5º)[21].

O dever de informar não é, portanto, absoluto. Deve ser harmonizado com o dever de sigilo. Essa harmonização deve ser norteada pelo legítimo interesse da companhia e, em última análise, pela preservação da empresa por ela exercida. E aqui reside um ponto digno de nota: a empresa desenvolvida pela sociedade é um verdadeiro *ativo social*[22], na medida em que gera empregos e tributos, enseja a produção e a circulação de produtos e a prestação de serviços, estimula a concorrência beneficiando consumidores e o mercado como um todo e contribui para a redução das desigualdades regionais e sociais. Desse modo, interessa não só a seus sócios, mas a todos aqueles que com ela se relacionam, como seus empregados, colaboradores e parceiros em geral, incluindo seus fornecedores, seus consumidores, as instituições que lhe concedem crédito e o próprio Estado. Produz, pois, dividendos sociais. Portanto, a divulgação não deve ocorrer, se a informação a ser divulgada – em prol da transparência e, assim, da proteção dos acionistas e da eficiência do mercado, é bem verdade – tiver o potencial de abalar esse ativo social.

Ademais, cumpre, ainda, considerar a necessidade de observância, por parte de administradores e também de sócios ou acionistas controladores, do dever de lealdade, que, nos termos do *caput* do art. 155 da Lei 6.404/76, vincula-se à manutenção de reserva sobre os negócios sociais, conectando-se, pois, com o próprio dever de sigilo[23].

---

técnico, negocial ou econômico-financeiro ocorrido ou relacionado aos seus negócios que possa influir de modo ponderável: I – na cotação dos valores mobiliários de emissão da companhia aberta ou a eles referenciados; II – na decisão dos investidores de comprar, vender ou manter aqueles valores mobiliários; III – na decisão dos investidores de exercer quaisquer direitos inerentes à condição de titular de valores mobiliários emitidos pela companhia ou a eles referenciados".

21. Nos moldes do parágrafo único do art. 6º da Instrução CVM 358/2002, os acionistas controladores e os administradores ficam obrigados "a, diretamente ou através do Diretor de Relações com Investidores, divulgar imediatamente o ato ou fato relevante, na hipótese da informação escapar ao controle ou se ocorrer oscilação atípica na cotação, preço ou quantidade negociada dos valores mobiliários de emissão da companhia aberta ou a eles referenciados".

22. Sérgio Campinho. *Curso de direito comercial: Falência e recuperação de empresa*. 11. ed. São Paulo: Saraiva, 2020. p. 130.

23. A interação dos deveres de informar, de guardar sigilo e, ainda, de lealdade é assim registrada por Marcelo Vieira von Adamek, com amparo no escólio de Osmar Brina Corrêa-Lima: "Em síntese, sobrevindo fato relevante, a obrigação do administrador é dar a mais ampla divulgação ao público (*disclosure*), salvo se isso puder colocar em risco legítimo interesse da companhia, hipótese em que deve abster-se de divulgá-la aos acionistas ou ao mercado, cabendo à Comissão de Valores Mobiliários, a pedido dos administradores ou dos acionistas, ou por conta própria, decidir sobre a prestação de informações (e, se for o caso, responsabilizar o administrador). O que não pode o administrador é utilizar-se da informação sigilosa em benefício próprio ou de terceiro: deve ou divulgar amplamente o fato relevante (se disso não puder resultar prejuízo a legítimo interesse da companhia) ou se abster de utilizá-lo em proveito próprio (*disclose or refrain from trading*). Mais do que o dever de diligência, é o dever de lealdade que informa esse delicado balanceamento de valores. Osmar Brina Corrêa-Lima adverte, com lucidez, que seria errôneo imaginar que o administrador tem sempre

Dessa feita, depurada para o universo da LGPD, toda essa análise conduz à verificação do modo de harmonização da obrigação de comunicar, prevista em seu já referido art. 48, com tais deveres fiduciários, notadamente com o dever de sigilo.

Avançando, cabe registrar que, mesmo no âmbito interno da LGPD, o legislador demonstrou a sua preocupação com os agentes econômicos que funcionam como agentes de tratamento.

Assim é que, se, por um lado, dentre os fundamentos da disciplina da proteção de dados, elencou o respeito à privacidade; a autodeterminação informativa; a liberdade de expressão, de informação, de comunicação e de opinião; a inviolabilidade da intimidade, da honra e da imagem; a defesa do consumidor; e os direitos humanos, o livre desenvolvimento da personalidade, a dignidade e o exercício da cidadania pelas pessoas naturais (art. 2º, incisos I, II, III, IV, VI e VII), externando todo o seu zelo com os titulares de dados pessoais, tem-se que, por outro, também incluiu nesse rol o desenvolvimento econômico e tecnológico e a inovação, bem como a livre iniciativa e a livre concorrência (art. 2º, incisos V e VI), dispensando atenção aos agentes de tratamento no âmbito da exploração de suas correspondentes atividades.

De mais a mais, ao longo da LGPD há diversas menções a "segredos comercial e industrial", o que também denota a atenção dispensada pelo legislador aos agentes de tratamento. Uma dessas referências é feita no próprio art. 48 em comento, mais especificamente no inciso III de seu § 1º, que, dentre os requisitos da comunicação a ser enviada à ANPD e aos titulares, elenca "a indicação das medidas técnicas e de segurança utilizadas para a proteção dos dados, observados os segredos comercial e industrial".

Todos esses fatores devem ser levados em consideração pelo intérprete, mediante adequado exercício de ponderação, por ocasião do preenchimento, à luz do caso concreto, do conteúdo da cláusula geral de *prazo razoável* indicada no § 1º do aludido art. 48 da LGPD[24].

'o dever de guardar sigilo, ou que tem o dever de informar. O seu único dever é o de lealdade. Às vezes, só será leal se guardar sigilo. Outras vezes, a lealdade lhe imporá informar amplamente'" (*Responsabilidade civil dos administradores de S/A e as ações correlatas*. São Paulo: Saraiva, 2009. p. 177-178). Nesse mesmo curso, Ana Frazão, coautora deste trabalho, assim já observou: "O art. 155, da Lei 6.404/76, trata do dever de lealdade, que está intrinsicamente relacionado ao dever de agir no interesse da companhia e ao dever de sigilo, visando este último não somente a proteção da sociedade do ponto de vista concorrencial, mas também à preservação do bom funcionamento do mercado de capitais e dos interesses dos investidores, para o fim de evitar a utilização de informações privilegiadas em benefício do próprio administrador ou de terceiros em detrimento dos demais investidores (*insider trading*)" (O conteúdo do dever de lealdade. In: COELHO, Fábio Ulhoa (Coord.). *Lei das sociedades anônimas comentada*. Rio de Janeiro: Forense, 2021. p. 914).

24. A expressão *prazo razoável*, assim como a designação *interesse legítimo*, acima referenciada, enquadram-se no conceito de cláusula geral. Na precisa lição de Judith Martins-Costa, "as cláusulas gerais têm por função auxiliar a abertura e a mobilidade do sistema jurídico, propiciando o seu progresso mesmo se ausente a inovação legislativa. A abertura diz respeito ao ingresso no *corpus* legislativo de princípios, máximas de conduta, *standards* e diretivas sociais e econômicas, viabilizando a captação e a inserção de elementos extra-jurídicos de modo a promover a 'adequação valorativa' do sistema (abertura ou permeabilidade do sistema). A mobilidade diz respeito à acomodação no interior do sistema desses novos elementos, conectando-os num movimento dialético, com outras soluções sistemáticas (ressistematização)" (A boa-fé no direito privado: *Critérios para a sua aplicação*. 2. ed. São Paulo: Saraiva, 2018. p. 174).

Assim, diante de um incidente de segurança, a definição do que pode ser tido como prazo razoável para envio da comunicação à ANPD e aos titulares; a delimitação do próprio conteúdo dessa comunicação; e a verificação da conveniência e oportunidade de sua implementação por etapas, devem necessariamente ser feitas à luz do caso concreto, levando-se em consideração uma série de outros valiosos elementos, que podem funcionar como autênticos freios e contrapesos a um primeiro e equivocado impulso de comunicar de modo prematuro ou demasiadamente amplo, gerando prejuízos para todos aqueles que se relacionam com o agente de tratamento, como, por exemplo, os titulares de dados, seus sócios ou acionistas minoritários, seus trabalhadores, colaboradores, fornecedores, consumidores, as instituições que lhe concedem crédito e o próprio Estado, tudo para que se possa atingir a desejada adequação valorativa do sistema normativo.

De toda sorte, deve-se agir de forma prudente, organizada e documentada, com amparo nas regras de *compliance* previamente desenhadas, dentro do contexto maior de um plano de ação da própria organização. Assim, por mais que deva haver certo espaço de discricionariedade para permitir ajustes e adaptações, em função da natureza, da gravidade e das demais circunstâncias relacionadas ao incidente de segurança *in concreto*, o certo é que, ao menos as diretrizes gerais vinculadas a uma estratégia de ação com o propósito de assegurar, na medida do possível, uma resposta rápida e eficiente ao problema, já devem estar contempladas no programa de *compliance*, em linha com o que será explorado no tópico seguinte.

5.3 Outras possíveis medidas a serem tomadas diante da ocorrência de um incidente de segurança

A par do envio da comunicação indicada no art. 48 da LGPD, objeto de nossa reflexão ao longo do item 5.2 acima, e da transmissão dessa informação ao próprio encarregado pelo tratamento, a depender da modalidade de incidente de segurança e das demais circunstâncias relacionadas ao caso concreto[25], outras medidas poderão e/ou deverão ser tomadas com o propósito de reverter ou ao menos mitigar os possíveis danos dele decorrentes, sendo certo que algumas delas podem, inclusive, já constar do próprio programa de *compliance* de dados do agente de tratamento afetado pelo incidente, majorando as chances de uma resposta mais rápida e mais eficiente.

Aliás, já se viu que a própria ANPD solicita, dentre as informações a serem prestadas na notificação do incidente, a indicação das medidas que foram ou serão adotadas para reverter ou mitigar os efeitos decorrentes do prejuízo (LGPD, *caput* e § 1º do art. 48), ficando o controlador, em razão da boa-fé objetiva, vinculado aos compromissos que assumiu perante a autoridade.

---

25. Tais como: (i) os tipos de dados envolvidos no incidente; (ii) a espécie e o porte do controlador por ele afetado; (iii) o seu agente causador; (iv) a sua gravidade etc.

A própria ANPD, ao analisar a gravidade do incidente de segurança a ela comunicado, poderá, quando necessário à salvaguarda dos direitos dos titulares, determinar que o controlador adote providências destinadas a reverter ou a mitigar os efeitos do incidente, incluindo a ampla divulgação do fato em meios de comunicação (LGPD, art. 48, § 2º).

Pode o controlador cogitar a possibilidade de adoção de medidas técnicas com o objetivo de tornar os dados envolvidos no incidente ininteligíveis. Nesse passo, preconiza o § 3º do art. 48 da LGPD que, no juízo de gravidade do incidente, será avaliada eventual comprovação de adoção dessas medidas destinadas a tornar tais dados ininteligíveis, no âmbito e nos limites técnicos de seus serviços, para terceiros não autorizados a acessá-los.

Adicionalmente, e também a depender da modalidade de incidente verificada, pode o controlador optar por abrir outras frentes, sempre em busca da reversão do quadro instaurado, tais como: (i) criação de canais de comunicação com os titulares atingidos, disponibilizando, por exemplo, um sistema de monitoramento *online* da situação de tais dados após a verificação do incidente; (ii) escalação de um grupo de gerenciamento de crise, composto por profissionais internos e externos, de diferentes *expertises*, compreendendo desde a capacidade de identificar e restaurar os ativos comprometidos (*softwares*, redes, sistemas operacionais etc.) e resgatar *backups* a, até mesmo, a aptidão para negociar pedidos de resgate com responsáveis por sequestros de dados, cada vez mais frequentes; e (iii) a implementação, na medida do possível, de fluxos e sistemas alternativos, durante o interregno compreendido entre a confirmação da existência do incidente e o retorno à situação de normalidade.

De todo modo, há ao menos duas ações que devem ser tomadas independentemente da modalidade de incidente de segurança e das especificidades do caso concreto.

A primeira delas consiste na revisão e eventual atualização do programa de *compliance* de dados, incluindo as regras de boas práticas e de governança, a partir da reavaliação do risco (LGPD, art. 50, § 3º). Logicamente, incidentes de segurança não devem ocorrer. Nesse passo, como já destacado ao longo da seção 4 deste trabalho, os agentes de tratamento efetivamente devem empenhar-se para preveni-los, em prol da segurança dos dados. Contudo, caso venham a se verificar, devem deixar lições. Assim, não basta combater o incidente de segurança ocorrido. Não basta buscar reverter ou ao menos mitigar os danos dele advindos. É necessário canalizar toda a experiência adquirida para o fortalecimento das medidas preventivas de segurança. Ao ser atingido, o programa de *compliance* de dados precisa se fortalecer. Não é suficiente, apenas, superar aquele específico episódio negativo. É imperioso progredir. E isso pode e deve ser feito em qualquer caso, independentemente de ser o incidente de segurança singelo ou sofisticado; de os dados pessoais nele envolvidos serem sensíveis ou não; da espécie e do porte do controlador por ele afetado; e de quem o provocou.

A segunda ação, por seu turno, vincula-se à realização dos adequados registros, que reflitam a avaliação interna do incidente de segurança, incluindo as medidas tomadas e a correspondente análise de risco, até mesmo para fins de atendimento ao princípio da responsabilização e prestação de contas (LGPD, art. 6º, X).

6. CONCLUSÕES

A segurança é um dos princípios fundamentais da LGPD e um dos principais pilares de sustentação dos programas de *compliance* de dados.

O *compliance* está associado ao conjunto de ações a serem adotadas pelo agente econômico para reforçar o seu compromisso com a legislação vigente, de modo a prevenir a ocorrência de infrações ou, nas situações em que não for possível evitá-las, propiciar o imediato retorno ao contexto de normalidade e legalidade e a mitigação de eventuais danos.

Assim, além de contemplarem a enunciação de princípios e valores, os programas de *compliance* devem, de forma mais concreta e palpável, trazer normas de conduta e soluções organizacionais compatíveis com a estrutura e os riscos vinculados às atividades desempenhadas. Desse modo, em certa medida, um adequado programa de *compliance* possibilita uma adaptação, um melhor assentamento da LGPD à realidade da própria organização.

A par dos efeitos que podem potencialmente gerar *interna corporis*, bons programas de *compliance*, em conjunto, podem estimular a modificação da postura de outros agentes econômicos, influenciando, de modo verdadeiramente positivo, o mercado como um todo.

Contudo, incidentes de segurança – os quais podem decorrer de falhas internas, técnicas ou humanas, e até mesmo de posturas externas, repercutindo em diferentes vetores da segurança, ou seja, na confidencialidade, na subsistência, na integridade e na disponibilidade dos dados – têm se tornado cada vez mais frequentes e sofisticados, suscitando uma reflexão acerca do que pode e deve ser feito pelos agentes de tratamento, notadamente pelo controlador, tanto a título preventivo, como a título reativo.

O viés preventivo dos incidentes de segurança conecta-se com a adoção, por parte do controlador, de uma série de providências técnicas e organizacionais, tais como a clara transmissão ao operador de suas obrigações, bem como das medidas de segurança a serem adotadas; o adequado treinamento de sua equipe; a limitação ou ao menos o controle de acesso a dados e seu o correspondente monitoramento; a elaboração de relatórios de impactos à proteção de dados; a adoção de um adequado programa de governança em privacidade, em observância aos requisitos mínimos estabelecidos na LGPD; a dispensa do devido cuidado às situações de controle conjunto, de tratamento de dados sensíveis ou com riscos consideráveis e de utilização de inteligência artificial; e a constante certificação de que a sua organização se compatibiliza com o atendimento das obrigações de segurança e com o correspondente controle de risco.

Ainda no âmbito da prevenção de incidentes de segurança, cabe consignar que um programa de *compliance* eficiente é necessariamente dinâmico e, assim, demanda avaliações sistemáticas de possíveis impactos e riscos à privacidade e requer constante monitoramento e atualizações periódicas.

De todo modo, a efetiva e adequada adoção de medidas de segurança, de ordem técnica e administrativa, aptas a proteger dados pessoais, não elimina a possibilidade de ocorrência de incidentes de segurança. Assim, certo grau de vulnerabilidade remanescerá, por mais zelosos sejam os agentes de tratamento em relação à proteção de dados.

No campo da reação a incidente de segurança, há a determinação de sua comunicação, por parte do controlador à ANPD e aos titulares, quando possa acarretar risco ou dano relevante a esses últimos, providência que deve ser tomada em "prazo razoável, conforme definido pela autoridade nacional".

Parece-nos que, diante de um incidente de segurança, a definição do que pode ser tido como prazo razoável para envio da comunicação à ANPD e aos titulares; a delimitação do próprio conteúdo dessa comunicação; e a verificação da conveniência e oportunidade de sua implementação por etapas, devem necessariamente ser feitas à luz do caso concreto, levando-se em consideração uma série de outros valiosos elementos, conforme demonstrado no corpo do trabalho. Esses elementos podem funcionar como autênticos freios e contrapesos a um primeiro e equivocado impulso de comunicar de modo prematuro ou demasiadamente amplo, gerando prejuízos para todos aqueles que se relacionam com o agente de tratamento, como, por exemplo, os titulares de dados, seus sócios ou acionistas minoritários, seus trabalhadores, colaboradores, fornecedores, consumidores, as instituições que lhe concedem crédito e o próprio Estado. Todos esses fatores devem, portanto, ser levados em consideração pelo intérprete, mediante exercício de ponderação, de forma que se possa atingir a desejada adequação valorativa do sistema normativo.

Ainda no plano da reação a incidente de segurança, além do envio da comunicação acima mencionada e da transmissão dessa informação ao próprio encarregado pelo tratamento, a depender da modalidade de incidente de segurança e das demais circunstâncias relacionadas ao caso concreto, outras medidas poderão ser tomadas com o propósito de reverter ou ao menos mitigar os possíveis danos dele decorrentes, tais como a adoção de medidas técnicas destinadas a tornar os dados envolvidos no incidente ininteligíveis; a criação de canais de comunicação com os titulares dos dados atingidos; a escalação de um grupo de gerenciamento de crise; a implementação, na medida do possível, de fluxos e sistemas alternativos, tudo sem prejuízo do atendimento de outras providências que a ANPD, à luz de sua análise acerca da gravidade do incidente de segurança a ela comunicado, porventura venha a determinar, quando necessário à salvaguarda dos direitos dos titulares.

Há, porém, ao menos duas ações que devem ser tomadas independentemente da modalidade de incidente de segurança e das especificidades do caso concreto: a revisão e eventual atualização do programa de *compliance* de dados, abrangendo as regras de boas práticas e de governança, a partir da reavaliação do risco; e a realização dos adequados registros, que reflitam a avaliação interna do incidente de segurança ocorrido, englobando as medidas tomadas e a correspondente análise de risco, até mesmo para fins de atendimento ao princípio da responsabilização e prestação de contas.

7. REFERÊNCIAS

BENNETT, Colin J.; RAAB, Charles D. *The governance of privacy*: Policy instruments in global perspective. Cambridge: The MIT Press, 2006.

CAMPINHO, Sérgio. *Curso de direito comercial*: Falência e recuperação de empresa. 11. ed. São Paulo: Saraiva, 2020.

FRAZÃO, Ana. *Função social da empresa: Repercussões sobre a responsabilidade civil de controladores e administradores de S/As*. Rio de Janeiro: Renovar, 2011.

FRAZÃO, Ana. Dever de diligência: Novas perspectivas em face de programas de *compliance* e atingimento de metas. *Portal Jota*, 15.02.2017. Disponível em: <http://jota.info/colunas/constituicao-empresa--e-mercado/dever-de-diligencia-15022017>. Acesso em: 10 jun. 2021.

FRAZÃO, Ana. O conteúdo do dever de lealdade. In: COELHO, Fábio Ulhoa (Coord.). *Lei das sociedades anônimas comentada*. Rio de Janeiro: Forense, 2021. p. 914-917.

LUCAS, Laís Machado. *Programas de integridade nas sociedades anônimas: Implementação como conteúdo do dever de diligência dos administradores*. Porto Alegre: Livraria do Advogado, 2021.

MARTINS-COSTA, Judith. *A boa-fé no direito privado: Critérios para a sua aplicação*. 2. ed. São Paulo: Saraiva, 2018.

SOUZA, Carlos Affonso Pereira de. Segurança e sigilo dos dados pessoais: Primeiras impressões à luz da Lei 13.709/2018. In: TEPEDINO, Gustavo; FRAZÃO, Ana; OLIVA, Milena Donato (Coord.). *Lei geral de proteção de dados pessoais e suas repercussões no direito brasileiro*. São Paulo: Thomson Reuters, 2019.

VON ADAMEK, Marcelo Vieira. *Responsabilidade civil dos administradores de S/A e as ações correlatas*. São Paulo: Saraiva, 2009.

COMPLIANCE, INVESTIGAÇÕES INTERNAS E DIREITOS DO EMPREGADO

Artur de Brito Gueiros Souza

Professor Titular de Direito Penal da UERJ. Coordenador Acadêmico do CPJM. Procurador Regional da República.

Matheus de Alencar e Miranda

Doutorando e Mestre em Direito Penal pela UERJ. Especialista y Máster *en Cumplimiento Normativo Penal* pela UCLM. Pesquisador do CPJM. Assessor de direito, ciência de dados e privacidade do MPRJ.

Sumário: 1. Introdução – 2. Autorregulação regulada, *compliance* e colaboração – 3. Justiça penal colaborativa e a inadmissibilidade de prova ilícita – 4. A produção de prova em *compliance* e os direitos do empregado – 5. Análise de problemas e situações concretas – 6. Conclusão – 7. Referências.

1. INTRODUÇÃO

A partir do acompanhamento das notícias publicadas todos os dias nos jornais, é possível perceber a significativa quantidade de desvios ou ilícitos envolvendo as corporações. Isso permite inferir um contexto de grande ênfase ao tema, que tomou o debate social a partir de casos de grande repercussão, por exemplo, em matéria de corrupção e crimes ambientais.

Antes acostumadas a ocuparem a posição central da produção de valor econômico para a sociedade, as empresas passaram a se ver implicadas na publicização dos comportamentos sociais tidos como nocivos à coletividade. Diante disso, de modo a reverter a negativa opinião coletiva acerca das ações que prejudicam a sociedade, as empresas passaram a adotar posturas no sentido da transmissão de condutas e valores socialmente positivos (MAYER, 2018).

A narrativa construída afirma que a alteração de postura societária se daria por meio da cultura ética através da adesão aos programas de compliance[1], sendo ela prontamente acompanhada por exigências do poder público em vários níveis. Desta forma, enquanto as empresas sustentam a mudança por meio da adesão ou reformulação do compliance, o Estado passou a propor ou, em certos seguimentos, a exigir esta postura, prevendo, em contrapartida, benefícios para aqueles que aderirem ao

---

1. Sobre a definição do compliance, tome-se neste texto, de forma bastante resumida, como o recurso à prevenção de infrações legais e éticas por parte de empresas. Para definição mais detalhada e precisa, conferir: SOUZA, 2021, p. 73 e ss.

modelo a partir da pressuposição de que tais programas seriam efetivos, consoante o *stick and carrot approach*[2].

De fato, os programas de compliance são instrumentos de prevenção, detecção e reação ante as más práticas corporativas. Ao implementar o compliance, a empresa criaria condições capazes de evitar violação normativa e, como dito, receberia benefícios na eventual aplicação de sanções, mesmo que uma infração venha a ocorrer. Para demonstrar que se atingiu os objetivos de prevenção, detecção e reação, tais programas devem produzir provas. Mais que isso, muitas das provas são aportadas em um processo de autodenunciação ou de colaboração com o poder público durante uma investigação, tendo em conta o novo contexto colaborativo entre as partes.

Diante deste cenário, nota-se que o direito na era compliance deve também refletir sobre a produção de provas sob o crivo dos princípios e regras constitucionais vigentes. Nessa feita, esse ensaio visa discorrer brevemente sobre a questão da prova no compliance, entendido como um instrumento de natureza corporativa e estatal. Ao final, pretende-se enfatizar a necessidade de respeitar o postulado constitucional da inadmissibilidade da prova ilícita.

2. AUTORREGULAÇÃO REGULADA, *COMPLIANCE* E COLABORAÇÃO

Conforme apresentado por Ulrich Sieber, três seriam as formas básicas de regulação da perspectiva dos elaboradores dos programas de compliance: (1) a autorregulação empresarial, (2) a pura regulação estatal e (3) a corregulação público-privada (também chamada de autorregulação regulada). A estrutura atual de incentivo aos programas de compliance perpassa a corregulação, caracterizando-se pela criação de preceitos estatais, estruturas de incentivo ou obrigação à autorregulação interna da empresa. São modelos de metarregulação, nos quais as normas se referenciam às formas como os comportamentos devem ser observados, e não aos comportamentos em si. Nessa modelagem, o Estado estabelece as metanormas e as empresas se tornam responsáveis por elaborar as normas de comportamento em seu interior por meio da autorregulação. Por fim, quando o Estado coloca as metanormas e fiscaliza sua execução, essa particular estratégia regulatória tem sido denominada como autorregulação regulada[3].

Neste cenário, a utilização da autorregulação regulada leva as empresas a aderirem ao *criminal compliance* para o cumprimento das obrigações de colaboração com a prevenção e repressão de ilícitos penais. Em termos práticos, os programas de compliance contêm determinados requisitos de planejamento e setores direcionados a tornar suas funções em realidades concretas[4]. De acordo com Adán Nieto Martín, eles seriam compostos por nove elementos comuns ou transversais: (1) análise de

---

2. SOUZA, 2021.
3. SIEBER, 2013.
4. MIRANDA, 2019.

riscos, (2) código ético ou de conduta, (3) controles, (4) formação e difusão, (5) mecanismos de detecção e sanção, (6) protocolos de reação, (7) institucionalização, (8) avaliação periódica, e (9) documentação[5].

Dessa forma, pode-se perceber que os principais objetivos do compliance seriam o de prevenir, detectar e remediar as infrações às leis, em geral, e normas éticas da companhia, em particular. O escopo maior seria o de promover uma cultura ética na empresa, opondo-se a ambientes criminógenos, além de prevenir a ocorrência de ilícitos pela empresa. Nesse contexto, as empresas têm aderido ao compliance, tratando-o como realidade materializada, seja em razão da eventual expectativa de recebimento de benefício ou leniência estatal, seja em função das vantagens do incremento ético corporativo. Por sua vez, por meio da estratégia de autorregulação regulada – e reconhecendo sua incapacidade de prevenir a generalidade das infrações sem o auxílio das empresas –, o Estado passa a adotar a postura de confirmação da narrativa, reafirmando a readequação do comportamento corporativo a partir da adesão ao modelo. Isso se daria, principalmente, por meio do estímulo ou, se for o caso, da exigência da adesão, dispondo sobre benefícios processuais e sanções premiais para as empresas que implementem os programas.

Nesse âmbito, deve-se registrar um ponto nevrálgico de preocupação na interpretação do tratamento jurídico do compliance. Com efeito, se há o entendimento de que a mera existência de um programa de conformidade acarretaria a obtenção de benefícios, então há pressuposição de que a estrutura formal acima descrita seria idônea para atingir os objetivos de prevenção, detecção e remediação das infrações. Por esta razão, muito da preocupação atual sobre a matéria tem se colocado na esfera da efetividade ou eficiência do compliance.

Isso demonstra a necessidade de se manter cautela com relação aos benefícios de compliance. Sendo assim, a empresa que alegar possuir eficiência[6] preventiva precisa, de fato, *comprovar* sua alegação, aportando informações, dados, enfim, provas que permitam ao poder público a avaliação do programa por ela institucionalizado. O que antes era discurso passa a ter que se mostrar cientificamente válido – e historicamente verdadeiro – dentro de um processo, gerando efeitos na produção interna de provas pela empresa que almeja a valoração positiva de seu compromisso ético.

Além disso, no tocante ao objetivo de detecção, o incentivo tem sido justificado em razão dos resultados apurados a partir da justiça penal colaborativa. Não se ignora que este tema também necessita de evidências que demonstrem, de fato, como

---

5. NIETO MARTÍN, 2015.
6. Utiliza-se aqui o termo eficiência, ao contrário de efetividade, porque no caso das empresas se trata de conseguir ser o mais efetivo possível utilizando o mínimo de recursos disponíveis. Para o Estado, é claro, importa principalmente a efetividade de *compliance*, mas isso não pode significar a desconsideração completa dos esforços. Por isso, a preferência pelo uso do termo eficiência aqui, uma vez que ele é capaz de conciliar a consideração dos esforços que falharam, mas devem ser valorados positivamente, com a busca e o alcance da efetividade propriamente dita, ou seja, a capacidade de um programa de *compliance* atingir seu objetivo de prevenir delitos.

as empresas detectam fraudes de maneira rápida e eficaz, agregando valor real em termos de comportamento pró-social[7].

3. JUSTIÇA PENAL COLABORATIVA E A INADMISSIBILIDADE DE PROVA ILÍCITA

Estabelecidos os pressupostos e reconhecida a importância da intersecção entre justiça penal colaborativa e compliance, é de se ter em conta que este contexto exige o aporte provas por parte das empresas. Contudo, considerando que as provas coligidas serão recebidas pelo poder público nos processos colaborativos, bem assim o modelo de regulação é de delegação de funções estatais para os entes particulares, os deveres relativos à produção de provas devem ser, igualmente, objetos de delegação, o que implica na incidência do princípio da inadmissibilidade de prova ilícita.

Com efeito, a proibição de valoração de prova ilícita está prevista no art. 5º, inc. LVI, da Constituição Federal de 1988 (CF/1988), que tem a seguinte redação: "são inadmissíveis, no processo, as provas obtidas por meios ilícitos". Como se pode observar, aquele princípio veda a utilização de provas espúrias nos processos que tramitam nas instâncias públicas. Há uma vinculação desse postulado com o princípio da observância do devido processo legal (art. 5º, inc. LIV, da CRFB/88). Conforme bem lembrado por Antônio Machado, o processo penal tem capacidade ímpar de manifestar os valores políticos que emanam de um povo em determinado período histórico. Dentro do Estado Democrático de Direito, o processo penal que respeita os valores e princípios previstos na sua Constituição consubstancia no modelo democrático por excelência. Nesse sentido, o processo que proíba as provas ilícitas é um processo axiológica e efetivamente democrático[8].

A estas considerações deve-se somar outra. *A priori*, poder-se-ia argumentar que a produção de provas, no âmbito dos programas de compliance, ocorreria nas relações entre particulares, não incidindo, pois, as regras e limites do processo penal estatal. Contudo, essa argumentação não se apresentaria correta, pois ela olvida que a atividade de fiscalização e controle de infrações por parte do compliance cuida-se de função originalmente pública. Conforme ressaltado por José-María Silva Sánchez, a relação entre vigilância e compliance se manifesta, desde a origem, da própria cultura do cumprimento normativo. Dita cultura seria a expressão da delegação às empresas das originárias funções públicas de prevenção de ilícitos (vigilância em sentido amplo) próprias do Estado[9].

Portanto, a delegação dos deveres apuratórios para os particulares faz com que o compliance que se pretenda efetivo e axiologicamente democrático, deva também respeitar o princípio da inadmissibilidade de prova ilícita. Assim, é necessária a

---

7. SAAD-DINIZ, 2019.
8. MACHADO, 2014.
9. SILVA SÁNCHEZ, 2013.

devida cautela com a questão das provas que venha a produzir e, posteriormente, encaminhar aos poderes públicos.

Sob outra vertente, para além das questões de detecção de infrações, é objetivo do compliance a sua remediação. Para se atingir este objetivo, pode ser necessária a aplicação de sanção disciplinar (interna) contra o responsável pelo ilícito, além da elaboração de autodenúncia ao Ministério Público, deflagrando-se o processo colaborativo. Demais disso, considerando a matéria de prevenção, o compliance pode exigir a adoção de novas medidas de controle que, por sua vez, podem interferir em direitos de terceiros e na própria produção de provas. Em ambos os casos, o princípio ora em discussão deve ser observado.

Nesse ponto, não se pode desconsiderar o reconhecimento da eficácia horizontal de direitos humanos. Se, historicamente, a questão surgiu com a proteção dos particulares frente aos eventuais abusos estatais, ao longo do tempo se reconheceu que entre os próprios particulares é possível a existência de relações que infringem direitos humanos. A vedação de violação aos direitos humanos se dirige, em geral, aos mais poderosos; àqueles que são capazes de manter vários indivíduos sob seu âmbito de organização e liberdade. É isso que se verifica no caso das grandes corporações, onde – justamente – a adesão aos programas de compliance se tornou um imperativo econômico e jurídico. Não é sem razão, pois, que a utilização de compliance para proteção a direitos humanos dentro das empresas tenha se tornado praticamente um consenso na atualidade.[10] Desse modo, a produção de provas em compliance não pode infringir um direito que é constitucionalmente garantido, sob pena de a própria empresa responder como infratora de direitos humanos.

Em essência, a corporação não pode produzir provas infringindo os direitos daqueles que estão em sua esfera de atuação econômica porque: (1) ao compliance se impõe o princípio da inadmissibilidade de prova ilícita; e (2) às empresas se impõe a eficácia horizontal de direitos humanos. Assim, ao produzir provas, um programa de compliance precisa se preocupar com determinadas formalidades, visando a produção lícita de provas.

4. A PRODUÇÃO DE PROVA EM *COMPLIANCE* E OS DIREITOS DO EMPREGADO

Na produção de provas por empresas, o aspecto mais desafiador parece ser o respeito aos direitos dos trabalhadores. Assim, deve-se partir da premissa de que, para o Direito, a esfera de liberdade do trabalhador está inserida na esfera de liberdade jurídica da empresa, pois ele está na estrutura de divisão de tarefas da atividade produtiva empresarial. Essa percepção se constata, por exemplo, na imposição da

---

10. Note-se que mesmo Kimberly Krawiec, que questiona a eficiência do compliance, não deixa de abordar a questão do assédio, atribuindo aos programas o dever de evitar esta forma de lesão à dignidade humana, sendo esta, inclusive, a seara onde a Autora mais percebe consequências da implementação dos programas (KRAWIEC, 2017).

obrigação de uma empresa prevenir acidentes de trabalho, podendo ser responsabilizada pela ocorrência desse fato, se não tomar as medidas preventivas adequadas. É de se ressaltar, inclusive, que este mesmo pressuposto é fundamento para o fomento à adesão a programas de compliance em matéria de delitos nas relações laborais[11].

Por esta razão, o empresário tem dever especial de proteção e confiança para com o trabalhador. Esta relação, preenchida por diversas expectativas (normativas), encontra-se regulada pelo ordenamento jurídico. Nesse sentido, a produção de provas em compliance merece especial atenção à luz dos princípios e normas constitucionais.

Sendo assim, pode-se afirmar que os direitos dos trabalhadores configurariam um limite para a atuação do controle exercido pelo compliance. Dessa feita, é importante demonstrar porque os programas de compliance precisam se preocupar com as investigações dentro das empresas. Isso ocorre, basicamente, por dois motivos: (1) as vantagens que a autodenúncia propicia à empresa em procedimentos direcionados contra ela, principalmente por possibilitar o recurso aos instrumentos de justiça negociada; e (2) a modalidade de delitos que a empresa tem o dever prevenir.

No Brasil, observa-se a previsão de certas vantagens na Lei Anticorrupção (Lei 12.846/2013), que estabelece a diminuição de sancionamento, bem assim a possibilidade de acordos de leniência para o caso de confissão da infração, quando a empresa tem um programa de integridade bem organizado. Para fazer jus a esse benefício, a empresa deve não somente admitir sua participação no ilícito, mas também aportar provas que auxiliem no esclarecimento dos fatos e responsabilização de todos os envolvidos. Nesta seara, o procedimento de investigação interna passa a ter um papel relevante, uma vez que é por seu intermédio que a corporação colige as informações necessárias para descortinar um ilícito ocorrido na sua estrutura.

Com relação à natureza da infração que a empresa deve prevenir, há quatro espécies: (1) as cometidas pelos trabalhadores contra ela própria (furto de seus bens, apropriação indébita etc.); (2) os ilícitos cometidos pelos empregados contra outros companheiros de trabalho (assédio sexual, discriminação no ambiente de trabalho etc.); (3) as infrações cometidas pelos empregados através da empresa (os chamados crimes de empresa); e (4) os casos em que a empresa ou seus os administradores têm como dever legal zelar pela vida, saúde e integridade dos seus funcionários no ambiente de trabalho, em especial, dever de manutenção da segurança no trabalho[12].

Como as condutas a prevenir e, eventualmente, detectar são diversas, o programa de compliance coloca seus canais de denúncia à disposição para o recebimento de comunicações sobre as distintas situações, ampliando suas atividades de investigação para vários setores dentro da corporação. Deve-se salientar que, para cada espécie de infração, as consequências jurídicas diferem para a empresa e para as pessoas físicas

---

11. LASCURAÍN SÁNCHEZ, 2015.
12. ESTRADA I CUADRAS e LLOBET ANGLÍ, 2014.

eventualmente implicadas. Diante disso, assim como as consequências jurídicas, as formas de investigação em cada caso são variáveis.

Nesse passo, é possível que ocorra uma colisão entre os diversos interesses em jogo durante as investigações internas: (1) o interesse de descobrir o delito, por parte da empresa, para que ela possa se valer dos benefícios da autodenúncia e minimizar prejuízos com as sanções aplicáveis em razão da infração; (2) o interesse dos dirigentes em cumprir com os deveres de controle, visando evitar alegações de omissão ou negligência e implicações pessoais em apreciações das infrações ou, ainda, no caso de prejuízos econômicos à empresa causados pelas sanções; e (3) o interesse dos trabalhadores de manter preservados seus direitos à privacidade e a não autoincriminação.

Com relação ao terceiro interesse, pode surgir o risco de se cometer uma violação contra a intimidade do trabalhador. De fato, no âmbito das mencionadas investigações internas, pode acontecer de os administradores ou o setor de compliance adotarem medidas que restrinjam os direitos fundamentais dos trabalhadores de tal forma e intensidade que cheguem a transpor as fronteiras da legalidade, tornando-se, elas mesmas, condutas tipificadas como delito[13].

A superveniência desse comportamento delitivo poderia gerar algumas consequências igualmente prejudiciais à empresa: (1) a responsabilização da empresa pela infração, gerando risco considerável de indenização por responsabilidade civil; (2) a decretação da nulidade das medidas disciplinares que venham a ser adotadas como resultado da investigação interna[14] e; (3) a última consequência indesejada seria a invalidade da prova obtida. Como já se disse, a grande relevância das investigações é viabilizar a cooperação da empresa com os órgãos de controle e justiça, visando a atenuação ou mesmo isenção de eventuais sanções. Para isso, faz-se necessária a apresentação de provas e informações, desconhecidas das autoridades, relevantes para a resolução do caso. Porém, se houver violação de privacidade para obtenção das provas, estas podem ser consideradas inválidas sob o argumento de infração ao princípio da inadmissibilidade de prova ilícita. Neste caso, o objetivo das investigações em compliance seria prejudicado, aumentando exponencialmente as consequências negativas do objetivo anterior. Por isso é que se defende que as medidas de controle devem observar escrupulosamente os direitos dos trabalhadores[15].

5. ANÁLISE DE PROBLEMAS E SITUAÇÕES CONCRETAS

Passando a uma abordagem prática, a primeira discussão se dá sobre a monitorização dos meios de comunicação postos à disposição dos trabalhadores. Neste

---

13. ESTRADA I CUADRAS e LLOBET ANGLÍ, 2014.
14. As medidas disciplinares são um dos objetivos das investigações internas e podem ser inviabilizadas em caso de nulidade, *v.g.*, se for entendido que houve violação de privacidade de um trabalhador. Além de comprometer o resultado final das investigações, haveria, igualmente, prejuízo para o bom funcionamento do programa de compliance.
15. MASCHMANN, 2013.

caso, discute-se qual o limite das medidas de controle, tais como o acesso aos correios eletrônicos, o registro das chamadas telefônicas e as navegações na Internet.

Uma vez que os meios de comunicação são postos à disposição dos trabalhadores, existe a possibilidade de que eles o utilizem para fins pessoais, posto que a empresa os tenha disponibilizado para a atividade produtiva. Partindo dessa constatação, o controle por intermédio de registros ou monitoramento poderia significar uma espécie de atentado à intimidade dos trabalhadores, pois acarretaria a ciência de conversas de cunho pessoal ou a leitura de e-mails particulares[16]. Considerando que esta medida interferiria na intimidade do trabalhador, determinados pressupostos formais deveriam ser cumpridos, a fim de que haja prévia ciência e autorização por parte do trabalhador[17].

Diante disso, Albert Estrada I Quadras e Mariona Llobet Anglí apresentam alguns requisitos para a permissão da adoção daquela forma de controle por monitoramento: (1) estabelecimento prévio das regras de uso de tais meios, com aplicação de proibições absolutas ou parciais; (2) informação ao trabalhador que existirá um controle; e (3) adoção de outras medidas de caráter preventivo que possam atingir as mesmas finalidades de maneira menos invasiva, de modo que seja satisfeito o requisito de necessidade, exigido em matéria de restrição de direitos fundamentais no âmbito laboral[18].

Neste sentido, no julgamento do caso Barbulescu vs. Romênia (2016), o Tribunal Europeu de Direitos Humanos (STEDH) estabeleceu um marco para a resolução de conflitos dessa ordem, em especial para violação de e-mails e outras correspondências do trabalhador. No caso, a empresa havia ordenado que seus empregados abrissem contas de correio eletrônico para manter contato com seus clientes, vedando o uso para outras finalidades. Durante a execução dessa política, a empresa despediu um trabalhador sob o fundamento de que ele estava utilizando indevidamente seu correio eletrônico, pois havia enviado mensagens a sua namorada. O empregado não negou a prática, somente questionou a demissão. Levada a situação à apreciação pelo Judiciário, os tribunais romenos mantiveram a demissão do empregado com base na expectativa de privacidade, inexistente naquela situação. Ascendendo a questão ao STEDH, a sentença fixou os limites de acesso a tecnologias da informação e comunicação (TICs) pelas empresas, construindo a linha divisória entre a violação ou não da intimidade dos trabalhadores.

Com efeito, a decisão do STEDH listou seis aspectos que devem ser levados em consideração para formular o protocolo da empresa sobre o uso de TICs e a intimidade dos trabalhadores: (1) deve-se advertir ao trabalhador que os meios de produção TICs que lhe são dados para realizar sua atividade não podem ser utilizados com fins pessoais; (2) deve-se advertir ao trabalhador que esses meios TICs

---

16. ESTRADA I CUADRAS e LLOBET ANGLÍ, 2014.
17. MIRANDA, 2019.
18. ESTRADA I CUADRAS e LLOBET ANGLÍ, 2014.

poderão ser vigiados e controlados em algum momento a partir da contratação; (3) o acesso ao conteúdo do e-mail do empregado somente pode ocorrer se não houver outro meio menos intrusivo de investigação (se esse meio existir, o ato deixa de estar legitimado e será considerado invasão da privacidade do empregado); (4) é ilegítimo que a empresa adentre nos e-mails do empregado quando tiver apenas meras suspeitas de que houve uma infração. Os acessos aos e-mails só são permitidos quando há uma investigação em curso dentro da empresa, isto é, uma reação proporcional a um indício concreto e razoável de delito; (5) o alcance dos acessos e investigações deve observar a proporcionalidade em sentido estrito, ou seja, deve-se valorar se a medida empresarial restritiva foi ponderada, para que dela se derivem mais vantagens para o interesse público do que prejuízos para outros interesses em conflito e; (6) o trabalhador deve ser avisado previamente ao acesso, de modo a evitar que a empresa entre no conteúdo da comunicação do empregado sem que ele esteja ciente de que isso pode acontecer. Este aviso não se confunde com o segundo (acima apresentado), pois não se refere a aviso de que poderá acontecer em algum momento, mas sim de que acontecerá em seguida, e o empregado somente está recebendo ciência do fato[19].

Outro ponto importante nessa temática se refere à obrigação do trabalhador de informar por ocasião das investigações internas (*talk or walk*). Esta obrigação decorreria do próprio contrato de trabalho, gerando a expectativa (normativa) de boa fé na prestação do trabalho por parte do empregador. Ocorre, porém, que essa obrigação pode, eventualmente, entrar em rota de colisão com o direito fundamental do indivíduo de não ser obrigado a produzir prova contra si mesmo, isto é, o princípio *nemo tenetur*[20].

Sobre o assunto, Frank Maschmann afirma que, para a maioria da doutrina alemã, o trabalhador não pode alegar o *nemo tenetur se ipsum acusare* porque o empregador não se ocupa da sanção penal de seu empregado, mas somente da defesa de sua própria posição jurídica. Ocorre, porém, que em todos os casos prevaleceria o interesse de esclarecimento do empregador sobre o direito do trabalhador de se negar a produzir provas contra si mesmo, ainda quando ambas as partes apelassem a direitos fundamentais e o contexto apontasse que o empregador poderá usar as provas produzidas para influir na responsabilização penal do empregado. Considerando que o empregador pode apresentar os resultados de sua investigação na empresa à autoridade para se eximir da responsabilidade, então não haveria como negar uma situação de potencial risco de autoincriminação por parte do trabalhador. Por essas razões, o direito de não produzir prova contra si mesmo seria importante para a análise do problema, o que significa dizer que, novamente, deverá ser traçado um limite sobre o que está permitido e o que está vedado à luz dos princípios em discussão[21].

---

19. Tribunal Europeo de Derechos Humanos, 2017.
20. COFFEE JR., 2020.
21. MASCHMANN, 2013.

É certo que o interesse de controle do empregador não pode ser desatendido por completo. Mas, para conciliar o exercício dos direitos do empregador sem infração àqueles do trabalhador, propõe-se distinguir a função de uma entrevista ou interrogatório, visando manter, em todo caso, o direito de pedir informação. As funções propostas poderiam ser, em síntese, três: (1) preventiva, visando evitar futuras situações indesejadas; (2) avaliativa, para revisar o funcionamento e eficiência do programa de *compliance*; e (3) investigatória, para verificar uma determinada conduta ou pessoa, quando já há suspeitas de descumprimento de normas. Se a entrevista tiver fins preventivos ou avaliativos, o direito de perguntar do empregador terá sempre prevalência. Isso se dá porque o objetivo não é atribuir culpa, mas sim evitar *riscos* – que vem a ser exatamente o que se espera do compliance[22]. Nessa hipótese, prepondera a ideia de cooperação que perpassa *compliance*. Todavia, se houver suspeita concreta e a função da entrevista for mais investigativa, sugere-se que ela esteja acompanhada de aviso prévio ao trabalhador, explicando as funções da entrevista e os direitos que ele possui, inclusive o de não produzir provas contra si mesmo[23].

Nesta última situação, sobreleva de importância a variável de consumação ou não do delito, pois ela faz grande diferença no momento de decidir se uma investigação tem finalidade de esclarecimento de um fato (que visa o passado ou o presente) ou se tem função preventiva (visando o futuro). O grau de suspeita sobre a autoria também será levado em conta na forma da investigação, devendo-se ter cuidado com o tratamento dado ao entrevistado (trabalhador tido como suspeito), de modo a não infringir o princípio da presunção de inocência ou da inexistência do dever de produzir prova contra si mesmo[24].

Ainda que estas definições existam, remanesce o problema relativo a falta de clareza com relação aos fins da investigação, ou seja, se são preventivos ou repressivos. Em muitos casos, é comum o empregador não ter certeza se vai atuar de maneira "preventiva" ou "repressiva"[25]. Em havendo dúvida, parece ser mais razoável impor ao empregador a obrigação de informar sobre o fim da entrevista (*Miranda empresarial*)[26], permitindo a possibilidade de se precaver contra o uso de sua declaração como prova nos procedimentos de autodenunciação da empresa.

A informação prévia ao trabalhador se constitui o requisito mínimo em termos de proteção de seus direitos. Para respeitar a licitude das formas na produção de prova, a empresa deve avisar antecipadamente ao trabalhador acerca da possível utilização do conteúdo dos meios de comunicação e das entrevistas como eventual estratégia de

---

22. MASCHMANN, 2013.
23. Adán Nieto Martín propõe até mesmo a utilização de aviso ao trabalhador antes da entrevista, semelhante aos avisos de Miranda (*Miranda warnings*), o tradicional aviso que a autoridade deve dar ao acusado durante a sua prisão nos Estados Unidos da América, informando que ele tem o direito a um advogado e a permanecer calado para não produzir provas contra si mesmo, ao que dá o nome de *Miranda empresarial* (NIETO MARTÍN, 2015-b).
24. ESTRADA I CUADRAS e LLOBET ANGLÍ, 2014.
25. MASCHMANN, 2013, p. 159.
26. Cf. nota anterior.

defesa da corporação em um processo de natureza pública. Ademais, deve informá-lo sobre seus direitos fundamentais, a depender do caso, garantindo-se que não ocorram infrações a esses direitos, o que irá prevenir futuras nulidades na produção da prova relacionada com os objetivos do compliance[27]. A informação prévia terminando sendo especialmente importante porque a inexigência de produzir provas contra si mesmo e a intimidade são direitos que acompanham outros direitos e garantias processuais. Aqui importa, especialmente, os princípios da paridade de armas, contraditório e ampla defesa. Em termos concretos, o ora exposto significa, por exemplo, que um trabalhador poderia reclamar a presença de um advogado quando o empregador esteja investigando ("repressivo") por meio de um advogado, em respeito ao princípio da paridade de armas. Outro direito interessante é o de examinar as atas e dar opinião sobre elas quando forem feitas anotações sobre os interrogatórios[28].

Por outro lado, não se ignora que o compliance também tem a atribuição de aplicar ou sugerir a aplicação de sanções disciplinares ao empregado que infrinja o código de ética ou a política de boa governança. Estas sanções devem seguir procedimentos rígidos, muito atentos à produção de provas e eventuais nulidades, nos moldes do acima exposto. Por isso é que Moosmayer, na qualidade de Chefe de Controle de Compliance, propõe que:

> ... Na hora de impor sanções disciplinares àqueles empregados que tenham resultado responsáveis de algum tipo de irregularidade em face da investigação interna, resulta necessário contar com um processo bem regulado, tendo em conta a possível existência de procedimentos posteriores ante os tribunais. Por esta razão, resulta recomendável que exista um comitê disciplinar que realize seu trabalho conforme a regras e princípios previamente estabelecidos. Contar com uma regulação interna da política disciplinar aumenta, de acordo com minha experiência, a confiança de todo o corpo de empregados no caráter justo do procedimento[29].

Espera-se que, ao final, a existência de estruturas especificamente preocupadas com as questões ora narradas possa mitigar eventuais conflitos entre compliance, produção de prova e a inadmissibilidade de prova ilícita. Enfim, os direitos constitucionais ora expostos não só devem como podem ser preservados, operando como um limite ao dever de controle do compliance, garantindo-lhe legitimidade.

6. CONCLUSÃO

A partir da ampliação da implementação de programas de compliance na iniciativa privada, observou-se que um de seus interesses mais importantes é a possibilidade de facilitar a colaboração entre empresa e Estado. Isso se daria a partir da autorregulação regulada, que fomenta a adesão ao modelo, com foco em criação de ambientes de confiança para os negócios e maior eficiência, agilidade e potencial de inovação na prevenção de crimes de empresa. Parte da colaboração facilitada advém

---

27. MIRANDA, 2019.
28. MASCHMANN, 2013.
29. MOOSMAYER, 2013, p. 140.

do impulso que o compliance pode dar para que uma empresa que sofra com algum descumprimento legal interno possa conseguir estabelecer um acordo com as autoridades públicas fiscalizadoras.

Nesta seara, importa o objetivo de detecção do compliance. Ele justifica tanto o incentivo ao instituto, em razão do reconhecimento do Estado de que é incapaz de promover o controle da atividade criminosa empresarial sem o auxílio dos particulares, quanto seu potencial de participação na justiça penal colaborativa, pois, por meio das investigações internas, a empresa municia-se das provas necessárias para esclarecer os fatos, construir narrativas e requerer os benefícios de um acordo. Ao lado da detecção, estão presentes também a remediação, que muitas vezes exige uma medida disciplinar e a própria autodenúncia, e a prevenção, que exige medidas de controle que podem interferir em direitos de terceiros e na própria produção de provas.

Com relação aos limites em matéria de proteção da privacidade e meios de produção de tecnologia da informação e comunicação (TICs), especialmente computadores e e-mails, apurou-se que atualmente os tribunais impõem condições ou requisitos para o legítimo acesso ao conteúdo destes mecanismos de comunicação e armazenamento de dados.

No que diz respeito a produção de provas, para conciliar o exercício dos direitos de apuração interna com o de não autoincriminação do trabalhador, deve-se distinguir a função de uma entrevista ou interrogatório do empregado realizada pelo encarregado de compliance. Nos casos em que houver suspeita concreta, a diligência deve estar acompanhada de aviso prévio ao trabalhador, explicando as funções da entrevista e os direitos que ele possui, conforme exposto ao longo desse texto. No âmbito dos direitos informados ao trabalhador, para evitar futura decretação de nulidade, deve ser facultada a presença de um advogado quando o empregado estiver sendo investigado.

7. REFERÊNCIAS

COFFEE JR., John C. *Corporate Crime and Punishment. The crisis of underenforcement.* Oakland: Berrett-Koheler Publishers, 2020.

ESTRADA I CUADRAS, Albert; LLOBET ANGLÍ, Mariona. *Derechos de los trabajadores y deberes del empresario: conflicto en las investigaciones empresariales internas. In:* Revista Brasileira da Ciências Criminais. n. 108, maio-jun., 2014.

KRAWIEC, Kimberly D. *Cosmetic compliance and the failure of negotiated governance.* Disponível em: <http://scholarship.law.duke.edu/cgi/viewcontent.cgi?article=2674&context=faculty_scholarship>. Acesso em: maio 2021.

LASCURAÍN SÁNCHEZ, Juan António. La prevención del delito contra la seguridad de los trabajadores. In: NIETO MARTÍN, Adán (Dir.). *Manual de cumplimiento penal en la empresa.* Valencia: Tirant lo Blanch, 2015.

MAYER, Colin. *Prosperity. Better business makes the greater good.* Oxford: Oxford University Press, 2018.

MACHADO, Antônio Alberto. *Curso de Processo Penal.* 6. ed. São Paulo: Atlas, 2014.

MASCHMANN, Frank. Compliance y derechos del trabajador. In: KUHLEN, Lothar; MONTIEL, Juan Pablo; ORTIZ DE URBINA GIMENO, Íñigo (Dir.). *Compliance y teoría del Derecho penal*. Marcial Pons: Madrid, 2013.

MIRANDA, Matheus de Alencar e. *(In)eficiência de compliance e os direitos dos trabalhadores*: evitando o "bode expiatório". São Paulo: LiberArs, 2019.

MOOSMAYER, Klaus. *Investigaciones internas: una introducción a sus problemas esenciales*. In: ARROYO ZAPATERO, Luis; NIETO MARTÍN, Adán (Dir.). El Derecho Penal Económico en la era *Compliance*. México D.F.: Tirant lo Blanch, 2013.

NIETO MARTÍN, Adán. Fundamento y estructura de los programas de cumplimiento normativo. In: NIETO MARTÍN, Adán. *Manual de cumplimiento penal en la empresa*. (Dir.). Valencia: Tirant lo Blanch, 2015.

NIETO MARTÍN, Adán. Problemas fundamentales del cumplimiento normativo en el Derecho Penal. In: KUHLEN, Lothar; MONTIEL, Juan Pablo; ORTIZ DE URBINA GIMENO, Íñigo (Dir.). *Compliance y teoría del Derecho penal*. Marcial Pons: Madrid, 2013.

SAAD-DINIZ, Eduardo. *Ética negocial e compliance: entre a educação executiva e a interpretação judicial*. São Paulo: Thomson Reuters, 2019.

SIEBER, Ulrich. Programas de Compliance no Direito Penal Empresarial: um novo conceito para o controle da criminalidade econômica. In: OLIVEIRA, William Terra de et al. (Coord.). *Direito penal econômico: estudos em homenagem aos 75 anos do professor Klaus Tiedemann*. São Paulo: LiberArs, 2013.

SILVA SÁNCHEZ, Jesús-María. Deberes de vigilancia y compliance empresarial. In: KUHLEN, Lothar; MONTIEL, Juan Pablo; ORTIZ de Urbina Gimeno, Íñigo (Dir.). *Compliance y teoría del Derecho penal*. Marcial Pons: Madrid, 2013.

SOUZA, Artur de Brito Gueiros. *Direito Penal Empresária. Critérios de atribuição de responsabilidade e o papel do compliance*. São Paulo: LiberArs, 2021.

TRIBUNAL EUROPEO DE DERECHOS HUMANOS. TEDH (Gran Sala): *Caso Barbulescu contra Rumania*. Sentencia de 5 septiembre 2017. Disponível em: <https://www.legaltoday.com/files/File/pdfs/Sentencia-id190106.pdf>, acessado em maio de 2021.

REGULAÇÃO FINANCEIRA, *COMPLIANCE* E AS POLÍTICAS DE PREVENÇÃO À LAVAGEM DE DINHEIRO E DE COMBATE AO FINANCIAMENTO DO TERRORISMO

Carlos Goettenauer

Mestrando na London School of Economics, Mestre e Doutorando pela Universidade de Brasília.

Ana Continentino

Mestranda e Economia e graduada em Direito pela Universidade Federal de Juiz de Fora. Pesquisadora do grupo Empresa Desenvolvimento e Responsabilidade (EDResP)

Sumário: 1. Introdução – 2. Regulação, *compliance* e a prevenção à lavagem de dinheiro – 3. A regulação da prevenção à lavagem de dinheiro e do combate ao financiamento do terrorismo no sistema financeiro; 3.1 Contexto geral; 3.2 Circular 3.978/2020; 3.2.1 Estrutura normativa; 3.3 Know your Customer (KYC); 3.4 Know Your Employee (KYE), Know Your Supplier (KYS) e Know Your Partner (KYP); 3.5 Abordagem Baseada no Risco (ABR) – 4. A prevenção à lavagem de dinheiro como regulação por incentivos internos – 5. Conclusão – 6. Referências.

1. INTRODUÇÃO

De modo geral, bancos podem ser entendidos como intermediários financeiros que disponibilizam vários serviços ao mercado, vinculados a coleta, intermediação e aplicação de recursos de terceiros. Por essa razão, as instituições financeiras desempenham um papel chave na estratégia ao combate à lavagem de dinheiro[1]. Nesse sentido, as exigências regulatórias associadas aos mecanismos de prevenção à lavagem de dinheiro alcançam as instituições financeiras de forma integral, direcionando a estrutura organizacional, seus dirigentes e suas práticas de mercado[2].

Alcançar a conformidade normativa necessária à adequação das instituições financeiras às estratégias de prevenção à lavagem de dinheiro exige do *compliance* empresarial uma postura ativa. Como agentes de um sistema complexo, os bancos devem atuar na direção de alcançar um objetivo diretamente associado a um interesse público, qual seja, a limitação à circulação de recursos oriundos a atividades ilícitas[3].

---

1. CRANSTON, AVGOULEAS et al., 2017.
2. CRANSTON, AVGOULEAS et al., 2017.
3. ALHOSANI, 2016.

Nessa dinâmica entre interesse público e agentes de mercado, o *compliance* empresarial e a regulação governamental surgem como dois polos de um mesmo sistema. De um lado, os esforços regulatórios buscam reorientar as condutas das empresas a fim de alcançar objetivos públicos; de outra ponta, as empresas implementam os mecanismos de *compliance* buscando a conformidade regulatória, internalizando em seus processos os próprios objetivos definidos pelo regulador[4]. Essa lógica de internalização de interesses busca superar o fato de que a regulação jurídica deve ser encarada exclusivamente como um elemento restritivo de condutas por estratégias de coerção extrínseca.

Com essa perspectiva em mente, o presente trabalho busca avaliar de que modo o regime regulatório aplicável às instituições reguladas pelo Banco Central do Brasil direciona o *compliance* das instituições financeiras para a reorientação de condutas das empresas em direção ao interesse público. Em especial, objetiva-se aqui analisar de que forma as alterações mais recentes introduzidas pela Circular do Banco Central 3.978, de 23 de janeiro de 2020, apontam para o uso de estratégias regulatórias que se valem da coerção intrínseca para alcançar seu objetivo.

Desta maneira, o trabalho encontra-se dividido em duas partes. Inicialmente, pretendemos reconstruir o vínculo entre os conceitos de regulação jurídica e *compliance*, demonstrando de que forma eles podem ser articulados no contexto do sistema de prevenção à lavagem de dinheiro e de combate ao financiamento do terrorismo no Sistema Financeiro Nacional. Na segunda parte, buscamos realizar um mapeamento do arcabouço regulatório mais atual sobre o tema, analisando sua aproximação a um modelo de controle de condutas institucionais por meio de motivações internas, em maior proximidade com estratégias regulatórias mais sofisticadas.

Ao fim, conclui-se que, apesar da legislação sobre o tema ainda apoiar-se principalmente no mecanismo de comando e controle, a regulação infralegal afeta ao setor financeiro, em especial a Circular 3.978 (BCB, 2020), pode ser entendida como um normativo que adota a estratégia de incentivos internos para garantir sua efetividade.

2. REGULAÇÃO, *COMPLIANCE* E A PREVENÇÃO À LAVAGEM DE DINHEIRO

Em um primeiro momento, a regulação jurídica é identificada como uma ideia derivada da tradição jurídica anglo-americana, como um mecanismo externo de controle das condutas empresariais, imposto pelo governo ao mercado[5]. Nessa visão, a atividade do Estado consistiria em estabelecer mecanismos sancionatórios que visassem restabelecer uma ordem ideal a partir da punição dos comportamentos empresariais desviantes. Parte-se, assim, da pressuposição de uma dicotomia entre Estado e mercado, na qual esse representaria uma ordem natural que sofreria eventuais interferências daquele. O comando e controle, estratégia regulatória desse modelo,

---

4. ARANHA, 2018.
5. ARANHA, 2018, p. 124.

identifica o Estado como a fonte legítima da ordem jurídica, de onde emanam os predicados de ordem a serem obedecidos pelos agentes de mercado[6].

A regulação, todavia, não está restrita ao modelo de comando e controle e à limitada percepção de um antagonismo entre mercado e Estado. A própria definição do termo "regulação" passa, aliás, por uma variedade de significados, que muitas vezes refletem a corrente ideológica dos seus autores[7]. Nesse sentido, pode-se afirmar que *"o fenômeno regulatório detém diversas faces visíveis ou invisíveis segundo a teoria que procure explicá-lo"*[8]. O esforço de reconhecer a regulação como um fenômeno abrangente e distribuído pela sociedade permitiu a identificação de uma definição mais ampla, que pode ser resumida à ideia de que *"regulação é um processo que envolve a tentativa constante e concentrada de alterar o comportamento de outros com a intenção de produzir resultado ou resultados genericamente definidos"*[9].

Nessa proposta, a própria ideia de regulação não estaria resumida ao controle estatal das condutas dos agentes, mas à distribuição de poder entre os agentes, mediante o reconhecimento da importância do ambiente regulado para o sucesso das estratégias regulatórias. Assim, a sanção deixa de ser vista como único mecanismo para a condução das condutas dos agentes e o incentivo interno passa a ser considerado uma estratégia regulatória mais eficiente. Surge a dicotomia entre coerção interna e coerção externa:

> "Essa diferenciação entre coerção externa e interna dá ensejo a duas técnicas opostas de regulação: a regulação por comando-e-controle, também chamada regulação por administração ordenadora e criminalizadora, como um tipo de regulação no Estado ou com enfoque no Estado, representada pela identidade entre regulação e normas estatais, entendida a regulação como uma faceta pública da organização empresarial; e os tipos regulatórios apoiados em normas sociais, quais sejam, a regulação apoiada em redes, a regulação descentralizada ou as diversas manifestações da regulação apoiada na cultura de negócios do setor regulado"[10].

Não são poucas as estratégias regulatórias que abraçam essa perspectiva da condução das condutas empresariais por meio de incentivos, de forma que escaparia ao objetivo do presente trabalho avaliar o vínculo entre as múltiplas teorias e o *compliance* empresarial.

Em nossa mais limitada proposta, buscamos demonstrar que o *compliance* empresarial, ou seja, a adequação empresarial para alcançar a conformidade regulatória as prescrições normativas associadas à prevenção à lavagem de dinheiro, responde a estímulos direcionados a adoção pela empresa de mecanismos de coerção interna, compatíveis com uma ideia mais moderna de regulação.

---

6. BLACK, 2001.
7. JORDANA e LEVI-FAUR, 2004.
8. ARANHA, 2018, p. 37.
9. BLACK, 2002, p. 29.
10. ARANHA, 2018, p. 442.

Por certo, os vários arranjos jurídico-regulatórios encontram-se em um espectro dentro da dicotomia entre incentivos externos e incentivos diretos. O próprio modelo de regulação por comando e controle é, muitas vezes, mais uma caricatura do que uma descrição acurada de qualquer sistema regulatório[11].

Diante do reconhecimento dessa possibilidade de oscilação entre vários modelos por parte dos sistemas regulatórios, é necessário reconhecer que a própria criação mecanismos de prevenção e combate à lavagem de dinheiro já são, de certa maneira, um afastamento da ideia de regulação de comando e controle. Isso porque até mesmo a criminalização da lavagem de dinheiro, ou seja, a ferramenta mais próxima de uma estratégia de comando e controle, é utilizada como uma ferramenta para evitar o uso de recursos financeiros angariados em atividades ilícitas e o emprego de recursos financeiros em novas atividades ilícitas[12].

A ideia chave, portanto, de incorporar mecanismos de lavagem de dinheiro ao sistema financeiro encontra respaldo em uma estratégia regulatória que escapa, mesmo no plano teórico, a um modelo de comando e controle. O plano, nesse caso, corresponde ao monitoramento dos fluxos financeiros associados a atividades ilícitas para identificar os agentes, uma vez que a própria atividade ilícita é, em muitos casos, muito mais difícil de ser detectada[13]. Pretende-se, aqui, utilizar uma estratégia de torniquete, esgotando a possibilidade de práticas de determinados crimes por meio da limitação de circulação dos recursos financeiros.

Nesse sentido, o *enforcement* regulatório dos mecanismos de prevenção à lavagem de dinheiro vai além da mera aplicação de punição. Ao estabelecer mecanismos de estrangulamento de recursos financeiros nas atividades ilícitas, o sistema regulatório aproxima-se mais de uma espécie de "economia penal", como descrita por Foucault (2008), dificultando a prática criminosa não por meio de sua repressão direta, mas pela elevação dos custos associados à delinquência. Dessa maneira, a regulação, e a própria repressão ao crime, integram-se a uma lógica capitalista, restabelecendo o próprio sentido de *enforcement*, para defini-lo como um cálculo de custo de efetividade da norma[14].

O estabelecimento de medidas de prevenção à lavagem de dinheiro também encontra respaldo nas propostas regulatórias que visam escapar de uma dicotomia entre Estado e mercado. Nesse caso, a regulação jurídica não surge como um elemento externo que busca estabelecer punições, mas sim como um mecanismo estruturante das próprias relações econômicas, absorvido pelos agentes como parte das regras do jogo[15]. Essa nova visão é necessária para identificar a normatização das práticas de prevenção à lavagem de dinheiro também como meios de fomentar práticas empre-

---

11. BLACK, 2001.
12. ALHOSANI, 2016.
13. COX, 2014.
14. LOPES, 2018, p. 149.
15. ARANHA, 2018.

sariais mais éticas no sistema financeiro. A perda de credibilidade das instituições financeiras, em especial após a crise de 2008[16], evidenciou a necessidade da adoção de processos mais éticos em sua atuação, que podem ser direcionados por uma regulação apta a internalizar seus objetivos nas práticas empresariais. Para tanto, lançou-se mão de estratégias regulatórias procedimentais, que buscam equalizar a assimetria informacional entre regulador e agentes de mercado, valendo-se da expertise que esses detêm para produzir sistemas de controle capazes de incorporar os objetivos regulatórios à cultura empresarial[17].

Portanto, o arcabouço normativo que estabelece o sistema de prevenção à lavagem de dinheiro merece ser encarado como um elemento constitutivo das práticas empresariais no sistema financeiro. A seu tempo, os programas de *compliance*, que buscam a conformidade regulatória, trabalham como uma resposta da governança das empresas para incorporar os valores definidos pela autoridade reguladora.

Na análise que segue, busca-se identificar, a partir da análise do cenário jurídico--regulatório, como se dá essa dinâmica entre regulação governamental e *compliance* empresarial e em que medida ela pode ser entendida como um sistema de incentivos como meio de condicionamento das condutas empresariais.

3. A REGULAÇÃO DA PREVENÇÃO À LAVAGEM DE DINHEIRO E DO COMBATE AO FINANCIAMENTO DO TERRORISMO NO SISTEMA FINANCEIRO

A segurança do Sistema Financeiro Nacional (SFN) é fundamental para a manutenção da confiança de clientes e investidores e para o bom funcionamento das instituições financeiras e de pagamentos. Para garantir essa segurança, há duas frentes regulatórias de suma importância, sobre as quais se voltam os questionamentos feitos por este estudo: a Prevenção à Lavagem de Dinheiro (PLD) e o Combate ao Financiamento do Terrorismo (CFT), abreviados por PLD/FT. Embora muitas vezes discutidos como temas distintos, os dois mecanismos repressivos, aos quais se combina também o combate à corrupção, devem ser tratados como frentes distintas de uma mesma lógica, que busca evitar o uso do sistema bancário para incorporação à economia de ativos financeiros de origem ilícita (COX, 2014). Por essa razão, o tema é tratado aqui a partir do nome genérico de combate à lavagem de dinheiro, que seria, ao fim, o genérico ao qual pertencem as duas frentes.

No ordenamento jurídico brasileiro, o arcabouço regulatório que trata da questão da lavagem de dinheiro é difuso e disperso em várias normas: tanto as emanadas do Poder Legislativo, quanto as regulamentações publicadas pelo Banco Central do Brasil. Nesse contexto infralegal, a norma mais recente, a Circular 3.987 (BCB, 2020),

---

16. BARBERIS, BUCKLEY e ARNER, 2015.
17. AWREY, BLAIR e KERSHAW, 2013.

trouxe mudanças fundamentais para as instituições financeiras e de pagamentos, cuja natureza das estratégias regulatórias é avaliada neste trabalho

3.1   Contexto geral

Há uma série de instrumentos regulatórios que disciplinam o funcionamento das políticas de Prevenção à Lavagem de Dinheiro e Combate ao Financiamento do Terrorismo no Brasil. Juntos, eles formam um subsistema normativo, cujo cumprimento é fundamental para mitigar os riscos advindos dessas práticas e identificar a ocorrência de situações que podem ser ilícitas.

Para garantir que tais normas estão sendo aplicadas no cotidiano de instituições financeiras e de pagamentos, estas devem criar boas políticas de *compliance*, de modo a reforçar o compromisso de seus *stakeholders* e, sobretudo, de seus funcionários, com a regulação.

Dentre os instrumentos regulatórios que tutelam a PLC e a CFT, estão as Leis 9.613/1998, 12.846/2013, e 13.260/2016, conhecidas como Lei de Prevenção à Lavagem de Dinheiro, Lei Anticorrupção e Lei Antiterrorismo, respectivamente. Além disso, há uma série de Resoluções e Circulares emanadas pelo Banco Central do Brasil, autarquia de natureza especial responsável pela supervisão do Sistema Financeiro Nacional, conforme a Lei Complementar 179 de 2021. Também vale dar destaque às Resoluções 4.753/2019, 4.595/2017, do Conselho Monetário Nacional, publicadas pelo Banco Central do Brasil.

As leis mencionadas precedem a Circular 3.978 (BCB, 2020) e trazem conceitos, tipos penais e medidas legais ou administrativas para combater, conforme seus respectivos escopos, as práticas de lavagem de dinheiro, corrupção de funcionários públicos e terrorismo. Sua estrutura, todavia, pouco difere de uma regulação do estilo comando e controle. Nas três normas são definidas condutas irregulares e a as penas pela prática de atos ilícitos. Modo geral, no nível legislativo, os mecanismos regulatórios de prevenção à lavagem de dinheiro não escapam de uma visão tradicional hierarquizada do direito, distante de preocupação com a efetividade da norma ou com a produção de mecanismos empresariais capazes de coibir as condutas ilícitas. Esse conjunto legal, todavia, é complementado por uma série de normas infralegais produzidas pelo Banco Central do Brasil e que devem ser observadas pelas instituições por ele autorizadas a funcionar. Portanto, é necessário ter em mente que o Sistema Financeiro Nacional e o Sistema de Pagamentos Brasileiro está sujeito a uma extensa carga regulatória que, somada, as normas emanadas do Poder Legislativo, resultam em um arcabouço jurídico complexo que condiciona a estrutura de compliance das empresas que atuam nesse setor.

Nesse contexto, a Circular 3.978 (BCB, 2020), a ser analisada a seguir, foi publicada a fim de organizar o conjunto de medidas a serem tomadas pelas instituições reguladas e de dar racionalidade aos procedimentos de PLD/FT.

3.2 Circular 3.978/2020

A Circular 3.978 (BCB, 2020) não deve ser vista como um instrumento que trouxe reviravoltas ao Sistema Financeiro Nacional. Ela não promoveu grandes alterações normativas, mas sim, serviu para enfatizar e reforçar boas práticas de mercado, a fim de aperfeiçoar as políticas de Prevenção à Lavagem de Dinheiro e Combate ao Financiamento do Terrorismo – além de criar novas obrigações para as instituições financeiras e de pagamentos.

Ao analisar a nova circular do BCB, os juristas André Almeida Rodrigues Martinez e Carlos Fernando do Santos Lima (2021) entendem que:

> "Já no art. 2º, a nova Circular 3.978/2020 enfatiza que as instituições autorizadas a funcionar pelo BACEN 'devem implementar e manter política formulada com base em princípios e diretrizes que busquem prevenir a sua utilização para as práticas de lavagem de dinheiro e de financiamento do terrorismo'.

> Esta a grande virtude da nova norma, pois determina a implementação e a manutenção de uma "política" – e não apenas a adoção de medidas muitas vezes isoladas e desordenadas – voltada para a prevenção dos crimes de lavagem de ativos (lei 9.613/1998) e de financiamento ao terrorismo (Lei 13.260/2016).

> A nova Circular também tem o mérito de deixar agora ainda mais explícitas obrigações que antes já existiam para as instituições – com o objetivo de afastar quaisquer eventuais dúvidas. Cada instituição autorizada a funcionar pelo BACEN deverá se preocupar em gerir sua própria carteira de clientes, de modo a evitar que o banco seja usado como um instrumento de passagem de dinheiro proveniente de alguma infração penal." [grifos dos autores][18]

Desse modo, a nova Circular deve ser interpretada como um instrumento normativo que veio para fortalecer a segurança no âmbito do SFN e do SPB, por meio da adoção de uma política formulada com base nos princípios e diretrizes especificados no art. 3º (BCB, 2020), e da adoção coordenada das práticas de *Know Your Customer* (KYC); *Know Your Employee* (KYE); *Know Your Supplier* (KYS); e *Know Your Partner* (KYP).

A ideia por trás dessas políticas é justamente fazer com que as instituições passem a conhecer melhor seus *stakeholders*, com base em indicadores como a capacidade econômico-financeira de cada um; a situação patrimonial; e a compatibilidade destas com as transações bancárias.

Salienta-se, ainda, que tais indicadores não devem ser entendidos do ponto de vista estático em relação ao tempo, mas sim, do ponto de vista dinâmico. Assim, as instituições devem ser capazes de identificar a evolução destes ao longo do tempo, e perceber quando ocorrem mudanças repentinas por meio do registro de operações e

---

18. MARTINEZ E LIMA, 2021, p. 141.

de sistemas informatizados, com o intuito de tomar as medidas cabíveis caso suspeite da prática de algum ilícito.

3.2.1 Estrutura normativa

Partindo da compreensão estrutural da Circular 3.978 (BCB, 2020), verifica-se que ela está dividida em doze capítulos. No Capítulo I (art. 1º), são definidos o objeto – políticas, procedimentos e controles internos voltados à PLD/FT – e o âmbito de aplicação da norma – deve ser observada pelas instituições autorizadas a funcionar pelo BCB, ou seja, por todas as instituições reguladas pela autoridade monetária.

O Capítulo II (art. 2º a 7º) detalha a política de PLD/FT, cujos princípios e diretrizes devem guiar os instrumentos de gerenciamento de risco (*risk management*). Nos incisos do art. 2º, elenca os seguintes perfis de risco: clientes (KYC); instituição; operações, transações, produtos e serviços; funcionários (KYE), parceiros (KYP) e prestadores de serviços terceirizados (KYS).

Já o art. 3º trata do escopo mínimo de tais políticas, trazendo, em seus incisos II e III, diretrizes e procedimentos que envolvem, dentre outros, a avaliação interna de risco e a avaliação de efetividade; as precauções quanto ao desenvolvimento de produtos inovadores; a cultura organizacional de prevenção aos ilícitos ora examinados; o monitoramento de situações suspeitas; e a comunicação ao Conselho de Controle de Atividades Suspeitas – COAF. Por fim, no inciso III, destaca-se o dever de comprometimento da alta administração (*tone at the top*) para garantir o cumprimento e o aprimoramento das políticas, dos procedimentos e dos controles internos de PLD/FT.

Estes mecanismos contribuem para o ideal de transparência no SFN e no SPB, pois obrigam as instituições reguladas a cumprir uma série de medidas que consideram os interesses de todos os *stakeholders*: consumidores, empregados, fornecedores e parceiros.

A atuação pautada na integridade e no *compliance* com leis e normas regulamentares contribui para a redução de riscos e para a própria sustentabilidade do negócio, além de impactar positivamente o seu valor de mercado[19].

O Capítulo III traz trata da estrutura de governança (art. 8º) e o dever de indicação formal ao BCB de um diretor responsável pelo cumprimento das políticas de PLD/FT (art. 9º). E o Capítulo IV (art. 10 a 12) traz os requisitos da avaliação interna de risco (ABR – Abordagem Baseada no Risco ou, em inglês, RBA – *Risk Based Approach*).

Por sua vez, o Capítulo V (art. 13 a 27) trata da política de *Know Your Customer* (KYC), que será examinada em profundidade no tópico 3.3. Já o Capítulo VI (art. 28 a 37) dispõe sobre o registro de operações; o Capítulo VII (art. 38 a 47) trata do monitoramento, da seleção e da análise de operações e situações suspeitas; e o Capítulo VIII (art. 48 a 55) traz os procedimentos de comunicação ao COAF.

---

19. LOPES, OLIVEIRA, OLIVEIRA, RAIMUNDO e SILVA, 2017, p. 13.

O Capítulo IX (art. 56 a 60) trata, simultaneamente, das políticas de *Know Your Employee* (KYE); *Know Your Supplier* (KYS); e *Know Your Partner* (KYP).

Por fim, os Capítulos X (art. 61) e XI (art. 62 a 65) tratam, respectivamente, de mecanismos de acompanhamento e de controle; e da avaliação de efetividade. E o Capítulo XII (art. 66 a 70) traz as disposições finais.

Para entender o funcionamento de tais políticas, será empreendida a avaliação de cada uma delas, e, posteriormente, sua análise em conjunto, de modo a traçar cenários sobre seus possíveis impactos.

3.3   *Know your Customer* (KYC)

Como mencionado, a política de *Know Your Customer* (KYC) está prevista no Capítulo V (art. 13 a 27). Ela consiste em uma série de procedimentos para identificar, qualificar e classificar os clientes de acordo com os perfis de risco que apresentam.

Tais informações devem ser mantidas em sistemas informatizados (art. 14), sem prejuízo da observância de requisitos legais específicos – em especial, os previstos na Lei 13.709 – Lei Geral de Proteção de Dados (BRASIL, 2018). Estes procedimentos permitem a avaliação da capacidade financeira dos clientes, que pode ser revista sempre que houver alterações relevantes.

É necessário dar ênfase à Seção VII deste capítulo, que trata de uma categoria especial de cliente: a Pessoa Exposta Politicamente (PEP). Esse tipo de cliente demanda uma verificação mais atenta por parte da instituição financeira ou de pagamentos, de modo a prevenir os crimes praticados por funcionários públicos, sobretudo a corrupção.

O rol de pessoas com exposição política está no art. 27. Além disso, as instituições elencadas no art. 1º também devem verificar pessoas com quem a PEP possui vínculos estreitos, como familiares e colaboradores próximos (art. 19).

Dessa forma, a instituição financeira ou de pagamentos deve manter os perfis de seus clientes atualizados. Tomando a premissa de que é o cliente quem irá fazer movimentações financeiras, e que, potencialmente, pode se valer da estrutura do Sistema Financeiro Nacional para transacionar recursos provenientes ou direcionados a fomentar práticas ilícitas graves, como a lavagem de dinheiro e o financiamento ao terrorismo, as instituições devem manter vigilância atenta a todos estes clientes, identificando quando ocorrerem mudanças no padrão de movimentações e, caso necessário, notificando o BCB e o COAF sobre a ocorrência de práticas possivelmente ilícitas, para que estes tomem as providências necessárias.

Isso traz benefícios não só às instituições que compõem o SFN, reduzindo seus riscos operacionais, mas à sociedade como um todo, pois desincentiva e reprime o cometimento dessas práticas.

3.4 *Know Your Employee* (KYE), *Know Your Supplier* (KYS) e *Know Your Partner* (KYP)

Em linha com o racional trazido pela Circular 3.978 (BCB, 2020), será empreendida a análise das políticas de *Know Your Employee* (KYE), *Know Your Supplier* (KYS) e *Know Your Partner* (KYP) neste mesmo tópico, porque ambas são regulamentadas no Capítulo IX do instrumento normativo.

A lógica dessas políticas, previstas nos art. 56 a 60 da Circular, é semelhante à de KYC. As instituições autorizadas a funcionar pelo BCB devem classificar seus empregados (KYE), fornecedores (KYS) e parceiros (KYP) de acordo com os perfis de risco definidos na ABR, que será explicada – no próximo tópico.

Ademais, a norma também prevê requisitos especiais caso essas instituições venham a firmar contratos com instituições financeiras sediadas no exterior e com terceiros não regulados pelo BCB.

Assim, analogamente à política de Know Your Customer, as instituições reguladas devem conhecer seus empregados, fornecedores e parceiros comerciais com o intuito de evitar que estes se beneficiem da estrutura do SFN para praticar lavagem de dinheiro e financiamento ao terrorismo.

3.5 Abordagem Baseada no Risco (ABR)

A Abordagem Baseada no Risco (ABR) é uma técnica de *compliance* que diz respeito à gestão de terceiros. O procedimento de realização foi definido no Capítulo V da Circular 3.978 (BCB, 2020). Acerca da ABR, destacam Martinez e Lima (2021):

> "O art. 10 da nova Circular também diz respeito à já conhecida "gestão de terceiros", pela qual a instituição tem a obrigação de conhecer todas as pessoas com as quais mantém contratos/relacionamentos, sejam elas clientes, funcionários, parceiros, terceirizados ou prestadores eventuais de serviços.
>
> [...]
>
> Já de acordo com o parágrafo 2º do art. 10 da nova Circular, o risco identificado – risco operacional [...] – "deve ser avaliado quanto à sua *probabilidade de ocorrência* e à *magnitude dos impactos* financeiro, jurídico, reputacional e socioambiental para a instituição.
>
> E o parágrafo 3º completa que: Devem ser definidas *categorias de risco* que possibilitem a adoção de controles de gerenciamento e de mitigação reforçados para as situações de *maior risco* e a adoção de controles simplificados nas situações de *menor risco*.
>
> Exige mais preocupação e deve se dar mais atenção ao risco cuja probabilidade de ocorrência seja maior e cujos impactos sejam mais severos para a instituição. Para tanto, deve ser elaborada pelo banco a ferramenta chamada *"matriz de riscos"* ou *"heat map"* – mapa de calor –, que leva em conta, em uma tabela, tanto (i) a probabilidade de ocorrência quanto II0 a magnitude do impacto dos riscos [...].
>
> Quanto maior a *probabilidade* de ocorrência e quanto mais danoso for o *impacto*, mais atenção/ gerenciamento aquele determinado risco deve merecer por parte da instituição.

> A Circular 3.978 cuida expressamente, assim, da *ABR – "abordagem baseada em risco"*, com a avaliação dos riscos aos quais a instituição está exposta e a consequente adoção de medidas proporcionais a eles. É o também chamado *RBA – "risk based approach"* – no combate aos crimes de lavagem de dinheiro e de financiamento do terrorismo." [grifos dos autores][20]

A Circular 3.978 (BCB, 2020) traz, em seus art. 10 a 12, o procedimento de Avaliação Interna de Risco, que deve partir dos perfis dos *stakeholders* da instituição regulada e do seu próprio modelo de negócio para formular um mapa de risco – ou, em inglês, um *"heat map"*.

Este mapa de risco tem por objetivo a mensuração dos riscos envolvidos na prestação de serviços financeiros, bem como a avaliação de seus possíveis impactos. Dessa forma, é possível tomar medidas de precaução que sejam proporcionais ao risco advindo de cada um dos *stakeholders* ou de suas atividades.

Dentre as classificações prudenciais de risco – estabelecidas pelo Comitê de Basileia e incorporadas ao ordenamento jurídico brasileiro em uma série de instrumentos normativos[21] – salienta-se que o risco advindo dos stakeholders é uma modalidade de risco operacional, cujas técnicas de gerenciamento estão previstas na Resolução 4.557 (BCB, 2017).

Por fim, salienta-se que o art. 11 admite a adoção de uma única avaliação interna de risco em um conglomerado prudencial ou em um sistema cooperativo de crédito. E o art. 12 cria as obrigações de documentar, encaminhar para comitês internos e revisar a cada dois anos, para a instituição regulada.

Tendo essas questões em vista, a abordagem baseada no risco se mostra como uma técnica de compliance eficaz para que as instituições supervisionadas no BCB tenham ciência e, mais que isso, tenham controle sobre os riscos inerentes às atividades de intermediador financeiro.

4. A PREVENÇÃO À LAVAGEM DE DINHEIRO COMO REGULAÇÃO POR INCENTIVOS INTERNOS

Ao relacionar as reflexões sobre regulação, *compliance* e medidas de PLD/FT, elaboradas no tópico 2, com a análise normativa da Circular 3.978 (BCB, 2020), apresentada no tópico 3, verificamos que existe uma conexão entre os mecanismos de motivação interna em uma companhia e as diretrizes da nova circular.

Como explicado, a Circular 3.978 se afasta do tradicional mecanismo regulatório de comando e controle, no qual o Estado emana normas jurídicas, ativamente, e os entes do mercado apenas se esforçam para o seu cumprimento, passivamente, sujeitando-se a penalidades pelo eventual descumprimento.

---

20. MARTINEZ E LIMA, 2021, p. 144 e 145.
21. Disponível em: <https://www.bcb.gov.br/estabilidadefinanceira/regulacao_prudencial_normas>. Acesso em: 04 abr. 2021.

A estratégia adotada na nova circular é distinta. Por meio deste normativo, a autoridade monetária impõe, em síntese, que: (i) as instituições reguladas criem a própria política de prevenção à lavagem de dinheiro e ao financiamento do terrorismo; (ii) essa política seja pautada por alguns requisitos mínimos; e (iii) que sejam adotados procedimentos, como as políticas de KYC, KYE, KYS, KYP, a abordagem baseada no risco (ABR), dentre outros.

Com base nessas diretrizes, cada instituição regulada deverá formular a própria política de PLD/FT, de um modo mais flexível, uma vez que esta poderá ser desenvolvida com base no cotidiano daquela companhia ou conglomerado, especificamente. Assim, não se parte de uma regulamentação estanque, como provavelmente ocorreria se o mecanismo de comando e controle estivesse em voga; mas sim, de uma regulamentação dinâmica, na qual a autoridade monetária direciona a atuação das instituições autorizadas a funcionar, ao mesmo tempo em que mantém a fiscalização para verificar o cumprimento das normas e aplicar penalidades, se necessário.

De acordo com Paula Gonçalves Serafini e Jéssica Morais de Moura[22], uma organização que consegue executar seu programa de *compliance* consegue gerar, em seus stakeholders, a percepção de que o ambiente segue as normas regulamentares e é transparente. Embora intangível, o valor da companhia é elevado e sua reputação fica protegida.

Assim, para um programa de *compliance* surta os efeitos desejados, ele deve levar a mudanças na cultura organizacional, de modo que suas diretrizes sejam cumpridas no dia a dia de seus funcionários, e em todas as relações estabelecidas com clientes, fornecedores e parceiros. De acordo com as mesmas autoras:

> O programa de *compliance* tem, então, a capacidade de atuar na cultura real, provocando efeitos positivos na concretização da cultura ideal perseguida pela alta diretoria. Por meio de ferramentas que objetivam compreender a potencialidade de profissionais quando se depararem com dilemas éticos no exercício de suas atividades, é instituído um sistema de condutas que traz efeitos positivos no ambiente interno e externo.
>
> Para o ambiente interno da organização os benefícios estão associados ao fato de que o *compliance* permite estabelecer parâmetros que deverão orientar a conduta de todos os que, direta ou indiretamente, estão profissionalmente vinculados à organização, de forma a conferir alto padrão de excelência em gestão ética ao relacionamento da empresa com seu público interno, externo e com a sociedade. Além disso, são desenvolvidos um conjunto de normativos, tais como, Código de Ética, Política de Vestimentas, Política Anticorrupção e Política de Gestão de Consequências que permitem direcionar atos, comportamentos e atitudes buscando prevenir situações que possam originar conflitos de natureza ética. Ademais, esses procedimentos preservam a imagem e a reputação dos colaboradores e da organização, criando um ambiente que prima pelo respeito, adverte irregularidades e resguarda a empresa de possíveis condutas ilícitas.
>
> No que se refere ao ambiente externo, a implementação do *compliance* irá permitir a extensão das melhorias observadas internamente, regulamentando a empresa diante do mercado e conferindo atributos de integridade, confiabilidade e transparência. Como resultado, a empresa poderá

---

22. 2019, p. 8 e 9.

ser melhor vista pelos seus potenciais clientes, instituições financeiras e possíveis investidores que, por saberem que a empresa preza por sua integridade e idoneidade, a enxerga como um diferencial no mercado[23].

A ideia central aqui é superar a regulação sustentada por imposição de punições externas, mas garantir o engajamento das instituições nas práticas preventivas por meio da alteração da própria cultura interna da empresa.

Portanto, dado que o programa de *compliance* será desenvolvido de acordo com as peculiaridades daquela instituição ou conglomerado, suas chances de lograr êxito em seus objetivos aumentam, elevando as chances de prevenir e combater as práticas ilícitas de lavagem de dinheiro e financiamento do terrorismo.

5. CONCLUSÃO

Se antes a regulação financeira servia ao binômio comando e controle, pautado pela lógica da coerção extrínseca do Estado em relação ao mercado, atualmente, este fenômeno ganhou complexidade e se desenvolve por meio de um direcionamento de como as próprias instituições reguladas deverão criar e cumprir suas políticas de PLD/FT – sem afastar, em qualquer momento, a supervisão atenta e a fiscalização do Banco Central do Brasil.

Assim, este trabalho buscou analisar de que maneira as políticas de prevenção à lavagem de dinheiro e de combate ao financiamento do terrorismo (PLD/FT), cujos papéis foram introduzidos e atualizados pela regulação financeira, vêm sendo incorporadas e mantidas nas instituições financeiras e de pagamentos por meio do *compliance*.

Primeiramente, foram examinadas as relações entre regulação financeira e *compliance*, a fim de compreender de que forma elas se influenciam e se complementam. A abordagem utilizada pela regulação financeira passou por grandes mudanças ao longo do tempo, e caminhou de um sistema de coerção extrínseca para um modelo de coerção intrínseca.

Em seguida, foi feito um exame do subsistema normativo que regula as políticas de PLD/FT, passando pelas Leis de Prevenção à Lavagem de Dinheiro, Anticorrupção e Antiterrorismo, pelas Resoluções e Circulares emitidas pela autoridade monetária e, finalmente, chegando às normas mais recentes, contidas na Circular 3.978 de 2020.

Como visto, a Circular 3.978 racionalizou a forma como as políticas de PLD/FT devem ser elaboradas e mantidas pelas instituições reguladas, elencando requisitos mínimos, direcionando as medidas para conhecer os stakeholders – KYC, KYE, KYS e KYP –, e elucidando como deve ser feito o mapeamento de riscos.

Portanto, uma vez que essas políticas devem partir das próprias instituições reguladas, elas têm maiores chances de serem adequadas ao cotidiano empresarial.

---

23. SERAFINI e MOURA, 2019, p. 8 e 9.

Isso facilita que não apenas o setor jurídico de *compliance*, como todos os funcionários daquela instituição, conheçam e estejam atentos aos diferentes perfis de clientes, fornecedores, parceiros e deles próprios.

Isso facilita o gerenciamento de riscos decorrentes da atividade de intermediador financeiro, sobretudo os riscos operacionais. Ademais, também beneficia o Sistema Financeiro Nacional e a sociedade de modo geral, coibindo, desde o princípio, as práticas de lavagem de dinheiro e de financiamento do terrorismo.

6. REFERÊNCIAS

ALHOSANI, W. *Anti-Money Laundering*: A Comparative and Critical Analysis of the UK and UAE's Financial Intelligence Units. Londres: Palgrave Macmillan, 2016.

ARANHA, M. I. Compliance, Governança e Regulação. In: FRAZÃO, A.; CUEVA, R. V. B. *Compliance*: Perspectivas e desafios dos programas de conformidade. Belo Horizonte: Fórum, 2018.

ARANHA, M. I. *Manual de Direito Regulatório*. 4. ed. Coleford: Laccademia Publishing, 2018.

AWREY, D.; BLAIR, W.; KERSHAW, D. Between law and markets: Is there a role for culture and ethics in financial regulation. *Delaware Journal of Corporate Law*, v. 38, p. 191, 2013.

BARBERIS, J. N.; BUCKLEY, R. P.; ARNER, D. W. *The Evolution of Fintech*: A New Post-Crisis Paradigm? University of Hong Kong Faculty of Law Research Paper n. 2015/047, 20 out. 2015. Disponível em: <https://papers.ssrn.com/sol3/papers.cfm?abstract_id=2676553>. Acesso em: 10 nov. 2018.

BANCO CENTRAL DO BRASIL. Circular 3.978. 2020. Disponível em: <https://www.bcb.gov.br/pre/normativos/busca/downloadNormativo.asp?arquivo=/Lists/Normativos/Attachments/50905/Circ_3978_v2_P.pdf> Acesso em: 01 mar. 2021.

BANCO CENTRAL DO BRASIL. Resolução 4.753. 2019. Disponível em: <https://www.bcb.gov.br/pre/normativos/busca/downloadNormativo.asp?arquivo=/Lists/Normativos/Attachments/50847/Res_4753_v1_O.pdf>. Acesso em: 04 abr. 2021.

BANCO CENTRAL DO BRASIL. Resolução 4.595. 2017. Disponível em: <https://www.bcb.gov.br/pre/normativos/busca/downloadNormativo.asp?arquivo=/Lists/Normativos/Attachments/50427/Res_4595_v1_O.pdf>. Acesso em: 20 fev. 2021.

BANCO CENTRAL DO BRASIL. Resolução 2.554. 1998. Disponível em: <https://www.bcb.gov.br/pre/normativos/busca/downloadNormativo.asp?arquivo=/Lists/Normativos/Attachments/45273/Res_2554_v4_P.pdf>. Acesso em: 04 abr. 2021.

BANCO CENTRAL DO BRASIL. Normas de regulação prudencial. s/d. Disponível em: <https://www.bcb.gov.br/estabilidadefinanceira/regulacao_prudencial_normas>. Acesso em: 04 abr. 2021.

BRASIL. Lei Complementar 179 – Autonomia do Banco Central. 2021. Disponível em: <https://www.in.gov.br/en/web/dou/-/lei-complementar-n-179-de-24-de-fevereiro-de-2021> Acesso em: 13 mar. 2021.

BRASIL. Lei 13.709 – Lei Geral de Proteção de Dados. 2018. Disponível em: <http://www.planalto.gov.br/ccivil_03/_ato2015-2018/2018/lei/l13709.htm>. Acesso em: 04 abr. 2021.

BRASIL. Lei 13.260 – Lei Antiterrorismo. 2016. Disponível em: <http://www.planalto.gov.br/ccivil_03/_ato2015-2018/2016/lei/l13260.htm>. Acesso em: 17 mar. 2021.

BRASIL. Lei 12.846 – Lei Anticorrupção. 2013. Disponível em: <http://www.planalto.gov.br/ccivil_03/_ato2011-2014/2013/lei/l12846.htm>. Acesso em: 13 mar. 2021.

BRASIL. Lei 9.613 – Lei de Prevenção à Lavagem de Dinheiro. 1998. <http://www.planalto.gov.br/ccivil_03/leis/l9613>. Acesso em 13 mar. 2021.

BLACK, J. Decentring Regulation: Understading the Role of Regulation and Self-Regulation in a 'Post-Regulatory' World. Current Legal problems, v. 54, n. 1, p. 103-146, 2001.

BLACK, J. Critical Reflections on Regulation. *Australian Journal of Legal Philosophy*, v. 27, p. 1-35, 2002.

COX, D. *Handbook of Anti Money Laundering*. Chichester: John Wiley & Sons, 2014.

CRANSTON, R. et al. Principles of Banking Law. Oxford: Oxforf University Press, 2017.

FOUCAULT, M. *Nascimento da Biopolítica*. São Paulo: Martins Fontes, 2008.

JORDANA, J.; LEVI-FAUR, D. *The politics of regulation in the age of governance*. Cheltenham: Edward Elgar Publishing Ltd., 2004.

LOPES, O. D. A. *Fundamentos da regulação*. Rio de Janeiro: Editora Processo, 2018.

LOPES, P. L.; OLIVEIRA, L. A. OLIVEIRA, G. P. RAIMUNDO, R. M. SILVA, S. T. Aplicação do compliance no setor bancário. 2017. Disponível em: <https://www.aedb.br/seget/arquivos/artigos17/18425197.pdf>. Acesso em: 02 fev. 2021.

MARTINEZ, A. A. R. LIMA, C. F. S. *Compliance bancário:* um manual descomplicado. 3. ed., rev. e ampl. Salvador: Editora JusPodivm, 2021.

SERAFINI, P. G. MOURA, J. M. *Compliance* e cultura organizacional: uma análise da geração de resultados no ambiente interno e externo de uma organização. 2019. Disponível em: <http://admpg.com.br/2019/anais/arquivos/06302019_120644_5d18d4b47dd07.pdf>. Acesso em: 04 abr. 2021.

COMPLIANCE NO
DIREITO TRIBUTÁRIO

Elizabete Rosa de Mello

Professora Adjunta de Direito Tributário da Universidade Federal de Juiz de Fora

Sumário: 1. Introdução – 2. Conceito de *compliance* e de integridade – 3. Programas de integridade e estímulo à conformidade tributária – 4. A obrigação tributária como processo e a conformidade aplicada aos procedimentos – 5. Conclusões – 6. Referências.

1. INTRODUÇÃO

O Sistema Tributário Brasileiro, na sua complexidade, apresenta desafios tanto para o Ente da Federação (União, Estados-membros, Distrito Federal e Munícipios) como para o sujeito passivo (contribuintes e responsáveis tributários). Para o Ente da Federação, a Constituição da República Federativa do Brasil (Brasil, 1988), em seus artigos 145-156, estabelece competência tributária para instituir seus próprios tributos. Surge daí a dificuldade do exercício da capacidade tributária necessária para arrecadar, fiscalizar e cobrar tributos. Já para o sujeito passivo, a dificuldade está em cumprir as obrigações tributárias principais e acessórias devido ao emaranhado de normativas.

Um meio de reduzir tais dificuldades é a instituição do *compliance,* que nada mais é do que uma maneira de realizar atos conforme estabelecidos em leis, decretos, regulamentos, procedimentos e afins. Um programa de *compliance* bem estruturado constitui um instrumento adequado para nortear as condutas durante todos os procedimentos de cobrança, de fiscalização e de pagamento dos tributos, de forma que sejam realizados conforme a legislação tributária. Serve, portanto, tanto ao sujeito ativo, como ao sujeito passivo. O resultado é a prevenção de infrações e evasões fiscais, além de reduzir a exposição do sujeito passivo a penalidades como multas e juros moratórios. Trata-se, portanto, de uma vantagem dupla, que contempla ambos os polos da relação jurídica tributária.

Por se tratar de um instituto cuja introdução no campo do Direito é recente, apresentar sua conceituação constitui o primeiro passo para sua compreensão. Ao lado da definição formal, discute-se o problema da "não conformidade" do processo, que é a consequência de não se ter um programa de *compliance* bem estruturado, o que afeta, também, tanto o Ente da Federação como o sujeito passivo. Como exemplificação dos esforços das autoridades governamentais para enfrentar a questão, apresenta-se dois programas de integridade: o "Nos Conformes" do Estado de São

Paulo e o "Pró-conformidade" da Secretaria da Receita Federal, apontando algumas críticas.

Por fim, abordaremos a obrigação tributária como processo, uma forma de fazer com que conformidade tributária esteja presente em todos os procedimentos, desde a ocorrência do fato gerador até o pagamento por parte do sujeito passivo, ou a execução fiscal por parte do Ente Federativo.

2. CONCEITO DE *COMPLIANCE* E DE INTEGRIDADE

O conceito de integridade precede o de *compliance*. Ser integro é a qualidade de alguém ou de algo em que esteja presente a ética, a moral, o cumprimento irrestrito de normas e procedimentos. Esses adjetivos constituem a estrutura basilar tanto do empresário como do ente da federação. Não se pode falar em *compliance* sem ter em mente que seu objetivo principal é garantir a integridade das partes.

Embora o *compliance* possa ser traduzido por "conformidade" é usual o emprego no Brasil do termo na sua forma inglesa. Por essa razão utilizaremos indiferentemente ambos os termos daqui para a frente. Podemos então definir *compliance* como conformidade ou submissão a uma norma. Quando se diz que alguma coisa ou fato é conforme, ou *compliance,* estamos afirmando que tal situação se enquadra perfeitamente no que dela se esperava. Buscando um exemplo de uma situação tributária que está presente no imaginário de brasileiros economicamente ativos, podemos dizer que um contribuinte que entrega sua declaração de ajuste do imposto sobre renda e proventos e qualquer natureza dentro do prazo, está em conformidade legal quanto ao prazo.

Vanessa Alessi Manzi conceitua *compliance* como "[...] todo ato de cumprir, de estar em conformidade e executar regulamentos internos e externos, impostos às atividades da instituição, buscando mitigar o risco atrelado à reputação e ao regulatório/legal"[1].

No âmbito empresarial para Alexandre Ferreira de Assumpção Alves e Caroline da Rosa Pinheiro, a expressão *compliance*:

> [...] se refere a um conjunto de procedimentos adotados por uma determinada sociedade, objetivando otimizar o cumprimento de normas legais, regulamentos e políticas estabelecidos pela organização, com o intuito de mitigar riscos e responsabilidades[2].

Do ponto de vista normativo, cabe à Associação Brasileira de Normas Técnicas (ABNT), a responsabilidade pela elaboração das Normas Brasileiras (ABNT NBR), em esforço conjunto de seus Comitês Brasileiros (ABNT/CB), Organismos de Normalização Setorial (ABNT/ONS) e Comissões de Estudo Especiais (ABNT/

---

1. MANZI, 2008, p. 15.
2. ALVES; PINHEIRO, 2017, p. 43-44.

CEE). A ABNT ainda tem atuação na avaliação da *conformidade* e na elaboração de programas para certificação de produtos, sistemas e rotulagem ambiental (ABNT, 2021a), (grifos nossos).

Segundo seu Sistema de Gestão de *Compliance* (ABNT ISO 19600) (ABNT, 2021b), a ABNT conceitua e explica o *compliance* da seguinte forma:

> O "Compliance" é a consequência de uma organização cumprir as suas obrigações incorporando-o na cultura da organização e no comportamento e atitude de pessoas que trabalham para ela.
>
> As organizações que pretendem ser bem-sucedidas em longo prazo precisam manter uma cultura de integridade e "Compliance" considerando as necessidades e expectativas das partes interessadas.
>
> A implantação de um sistema de gestão de "Compliance" eficaz, abrangendo toda a organização, permite que esta organização demonstre seu comprometimento com o cumprimento das leis pertinentes (ABNT, 2021c).

Ainda no documento citado, a ABNT traz uma importante ressalva para o aspecto da integridade, ao explicitar que, na ocorrência de uma infração, empresas com programas de *compliance* e integridade têm tratamento diferenciado por parte dos tribunais e estão menos expostas a descumprir a legislação vigente, conforme abaixo:

> Em muitos casos, ao determinar a sanção adequada a ser aplicada por infrações à legislação pertinente, os tribunais têm considerado o comprometimento de uma organização com o "compliance" por meio do sistema de gestão de compliance.
>
> Com a aplicação da gestão de "Compliance" a organização pode salvaguardar a integridade e evitar ou minimizar o não cumprimento da lei, podendo também, contribuir para o comportamento socialmente responsável das organizações (ABNT, 2021c).

Cabe citar a existência de um procedimento específico para que um determinado sujeito passivo ou ente federativo seja considerado aderente ao processo de *compliance*. Via de regra, ser *compliance* significa ter conseguido obter uma certificação por entidade externa. O ente federativo ou sujeito passivo que pretenda obter uma certificação de conformidade deve contratar empresas especializadas que, seguindo procedimentos específicos verificam todos os aspectos que envolvem a certificação do interessado. O Procedimento Específico de Certificação de Sistemas de Gestão em *Compliance* (PE-396) estabelece o processo para concessão de um atestado referente à implementação das diretrizes de "Compliance", de acordo com a norma ISO 19600, para todas as empresas (ABNT, 2021c).

A Norma ABNT ISO 19600, publicada em 10/06/2016, foi cancelada em 27/05/2021, com a recomendação da ABNT de que se passasse a utilizar a norma ISO original (ISSO 19600:2014) (BRASIL, 2021b). Além dessa, há outras normas da ABNT que também auxiliam no processo de diversos tipos de certificação em conformidade, tais como às que tratam do Sistema de Gestão de Qualidade (ABNT ISO 9001), Sistema de Gestão Ambiental (ABNT ISO 14001), Sistema de Gestão Antissuborno (ISO 37001) (Brasil, 2021b).

3. PROGRAMAS DE INTEGRIDADE E ESTÍMULO À CONFORMIDADE TRIBUTÁRIA

À primeira vista pode parecer redundância o estabelecimento e implantação de um Programa de Integridade tanto em empresas do lado do sujeito passivo, como do Ente tributante, do lado do Estado. Isso porque a lógica mais singela teria como comando a obrigação irrestrita e inalienável de o sujeito ser integro. No entanto, a esperada integridade vem sendo usurpada de ambos os lados da relação jurídica tributária. A ver, as notícias que frequentemente circulam nas mídias, mostrando a evasão de divisas, os *lobbies* para redução desigual de tributos, a escrituração paralela dos caixas dois, dentre outras. Assim, os novéis programas de integridade, no governo e nas empresas, menos que uma novidade, passam a figurar como uma necessidade. É por meio de procedimentos de conformidade que tais programas instrumentalizam regras e normas. Tanto do lado empresarial, em que se situam os sujeitos passivos, como do lado governamental, surgem iniciativas de implantação de programas de integridade, também chamados de programas de implantação e de estímulo à conformidade tributária no sentido *lato sensu* de *compliance*.

O programa de integridade do lado governamental abrange a ética no sentido de assegurar o comportamento virtuoso do agente público, capaz de discernir e agir de forma correta, orientado por valores e princípios descritos em seus códigos de conduta, bem como a promoção do *compliance stricto sensu*, para garantir o cumprimento da legislação que deve ser observada em todos os procedimentos[3].

Já no âmbito do Direito Privado, as empresas, pessoas jurídicas de direito privado, tanto para contratar com outras ou com o Poder Público, por meio de licitação, necessitam de um programa de integridade, conforme determina o artigo 25, § 4º da atual Lei de Licitações e Contratos Administrativos, Lei 14.133 (Brasil, 2021d). O resultado da utilização desses programas de integridade consubstancia em maiores garantias para ambas as partes contratantes, por estabelecer formalmente as regras de comportamento virtuoso em torno do que estiver sendo pactuado.

É imprescindível para o sucesso da iniciativa que os próprios Entes da Federação liderem a implantação de programas de integridade no âmbito de suas atividades. No Direito Público, mais precisamente na área tributária, os Entes da Federação ao implantarem programas de integridade em conformidade com à legislação tributária (visão externa: objetiva) e com o código de conduta ou ética (visão interna: subjetiva), em todas as fases do tratamento da obrigação tributária acabam por estimular os contribuintes ou responsáveis tributários a adotarem o mesmo procedimento.

Como exemplo de programa direcionado para a integridade e conformidade, temos o "Nos Conformes" de iniciativa do Estado de São Paulo. Criado por meio da Lei Complementar 1.320 (São Paulo, 2018) o Programa de Estímulo à Conformidade Tributária, denominado "Nos Conformes", tem como objetivo definir princípios

---

3. BARRETO; VIEIRA, 2019, p. 157-158.

para o relacionamento entre contribuintes e o Estado de São Paulo, estabelecendo regras de conformidade tributária.

Frente a essa iniciativa alguns questionamentos se fazem presentes: seria necessário esse Estado e outros do Brasil instituírem Leis para tratarem de conformidade tributária? Não estaria implícito em todas as ações do Fisco e do contribuinte, seja pessoa física ou pessoa jurídica, a boa-fé objetiva? A atuação do Poder Público e de seus agentes fiscais não deveriam se ater à obediência às normas vigentes na Lei de Responsabilidade Fiscal, Lei Complementar 101(BRASIL, 2000); na Lei da Transparência, Lei Complementar 131(BRASIL, 2009), na Lei do Acesso à Informação, Lei 12.527 (Brasil, 2011) e na Lei 14.133 (Brasil, 2021d), antes da criação de qualquer programa de integridade?

Para responder a essas questões é necessário entender o motivo que levou o Estado de São Paulo e outros Entes da Federação a implementar programas de integridade, como ocorreu com o Estado do Rio de Janeiro com a Lei 7.753(Rio de Janeiro, 2017), o Distrito Federal com a Lei 6.112 (Distrito Federal, 2018), o Estado de Minas Gerais com o Decreto 47.185(Minas Gerais/2017), e o Estado de Pernambuco com a Lei 16.722(Pernambuco, 2019).

De forma pontual, na pesquisa do referido motivo, utilizaremos como base a Lei Complementar 1.320 (São Paulo, 2018). Partiremos da interpretação histórica dessa Lei, tomando como início a exposição dos motivos constante do Projeto de Lei Complementar 25 (São Paulo, 2017), que deu origem ao normativo paulista. Em 13 de setembro de 2017, o Governador do Estado de São Paulo, Geraldo Alkiman, encaminhou à Assembleia Legislativa o referido Projeto de Lei, justificando que o Programa de Conformidade, denominado "Nos Conformes" tinha como objetivos realizar controle e aprimoramento da atividade fiscalizatória, redução de litigiosidade e oferta de instrumentos tecnológicos que estimulassem o cumprimento voluntário das obrigações tributárias pelos contribuintes. Dessa forma, lançou mão de elementos que necessariamente devem fazer parte de um programa de integridade e conformidade tributária.

Um elemento constante da exposição de motivos do governador paulista chama a atenção para uma iniciativa pioneira: a classificação de contribuintes pelo seu nível de risco. Trata-se de procedimento classificatório que têm sua origem em metodologia sugerida pela OCDE, para orientação do emprego dos esforços de fiscalização de acordo com o risco representado pelo contribuinte. Na sua exposição de motivos, encontramos a seguinte referência para motivar essa classificação:

> [...] classificação dos contribuintes do ICMS por perfil de risco, cujo objetivo central é [...] orientação do emprego dos recursos de fiscalização de acordo com o risco assumido pelo contribuinte em cumprir suas obrigações tributárias [...] que só favoreçam a concorrência desleal de quem não cumpre suas obrigações tributárias contra aqueles que integralmente as cumprem (São Paulo, 2017).

O resultado é o enquadramento dos contribuintes em categorias valorativas, que podem se sujeitar a uma interpelação judicial dada a subjetividade circunstancial, por exemplo, causada por uma inadimplência temporária, originada em cenários como os dos anos 2020-2021, em que uma pandemia sem controle dizimou a economia do país, levando muitos empresários a bancarrota. Segundo a referida exposição de motivos:

> Os contribuintes serão classificados sob três critérios simples e objetivos: adimplência ou inadimplência com o Fisco Paulista, inconsistências entre a escrituração ou a declaração e os documentos fiscais emitidos ou recebidos pelo contribuinte, e, finalmente, regularidade tributária de seus fornecedores. Dentro desses critérios os contribuintes serão classificados em 6 faixas de riscos a exposição de passivos tributários, sendo a de menor "A+" e a maior exposição a risco "E" (São Paulo, 2017).

Em mais uma iniciativa de implantar programas de conformidade, decorrido pouco mais de um ano da votação da lei paulista, a Secretaria da Receita Federal, responsável pela administração dos tributos de competência da União, tornou público o Programa denominando "Pró-conformidade", por meio da Consulta Pública RFB 4, para receber opiniões dos interessados nesse programa, que trouxe como objetivos "[...] criar condições mais favoráveis aos contribuintes que têm bom relacionamento com o Fisco, facilitando o cumprimento de suas obrigações e lhes prestando atendimento eficiente e ágil, quando demandarem" (Brasil, 2018a). Os contribuintes, também, foram classificados segundo:

> [...]
> 1 – situação cadastral compatível com as atividades da empresa;]
> 2 – aderência nas informações prestadas à Receita Federal por meio de declarações e escriturações;]
> 3 – tempestividade na apresentação das declarações e das escriturações; e
> 4 – adimplência no pagamento dos tributos devidos (BRASIL, 2018a).

A iniciativa da Secretaria da Receita Federal não evoluiu e a Portaria que instituiu o programa foi cancelada (Brasil, 2018b).

Nessas iniciativas encontra-se um ponto em comum. Trata-se da promessa de concessão de tratamento diferenciado aos sujeitos passivos das relações jurídicas tributárias, sejam contribuintes ou responsáveis tributários, conforme sua classificação dentro do sistema, em função da adequação desses ao sistema de conformidade, relacionados aos cumprimentos das obrigações tributárias principal e acessória.

Quando da elaboração dessa análise (2021), um cenário de pandemia da Covid-19 está presente, com suas consequências sanitárias e econômicas. A manutenção rotineira da atividade empresarial se tornou mais árdua. Atividades foram simplificadas, processos foram reduzidos. Isso nos leva a refletir sobre as dificuldades de, nesse momento, se introduzir novas culturas, novas atividades, dentre elas, as pertencentes ao *compliance stricto sensu* tributário, que na sua maioria não deixam de ser classificadas como obrigações tributárias acessórias ou deveres instrumentais. Como prestações de fazer, condutas positivas, descritas no artigo 113, §§ 2º e 3º c/c com o artigo 115 do Código Tributário Nacional, Lei 5.172 (BRASIL, 1966).

Inúmeros são os exemplos dessas atividades, todas demandando esforços e recursos, nesse momento tão escassos.

Muitas vezes a origem do problema da "não conformidade" não reside na atuação ou inércia do contribuinte, a "não conformidade" passa a ser resultado de uma conjuntura. Por essa razão consideramos discriminatória a classificação de contribuintes pelos programas de integridade e de implantação e estímulo à conformidade. Classificar os sujeitos da relação jurídica tributária, em adimplentes e inadimplentes, e daí estabelecer tratamento diferenciado, por exemplo, pode ser injusto. Muitas vezes tributos não são pagos por motivos circunstanciais. Essa classificação acaba ferindo o princípio da isonomia, previsto no artigo 150, inciso II da Constituição da República Federativa do Brasil (BRASIL, 1988), ao conceder tratamento diferenciado aos "bons pagadores" em detrimento dos "maus pagadores". Como bem observa José Eduardo de Souza Martinho, quando interpreta a Lei Complementar Paulista:

> A questão que deve ser posta quando da interpretação da lei paulista é a de que, para os "bons pagadores" o Estado se mostrará eficiente, cooperativo e responsivo, inclusive menos burocrático; mas aos "maus pagadores", entendidos estes como aqueles que não pagam os tributos até mesmo por não conseguirem compreendê-lo dentro da complexidade do sistema tributário existente, o Estado se mostrará burocrático, lento e repressivo, mantendo a relação antagonista baseada na rivalidade, exatamente aquela que o compliance cooperativo busca afastar[4].

É primordial entender que a origem do problema da "não conformidade" está na instituição, na criação das obrigações tributárias principal e acessória, sendo que muitas vezes a primeira é exorbitante e não respeita o princípio da capacidade contributiva do sujeito passivo da relação jurídica tributária e o princípio do não confisco, e a segunda é complexa e com custos altíssimos para ser cumprida, levando-se em consideração a sua grande quantidade, muito tempo despendido, bem como despesas com pessoal, equipamentos e novas tecnologias.

Por fim, respondendo aos questionamentos trazidos nesse item: todos os Entes Federativos deveriam ter programas de integridade tributária, considerados como instrumentos necessários para evitar às infrações tributárias, na medida em que detectam e tratam essas infrações, para que não ocorram novamente, ditando para isso, os "comandos conformes", ou seja, a atuação segundo a legislação tributária. Deve-se observar, entretanto, o requisito de equanimidade entre os contribuintes, eliminando iniciativas discriminatórias, baseada em classificação subjetiva.

De uma maneira geral, pode-se entender o ordenamento jurídico como o arcabouço de um sistema de conformidade. É verdade que existem normas, regulamentos, e até leis que podem se mostrar desnecessárias. Verifica-se que já temos o suficiente para embasar qualquer programa de integridade tributária, especialmente com relação aos princípios constitucionais tributários, como os da legalidade, da isonomia, da irretroatividade, da anterioridade de exercício e nonagesimal, e do não confisco,

---

4. MARTINHO, 2020.

dispostos no artigo 150 da Constituição da República Federativa do Brasil (BRASIL, 1988). Todos esses já são suficientes para reforçar as condutas de boa-fé objetiva dos sujeitos da relação jurídica tributária, e evitar condutas ilícitas, tais como: corrupções, desvios de valores de tributos, infrações tributárias, crimes de sonegação fiscal e crimes contra a ordem tributária.

4. A OBRIGAÇÃO TRIBUTÁRIA COMO PROCESSO E A CONFORMIDADE APLICADA AOS PROCEDIMENTOS

O *compliance* ou conformidade tributária para ser concretizado na prática, inicialmente, pelos agentes tributários, envolve o cumprimento da Lei no sentido estrito e da legislação, respectivamente, em relação às duas espécies de obrigação tributária: principal e acessória.

A concretude da conformidade tributária pode ser prevista antes, durante ou depois da criação dessas obrigações, estabelecidas no artigo 113, §§ 1º, 2º e 3º c/c artigo 114 e 115, todos do Código Tributário Nacional (Brasil, 1966). Por isso, nossa proposta é apresentar a obrigação tributária, seja principal, seja acessória, como um processo em que cabe em cada uma de suas etapas a aplicação dos princípios da conformidade.

O entendimento dessas espécies de obrigação tributária como processo[5] de conformidade em todos os seus procedimentos passa pela conceituação da obrigação como conceito geral e, depois, especificamente como obrigação tributária.

Segundo Guilherme Calmon Nogueira da Gama:

> Etimologicamente, *obrigação* é palavra oriunda do latim, representada pelos termos *"ob" + "ligatio"*, expressando a ideia de vinculação, de liame, de cerceamento da liberdade de agir, em benefício de pessoa determinada ou determinável. A noção original visualizava na obrigação uma norma de submissão, ou decorrente da própria escolha voluntária da pessoa(autodeterminação), ou em razão de a norma lhe ser imposta como efeito automático de determinado comportamento, sem a presença do desejo de contrair a obrigação (heterodeterminação)[6].

No âmbito do Direito Civil, a obrigação é conceituada por Caio Mário da Silva Pereira[7] como "[...] o vínculo jurídico em virtude do qual uma pessoa pode exigir de outra uma prestação economicamente apreciável [...]".

O artigo 110 do Código Tributário Nacional (BRASIL, 1966) estabelece que "[...] a lei tributária não pode alterar a definição, o conceito e o alcance de institutos, conceitos e forma de direito privado [...]". Assim, não se deve alterar o conceito de obrigação do Direito Civil, podendo-se apenas complementá-lo no Direito Tributário, podendo, portanto, ser conceituado da seguinte forma: obrigação é o vínculo jurídi-

---

5. Como referência, veja a obrigação como processo no Direito Tributário tratada, anteriormente, no livro de minha autoria, Direito Fundamental a uma tributação justa (MELLO, 2013).

6. GAMA, 2008, p. 5.

7. 1992, p. 5.

co mediante o qual, o sujeito ativo (Entes da Federação: União, Estados-membros, Distrito Federal e Municípios) deve exigir (porque trata de uma obrigação *ex lege*, que decorre da lei) do sujeito passivo(contribuinte ou responsável) uma prestação economicamente apreciável que é o crédito tributário, decorrente do valor do tributo e/ou das penalidades tributárias(multas moratórias e/ou punitivas).

O legislador não se preocupou em estender a definição, conceituando o crédito tributário, nem mesmo obrigação tributária. *In casu*, apenas classificou a obrigação tributária em principal e acessória (artigo 113, §§ 1º e 2º do Código Tributário Nacional (Brasil, 1966)).

Então é preciso definir o crédito tributário, como aquele decorrente de uma obrigação tributária principal, já que se refere a um valor ou quantia em dinheiro, referente a qualquer espécie tributária (impostos, taxas, contribuições e empréstimos compulsórios), cuja competência constitucional está prevista nos artigos 145 até 156 da Constituição Federal (Brasil, 1988).

O crédito tributário deve ser cobrado, quando não adimplido pelo contribuinte devedor, por meio da ação de execução fiscal, conforme dispõe a Lei de Execução Fiscal, Lei 6.830 (Brasil, 1980). E apesar de o artigo 113, § 3º do Código Tributário Nacional (BRASIL, 1966) mencionar que a obrigação tributária acessória se transforma em principal se não for cumprida, subentende-se que o legislador quis deixar claro que a consequência financeira desta obrigação acessória não adimplida é a multa punitiva, portanto, um valor em dinheiro, que será executado, ou seja, cobrado por meio desta Lei de Execução Fiscal.

Assim, sempre será uma obrigação tributária principal a sofrer a exação fiscal, já que seria impraticável ajuizar uma ação de execução fiscal para a cobrança de uma obrigação tributária acessória, consubstanciada em uma prestação de fazer, não fazer ou de tolerar; se pelo fato de seu descumprimento, nascesse para o Ente de Federação o direito de cobrar uma multa, denominada de punitiva. Esta multa, como o próprio nome sugere, tem por objeto punir o contribuinte, pessoa física ou jurídica, para que este compulsoriamente cumpra suas obrigações tributárias acessórias[8].

O crédito tributário pode ser conceituado como valor do tributo e/ou valor da penalidade tributária, já que o contribuinte pode dever, por exemplo, o *quantum* referente ao imposto de renda e proventos de qualquer natureza (obrigação tributária principal), e/ou ter deixado de fazer ou realizou incorretamente a declaração de ajuste (obrigação tributária acessória), devendo neste caso, pagar tanto o valor o tributo quanto o valor da multa punitiva[9].

Guilherme Calmon Nogueira da Gama trata da posição no Direito Civil e relações com demais ramos jurídicos, destaca o Direito Tributário, da seguinte forma:

---

8. MELLO, 2013, p. 70.
9. MELLO, 2013, p. 70.

No Direito Tributário, conhecido tradicionalmente como ramo do Direito Público, há nítida influência de repercussão das obrigações, com toda uma gama de regras e princípios que lhe são próprios, daí o surgimento da matéria atinente à obrigação e ao crédito tributários no Código Tributário Nacional (Lei 5.172/65) e em leis especiais, havendo a consolidação da dívida mediante procedimento próprio (lançamento)[10].

Assim, diante das peculiaridades do Direito Tributário, obrigação como processo neste direito deve ser analisada passo a passo, em suas diversas fases, como fez Clóvis Veríssimo de Couto e Silva[11], ao tratar da obrigação como processo no Direito Civil. O autor, didaticamente, primeiro tratou dos princípios que se relacionam com as fontes e desenvolvimento posterior da obrigação, depois abordou as fontes da obrigação, sua estrutura, a intensidade do *vinculum obligationis* e a teoria da impossibilidade e, por fim, analisou o desenvolvimento da relação jurídica obrigacional em espécie.

Vamos nos ater ao desenvolvimento da relação obrigacional como condicionada aos princípios gerais, citados pelo autor como princípios da autonomia da vontade, da boa-fé e o da separação entre as fases ou planos da obrigação (nascimento, desenvolvimento do vínculo e a do adimplemento).

Para Clóvis Veríssimo de Couto e Silva[12] a "[...] obrigação é um conceito que visa atingir um resultado finalístico; dirige-se, sempre, ao adimplemento ou a satisfação do interesse do credor [...]", como também ocorre no Direito Tributário, sendo o credor o ente da Federação, que por interesse público persegue o crédito tributário.

É evidente que no Direito Tributário não impera o princípio da autonomia da vontade, porque como já tratado anteriormente, a obrigação tributária é *ex lege,* decorre da lei e não da vontade das partes, um contribuinte não pode eximir-se de pagar tributos porque em determinado mês não pode ou não quis. Mas, o princípio da boa-fé é possível de ser aplicado, pois "[...] visa-se, mediante o princípio da boa-fé instaurar uma ordem de cooperação entre os figurantes da relação jurídica. Esses deveres podem perdurar ainda depois de adimplido o crédito principal [...]"[13], que no caso do Direito Tributário, mesmo que efetuado o pagamento do valor do tributo, ainda persiste o dever de o contribuinte realizar as obrigações tributárias acessórias, por serem autônomas.

Todavia, o princípio da boa-fé que deve ser aplicado no Direito Tributário é o da boa-fé objetiva, da conduta socialmente recomendada, e não o princípio da boa--fé subjetiva, do homem que ignora a lei, porque no nosso ordenamento jurídico é vedada a alegação de desconhecimento da lei para alegar o seu descumprimento[14].

Há outra peculiaridade no Direito Tributário, já que no momento que ocorre o fato gerador, nasce para o ente da Federação (sujeito ativo) o direito de lançar o

---

10. GAMA, 2008, p. 10.
11. 2010, p. 166.
12. 2010, p. 168.
13. SILVA, 2010, 169.
14. MELLO, 2013, 71.

crédito tributário e para o contribuinte ou responsável (sujeito passivo) nasce a obrigação de pagar o valor do tributo devido ou penalidades tributárias, que são as multas moratórias ou multas punitivas[15].

A obrigação como processo no Direito Tributário, analisada como um conjunto de fases coordenadas, tem por objetivo a obtenção do crédito tributário, dela nasce a obrigação tributária (principal e/ou acessória) com o fato gerador, se constitui pelo lançamento tributário e somente torna exigível quando o contribuinte toma conhecimento desta obrigação por meio da efetiva notificação. E quando o sujeito passivo efetua o pagamento do valor devido, ocorre o adimplemento extinguindo o crédito tributário, ressalvada a possibilidade de impugnação e de recurso administrativo. Deferido este, ocorre a suspensão da exigibilidade deste crédito, facultando ao devedor não efetuar o pagamento do valor do crédito tributário. Fica estabelecido o estado de mora, quando o agente administrativo, no papel de representante legal do ente da Federação deverá inscrevê-lo em certidão de dívida ativa, tornando o crédito exequível, com título executivo passível de exequibilidade para efetivar a cobrança do *quantum* devido por meio da ação de execução fiscal[16].

Podemos, portanto, representar graficamente a obrigação como processo no Direito Tributário da seguinte forma:

FG	OTp	LANÇAMENTO	SP NOTIFICADO DO LANÇAMENTO	SP EM MORA	CDA	AÇÃO DE EXECUÇÃO FISCAL

A OTp (obrigação tributária principal) nasce com o FG (fato gerador); com o lançamento constitui o crédito tributário, tornando exigível quando o SP (sujeito passivo) for notificado, e somente quando o SP (sujeito passivo) estiver em mora que nasce o direito de o SA (sujeito ativo) inscrever o crédito tributário em CDA (certidão de inscrição em dívida ativa), e com este título executivo extrajudicial o SA (sujeito ativo) ajuíza a ação de execução fiscal.

Em todas estas fases da obrigação como processo, a conformidade tributária, quando da implantação de um programa de *compliance* deverá estar presente e buscará respeitar sempre os princípios da legalidade e do devido processo legal, adotados na esfera administrativa, dará oportunidade às partes da relação jurídica tributária, quando notificadas, de se manifestarem, impugnando ou recorrendo, na forma e no prazo que a legislação autorizar[17].

Mesmo antes de ser instituída a obrigação tributária, quando da fase da elaboração de um Projeto de Lei, deve ainda ser levada em consideração pelo Ente Federativo a conformidade tributária, no sentido de observar os princípios constitucionais, os tramites legais e os programas de integridade para sua implementação, seja para prevenir infrações tributárias, detectá-las e tratá-las, buscando dessa forma solidez da estrutura administrativa, seja para capacitar os agentes fiscais para agirem com rapidez, eficiência e moralidade; por isso, que "comandos conformes e a integrida-

---

15. MELLO, 2013, p. 72.
16. MELLO, 2013, p. 72.
17. MELLO, 2013, p. 72.

de" deverão ser preestabelecidos e cumpridos, não como uma forma de burocracia em cada fase, mas como realização dos procedimentos de acordo com a legislação.

Ainda será imprescindível, antes de ser criada uma obrigação tributária, que o Poder Executivo realize uma tributação justa, que se refere à forma pela qual se deve tributar, em conformidade, com além dos princípios mencionados, também, com as técnicas adequadas de tributação, seja progressividade, regressividade, diferimento, pagamento na fonte ou qualquer outra técnica, levando-se sempre em consideração a espécie tributária que está sendo legislada, com o fim alcançar uma conjugação ideal entre a qualidade e a quantidade de tributos[18]. Em outras palavras, tributar somente o que for necessário para suprir as despesas públicas, sem onerar demasiadamente o contribuinte, e auxiliá-lo no que for necessário para o cumprimento de suas obrigações tributárias[19], já que tributação não deve ter uma função meramente arrecadatória, mas também visar a subsistência humana.

E se a tributação tem essa função humana, levando-se em consideração de que quem tributa são os Entes da Federação, por meio de seus servidores, que são agentes fiscais e quem é tributado são pessoas, físicas e jurídicas; e todos são passíveis de cometerem "erros". Os programas de *compliance* tributário mencionados no item anterior desse capítulo, também servirão como instrumentos para rastrear esses "erros", durante toda a obrigação como processo, com a finalidade de detectá-los para corrigi-los.

A seguir vamos tratar de alguns desses "erros" praticados pelos agentes fiscais e pelos contribuintes ou responsáveis tributários, que poderiam ser evitados com os programas de *compliance*, suportados pelos princípios éticos e morais da integridade.

Muitas vezes, diante da voracidade dos Entes da Federação de arrecadar cada vez mais, e dos programas de incentivo à produtividade, onde o agente recebe maiores vencimentos na medida em que aplica mais multas, estes acabam realizando condutas em desconformidade com a legislação brasileira. Há casos em que Municípios, diante da declaração de inconstitucionalidade de uma lei que trata de uma espécie tributária, continuam a cobrar o mesmo tributo, agindo, portanto, de má fé, e precisando que o contribuinte recorra ao Poder Judiciário para não continuar a pagar um tributo, cuja lei foi declarada inconstitucional (Rio de Janeiro, 2009).

Pior são as cobranças de valores de tributos e de multas tributárias, que já ocorreram a decadência e a prescrição, que são possíveis de serem verificadas, de imediato, ao analisar a obrigação como processo. Como são consideradas espécies de extinção do crédito tributário, consoante artigo 156, inciso V do Código Tributário Nacional (BRASIL, 1966), caso o contribuinte efetue o pagamento desses tributos e multas,

---

18. MELLO, 2013, p. 40.
19. Uma das formas de que o Fisco poderia auxiliar e orientar o contribuinte, pessoa jurídica de direito privado, microempresa ou empesa de pequeno porte, seria para ajudá-lo a identificar qual será o melhor regime de tributação para sua empresa: lucro real, lucro presumido, lucro arbitrado ou Simples Nacional.

terá direito à restituição dos valores pagos indevidamente, dos últimos cinco anos com juros e correção monetária, mas deverá sempre requerer administrativamente ou judicialmente, o que torna um ônus para o sujeito passivo.

Ainda, temos por exemplo, o caso do Município de Ouro Preto que pretendeu cobrar taxa de expediente, cujo fato gerador consistiu na emissão de guia para pagamento de tributo e não um serviço público específico e divisível, nos termos do artigo 145, inciso II da Constituição da República Federativa do Brasil (BRASIL, 1988), todavia, nem precisava o Supremo Tribunal Federal (STF) declarar no RE 789218RG, em sede de repercussão geral, a inconstitucionalidade da Lei que instituiu essa taxa, pelo bom senso do Executivo Municipal poderia chegar a conclusão, de que a emissão do boleto para o pagamento de um tributo é um "[...] mero instrumento de arrecadação, não envolvendo a prestação de um serviço público ao contribuinte" (Brasil, 2014).

E, dependendo da situação, verifica-se que em muitos casos, o contribuinte deixa de recorrer administrativamente ou judicialmente, de determinada exação fiscal, porque lhe será mais oneroso do que pagar o valor indevido do tributo ou da multa.

Quanto aos contribuintes ou responsáveis tributários, temos também exemplos de não obediência à legislação tributária, quando muitos fecham suas empresas e desaparecem de seus domicílios tributários, com a finalidade de não pagar tributos, agindo de má fé, por isso, que o Superior Tribunal de Justiça (STJ) editou o verbete sumular 435: "Presume-se dissolvida irregularmente a empresa que deixar de funcionar no seu domicílio fiscal, sem comunicação aos órgãos competentes, legitimando o redirecionamento da execução fiscal para o sócio-gerente" (Brasil, 2010). Atualmente, esse sócio gerente é denominado de sócio administrador, mas deverá ser comprovada essa dissolução irregular da empresa para que a ação de execução fiscal seja redirecionada.

Outro exemplo refere-se à criminalização do contribuinte que não repassa para o Fisco o ICMS próprio, cobrado do adquirente da mercadoria ou do serviço, sendo necessária duas condições, segundo o STJ, para a caracterização do crime contra a ordem tributária, previsto no artigo art. 2º, inciso II, da Lei 8.137 (Brasil, 1990): "[...] a) a contumácia da inadimplência e b) o dolo específico de apropriação [...]" (Brasil, 2021f), sendo razoável que "[...] o curto período de inadimplência fiscal (duas vezes no mês de outubro/2013) é insuficiente para comprovar a imputação da contumácia, que passou a ser exigida pelo STF [...]" (Brasil, 2021g). Assim, agiu com bom senso o STJ, verificando a contumácia no caso concreto. E deveria agir da mesma forma o Ente da Federação, ao verificar se houve ou não contumácia do contribuinte, pela análise do seu período de inadimplência das obrigações tributárias principal e/ou acessória. Apesar de na esfera administrativa tratarmos de infração tributária, ou seja, descumprimento da legislação tributária, *mutatis mutandis*, o bom senso deve sempre imperar.

5. CONCLUSÕES

Este trabalho tratou do *compliance* no Direito Tributário, partindo do seu conceito para abordar os programas de integridade e de implantação e estímulo da conformidade tributária, criticando os programas do Estado de São Paulo, o "Nos Conformes" e da Secretaria da Receita Federal, o "Pro-conformidade", principalmente, quanto à classificação dos contribuintes em "bons pagadores" e "maus pagadores", ferindo o princípio da isonomia tributária.

Verificou-se que a origem do problema da não conformidade não está na atuação do contribuinte ou dos Entes da Federação, isso será a consequência; está na instituição, já que quando da criação das obrigações tributárias principal e acessória, deverão ser observados a legislação, os princípios constitucionais tributários e a boa-fé objetiva.

Apesar de a norma norteadora do Sistema de Gestão de *Compliance*, ABNT ISO 19600 ter sido cancelada em 27/05/2021, outras poderão ser utilizadas para a criação de leis e normas de programas de integridade para empresas e para as pessoas jurídicas de direito público, tais como às que tratam do Sistema de Gestão de Qualidade (ABNT ISO 9001), Sistema de Gestão Ambiental (ABNT ISO 14001), Sistema de Gestão Antissuborno (ISO 37001). E para os Entes Federativos também deverão ser verificados os comandos das leis que estão em vigor há muitos anos, como a Lei de Responsabilidade Fiscal, a Lei da Transparência, a Lei do Acesso à Informação e a atual Lei de Licitações e Contratos Administrativos.

A conformidade tributária pode ser realizada antes, durante e depois da criação das obrigações tributárias, para que se tenha uma relação jurídica tributária pautada na boa fé objetiva, na confiança e na transparência. Por isso, foi analisada a obrigação tributária como processo, para quando for implantado um programa de integridade, sejam detectados e tratados os "erros" realizados pelos agentes fiscais e contribuintes, em cada fase do procedimento, com a finalidade de tornar enraizadas nas práticas tributárias os "comandos conformes".

6. REFERÊNCIAS

ASSOCIAÇÃO BRASILEIRA DE NORMAS TÉCNICAS. ABNT, 2021b. ABNT Catálogo. Disponível em: <https://www.abntcatalogo.com.br/norma.aspx?ID=359340>. Acesso em: 3 jul. 2021.

ASSOCIAÇÃO BRASILEIRA DE NORMAS TÉCNICAS. ABNT, 2021c. Certificação de Sistemas. Disponível em: <http://abnt.org.br/cb-24/14-certificacao/26-certificacao-de-sistemas>. Acesso em: 3 jul. 2021.

ASSOCIAÇÃO BRASILEIRA DE NORMAS TÉCNICAS. ABNT, 2021a. Representante oficial da ISSO no Brasil. Disponível em: http://www.abnt.org.br/noticias/7128-abnt-representante-oficial-da-iso-no--brasil. Acesso em: 3 jul. 2021.

ALVES, Alexandre Ferreira de Assumpção; PINHEIRO, Caroline da Rosa. O papel da CVM e da B3 na implementação e delimitação do programa de integridade (*compliance*) no Brasil. *Revista Brasileira de Direito Empresarial*, v. 3, n. 1, p. 40-60, 2017. Disponível em: <https://www.indexlaw.org/index.php/direitoempresarial/article/view/1928>. Acesso em: 3 jul. 2021.

BARRETO, Rodrigo Tavares de Souza; VIEIRA, James Batista. *Governança, gestão de riscos e integridade*. Brasília: Enap, 2019. 240 p. Disponível em: <https://repositorio.enap.gov.br/bitstream/1/4281/1/5_Livro_Governan%C3%A7a%20Gest%C3%A3o%20de%20Riscos%20e%20Integridade.pdf>. Acesso em: 5 jul. 2021.

BRASIL. [Constituição (1988)] Constituição da República Federativa do Brasil de 1988. Brasília, DF: Presidência da República, [2021]. Disponível em: <http://www.planalto.gov.br/ccivil_03/constituicao/constituicao.htm>. Acesso em: 7 fev. 2021.

BRASIL. Lei 5.172, de 25 de outubro de 1966. Dispõe sobre o Sistema Tributário Nacional e institui normas gerais de direito tributário aplicáveis à União, Estados e Municípios. Brasília, DF: Congresso Nacional, [2005]. Disponível em: <http://www.planalto.gov.br/ccivil_03/leis/l5172compilado.htm>. Acesso em: 27 jun. 2021.

BRASIL. Lei 6.830, de 22 de setembro de 1980. Dispõe sobre a cobrança judicial da Dívida Ativa da Fazenda Pública, e dá outras providências. Brasília, DF: Congresso Nacional, [2014]. Disponível em: <http://www.planalto.gov.br/ccivil_03/leis/l6830.htm>. Acesso em: 9 jul. 2021.

BRASIL. Lei 8.137, de 27 de dezembro de 1990. Define crimes contra a ordem tributária, econômica e contra as relações de consumo, e dá outras providências. Brasília, DF: Congresso Nacional, [2011]. Disponível em: <http://www.planalto.gov.br/ccivil_03/leis/l8137.htm>. Acesso em: 9 jul. 2021.

BRASIL. Lei 12.527, de 18 de novembro de 2011. Regula o acesso a informações previsto no inciso XXXIII do art. 5º, no inciso II do § 3º do art. 37 e no § 2º do art. 216 da Constituição Federal; altera a Lei 8.112, de 11 de dezembro de 1990; revoga a Lei 11.111, de 5 de maio de 2005, e dispositivos da Lei 8.159, de 8 de janeiro de 1991; e dá outras providências. Brasília, DF: Congresso Nacional, [2021]. Disponível em: <http://www.planalto.gov.br/ccivil_03/_ato2011-2014/2011/lei/l12527.htm>. Acesso em: 27 jun. 2021.

BRASIL. Lei 14.133, de 1º de abril de 2021d. Lei de Licitações e Contratos Administrativos. Brasília, DF: Congresso Nacional, [2021]. Disponível em: <http://www.planalto.gov.br/ccivil_03/_ato2019-2022/2021/lei/L14133.htm>. Acesso em: 27 jun. 2021.

BRASIL. Lei Complementar 101, de 4 de maio de 2000. Estabelece normas de finanças públicas voltadas para a responsabilidade na gestão fiscal e dá outras providências. Brasília, DF: Congresso Nacional, [2000]. Disponível em: <http://www.planalto.gov.br/ccivil_03/leis/lcp/lcp101.htm>. Acesso em: 27 jun. 2021.

BRASIL. Lei Complementar 131, de 27 de maio de 2009. Acrescenta dispositivos à Lei Complementar 101, de 4 de maio de 2000, que estabelece normas de finanças públicas voltadas para a responsabilidade na gestão fiscal e dá outras providências, a fim de determinar a disponibilização, em tempo real, de informações pormenorizadas sobre a execução orçamentária e financeira da União, dos Estados, do Distrito Federal e dos Municípios. Brasília, DF: Congresso Nacional, [2009]. Disponível em: <http://www.planalto.gov.br/ccivil_03/leis/lcp/lcp131.htm>. Acesso em: 27 jun. 2021.

BRASIL. Ministério da Economia, 2018a. Receita Federal: Receita Federal abre consulta pública sobre a instituição de Programa de Estímulo à Conformidade Tributária - Pró-Conformidade. Disponível em: <https://receita.economia.gov.br/noticias/ascom/2018/outubro/receita-federal-abre-consulta--publica-sobre-a-instituicao-de-programa-de-estimulo-a-conformidade-tributaria-pro-conformidade>. Acesso em: 6 jul. 2021.

BRASIL. Ministério da Economia, 2018b. Receita Federal: [ENCERRADA]Portaria que Institui Programa de Estímulo à Conformidade Tributária (Pró-Conformidade) no âmbito da Secretaria da Receita Federal do Brasil. Disponível em: <https://receita.economia.gov.br/sobre/consultas-publicas-e-editoriais/consulta-publica/2018-1/portaria-que-institui-programa-de-estimulo-a-conformidade-tributaria--pro-conformidade-no-ambito-da-secretaria-da-receita-federal-do-brasil>. Acesso em: 6 jul. 2021.

BRASIL. Superior Tribunal de Justiça (5. Turma). AgRg no AREsp 1792837 / SC

Agravo Regimental no Agravo em Recurso Especial 2020/0310752-6. Agravo regimental no agravo em recurso especial. Crime contra a ordem tributária. Art. 2º, inciso II, da Lei 8.137/90. Não recolhimento de ICMS. Entendimento aplicado ao ISS. Fato típico. Julgamento do supremo tribunal federal no RHC n. 163.334/SC. Recebimento da denúncia. Legalidade. Ausência de violação do art. 41 do CPP. Agravo regimental não provido. Agravante: Charles Fabian Balbinot. Agravado: Ministério Público do Estado de Santa Catarina. Relator: Min. Reynaldo Soares da Fonseca, 8 de abril de 2021f. Disponível em: <https://scon.stj.jus.br/SCON/jurisprudencia/toc.jsp?livre=INADIMPLEMEN-TO+E+ICMS&b=ACOR&thesaurus=JURIDICO&p=true>. Acesso em: 9 jul. 2021.

BRASIL. Superior Tribunal de Justiça (5. Turma). AgRg no REsp 1907186 / SC – Agravo Regimental no Recurso Especial 2020/0310753-8. Penal. Agravo regimental no recurso especial. Crime contra a ordem tributária. Art. 2º, inciso ii, da lei n. 8.137/90. Não recolhimento de ICMS duas vezes no mês de outubro de 2013. Entendimento do Supremo Tribunal Federal no RHC n. 163.334/SC. Contumácia delitiva. Não demonstração. Atipicidade da conduta. Absolvição. Agravo Regimental não provido. Recorrente: Cleberson Cristiano Frizzo. Recorrido: Ministério Público do Estado de Santa Catarina. Relator: Min. Reynaldo Soares da Fonseca, 19 de março de 2021g. Disponível em: <https://scon.stj.jus.br/SCON/jurisprudencia/toc.jsp?livre=INADIMPLEMENTO+E+ICMS&b=A-COR&thesaurus=JURIDICO&p=true>. Acesso em: 9 jul. 2021.

BRASIL. Superior Tribunal de Justiça, 2010. Súmula 435. Presume-se dissolvida irregularmente a empresa que deixar de funcionar no seu domicílio fiscal, sem comunicação aos órgãos competentes, legitimando o redirecionamento da execução fiscal para o sócio-gerente Brasília, DF: Superior Tribunal de Justiça, [2010]. Disponível em: <https://scon.stj.jus.br/SCON/sumanot/toc.jsp?livre=%28sumula%20adj1%20%27435%27%29.sub>. Acesso em: 9 jul. 2021.

BRASIL. Supremo Tribunal Federal. RE 789218RG. Ementa tributário. Repercussão geral. Ratificação da jurisprudência. Taxa de expediente. Fato gerador. Emissão de guia para pagamento de tributo. Ausência dos critérios exigidos pelo art. 145, II, CF/88. Inconstitucionalidade. Reclamante: Município de Ouro Preto. Reclamado: Raimundo Onofre Galdino. Relator: Min. Dias Toffoli, 1 de agosto de 2014. Disponível em: <https://jurisprudencia.stf.jus.br/pages/search/repercussao-geral6103/false>. Acesso em: 9 jul. 2021.

DISTRITO FEDERAL. Lei 6.112, de 2 de fevereiro de 2018. Dispõe sobre a obrigatoriedade da implantação do Programa de Integridade nas empresas que contratarem com a Administração Pública do Distrito Federal, em todas as esferas de Poder, e dá outras providências. Brasília, DF: Câmara Legislativa do Distrito Federal, [2019]. Disponível em: <http://www.sinj.df.gov.br/sinj/DetalhesDeNorma.aspx?id_norma=3bf29283d9ea42ce9b8feff3d4fa253e>. Acesso em: 27 jun. 2021.

GAMA, Guilherme Calmon Nogueira da. *Direito Civil: Obrigações*. São Paulo: Atlas, 2008.

GUEDES, Bruno. *Saiba o que é Compliance Tributário e sua importância para as empresas brasileiras*. Disponível em: <https://www.fbtedu.com.br/blog/saiba-o-que-e-compliance-tributario-e-sua-importancia-para-as-empresas-brasileiras/>. Acesso em: 28 jun. 2021.

MANZI, Vanessa Alessi. Compliance *no Brasil*: consolidação e perspectivas. São Paulo: Saint Paul Institute of Finance, 2008.

MARTILHO, José Eduardo de Souza. Os programas brasileiros de compliance tributário sob a perspectiva da isonomia enquanto direito fundamental. *Revista de Direito Atual*. ISSN: 1415-8124. Disponível em: <https://ibdt.org.br/RDTA/os-programas-brasileiros-de-compliance-tributario-sob-a-perspectiva-da-isonomia-enquanto-direito-fundamental/>. Acesso em: 7 jul. 2021.

MELLO, Elizabete Rosa de Mello. *Direito fundamental a uma tributação justa*. São Paulo: Atlas, 2013.

MINAS GERAIS. Decreto 47.185, de 12 de maio de 2017. Dispõe sobre Plano Mineiro de Promoção da Integridade. Minas Gerais, MG: Assembleia Legislativa de Minas Gerais, [2017]. Disponível em: https://www.almg.gov.br/consulte/legislacao/completa/completa.html?tipo=DEC&num=47185&-comp=&ano=2017. Acesso em: 27 jun. 2021.

PEREIRA, Caio Mário da Silva. *Instituições de Direito Civil*. 11. ed. Rio de Janeiro: Forense, 1992.

PERNAMBUCO. Lei 16.722, de 9 de dezembro de 2019. Dispõe sobre a obrigatoriedade de implantação de Programa de Integridade por pessoas jurídicas de direito privado que contratarem com o Estado de Pernambuco. Pernambuco, PE: Assembleia Legislativa, [2020]. Disponível em: <https://legis.alepe. pe.gov.br/texto.aspx?tiponorma=1&numero=16722&complemento=0&ano=2019&tipo=&url=>. Acesso em: 27 jun. 2021.

RIO DE JANEIRO. (12 Câmara Cível) Agravo de Instrumento 0038508-35.2008.8.19.0000 (2008.002.38123). Agravo de Instrumento. Execução fiscal. IPTU, TCLLP e TIP. Exceção de pré-executividade. Modulação dos efeitos temporais no controle de constitucionalidade. Agravante: Município do Rio de Janeira. Agravado: Espólio de Antonieta Torres Braga dos Reis, representado por seu inventariante. Reclamado: Raimundo Onofre Galdino. Relator: Des. Antonio Iloizio Barros Bastos, 25 de maio de 2009. Disponível em: <http://www4.tjrj.jus.br/EJURIS/ImpressaoConsJuris. aspx?CodDoc=841125&PageSeq=0>. Acesso em: 9 jul. 2021.

RIO DE JANEIRO. Lei 7.753, de 17 de outubro de 2017. Dispõe sobre a instituição do programa de integridade nas empresas que contratarem com a administração pública do estado do rio de janeiro e dá outras providencias. Rio de Janeiro, RJ: Assembleia Legislativa, [2017]. Disponível em: <http://alerjln1.alerj.rj.gov.br/contlei.nsf/c8aa0900025feef6032564ec0060dfff/0b110d0140b3d-479832581c3005b82ad?OpenDocument&Highlight=0,7753>. Acesso em: 27 jun. 2021.

SÃO PAULO. Lei Complementar 1.320/2018 (Atualizada até a manutenção das partes vetadas pela ALESP, em 06 de abril de 2018). Institui o Programa de Estímulo à Conformidade Tributária – "Nos Conformes", define princípios para o relacionamento entre os contribuintes e o Estado de São Paulo e estabelece regras de conformidade tributária. Disponível em: <https://www.al.sp.gov.br/norma/185824>. Acesso em: 27 jun. 2021.

SÃO PAULO. Projeto de lei Complementar 25 /2017. Institui o Programa de Estímulo à Conformidade Tributária – "Nos Conformes", define princípios para o relacionamento entre os contribuintes e o Estado de São Paulo e estabelece regras de conformidade tributária. Disponível em: <https://www.al.sp.gov.br/propositura/?id=1000168831>. Acesso em: 27 jun. 2021.

SILVA. Clóvis Veríssimo de Couto e. *A obrigação como processo*. 4. ed. Reimpressão. Rio de Janeiro: FGV, 2010.

O *COMPLIANCE* NA ERA DA ESG: UMA RESPOSTA A SEAN J. GRIFFITH

Fabrício de Souza Oliveira

Doutor em Ciências Jurídico-empresariais pela Faculdade de Direito da Universidade de Coimbra. Foi *visiting scholar* na *Berkeley University* no ano de 2015. Professor adjunto de Direito Empresarial na Universidade Federal de Juiz de Fora.

Kelly Cristine Baião Sampaio

Doutora em Direito Civil pela Universidade do Estado do Rio de Janeiro. Professora associada na Universidade Federal de Juiz de Fora.

Sumário: 1. Introdução – 2. A origem do *compliance* nos EUA – 3. A origem da governança corporativa nos EUA – 4. O *compliance* no Brasil – 5. A governança corporativa no Brasil – 6. A internalização de interesses por meio do mecanismo de responsabilização civil dos administradores de companhias no Brasil – 7. Conclusão – 8. Referências.

1. INTRODUÇÃO

Na última década, grandes mudanças são observadas na governança corporativa nos EUA. Até que ponto somos influenciados, no Brasil, por essas mudanças? Pesquisas sobre a relação entre a governança corporativa e o *compliance* nos podem ajudar a identificar como esse processo é sentido por aqui.

Isso porque levantam as questões: as sociedades anônimas são instrumentos de geração de riquezas para os seus investidores? Ou são instrumentos para realizações sociais mais amplas?

Sean J. Griffith em artigo intitulado *Corporate Governance In An Era Of Compliance* afirma que a governança corporativa possui seus desenvolvimentos a partir das tensões existentes entre acionistas e administradores, enquanto o *compliance* é mobilizado por outras tensões que envolvem os demais *stakeholders*. Em suas palavras, "compliance presents an opening for those who might wish to push corporations into this broader social role and a challenge for those who might wish to keep them out."[1]

Partimos de duas hipóteses, que nos levam a conclusões diferentes daquela encontrada por Sean J. Griffith. A primeira delas propõe que na origem, nos EUA, a governança corporativa e o *compliance* possuíam fundamentos diversos. A governança corporativa possuía seu fundamento de origem na tensão entre os interesses

---

1. GRIFFITH, Sean J. Corporate governance in an era of compliance. Wm. & Mary L. *Rev.*, v. 57, p. 2075, 2015.

dos acionistas e os dos administradores, o *compliance* possuía origem na tensão entre os interesses dos acionistas, os dos administradores e os interesses dos diversos sujeitos comprometidos com a empresa. Mas, contemporaneamente, percebe-se uma convergência entre os fundamentos dos dois mecanismos, tanto a governança corporativa, como o *compliance* passam a ser justificados pela tensão entre os interesses dos diversos sujeitos afetados pela atividade empresarial (demais *stakeholders*). A segunda, derivada da primeira e contextualizada em nosso espaço, propõe que, no Brasil, não se verifica essa convergência no direito em vigor, quando é perspectivado o mecanismo de responsabilização civil dos administradores das sociedades anônimas porque somente os acionistas são internalizados por meio das ações sociais, que mobilizam o interesse social, enquanto os demais *stakeholders* são externalizados, tendo os seus interesses tutelados não pelas ações sociais, mas pelas ações individuais.

As duas hipóteses têm em consideração uma zona de confluência do *compliance* com a governança corporativa, que pode ser descrita nos seguintes termos: ambos os sistemas reclamam por um mecanismo interno de controle. Embora o *compliance* não diga respeito, por exemplo, a questões relacionadas ao desenvolvimento de produtos ou serviços ou ao financiamento das operações, os seus mecanismos básicos (como a estruturação de procedimentos, a monitoração e o *enforcement* das normas sociais) conduzem aos fundamentos da operação dos negócios de uma determinada sociedade, numa extensão em que o *compliance* é assemelhado a uma "*universal corporate governance activity*". Tal sobreposição pode ser comprovada em virtude de algumas companhias aglutinarem seus mecanismos em instâncias que se encarregam das funções da governança, dos riscos e do controle.[2]

Muito embora exista essa zona de confluência, este capítulo cuidará das diferenças genéticas entre os dois sistemas para saber, ao final, se há ou não confluência nos seus fundamentos.

A pesquisa realizada que confere suporte a este texto é teórica, valendo-se da análise de artigos científicos brasileiros e estrangeiros e de documentos legais.

O capítulo divide-se, para além da introdução, em: a origem do *compliance* nos EUA; a origem da governança corporativa nos EUA; o *compliance* no Brasil; a governança corporativa no Brasil; a internalização de interesses por meio do mecanismo de responsabilização civil dos administradores de companhias no Brasil; e a conclusão.

2. A ORIGEM DO *COMPLIANCE* NOS EUA

Donald C. Langevoort esclarece que uma oportunidade de defesa é construída se for possível a demonstração que um programa razoável de *compliance* foi implementado, podendo o acusado atenuar as suas responsabilidades em virtude da existência e do funcionamento desse programa, sem que com isso o sistema jurídico

---

2. GRIFFITH, Sean J. Corporate governance in an era of compliance. Wm. & Mary L. *Rev.*, v. 57, p. 2075, 2015.

seja subvertido.[3] A partir dessa afirmação, podemos extrair a lógica subjacente ao *compliance*: a sociedade (é irrelevante o tipo societário) arca com os custos do programa de *compliance*, esperando alguma atenuação em eventuais condenações, e o Estado economiza em custos de investigação.

Os empresários (e as sociedades em geral) existem inseridos em um conjunto de normas sociais, inclusive as jurídicas. A função do *compliance* contemporâneo é de ser um programa pelo qual as sociedades (mas não só) adaptam os seus comportamentos (as suas atuações no mundo) às restrições impostas por esse conjunto normativo. Conforme Sean J. Griffith elucida, "compliance is the set of internal processes used by firms to adapt behavior to applicable norms."[4]

Esses programas articulam a filosofia da organização em direção a uma ética negocial a partir de uma série de expectativas dos seus participantes (inclusive dos trabalhadores), relacionadas a uma variedade de assuntos, tais como subornos, revelação de informações confidenciais a fornecedores, assédio, lavagem de dinheiro, abuso de substâncias e fraude.[5] Esse objetivo – articular a filosofia da organização em direção a uma ética negocial – é instrumentalizado pelos componentes (mecanismos) do *compliance*: políticas e procedimentos, comunicação, monitoramento e fiscalização. O direcionamento do objetivo ético para o atendimento de expectativas diversas leva a que outros interesses, para além daqueles dos sócios, sejam internalizados por meio da estrutura societária, quando a sociedade adota um programa de *compliance*.

Indo um pouco mais além nesse raciocínio, podemos afirmar que os diretores responsáveis pelos programas de *compliance* atuam em uma organização não necessariamente sob a ordem do *entrepreneur-coordinator* (quem coordena a produção), mas dirigido pelas instâncias de *enforcement* governamental.[6] Para melhor compreendermos essa afirmação, precisamos identificar as forças presentes na origem do *compliance*. Foram mobilizadas no processo legislativo aberto aos interesses tradicionalmente identificados na organização subjetivada pela *Corporation* estadunidense? Ou possuem origem diversa?

As origens do *compliance* estadunidense retornam ao ano de 1991, quando foi editada as *U.S. Sentencing Commission's Sentencing Guidelines for Organizations (the "Guidelines")*. Marca a inovação das *Guidelines*, o fato de serem elas concebidas para dissuadir determinados comportamentos, prevendo a oportunidade da concessão de benefícios judiciais para sociedades que apresentem um programa efetivo de pre-

---

3. LANGEVOORT, Donald C. Monitoring: The behavioral economics of corporate compliance with law. Colum. Bus. L. *Rev.*, p. 71, 2002.
4. GRIFFITH, Sean J. Corporate governance in an era of compliance. Wm. & Mary L. *Rev.*, v. 57, p. 2075, 2015.
5. ROTTIG, Daniel; KOUFTEROS, Xenophon; UMPHRESS, Elizabeth. Formal infrastructure and ethical decision making: An empirical investigation and implications for supply management. Decision Sciences, v. 42, n. 1, p. 163-204, 2011.
6. GRIFFITH, Sean J. Corporate governance in an era of compliance. Wm. & Mary L. *Rev.*, v. 57, p. 2075, 2015.

venção contra práticas ilícitas.[7] A razão que colocou em movimento a Comissão foi a significativa lacuna existente na literatura sobre a forma de sentenciar as organizações. O debate não girou em torno dos interesses presentes nas organizações, entretanto.[8]

Em seguimento à edição das *Guidelines*, foi editado o *Holder Memorandum*, que possibilita aos promotores de justiça a consideração da existência e da adequação de um programa de *compliance* na sociedade alvo da investigação, ao lado da prestação voluntária de informações e da cooperação. Após as fraudes financeiras e contábeis ocorridas nos EUA nos anos de 2001 e 2002, o órgão análogo ao nosso Ministério Público nesse país desenvolveu uma estratégia em que seria possível a punição de uma determinada sociedade, sem que tivesse que investir recursos ou mesmo assumir os riscos inerentes a um processo criminal. A solução foi arquitetada por meio de dois instrumentos: o *deferred prosecution agreement* (DPA) e o *nonprosecution agreement* (NPA).[9]

A principal razão por que uma sociedade se beneficia de uma DPA ou de uma NPA é o seu envolvimento e cooperação voluntários na identificação dos agentes individuais responsáveis pelo ilícito. Destacamos que esses instrumentos são mais acessíveis às sociedades que cooperam e que possuem uma forte cultura de *compliance*, "with the latter consideration designed to encourage firms to adopt robust internal compliance programs and maintain a commitment to self-policing."[10]

Esses dados da historiografia do *compliance* nos EUA nos permitem constatar que na sua gênese não está o debate sobre os fins de uma sociedade ou, mesmo, sobre qual a sua função ou quais os interesses que devem ser internos à sua estrutura. Não há nela algo que sinalize a discussão sobre a tensão entre interesses de sócios e administradores ou de sócios, administradores e outros *stakeholders*. O que se observa é que o *compliance* é fomentado por mecanismos processuais que atendem aos interesses investigatórios e persecutórios do Estado.[11] Se à partida, não percebemos que o *compliance* deriva de uma discussão sobre os interesses afetados pela organização empresarial, há na sua implementação e funcionamento (nos seus efeitos) a

---

7. MURPHY, Diana E. The federal sentencing guidelines for organizations: A decade of promoting compliance and ethics. Iowa L. *Rev.*, v. 87, p. 697, 2001.

8. "The Federal Sentencing Guidelines were developed because of an increase in white-collar crime and the government's determination to place the responsibility for such crime with organizations, not just individual decision makers". In: FERRELL, Odies C.; LECLAIR, Debbie Thorne; FERRELL, Linda. The federal sentencing guidelines for organizations: A framework for ethical compliance. *Journal of Business Ethics*, v. 17, n. 4, p. 353-363, 1998.

9. GRIFFITH, Sean J. Corporate governance in an era of compliance. Wm. & Mary L. *Rev.*, v. 57, p. 2075, 2015.

10. YOCKEY, Joseph W. FCPA settlement, internal strife, and the culture of compliance. Wis. L. *Rev.*, p. 689, 2012.

11. "The increase in the use of DPAs and NPAs is in line with the founding principles of corporate prosecution, as laid out in the U.S. Attorney's Manual. Because these agreements contain provisions for the company to cooperate with the government's ongoing investigations and the implementation of compliance programs, DPAs and NPAs achieve one of the main purposes of criminal law-deterrence." In: JIMENEZ, Gustavo A. *Corporate Criminal Liability*: Toward a Compliance-Oriented Approach. Ind. J. Global Legal Stud., v. 26, p. 353, 2019.

internalização de interesses dos *stakeholders* na estrutura societária, como explicado em linhas anteriores.

3. A ORIGEM DA GOVERNANÇA CORPORATIVA NOS EUA

Um dos debates mais profícuos em matéria de governança corporativa nos EUA diz sobre os interesses a que as *Corporations* devem servir e as suas repercussões na escolha dos destinatários dos deveres fiduciários exigidos dos administradores, se são destinatários desses deveres fiduciários os acionistas ou se, para além desses, são destinatários os demais participantes do conjunto de relações jurídicas que compõem a empresa.

Marco fundamental nesses debates é a controvérsia datada do início da década de 1930, havida entre o Professor Adolf A. Berle da *Columbia Law School* e o Professor E. Merrick Dodd da *Harvard Law School*. O Professor Berle asseverava que "the managerial powers are held in trust for stockholders as sole beneficiaries of the corporate enterprise", enquanto o Professor E. Merrick Dodd, em artigo intitulado "For Whom Are Corporate Managers Trustees", antagonizava, defendendo: "the business corporation as an economic institution which has a social service as well as a profit-making function".[12] A primeira posição é alinhada à abordagem *shareholder*, a segunda à abordagem *stakeholder*.

Em 1932, o Professor Adolf A. Berle publica em coautoria com o economista Gardiner Coit Means, professor de Havard, a obra seminal *The Modern Corporation and Private Property*. Nela, os autores assumem uma abordagem pró *shareholder* e apresentam as formas com que o controle nas *Corporations* se manifesta. Nos estudos empíricos que precederam a publicação e que tomaram a década de 1920, Berle e Means observam que nesse tipo societário o conceito de propriedade é fragmentado. Os acionistas são proprietários passivos e os administradores proprietários ativos. Essa observação os possibilitou demonstrar o fenômeno da dissociação entre propriedade e controle, já que os proprietários (acionistas) não detêm o controle da típica *Corporation* estadunidense. O controle está nas mãos dos administradores, que não são proprietários de ações (títulos participativos).[13]

A importância da obra é sentida nos estudos posteriores, ao influenciar a perspectiva *shareholder*, mas não só, já que se tornou um referencial obrigatório nos estudos sobre o controle societário. Além disso, a constatação do fato de que propriedade e controle estão dissociados nas típicas *Corporations* permitiu o desenvolvimento da chamada Teoria Positiva da Agência (os administradores, nessa última construção, são agentes eleitos pelos acionistas).

---

12. Sommer Jr, A. A. (1991). Whom Should the Corporation Serve--The Berle-Dodd Debate Revisted Sixty Years Later. Del. J. Corp. L., 16, 33.
13. BERLE, Adolf Augustus; MEANS, Gardiner Coit. *A moderna sociedade anônima e a propriedade privada*. São Paulo: Nova Cultural, 1987.

Segundo a Teoria Positiva da Agência, empresas são contratos. As noções de hierarquia, limites da empresa e da sociedade como um ator são rejeitadas como sendo erros e ficções. É o que esclarece Gunther Teubner, ao tecer críticas sobre a teoria proposta por Jensen e Meckling.[14] Os trabalhos de Jensen e Meckling são reconhecidos por explicar como a separação entre a propriedade e o controle produz benefícios, apesar dos custos (identificados com os problemas de agência – os custos derivados dos problemas de agência[15] são positivos nas *Corporations* –, daí o reconhecimento de sua proposta teórica como sendo a da Teoria Positiva da Agência).[16] Jensen e Meckling definem os custos de agência como sendo o somatório dos custos de monitoramento suportados pelo principal (acionistas); custos derivados de mecanismos de alinhamento entre os interesses do agente (administrador) e do principal; e das perdas residuais.[17]

Herdeira da abordagem pró *shareholder*, a Teoria Positiva da Agência entende que os interesses dos acionistas são internalizados na relação de agência, os demais interesses são tutelados pela regulação, que é externa à relação societária.

Outra abordagem que influencia os estudos sobre governança corporativa nos EUA com proeminência é a feita pela denominada Teoria dos Custos de Transação. Possui raízes no modelo coaseneano de empresa, pressupondo a hierarquia e a existência de seus limites. Conquistou maiores desenvolvimentos com os estudos realizados por Oliver Williamson, nas últimas décadas do século passado e nas primeiras do atual.

Para tal teoria, os acionistas devem ocupar lugar central na estrutura da governança das *Corporations*. Isso porque, se em mercados de capitais desenvolvidos há a possibilidade de os acionistas facilmente alienarem as suas ações e retirarem-se da sociedade, quando esses acionistas passam a ser considerados como um grupo, a lógica não permanece a mesma. O argumento de fácil retirada da sociedade perde espaço, de tal forma que esse grupo de interesses mantém uma relação única com a sociedade. Conforme afirma Williamson, "they are the only voluntary constituency whose relation with the corporation does not come up for periodic renewal".[18] A

---

14. TEUBNER, Gunther; CASTRONOVOX, Carlo. Piercing the Contractual Veil? The Social Responsibility of Contractual Networks. 2006. Disponível em: <https://www.jura.uni-frankfurt.de/43829715/Contractual_Veil.pdf> Acesso em: 19 jan. 2021.
15. "This literature theorizes that stockholders are wealth maximizers, while managers maximize a utility function that includes remuneration, power, job security, and status as its central elements. The agency/managerial literature postulates that satisfying the claims of stockholders involves maximizing the efficiency of the firm (Fama, 1980), while satisfying the claims of management requires increasing the size of the firm (remuneration, power, job security and status are argued to be a function of firm size)." In: HILL, Charles WL; JONES, Thomas M. Stakeholder agency theory. *Journal of management studies*, 1992, 29.2: 131-154.
16. JENSEN, Michael C.; MECKLING, William H. Theory of the firm: Managerial behavior, agency costs and ownership structure. *Journal of financial economics*, v. 3, n. 4, 1976.
17. Para um aprofundamento sobre o assunto no Brasil, indicamos a obra de nossa coautoria ROSENVALD, Nelson; OLIVEIRA, Fabrício de Souza. *O Ilícito na Governança dos Grupos de Sociedades*. São Paulo: Editora Juspodivm. 2019.
18. WILLIAMSON, Oliver E. *The Economic Institutions of Capitalism*. New York: The Free Press. 1985, p. 304.

partir dessa singularidade identificada, o autor conclui que os trabalhadores, os fornecedores, os credores sociais e os consumidores possuem a oportunidade de renegociar os termos contratuais quando da renovação dos respectivos contratos.[19]

Esse papel central ocupado pelos acionistas nos desenvolvimentos da Teoria dos Custos de Transação permite-nos posicionar essa teoria entre aquelas que assumem uma abordagem pró *shareholder.*[20]

Em 1992, Charles W. L. Hill e Thomas M. Jones publicaram artigo intitulado *Stakeholder-Agency Theory*, argumentando que outros *stakeholders* possuem interesses na empresa que, se satisfeitos, reduzem o montante de recursos que os administradores canalizam em direção ao crescimento do empreendimento por meio da diversificação. Satisfazer as demandas dos trabalhadores por melhores salários, as demandas dos consumidores por produtos ou serviços com melhor qualidade e preços menores, a demanda dos fornecedores por maiores preços, e as demandas dos comunitários e do público em geral pela redução nos níveis de poluição e melhoramentos na qualidade de vida envolve o uso de recursos que poderiam ser utilizados pelos administradores no crescimento da empresa. Assim, afirmam "thus, an agency conflict is inherent in the relationship between management and all other stockholders."[21]

O objetivo dos autores foi audacioso à época, uniu as perspectivas da Teoria da Agência com as perspectivas *stakeholder,* propuseram um paradigma que explica certos aspectos do comportamento estratégico presente na empresa, a estrutura de mecanismos de alinhamento de interesses, além da proposição de formas institucionais de monitoração dos contratos implícitos e explícitos havidos entre administradores e os vários *stakeholders*. A resultante, *Stakeholder-agency Theory,* pode ser vista como uma modificação das teorias da agência.[22]

Por intermédio desse artigo, abre-se caminho para a exploração dos desenvolvimentos das teorias da agência em direção a uma abordagem pró *stakeholder,* principalmente por meio do conceito de contratos implícitos que explicam as relações havidas entre administradores e outros grupos de interesses na empresa, que não os sócios.

Atualmente, os EUA vivenciam a era da ESG – *Environmental, Social and Governance*, movimento que desafia a visão tradicionalmente presente nos mercados de capitais de que a responsabilidade de uma determinada companhia é somente para com os seus acionistas (visão advogada por Milton Friedman, por exemplo), ao considerar outros valores normativos para além do retorno financeiro dos inves-

---

19. WILLIAMSON, Oliver E. *The Economic Institutions of Capitalism*. New York: The Free Press. 1985, p. 304.

20. Para um estudo sobre as aproximações e distanciamentos entre a Teoria Positiva da Agência e a Teoria dos Custos de Transação, indicamos a obra de nossa coautoria ROSENVALD, Nelson; OLIVEIRA, Fabrício de Souza. *O Ilícito na Governança dos Grupos de Sociedades*. São Paulo: Editora Juspodivm. 2019.

21. HILL, Charles WL; JONES, Thomas M. Stakeholder agency theory. *Journal of management studies*, 1992, 29.2: 131-154.

22. HILL, Charles WL; JONES, Thomas M. Stakeholder agency theory. *Journal of management studies*, 1992, 29.2: 131-154.

timentos.[23] "*More recently, the investment community has acknowledged the financial value of environmental, social, and governance (ESG) issues and their associated risks, driving increased interest in ESG data.*"[24]

De forma que o movimento da ESG lança novos desafios à perspectiva *shareholder*, trazendo outros grupos de interesses presentes na empresa para o centro das discussões sobre governança corporativa nos EUA. Isso vem sendo dinamizado pelo mercado, que reclama por novos métodos avaliativos de ativos financeiros. É um movimento *buttom-up*.

Assim, respondendo à primeira pergunta subjacente à primeira hipótese levantada neste capítulo, entendemos que, contemporaneamente, percebe-se uma convergência entre os fundamentos dos dois mecanismos, tanto o *compliance* como a governança corporativa passam a ser justificados pela tensão entre os interesses dos diversos sujeitos afetados pela atividade empresarial (demais *stakeholders*).

4. O *COMPLIANCE* NO BRASIL

Modesto Carvalhosa e Fernando Kuyven explicam que a Lei n. 12.846/2013, numa leitura mais superficial, parece não admitir a exclusão da responsabilidade da pessoa jurídica com fundamento na existência de um efetivo programa de *compliance*. Entretanto, segundo esses autores, não há vedação na Lei para que, excepcionalmente, deixe ela de ser responsabilizada se houver por ela demonstração de que o seu sólido programa de *compliance* permitiu a identificação dos atos delitivos e a denúncia às autoridades, demonstrando que tais condutas são incompatíveis com esse seu programa de conformidade e a sua cultura de integridade.[25] Nesse mesmo sentido, Alexandre de Assumpção Alves e Caroline da Rosa Pinheiro afirmam que "*o país, membro da OCDE, sancionou a Lei 12.846/2013, conhecida como Lei Anticorrupção brasileira, onde previu o compliance como atenuante de sanções às sociedades.*"[26]

---

23. LOKUWADUGE, Chitra Sriyani De Silva; HEENETIGALA, Kumudini. Integrating environmental, social and governance (ESG) disclosure for a sustainable development: An Australian study. *Business Strategy and the Environment*, 2017, 26.4: 438-450.
24. LOKUWADUGE, Chitra Sriyani De Silva; HEENETIGALA, Kumudini. Integrating environmental, social and governance (ESG) disclosure for a sustainable development: An Australian study. *Business Strategy and the Environment*, 2017, 26.4: 438-450.
25. CARAVALHOSA, Modesto; KUYVEN, Fernando. Personalidade Jurídica, *Compliance* e Combate à Corrupção. In: CARAVALHOSA, Modesto; KUYVEN, Fernando (Org.). *Compliance no Direito Empresarial*. São Paulo: Ed. RT, 2020. v. IV.
26. PINHEIRO, Caroline da Rosa; ALVES, Alexandre F. de Assumpção. O papel da CVM e da B3 na implementação e delimitação do programa de integridade (*compliance*) no Brasil. *Revista Brasileira de Direito Empresarial*, 2017, 3.1: 40-60. Os autores seguem, ainda, desenhando o contexto em que foi editada a Lei Anticorrupção brasileira nos seguintes termos: "*a corrupção dos agentes governamentais por companhias ou outros tipos de sociedades foi objeto de* discussões nos Estados Unidos da América, na Organização para a Cooperação e Desenvolvimento Econômico (OCDE), culminando na aprovação da Convenção sobre o Combate da Corrupção de Funcionários Públicos Estrangeiros em Transações Comerciais Internacionais, de 1997, internalizada no Brasil pelo Decreto 3.678/2000. Nesse cenário, o país, membro da OCDE, sancionou a Lei 12.846/2013, conhecida como Lei Anticorrupção brasileira, onde previu o compliance como atenuante de sanções às sociedades."

O art. 41 do Decreto n. 8.420/2015, que regulamenta a Lei n. 12.846/2013, prescreve o conceito do programa de integridade para os fins comentados no parágrafo anterior e o art. 42 desse mesmo documento normativo estabelece os critérios de avaliação dos programas de conformidade a serem observados pela autoridade sancionadora, com a finalidade de uma possível redução da multa aplicada à sociedade decorrente da sua responsabilidade objetiva, de acordo com a norma constante do parágrafo 4 do art. 5 desse Decreto.[27]

Cláudio Finkelstein e Maria Eugênia Finkelstein apresentam como objetivos dos programas de integridade no Brasil, quando é perspectivada a sociedade, os seguintes: (i) serem reconhecidas como "limpas"; (ii) evitarem riscos à sua segurança e aos seus dados a partir do não envolvimento em atividades ilegais; (iii) evitarem prejuízos à confiança interna, ao evitar a prática da corrupção; (iv) o comprometimento dessas sociedades com um desenvolvimento sustentável, social, econômico e ambiental a fim de estabelecer negócios éticos.[28]

Modesto Carvalhosa, analisando o *compliance* brasileiro, elucida que

> o regime de conformidade tem por objeto precipuamente a própria pessoa jurídica no que respeita não apenas aos seus deveres de estrito e legítimo cumprimento da lei, como aqueles junto à comunidade em que atuam, nela compreendidos os seus beneficiários (fim social), e os seus usuários (stakeholders).[29]

Por meio dessas breves considerações acerca da previsão do *compliance* no direito brasileiro, o que pretendemos demonstrar é que a sua lógica (redução das sanções para as pessoas jurídicas quando comprovada a existência e o funcionamento de um programa criterioso de integridade e, de outro lado, a redução dos custos investigatórios por parte do Estado), observada em sua origem no direito estadunidense, assim como as expectativas (expostas nos objetivos pretendidos com a implementação do programa de conformidade), internalizando na estrutura societária interesses de *stakeholders* secundários (voluntários e involuntários), estão presentes também em nosso espaço nacional.

No tocante ao instituto da responsabilidade civil, entende-se, conceitualmente, que haverá reparação ao se comprovar um dano, injustamente causado, tutelando-se, dessa forma, a boa-fé objetiva, o dano injusto e sua consequente reparação. Não se pode afirmar que o instrumento do *compliance* seja hábil a excluir, reduzir, correlacionar, automaticamente, a responsabilidade em face de um dano consumado.

---

27. CARAVALHOSA, Modesto; KUYVEN, Fernando. Personalidade Jurídica, *Compliance* e Combate à Corrupção. In: CARAVALHOSA, Modesto; KUYVEN, Fernando (Org.). *Compliance no Direito Empresarial*, V. IV, São Paulo: Revista dos Tribunais, 2020. Ver, também: CARAVALHOSA, Modesto. Considerações Sobre a Lei Anticorrupção das Pessoas Jurídicas, São Paulo: Revista dos Tribunais, 2015.

28. FINKELSTEIN, Cláudio; FINKELSTEIN, Maria Eugênia. A governança corporativa e a prevenção da corrupção. In: CARAVALHOSA, Modesto; KUYVEN, Fernando (Org.). *Compliance no Direito Empresarial*. São Paulo: Ed. RT, 2020. v. IV.

29. CARAVALHOSA, Modesto. *Considerações Sobre a Lei Anticorrupção das Pessoas Jurídicas*. São Paulo: Ed. RT, 2015. p. 324.

Em conclusão, reafirmamos aqui o que postulamos em relação aos EUA. Se à partida, não percebemos que o *compliance* deriva de uma discussão sobre os interesses afetados pela organização empresarial, há na sua implementação e funcionamento (nos seus efeitos) a internalização de interesses dos *stakeholders* na estrutura societária, como explicado em linhas anteriores.

5. A GOVERNANÇA CORPORATIVA NO BRASIL

Coutinho de Abreu conceitua a governança corporativa como sendo o complexo de normas (legais, estatutárias, jurisprudenciais, deontológicas), instrumentos e questões respeitantes à administração e à fiscalização societária.[30] Mais à frente, evidencia o papel dos mercados na governança das sociedades (mercado de administradores, mercado consumidor, mercado de capitais, mercado de trabalho etc.), tornando claro que a temática vai além da *quietude dogmática,* na expressão do professor conimbricense.

O tema controle/fiscalização é parte do conceito da governança corporativa e ajuda-nos a compreender a tipologia da tensão que fundamenta o seu desenvolvimento em determinado espaço. No Brasil, é o caso do nosso estudo neste tópico, a fiscalização societária é exercida no interesse dos sócios, ora por meio da estrutura orgânica, o Conselho Fiscal, por exemplo, ou por eles diretamente, como nos casos das impugnações judiciais das deliberações sociais.

Essa tipologia, entretanto, pode ser percebida por meio de outras características apresentadas pela dinâmica e pela estrutura societária: a amplitude da competência das assembleias de acionistas no Brasil; os mecanismos do voto múltiplo e do voto em separado, o novo parágrafo 2 do art. 140 da Lei n. 6.404/76, que prevê *na composição do conselho de administração das companhias abertas, é obrigatória a participação de conselheiros independentes, nos termos e nos prazos definidos pela Comissão de Valores Mobiliários* (norma introduzida pela MP n. 1.040, de 29 de março de 2021).[31] São todos mecanismos de governo societário que possuem fundamento na tensão existente entre acionista controlador e acionistas minoritários e preferencialistas. Em poucos espaços, nota-se uma abertura para outros interesses para além daqueles dos sócios, como é o caso da norma prevista no parágrafo único do art. 116 da Lei das Companhias e daquela prevista no atual parágrafo 1 do art. 140 dessa mesma Lei.[32]

Como reforço aos argumentos sobre a tipologia da tensão que fundamenta a governança corporativa no Brasil, trazemos a definição do sistema de governança divulgado pelo Instituto Brasileiro de Governança Corporativa (IBGC).

---

30. DE ABREU, Jorge Manuel Coutinho. *Governação das sociedades comerciais.* Almedina, 2010. p. 7-9.
31. Para uma crítica ao papel dos administradores independentes nas sociedades estadunidense, ver nossa: OLIVEIRA, Fabrício de Souza. *A crise financeira eclodida em 2008 e suas repercussões na governação das sociedades comerciais (equívocos e possibilidades).*
32. Para um aprofundamento na temática, ver nosso: OLIVEIRA, Fabrício. Uma proposta metodológica para a análise dos problemas de governança corporativa. *Revista IBERC*, 2021, 4.1: 83-102.

governança corporativa é o sistema pelo qual as empresas e demais organizações são dirigidas, monitoradas e incentivadas, envolvendo os relacionamentos entre sócios, conselho de administração, diretoria, órgãos de fiscalização e controle e demais partes interessadas.[33]

Ainda, seguindo esse raciocínio, destacamos os objetivos das instruções, resoluções e regulamentos da Bolsa de Valores (BM&FBovespa), de 1999 a 2002, que *trataram de conceder poder à bolsa para estabelecer regras de admissão de valores mobiliários e condições de ingresso e negociação na Bolsa de Valores.*[34] Some-se a isso as normas que constituem os níveis N1, N2 e Novo Mercado da B3, além das normas editadas pela CVM.

Ainda que se encontre alguma referência nos textos às demais partes interessadas (para além dos sócios, controladores ou não), isso não é suficiente para alterar o fundamento do nosso sistema de governo das sociedades nos dias de hoje.

Questão outra é saber sobre o futuro. Aqui indagamos sobre a força da ESG estadunidense sobre a parcela da cadeia produtiva organizada por sociedades situadas nesse país e presente em nosso espaço (subsidiárias e fornecedores). Até que ponto sentiremos os efeitos práticos desse movimento? Até que ponto revolveremos as nossas construções teóricas?

Mas não é somente sobre os EUA. A União Europeia, atualmente, discute um *Draft* (análogo ao nosso projeto de lei), que, em linha com o *UN 'Protect, Respect and Remedy' Framework,* discute sobre "the rights of victims to a remedy, the jurisdiction of EU courts should be extended to business-related civil claims brought against EU undertakings on account of harm caused within their value chain on account of human rights violations." Caso aprovada a Diretiva como está no projeto, sentiremos por aqui os seus efeitos sobre os fornecedores e as sociedades subsidiárias, que são muitos e nos desafiarão a repensar o nosso sistema de governança corporativa.

Em conclusão parcial, os sistemas de *compliance* e governança corporativa não apresentam, no Brasil, a convergência entre os seus fundamentos, como acontece, ao nosso ver, nos EUA da atualidade. Essa constatação ficará mais clara por meio da análise do tópico seguinte.

6. A INTERNALIZAÇÃO DE INTERESSES POR MEIO DO MECANISMO DE RESPONSABILIZAÇÃO CIVIL DOS ADMINISTRADORES DE COMPANHIAS NO BRASIL

Os administradores de uma companhia respondem por culpa ou dolo a respeito dos atos praticados dentro de suas atribuições ou poderes ou por violação da lei ou

---

33. FINKELSTEIN, Cláudio; FINKELSTEIN, Maria Eugênia. A governança corporativa e a prevenção da corrupção. In: CARAVALHOSA, Modesto; KUYVEN, Fernando (Org.). *Compliance no Direito Empresarial.* São Paulo: Ed. RT, 2020. v. IV.

34. FINKELSTEIN, Cláudio; FINKELSTEIN, Maria Eugênia. A governança corporativa e a prevenção da corrupção. In: CARAVALHOSA, Modesto; KUYVEN, Fernando (Org.). *Compliance no Direito Empresarial.* São Paulo: Ed. RT, 2020. v. IV.

do estatuto. Ver o art. 158 da Lei n. 6.404/76. Analisando o artigo 159 dessa Lei, observa-se que estão legitimados a mover a ação de responsabilidade a sociedade (ela própria ou por meio dos seus acionistas), os acionistas e os terceiros prejudicados.

A ação de responsabilidade civil contra os administradores é categorizada como sendo social, quando os interesses afetados são os da companhia, e é individual, quando os interesses afetados são os próprios dos acionistas ou de terceiros.[35] A ação social, por sua vez, pode ser *ut universi*, quando intentada diretamente pela sociedade. Já é considerada *ut singuli*, nos casos em que os acionistas minoritários litigam contra os administradores, mas no interesse da companhia.[36]

As ações sociais *ut singuli* podem admitir a substituição originária, quando a assembleia geral delibera não promover a ação, mas os titulares de 5% do capital social a promovem (parágrafo 4 do art. 159 da Lei n. 6.404/76), e admitem a substituição derivada, quando apesar de aprovada em assembleia geral a responsabilização civil dos administradores, a companhia queda-se inerte por três meses (parágrafo 3 do art. 159 da Lei n. 6.404/76). Nos dois casos, o interesse presente é o da sociedade e será mobilizado o interesse social, portanto.

As ações individuais (parágrafo 7 do art. 159 da Lei n. 6.404/76), por outro lado, visam à reparação de danos causados não à companhia, mas aos seus acionistas, individualmente considerados, ou à terceiros.[37]

Nesse último caso, os interesses em questão não são identificados com os da sociedade, são interesses individuais, particulares. Seguindo essa lógica estrutural do direito das companhias, podemos afirmar que nas ações individuais o interesse social não é mobilizado. Assim, quando é analisado o mecanismo de responsabilização civil dos administradores de S/A, percebe-se que os interesses dos terceiros prejudicados por ato ilícito ou com violação à boa-fé, praticado por seus administradores não mobilizam o interesse social, mas apenas interesses próprios. A justificativa para a lógica societária está em que os interesses de terceiros não compõem, segundo esse aspecto, o interesse da sociedade. São externos. Os acionistas majoritários, por decisão assemblear, e os minoritários, por intermédio das ações sociais *ut singuli*, podem mobilizar o interesse social.

7. CONCLUSÃO

Em conclusão, confirmamos as duas hipóteses por nós levantadas na introdução deste capítulo. Refutamos a hipótese examinada por Sean J. Griffith, em texto já indicado, por entendermos que os últimos desenvolvimentos da governança corporativa nos EUA levam a sua convergência, no que diz respeito aos seus fundamentos, com o *compliance*. E confirmamos a segunda hipótese para afirmar que, no Brasil, não se

---

35. EIZIRIK, Nelson et al. *Mercado de capitais*: regime jurídico. São Paulo: Quartier Latin, 2019. p. 660.

36. EIZIRIK, Nelson et al. *Mercado de capitais*: regime jurídico. São Paulo: Quartier Latin, 2019. p. 664-667.

37. EIZIRIK, Nelson et al. Mercado de capitais: regime jurídico. São Paulo: Quartier Latin, 2019. p. 677.

verifica essa convergência, principalmente quando analisado um dos elementos da governança corporativa, o direito brasileiro em vigor.

8. REFERÊNCIAS

BERLE, Adolf Augustus; MEANS, Gardiner Coit. *A moderna sociedade anônima e a propriedade privada*. São Paulo: Nova Cultural, 1987.

CARAVALHOSA, Modesto. *Considerações Sobre a Lei Anticorrupção das Pessoas Jurídicas*, São Paulo: Ed. RT, 2015.

CARAVALHOSA, Modesto; KUYVEN, Fernando. Personalidade Jurídica, *Compliance* e Combate à Corrupção. In: CARAVALHOSA, Modesto; KUYVEN, Fernando (Org.). *Compliance no Direito Empresarial*. São Paulo: Ed. RT, 2020. v. IV.

DE ABREU, Jorge Manuel Coutinho. *Governação das sociedades comerciais*. Almedina, 2010.

EIZIRIK, Nelson et al. *Mercado de capitais*: regime jurídico. São Paulo: Quartier Latin, 2019.

FERRELL, Odies C.; LECLAIR, Debbie Thorne; FERRELL, Linda. The federal sentencing guidelines for organizations: A framework for ethical compliance. *Journal of Business Ethics*, v. 17, n. 4, p. 353-363, 1998.

FINKELSTEIN, Cláudio; FINKELSTEIN, Maria Eugênia. A governança corporativa e a prevenção da corrupção. In: CARAVALHOSA, Modesto; KUYVEN, Fernando (Org.) *Compliance no Direito Empresarial*. São Paulo: Ed. RT, 2020. v. IV.

GRIFFITH, Sean J. Corporate governance in an era of compliance. Wm. & Mary L. *Rev.*, v. 57, p. 2075, 2015.

HILL, Charles WL; JONES, Thomas M. Stakeholder-agency theory. *Journal of management studies*, 1992, 29.2: 131-154.

JENSEN, Michael C.; MECKLING, William H. Theory of the firm: Managerial behavior, agency costs and ownership structure. *Journal of financial economics*, v. 3, n. 4, 1976.

JIMENEZ, Gustavo A. *Corporate Criminal Liability*: Toward a Compliance-Oriented Approach. Ind. J. Global Legal Stud., v. 26, p. 353, 2019.

LANGEVOORT, Donald C. Monitoring: The behavorial economics of corporate compliance with law. Colum. Bus. L. *Rev.*, p. 71, 2002.

LOKUWADUGE, Chitra Sriyani De Silva; HEENETIGALA, Kumudini. *Integrating environmental, social and governance (ESG) disclosure for a sustainable development*: An Australian study. Business Strategy and the Environment, 2017, 26.4: 438-450.

MURPHY, Diana E. The federal sentencing guidelines for organizations: A decade of promoting compliance and ethics. Iowa L. *Rev.*, v. 87, p. 697, 2001.

OLIVEIRA, Fabrício de Souza. *A crise financeira eclodida em 2008 e suas repercussões na governação das sociedades comerciais (equívocos e possibilidades)*.

OLIVEIRA, Fabrício. Uma proposta metodológica para a análise dos problemas de governança corporativa. *Revista IBERC*, 2021, 4.1: 83-102.

PINHEIRO, Caroline da Rosa; ALVES, Alexandre F. de Assumpção. O Papel da CVM e da B3 na implementação e delimitação do programa de integridade (*compliance*) no Brasil. *Revista Brasileira de Direito Empresarial*, 2017, 3.1: 40-60.

ROSENVALD, Nelson; OLIVEIRA, Fabrício de Souza. *O Ilícito na Governança dos Grupos de Sociedades*. São Paulo: Editora Juspodivm. 2019.

ROTTIG, Daniel; KOUFTEROS, Xenophon; UMPHRESS, Elizabeth. Formal infrastructure and ethical decision making: An empirical investigation and implications for supply management. *Decision Sciences*, v. 42, n. 1, p. 163-204, 2011.

Sommer Jr, A. A. (1991). Whom Should the Corporation Serve--The Berle-Dodd Debate *Revisted Sixty Years Later*. Del. J. Corp. L., 16, 33.

TEUBNER, Gunther; CASTRONOVOX, Carlo. *Piercing the Contractual Veil?* The Social Responsibility of Contractual Networks. 2006. Disponível em: <https://www.jura.uni-frankfurt.de/43829715/Contractual_Veil.pdf> Acesso em: 19 jan. 2021.

WILLIAMSON, Oliver E. *The Economic Institutions of Capitalism*. New York: The Free Press. 1985.

YOCKEY, Joseph W. FCPA settlement, internal strife, and the culture of compliance. Wis. L. *Rev.*, p. 689, 2012.

COMPLIANCE TRABALHISTA:
ENTRE O COMPORTAMENTO E AS INSTITUIÇÕES

Karen Artur

Doutora em Ciência Política pela UFSCar, com doutorado sanduíche pela Northwestern University. Realizou pesquisas de pós-doutorado no Programa de Pós-Graduação em Sociologia e Antropologia, IFCS, UFRJ, e no Centro de Estudos em Direito e Desigualdades da Faculdade de Direito da USP de Ribeirão Preto, além de PNPD/CAPES na UFSCar. Professora Adjunta da UFJF.

Sumário: 1. Introdução – 2. Ambientes institucionais importam – 3. *Compliance* trabalhista na visão institucional brasileira – 4. Novos sentidos para a regulação do mercado – 5. Considerações finais – 6. Referências

1. INTRODUÇÃO

A adoção de um programa de *compliance* no direito do trabalho, que se direcione para práticas de um futuro do trabalho melhor, certamente deve envolver mais que a intenção de aplicação das regras da legislação nacional presentes em manuais sobre o tema. Essa afirmação advém de um mapeamento dos debates mais atuais sobre o assunto e sobre como o mercado deve ser regulado.

Este trabalho pretende, principalmente, apontar como a literatura tem tratado dos limites e possibilidades desses programas, na área trabalhista. Para tanto, a partir de leituras sociológicas, econômicas e jurídicas, visa tratar das ideias e dos arranjos institucionais que direcionam ou distanciam esses programas do objetivo de um direito do trabalho preocupado com boas práticas. Sua hipótese é que os trabalhos mais sólidos sobre o tema, ao contrário de apenas destacarem a importância da mudança de comportamento dos atores, também devem levar em consideração que tais comportamentos não se desenvolvem num vazio, mas dentro de relações de poder e contextos institucionais mais amplos.

Além dessa introdução e das considerações finais, este capítulo conta com três partes. Na primeira, mapeiam-se as preocupações de alguns textos e debates, no exterior, que se enquadram no modelo ideal de análise destacado. Na segunda parte, apresentam-se alguns textos, do Brasil, que se aproximam dessa visão apresentada na primeira parte, aqui chamada de institucional. Na terceira parte, tomando como base algumas discussões sobre direcionamentos para um horizonte mais equilibrado nas relações entre negócios e sociedade, indicam-se alguns delineamentos gerais que devem embasar tanto os comportamentos dos atores como das instituições, mesmo em instrumentos que tenham um caráter mais privatista.

2. AMBIENTES INSTITUCIONAIS IMPORTAM

As ideias reguladoras que envolvem as medidas de cumprimento baseadas no mercado defendem, por exemplo, que relatórios, com divulgação transparente, podem induzir reflexões e mudanças nas práticas trabalhistas das próprias empresas. Por ser responsiva aos interesses dos atores econômicos, tais inovações regulatórias poderiam permitir a introdução de uma dimensão social nas atividades empresariais, se combinadas com a regulação estatal, que não pode ser abandonada[1].

No entanto, essa afinidade aos interesses econômicos não garante, por si só, uma adoção adequada dos novos mecanismos aos interesses sociais. Há que se investigar, portanto, quais ambientes institucionais permitem os oportunismos ou mesmo as boas práticas no tema. A questão da influência das estruturas sociais na economia é um problema antigo na sociologia econômica[2]. Além dos interesses econômicos, como se constituem as relações de confiança e cooperação dentro da nossa sociedade? Certamente dentro de contextos institucionais mais amplos e relações de poder.

Tendo em mente, portanto, que ambientes institucionais importam no desenvolvimento dessas inovações reguladoras, sem pretender esgotar o debate, procedeu-se à análise de alguns artigos relacionados ao recebimento e estudo dessas mudanças nos ordenamentos, com especial atenção ao trabalho.

Pode-se notar duas preocupações centrais nos artigos levantados. A primeira é a relação da regulação voluntária com a legislação e o papel estatais, além de com os próprios trabalhadores e a sociedade civil, especialmente no que concerne ao descumprimento de direitos. A segunda trata da própria necessidade de aperfeiçoamento de mecanismos.

Dentro da primeira preocupação, devem ser analisados os estímulos existentes para que os empregadores, no atual contexto do capitalismo e nos arranjos institucionais nacionais correspondentes, utilizem as alternativas voluntárias como forma de rebaixamento do padrão de direitos que são abordados.

Davidov (2010) destaca os obstáculos enfrentados pelos empregados para defenderem seus direitos, individual ou coletivamente, especialmente quando o Estado não promove o cumprimento de seus direitos, dadas as limitações das inspeções. Além do aumento do desemprego e os empecilhos para os sindicatos organizarem ou exercerem suas prerrogativas, também são abordadas as dificuldades trazidas com as subcontratações enquanto tentativas de desresponsabilização das empresas principais, enfraquecendo as possibilidades dessa defesa.

Para o autor, além da necessária existência de um padrão legal de direitos, de modo que esquemas internos de cumprimento sejam uma opção para acréscimos, o Estado deve atuar para responsabilizar de algum modo a empresa cliente em relação aos empregados contratados pela empresa subcontratada, para rejeitar comporta-

---

1. KUN, 2015.
2. GRANOVETTER, 2002.

mentos de empresas que são repetidoras de ofensas e para proibir contratos que possibilitem a violação de leis trabalhistas.

Anner (2017), por sua vez, pesquisa casos em que tanto os programas de *compliance* como os Estados não têm poder e legitimidade para fazerem cumprir os direitos coletivos dos trabalhadores em regimes mais repressivos, de modo que os casos mais bem-sucedidos que apresenta são resultado da atuação de sindicatos nacionais e globais e de campanhas ativistas direcionadas a mudar esses programas e ação estatal em relação a tais violações.

Uma segunda preocupação trata do cumprimento dos compromissos adotados no programa, inclusive em cadeias globais de produção. Nesse sentido, há as pesquisas que buscam investigar como as instituições sociais modelam a performance dos monitoramentos. Assim, fatores como experiência, interações, formação e gênero podem influenciar no monitoramento. Por exemplo, aqueles profissionais com menor treino documentado indicaram menos violações que os mais treinados[3].

Tais pesquisas enfatizam, também, a necessidade da existência de uma infraestrutura de apoio, com entidades como a OIT, que, juntamente com os trabalhadores e as ONGs, colaboram na implementação de acordos por meio de inspeções, relatórios transparentes, treinamento e comitês em diversos âmbitos[4].

Enfim, o que os autores indicam é que, além da produção de conhecimento sobre os monitoramentos e propostas para sua efetividade, as regulações privadas devem ser estudadas a partir de sua relação com o Estado, a sociedade civil e demais instituições pertinentes, de modo que o seu melhor desempenho está associado a não negar os estímulos existentes para a violação e, também, em se voltar para as demandas dos atores e instituições por mudanças nas condições de trabalho e na vida da comunidade.

> We cannot ignore private regulation, but as we focus on it, we risk ignoring developments in other institutional arenas or, equally dangerously, idealizing them and presuming they are effective in all of the ways that private regulation is not. Resolving this tension requires empirically grounded studies that place private regulation in context, taking into account both the inner workings of private regulation and its institutional context.[5]

Essa visão será aqui chamada de "institucional" e será efetuada uma aproximação dela com alguns textos no Brasil.

3. *COMPLIANCE* TRABALHISTA NA VISÃO INSTITUCIONAL BRASILEIRA

Nesta parte do capítulo, serão tratados textos retirados da obra organizada por Teodoro (2019), levando em conta também as suas referências, pois a sua abordagem está próxima de uma visão institucional, mais crítica e contextualizada.

---

3. SHORT; TOFFEL; HUGILL, 2015.
4. KURUVILLA; LI; JACKSON, 2021.
5. AMENGUAL and KURUVILLA, 2020, p. 815.

Dedicando-se não apenas a reproduzir dispositivos legais sobre o *compliance* e sobre a legislação trabalhista nacional ou a descrever mecanismos organizacionais, nota-se um trabalho de identificação de estímulos para a violação dos direitos trabalhistas, vinculado a uma proposta de fortalecimento do papel dos trabalhadores e de inovações no cumprimento ampliado da legislação.

Nesse sentido, Silva; Oliveira (2019), além de denunciarem o próprio ambiente nacional como marcado pelo descumprimento da legislação trabalhista, temem que o mecanismo seja usado como simples instrumento de poder dos interesses econômicos, em detrimento dos trabalhadores, pela expansão dos mecanismos do *compliance* sem a efetividade das garantias constitucionais[6]. Propõem, portanto, que o *compliance* também seja utilizado para defesa da classe trabalhadora, que deve ter sua voz fortalecida. Além disso, entendem que o sentido dos programas deve ser o de agregar objetivos sociais às questões econômicas, buscando inovar no tratamento de problemas centrais, por exemplo, saindo da perspectiva de apenas pagar corretamente os adicionais de insalubridade para uma proteção ampliada da saúde dos trabalhadores[7].

Uma outra preocupação presente é com a justificativa para adoção do *compliance* trabalhista em um registro do interesse público. Nesse viés, tem-se os trabalhos que associam desrespeito aos parâmetros nacionais e da Organização Internacional do Trabalho à concorrência desleal, que afeta também o mercado, e ao *dumping* social, percebido como prejuízo a toda a sociedade. Sob essa ótica, as práticas de compliance trabalhista são bem-vindas se alinharem a atividade empresarial ao combate desses males[8].

Desse modo, reconhecer que há práticas e ambientes institucionais violadores, viabilizar a real participação dos trabalhadores na construção de proteções e, centralmente, envidar esforços por atividades empresariais que realmente sejam conformadas pelo interesse público e pela melhoria nas condições de vida e trabalho das pessoas, são ideias centrais que parecem direcionar as discussões não apenas sobre o *compliance,* mas sobre os propósitos dos negócios e do próprio mercado.

Tais preocupações se assemelham às discussões sobre as mudanças no papel dos negócios que estão sendo divulgadas por diversas entidades preocupadas com o agravamento das desigualdades sociais.

4. NOVOS SENTIDOS PARA A REGULAÇÃO DO MERCADO

Diante dos enormes desafios trazidos pelas crises política, econômica e, mais tarde, sanitária que assolam os países, uma série de intelectuais têm se dedicado a

---

6. O texto que direciona os autores é de COUTINHO (2017).
7. O texto no qual os autores apoiam-se é de TEODORO (2017).
8. ABAURRE, ROCHA, 2019.

pensar outros sentidos para o mercado, que não sejam apenas o de obter ganhos em detrimento da maior parte da sociedade[9].

Nesse sentido, Colier Mayer (2019) defende que os negócios devem existir não para fazer dinheiro com o sofrimento humano, mas para lucrar beneficiando a comunidade, buscando inovar por meio da solução de problemas que a prejudicam. Assim, para ele, as empresas devem adotar propósitos para produzirem melhores mercados.

Contudo, entendemos que se as empresas adotam esse tipo de compromisso, o Estado tem o dever de exigir seu cumprimento. Assim, se o compliance permite pró-atividade aos empregadores, o que parece estimulante para os interesses econômicos, por outro lado, o Estado não pode abdicar do fortalecimento de fiscalizações e mesmo do estímulo a bons arranjos.

Por sua vez, em suas análises, Stiglitz (2020) também tem defendido que as empresas sejam responsivas não apenas aos *shareholders,* mas ao meio ambiente, aos trabalhadores e à comunidade. O autor não apenas tem afirmado a importância da ação coletiva em redirecionar o capitalismo, mas também do papel do Estado em fazer investimentos públicos em áreas vitais como saúde, educação e infraestrutura, em produzir regulações que evitem poluição ambiental e exploração humana, que não permitam a excessiva influência do poder econômico nas decisões políticas e que repartam mais amplamente os frutos produzidos socialmente. Além disso, o autor tem enfatizado a necessidade de uma legislação que dê mais poder de barganha aos representantes dos trabalhadores, o que tem sido constantemente desconsiderado[10].

Com essa última preocupação, Ferreras (2020) tem defendido a democratização das empresas, que devem incorporar a voz dos trabalhadores. Para a autora, os trabalhadores têm realizado grandes investimentos, por meio de seu trabalho, de sua saúde física e mental, os quais não são considerados pela governança das firmas nas quais eles investem. Assim, suas pesquisas são guiadas pelo princípio que determina que os trabalhadores devem validar coletivamente as decisões que se aplicam a si mesmos. A autora também tem apontado a importância de experimentações locais voltadas para a criação de empregos seguros para o bem comum, incluindo o meio ambiente e o cuidado como políticas centrais.

Com a apresentação dessas ideias, pode-se visualizar um mapa cognitivo mais amplo que pode ser objeto de preocupação do *compliance* também no Brasil. Deve-se, portanto, reconhecer as limitações de um discurso restrito apenas à prevenção de custos ou mesmo ao alcance do poder diretivo do empregador. Há propósitos mais amplos que devem estar envolvidos, que trazem consigo a centralidade dos direitos, da participação dos trabalhadores e da sociedade, da solução de graves problemas sociais e do próprio papel mais afirmativo do Estado.

---

9. Para esta parte do texto, acompanhamos os debates promovidos pela Social Europe, disponíveis em: <https://www.socialeurope.eu/> e também pela Future Markets Consultation, disponíveis em: <https://www.moralmarkets.org/futuremarketsconsultation/activities/online-dialogues/>.

10. MOTTA, 2020.

Certamente, isso implica em agregar elementos aos objetivos do direito do trabalho, que não podem mais se restringir à competividade, mas devem incorporar o diálogo social em direção à justiça. Resta saber se os ambientes, institucional, no país, e organizacional, nas empresas, se abrirão para tal mudança[11].

5. CONSIDERAÇÕES FINAIS

As pesquisas sobre as regulações baseadas no compliance na área do trabalho apontam para a necessidade do estudo do ambiente institucional na qual estão inseridas. Desse modo, para além de incorporar a legislação em manuais, há aqueles autores que se preocupam não apenas com as falhas na implementação dessas regulações, mas também em pensar a importância de uma participação democrática qualificada na governança dos temas que têm impactado nossa sociedade.

Em síntese, observou-se que a base ética do comportamento bem-vindo para os atores econômicos, consiste em não negar os estímulos para a violação; inserir-se no diálogo com sociedade civil, além de produzir mecanismos efetivos e sem agressões a direitos fundamentais. Tais comportamentos devem coexistir com a postura ativa das instituições estatais em enunciar e estimular o interesse público, bem como em exigir o efetivo cumprimento de compromissos com tal interesse.

A construção do interesse público deve passar pelos desafios que impactam nossa sociedade e que exigem respeito a direitos humanos, enfrentamento dos riscos para o meio ambiente e a saúde, proteção dos trabalhadores frente ao uso da inteligência artificial, dentre outros aqui delineados.

6. REFERÊNCIAS

ABAURRE, Helena Emerick; ROCHA, Cláudio Jannotti da. O compliance trabalhista e a concorrência (des)leal: o *dumping* social e o interesse público. In: TEODORO, Maria Cecília Máximo et al (Coord.). *Compliance e Direito do Trabalho*. Rio de Janeiro: Lumen Juris, 2019.

AMENGUAL, Matthew and KURUVILLA, Sarosh. Editorial essay: introduction to a special issue on improving private regulation of labor in global supply chains: theory and evidence. *ILR Review*, 73(4), p. 809-816. August 2020.

ANNER, Mark. Monitoring Workers' Rights: The Limits of Voluntary Social Compliance Initiatives in Labor Repressive Regimes. *Global Policy*. v. 8, Issue S3, p. 56-65, may 2917.

COUTINHO, Aldacy Rachid Risco. Compliance e Direito do Trabalho. In: TEODORO, Maria Cecília Máximo et al (Coord.). *Direito Material e Processual do Trabalho*. V Congresso Latino-americano de Direito Material e Processual do Trabalho. São Paulo: LTr, 2017.

DAVIDOV, Guy. The Enforcement Crisis in Labour Law And the Fallacy of Voluntarist Solutions. *INT. J. OF COMP. LAB. LAW & IND. REL*, v 26, p. 61-82, 2010.

---

11. Para Teubner, por exemplo, dois processos contribuem para a internalização dos interesses públicos, tanto a incorporação de estruturas organizacionais internas às empresas, com maior diversidade de interesses, como as pressões oriundas de fora das mesmas, via monitoramento pela sociedade civil e mesmo via ações judiciais. O autor também trabalha com a perspectiva de variedades do capitalismo e as diferenças nas respostas conforme as trajetórias dos países (GASCÓN, 2019).

FERRERAS, Isabelle. *The Effects of Contemporary Capitalism on Everyday Life*. Moral Markets. 14 de outubro de 2020. Disponível em: <https://www.youtube.com/watch?v=NQY_XSTagxc>. Acesso em: 20 mar. 2021.

GASCÓN, Ricardo Valenzuela. Constitutional sociology and corporations: a conversation with Gunther Teubner. *Tempo Social*, revista de sociologia da USP, v. 31, n. 1, p. 323-334, jan.-apr. 2019.

GRANOVETTER, Mark. A Theoretical Agenda for Economic Sociology. In: GUILLEN, Mauro et al. *The New Economic Sociology*: Developments in an Emerging Field. New York: Russell Sage Foundation.

KUN, Attila. Redirecting the regulatory focus of labour law – from the contract to the organisation? The example of non-financial reporting in the EU. In Osijek, Mario Vinkovi . *New developments in EU Labour, Equality and Human Rights Law*. Life long Learning Program, 2015.

KURUVILLA, Sarosh; LI, Ning and JACKSON, J. Lowell. Private regulation of labour standards in global supply chains: current status and future directions. In: DELAUTRE, Guillaume; FENWICK, Colin; MANRIQUE; Elizabeth Echeverria. *Decent work in a globalized economy*: lessons from public and private initiatives. ILO, 2021.

MAYER, Colier. *The Future of the Corporation: Why businesses have to rediscover their purpose*. Social Europe. 23 de maio de 2019. Disponível em: <https://www.youtube.com/watch?v=32pDuwiModI>. Acesso em: 20 ma.r. 2021.

MOTTA, Cláudia. *Nobel de Economia Joseph Stiglitz: sindicatos são fundamentais na pandemia e na sociedade pós-covid*. Sindicato dos Bancários e Financiários de São Paulo, Osasco e Região, 29 de setembro de 2020. Disponível em: <https https://spbancarios.com.br/09/2020/nobel-de-economia-joseph-stiglitz-sindicatos-sao-fundamentais-na-pandemia-e-na-sociedade-pos>. Acesso em: 20 mar. 2021.

SHORT, Jodi L; TOFFEL, Michael W; HUGILL, Andrea R. *Monitoring Global Supply Chains*. Working Paer. Harvard Business School, June 4, 2015.

SILVA, Thaís Cláudia D' Fonseca da; OLIVEIRA, Marcos Paulo da Silva. Meio ambiente do trabalho, prevenção e compliance. In: TEODORO, Maria Cecília Máximo et al (Coord.). *Compliance e Direito do Trabalho*. Rio de Janeiro: Lumen Juris, 2019.

STIGLITZ, Joseph. *What Really Matters in Markets*. Moral Markets. 25 de setembro de 2020. Disponível em: <https://www.youtube.com/watch?v=hIYjjeg-wrc&t=723s>. Acesso em: 20 mar. 2021.

TEODORO, Maria Cecília Máximo. Para repensar o Trabalho, sob perspectiva humana e econômica. In: TEODORO, Maria Cecília Máximo et al (Coord.). *Direito Material e Processual do Trabalho*. VI Congresso Latino-americano de Direito Material e Processual do Trabalho. São Paulo: LTr, 2018.

TEODORO, Maria Cecília Máximo et al (Coord.). *Compliance e Direito do Trabalho*. Rio de Janeiro: Lumen Juris, 2019.

EFEITOS PRÁTICOS DA ÉTICA NA GESTÃO PÚBLICA: OS MALEFÍCIOS DA FALTA DE PARÂMETROS E RIGOR, UMA RELEITURA DA AVALIAÇÃO DE CONDUTA E O VALOR DO *BACKGROUND CHECK* NAS EMPRESAS ESTATAIS

Leandro de Matos Coutinho

Mestre em Direito Público pela UNESA. Pós-graduado em Direito Empresarial pela FGV e Bacharel em Direito (Uerj). Presidente do Instituto Compliance Rio (ICRio) e advogado do Banco Nacional de Desenvolvimento Econômico e Social desde 2002. Pesquisador Lincenciado do Centro de Pesquisa em Crimes Empresariais e Compliance Prof. João Marcello de Araújo Jr. – CPJM/Uerj.

Rodrigo Valverde

Pós-graduado em Direito Civil Constitucional pela UERJ e em Advocacia Pública pela Escola de Advocacia Pública – FGV/PGE/RJ. Professor da Escola de Contas e Gestão do TCE/RJ. Membro Fundador do Instituto de Compliance Rio – ICRio; Coordenador do GT Compliance Público do ICRio. Procurador da Universidade do Estado do Rio de Janeiro – UERJ desde 2008. Assessor da Vice-Presidente do Tribunal de Contas do Estado do Rio de Janeiro – TCE/RJ.

Tereza Cristina A. M. Gorito

Pós-graduada em Direito Societário e Tributário (LLM) pelo IBMEC/RJ, especializada em Direito Marítimo pela FGV/RJ e em Contratos e Infraestrutura pela FGV/SP e Bacharel em Direito (UCAM/Centro). Diretora Administrativa do Instituto *Compliance* Rio (ICRio).

Sumário: 1. Introdução – 2. Aspectos éticos relacionados com a administração pública: um conceito pragmático em cotejo com princípios constitucionais e ferramentas úteis – 3. *Background check* como requisito mandatório para a indicação de dirigentes (membros do conselho de administração e diretores de estatais): aplicabilidade, alcance e efeitos – 4. Considerações finais – 5. Referências.

---

1. INTRODUÇÃO

O clamor e a promoção da ética a ultrapassar a abstração pura e conceitual para consubstanciar-se em um instrumento de gestão pública com funções, parâmetros e deveres objetivos apresentam-se como uma realidade que se faz cada vez mais necessária para uma melhor e eficiente vida política / em coletividade.

Essa premissa visa assegurar a observância dos fundamentos e a efetividade no atendimento às garantias mínimas do Estado Democrático de Direito em uma conjuntura que demanda cada vez mais eficiência, permeada pela alta complexidade do sistema e de inúmeros procedimentos administrativos, escassez de recursos e aparelhamento dos órgãos de controle.

Ao longo deste trabalho, será abordada, a ética em sua feição mais pragmática (ao invés da ética teórica pesquisada pelos filósofos), utilizando-se o mínimo necessário dos conceitos doutrinários para a compreensão da sua incidência na Administração Pública em geral, com recurso ao diálogo com outros princípios constitucionais, como a moralidade, a probidade e boa-fé para obtenção de um conteúdo ético mínimo, juridicamente relevante, de observância compulsória pelos agentes públicos.

Somando-se esses princípios com o da eficiência da Administração, será tratado o instituto do *background check*, inovação advinda da Lei 13.303/2016 para garantir gestão competente, independente e sem conflitos de interesses para as empresas estatais e suas subsidiárias.

2. ASPECTOS ÉTICOS RELACIONADOS COM A ADMINISTRAÇÃO PÚBLICA: UM CONCEITO PRAGMÁTICO EM COTEJO COM PRINCÍPIOS CONSTITUCIONAIS E FERRAMENTAS ÚTEIS

A dificuldade na conceituação de Ética reside não apenas em sua abertura terminológica, pois, como qualquer máxima com alta carga axiológica, carrega em si uma plasticidade enorme, mas também por ser variável durante o tempo, o lugar e, sobretudo, o grupo de pessoas envolvido.

Desde a antiguidade se tenta conceituar ética, sendo um debate que se arrasta há muito tempo, especialmente no campo da filosofia, havendo quem diga que as raízes da ética estão dentro dos seres humanos, sendo inata a cada um de nós; mas, por outro lado, quem a entenda como uma criação humana, uma invenção. Nessa linha, a ética seria o que se pensa ser bom, enquanto a moralidade, aquilo que se impõe como obrigatório (RIBAS JÚNIOR, 2003).

Além disso, há a necessidade de aplicação casuística do conceito, o que pode gerar dúvidas e questionamentos variados. Em outras palavras, quais comportamentos seriam éticos e quais não o seriam? Não haveria espaço nesse trabalho para examinar, ainda que resumidamente, a evolução no pensamento filosófico dos contornos da ética, começando na ética grega (de Sócrates, Platão e Aristóteles), passando pelo estoicismo e epicurismo, pela ética medieval de toada eminentemente cristã (cujos representantes de maior relevo, Santo Agostinho e São Tomás de Aquino, adaptaram as ideias de Platão e Aristóteles à busca do homem pela elevação ao mundo divino, ao reino de Deus), chegando à ética moderna, de Maquiavel, Hobbes, Locke, Rousseau, Kant e tantos outros. Isso sem mencionar os expoentes da filosofia contemporânea e suas reflexões éticas. Desse modo, a abordagem será mais pragmática e menos doutrinária, será buscada a ética aplicada ao invés da ética teórica (pesquisada pelos filósofos), utilizando-se do diálogo com outros princípios constitucionais.

Assim sendo, para as finalidades do presente trabalho, poderíamos conceituar ética como um *conjunto de regras para a boa convivência em sociedade*, de modo que os preceitos éticos (regras) seriam as normas que regulam determinada relação entre pessoas. Daí advêm as normas éticas profissionais (a ética médica, a ética do advogado, ou do jornalista, por exemplo), normas éticas de determinados grupos sociais, ou mesmo de setores da economia.

Em resumo, considerando ética como esse conjunto de regras de atuação de determinado nicho da sociedade para a disciplina da boa convivência, seria a ética pública a reunião de preceitos aplicáveis aos agentes públicos em sentido amplo, aí incluídos os mandatários eleitos pelo voto popular para cargos políticos nos poderes legislativo e executivo, os servidores públicos estatutários, de carreira e extraquadros (ocupantes de cargos em comissão de livre nomeação e exoneração) e os empregados públicos (contratados pelo regime da CLT para trabalharem nas estatais).

O Ministro Luís Roberto Barroso (2017), após separar a ética pública da privada, entendendo a primeira como a relação entre "*o comportamento dos agentes públicos e às relações entre os indivíduos e o Poder Público*", enquanto à ética privada corresponderia "*as relações interpessoais e sociais entre as pessoas, a consideração maior ou menor que uma tem pela outra*", enumera valores que norteiam a conduta de cada indivíduo, sendo a esses valores relacionada a ética:

> "Já a ética privada está ligada aos valores e propósitos que norteiam a conduta de cada um, bem como ao grau de respeito pelo outro, quer individualmente ou socialmente. A vida boa inclui a *boa-fé* (não querer passar ninguém para trás), a boa vontade (ter uma atitude construtiva em relação a todos) e a compaixão (ser solidário com o sofrimento alheio). (Grifou-se)

Destacamos no texto boa-fé, pois é tida como princípio geral de direito, espraiando sua força normativa para todos os campos das ciências jurídicas, além de ter uma função normogenética, pois orientaria a criação de normas jurídicas[1].

O princípio da boa-fé cumpriria – por ser um princípio geral de direito – quatro funções essenciais, de acordo com Rubio[2], atuando como: i) critério informador do ordenamento jurídico – a boa-fé é a essência do fenômeno jurídico, servindo de orientação valorativa para a produção normativa, inspirando a produção de normas concretas; ii) critério limitador da conduta juridicamente admissível – restringe a possibilidade de atuação, limitando o rol de possibilidades, reduzindo a discricionariedade do administrador; iii) critério interpretativo – funciona como elemento axiológico, orientando a extração da norma do texto normativo; e iv) critério de

---

1. Como dizia Cassagne: os princípios gerais de Direito são a origem ou o fundamento das normas, participando da ideia básica de "*principialidad*", o que lhes outorga primazia frente as demais fontes do Direito. Se fundam no respeito à pessoa humana, ou na natureza das coisas, estando ligados à concepção de direito natural. Para PÉREZ (1983 apud CÓRDOBA, 2004, p. 340). Em outras palavras, princípios gerais de Direito são enunciações normativas de valor genérico, fundamentam a criação de normas jurídicas (normogênese), condicionando sua aplicação, orientando sua compreensão e integrando todo o ordenamento jurídico, permitindo a colmatação de lacunas e harmonizando todo o sistema, resolvendo as aparentes antinomias.
2. 2004, p. 68-69.

integração do ordenamento – possibilita a integração do ordenamento, contribuindo para harmonização do sistema, inclusive com a colmatação de lacunas.

Adverte a autora que a utilização da boa-fé como pauta normativa de conduta das relações jurídicas carece de um processo de determinação do seu conteúdo, processo pelo qual se incorpora ao mundo jurídico os princípios da moral social da época, permitindo uma abertura sistêmica e adaptabilidade que asseguram a permanência do sistema.

Tese também interessante é defendida pelo administrativista Bandeira de Mello[3] para quem os princípios da lealdade e da boa-fé estão compreendidos no princípio constitucional da moralidade[4]. No mesmo sentido Giacomuzzi[5], em monografia sobre ambos os temas (moralidade e boa-fé), aproxima a boa-fé objetiva da moralidade do art. 37 da Constituição. Segundo o autor, deve-se extrair da moralidade do art. 37 deveres objetivos de conduta administrativa a serem seguidos, obrigando a Administração a um dever de transparência e lealdade com o administrado.

Nesse cenário, importante abordarmos a relação entre a ética e a moralidade.

Por vezes, separa-se a ética da moral em razão das acepções originárias: a ética, tendo raiz grega (derivada de *ethos* – característica comum a um grupo de indivíduos pertencentes a uma mesma sociedade) e a moral origem latina (*moralis* – relativo aos costumes/moral), de sorte que a ética estaria ligada aos fundamentos da moral, enquanto a moral relacionada ao comportamento de acordo com os bons costumes.

Nesse sentido, Dworkin (2012): "um juízo ético refere-se àquilo que as pessoas devem fazer para viverem bem: aquilo a que devem aspirar ser e conseguir nas suas próprias vidas. Um juízo moral faz uma afirmação sobre como as pessoas devem tratar os outros".

Por outro lado, há quem use ambas as palavras como sinônimos, de modo que podemos usar os termos como intercambiáveis, focando nos *aspectos éticos relacionados com a Administração Pública*.

Para que seja possível cobrar dos agentes públicos posturas éticas, de forma cogente, fixando penalidades para o seu descumprimento, é necessária a positivação das normas éticas, normalmente em códigos de ética, de conduta, ou estatutos funcionais, pois não se pode restringir direitos ou criar obrigações sem previsão em normas jurídicas (Constituição, Leis, decretos, regulamentos). Com efeito, uma infração ética, assim entendida como violação a determinada norma ética (descrita em códigos de ética, conduta ou estatutos) implicará sanção.

---

3. 1998, p. 73.
4. "Compreendem-se em seu âmbito, como é evidente, os chamados princípios da *lealdade e boa fé*, tão oportunamente encarecidos pelo mestre espanhol Jesús González Pérez em monografia preciosa", conforme BANDEIRA DE MELLO (1998, p. 73).
5. 2002, p. 270.

A moralidade juridicamente relevante, positivada na Constituição da República dentre os princípios fundamentais da Administração Pública, incluídas as entidades da chamada administração indireta (autarquias, fundações e empresas estatais), é a moralidade administrativa, ligada mais à noção de probidade. Nesse sentido (SILVA, 2005, p. 668):

> A ideia subjacente ao princípio é a de que a *moralidade administrativa não é a moralidade comum, mas moralidade jurídica*. Essa consideração não significa necessariamente que o ato legal seja honesto. Significa, como disse Hauriou, que a moralidade administrativa consiste no conjunto de '*regras de conduta tiradas da disciplina interior da Administração*. (Grifou-se)

De acordo com Moraes (1999), ao discorrer sobre o princípio da moralidade, afirmou que:

> a incorporação de padrões ou mandamentos morais às normas jurídicas se efetuou inicialmente no domínio jusprivatístico, em especial no âmbito do Direito Civil, com a introdução de noções como abuso de direito e obrigação natural e de preceitos como boa-fé e proibição de locupletamento ilícito.

Nessa toada, ainda segundo Moraes (1999) a noção de boa-fé se inclui no conteúdo do princípio da moralidade administrativa, princípio este que abrange também outras dimensões como impessoalidade, publicidade (transparência e veracidade) e da probidade/boa-fé.

Sintetiza a professora Moraes (1999):

> o princípio da moralidade administrativa, no sentido estrito de conformação da conduta dos agentes públicos, sob a perspectiva da ética, além de conexo aos princípios da impessoalidade e da publicidade, relaciona-se aos valores confiança, honestidade e lealdade e respeito aos valores culturais predominantes em determinada sociedade, aos quais correspondem as seguintes dimensões: a) boa-fé (tutela da confiança); b) probidade administrativa (deveres de honestidade e de lealdade); c) razoabilidade (expectativa de conduta *civiliter*, do homem comum, da parte do agente público).

Nessa linha, outra noção importante – também ligada ao princípio constitucional da moralidade – é a ideia de probidade.

A Constituição (art. 37, § 4º) previu que "*os atos de improbidade administrativa importarão a suspensão dos direitos políticos, a perda da função pública, a indisponibilidade dos bens e o ressarcimento ao erário, na forma e gradação previstas em lei, sem prejuízo da ação penal cabível*", deixando claro que a ausência de probidade implica em uma terceira via de responsabilização, além da responsabilidade penal, civil e administrativa, tudo conforme regulamentado na Lei 8.429/1992. Assim, determinado ato (omissivo ou comissivo) poderá – ao mesmo tempo – violar norma contida em estatuto funcional (responsabilidade administrativa), no código civil (responsabilidade civil), no código penal (responsabilidade criminal) e na citada Lei de Improbidade (8.429/92), pois as responsabilidades são independentes.

Para se compreender o alcance da improbidade, vedada constitucionalmente, faz-se necessária a delimitação do conceito de probidade, de modo que recorremos às lições de Garcia (2015):

> A *probidade* encontra sua origem mais remota no latim *probus*, que significa aquilo que brota bem (*pro + bho* – da raiz *bhu*, nascer, brotar), denotando o que é bom, o que tem boa qualidade. De forma correlata ao sentido etimológico, teve-se uma contínua utilização do vocábulo em uma concepção figurada, sendo frequentemente empregado para caracterizar o *indivíduo honrado, íntegro, reto, leal, que tem bons costumes e é honesto, casto e virtuoso*. (Grifou-se)

Nessa linha, a probidade estaria ligada à noção de honestidade, retidão de caráter e integridade, sendo possível afirmar, segundo Silva (2005), que a "probidade administrativa é uma forma de moralidade administrativa que mereceu consideração especial da Constituição."

Mais uma vez percebemos a intercambiabilidade dos conceitos, sobretudo por tratarem-se de valores incorporados no nosso ordenamento jurídico sob a forma de princípios, que, por força de sua plasticidade, não representam – ao contrário das regras – *fattispecie*[6] (*Tatbestand*)[7], por isso não se prestam à subsunção, podendo incidir vários princípios em uma mesma hipótese concreta, já que eles (princípios) possuem um colorido axiológico mais acentuado do que as regras, revelando mais nitidamente os valores nelas condensados, daí a sua posição de destaque no ordenamento.[8]

De acordo com Larenz (1983), os princípios têm luz própria, se iluminando reciprocamente, de sorte que um ajuda na delimitação dos contornos do outro, por isso sua aplicação se opera em conjunto, especialmente quando estamos utilizando normas com tanta carga valorativa, como os princípios da moralidade, probidade e boa-fé.

Nesse cenário, podemos afirmar que a aplicação dessas normas-princípio intimamente relacionadas com a ética – conforme demonstrado – contribui para o combate à corrupção, pois esta se desenvolve mais facilmente em ambientes desprovidos desses valores relacionados à honestidade.

Em busca de um ambiente de negócios (público ou privado) mais ético, surge o *compliance*, como mais um artefato de combate à corrupção, por vezes confundido com seu conjunto de instrumentos necessários à instituição (e manutenção) de um programa de integridade.[9]

---

6. A origem do termo "*fattispecie*" deriva do latim medieval *facti species*, sendo traduzida, literalmente, como aparência de um fato, servindo a designar um fato imaginado a servir de paradigma (CATAU-DELLA, 1967, p. 926, Apud NOGUEIRA, 2020).
7. PONTES DE MIRANDA (2000, p. 285. apud NOGUEIRA, 2020) traduzia *Tatbestand* como "suporte fático" e não como "fato jurídico". LOBO TORRES (2004, 193-232) traduzia como "hipótese legal de incidência".
8. SARMENTO (2000, p. 42.)
9. Para uma visão geral acerca de *compliance*, origem, conceito e noções dos pilares de um programa de integridade confira-se a Revista Compliance Rio, n. 3. 2020. ICRio – Instituto Compliance Rio. Disponível em: <https://icrio.org/wp-content/uploads/2020/12/Revista-ICRio-2020-baixa.pdf>. Acesso em: 05 jun. 2021.

Por isso a relevância do estudo da ética na Administração Pública está na parcela que pode ser exigida. Em outras palavras, não se pode cobrar coercitivamente dos gestores públicos a atuação de acordo com a ética privada.

Atualmente discute-se a aplicação dos instrumentos de *compliance* na Administração Pública como forma de combate à corrupção, em busca da melhoria da governança e maximização dos valores éticos, a exemplo do que já acontece nas sociedades privadas.

Nesse cenário trazemos o instituto do *background check* como instrumento de boa governança nas empresas estatais, como já visto, pessoas jurídicas de direito privado integrantes da Administração Pública indireta.

3. *BACKGROUND CHECK* COMO REQUISITO MANDATÓRIO PARA A INDICAÇÃO DE DIRIGENTES (MEMBROS DO CONSELHO DE ADMINISTRAÇÃO E DIRETORES DE ESTATAIS): APLICABILIDADE, ALCANCE E EFEITOS

Pode-se dizer que a Lei das Estatais[10] significou verdadeiro divisor de águas na gestão das empresas públicas, sociedades de economia mista e suas subsidiárias, em especial no que tange à gestão de riscos, aos controles internos e ao *compliance*.

Conceitos praticados há muito pelos entes privados, mas até então distantes dessas entidades da Administração Pública Indireta, passaram a ser corriqueiros em decorrência da Lei. Exemplos são as medidas de integridade na contratação de fornecedores e indicação de dirigentes, como *due diligence* e *background check*. Nesse sentido, Coutinho (2018):

> [...] atendendo às avessas o disposto no artigo 173, parágrafo 2º da CF, que garante a igualdade de armas para as empresas públicas e sociedades de economia e as entidades privadas que atuam no mesmo mercado, passa-se a exigir que tais entes estatais desenvolvam e aprimorem *seus controles internos e regras de compliance, de forma a que se adequem às melhores práticas vigentes nos mercados em que exercem suas atividades*.
>
> (Grifou-se)

Tratando de forma mais específica dos administradores das empresas, notadamente os membros da diretoria executiva e do conselho de administração, a Lei das Estatais criou um processo próprio de indicação, que merece nossa atenção.

O artigo 17 estabelece os principais requisitos:

> Art. 17. Os *membros do Conselho de Administração e os indicados para os cargos de diretor*, inclusive presidente, diretor-geral e diretor-presidente, *serão escolhidos entre cidadãos de reputação*

---

10. BRASIL, Lei 13.303, de 30 de junho de 2016. Dispõe sobre o estatuto jurídico da empresa pública, da sociedade de economia mista e de suas subsidiárias, no âmbito da União, dos Estados, do Distrito Federal e dos Municípios.

ilibada e de notório conhecimento, devendo ser atendidos, alternativamente, um dos requisitos das alíneas "a", "b" e "c" do inciso I e, cumulativamente, os requisitos dos incisos II e III:
(Grifou-se)

Verifica-se, desde já, que os indicados devem possuir reputação ilibada e notório conhecimento. Aproxima-se, assim, dos requisitos constitucionais para os indicados aos tribunais superiores[11].

Ademais, deve atender ao critério de experiência profissional prévia, comprovada nos seguintes termos:

I – ter *experiência profissional de, no mínimo*:
a) 10 (dez) anos, no setor público ou privado, na área de atuação da empresa pública ou da sociedade de economia mista ou em área conexa àquela para a qual forem indicados em função de direção superior; ou
b) 4 (quatro) anos ocupando pelo menos um dos seguintes cargos:
1. cargo de direção ou de chefia superior em empresa de porte ou objeto social semelhante ao da empresa pública ou da sociedade de economia mista, entendendo-se como cargo de chefia superior aquele situado nos 2 (dois) níveis hierárquicos não estatutários mais altos da empresa;
2. cargo em comissão ou função de confiança equivalente a DAS-4 ou superior, no setor público;
3. cargo de docente ou de pesquisador em áreas de atuação da empresa pública ou da sociedade de economia mista;
c) 4 (quatro) anos de experiência como profissional liberal em atividade direta ou indiretamente vinculada à área de atuação da empresa pública ou sociedade de economia mista;
(Grifou-se)

Bem como o de formação acadêmica e inexistência de inelegibilidades, com base na conhecida Lei da Ficha Limpa:

II – ter *formação acadêmica compatível* com o cargo para o qual foi indicado; e
III – *não se enquadrar nas hipóteses de inelegibilidade* previstas nas alíneas do inciso I do caput do art. 1º da Lei Complementar 64, de 18 de maio de 1990 , com as alterações introduzidas pela Lei Complementar 135, de 4 de junho de 2010.[12]
(Grifou-se)

---

11. Ver artigos 73, § 1º da Constituição Federal de 1988 (CF/88) para os Ministros do Tribunal de Contas da União (TCU), artigo 101 da CF/88 para os Ministros do Supremo Tribunal Federal (STF), artigo 104, §único da CF/88 para os Ministros do Superior Tribunal de Justiça (STJ), dentre outros exemplos. Disponível em: <http://www.planalto.gov.br/ccivil_03/constituicao/constituicao.htm>. Acesso em: 25 maio 2021.

12. Art. 1º São inelegíveis:
I – para qualquer cargo:
a) os inalistáveis e os analfabetos;
b) os membros do Congresso Nacional, das Assembleias Legislativas, da Câmara Legislativa e das Câmaras Municipais, que hajam perdido os respectivos mandatos por infringência do disposto nos incisos I e II do art. 55 da Constituição Federal, dos dispositivos equivalentes sobre perda de mandato das Constituições Estaduais e Leis Orgânicas dos Municípios e do Distrito Federal, para as eleições que se realizarem durante o período remanescente do mandato para o qual foram eleitos e nos oito anos subsequentes ao término da legislatura; (Redação dada pela LCP 81, de 13/04/94) (Vide ADIN 4089)
c) o Governador e o Vice-Governador de Estado e do Distrito Federal e o Prefeito e o Vice-Prefeito que perderem seus cargos eletivos por infringência a dispositivo da Constituição Estadual, da Lei Orgânica do Distrito Federal ou da Lei Orgânica do Município, para as eleições que se realizarem durante o período remanescente e nos 8

EFEITOS PRÁTICOS DA ÉTICA NA GESTÃO PÚBLICA **135**

(oito) anos subsequentes ao término do mandato para o qual tenham sido eleitos; (Redação dada pela Lei Complementar 135, de 2010).

d) os que tenham contra sua pessoa representação julgada procedente pela Justiça Eleitoral, em decisão transitada em julgado ou proferida por órgão colegiado, em processo de apuração de abuso do poder econômico ou político, para a eleição na qual concorrem ou tenham sido diplomados, bem como para as que se realizarem nos 8 (oito) anos seguintes; (Redação dada pela Lei Complementar 135, de 2010).

e) os que forem condenados, em decisão transitada em julgado ou proferida por órgão judicial colegiado, desde a condenação até o transcurso do prazo de 8 (oito) anos após o cumprimento da pena, pelos crimes: (Redação dada pela Lei Complementar 135, de 2010).

1. contra a economia popular, a fé pública, a administração pública e o patrimônio público; (Incluído pela Lei Complementar 135, de 2010).

2. contra o patrimônio privado, o sistema financeiro, o mercado de capitais e os previstos na lei que regula a falência; (Incluído pela Lei Complementar 135, de 2010).

3. contra o meio ambiente e a saúde pública; (Incluído pela Lei Complementar 135, de 2010).

4. eleitorais, para os quais a lei comine pena privativa de liberdade; (Incluído pela Lei Complementar 135, de 2010).

5. de abuso de autoridade, nos casos em que houver condenação à perda do cargo ou à inabilitação para o exercício de função pública; (Incluído pela Lei Complementar 135, de 2010).

6. de lavagem ou ocultação de bens, direitos e valores; (Incluído pela Lei Complementar 135, de 2010).

7. de tráfico de entorpecentes e drogas afins, racismo, tortura, terrorismo e hediondos; (Incluído pela Lei Complementar 135, de 2010).

8. de redução à condição análoga à de escravo; (Incluído pela Lei Complementar 135, de 2010).

9. contra a vida e a dignidade sexual; e (Incluído pela Lei Complementar 135, de 2010).

10. praticados por organização criminosa, quadrilha ou bando; (Incluído pela Lei Complementar 135, de 2010).

f) os que forem declarados indignos do oficialato, ou com ele incompatíveis, pelo prazo de 8 (oito) anos; (Redação dada pela Lei Complementar 135, de 2010).

g) os que tiverem suas contas relativas ao exercício de cargos ou funções públicas rejeitadas por irregularidade insanável que configure ato doloso de improbidade administrativa, e por decisão irrecorrível do órgão competente, salvo se esta houver sido suspensa ou anulada pelo Poder Judiciário, para as eleições que se realizarem nos 8 (oito) anos seguintes, contados a partir da data da decisão, aplicando-se o disposto no inciso II do art. 71 da Constituição Federal, a todos os ordenadores de despesa, sem exclusão de mandatários que houverem agido nessa condição; (Redação dada pela Lei Complementar 135, de 2010).

h) os detentores de cargo na administração pública direta, indireta ou fundacional, que beneficiarem a si ou a terceiros, pelo abuso do poder econômico ou político, que forem condenados em decisão transitada em julgado ou proferida por órgão judicial colegiado, para a eleição na qual concorrem ou tenham sido diplomados, bem como para as que se realizarem nos 8 (oito) anos seguintes; (Redação dada pela Lei Complementar 135, de 2010).

i) os que, em estabelecimentos de crédito, financiamento ou seguro, que tenham sido ou estejam sendo objeto de processo de liquidação judicial ou extrajudicial, hajam exercido, nos 12 (doze) meses anteriores à respectiva decretação, cargo ou função de direção, administração ou representação, enquanto não forem exonerados de qualquer responsabilidade.

j) os que forem condenados, em decisão transitada em julgado ou proferida por órgão colegiado da Justiça Eleitoral, por corrupção eleitoral, por captação ilícita de sufrágio, por doação, captação ou gastos ilícitos de recursos de campanha ou por conduta vedada aos agentes públicos em campanhas eleitorais que impliquem cassação do registro ou do diploma, pelo prazo de 8 (oito) anos a contar da eleição; (Incluído pela Lei Complementar 135, de 2010).

k) o Presidente da República, o Governador de Estado e do Distrito Federal, o Prefeito, os membros do Congresso Nacional, das Assembleias Legislativas, da Câmara Legislativa, das Câmaras Municipais, que renunciarem a seus mandatos desde o oferecimento de representação ou petição capaz de autorizar a abertura de processo por infringência a dispositivo da Constituição Federal, da Constituição Estadual, da Lei Orgânica do Distrito Federal ou da Lei Orgânica do Município, para as eleições que se realizarem durante o período remanescente do mandato para o qual foram eleitos e nos 8 (oito) anos subsequentes ao término da legislatura; (Incluído pela Lei Complementar 135, de 2010).

l) os que forem condenados à suspensão dos direitos políticos, em decisão transitada em julgado ou proferida por órgão judicial colegiado, por ato doloso de improbidade administrativa que importe lesão ao patrimônio público

Percebe-se, nesse contexto, que os indicados devem ser profissionais de boa reputação, com formação acadêmica compatível com a importância dos cargos que ocuparão e sem condenações que acarretem inelegibilidades.

Mas não só.

A Lei das Estatais também enumera no mesmo artigo 17 as vedações à indicação, quais sejam:

§ 2º É *vedada a indicação, para o Conselho de Administração e para a diretoria*:

I – de *representante do órgão regulador* ao qual a empresa pública ou a sociedade de economia mista está sujeita, *de Ministro de Estado, de Secretário de Estado, de Secretário Municipal, de titular de cargo, sem vínculo permanente com o serviço público, de natureza especial ou de direção e assessoramento superior na administração pública, de dirigente estatutário de partido político e de titular de mandato no Poder Legislativo* de qualquer ente da federação, ainda que licenciados do cargo;

II – de pessoa que atuou, nos *últimos 36 (trinta e seis) meses, como participante de estrutura decisória de partido político ou em trabalho vinculado a organização, estruturação e realização de campanha eleitoral*;

III – de pessoa que exerça cargo em *organização sindical*;

IV – de pessoa que tenha *firmado contrato ou parceria, como fornecedor ou comprador, demandante ou ofertante, de bens ou serviços de qualquer natureza, com a pessoa político-administrativa controladora da empresa pública ou da sociedade de economia mista ou com a própria empresa ou sociedade* em período inferior a 3 (três) anos antes da data de nomeação;

V – de pessoa que tenha ou possa *ter qualquer forma de conflito de interesse com a pessoa político-administrativa controladora da empresa pública ou da sociedade de economia mista ou com a própria empresa ou sociedade*.

§ 3º A vedação prevista no inciso I do § 2º *estende-se também aos parentes consanguíneos ou afins até o terceiro grau* das pessoas nele mencionadas.

(Grifou-se)

---

e enriquecimento ilícito, desde a condenação ou o trânsito em julgado até o transcurso do prazo de 8 (oito) anos após o cumprimento da pena; (Incluído pela Lei Complementar 135, de 2010).

m) os que forem excluídos do exercício da profissão, por decisão sancionatória do órgão profissional competente, em decorrência de infração ético-profissional, pelo prazo de 8 (oito) anos, salvo se o ato houver sido anulado ou suspenso pelo Poder Judiciário; (Incluído pela Lei Complementar 135, de 2010).

n) os que forem condenados, em decisão transitada em julgado ou proferida por órgão judicial colegiado, em razão de terem desfeito ou simulado desfazer vínculo conjugal ou de união estável para evitar caracterização de inelegibilidade, pelo prazo de 8 (oito) anos após a decisão que reconhecer a fraude; (Incluído pela Lei Complementar 135, de 2010).

o) os que forem demitidos do serviço público em decorrência de processo administrativo ou judicial, pelo prazo de 8 (oito) anos, contado da decisão, salvo se o ato houver sido suspenso ou anulado pelo Poder Judiciário; (Incluído pela Lei Complementar 135, de 2010).

p) a pessoa física e os dirigentes de pessoas jurídicas responsáveis por doações eleitorais tidas por ilegais por decisão transitada em julgado ou proferida por órgão colegiado da Justiça Eleitoral, pelo prazo de 8 (oito) anos após a decisão, observando-se o procedimento previsto no art. 22; (Incluído pela Lei Complementar 135, de 2010).

q) os magistrados e os membros do Ministério Público que forem aposentados compulsoriamente por decisão sancionatória, que tenham perdido o cargo por sentença ou que tenham pedido exoneração ou aposentadoria voluntária na pendência de processo administrativo disciplinar, pelo prazo de 8 (oito) anos; (Incluído pela Lei Complementar 135, de 2010).

Cabe registrar que enquanto o caput e o § 1º do citado artigo 17 listam os requisitos para os cargos, o § 2º enumera situações nas quais a mera indicação já é ilegal. Em outras palavras, tamanha é a gravidade desse rol, que os que nele se enquadrem sequer poderão ser indicados para ocupar as posições de membros do Conselho de Administração ou da Diretoria das empresas estatais.

Há que se reconhecer que o legislador foi bastante abrangente, cobrindo os temas que historicamente mais se apresentavam como problemáticos nas indicações. Refiro-me a questões políticas (inciso I), partidárias (incisos I e II), sindicais (inciso III), de interesses negociais privados (inciso IV) e, *lato sensu*, que possam ter qualquer forma de conflito de interesses (inciso V) com o ente público que controla a estatal ou com ela própria.

Ao se valer da expressão "qualquer forma de conflito de interesse"[13], a Lei alcança tanto os conflitos reais como os aparentes. O legislador não quis distinguir, ao contrário, fez questão de ser amplo.

Desejou-se, assim, blindar a direção da empresa estatal de situações conflituosas que possam colocar em risco a independência da gestão, afastando-a da defesa dos melhores interesses da mesma empresa.

Importa mencionar que a Lei das Estatais previu requisitos para indicação e ingresso, e também para a permanência. Refiro-me à obrigação que os administradores têm de participar de treinamentos periódicos. Assim dispõe o já citado artigo 17:

> § 4º Os administradores eleitos *devem participar, na posse e anualmente*, de *treinamentos específicos* sobre legislação societária e de mercado de capitais, divulgação de informações, controle interno, código de conduta, a Lei 12.846, de 1º de agosto de 2013 (Lei Anticorrupção), *e demais temas relacionados às atividades da empresa pública ou da sociedade de economia mista*.
>
> (Destacou-se)

Como se verifica, a legislação mais uma vez demonstra, de forma correta a meu ver, sua preocupação com a capacitação dos dirigentes das empresas estatais. Isso vale para o momento da escolha e também para o exercício do cargo, dada a necessidade de treinamentos relativos à legislação societária, de mercado de capitais, de controle interno e código de conduta, além da Lei Anticorrupção e outros temas afetos às atividades da empresa.

Por fim, rendendo deferências aos empregados públicos, o § 5º do já tratado artigo 17 prevê regra própria para a indicação desses profissionais para ocuparem os cargos de direção da empresa, reconhecendo a importância da carreira:

> § 5º Os requisitos previstos no inciso I do *caput poderão ser dispensados no caso de indicação de empregado da empresa pública ou da sociedade de economia mista para cargo de administrador ou como membro de comitê*, desde que atendidos os seguintes quesitos mínimos:

---

13. Para maiores informações sobre conflitos de interesses no exercício de cargo ou emprego do Poder Executivo Federal, ver Lei 12.813/2013, disponível em: <http://www.planalto.gov.br/ccivil_03/_ato2011-2014/2013/lei/l12813.htm>. Acesso em: 26 maio 2021.

I – o empregado tenha ingressado na empresa pública ou na sociedade de economia mista por meio de concurso público de provas ou de provas e títulos;

II – o empregado tenha mais de 10 (dez) anos de trabalho efetivo na empresa pública ou na sociedade de economia mista;

III – o empregado tenha ocupado cargo na gestão superior da empresa pública ou da sociedade de economia mista, comprovando sua capacidade para assumir as responsabilidades dos cargos de que trata o *caput*.

(Grifou-se)

Outros dispositivos da Lei das Estatais tratam direta ou indiretamente da seleção dos seus dirigentes. Pode-se citar o artigo 19 (relativo ao representante eleito dos empregados no Conselho de Administração), o artigo 20 (veda a participação remunerada de membros da Administração Pública em mais de dois conselhos de administração ou fiscal), artigo 22 (participação de membros independentes nos conselhos de administração), artigo 23 (pactuação de metas e resultados pelos diretores como requisito para a investidura no cargo), artigo 26 (requisitos a escolha dos membros do conselho fiscal), dentre outros.

Todos esses mandamentos legais aplicáveis ao processo de indicação e escolha de seus administradores e membros de conselhos são fiscalizados e suportados por outro importante órgão, previsto no artigo 10 da Lei das Estatais[14] e também no artigo 21 e seguintes do Decreto n. 8.945/2018, que a regulamenta.

Trata-se do comitê de elegibilidade estatutário, a quem compete, opinar, de modo a auxiliar os acionistas na indicação de administradores e Conselheiros Fiscais sobre o preenchimento dos requisitos e a ausência de vedações para as respectivas eleições; e verificar a conformidade do processo de avaliação dos administradores e dos Conselheiros Fiscais.

Em outras palavras e no chavão do mercado privado, compete ao referido comitê a tarefa de executar o *background check*[15] dos indicados, de forma a avaliar e opinar sobre o atendimento dos requisitos legais, bem como a inexistência de vedações para as eleições pelo Conselho de Administração ou pela Assembleia Geral, de acordo com suas respectivas competências.

É praxe que as empresas apliquem os procedimentos de *background check* quando da seleção para cargos de relevo na sua administração.

---

14. Art. 10. A empresa pública e a sociedade de economia mista *deverão criar comitê estatutário para verificar a conformidade do processo de indicação e de avaliação de membros para o Conselho de Administração e para o Conselho Fiscal*, com competência para auxiliar o acionista controlador na indicação desses membros. (Grifou-se)

15. Em tradução livre do inglês significa "pesquisa ou verificação de antecedentes". Em geral, destina-se a mitigar potenciais riscos que podem advir da contratação de um novo fornecedor, um novo empregado ou dirigente. Existem vários tipos de *background check*, tais como financeiro, criminal, de redes sociais, de integridade, de crédito e de contratação, como é o caso ora avaliado. Maiores informações sobre o tema podem ser obtidas em: <https://blog.neoway.com.br/background-check/> Acesso em 26 maio 2021.

EFEITOS PRÁTICOS DA ÉTICA NA GESTÃO PÚBLICA **139**

E não somente para esses casos, pois também para as contratações de fornecedores e/ou escolha de parceiros de negócios cabe a aplicação do *background check* e das diligências prévias. Tanto isso é relevante para os programas de *compliance*, que o questionário de avaliação do Pró-ética, divulgado pela Controladoria-Geral da União (CGU), prevê item específico sobre o tema, intitulado Avaliação do Parceiro de Negócio[16].

Por se falar na CGU, os Relatórios de Avaliação de Integridade em Empresas Estatais[17] por ela elaborados também discorrem sobre *background check*, com vistas a fiscalizar o cumprimento do previsto na Lei das Estatais[18].

Além dos órgãos de controle públicos, como é o caso da CGU, também a sociedade civil pode acompanhar e fiscalizar as deliberações do comitê de elegibilidade, uma vez que a Lei das Estatais (artigo 10, §único) prevê que devem ser divulgadas todas as atas das reuniões realizadas com o fim de verificar o cumprimento, pelos membros indicados, dos requisitos definidos na política de indicação. Dessa forma, garante-se transparência[19] às decisões do colegiado, bem como o devido controle social.

Por todo o exposto, vê-se com clareza que a Lei das Estatais foi bem-sucedida no seu intuito de aprimorar a governança, a gestão de riscos, os controles internos e as práticas de *compliance* dessas empresas. Importantes instrumentos de atuação no Estado na Economia que são, merecem que seus gestores sejam profissionais capacitados e livres de conflitos de interesses, de forma a garantir para a empresa, e em última medida para a própria sociedade nacional, melhores serviços e resultados.

4. CONSIDERAÇÕES FINAIS

A partir do que se expôs, foi possível constatar que alguns dos efeitos positivos e práticos da ética na gestão pública são confiança, menos burocracia, mais transparência, eficiência e qualidade, além de boa governança, imparcialidade e independência. Tudo isso somado repercute num ambiente mais favorável aos negócios e crescimento econômico

Neste diapasão, há um correto equilíbrio com sistema de controle e fiscalização e melhor alocação e gestão de recursos (e forma geral – financeiros, humanos, tecnologia, entre outros). De outro lado, os malefícios da falta de parâmetros e rigor

---

16. Disponível em: <https://www.gov.br/cgu/pt-br/assuntos/etica-e-integridade/empresa-pro-etica/arquivos/documentos-e-manuais/documento-orientativo-pro-etica-2018-2019.pdf>. Acesso em: 26 maio 2021.

17. Para a avaliação aplicada nas Centrais Elétricas Brasileiras S/A (Eletrobras), ver: <https://www.gov.br/cgu/pt-br/assuntos/etica-e-integridade/empresa-pro-etica/relatorios-de-avaliacao/2018-2019/proetica_2018-2019_ey.pdf>. Acesso em: 26 maio 2021.

18. O Banco Nacional de Desenvolvimento Econômico e Social (BNDES) adota os procedimentos de *background check* para além do exigido na Lei das Estatais. A verificação de antecedentes de integridade é aplicável aos membros estatutários e também aos assessores externos ao quadro funcional desta empresa pública. Disponível em: <https://www.bndes.gov.br/wps/portal/site/home/quem-somos-etica-e-compliance/integridade>. Acesso em: 26 maio 2021.

19. A Lei das Estatais trata em seu artigo 8º dos requisitos mínimos de transparência que devem ser observados.

na sua efetividade igualmente são notórios, deixando as instituições e o País descredibilizados e desmoralizados.

No seminário internacional Ética como Instrumento de Gestão realizado em 2002, Helena Kerr do Amaral (na ocasião como Secretária de Gestão Pública da Prefeitura de São Paulo) contou que em janeiro de 2001 a então Prefeitura de São Paulo criou a Ouvidoria do Município e relatou alguns dos pontos identificados ao longo de 1 ano e 8 meses, dentre os quais destacam-se:

> Em relação à avaliação de má conduta de servidores, de quase duas mil denúncias, no mesmo período, as medidas disciplinares ou penais atingiram 275 servidores. De fato, aquela "máfia dos fiscais", amplamente divulgada pelos jornais do Brasil inteiro no final dos anos 90, representava uma parcela ínfima de servidores. Demitimos 38 pessoas.

> Gostaria de insistir nesse ponto: 38 funcionários corruptos, alguns foram inclusive presos, outros, simplesmente demitidos ou tiveram as aposentadorias cassadas, comprometeram a autoestima de 120 mil profissionais do Município de São Paulo. É o problema da reputação a que se referiu o Dr. Eloy. Como se melhora a qualidade do serviço em termos de eficiência se o servidor tem vergonha de se dizer servidor público municipal?[20]

Há inúmeros outros exemplos negativos decorrentes da falta de ética na gestão pública:

Em 2003, apenas 10 por cento dos 281 municípios auditados pela CGU não apresentaram irregularidades. Naquele ano, o Brasil apresentou resultados alarmantes em relação à atuação de seus agentes no âmbito a Administração Pública:

> Ainda em 2003, o Brasil ocupava o 54º lugar no ranking dos países onde há mais corrupção na administração pública, segundo a Organização Transparência Brasil. Conforme informações da CGU, que instituiu um sistema de controle por amostragem (sorteios), os ilícitos mais comuns são: licitações direcionadas ou francamente fraudadas, uso de notas fiscais frias, superfaturamento de obras, pagamento integral de obras inacabadas, pagamento de benefícios sociais a pessoas indevidas, o não funcionamento dos conselhos municipais de controle social[21]

Ano passado, em 2020, foi divulgado o Índice de Percepção da Corrupção, principal indicador de corrupção mundial, avaliando 180 países e territórios. Em uma escala de 0 (onde o país é percebido como altamente corrupto) e 100 (como muito íntegro), o Brasil computou 38 pontos, abaixo da média dos BRICS (39), da média regional para América Latina e Caribe (41), da média mundial (43), da média

---

20. Seminário Internacional Ética como Instrumento de Gestão. III Encontro de Representantes Setoriais da Comissão de Ética Pública. Brasília: ESAF, 2002. p. 134. Disponível em <http://www.biblioteca.presidencia. gov.br/presidencia/dilma-vana-rousseff/publicacoes/orgao-vinculado/comissao-de-etica-publica/iii-encontro-de-representantes-setoriais-da-comissao-de-etica-publica>.

21. Apud CHAVES, Claudionice Siqueira. Percepção de aspectos éticos no serviço público: um estudo descritivo sob a ótica dos servidores públicos do Município de Lavras – MG. Lavras – MG: UFLA, 2013, p. 47-48. Disponível em: <http://repositorio.ufla.br/jspui/bitstream/1/561/1/DISSERTACAO_Percep%C3%A7%-C3%A3o%20de%20aspectos%20%C3%A9ticos%20no%20Servi%C3%A7o%20P%C3%BAblico.pdf>. Acesso em: 11 jun. 2021.

dos países do G20 (54) e da OCDE (64); permanecendo, assim, estagnado em uma posição ruim[22].

É possível pensar em algumas das consequências, de acordo com BRAGA (2006) tais como:

> A corrupção provoca repercussões socialmente perversas. Recursos que deveriam ser aplicados em programas de desenvolvimento social e econômico, construção e conservação de uma infra-estrutura digna desse nome, em saneamento básico, saúde, educação, na mitigação da fome já endêmica de que padecem milhões de brasileiros, criação de emprego e geração de renda – em suma, na melhoria dos índices de desenvolvimento humano, são desviados para o patrimônio particular de alguns. É um crime que produz um déficit incomensurável na qualidade de vida e compromete o futuro da nação, agudizando a pobreza e a miséria de um grande número de brasileiros, com todas as consequências daí decorrentes, como a mendicância, a violência urbana, o aumento da criminalidade e a ofensa à dignidade da pessoa humana.

Uma gestão sem ética e boa governança tem grande potencial de tornar-se ineficiente, cara, pouco competitiva e a longo prazo levar ao fracasso. No âmbito público esta equação e sucessão de fatores pode gerar incontáveis consequências negativas a alcançar patamares graves com impacto exponencial e, se de forma sistêmica, bastante dramáticos.

É bem mais inteligente e eficiente prevenir do que remediar. Controles internos e a fiscalização não devem ser o foco isolado, mas uma parte da solução baseada na triangulação que encerra os pilares do *compliance:* prevenir, detectar e remediar.

A legislação avançou e dispõe de ferramentas que podem ajudar. O *background check* nas estatais é uma excelente referência de ferramenta neste sentido.

Note-se, de outro lado que, sem a conduta adequada (de seus operadores ou do devido controle, fiscalização e execução dos remédios apropriados), as ferramentas jurídicas tornam-se vazias de conteúdo prático.

Uma releitura e mudança do papel e do poder-dever de cada um no fomento da cultura de licitude, bem como o exercício da cidadania de forma consciente e proativa no que concerne à *res publica* de maneira geral auxilia sobremaneira a promoção de um Estado Democrático de Direito mais íntegro e eficaz para todos.

A gestão pública ética e a colaboração ativa de todos para uma cultura neste sentido é um ganha-ganha para toda a coletividade. Para alcançarmos esses objetivos, necessitamos menos de ensaios teóricos e de mais efetividade aos princípios da impessoalidade, à moralidade e eficiência.

---

22. Confira o *Corruption Perception Index* 2020 em: <https://transparenciainternacional.org.br/ipc/>. Acesso em: 11 jun. 2021

5. REFERÊNCIAS

BANDEIRA DE MELLO, Celso Antônio. *Curso de Direito Administrativo.* 10. ed. São Paulo: Malheiros editores, 1998.

BRAGA, Pedro. *Ética, direito e administração pública* / Pedro Braga. Brasília: Senado Federal, Subsecretaria de Edições Técnicas, 2006. p. 207. Disponível em: <https://www2.senado.leg.br/bdsf/bitstream/handle/id/176590/000176590.pdf>.

BRASIL, Lei 13.303, de 30 de junho de 2016. Dispõe sobre o estatuto jurídico da empresa pública, da sociedade de economia mista e de suas subsidiárias, no âmbito da União, dos Estados, do Distrito Federal e dos Municípios.

CATAU-DELLA, Antônio. *"Fattispecie".* Enciclopedia del Diritto. Milano: Giuffrè, 1967, p. 926, v. XVI). Apud NOGUEIRA. Pedro Henrique. *Negócios Jurídicos Processuais.* 4. ed. São Paulo: JusPodium. 2020.

CHAVES, Claudionice Siqueira. *Percepção de aspectos éticos no serviço público:* um estudo descritivo sob a ótica dos servidores públicos do Município de Lavras – MG. Lavras – MG: UFLA, 2013, pp 47-48. Disponível em: <http://repositorio.ufla.br/jspui/bitstream/1/561/1/DISSERTACAO_Percep%C3%A7%C3%A3o%20de%20aspectos%20%C3%A9ticos%20no%20Servi%C3%A7o%20P%C3%BAblico.pdf>.

COUTINHO, Leandro de Matos. *Compliance Anticorrupção, Lei das Estatais e Defesa do Estado Democrático de Direito.* Rio de Janeiro: Lumen Juris, 2018.

DWORKIN, Ronald. *Justiça para ouriços.* Coimbra: Almedina, 2012. Apud ZENKNER, Marcelo. *Integridade Governamental e Empresarial.* Belo Horizonte: Fórum, 2019. Disponível em: <https://www.forumconhecimento.com.br/livro/3877>. Acesso em: 30 nov. 2020.

GARCIA, Emerson e ALVES, Rogério Pacheco. *Improbidade Administrativa.* 8. ed., 2. tir. São Paulo: Saraiva, 2015.

GIACOMUZZI, José Guilherme. *A Moralidade Administrativa e a Boa-Fé da Administração Pública (o conteúdo dogmático da moralidade administrativa).* São Paulo: Malheiros editores, 2002.

LARENZ, Karl. *Metodologia da Ciência do Direito.* Trad. José Lamego. 2. ed. Lisboa: Fundação Calouste Gulbenkian, 1983.

LOBO TORRES, Ricardo. O princípio da tipicidade no Direito Tributário. *Rev. De Direito Administrativo* 235. p. 193-232. jan.-mar. 2004.

MORAES, Germana de Oliveira. *O Controle Jurisdicional da Administração Pública.* São Paulo: Dialética, 1999, p. 111-120.

PÉREZ, Jesús González. El Princípio General de La Buena Fe en El Derecho Administrativo. In: CÓRDOBA, Marcos M. (Dir.). *Tratado de La Buena Fe en el Derecho.* Buenos Aires: La Rey, 2004. v. 2.

MIRANDA. Pontes de. *Sistema de Ciência Positiva do Direito*, II. Campinas: Bookseller. 2000. Apud NOGUEIRA. Pedro Henrique. *Negócios Jurídicos Processuais.* 4. ed. São Paulo: JusPodium, 2020.

RIBAS JUNIOR, Salomão. *Ética, governo e sociedade.* Florianópolis: Tribunal de Contas de Santa Catarina, 2003.

RUBIO. Delia Matilde Ferreira. Buen Fe Y Ética Pública. In: CÓRDOBA, Marcos M. (Dir.). *Tratado de La Buena Fe en el Derecho.* Buenos Aires: La Rey, 2004. t. I.

SARMENTO. Daniel. *A Ponderação de Interesses na Constituição Federal.* Lumen Juris, 2000.

SILVA. José Afonso da. *Curso de Direito Constitucional Positivo.* 25. ed. São Paulo: Malheiros. 2005.

GOVERNANÇA E PROGRAMA DE PRIVACIDADE: PARA ALÉM DAS APARÊNCIAS E DA ADEQUAÇÃO

Luciano Benetti Timm

Doutor em Direito pela Universidade Federal do Rio Grande do Sul (2004). Mestre (1997) e Bacharel (1994) em Direito pela PUC-RS. Cursou *Master of Laws* (LL.M.) na Universidade de Warwick (Inglaterra) e realizou pesquisa de Pós-Doutorado na Universidade da Califórnia, Berkeley (Estados Unidos). É professor do IDP e da FGV-SP. Advogado na área empresarial e foi Secretário Nacional do Consumidor, no Ministério da Justiça e Segurança Pública (2019-2020). Sócio e associado de Carvalho, Machado e Timm Advogados em São Paulo e Brasília.

Renato Vieira Caovilla

Advogado, formado em direito e economia pela Pontifícia Universidade Católica do Rio Grande do Sul. Especialista em, *Antitrust Law*, *Boalt Hall School of Law*, University of California, Berkeley. *LLM em Common Law* e *Business Law*, University of California, Berkeley. Sócio e associado de Carvalho, Machado e Timm Advogados.

Maria Carolina França

Advogada, formada em Direito pelo Instituto Brasiliense de Direito Público (IDP) e em Economia pela Universidade de Brasília (UnB). *LLM em Direito Internacional na University College London* (UCL). Sócia e associada de Carvalho, Machado e Timm Advogados.

Matheus Sturari

Advogado. Especialista em *Law & Economics* pela Universidade Estadual de Campinas. Sócio e associado de Carvalho, Machado e Timm Advogados.

Sumário: 1. Introdução – 2. Adequação à LGPD e programa de privacidade – 3. Elementos de governança e sua intersecção com o programa de privacidade – 4. Conclusão – 5. Referências.

1. INTRODUÇÃO

A Lei Geral de Proteção de Dados no Brasil, a Lei 13.709/18 ("LGPD") já produz seus efeitos em todas as esferas da sociedade. Não é raro encontrar notícias na mídia[1] sobre a – não tão – nova lei e acontecimentos recentes relacionados a ela, tampouco é difícil encontrar movimentações da recém-formada Autoridade Nacional de Proteção de Dados[2], que já vem atuando. Ainda, é possível identificar uma crescente demanda contenciosa quanto ao tema[3].

---

1. Por exemplo: <https://exame.com/noticias-sobre/lgpd/>.
2. Por exemplo: <https://www.gov.br/anpd/pt-br/assuntos/noticias/anpd-inicia-processo-de-regulamentacao-sobre-incidentes-de-seguranca-com-tomada-de-subsidios; ou https://teletime.com.br/04/02/2021/anpd-inicia-apuracao-do-vazamento-de-dados-de-mais-de-200-milhoes-de-brasileiros/>.
3. Vide: <https://www.conjur.com.br/2021-jan-20/lei-geral-protecao-dados-foi-citada-139-acoes-trabalhistas; ou https://exame.com/tecnologia/justica-multa-viaquatro-em-r-100-mil-por-coleta-indevida-de-dados-faciais/>.

Bem, tais fatos não são novidade, a LGPD já produz seus plenos efeitos, já impacta organizações e já mostrava a que veio mesmo antes de vigorar. Com seus impactos latentes, muitas organizações buscam soluções para lidar com o tema, tendo algumas já se adiantado desde a aprovação da lei em 2018, outras ainda estão buscando o primeiro passo, algumas já sofreram as consequências da inércia e algumas outras estão lidando com o tema da forma como podem, dentro de suas limitações.

Um fato inconteste é que a adequação à LGPD virou uma das principais demandas das organizações em 2021, provavelmente superada apenas pela sobrevivência aos efeitos da pandemia. Em um cenário pré-pandêmico, não havia dúvidas de que a adequação à LGPD seria um dos principais objetivos das organizações, mas, acontece que no cenário pandêmico essa realidade também não mudou – muitas organizações seguem buscando a conformidade com a lei e têm como escopo de seus orçamentos a adequação à LGPD.

De certa maneira, a adequação é, ainda, o objeto principal buscado pelas organizações, entretanto, poucas acabam se preocupando com a continuação do trabalho após a suposta adequação. A bem da verdade, não há como se falar em adequação sem tal continuidade no trabalho – adequar-se à LGPD não é algo momentâneo, mas perpétuo para as organizações. O estado de adequação de uma determinada organização à LGPD exige, portanto, constante atualização e sustentação de eventuais medidas implementados no decorrer que se chama de "adequação".

Este artigo tem por intuito destacar a importância do aspecto contínuo referente ao tema de Proteção de Dados para que, se atingido seu intuito, fique claro às organizações que lidar com a LGPD não é tarefa momentânea, mas realidade duradoura. O ponto central deste artigo, portanto, será demonstrar que, para uma real adequação à LGPD, não há que se falar meramente em um processo de saneamento de gaps, mas na implementação de um efetivo Programa de Privacidade, cujos efeitos devem ser contínuos e duradouros. Para tal, aspectos relacionados à Governança serão essenciais, o que se demonstrará por meio de exemplos.

O artigo está em linha com as premissas teóricas das lições de Análise Econômica do Direito (AED) e no seu enfoque na estrutura de incentivos comportamentais pelas regras (formais e informacionais) que compõem o quadro institucional das organizações sociais (inclusive as empresas).[4] Dessa forma, mais valem a atuação concreta e o desenho de incentivos efetivo no seio da corporação do que propriamente o que está escrito em seus livros e manuais; muito se fala em transformação ética da sociedade pelo *compliance*, mas sob o viés pragmático da AED, ainda que se não mude a

---

4. Por limitação de escopo, não trataremos de AED nesse artigo. Suas premissas conceituais hoje bastante difundidas podem ser encontradas em uma série de artigos publicados na coluna da Associação Brasileira de Direito e Economia (ABDE) do Jota. Exemplificativamente: <https://www.jota.info/opiniao-e-analise/colunas/coluna-da-abde/direito-e-economia-desmistificado-11092018; https://www.jota.info/opiniao-e-analise/colunas/coluna-da-abde/direito-e-economia-desmistificados-parte-ii-18102018>. Já para aprofundamento mais teórico, ver por todos: TIMM, Luciano (editor). *Direito e Economia no Brasil*. 4. ed. São Paulo, Editora Foco, 2021.

estrutura cultural da sociedade, que toma muito tempo para ser modificada, pelo menos devem-se criar desenhos comportamentais que favoreçam o cumprimento das regras legais éticas que caracterizam a organização e preservam sua existência, a sua maneira de fazer negócios em um ambiente competitivo. E isso se dá por meio da governança corporativa em nível microeconômico; sem prejuízo de lutarmos por uma governança pública em ambientes associativos e políticos[5].

2. ADEQUAÇÃO À LGPD E PROGRAMA DE PRIVACIDADE

Karen Lawrence Oqvist, em seu *Hands-on Guide to GDPR Compliance*, começa sua introdução ao livro com o seguinte trecho:

> "'Where and how to start?'. That was the first question burning on the lips of every CxO of not only those companies based within the EU, but also any company trading with an EU-based company or EU customers, following the 2016 adoption of the General Data Protection Regulation, the GDPR"[6].

De maneira bastante parecida, foi possível presenciar o mesmo fenômeno nacionalmente, quando a LGPD fora aprovada, em 2018 e, de maneira muito mais presente, quando a lei entrou em vigor, de fato, em meados de setembro de 2020. Após idas e vindas de tratativas referentes à postergação ou não da vigência da nova lei, quando a LGPD finalmente vigorou, o choque atingiu muitas empresas que ainda não tinham se dado conta do tamanho da demanda que bateria à sua porta. O resultado natural foi uma enxurrada de questionamentos a consultorias, prestadores e fornecedores especializados em temas de Proteção de Dados e de Segurança da Informação. Todos os questionamentos poderiam se resumir a: "certo, o que devemos fazer?"; "Como começamos?".

Ainda é possível, no momento em que este texto é redigido, encontrar esse cenário diariamente: organizações buscando o "como fazer", ainda, organizações buscando "o que fazer". A resposta para este tipo de pergunta, via de regra, girará em torno de um processo de adequação pelo qual a organização precisará passar. Tal processo – que por vezes é chamado de Projeto e em alguns outros momentos se confunde com a implementação de um Programa de Privacidade – é o objeto desta seção do presente estudo.

Acontece que, da mesma maneira que Karen Lawrence bem observou em seu livro – "*GDPR Compliance is not a tick-box exercise*"[7] –, a adequação e conformidade à LGPD não é nenhum exercício simples de *checkbox*. Para que, de fato, haja conformidade com a LGPD, um Programa de Privacidade precisa ser estruturado, não só

---

5. Nesse sentido, apoiamos as iniciativas acadêmicas da Associação Brasileira de Direito e Economia (ABDE) e Associação Brasileira de Direito e Administração (ABDA), entidades sem fins lucrativos que lutam por um melhor ambiente de negócios, baseados em evidências e na ciência de dados e empírica.

6. OQVIST, Karen Lawrence. JOHNSSÉN, Filip. *Hands-on Guide to GDPR Compliance: Privacy by Design, Privacy by Default*. International Association of Privacy Professionals. 2018. p. ix.

7. Ibidem. p. xi.

adequações pontuais ao que traz a lei, mas uma estrutura de Privacidade e Proteção de Dados precisa ser implementada na organização, do contrário, tudo se resumirá a um mero exercício de *checkbox* e, na prática, não funcionará.

Assim como no cenário europeu, a LGPD é uma lei que tem como lógica central a responsabilidade e prestação de contas, a *accountability*. E é justamente em razão dessa lógica da LGPD que a necessidade de um Programa ativo, duradouro, sustentável e com ações replicáveis ao longo do tempo mostra-se evidente para que se considere a adequação de uma organização.

Em 2009, já tratava o *Article 29 Data Protection Working Party* acerca da importância de se considerar o princípio da responsabilidade e da prestação de contas (*accountability*) para uma estrutura regulatória de Proteção de Dados[8]. O princípio da responsabilidade e da prestação está previsto na LGPD, em seu art. 6°, X, com a seguinte redação:

> "Art. 6° As atividades de tratamento de dados pessoais deverão observar a boa-fé e os seguintes princípios:
>
> [...]
>
> X – responsabilização e prestação de contas: demonstração, pelo agente, da adoção de medidas eficazes e capazes de comprovar a observância e o cumprimento das normas de proteção de dados pessoais e, inclusive, da eficácia dessas medidas."[9]

Tal previsão da LGPD parece estar em linha com o que dispôs o *Article 29*, ainda em 2009, quando afirmou:

> "Pursuant to this principle, data controllers would be required to carry out the necessary measures to ensure that substantive principles and obligations of the current Directive are observed when processing personal data.
>
> [...]
>
> In addition, the accountability principle would require data controllers to have the necessary internal mechanisms in place to demonstrate compliance to external stakeholders, including national DPAs."[10]

Em 2010, logo na sequência da publicação de 2009, o Article 29 voltou a abordar o tema em sua *Opinion 03 on the principle of accountability*. No documento, extrai-se trecho relevante:

> "Pursuant to the above, the 'legal architecture' of the accountability mechanisms would envisage two levels: the first tier would consist of a basic statutory requirement binding upon all data controllers. The content of the requirement would include two elements: the implementation of measures/procedures, and the maintenance of evidence thereto. Specific requirements could complement this first tier. A second tier would include voluntary accountability systems that

---

8. Article 29 Data Protection Working Party. *WP168: The Future of Privacy.* 2009. p. 8.
9. BRASIL. Lei 13.709, de 14 de agosto de 2018. Disponível em: <http://www.planalto.gov.br/ccivil_03/_Ato2015-2018/2018/Lei/L13709.htm>. Acesso em: 07 abr. 2021.
10. Article 29. Op. cit. p. 20.

go above and beyond the minimum legal requirements, as far as the underlying data protection principles (providing higher safeguards than those required under the applicable rules) and/or in terms of how they implement or ensure the effectiveness of the measures (implement requirements that go beyond the minimum level)."[11]

Assim, mostra-se que o princípio da responsabilidade e prestação de contas está, sim, ligado a uma ideia de apresentação de evidências – incluindo documentos e medidas técnicas – mas, ainda, está bastante relacionado à ideia de prevenção e proatividade, ou seja, de atuação por parte do agente de tratamento buscando proativamente mecanismos que tenham como objetivo garantir a conformidade dos tratamentos de dados pessoais realizados pelo agente com a lei, em especial, com a LGPD.

No entanto, é preciso tratar do processo de adequação para que se possa abordar o que vem após a sua implementação, ou seja, a continuidade por meio de uma estrutura de Privacidade e Proteção de Dados, que é o que de fato permitirá a efetiva conformidade da organização.

Para tratar do processo de adequação à LGPD, o presente estudo considerará uma estrutura bastante comum utilizada pelas organizações, trata-se de processo dividido em três grandes etapas – ou fases: (i) mapeamento de dados; (ii) análise de riscos e identificação de *gaps*; e (iii) implementação de medidas de adequação.

(i) Mapeamento de Dados

Rita Heimes, em seu artigo para a *International Association of Privacy Professionals*, atesta que o mapeamento de dados é a primeira etapa para a construção de um Programa que seja capaz de cumprir com o GDPR.

"But unquestionably, the first operational response to GDPR, essential to building a program that aims to comply with the law, is a comprehensive exercise of data mapping and inventory."[12]

De maneira equivalente, para a LGPD não seria diferente. É um elemento essencial ao processo de adequação, conhecer as atividades de tratamento de dados realizadas pela organização, conhecer quais são os dados pessoais envolvidos, quem são os titulares de dados, bem como demais detalhes necessários. Basicamente, a atividade de mapeamento de dados é a fase do processo de adequação em que uma organização descobre todos os tratamentos de dados pessoais que realiza e documenta esses tratamentos de maneira: (a) controlar eventuais alterações nesses tratamentos ou inclusão de novos tratamentos; (b) prestar contas acerca desses tratamentos; (c) utilizar essa documentação para cumprir com outros aspectos da LGPD, como avaliações referentes à gravidade de incidentes de segurança, resposta a requerimentos de titulares de dados acerca de seus direitos e assim por diante.

---

11. Article 2019. *Opinion 03/2010 on the principle of accountability*. 2010. p. 6.
12. HEIMES, Rita. *Top 10 operational responses to the GDPR – Part 1: Data inventory and mapping*. Disponível aqui: <https://iapp.org/news/a/top-10-operational-responses-to-the-gdpr-data-inventory-and-mapping/>.

A autoridade de Proteção de Dados do Reino Unido, o *Information Commissioner's Office* ("ICO"), mundialmente conhecida por sua atuação e suas orientações, trata, em suas diretrizes sobre *accountability* do que se chama de *Records of Processing Activities* ("ROPA"), que nada mais é do que o registro dos tratamentos de dados pessoais encontrados na empresa no decorrer do mapeamento de dados. Para a autoridade britânica, o mínimo que se deve considerar nessa documentação são as seguintes informações:

> "The ROPA includes (as a minimum):
>
> • your organisation's name and contact details, whether it is a controller or a processor (and where applicable, the joint controller, their representative and the DPO);
>
> • the purposes of the processing;
>
> • a description of the categories of individuals and of personal data;
>
> • the categories of recipients of personal data;
>
> • details of transfers to third countries, including a record of the transfer mechanism safeguards in place;
>
> • retention schedules; and
>
> • a description of the technical and organisational security measures in place."[13]

Para fins práticos, aconselha-se que sejam adicionadas, ao mapeamento de dados, entre outras, informações como: (a) quais as fontes dos dados pessoais; (b) quais as operações de tratamento realizadas com aqueles dados; (c) identificação do processo que origina, na organização, o tratamento de dados pessoais; (d) se o dado é compartilhado com outras organizações ou terceiros de qualquer natureza; e (e) eventuais finalidades posteriores à originalmente designada.

(ii) Análise de Riscos e Identificação de Gaps

Na segunda fase do processo de adequação, a organização busca identificar aspectos relacionados a duas grandes frentes: (a) riscos à privacidade que seus tratamentos possam gerar; e (b) *gaps* de conformidade com a lei, ou seja, pontos que, caso não sanados, significarão desconformidade em eventual análise de adequação ao que dispõe a LGPD.

Para os fins de identificação dos gaps, uma série de aspectos referentes à LGPD precisam ser analisados, alguns objetivos, outros, de certa maneira, subjetivos ou ao menos não tão claros.

No que diz respeito aos aspectos objetivos, pode-se citar, a título exemplificativo: nomeação ou não de um Encarregado[14]; elaboração de relatórios de impacto quando

---

13. Information Commissioner's Office. *ROPA Requirements. Accountability Framework*. Disponível em: <https://ico.org.uk/for-organisations/accountability-framework/records-of-processing-and-lawful-basis/ropa-requirements/>.

14. Art. 41 da LGPD.

o tratamento for fundamentado na base legal do legítimo interesse[15]; documentação das atividades de tratamento para fins de cumprimento da *accountability*; contratos adequados com fornecedores e parceiros com quem a organização realiza compartilhamento de dados pessoais[16]; políticas atualizadas e instrumentos de transparência aptos a cumprirem com o dever de informação[17]; procedimento adequado para resposta a requerimentos de titulares de dados quanto a seus direitos[18]; e procedimento adequado para comunicação de incidentes de segurança[19].

Referente aos aspectos subjetivos, pode-se citar, a título exemplificativo: a capacidade da organização de cumprir com os princípios da prevenção e segurança[20]; o cumprimento, pela organização, de parâmetros mínimos aptos a garantirem a proteção dos dados pessoais tratados contra utilização indevida ou acesso não autorizado dos dados pessoais[21]; procedimento adequado para análise da severidade do incidente de segurança envolvendo dados pessoais e, por consequência, da necessidade ou não de comunicação do incidente[22]; o cumprimento ou não com o nível de transparência necessário para garantir a informação adequada ao titular[23].

Com relação à identificação de riscos à privacidade que os tratamentos realizados pela organização possam ocasionar, variadas são as análises que podem ser feitas, alguns *frameworks* podem ser utilizados, mas, de maneira geral, o intuito, nessa fase do processo de adequação, é identificar os riscos e, por consequência, identificar quais medidas seriam necessárias para mitigá-los ou eliminá-los.

Útil à referida fase do processo de adequação são os trabalhos de Daniel J. Solove[24] e Ryan M. Calo[25]. Em seus trabalhos, os autores fornecem ao processo de adequação úteis conceitos e definições de riscos e danos à privacidade que podem ser causados em razão de tratamentos de dados pessoais.

Para Solove:

---

15. Art. 10, § 3° da LGPD. Neste ponto, cabe destacar que há discussões sobre a necessidade de elaboração prévia ou posterior à solicitação pela Autoridade, discussões essas que não são objeto deste estudo, portanto, para os fins aqui pretendidos, basta a ideia de se tratar de um critério objetivo de adequação a realização dos relatórios, ainda que posteriormente, devendo a organização estar pronta para tal elaboração.

16. Não há obrigação contratual expressamente prevista pela LGPD, no entanto, a necessidade de controladores garantirem o cumprimento, por operadores, das condições legais e de suas instruções (Art. 39), parece suficiente para indicar que um ponto necessário à adequação é o ajuste contratual entre as partes que realizam operações de tratamento de dados pessoais compartilhados.

17. Art. 6°, VI e art. 9° da LGPD.

18. Art. 18 da LGPD.

19. Art. 48 da LGPD.

20. Art. 6°, VII e VIII da LGPD.

21. Art. 46 da LGPD.

22. Art. 48 da LGPD.

23. Em que pese a consideração mínima de existir algum tipo de informação como critério objetivo.

24. SOLOVE, Daniel J. A Taxonomy of Privacy. *University of Pennsylvania Law Review*, V. 154, No. 3, p. 477, January 2006, GWU Law School Public Law Research Paper No. 129. Disponível em: <https://papers.ssrn.com/sol3/papers.cfm?abstract_id=667622>.

25. CALO, M. Ryan (2011) *The Boundaries of Privacy Harm*. Indiana Law Journal: v. 86: Iss. 3, Article 8. Disponível em: <https://www.repository.law.indiana.edu/ilj/vol86/iss3/8/>.

Often, privacy problems are merely stated in knee-jerk form: "That violates my privacy!" When we contemplate an invasion of privacy – such as having our personal information gathered by companies in databases – we instinctively recoil. Many discussions of privacy appeal to people's fears and anxieties.9 What commentators often fail to do, however, is translate those instincts into a reasoned, well-articulated account of why privacy problems are harmful. When people claim that privacy should be protected, it is unclear precisely what they mean. This lack of clarity creates a difficulty when making policy or resolving a case because lawmakers and judges cannot easily articulate the privacy harm. The interests on the other side – free speech, efficient consumer transactions, and security – are often much more readily articulated. Courts and policymakers frequently struggle in recognizing privacy interests, and when this occurs, cases are dismissed or laws are not passed. The result is that privacy is not balanced against countervailing interests.[26]

Para Calo:

"Privacy harm is a crucial but under-theorized aspect of an important issue. We should understand its mechanism and scope if only for the sake of conceptual clarity. But identifying its boundaries will also be of practical use to scholars, courts, and regulators attempting to vindicate and protect privacy and other values.

A working definition of privacy harm gives us a "limiting principle" that guards against dilution and may reveal other important harms. It also means having a 'rule of recognition' that permits the identification of novel privacy harms as they emerge"[27].

Assim, os trabalhos de Calo e Solove são úteis às análises pretendidas na segunda fase do processo de adequação à LGPD, não como *framework*, nem tampouco como fórmula, mas como instrumento útil para identificação, qualificação e posterior tratativa de riscos à privacidade, inerentes às atividades de tratamento de dados realizadas por aquela organização.

Basicamente, ao final da segunda fase de um processo de adequação, tem-se um chamado Plano de Ação, que servirá como base para a implementação das medidas necessárias à conformidade com a LGPD. Assim, da segunda fase, extrai-se o que deverá uma organização fazer para se adequar à LGPD.

(iii) Implementação de Medidas de Adequação

Até o presente momento, as fases anteriores do processo de adequação buscam, basicamente, descobrir informação, saber o que fazer, analisar quais pontos são importantes. Nesta fase do processo de adequação de uma organização à LGPD, passa-se, então, a implementar medidas de adequação, ou seja, inicia-se, de fato, o processo de adequação da organização à LGPD.

Nesta fase, algumas medidas podem ser indicadas a título de exemplo: (a) a organização poderá, por exemplo, revisar os contratos com fornecedores, incluindo cláusulas de Proteção de Dados e anexos de Segurança da Informação, a fim de estabelecer os parâmetros mínimos a serem atendidos pelos fornecedores que, em razão da relação com

---

26. SOLOVE. Daniel J. Op. cit., p. 480.
27. CALO, Ryan M. Op. cit., p. 1135-1136.

a organização, passaram a tratar dados pessoais; (b) a organização pode atualizar suas Políticas, inserindo condições referentes à forma como realizarão tratamento de dados pessoais; (c) a organização poderá se valer de instrumentos de transparência como Avisos de Privacidade gerais ou específicos (para empregados, por exemplo), e informar os titulares de dados acerca dos detalhes referentes às operações de tratamento que realiza; e (d) a organização poderá implementar um processo de atendimento a requerimentos de titulares que inclua a validação da identidade desse titular, a análise quanto ao seu requerimento e um retorno adequado partindo do Encarregado ou sua equipe.

Acima, estão exemplificados apenas alguns dos pontos que podem, de fato, serem implementados na terceira fase de um processo de adequação. Além desses pontos, outros aspectos poderão variar de acordo com cada organização, por exemplo, o ajuste em processos específicos da organização, a fim de evitar tratamentos desnecessários ou a fim de minimizar os dados pessoais envolvidos em um determinado tratamento. Outro ajuste comum é o estabelecimento de períodos de retenção adequados a cada processo envolvendo tratamento de dados pessoais, a fim de evitar a manutenção de dados pessoais sem uma devida finalidade.

Abordados os aspectos gerais de um processo de adequação, parece inconteste o fato de que são variadas as medidas que precisarão ser implementadas para que uma organização possa se adequar à LGPD. Entretanto, para além dessas medidas, todo esse processo de adequação – e aqui entra o aspecto central deste artigo – deve ser considerado como o primeiro passo apenas. Uma organização, para ser considerada em conformidade com a LGPD, precisará dar continuidade às tratativas de Proteção de Dados após o processo de adequação, ponto que, até o momento, parece não ter sido considerado por grande parte das organizações.

Relembrando o trecho destacado neste artigo, referente ao que escreveu Karen Lawrence em seu livro, a pergunta que Lawrence disse ser a primeira realizada pelos executivos de uma organização quanto ao GDPR era: *"como eu começo?"* Pois bem, se acertadamente destacou Lawrence que essa foi a primeira pergunta mais repetida pelas organizações ao se deparar com a necessidade de se adequar ao GDPR, também parece acertado dizer que uma segunda pergunta necessária para uma real adequação à LGPD – e que todas as organizações deveriam fazer – será: "como eu continuo?"

Talvez aqui esteja o ponto central deste artigo, a necessidade de dar continuidade ao que aqui se chamou de processo de adequação. Para que se possa, de fato, atingir o que se considera uma adequação à LGPD, o trabalho envolvendo Proteção de Dados, nas organizações, precisará ir além do processo inicial de saneamento de *gaps* – processo esse normalmente conduzido por consultores externos, ainda que com intermédio de representantes das organizações.

Portanto, considerando essa necessidade de continuação, a resposta para a pergunta acima – "como eu continuo?" está na chamada Governança. Sim, é por meio de uma estrutura de Governança voltada a Proteção de Dados que se permitirá dar continuidade ao processo de adequação, às conduções internas necessárias, às atualizações e à estruturação de um verdadeiro Programa de Privacidade.

3. ELEMENTOS DE GOVERNANÇA E SUA INTERSECÇÃO COM O PROGRAMA DE PRIVACIDADE

Como se pode notar da última seção deste artigo, para além da mera implementação de medidas que permitam o saneamento de *gaps* referentes à adequação à LGPD, para que uma organização possa, de fato, ser considerada adequada, em conformidade com a LGPD, é preciso que a organização possua mecanismos para fazer a gestão de Proteção de Dados em seus processos internos. Portanto, a organização deve considerar mecanismos de Governança voltados à Proteção de Dados, para que, assim, possa conduzir, de fato, um efetivo Programa de Privacidade.

Nesse sentido, a Autoridade Espanhola de Proteção de Dados, a *Agencia Española de Protección de Datos* ("AEPD"), define Governança de Dados da seguinte forma:

> *"El gobierno de datos es el proceso por el que se definen políticas y procedimientos para garantizar una gestión de datos proactiva y efectiva. Además, la adopción de un marco de gobierno de datos permite la colaboración de todos niveles de la organización, nivel estratégico, táctico y operativo, para gestionar datos de toda la entidad, y proporciona la capacidad para alinear los datos con los objetivos corporativos."*[28]

Trecho relevante, nesse mesmo sentido, trazido pelo *Article 29 Data Protection Working Party*, em sua *Opinion 03 on the principle of accountability*, é o que segue:

> *"Unless data protection becomes part of the shared values and practices of an organization, and unless responsibilities for it are expressly assigned, effective compliance will be at risk and data protection mishaps will continue."*[29].

Assim, parece claro o motivo pelo qual é preciso considerar aspectos de Governança voltados à Proteção de Dados para que se possa, efetivamente, estar em conformidade com a LGPD. Para os fins do presente artigo, serão destacados três aspectos fundamentais referentes à Governança que parecem ser relevantes a um Programa de Privacidade. São eles: (i) definição clara de responsabilidades internas; (ii) estabelecimento de processos por meio de Políticas internas; e (iii) treinamento e conscientização de pessoal. Passa-se, a seguir, a entender melhor como cada um desses pontos pode ser útil a um Programa de Privacidade e ao alcance de uma conformidade com o que estabelece a LGPD.

(i) Definição Clara de Responsabilidades Internas

Para que se possa dar continuidade ao que se estabeleceu no processo de adequação à LGPD e construir, de fato, um Programa de Privacidade funcional, é crucial a definição de papéis e responsabilidades na organização. Tal definição pode variar

---

28. *Agencia Española de Protección de Datos. Gobernanza y política de protección de datos.* 2020. Disponível em: <https://www.aepd.es/es/prensa-y-comunicacion/blog/gobernanza-y-politica-de-proteccion-de-datos>.
29. Article 2019. Opinion 03/2010 on the principle of accountability. 2010. p. 19.

de acordo com o modelo de estrutura organizacional adotado, seja ele centralizado, descentralizado, ou híbrido[30].

Por óbvio, o primeiro papel a ser definido, a primeira responsabilidade a ser destinada, é o papel do Encarregado. Não há como se falar em um Programa de Privacidade, em uma estrutura de Privacidade e Proteção de Dados, considerando uma adequação à LGPD, sem a nomeação de um Encarregado. De acordo com o art. 41 da LGPD, o Encarregado será responsável por:

§ 2° As atividades do encarregado consistem em:

I – aceitar reclamações e comunicações dos titulares, prestar esclarecimentos e adotar providências;

II – receber comunicações da autoridade nacional e adotar providências;

III – orientar os funcionários e os contratados da entidade a respeito das práticas a serem tomadas em relação à proteção de dados pessoais; e

IV – executar as demais atribuições determinadas pelo controlador ou estabelecidas em normas complementares.[31]

No entanto, o *Data Protection Officer* (Encarregado na Europa), figura estabelecida pelo GDPR, possui atribuições legais que o conferem um grau de relevância maior na organização e perante as autoridades de proteção de dados[32]. Tais atribuições, em que pese não estejam expressamente previstas pela LGPD, têm sido comumente indicadas para o papel de Encarregado como prática do próprio mercado.

Lawrence e Johnssén, em Hands-on Guide to GDPR Compliance, atestam que:

"Controllers and processors should designate appropriate resources to ensure that the organization will satisfy the GDPR's aim of giving the DPO an important internal – and external – facing role. Furthermore, the organization should make sure the DPO has the proper education, experience and skill set to be able to monitor internal data protection compliance"[33].

Considerando o cenário nacional, parece perfeitamente cabível considerar a orientação dos autores para a função do Encarregado num Programa de Privacidade. É importante que ao Encarregado seja dada a relevância necessária para que seja possível sua atuação presente e ativa na conformidade da organização com relação à LGPD. Dessa forma, não só para fins de apontamento deve servir a nomeação do Encarregado num Programa de Privacidade, mas, também, para a finalidade de definição de um papel e sua responsabilidade na organização, responsabilidade essa crucial para a continuidade do estabelecido no processo de adequação.

Além disso, não só a nomeação e garantia dos aspectos necessários à boa atuação do Encarregado são essenciais ao que diz respeito a este primeiro pilar da Governança envolvendo Proteção de Dados, há que se falar da necessidade de se estabelecer

---

30. Vide DENSMORE, Russell R. Privacy Program Management. International Association of Privacy Professionals. 2013. p. 19-21.
31. Art. 41 da LGPD.
32. Ver, por exemplo, artigos 37, 38 e 39 do GDPR.
33. OQVIST, Karen Lawrence. JOHNSSÉN, Filip. Op. cit., p. 106.

outros papéis e responsabilidades necessárias para o bom funcionamento de um Programa de Privacidade.

É crucial o envolvimento de outras áreas da organização para que o Programa possa ser desenvolvido e, de fato, gerar efeitos. Não há como uma organização se adequar à LGPD exclusivamente por meio de um único departamento, qualquer que seja esse departamento. Há que se considerar o envolvimento de toda organização para que o Programa de Privacidade possa produzir seus efeitos.

Nas palavras de Lawrence e Johnssén:

> *"Let us sate this from the beginning: Collaboration is the key to success! Every department is equally important to reaching good privacy practice across the organization. All departments need to take part"*[34].

Cumpre também destacar o Guia de Programa de Compliance concorrencial, elaborado pelo Conselho Administrativo de Defesa Econômica (Cade), cujas lições podem ser aplicadas aos Programas de Privacidade. O Guia aponta a importância do comprometimento genuíno, com seriedade e efetiva intenção da organização, para o sucesso do programa. Esse comprometimento requer: (i) o envolvimento da alta direção, inserindo o "compliance como valor fundamental na cultura corporativa"; (ii) a destinação de recursos adequados ao programa, levando em consideração as particularidades da organização e os custos evitados em investigações e potenciais condenações na violação de normas, a partir da sua implementação; e (iii) a autonomia e independência do gestor do programa, que deve ser nomeado tendo em vista a sua competência técnica e ocupar "posição compatível com suas responsabilidades".[35]

Assim, é imprescindível que pontos focais nas áreas[36] sejam designados para conduzir eventuais ajustes, atualizações, análises e adequações em seus processos específicos, do contrário, o que restam são apenas indicações documentais, sem efeitos na realidade prática.

(ii) Estabelecimento de Processos por Meio de Políticas Internas

Para que se possa dar continuidade ao que foi realizado no processo de adequação, é preciso que sejam estabelecidas Políticas Internas com diretrizes claras aos colaboradores da organização quanto ao que deverão fazer quando realizarem operações de tratamento de dados pessoais.

É preciso que sejam criadas regras e parâmetros claros sobre como a organização lida com dados pessoais e como a organização enxerga Privacidade e Proteção de Dados de maneira geral.

---

34. Ibidem, 117.
35. Guia Programas de Compliance: Orientações sobre estruturação e benefícios da adoção dos programas de compliance concorrencial. Conselho Administrativo de Defesa Econômica (2016), p. 16-19.
36. DENSMORE, Russell R. Op. cit., p. 12. São os, por vezes, chamados de *Privacy Champions*.

GOVERNANÇA E PROGRAMA DE PRIVACIDADE: PARA ALÉM DAS APARÊNCIAS E DA ADEQUAÇÃO

No livro *Privacy Program Management*, há a menção, logo no primeiro capítulo, sobre *Strategic Management*, a respeito da necessidade de se estabelecer uma Visão e Missão da organização no que diz respeito à Privacidade e Proteção de Dados. Para usar as palavras ali trazidas:

> *"Strategic management of privacy starts by creating or updating the organization vision and mission statement based on privacy best practices that should include:*
> * *Develop vision and mission statement objectives*
> * *Define privacy program scope*
> * *Identify legal and regulatory compliance challenge*
> * *Identify organization personal information legal requirements.*
> *[...]*
>
> *This vision and mission statement of a corporation's privacy strategy and program is critically important. This is statement is the key factor that lay the groundwork for the rest of the privacy program elements"*[37].

Uma vez estabelecido esse ponto acerca da visão e missão, ou seja, da forma como a organização encara e lida com Proteção de Dados e Privacidade, a organização deve, então, estabelecer o que se chamou, no trecho acima, de *"rest of privacy program elements"*, ou, ao menos, parte desse *"resto"*. Parte desses elementos restantes são as Políticas que direcionarão a atividade dos colaboradores no que diz respeito a tratamento de dados pessoais. É importante que os colaboradores saibam o que fazer após o processo de adequação, assim, é relevante que processos internos referentes a direitos dos titulares, incidentes de segurança, período de retenção e descarte de dados, entre outros, estejam todos muito bem estabelecidos por meio de Políticas e procedimentos escritos, bem como estejam à disposição dos colaboradores para acesso e consulta.

(iii) Treinamento e Conscientização de Pessoal

Nas palavras de Lawrence e Johnssén: *"Privacy awareness training is a must..."*. De nada adiantam os procedimentos e políticas acima mencionados estarem todos muito bem estabelecidos e documentados, se os responsáveis por colocá-los em prática, no dia a dia, em seus processos internos, não souberem como fazer isso ou se tivessem muitas dúvidas conceituais a ponto de não entenderem o porquê daquilo tudo. Dificilmente alguém colabora com algo que não entende a importância. É fato notório que o engajamento em qualquer atividade aumenta quando se entende, de fato, por que aquilo é necessário ou por que aquilo funciona daquela forma.

Variadas podem ser as formas de buscar a conscientização e orientação dos colaboradores[38] e dos responsáveis por cada papel determinado dentro do Programa

---

37. DENSMORE, Russell R. Op. cit., p. 4.
38. DENSMORE, Russell R. Op. Cit., p. 55.; e OQVIST, Karen Lawrence. JOHNSSÉN, Filip. Op. cit. p. 126-129.

de Privacidade, desde modalidades de ensino on-line até treinamentos presenciais, simulação de requerimentos de titulares ou de incidentes de segurança e assim por diante. O importante é que os treinamentos ocorram periodicamente e sejam documentados, além disso, é importante que sejam medidos os resultados de eventuais simulados, a fim de verificar se o nível de maturidade da organização em está crescendo, diminuindo ou estável.

Vale ainda ressaltar a relevância do monitoramento do programa e da sua documentação para que seja bem-sucedido, conforme disposto pelo Guia de Programas de Compliance do Cade. Os aprendizados do Guia aplicados aos Programas de Privacidade sugerem, entre outras coisas, que a organização monitore a sua efetiva implementação, em geral, a partir de duas atividades: (i) análise do funcionamento adequado dos processos e controles desenvolvidos; e (ii) verificação da efetividade prática desses processos e controles. [39] Ademais, destaca-se que a documentação adequada das atividades permite o aprimoramento dos compromissos assumidos e a evolução contínua do programa. Assim, ainda que as pessoas envolvidas no processo se alterem, as regras acordadas permanecerão. A documentação é também fundamental quando se trata de prestação de informações a autoridades a respeito de práticas supostamente ilegais. [40]

Concluindo esta seção, por óbvio, existiriam outros aspectos relevantes à continuidade do processo de adequação à LGPD para que, de fato, um Programa de Privacidade produzisse seus efeitos e a organização pudesse atestar sua conformidade. Entretanto, separou-se aqui três pontos considerados essenciais para que se pudesse demonstrar a ideia central deste artigo, ou seja, a ideia de que o mero processo de adequação, em si, não é suficiente para que uma organização possa ser considerada adequada à LGPD, há que se considerar também a continuidade dos trabalhos referentes à Proteção de Dados. A saber, a continuidade, por meio do Programa de Privacidade, com atualização de processos, análise subsequente e novas medidas para lidar com as atualizações, é requisito essencial para a adequação efetiva à LGPD – e tal continuidade só é possível se considerados aspectos de Governança.

4. CONCLUSÃO

O objeto central deste artigo foi demonstrar que a conformidade com a LGPD vai muito além de seu processo de adequação e destacar que a governança e a sua estrutura de incentivos comportamentais terão papel fundamental para que as organizações possam, de fato, demonstrarem conformidade com essa lei que, em tão pouco tempo, já produz efeitos de grande relevância na sociedade em geral.

---

39. Guia Programas de Compliance: Orientações sobre estruturação e benefícios da adoção dos programas de compliance concorrencial. Conselho Administrativo de Defesa Econômica (2016), p. 24-27.
40. Ibidem.

Em suma, as organizações precisam entender que dada a economia da informação, o tema da proteção de dados não será um tema momentâneo, mas duradouro (e mais do que isso, em contínua progressão e desenvolvimento, como aconteceu com o direito antitruste e mesmo o direito do consumidor). Questões novas relacionadas à privacidade e à proteção de dados (ditas incrementais) surgirão ainda por muito tempo e a melhor forma de lidar bem com tais questões seja por meio de uma estrutura adequada de governança de proteção de dados, contando com um efetivo programa de privacidade e, portanto, contando com uma adequação que vai além do mero processo de saneamento de *gaps* primários. Antecipar-se aos problemas é a palavra da vez.

5. REFERÊNCIAS

AEPD – Agencia Española de Protección de Datos. Gobernanza y política de protección de datos. 2020.

ARTICLE 29 DATA PROTECTION WORKING PARTY. WP 168. *The Future of Privacy*. 2009.

ARTICLE 2019 DATA PROTECTION WORKING PARTY. WP173. *Opinion 03/2010 on the principle of accountability*. 2010.

BRASIL. Lei 13.709, de 14 de agosto de 2018. Disponível em: <http://www.planalto.gov.br/ccivil_03/_Ato2015-2018/2018/Lei/L13709.htm>. Acesso em: 07 de abril de 2021.

CALO, M. Ryan (2011) The Boundaries of Privacy Harm. Indiana Law Journal: v. 86: Iss. 3, Article 8. Disponível em: <https://www.repository.law.indiana.edu/ilj/vol86/iss3/8/>.

DENSMORE, Russell R. *Privacy Program Management*. International Association of Privacy Professionals. 2013.

GUIA PROGRAMAS DE COMPLIANCE: Orientações sobre estruturação e benefícios da adoção dos programas de compliance concorrencial. Conselho Administrativo de Defesa Econômica 2016.

HEIMES, Rita. Top 10 operational responses to the GDPR – Part 1: Data inventory and mapping. Disponível aqui: <https://iapp.org/news/a/top-10-operational-responses-to-the-gdpr-data-inventory--and-mapping/>.

ICO – Information Commissioner's Office. ROPA Requirements. Accountability Framework. Disponível em: <https://ico.org.uk/for-organisations/accountability-framework/records-of-processing-and--lawful-basis/ropa-requirements/>.

OQVIST, Karen Lawrence. JOHNSSÉN, Filip. Hands-on Guide to GDPR Compliance: Privacy by Design, Privacy by Default. International Association of Privacy Professionals. 2018.

REGULATION (EU) 2016/679. General Data Protection Regulation. Disponível em: <https://gdpr-info.eu/>.

SOLOVE, Daniel J. A Taxonomy of Privacy. *University of Pennsylvania Law Review*, v. 154, No. 3, p. 477, January 2006, GWU Law School Public Law Research Paper No. 129. Disponível em: <https://papers.ssrn.com/sol3/papers.cfm?abstract_id=667622>.

O *COMPLIANCE* E A INSOLVÊNCIA EMPRESARIAL

Pedro Freitas Teixeira

Doutorando e Mestre em Direito pela Universidade do Estado do Rio de Janeiro – UERJ. Pós-Graduado em Direito Empresarial e Mercado de Capitais pela FGV Direito Rio. Professor da UFRJ/FND, EMERJ e FGV. Presidente da Comissão de Direito Empresarial da OAB/RJ. Advogado. Sócio do escritório Teixeira Prima & Butler Advogados.

Bruno Prima

LL.M em Direito Empresarial e em Recuperação Judicial e Falência pela FGV Direito Rio. Pós-Graduado em Direito Processual Civil (latu sensu) pela Pontifícia Universidade Católica do Rio de Janeiro – PUC Rio. Graduado pela Universidade Cândido Mendes. Secretário da Comissão Especial de Direito da Pequena e Média Empresa da OAB/RJ e Membro da Comissão de Direito Empresarial da OAB/RJ. Advogado. Sócio do escritório Teixeira Prima & Butler Advogados.

Sumário: 1. Introdução – 2. Breve "radiografia" dos processos de recuperação judicial no Brasil – 3. Regras de *compliance* e a sua (in)aplicabilidade à recuperação judicial – 4. A reforma da lei de falências e as regras de *compliance* – 5. Conclusão – 6. Referências.

1. INTRODUÇÃO

O presente artigo se propõe a analisar tema de grande aplicabilidade no Direito Empresarial, notadamente no âmbito da insolvência empresarial e do *compliance*. Na seara da insolvência empresarial, o trabalho estará restrito ao instituto da recuperação judicial.

Em linhas gerais, o que se pretende com o presente estudo é a exposição, a análise e as eventuais possibilidades de aplicação (ou não) das regras de *compliance* nos processos de recuperação judicial, consoante os termos da Lei 11.101/2005 ("LREF"), a qual foi recentemente alterada pela Lei 14.112/2020, que entrou em vigor em 23 de janeiro de 2021, após 16 (dezesseis) anos de vigência da LREF.

O ponto focal da investigação ou hipótese central é o entendimento de que as regras de *compliance*, se aplicadas de forma adequada ao procedimento recuperacional, podem gerar melhores resultados às sociedades empresárias, principalmente, as que estão em situação de dificuldade, e, em última análise, representar um verdadeiro diferencial para a reestruturação econômico-financeira da atividade empresária em crise.

Analisar-se-ão as principais características do instituto da recuperação judicial e seus benefícios para as sociedades empresárias em crise que se utilizam deste mecanismo para se soerguer, bem como as regras de *compliance*, que são cada vez mais estudadas e implementadas em diversos ambientes, particularmente, no âmbito das empresas.

O método adotado é o dedutivo, a partir da análise de dispositivos legais e a pesquisa é de caráter bibliográfico e empírico.

2. BREVE "RADIOGRAFIA" DOS PROCESSOS DE RECUPERAÇÃO JUDICIAL NO BRASIL

Antes de abordar tema central da presente pesquisa, faz-se necessário o esclarecimento de alguns conceitos: *afinal, o que significa e quais são os principais objetivos do instituto da recuperação judicial, regulamentado pela Lei 11.101/05?*

Nesse ponto, importante destacar a definição sugerida por Marcelo Barbosa Sacramone[1] a respeito da finalidade do instituto e sua evolução:

> "As instituições criadas para permitir essa reestruturação da atividade empresarial foram alteradas ao longo da evolução da legislação falimentar. As diversas formas históricas de reestruturação, contudo, possuem em comum a concessão de um benefício aos devedores para que satisfaçam, em condições especiais, suas obrigações. Seja mediante uma dilação de prazo para pagamento ou abatimento do valor devido, seja mediante a ampla conferência de meios de recuperação, são atribuídas alternativas para que o empresário devedor possa reorganizar seus diversos fatores de produção para satisfazer os interesses de todos os envolvidos com a manutenção de sua atividade empresarial."

Dito isso, em apertada síntese, é possível afirmar que a recuperação judicial é um mecanismo de reestruturação empresarial, como o próprio nome sugere, que serve, em linhas gerais, para evitar a falência de uma sociedade empresária ou empresário individual que desenvolva atividade economicamente viável.

Além disso, a recuperação judicial é solicitada quando a sociedade empresária perde ou reduz drasticamente a capacidade de cumprir com as suas obrigações, sendo uma medida essencial para reorganização dos negócios, equalizando passivo e auxiliando as sociedades empresárias a ultrapassar o estado momentâneo de crise econômico-financeira.

Como o próprio autor citado anteriormente menciona em suas lições sobre direito da insolvência, tal instituto é regido por diversos princípios, sendo considerado o principal deles a preservação da empresa, a saber: "A atividade empresarial deverá ser preservada sempre possível em razão da sua função social. A empresa gera riqueza econômica, assegura os empregos e a renda e contribui para o crescimento e desenvolvimento social do País, e deverá ser, dessa forma, sempre que possível, preservada."[2]

---

1. SACRAMONE, Marcelo Barbosa. *Comentários à Lei de recuperação de empresas e falência.* 2. ed. São Paulo: Saraiva Educação. 2021. p. 54.
2. SACRAMONE, Marcelo Barbosa. *Comentários à Lei de recuperação de empresas e falência.* 2. ed. São Paulo: Saraiva Educação. 2021. p. 56.

Bem por isso que a própria Lei 11.101/2005, na forma do art. 47[3], define que o objetivo da recuperação judicial também é a preservação da atividade empresária, sua função social e econômica, bem como a fonte produtora, do emprego dos trabalhadores e dos interesses dos credores.

Pois bem, restando cristalino o conceito acima, verifica-se que a Lei de Falência, Recuperação Judicial e Extrajudicial (Lei 11.101/05) está em vigor no Brasil desde 2005. Registra-se, de início, que o sistema de insolvência brasileiro se divide em três: Recuperação Judicial, Recuperação Extrajudicial e Falência.

Neste trabalho, como já mencionado anteriormente, o foco do estudo estará concentrado principalmente no mecanismo da recuperação judicial, atentando para os aspectos da eficiência e eficácia no que diz respeito ao procedimento.

Para tanto, faz-se necessário o estudo de alguns números do instituto, justamente para que seja possível enxergar com clareza o panorama atual dos processos de recuperação judicial e, assim, avançar na análise da importância das regras de *compliance* como mecanismo para evitar a crise da empresa ou como instrumento essencial para superação das dificuldades momentâneas.

De início, apresenta-se o gráfico abaixo, à título de mera ilustração, que ajuda a compreender o desempenho das recuperações judicial no Brasil, no que diz respeito à taxa de recuperação de créditos, se comparado à média dos demais países da América Latina. Veja-se:

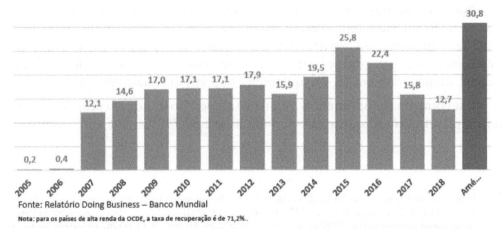

Fonte: Relatório Doing Business – Banco Mundial
Nota: para os países de alta renda da OCDE, a taxa de recuperação é de 71,2%..

Metodologia: a taxa de recuperação é registrada em centavos de dólar americano, recuperados pelos credores com garantia real por meio dos procedimentos de RJ, falência, liquidação ou execução da dívida (execução de garantias como hipoteca e outros procedimentos administrativos).

Observa-se que a taxa de recuperação de créditos na América Latina foi 2 (duas) vezes maior que no Brasil. Ou seja, 30,9% (trinta vírgula nove por cento) contra

---

3. Art. 47. A recuperação judicial tem por objetivo viabilizar a superação da situação de crise econômico-financeira do devedor, a fim de permitir a manutenção da fonte produtora, do emprego dos trabalhadores e dos interesses dos credores, promovendo, assim, a preservação da empresa, sua função social e o estímulo à atividade econômica.

14,9% (quatorze vírgula nove por cento), segundo os dados disponibilizados pelo *Doing Business*[4].

Não só isso, verifica-se que o tempo médio do processo de recuperação judicial no Brasil gira em torno de 4 (quatro) anos, contra um prazo médio de 2,9 (dois vírgula nove) anos na América Latina[5].

E mais alarmante, pesquisa realizada por amostragem pela Universidade de São Paulo revelou que 46% (quarenta e seis por cento) das grandes e médias companhias que ingressam com pedido de recuperação judicial não conseguem se reestruturar e acabam tendo a falência decretada[6].

Outro levantamento, realizado pelo Observatório de Insolvência da PUC-SP, a partir de pedidos de recuperação judicial ajuizados entre 2010 e 2018 no Estado de São Paulo, revela que quase 60% (sessenta por cento) das sociedades empresárias que ajuízam recuperação judicial, não conseguem superar a crise[7].

Por fim, em recente pesquisa divulgada pelo Serasa Experian[8], verificou-se que a cada 100 (cem) empresas que obtém recuperação judicial no Brasil, apenas 5 (cinco) conseguem a aprovação do plano de recuperação judicial pelos credores e a concessão pelo juiz, sendo que as demais têm sua recuperação judicial convolada em falência.

Diante desses dados, questiona-se: será que o instituto da recuperação judicial é realmente eficaz?

Apesar de os números relativos à eficiência e eficácia do instituto da recuperação judicial no Brasil não serem, aparentemente, satisfatórios, sob o ponto de vista pragmático e empresarial, os fatos demonstram que do último ano para cá, se comparado o mês de maio do ano passado e com mês de maio deste ano, os pedidos de recuperação judicial aumentaram em 48,4% (quarenta e oito vírgula quatro por cento)[9].

E se comparados os números de janeiro a fevereiro de 2021, a proporção é ainda mais representativa, durante este período houve 83,7% (oitenta e três vírgula sete

---

4. Ministério da Economia. Reforma da Lei de Falência, Recuperação Judicial e Recuperação Extrajudicial (Lei 14.112, de 24 de dezembro de 2020). Disponível em: <https://www.gov.br/economia/pt-br/centrais--de-conteudo/apresentacoes/2020/dezembro/apresentacao-coletiva-28-12-rj.pdf. Acesso em: 26 jul. 2021.
5. Disponível em: <https://portugues.doingbusiness.org/pt/reports/global-reports/doing-business-2020>. Acesso em: 20 jul. 2021.
6. Disponível em: <http://ivanildofigueiredo.com.br/pessoal/artigos/pesquisa-usp-de-avaliacao-de-resulta-dos-e-efetividade-nos-processos-de-recuperacao-judicial-de-medias-e-grandes-empresas/MTAw/>. Acesso em: 20 jul. 2021.
7. Disponível em: <https://abj.org.br/cases/2a-fase-observatorio-da-insolvencia/>.
8. SERASA EXPERIAN, Levantamento mensal do total de falências decretadas entre as empresas em atividade no Brasil. Disponível em: <https://www.serasaexperian.com.br/conteudos/indicadores-economicos/>. Acesso em: 20 jul. 2021.
9. Disponível em: <https://economia.uol.com.br/noticias/agencia-brasil/2021/06/09/pedidos-de-recupera-cao-judicial-crescem-484-em-maio-diz-serasa.htm>. Acesso em: 20 jul. 2021.

por cento) de aumento[10] dos pedidos de recuperação judicial no país, segundo dados divulgados pelo Serasa Experian.

Outro fator que chama a atenção é que, de acordo com os dados publicados[11], dos 90 (noventa) pedidos no último mês, 71 (setenta e um) foram de micro e pequenas empresas, sendo 139 (cento e trinta e nove) pedidos realizados somente em 2021. A projeção feita por empresas especializadas[12] é que o patamar atinja 1.865 (mil e oitocentas e sessenta e cinco) empresas, assim como ocorreu em 2016, tendo em vista a crise e a recessão ocasionada pela crise política, econômica e principalmente sanitária do país.

Ou seja, por meio dessa breve análise empírica acerca do instituto da recuperação judicial no Brasil, é possível destacar e desde já adotar algumas premissas básicas:

- A recuperação judicial é instrumento legalmente previsto e válido para evitar a falência das empresas;

- Cada vez mais, independente das razões, os agentes econômicos em crise estão procurando informações sobre a recuperação judicial;

- Segundo os dados anteriormente mencionados, o procedimento não se apresenta muito eficiente, tampouco eficaz;

- Os agentes econômicos que mais acessam o instituto da recuperação judicial são as micro, pequenas e médias empresas;

Outro aspecto de fácil constatação é que essas micro, pequenas e médias empresas, em geral, não possuem quaisquer programas estruturados de *compliance* implementados internamente, apresentando, com isso, problemas com ética e regularização/organização administrativo-financeira.

Portanto, será que a ausência de regras de *compliance* contribuem para a derrocada das sociedades empresárias?

3. REGRAS DE *COMPLIANCE* E A SUA (IN)APLICABILIDADE À RECUPERAÇÃO JUDICIAL

Como no capítulo anterior, de início, é importante delimitar o conceito de *compliance*. Afinal, a análise de sua aplicabilidade e adequação ao sistema da recuperação judicial, demanda, em primeiro lugar, a delimitação de conceitos e premissas.

Nesse sentido, o termo *compliance* vem do inglês *to comply*, que significa: agir de acordo com uma regra, uma instrução interna, um comando ou um pedido[13].

---

10. Disponível em: <https://www.brasil247.com/economia/pedidos-de-recuperacao-judicial-disparam-no-brasil>. Acesso em: 20 jul. 2021.
11. Disponível em: <https://www.brasil247.com/economia/pedidos-de-recuperacao-judicial-disparam-no-brasil>. Acesso em: 20 jul. 2021.
12. Disponível em: <https://www.brasil247.com/economia/pedidos-de-recuperacao-judicial-disparam-no-brasil>. Acesso em: 20 jul. 2021.
13. BARROS, Bruno Sampaio. A Importância do *compliance* nos municípios brasileiros. The importance of compliance in the Brazilian municipalities. Disponível em: <file:///C:/Users/Usuario/Downloads/10-Texto%20do%20Artigo-46-1-10-20210111.pdf>. Acesso em: 20 jul. 2021.

Em síntese, "os programas de *compliance*, também chamados de programas de conformidade, de cumprimento ou de integridade, são instrumentos de governança corporativa tendentes a garantir que as políticas públicas sejam implantadas com maior eficiência"[14].

Como definido por Ana Frazão[15], "compliance refere-se ao conjunto de ações a serem adotadas no ambiente corporativo para que se reforce anuência da empresa à legislação vigente, de modo a prevenir a ocorrência de infrações ou, já tendo ocorrido o ilícito, propiciar o imediato retorno ao contexto de normalidade e legalidade".

Como se verifica, inclusive da própria definição do termo estrangeiro, um programa de *compliance* funciona como uma espécie de manual ou guia, para que os profissionais possam se basear e, assim, seguir um determinado comportamento durante a atuação pela sociedade empresária.

Noutras palavras, os programas de *compliance* poderiam ser comparados a uma cartilha de como agir em cada caso específico, de acordo com regras preestabelecidas pela própria organização. Em breves parênteses, podemos afirmar que estar em conformidade com processos, ações, práticas e comportamentos é, em última análise, estar em *compliance*.

Mas afinal, qual é a importância disso para o mundo corporativo?

As empresas são desenvolvidas/formadas por pessoas que, invariavelmente, estão sujeitas a falhas ou desvios. O *compliance*, como sabido, funciona justamente para evitar que práticas eventualmente danosas à sociedade empresária e ao próprio colaborador sejam praticadas, elevando sobremaneira o cuidado e zelo no ambiente de trabalho, bem como trazendo maior transparência e credibilidade para a atividade empresária desenvolvida.

Afinal, adotar normas rígidas nesse âmbito garante maior proteção à sociedade empresária e aos funcionários. É importante também para a própria imagem externa da sociedade, que passa a transparecer maior profissionalismo e ética frente a investidores, parceiros, clientes e ao mercado como um todo.

Outro ponto que merece destaque quando o assunto é *compliance* é o aspecto relacionado à "ética". Ou melhor, os programas de ética e suas consequências para o mundo corporativo.

É possível observar que quanto mais programas de ética a sociedade empresária adota, maior a sua capacidade em otimizar processos e controle internos, trazendo melhores resultados e diversas vantagens para o ambiente de trabalho, tais como:

---

14. CUEVA, Ricardo Villas Bôas. Funções e finalidades dos programas de compliance. In: CUEVA, Ricardo Villas Bôas; FRAZÃO, Ana. Compliance: perspectivas e desafios dos programas de conformidade. Belo Horizonte: Fórum, 2018. p. 53.
15. FRAZÃO, Ana. Programas de compliance e critérios de responsabilização de pessoas jurídicas por ilícitos administrativos. In: ROSSETTI, Maristela Abla; PITTA, Andre Grunspun. Governança corporativa: avanços e retrocessos. São Paulo: Quartier Latin, 2007. p. 42.

- ambiente de trabalho saudável;

- redução de custos operacionais;

- menor rotatividade em relação às contratações;

- atuação preventiva contra riscos;

- maior segurança aos colaboradores;

- diminuição dos prejuízos financeiros relacionados à corrupção, fraudes, lavagem de dinheiro, roubos, ações trabalhistas, entre outros.[16]

Além disso, verificam-se outras vantagens tradicionais atribuídas aos programas de compliance – (i) permitir a adequada gestão do risco da atividade – na medida em que identifica os pontos sensíveis em que há exposição ao descumprimento – e, por consequência, auxiliar na prevenção de ilícitos; (ii) viabilizar a pronta identificação de eventual descumprimento, bem como a remediação de danos daí decorrentes, auxiliando, assim, na minoração dos prejuízos; (iii) fomentar a criação de uma cultura corporativa de observância às normas legais; e (iv) servir potencialmente como atenuante no caso de punições administrativas.[17]

Nesse contexto, é possível apontar as auditorias, *background check* e *due diligence* como apenas alguns exemplos de *compliance* corporativo.

Isto tudo traz às sociedades empresárias diversas vantagens e às tornam extremamente competitivas no mercado. Abaixo destacam-se alguns desses benefícios[18] sob o ponto de vista da sociedade empresária e sua atuação corporativa prática:

- reforço da cultura ética e consequente aumento de bons comportamentos;

- possibilidade para novas contratações, trabalhistas ou negociais;

- atração de clientes mais exigentes e de investimentos;

- reconhecimento por parte dos clientes;

- reforço da imagem positiva da empresa;

- maior engajamento dos funcionários ao propósito da organização;

- melhora no alinhamento da comunicação interna e externa;

- aumento da vantagem competitiva;

---

16. FRAZÃO, Ana. Programas de compliance e critérios de responsabilização de pessoas jurídicas por ilícitos administrativos. In: ROSSETTI, Maristela Abla; PITTA, Andre Grunspun. Governança corporativa: avanços e retrocessos. São Paulo: Quartier Latin, 2007. p. 42.

17. "In essence, an effective compliance program can help insulate a company, and its officers, directors and employees from criminal and civil penalties; protect its officers and directors from personal liability; and create a culture of a "good citizen" corporation. In fact, an effective compliance program can be a mitigating factor even if it failed to prevent a criminal offense" (BASRI, Carole. Corporate compliance. Carolina Academic Press. Edição do Kindle, 2017. p. 8-9).

18. Disponível em: <https://www.agcapital.com.br/ag-institucional/entenda-o-que-e-compliance-e-por-que--vale-a-pena-estar-em-conformidade/?gclid=Cj0KCQjw3f6HBhDHARIsAD_i3D9MxmC0hQNoYwm7S-fqs2FUe6TuzeDhftqOK9blUXTxPgURNtpcym4QaAvblEALw_wcB>. Acesso em: 21 jul. 2021.

- geração de valor a médio e longo prazo;
- melhor resposta no enfrentamento de crises danosas à imagem da organização;
- sustentabilidade dos negócios; e
- perenidade da empresa.

Assim é que, a adoção de boas práticas, atrelada à missão, visão e valores de um negócio, favorece não apenas a satisfação de investidores, colaboradores e fornecedores citados acima, mas também favorece transações mercantis internacionais.

Ou seja, o que se menciona aqui são comportamentos/ações que estimulam *confiança, transparência e credibilidade.* Tudo isso que pode ser obtido simplesmente pela aplicação das regras básicas de *compliance* na sociedade empresária.

E veja que tais características são buscadas por todo e qualquer investidor, pois em cenário de confiança, transparência e credibilidade, a aplicação de recursos torna algo aceitável, seguro e incentivado.

Após essa breve análise, retorna-se à pergunta feita no tópico anterior: *será que a ausência ou insuficiência de regras de compliance podem contribuir para a derrocada das sociedades empresárias? Se sim, como as regras de compliance poderiam ser utilizadas no âmbito das recuperações judiciais para auxiliar a superação da crise das empresas?*

A experiência indica que sim, principalmente para as micro, pequenas e médias empresas, pois a ausência ou insuficiência de uma estrutura corporativa robusta, com regras objetivas de *compliance*, traz uma série de dificuldades operacionais e isso, em último grau, afeta a atividade econômica como um todo, revelando, muito das vezes, nesse aspecto, a origem do estado de crise vivenciado.

A bem da verdade é que a busca por transparência e conformidade é – ou ao menos deveria ser – um preceito básico para qualquer atividade empresária, independentemente do setor de atuação ou do seu tamanho. Entretanto, este tema somente começou a se ganhar importância nos últimos anos com a edição da Lei Anticorrupção (Lei 12.846/13), o que acabou por despertar nos estudiosos o interesse pela área de *compliance*.

Como forma de ilustrar a relevância do tema deste artigo, importante trazer ao leitor talvez o maior exemplo relacionado à derrocada de uma companhia ou grupo econômico em razão da ausência ou insuficiência da implementação de regras de *compliance* e suas consequências nefastas para toda a sociedade.

Trata-se do emblemático e famigerado "caso odebrecht", que ficou muito famoso por deflagrar um dos maiores esquemas de corrupção sistêmica do país. O caso ganhou tanto relevo, que foi notícia nos principais jornais nacionais e do mundo, tendo sido intitulado pela mídia como o "maior caso de suborno da história"[19].

Em breve contextualização, as circunstâncias que levaram uma das maiores companhias, ou talvez a maior companhia atuante na área da construção civil no

---

19. Disponível em: <https://www.terra.com.br/noticias/brasil/odebrecht-entenda-o-maior-caso-de-suborno--da-historia,2ad4c9f40bf9d93e1b2fba08935c112cokpstq92.html>. Acesso em: 23 jul. 2021.

Brasil, à beira da falência estão intrinsicamente relacionadas a corrupção fomentada pela ausência ou insuficiência de regras de controle ou de *compliance* como mencionado ao longo deste trabalho.

Segundo dados divulgados, a companhia pagou "mais de 1 bilhão de dólares (o equivalente a 3,3 bilhões de reais), em propina a funcionários, partidos políticos e representantes de governos de 12 (doze) países, incluindo o Brasil. Em troca do suborno, as empresas ganhavam vantagens em contratos em relação a concorrente."[20]

Tal panorama deixou a companhia ou o grupo econômico à beira da falência, tendo apresentado pedido de recuperação judicial em finados de 2019, com uma dívida acumulada de 98 (noventa e oito) bilhões de reais, tornando-se, desde então, o maior processo de recuperação judicial da história do país.[21]

Diante disso, a reflexão que se apresenta é: será que esse cenário teria ocorrido se rigorosas práticas de compliance tivessem disso aplicadas?

Isto é, a reflexão que se pretende suscitar neste trabalho é que companhia em si não é corrupta. Na verdade, a companhia foi cooptada por gestores mal-intencionados, tendo funcionado por anos apenas como um instrumento para que algumas pessoas enriquecessem ilicitamente.

Tal contexto revela um verdadeiro sequestro, em que a refém é a própria companhia que, por não ter adotado regras robustas de *compliance* em suas práticas internas e externas, acabou sendo vítima de um dos maiores casos de corrupção da história, ensejando, via de consequência, uma das maiores crises empresariais do Brasil.

Assim, como sugerido no presente texto, tem-se correto afirmar que as regras básicas de *compliance* são fundamentais para qualquer atividade empresária, o que não poderia ser diferente na própria lei de recuperação judicial, que dispõe de diversos instrumentos para superação da crise econômico-financeira.

Afinal, se o legislador criou uma lei específica para auxiliar as sociedades empresárias a se soerguer e ultrapassar a fase momentânea de crise econômico-financeira, que é o caso da Lei 11.101/05, nada mais razoável do que a aplicação das regras de *compliance* de forma conjunta, como mais um dos instrumentos a serem implementados, de modo a alterar o panorama de crise por elas vivenciada.

A propósito, ainda sobre o "maior caso de suborno da história", verifica-se que o Grupo Odebrecht, durante o período do processo de recuperação judicial, se alinhou a essa opção, adotando de forma ostensiva inúmeras regras e práticas de *compliance*. Atualmente, o processo de recuperação judicial do grupo odebrecht caminha para o fim, obtendo êxito em sua recolocação no mercado e equalização da crise.

---

20. Disponível em: <https://www.terra.com.br/noticias/brasil/odebrecht-entenda-o-maior-caso-de-suborno--da-historia,2ad4c9f40bf9d93e1b2fba08935c112cokpstq92.html>. Acesso em: 23 jul. 2021.

21. Disponível em: <https://www.mediacaonline.com/blog/odebrecht-entenda-o-maior-caso-de-recuperacao--judicial-ja-visto-no-brasil/>. Acesso em: 23 jul. 2021.

Portanto, o que se pode observar por meio do breve relato do *"caso odebretch"* é que o instituto do *compliance*, apesar de, durante anos, não ter sido utilizado de maneira adequada pela companhia, como forma de *evitar a crise*, ele foi devidamente utilizado durante o processo de reestruturação como instrumento para superação da aguda crise instaurada.

Nesse último caso, válido destacar que as políticas de transparência e controle impostas pelo instituto da recuperação judicial se alinham perfeitamente com muitas das já conhecidas regras de *compliance* e acabam, assim, por estimular maior confiabilidade por partes dos credores e do devedor, tendo como consequência lógica a maior cooperação entre os sujeitos envolvidos na reestruturação e, via de consequência, no sucesso do soerguimento da companhia.

Assim, em resposta à provocação feita nesse artigo (*como compatibilizar as regras de compliance com o instituto da recuperação judicial?*), afirma-se com veemência que a compatibilidade é orgânica e absolutamente natural, devendo ser cada vez mais estimulada pelos participantes do processo, julgadores, intervenientes e até mesmo terceiros interessados.

4. A REFORMA DA LEI DE FALÊNCIAS E AS REGRAS DE *COMPLIANCE*

Em 24 dezembro de 2020 foi sancionada pelo Presidente da República a Lei 14.112/2020, que alterou profundamente a Lei 11.101/2005, com vistas a atualizar a legislação referente à Recuperação Judicial, Extrajudicial e Falência do empresário individual e da sociedade empresária.

Em análise da "Nova Lei", para além da importância das regra de *compliance* para superação da crise da empresa, como demonstrado nos capítulos anteriores, e apesar de não constarem expressamente as regras típicas de *compliance* no texto da Lei 11.101/05, verifica-se que o racional de delas foram de alguma forma inseridas no texto legal, o que, por certo, representa um grande avanço ao procedimento recuperacional brasileiro, trazendo uma maior segurança jurídica para todos e transparência ao processo.

Veja-se o quadro comparativo, a fim de ilustrar algumas dessas inovações relacionadas de certo modo às regras de *compliance*:

Seção III Do Administrador Judicial e do Comitê de Credores			
Art. 21	O administrador judicial será profissional idôneo, preferencialmente advogado, economista, administrador de empresas ou contador, ou pessoa jurídica especializada.	Art. 21	O administrador judicial será profissional idôneo, preferencialmente advogado, economista, administrador de empresas ou contador, ou pessoa jurídica especializada.
Parágrafo único	Se o administrador judicial nomeado for pessoa jurídica, declarar-se-á, no termo de que trata o art. 33 desta Lei, o nome de profissional responsável pela condução do processo de falência ou de recuperação judicial, que não poderá ser substituído sem autorização do juiz.	Parágrafo único	Se o administrador judicial nomeado for pessoa jurídica, declarar-se-á, no termo de que trata o art. 33 desta Lei, o nome de profissional responsável pela condução do processo de falência ou de recuperação judicial, que não poderá ser substituído sem autorização do juiz.
Art. 22	Ao administrador judicial compete, sob a fiscalização do juiz e do Comitê, além de outros deveres que esta Lei lhe impõe:	Art. 22	Ao administrador judicial compete, sob a fiscalização do juiz e do Comitê, além de outros deveres que esta Lei lhe impõe:
I	na recuperação judicial e na falência:	I	na recuperação judicial e na falência:

Lei 11.101/2005		Alterações implementadas pela Lei 14.112/2020	
k	Sem correspondência	k	manter endereço eletrônico na internet, com informações atualizadas sobre os processos de falência e de recuperação judicial, com a opção de consulta às peças principais do processo, salvo decisão judicial em sentido contrário;
l	Sem correspondência	l	manter endereço eletrônico específico para o recebimento de pedidos de habilitação ou a apresentação de divergências, ambos em âmbito administrativo, com modelos que poderão ser utilizados pelos credores, salvo decisão judicial em sentido contrário;
m	Sem correspondência	m	providenciar, no prazo máximo de 15 (quinze) dias, as respostas aos ofícios e às solicitações enviadas por outros juízos e órgãos públicos, sem necessidade de prévia deliberação do juízo;

II	na recuperação judicial:	II	na recuperação judicial:
a	fiscalizar as atividades do devedor e o cumprimento do plano de recuperação judicial;	a	fiscalizar as atividades do devedor e o cumprimento do plano de recuperação judicial;
b	requerer a falência no caso de descumprimento de obrigação assumida no plano de recuperação;	b	requerer a falência no caso de descumprimento de obrigação assumida no plano de recuperação;
c	apresentar ao juiz, para juntada aos autos, relatório mensal das atividades do devedor;	c	apresentar ao juiz, para juntada aos autos, relatório mensal das atividades do devedor, fiscalizando a veracidade e a conformidade das informações prestadas pelo devedor;
d	apresentar o relatório sobre a execução do plano de recuperação, de que trata o inciso III do **caput** do art. 63 desta Lei;	d	apresentar o relatório sobre a execução do plano de recuperação, de que trata o inciso III do **caput** do art. 63 desta Lei;
e	Sem correspondência	e	fiscalizar o decurso das tratativas e a regularidade das negociações entre devedor e credores;
f	Sem correspondência	f	assegurar que devedor e credores não adotem expedientes dilatórios, inúteis ou, em geral, prejudiciais ao regular andamento das negociações;

Lei 11.101/2005		Alterações implementadas pela Lei 14.112/2020	
g	Sem correspondência	g	assegurar que as negociações realizadas entre devedor e credores sejam regidas pelos termos convencionados entre os interessados ou, na falta de acordo, pelas regras propostas pelo administrador judicial e homologadas pelo juiz, observado o princípio da boa-fé para solução construtiva de consensos, que acarretem maior efetividade econômico-financeira e proveito social para os agentes econômicos envolvidos;
h	Sem correspondência	h	apresentar, para juntada aos autos, e publicar no endereço eletrônico específico relatório mensal das atividades do devedor e relatório sobre o plano de recuperação judicial, no prazo de até 15 (quinze) dias contado da apresentação do plano, fiscalizando a veracidade e a conformidade das informações prestadas pelo devedor, além de informar eventual ocorrência das condutas previstas no art. 64 desta Lei;

III	na falência:	III	na falência:
a	avisar, pelo órgão oficial, o lugar e hora em que, diariamente, os credores terão à sua disposição os livros e documentos do falido;	a	avisar, pelo órgão oficial, o lugar e hora em que, diariamente, os credores terão à sua disposição os livros e documentos do falido;
b	examinar a escrituração do devedor;	b	examinar a escrituração do devedor;
c	relacionar os processos e assumir a representação judicial da massa falida;	c	relacionar os processos e assumir a representação judicial e extrajudicial, incluídos os processos arbitrais, da massa falida;
d	receber e abrir a correspondência dirigida ao devedor, entregando a ele o que não for assunto de interesse da massa;	d	receber e abrir a correspondência dirigida ao devedor, entregando a ele o que não for assunto de interesse da massa;
e	apresentar, no prazo de 40 (quarenta) dias, contado da assinatura do termo de compromisso, prorrogável por igual período, relatório sobre as causas e circunstâncias que conduziram à situação de falência, no qual apontará a responsabilidade civil e penal dos envolvidos, observado o disposto no art. 186 desta Lei;	e	apresentar, no prazo de 40 (quarenta) dias, contado da assinatura do termo de compromisso, prorrogável por igual período, relatório sobre as causas e circunstâncias que conduziram à situação de falência, no qual apontará a responsabilidade civil e penal dos envolvidos, observado o disposto no art. 186 desta Lei;

Como se pode inferir do quadro acima, com a entrada em vigor da Lei 14.112/2020, o administrador judicial, principalmente, passa a assumir um papel ainda maior nos processos de recuperação judicial, de maior importância e responsabilidade.

Observa-se que tal alteração representa um absoluto avanço na legislação pátria, trazendo maior segurança jurídica, transparência, credibilidade, confiabilidade ao processo de reestruturação e a todos os participantes do processo, seja o credor, o devedor ou até terceiros interessados, como os potenciais investidores.

A título de ilustração, verifica-se que as alterações efetivadas, principalmente, nos incisos do art. 22 da LREF trouxeram nitidamente diversas regras do *compliance*, prezando pela maior *informação* e *transparência* por parte do profissional nomeado para o cargo de administração judicial, bem como estabeleceram novos procedimentos para o regular e fiel exercício dessa atividade. Veja-se:

"k) manter endereço eletrônico na internet, com informações atualizadas sobre os processos de falência e de recuperação judicial, com a opção de consulta às peças principais do processo, salvo decisão judicial em sentido contrário; (Incluído pela Lei 14.112, de 2020)

l) manter endereço eletrônico específico para o recebimento de pedidos de habilitação ou a apresentação de divergências, ambos em âmbito administrativo, com modelos que poderão ser utilizados pelos credores, salvo decisão judicial em sentido contrário; (Incluído pela Lei 14.112, de 2020)

m) providenciar, no prazo máximo de 15 (quinze) dias, as respostas aos ofícios e às solicitações enviadas por outros juízos e órgãos públicos, sem necessidade de prévia deliberação do juízo; (Incluído pela Lei 14.112, de 2020)

(...)

g) assegurar que as negociações realizadas entre devedor e credores sejam regidas pelos termos convencionados entre os interessados ou, na falta de acordo, pelas regras propostas pelo administrador judicial e homologadas pelo juiz, observado o princípio da boa-fé para solução construtiva de consensos, que acarretem maior efetividade econômico-financeira e proveito social para os agentes econômicos envolvidos; (Incluído pela Lei 14.112, de 2020)

h) apresentar, para juntada aos autos, e publicar no endereço eletrônico específico relatório mensal das atividades do devedor e relatório sobre o plano de recuperação judicial, no prazo de até 15 (quinze) dias contado da apresentação do plano, fiscalizando a veracidade e a conformidade das informações prestadas pelo devedor, além de informar eventual ocorrência das condutas previstas no art. 64 desta Lei; (Incluído pela Lei 14.112, de 2020)"

Isso nada mais é do que a prática do *compliance*, como visto ao longo desse artigo, trazendo os diversos benefícios já citados, como (i) permitir a adequada gestão do risco da atividade – na medida em que identifica os pontos sensíveis em que há exposição ao descumprimento – e, por consequência, auxiliar na prevenção de ilícitos; (ii) viabilizar a pronta identificação de eventual descumprimento, bem como a remediação de danos daí decorrentes, auxiliando, assim, na minoração dos prejuízos; (iii) fomentar a criação de uma cultura corporativa de observância às normas legais; e (iv) servir potencialmente como atenuante no caso de punições administrativas.[22]

---

22. "In essence, an effective compliance program can help insulate a company, and its officers, directors and employees from criminal and civil penalties; protect its officers and directors from personal liability; and

Ou seja, ainda que a Reforma da Lei de Recuperação Judicial e Falência não tenha feito referência expressa às normas de *compliance*, infere-se de forma cristalina que tais conceitos permearam o racional da mudança legislativa, o que se afigura extremamente positivo, ainda mais no mundo contemporâneo.

E diga-se de passagem, apesar das sutis alterações, estas certamente irão proporcionar maior estabilidade e, em último grau, tornar o procedimento recuperacional mais eficiente e eficaz.

Neste diapasão, estima-se que o legislador estava atento às necessidades da sociedade e diante dos números, em tese, desanimadores da recuperação judicial no Brasil, notadamente da sua falta de eficácia, como visto acima, algo precisava ser alterado na própria legislação.

5. CONCLUSÃO

Como visto, o presente artigo buscou analisar o instituto da recuperação judicial sob a perspectiva da eficiência e eficácia, fazendo-se uma análise do cabimento e adequação das regras de *compliance* na estrutura legal aplicável às empresas em crise.

No decorrer da exposição foram detalhados os números e dados relacionados à efetividade do instituto da recuperação judicial, relacionando-os à ausência de políticas e regras de *compliance*, tendo, inclusive, sido apresentado o "caso odebrecht" que, como visto, afigurou como o "maior caso de suborno da história"[23].

Ao longo do texto, também foi abordada a compatibilidade das regras de *compliance* com a nova lei 14.112/2020, que alterou e atualizou a Lei 11.101/2005, a qual contou com diversos avanços sob o ponto de vista organizacional do processo de reestruturação e de transparência da empresa em dificuldade.

No decorrer da exposição foi apresentado de maneira objetiva a importância da análise de todos os fatores que circundam a matéria, para que seja possível a plena compreensão da intenção do legislador.

Diante de todo o trabalho apresentado, estima-se que seja fundamental a compatibilização das regras de *compliance* em todo ambiente corporativo, principalmente em processos de recuperação judicial.

Portanto, não só são compatíveis os dois institutos, mas como devem ser incentivados a sua aplicação conjunta, de modo a atrair melhores resultados sob o ponto de vista de confiabilidade, credibilidade e segurança jurídica, pressupostos fundamentais para superação da crise empresarial.

---

create a culture of a "good citizen" corporation. In fact, an effective compliance program can be a mitigating factor even if it failed to prevent a criminal offense" (BASRI, Carole. Corporate compliance. Carolina Academic Press. Edição do Kindle, 2017. p. 8-9).

23. Disponível em: <https://www.terra.com.br/noticias/brasil/odebrecht-entenda-o-maior-caso-de-suborno-da-historia,2ad4c9f40bf9d93e1b2fba08935c112cokpstq92.html>. Acesso em: 22 jul. 2021.

Bem por isso que elogios são necessários para a atuação jurisdicional e, principalmente, legislativa que foi feliz ao aprovar a Lei 14.112/2020, trazendo no texto legal diversos conceitos atrelados ao *compliance* e que neste momento serão exigíveis no âmbito dos processos de recuperação judicial.

6. REFERÊNCIAS

BARROS, Bruno Sampaio. A importância do *compliance* nos municípios brasileiros. The importance of compliance in the brazilian municipalities. Disponível em: <file:///C:/Users/Usuario/Downloads/10-Texto%20do%20Artigo-46-1-10-20210111.pdf>.

BASRI, Carole Basri. *Corporate compliance.* Carolina Academic Press. Edição do Kindle, 2017.

CUEVA, Ricardo Villas Bôas. Funções e finalidades dos programas de compliance. In: CUEVA, Ricardo Villas Bôas; FRAZÃO, Ana. Compliance: perspectivas e desafios dos programas de conformidade. Belo Horizonte: Fórum, 2018.

FRAZÃO, Ana. Programas de compliance e critérios de responsabilização de pessoas jurídicas por ilícitos administrativos. In: ROSSETTI, Maristela Abla; PITTA, Andre Grunspun. *Governança corporativa: avanços e retrocessos.* São Paulo: Quartier Latin, 2007.

SACRAMONE, Marcelo Barbosa. *Comentários à Lei de recuperação de empresas e falência.* 2 ed. São Paulo: Saraiva Educação. 2021.

SERASA EXPERIAN, Levantamento mensal do total de falências decretadas entre as empresas em atividade no Brasil. Disponível em: <https://www.serasaexperian.com.br/conteudos/indicadores--economicos/>.

ENVIRONMENT, SOCIAL AND CORPORATE GOVERNANCE: QUALIDADE DE VIDA E MERCADOS

Rachel Sztajn

Professora Associada de Direito Comercial da Universidade de São Paulo

Milton Barossi Filho

Professor Associado do Departamento de Economia, FEA/USP.

Sumário: 1. Introdução – 2. Aspectos jurídico-institucionais do modelo de governança ESG – 3. A teoria do desenho de mecanismos e *environment, social and corporate governance* – 4. Conclusão – 5. Referências.

1. INTRODUÇÃO

A sigla ESG, que em inglês significa *environment, social and corporate governance*, ou seja, governança ambiental, social e corporativa, e que vem sendo traduzida como ASG, – ambiente, social e governança –, tem como função avaliar comportamentos das pessoas no que tange a decisões (individuais e/ou empresariais), da perspectiva de se buscar qualidade de vida e, portanto, do que se deseja e espera de administradores – públicos ou privados – e das pessoas que possam vir ou venham a impactar o funcionamento de mercados. Insiste-se: visa-se a incentivar decisões que contribuam para a melhora da qualidade de vida, e, dessa forma, alterar comportamentos sociais egoístas, maximizadores de resultados econômico-financeiros de curto prazo.

Isto não significa que ao tomar decisões a perspectiva da racionalidade dos agentes seja afastada, mas sim que o funcionamento dos mercados não deve ser fruto de simples perspectiva imediatista ou apenas rentista, sendo necessário projetar os efeitos das decisões no médio e longo prazo e, sobretudo, ter como foco benefícios gerais ainda que não idênticos para todos.

Ensina Milton Friedman que, em um sistema concorrencial, respeitadas as normas legais, cabe aos administradores das empresas gerar lucros que remunerem os capitais investidos pelos aplicadores no negócio. Lida a frase de forma simplista, poder-se-ia supor que nenhum outro fator decisório devesse ser considerado no avaliar decisões de agentes econômicos o que, parece, não é mais pacífico.

Dessa perspectiva, tendo em conta o modelo ESG, ou ASG, a remuneração dos investidores perderia força, ganhando primazia outros elementos, prevalecendo a ideia de que a geração de valor/lucros que remunerem investidores ficaria em segundo plano? Seria possível conciliar a geração e partilha de lucros com bem-estar e qualidade de vida para a sociedade ou tratar-se-ia de "missão impossível"?

Esse é o escopo da presente discussão: verificar a possibilidade de associar ESG e geração de lucros. Ao ligar meio ambiente, isto é, sua preservação e governança, ao termo social, o olhar se volta para o futuro e, parece-nos, para incentivar decisões gerenciais assim como individuais, em modelo cooperativo. Seguindo esse caminho, o artigo está estruturado em três seções, além desta introdutória. Na seção II aspectos jurídico-institucionais do modelo de governança ESG são apresentados e discutidos, evidenciando-se o papel das instituições na constituição de um corpo de incentivos a privados e públicos nos processos das respectivas tomadas de decisões.

Em seguida, no item III, o problema da governança, por meio do ESG, é inserido no contexto da teoria do desenho de mecanismo, um ramo da Economia e da Teoria dos Jogos, que permite sua reafirmação e capacidade de produzir uma estrutura de incentivos compatível com valores e regras previamente reveladas e observadas por agentes e principais, respectivamente. Destaca-se o papel da *compliance* como uma das formas de minimizar o impacto de informações imperfeitas. Uma seção conclusiva encerra o artigo.

2. ASPECTOS JURÍDICO-INSTITUCIONAIS DO MODELO DE GOVERNANÇA ESG

Sendo plurívoco, o termo social requer alguma cautela no uso a fim de que a informação – sinal ou significado em dado contexto que se deseja transmitir – seja claramente entendida pelo(s) destinatário(s). Dos vários sentidos em que a palavra social é empregada, de excluir a amizade entre pessoas, ressaltando-se, no sentido oposto, a noção de gregário, de "normas" ou instituições modeladas e respeitadas pelo grupo, da aptidão para gerar externalidades desejáveis e inibir as indesejáveis, especialmente quando o ônus é transferido para terceiros, em geral estranhos ao grupo, ou gerar custos insuportáveis. Em suma, um modelo em que se tenha presente a cooperação e a redução de efeitos adversos dos comportamentos humanos.

Isso, possivelmente, explica sua inclusão na sigla ESG, associado a meio ambiente e governança. Ao explicitar os objetivos visados – em resumo, qualidade de vida e transparência das decisões, no avaliar comportamentos, individuais e coletivos e seus impactos sobre as pessoas e/ou o grupo que venha a ser afetado, transparece que o que se busca, na verdade, é garantir a sobrevivência das espécies, não apenas dos seres humanos, em ambiente preservado, ou seja, não degradado.

Pensando o exercício de atividades econômicas, a par de eficaz, a responsabilidade social do empresário (termo empregado em sentido amplo) deve levar em conta que a continuidade da atividade, sua sobrevivência, depende da manutenção do interesse da comunidade em que atua nos bens/serviços que oferta; daí a função social ter papel significativo na tomada de decisão seja de investidores ou de consumidores, resultando na relevância de se pensar um modelo baseado no ESG na análise e avaliação da gestão empresarial.

Relevante definir metas que espelhem os objetivos visados; que a equipe – administradores e trabalhadores – esteja envolvida na tomada de decisões e, particularmente, na criação de bens e/ou serviços que atendam às demandas dos consumidores; que os relacionamentos, internos e externos sejam estáveis e confiáveis. Esses são fatores que pesam na avaliação da atividade e impactam os resultados econômico-financeiros da empresa, associando-se, pois, crescimento sustentável a resultados econômico-financeiros finais.

Douglas North em *Institutions, Institutional Change and Economic Performance,* publicado em 1990, estuda as instituições sociais, que, suscintamente, define como as regras do jogo para indagar, em seguida, de que forma afetam os mercados e, consequentemente, o resultado econômico de países. Instituições são, para o economista, usos e costumes criados e aceitos pelas pessoas e por elas respeitados. Por isso não são, necessariamente, normas de direito positivo; incluem o que é conhecido como *soft law*, aproximando-se do "direito pretoriano" quando, nas cidades-estados conquistadas pelo Império Romano, os pretores/juízes, ao decidirem litígios entre locais, incorporavam ao direito romano as regras sociais existentes. Dessa forma evidente que as instituições podem ser formais (direito positivo), ou informais (usos e costumes), aceitas pelo grupo ou, ao menos, pela maioria dele.

Dado que nem sempre os comportamentos são cooperativos, em muitos casos prevalecendo os egoístas, o texto *The Tragedy of the Commons,* de Garret Hardin, em Portugal conhecido como Tragédia dos Baldios, explica que comportamentos egoístas dos agentes econômicos são deixados em segundo plano pelo grupo sendo implantando um modelo cooperativo visando a garantir a sobrevivência da coletividade. De outra forma, o comportamento egoísta leva ao esgotamento dos recursos, prejudicando a todos. Por isso a ênfase recai sobre o social, o comunitário, deixando em segundo plano o individual: a sobrevivência do grupo é o eixo, o cerne do modelo cooperativo.

No caso de justiça ambiental, ligada à noção de desenvolvimento sustentável, pretende-se demonstrar que não só se é importante preservar a qualidade de vida das comunidades, mas é preciso fazê-lo de modo a garantir a dignidade de todos. Crescimento econômico sem justiça ambiental aumenta a desigualdade entre pessoas e pode ser fonte de resultados socialmente perversos. Mas, sobretudo, há que se considerar como implantar modelos socialmente desejáveis globalmente. Claro que acordos e tratados internacionais são o movimento ideal. Aqui a questão que se põe é como evitar oportunismos ou capturas de regiões e/ou comunidades. Abandonar práticas antigas e adotar novos comportamentos requer esforços para demonstrar que os primeiros causam danos e sofrimento enquanto os novos estão em fase de testes e não se sabe quantas e quais adaptações far-se-ão necessárias. A ciência é, indubitavelmente, o melhor meio, instrumento ou estrutura, para se tentar chegar ao destino sem muitos danos.

Assim, partindo da noção de social, lembra-se que o emprego do termo, ao menos no direito pátrio, de regra vem preso ao termo função. A Lei n. 6404/1976, no parágrafo único ao art. 116, determina que "o acionista controlador deve usar o poder com o fim de fazer a companhia realizar o seu objeto e cumprir sua *função social*[1], que tem deveres e responsabilidades para com os demais acionistas da empresa, os que nela trabalham e para com a comunidade em que atua, cujos direitos e interesses deve lealmente respeitar e atender".

O legislador de 1976 parece ter previsto a necessidade de mudança de padrão de administradores/controladores, de sociedades (empresas), no que tange a preservar direitos e interesses de terceiros, não sempre *stakeholders*. Ao remeter para comunidade em que atua a sociedade, fica claro que externalidades negativas, bem assim efeitos de segunda ordem adversos, devem ser evitados ou, se isto for inviável, compensados. Ao dispor sobre deveres e responsabilidades do controlador o legislador de 1976 ultrapassou os limites do ambiente interno ao mesmo tempo em que, empregando o termo *lealmente*[2] enfatiza o aspecto ético a ser observado na tomada de decisões.

Por sua vez, a Lei n. 10.406, de 2002, no art. 421 dispõe que a liberdade de contratar será exercida nos limites da *função social*[3] dos contratos. Nesse caso a expressão função social tem significado diferente do acima exposto. A função social do contrato é facilitar a livre e regular circulação da riqueza, quase em busca de preenchimento do modelo de ótimo de Pareto. Inegável a existência de situações em que tal alocação não ocorrerá o que, entretanto, não implicará, sempre, que a livre e regular circulação da riqueza deva ser impedida.

Contratos de execução continuada ou diferida, qualificados como incompletos, por exemplo, nem sempre resultarão em alocação Pareto ótima, nem por isso deixam de ter função social. Isto sem considerar o impacto da atual pandemia de coronavírus-19 sobre contratos de execução continuada. Há que considerar fatores psicológicos, estratégicos e estruturais na análise da "responsabilidade social" das pessoas mesmo que não exercendo atividades econômicas.

No que tange aos primeiros, a cooperação no dilema dos comuns, vários são os fatores que influem: razões sociais (pertencimento a um grupo ou desejo de ser nele incluído), incertezas, comunicação, entre outros. Na linha de NORTH (1990), acima mencionado, a cultura do grupo, (regras aceitas e respeitadas), é fator crítico para que não se priorize incentivos econômicos e sim se busque a cooperação.

Quanto a estratégias, a Tragédia dos Comuns é um alerta à prevenção de desigualdades na divisão de certos bens, como peixes, gado, produtos vegetais, por exemplo, quando os que chegarem primeiro se apropriarão de parcelas maiores do que os subsequentes. Quanto mais transparentes forem as condições de partilha, menos

---

1. Destaque nosso.
2. Destaque nosso.
3. Destaque nosso.

espaço haverá para oportunismos dos que chegam primeiro. Aqui a governança se associa ao social de forma clara.

Fatores estruturais, conforme Hardin (1968), geram ruína para todos. Por isso o surgimento de algum líder no grupo auxilia na administração dos recursos comuns e estimula a cooperação. Evidente que o líder não pode cooptar com a corrupção decorrente de abuso de poder. Prêmios e punições são os meios ideais para evitar abuso na apropriação de bens comuns.

Como associar a questão social e as instituições sociais[4] ao meio ambiente, notadamente no Brasil que tem, segundo estudos, a maior ou uma das maiores biodiversidades do planeta, a floresta amazônica, cuja extensão supera vários países europeus? Como explicar aos leigos que o crescimento da produção agrícola é fruto de investimentos em pesquisa e não de desmatamento?

A título de exemplo, o legislador pátrio, desde 1937, vem se ocupando de questões ambientais. Naquele ano foi editado o Decreto-lei n. 25 que dispõe sobre o patrimônio cultural, que inclui bens de valor etnográfico, arqueológico, sítios e paisagens de valor notável pela natureza ou decorrentes de intervenção humana que, uma vez tombados, só podem ser afetados mediante autorização do Serviço de Patrimônio Histórico e Artístico Nacional – SPHAN.

Em 1965, tendo como objeto a vegetação nativa, foi aprovada Lei das Florestas (Lei n. 4771), que dispõe sobre a proteção de florestas nativas definindo áreas de preservação permanente nas margens de rios, lagos e reservatório, topos de morros, encostas com declive superior a 45 graus e locais acima de 1.800m de altura. A norma também exige que propriedades rurais da região Sudeste preservem 20% da cobertura arbórea o que deve ser averbado no Registro de Imóveis.

A Lei da Política Nacional do Meio Ambiente (Lei n. 6938/1981), a par de criar a obrigatoriedade de estudos e apresentação de relatórios de Impacto Ambiental que sejam causados, reconhece as externalidades de certas atividades e impõe ao poluidor, que define no texto, a obrigação de indenizar os danos ambientais causados, em modelo de responsabilidade objetiva.

Em 1989, a Lei n. 7.735, cria o IBAMA, que tem como função executar a política nacional do meio ambiente, atuando para conservar, fiscalizar, controlar e fomentar o uso racional dos recursos naturais. Talvez aqui esteja a maior dificuldade na aplicação e interpretação da legislação ambiental: a política nacional do meio ambiente. Além das normas acima citadas, desde 1937, não há clara definição do que se deva considerar política nacional do meio ambiente que deve ser observada. Mais ainda, a falta de punições severas aos que deixam de observar as normas legais vigentes, não desincentiva a prática de danos ambientais, alguns dos quais dificilmente serão corrigidos nada obstante a Lei 9.605/1998, que define os crimes ambientais.

---

4. No sentido de NORTH (1990).

Soluções a considerar para que o meio ambiente seja compreendido como indispensável para a qualidade de vida:

a) *Soluções não governamentais*: ganhadora do Prêmio Novel de Economia, em 2009. Ostrom (1990), explicou que o estudo de Hardin (1968) poderia ser revisto na medida em que certas comunidades encontravam soluções cooperativas visando a manter o que este denominou de *commons* para garantir que todos conseguissem obter algum benefício. No mesmo sentido, Axelrod[5] explicara que mesmo pessoas egoístas encontram formas de cooperar em razão de restrições sociais que atendem a interesses individuais e coletivos quando se dão conta de que se o recurso desaparecer, for totalmente consumido e não reposto, não há substitutos. Claro que isso implica na modelagem de normas consensuais e incentivos corretos para o uso responsável do bem;

b) *Soluções governamentais*: incluem a privatização, regulação e internalização de externalidades. Em relação à privatização, o argumento é que o proprietário tem interesse na preservação do bem (o olho do dono engorda o boi), mas esta alternativa dificilmente, no Brasil, solucionará a questão da preservação ambiental sem regulação e desestímulo ao consumo.

A regulação pode limitar a quantidade do bem que cada um pode consumir o que não se aplica a bens públicos, no sentido econômico da expressão: não excludentes e não rivais. O ar é, sem dúvida, um bem público, mas quando se pensa em sua qualidade, algumas pessoas não se preocupam com a emissão de poluentes pois, sua percepção é que eles se dissipam e não serão percebidos/sentidos, imediatamente, portanto o dano diferido parece aceitável.

c) *Internalização de externalidades negativas*: impõe que o usuário do recurso suporte o ônus. Exemplo é o caso de unidades de produção de cerveja que, de regra, são instaladas próximas de nascentes de rios de vez que a qualidade do produto final depende da pureza da água. A produção de cerveja gera resíduos que, se forem lançados no rio sem qualquer tratamento, poluirão, degradarão a água a jusante o que tornará seu uso danoso para os ribeirinhos, podendo, inclusive, acabar com a pesca, seja para alimentação familiar seja para comercialização.

Necessário, portanto, além de planejamento, supervisão e responsabilidade, sem cooperação, como demonstrou Ostrom (1990), as normas de direito positivo não atingirão os efeitos desejados.

Para Camelo & Barros (2011), no que diz respeito à poluição, o problema não é eliminá-la, mas tentar estabelecer um equilíbrio visando à sua quantidade. O argumento se baseia no entendimento de que os ganhos com a redução da poluição podem ensejar a perda ou sacrifício de outras coisas. Texto do Prof. Miguel Reale, muito antigo e publicado no jornal O Estado de São Paulo, comentando a questão de

---

5. 1981 e 1984.

linha de transmissão de energia elétrica no Estado do Amazonas, oferecia argumento similar: impedir que a instalação de equipamentos passasse por terras indígenas tinha como consequência a inviabilidade do projeto com perdas para o país.

Os primeiros autores se voltam para a recuperação produtiva da terra o que, de há muito, fora reconhecido pelos hebreus, que criaram o ano sabático: no sétimo ano a terra não deveria ser cultivada nem servir como pasto para o gado a fim de que pudesse recuperar sua capacidade produtiva. Experiência empírica, sem dúvida que foi convertida em comando divino. Camelo & Barros (2011) explicam que é possível combinar desenvolvimento com meio ambiente preservado, desde que a emissão de poluentes seja controlada. Os autores propõem que isto seja feito recorrendo à análise econômica do direito.

A conclusão dos autores é de que a poluição causada pela atividade econômica é tolerável na medida em que a sociedade pondere, adequadamente, os custos provocados e os benefícios econômicos gerados a fim de evitar produção insuficiente para atender às necessidades das pessoas. Admitem que muitas soluções podem ser consideradas, mas que não se deve impor custos elevados para todos. Exemplo dessa conclusão é oferecido por Coase (1960)[6] também conhecido como Teorema de Coase.

Passando ao termo *governance*, que remete a estruturas e processos desenhados para garantir a responsabilidade, transparência, estabilidade, justiça e inclusão, sejam as normas positivadas, ou não (*soft Law*) e resultando de participação de inúmeras pessoas, tem-se como suporte regras e valores que devem estar presentes na administração – pública ou privada – de forma transparente e participativa. Ou seja, *governance* espelha a cultura e o ambiente institucional em que as pessoas e os *stakeholders* interagem entre si.

Algumas organizações como o Banco Mundial e a Organização para o Desenvolvimento e Cooperação Econômica, definem governança como forma de exercício de autoridade ou poder para administrar a economia, a política e questões administrativas de um país. Para tanto recorrem a procedimentos formais e informais na modelagem de políticas e alocação de recursos assim como para responsabilizar os governos pelas decisões tomadas. No que concerne à administração, quando há pessoas ou grupos de pessoas a quem se confere autoridade para buscar os resultados desejáveis, uma vez definidos os parâmetros operacionais, simples aplicar o modelo de governança (*compliance* incluído) no caso de atividades econômicas exercidas por particulares.

Por seu lado a boa governança requer transparência, responsabilidade e observância das normas jurídicas. Tal como se tratou do significado do termo social, também governança pode ser entendido de forma diversa conforme o contexto em que se o aplica. Desde agir ou administrar em virtude de poder conferido, aplicável em princípio à administração pública, envolvendo a interação com a sociedade civil, com a formulação de políticas, a contribuição para o crescimento da economia, esta-

---

6. COASE, Ronald H. The problem of social cost. *The Journal of Law and Economics*, v. 3, p. 1-44, 1960.

bilidade e bem-estar social. Isso requer responsabilidade, transparência, participação, e normas, o que redunda em legitimidade política. Governança, como conceito racional, enfatiza as interações entre pessoas, o que afasta a arbitrariedade. Alguma discricionariedade é aceita desde que não viole regras, daí o requisito transparência.

No campo do direito privado, comercialistas recorrem à ideia de governança para modelar as relações entre administração das sociedades e *stakeholders*, tal como o legislador de 1976, com a reforma da lei do anonimato, descreveu os deveres do acionista controlador para com a comunidade em que atua (relação externa), ampliando seu alcance de sorte a incluir os administradores das sociedades.

Dessa forma, retomando a visão de Friedman (1977), a busca por lucros não desaparece e as externalidades, notadamente as negativas, sejam internalizadas. Saúde pública e meio ambiente, entre outros valores, passam a integrar as "regras do jogo" de North (1991). As consequências sociais adversas devem ser inibidas e, se necessário, punidas. Possível evitar ações de grupos organizados que perseguem benefícios sem considerar tais fatores? Aqui a captura do legislador, e até do Judiciário demanda cuidados extremos, como explicou Stigler (1971).

Portanto, leis que inibam oportunismos, previnam externalidades negativas, são fundamentais. Para tanto o legislador deve ter presente que a sociedade poderá cobrar, em eleição futura, o preço por comportamentos imediatistas.

3. A TEORIA DO DESENHO DE MECANISMOS E *ENVIRONMENT, SOCIAL AND CORPORATE GOVERNANCE*

No item anterior a discussão apontou para uma conclusão afirmativa associando geração de lucros e ESG. Além disso, restou evidente a ligação entre preservação do meio ambiente e governança e objetivos sociais, o que nos faz voltar os olhares para um futuro em que decisões gerenciais e individuais são incentivadas em um contexto estratégico cooperativo. No entanto, esta condição não emerge a partir de um voluntário alinhamento entre objetivos privados e sociais. Deve sim ser estimulada por meio do que os economistas denominam estrutura de incentivos ou desenhos de mecanismo. Um conjunto de leis que dificultem oportunismos e previnam externalidades negativas, por exemplo, é um desenho de mecanismo que age por intermédio de instituições[7].

O desenho de mecanismo é uma área da Economia e da Teoria dos Jogos que favoreceu um avanço significativo na análise econômica contemporânea das instituições e dos mercados. Consiste de um enfoque teórico que inovou e transformou o pensamento econômico no que diz respeito às instituições ótimas e a eficiência da regulação, principalmente quando o poder público não está totalmente consciente das relevâncias das mesmas. É evidente que este enfoque impactou substancialmente

---

7. Como definidas em NORTH (1991, p. 97).

as práticas de políticas público-econômicas e, sem dúvida, continua a influenciá-las no futuro.

Na década de 60 e início dos anos 70, Hurwicz (1973)[8] foi o pioneiro no estudo da teoria do desenho de mecanismo, estabelecendo, a partir de então, as bases teórico-matemáticas para o desenvolvimento do pensamento econômico na área nas décadas seguintes. O autor foi o primeiro a admitir uma efetiva orientação vocacional desse instrumental analítico à solução de problemas típicos de políticas públicas. Deparou-se o autor com a seguinte questão: como deveria um planejador social chegar a uma decisão quando a qualidade de sua decisão dependesse da distribuição da informação dentro de um grupo de pessoas?

Reconhecido pela perspicácia incomum em responder essa indagação, o autor admitiu que qualquer solução deve levar em conta os incentivos privados dos agentes, os quais emergem das respectivas distribuições de informação e, a partir das quais, o processo decisório pretende que os mesmos ajam nos próprios interesses revelando-as. A partir daí, a teoria desenvolveu-se e consolidou-se ao longo das décadas de 80 e 90 do século XX, sobretudo pelas contribuições de Roger Myerson e Eric Maskin.

Atualmente, a teoria do desenho de mecanismos fornece um arcabouço geral à análise e estudo de qualquer problema de decisão de natureza coletiva. É consenso na literatura atual que o problema do desenho de mecanismos envolve três fatores fundamentais:

a) Um problema de natureza intrinsecamente coletiva;

b) Uma métrica própria para avaliar a qualidade de qualquer solução candidata;

c) Descrição dos recursos, informações etc. mantidos em mãos dos agentes.

Um mecanismo consiste na estrutura que especifica o conjunto de mensagens que os agentes podem usar para transmitir informações, assim como a decisão a ser tomada e condicional às mensagens já enviadas. Uma vem em ação, um mecanismo específico, os agentes, efetivamente, estarão jogando o jogo e enviando mensagens em função das informações que detém.

Encontrar um mecanismo resultante de uma decisão de equilíbrio ótima em face da métrica qualitativa estabelecida é o objetivo da teoria do desenho de mecanismo. A robustez de um desenho de mecanismo assenta-se na sua generalidade, isto é, qualquer procedimento, privado ou não, pode ser avaliado no contexto de um arcabouço consolidado. Dessa forma, de acordo Baliga & Myerson (2003) e Maskin (1999), as implicações dos desenhos de mecanismos estão situadas em dois níveis:

a) Primeiro, afirmam quando instituições privadas são mais apropriadas a fornecerem resultados desejáveis, ou ainda quando instituições outras desempenham melhor esse papel;

---

8. Leonid Hurwicz, economista que recebeu o Prêmio de Economia em memória de Alfred Nobel em 2007 junto com Eric Maskin e Roger Myerson.

b) Segundo, fornece um guia, uma orientação à concepção de tais instituições alternativas quando há falhas de mercado na provisão de soluções ótimas.

Baliga & Myerson (1999) é uma das primeiras referências analíticas na literatura a deixar de lado a hipótese de que os reguladores dispõem de informação perfeita, partindo para a obtenção de esquemas regulatórios ótimos que garantam o provimento de serviços públicos a custos mínimos por meio do desenho de mecanismos. Do ponto de vista do desenho de políticas públicas voltadas ao meio ambiente, coloca-se uma importante questão que é como conceber um mecanismo de incentivos sustentáveis para o uso dos recursos naturais ou comuns[9].

Ainda, segundo Hurwicz (1967), um mecanismo é um jogo de informação privada, em que um dos agentes, o principal, ou o formulador da política pública, escolhe a estrutura de *payoffs*. Neste caso, os agentes, aqueles a quem a política pública é direcionada, recebem mensagens privadas a partir do conteúdo da informação relevante à materialização dos *payoffs*.

Por exemplo, uma mensagem pode conter informações acerca da qualidade de um bem à venda em mercado. Esta informação denomina-se tipo ou característica do agente, que, por sua vez, reporta a mesma ao principal, incluindo-se aí a possibilidade de que a reportagem seja uma mentira estratégica. Encerrada essa etapa, principal e agente são recompensados de acordo com a estrutura de *payoffs* previamente escolhida pelo principal. Portanto, a maneira como a característica do agente é reportada ao principal, isto é, o conhecimento das informações relevantes no momento do desenho da política pública pelo principal é determinante ao sucesso ou fracasso da estrutura de incentivos oferecida[10].

Os economistas, segundo Baliga & Myerson (2003), são treinados e acostumados a reafirmarem o papel do mercado na solução do problema da alocação de recursos, apoiando-se no Primeiro Teorema do Bem Estar[11], o qual basicamente declara que equilíbrio competitivo de mercado é Pareto eficiente uma vez que todos os bens são apreçáveis.

Desse ponto de vista, está implícita a hipótese de que não há externalidades significantes, ou mercadorias não apreçáveis, no mercado, invalidando-se, dessa forma, o referido teorema quando as mesmas são admitidas, o que ocorre principalmente no pensamento de algumas escolas econômicas que direcionaram foco à análise do problema e de seus desdobramentos sobre o bem-estar social.

Pigou (1932) remete-nos a mecanismos governamentais cogentes como meios de contornar a falha de mercado provocada pela existência de externalidades. Um dos meios propostos e conhecidos na teoria *pigouviana* para superar o problema ambiental causado pela poluição é o imposto. Em oposição à visão anterior, argumentam COASE (1960) e os defensores da validade do Teorema de Coase que, mesmo

---

9. HARDIN (1968).
10. Estrutura de *payoffs*.
11. DEBREU (1959).

existindo externalidades, os agentes econômicos ainda são capazes de garantir um resultado Pareto eficiente sem que a intervenção pública se faça necessária, desde que inexistam fricções nas habilidades de barganha e contratação entre os mesmos.

Ao apontar a falibilidade do argumento coaseano, Baliga & Myerson (1999) afirmam que, por hipótese, qualquer externalidade que por ventura se manifeste no mercado é excludente no sentido de que os agentes que as provocam possam, de fato, controlar quem é afetado, assim como quem não é afetado. Contudo, reforçam os autores, que essa hipótese é incompleta, pois inclui apenas os casos de bem público puro no sentido econômico do termo, excluindo, portanto, a poluição.

Na maioria dos casos envolvendo poluição, especialmente quando recursos naturais estão em discussão, o poluidor não pode escolher, de antemão, os grupos que serão afetados pela poluição ou aqueles que não serão. Então, a poluição não pode ser concebida como bem público puro, mas como um prejuízo a um recurso natural disponível e vital a todos na sociedade como é o caso do puro. Neste caso específico[12], segundo os autores, até o mais fiel defensor do Teorema de Coase concorda que uma intervenção externa ao mercado é necessária para que se atinja um ponto de equilíbrio ótimo.

Neste sentido, o governo ou outra autoridade com poder de coerção deve ser convocado com o objetivo de impor um método ou modelo efetivo e determinante à redução da poluição. A este modelo dá-se o nome de mecanismo, fundamental na atuação das instituições quando externalidades não excludentes estão presentes no uso comum de recursos naturais. Ainda mais importante torna-se o papel da teoria do desenho de mecanismos quando a disponibilidade de informação é uma questão relevante.

Destacam-se, então os casos em que incompletudes informacionais são frequentes, indicando situações individuais e próprias a cada agente quando o mesmo observa apenas suas características ou tipos. Segundo Baliga & Myerson (1999), dois mecanismos destacam-se: dominância estratégia e equilíbrio bayesiano. O primeiro é o mais comum e atrativo dos mecanismos, pois é uma estratégia ótima a despeito dos comportamentos dos demais agentes. Um agente específico é capaz de impor o que acredita ou julga ser sua mensagem ótima sem, no entanto, preocupar-se em levar em consideração as mensagens dos demais agentes envolvidos.

Ao contrário do equilíbrio de estratégia dominante, o modelo bayesiano requer que o agente esteja disposto a escolher sua estratégia de equilíbrio quando espera que os demais agentes façam o mesmo. No contexto de informação incompleta, uma estrutura probabilista de crenças dos agentes torna-se relevante. Mas-Colell et al (1995) reafirmam a essencialidade da teoria do desenho de mecanismos na formulação de políticas públicas voltadas a projetos públicos das mais variadas naturezas, com especial ênfase ao desenho de padrões ótimos ao uso de recursos naturais ou de proteção ao meio ambiente:

---

12. São denominados *non-excludable public goods*.

"Mechanism design has many important application throughout economics ... and the construction of procedures for deciding upon public projects or environmental standards..."[13]

Nas palavras do autor, o termo *environmental standards* é passível da interpretação de que os desenhos de mecanismos resultam em estruturas de incentivos que se apoiam em instituições no sentido expresso por North (1991):

"Institutions are the humanly devised constraints that structure political, economic and social interactions. They consist of both informal constraints (sanctions, taboos, customs, traditions and codes of conduct), and formal rules (cnstitutions, laws, property rights)"[14].

Portanto, do ponto de vista teórico-analítico, as instituições são mecanismos historicamente desenhados para instituir uma ordem estrutural política, econômica e social entre agentes naquela sociedade. A moderna teoria do desenho de mecanismos de incentivos não se contrapõe à visão econômica neoclássica do objetivo privado de obter o lucro, contudo pondera que, ao persegui-lo, deve a sociedade internalizar as externalidades, valorizando, principalmente incentivos que resultem no uso ótimo dos recursos naturais exauríveis como parte do que se denominam "regras do jogo".

Consequências coletivas negativas devem ser impedidas e, quando necessário, efetivamente punidas, evitando-se que grupos socialmente organizados aufiram benefícios extraordinários em detrimento dos demais agentes na sociedade. Repita-se, portanto que leis inibidoras de oportunismos, devem prevenir externalidades negativas, fazendo-se necessário que o legislador esteja presente e que a sociedade cobre o preço por eventuais comportamentos imediatistas do mesmo.

O modelo teórico do desenho de mecanismos reconhece no ESG uma estrutura voltada à governança ambiental, social e corporativa. Toma-se ainda por dado que os comportamentos dos agentes privados, no que tange às respectivas decisões, da perspectiva da persecução dos objetivos de qualidade de vida e preservação dos recursos naturais exauríveis, demandam participação dos gestores públicos e privados no funcionamento dos mercados a fim de que estes reproduzam, por meio de incentivos, a essência do mecanismo previamente desenhado. Nesse tom, deseja-se uma estrutura de incentivos que contribua para melhorar a qualidade de vida, prevenir comportamentos privados desalinhados ao ótimo socialmente esperado, evitando comportamentos oportunistas imediatistas.

A governança ambiental é aspecto fundamental nessa engrenagem, uma vez que estrutura, a partir do valor preservação vida e dos recursos naturais, o sistema de incentivos garantidor da responsabilidade, transparência estabilidade, justiça e inclusão, constituindo-se uma instituição transparente e participativa. Em síntese, o modelo de governança ambiental, social e corporativa, ESG, é uma aplicação de um mecanismo desenhado segundo parâmetros operacionais ou em *compliance* ao que se pode denominar de tipos dos agentes.

---

13. MAS-COLLELL et al, 1995, p. 857.
14. NORTH, 1991, p. 97.

Os tipos ou valores revelados pelos agentes, por exemplo, qualidade de vida e proteção ambiental são direções para que regras privadas e sociais voltadas à regulação das decisões individuais e corporativas sejam estabelecidas e, a partir das mesmas, uma estrutura de *payoffs* é executada e apresentada aos agentes. Possíveis imperfeições informacionais certamente impactam esses *payoffs*, contudo a fim de evitar transmissões de sinais característicos enganosos parâmetros operacionais são agregados.

Certamente, quanto maior o grau de transparência e de participação no desenho de regras e valores direcionadas à administração do mecanismo mais próxima a estrutura de *payoffs* estará dos sinais característicos emitidos pelos agentes na sociedade. Nesse sentido, *compliance* conformidade, observância e complacência são qualificadores que devem ser agregados às instituições que por ventura surjam desse mecanismo específico de governança, o ESG. Trata-se, a princípio a *compliance* de um meio institucionalmente derivado e inserido no mecanismo ESG de governança para superar a imperfeição informacional.

Portanto, da perspectiva da teoria do desenho de mecanismos e, tendo em conta o modelo ESG, a remuneração dos investidores não perderia força, nem é possível concluir que a ideia de geração de valor/lucros remuneradores de investidores seria um objetivo deixado para um segundo e indefinido plano. Concilia-se a geração e partilha de lucros com bem-estar e qualidade de vida para a sociedade que é um dos objetivos do ESG, assim como do modelo de desenho de mecanismos.

4. CONCLUSÃO

Retomando os objetivos do artigo expressos na introdução:

1 – Tendo em conta o modelo ESG, a remuneração dos investidores não perde força, nem prevalece a ideia de que a geração de valor/lucros que remunerem investidores seria objetivo que ficaria em segundo plano. Chega-se à conclusão de que é possível conciliar a geração e partilha de lucros com bem-estar e qualidade de vida para a sociedade, internalizando externalidades e definindo um desenho de mecanismo ótimo para a intervenção público-privada em nível de políticas;

2 – Quanto maior o grau de transparência e de participação no desenho da política pública mais próxima a estrutura de *payoffs* estará dos sinais característicos emitidos pelos agentes na sociedade. Nesse sentido, *compliance* conformidade, observância e complacência são qualificadores que devem ser agregados às instituições que por ventura surjam desse mecanismo específico de governança, o ESG;

3 – Os tipos revelados pelos agentes, por exemplo, qualidade de vida e proteção ambiental são direções para que regras privadas e sociais sejam estabelecidas, executando-se, a partir das mesmas, a estrutura de *payoffs* apresentada aos agentes. Possíveis imperfeições informacionais certamente impactam esses *payoffs;*

4 – A princípio a *compliance* é um meio institucionalmente derivado e inserido no mecanismo ESG de governança para superar a imperfeição informacional;

5 – Leis que inibam oportunismos, previnam externalidades negativas, são fundamentais. Para tanto o legislador deve ter presente que a sociedade poderá cobrar, em eleição futura, o preço por comportamentos imediatistas.

5. REFERÊNCIAS

AXELROD, Robert. *The evolution of cooperation*. Nova York: Basic Books, Inc., Publishers, 1984.

AXELROD, Robert & HAMILTON, W. D. The evolution of cooperation. *Science*, v. 211(4489), p. 1390-1396, 1981.

BALIGA, Sandeep & MASKIN, Eric. Mechanism design for the environment. In: K. G. Mäler & J. R. Vincent (Ed.). *Handbook of environmental economics*. Amesterdã, Holanda: Elsevier Science BV, 2003.

BARON, David P. & MYERSON, Roger B. Regulating a monopolist with Unknown Costs. *Econometrica*, v. 50(4), p. 911-930, 1982.

CAMELO, Bradson & BARROS, Juliane Dutra de. Les principales solutions pour les externalités en droit de l'environnement au Brésil. *Verfassung und Recht in Übersee / Law and Politics in Africa, Asia and Latin America*, v. 44(3), p. 354-363, 2011.

COASE, Ronald H. The problem of social cost. *The Journal of Law and Economics*, v. 3, p. 1.

COASE, Ronald H. *Price theory*. Chicago, IL: Aldine Publishing Company, 1977.

COASE, Ronald H & FRIEDMAN, Rose D. *Free to choose*: a personal statement. San Diego: Harcourt, 1990.

DASGUPTA, Partha, HAMMOND, Peter e MASKIN, Eric. On imperfect information and optimal pollution control. *Review of Economic Studies*, v. 47(5), p. 857-850, 1980.

DEBREU, Gerard. *Theory of value: an axiomatic analysis of economic equilibrium*. New Haven: Yale University Press, 1959.

HARDIN, Garrett. The tragedy of the commons. *Science*, v. 162(3859), p. 1243-1248, 1968.

GROOVES, Theodore. Incentive in Teams. *Econometrica*, v. 41(4), p. 617-631, 1973.

HURWICZ, Leonid. The design of mechanisms for resource allocation. *The American Economic Review*, v. 63(2), p. 1-30, 1973.

MAS-COLELL, A., WHINSTON, M. D. & GREEN, J. R. *Microeconomic Theory*. Nova York: Oxford University Press, 1995.

MASKIN, Eric. Nash equilibrium and welfare optimality. *Review of Economic Studies*, v. 66(1), p. 23-38, 1999.

MYERSON, Roger B. Incentive incompatibility and the bargaining problem. *Econometrica*, v. 47(1), p. 61-73, 1979.

NORTH, Douglass C. Institutions. *The Journal of Economic Perspectives*, v. 5(1), p. 97-112, 1991.

NORTH, Douglass C. *Institutions, institutional change and economic performance*. Cambridge, MA: Cambridge University Press, 1990.

OSTROM, Elinor. *Governing the commons*: the evolution of institutions for collective action. Cambridge, MA: Cambridge University Press, 1990.

PIGOU, A. C. *The economics of welfare*. Londres: Macmillan & Co., 1932.

POSNER, Richard A. Theories of economic regulation. *The Bell Journal of Economics and Management Science*, v. 5(2), p. 335-358, 1974.

STIGLER, George J. The theory of economic regulation. *The Bell Journal of Economics and Management Science*, v. 2(1), p. 3-21, 1971.

A EXIGÊNCIA DE PROGRAMAS DE *COMPLIANCE* E INTEGRIDADE NAS CONTRATAÇÕES PÚBLICAS

Rafael Carvalho Rezende Oliveira

Pós-doutor pela *Fordham University School of Law (New York)*. Doutor em Direito pela UVA/RJ. Mestre em Teoria do Estado e Direito Constitucional pela PUC/RJ. Especialista em Direito do Estado pela UERJ. Professor Titular de Direito Administrativo do IBMEC. Professor do Programa de Pós-graduação *Stricto Sensu* em Direito - Mestrado e Doutorado do PPGD/UVA. Professor de Direito Administrativo da EMERJ. Professor dos cursos de Pós-Graduação da FGV e Cândido Mendes. Membro do Instituto de Direito Administrativo do Estado do Rio de Janeiro (IDAERJ). Presidente do Conselho editorial interno da Revista Brasileira de *Alternative Dispute Resolution* (RBADR). Membro da lista de árbitros do Centro Brasileiro de Mediação e Arbitragem (CBMA). Procurador do Município do Rio de Janeiro. Advogado, árbitro e consultor jurídico. Sócio fundador do escritório Rafael Oliveira Advogados Associados. E-mail: contato@roaa.adv.br.

Jéssica Acocella

Mestre em Direito pela UERJ. Advogada do BNDES. E-mail: jessacocella@yahoo.com.br.

Sumário: 1. Introdução – 2. A utilização da licitação como instrumento de indução – 3. O pioneirismo dos estados-membros na exigência de programas de integridade para as empresas contratadas pela administração pública; 3.1 *Compliance* e integridade no ordenamento jurídico brasileiro; 3.2 A Lei 7.753/2017, do Estado do Rio de Janeiro ("ERJ"), e a Lei 6.112/2018, do Distrito Federal ("DF"), alterada pela Lei 6.308/2019; 3.3 As demais Leis estaduais; 3.4 *Compliance* na Lei 14.133/2021 (nova Lei de Licitações) – 4. O difícil balanceamento entre o papel regulatório e de incentivo das licitações públicas e a desejável obtenção da proposta economicamente mais vantajosa pela administração – 5. Conclusão – 6. Referências.

1. INTRODUÇÃO

A ingerência estatal sobre a atuação dos agentes econômicos privados é, tradicionalmente, justificada pelas ideias de poder de polícia, de império e da primazia, a *priori*, dos interesses da coletividade sobre os direitos meramente individuais, em benefício "dos mais variados setores da sociedade, tais como segurança, moral, saúde, meio ambiente, defesa do consumidor, patrimônio cultural, propriedade"[1].

Entretanto, essas concepções clássicas que, durante muito tempo, justificaram as mais variadas e drásticas ingerências estatais sobre o particular vêm sendo paulatinamente superadas e substituídas por outras modernas noções voltadas à solidariedade, à cooperação e a uma relação menos verticalizada entre Estado e sociedade.

Nesse sentido, apesar de a intervenção pública – notadamente por meio do sistema normativo – invocar até hoje um papel crucial no desempenho de ativi-

---

1. DI PIETRO, 2008, p. 108.

dades privadas e econômicas, em razão, por exemplo, da demanda por bem-estar social e por políticas distributivas[2], as transformações no modelo de Estado passaram a demandar um novo fundamento de legitimidade que possa embasar a previsão sobre onde, quando e em que intensidade a interferência estatal vai (e poderá) ocorrer.

Assim, se, de um lado, mudanças estruturais significativas no modo de governança coincidiram com a limitação do papel do Estado intervencionista, de outro, as mesmas transformações resultaram no aumento do poder normativo e, com isso, na ascensão de um novo modelo de Estado regulador, que veio a demandar a adaptação de estruturas tradicionais a novas estratégias regulatórias.

No entanto, tem-se observado, com certa frequência, uma distorção do processo de implementação da regulação, que demonstra ser (total ou parcialmente) incompatível com os defeitos e falhas de mercado que se quer, por meio das medidas implementadas, sanar. E isso acaba por resultar, sobretudo pela ausência de racionalidade da política regulatória, na impossibilidade de alcance dos objetivos a princípio pretendidos e, consequentemente, na crise de legitimidade dos programas regulatórios e da confiança sobre eles depositados pelos agentes privados afetados.

Há, com isso, a necessidade de definir de que forma cada setor e atividade econômica são mais eficientemente regulados – isto é, em qual extensão e com qual intensidade.[3] Observa-se que, em determinadas atividades, o modelo de regulação que, em vez de impor determinados padrões, procura induzir o comportamento dos agentes envolvidos em direção a práticas socialmente desejáveis, lançando mão de mecanismos de coordenação estratégica de interesses, pode mostrar-se mais adequado para o alcance dos objetivos formulados. Em resumo, um modelo de indução, em substituição a um modelo rígido e coercitivo, ao incentivar o estabelecimento de um sistema de cooperação voluntária, pode melhor atender aos objetivos de eficiência, racionalidade e legitimidade da atividade estatal.

E, justamente nesse cenário de ascensão de um novo modelo regulatório e de incentivo, insere-se a utilização da licitação como instrumento de indução a práticas e resultados social e economicamente desejáveis. Isso porque, em vez do mero arranjo convencional marcado pela imposição de deveres e obrigações aos agentes que interagem com a Administração Pública, a licitação vem sendo progressivamente incluída em um sistema mais complexo de coordenação entre interesses privados e metas coletivas mais amplas.

---

2. SUNSTEIN, 1990, p. 408.
3. Nessa linha, vale destacar a relevante observação feita por Reich (1985, p. 21): "o que pode estar correto para um tipo de regulação pode não estar correto para outro tipo". Isso porque, segundo ele, a análise econômica da regulação deve ser "cuidadosamente feita na avaliação de mercados específicos, das falhas de mercado originais que levaram à ação regulatória e das disfunções adicionais que a própria regulação gerou".

2. A UTILIZAÇÃO DA LICITAÇÃO COMO INSTRUMENTO DE INDUÇÃO

Partindo-se da premissa de que a norma jurídica incide, ao menos de modo indireto, nas escolhas estratégicas formuladas pelos agentes privados (que adotarão, em geral, aquelas que lhes forem economicamente mais vantajosas), cumpre verificar em que medida o sistema jurídico atual incentiva os indivíduos a reagirem conforme as preferências estatais.

No âmbito específico da atividade licitatória, tal esforço de adequação das racionalidades individuais dos agentes de mercado tem crescentemente conduzido à adoção dos processos de compra da Administração Pública com a finalidade de serem promovidos objetivos especialmente tutelados pela ordem jurídica, que vão além da seleção da proposta economicamente mais vantajosa.

Aproveitando-se, assim, de seu grande potencial de mobilização de diversos setores da economia – no Brasil, estima-se que as licitações públicas movimentem o montante de cerca de 10% do Produto Interno Bruto (PIB) nacional[4] –, os entes e entidades públicos têm crescentemente inserido em seus editais de licitação requisitos de participação e exigências voltados à qualidade do objeto licitado, com o objetivo principal de fomentar determinados setores, atividades ou práticas de mercado. Com isso, critérios outros, além do menor preço, vêm sendo cada vez mais incorporados aos processos licitatórios para fins de seleção do parceiro privado, tais como o atendimento a critérios de eficiência, respeito ao meio ambiente, aos direitos humanos, sociais e trabalhistas.

Isso porque esse grande poder de influência que as compras públicas, em razão de seu volume, exercem sobre a economia acaba induzindo o mercado fornecedor a se conformar às novas exigências balizadoras dos processos seletivos da Administração Pública, gerando, como resultado, repercussão significativa sobre a atuação da iniciativa privada e importantes transformações em cadeia. Caso contrário, a não adequação dos agentes envolvidos às novas diretrizes licitatórias terá, como consequência inevitável, sua exclusão do profícuo mercado representado pelo Estado-consumidor.

3. O PIONEIRISMO DOS ESTADOS-MEMBROS NA EXIGÊNCIA DE PROGRAMAS DE INTEGRIDADE PARA AS EMPRESAS CONTRATADAS PELA ADMINISTRAÇÃO PÚBLICA

Nesse cenário de crescente atribuição de função extraeconômica (ou função regulatória) às licitações, um novo papel vem sendo amplamente atribuído aos processos de contratação da Administração Pública, com destaque para a iniciativa pioneira de alguns entes da Federação que instituíram a obrigatoriedade de implementação ou existência de programas de integridade nas empresas contratadas, com

---

4. Dado constante do relatório Econômico OCDE – Brasil – fevereiro 2018. Disponível em: <https://epge.fgv.br/conferencias/apresentacao-do-relatorio-da-ocde-2018/files/relatorios-economicos-ocde-brasil-2018.pdf>. Acesso em: 26 abr. 2021.

o objetivo de coibir a prática de atos lesivos à Administração Pública (notadamente atos de fraude e corrupção) no âmbito das diversas interações público-privadas, e fomentar a adoção pelo mercado das melhores práticas de *compliance* e governança.

Com o Estado do Rio de Janeiro na vanguarda (Lei 7.753/2017), passando, em sequência, pelo Distrito Federal (Lei 6.112/2018) e pelos Estados do Rio Grande do Sul (Lei 15.228/2018), Amazonas (Lei 4.730/2019), Goiás (Lei 20.489/2019) e Pernambuco (Lei 16.722/2019), tal exigência tem, de fato, se mostrado tendência.

Ressalvadas as diferenças pontuais entre as disposições de cada diploma legal, as referidas leis estaduais estabelecem, de forma geral, a obrigatoriedade de implementação de programa de integridade em pessoas jurídicas que firmem relação contratual de qualquer natureza com a Administração Pública.

Recentemente, seguindo na mesma linha, a nova Lei de Licitações e Contratos Administrativos (Lei 14.133/2021[5]) estabelece que:

> Art. 25 (...) § 4º Nas contratações de obras, serviços e fornecimentos de grande vulto, o edital deverá prever a obrigatoriedade de implantação de programa de integridade pelo licitante vencedor, no prazo de 6 (seis) meses, contado da celebração do contrato, conforme regulamento que disporá sobre as medidas a serem adotadas, a forma de comprovação e as penalidades pelo seu descumprimento.

Conforme será destacado adiante, além da obrigatoriedade de instituição de programas de integridade nas contratações de grande vulto, a nova Lei de Licitações estabelece, em outros momentos, incentivos para instituição dos referidos programas por empresas contratadas pela Administração Pública, independentemente do valor do ajuste.

Por sua vez, o PL 7.149/2017, atualmente em tramitação na Câmara dos Deputados, propõe a alteração da Lei 12.846/2013 (Lei Anticorrupção) para estabelecer diretrizes a serem observadas nos programas de *compliance* implantados pelas empresas que contratam com a Administração Pública. Conforme disposto nas justificativas do PL, o objetivo da alteração proposta é obrigar as empresas que celebram contrato com a Administração a implantarem programas de *compliance* visando o combate à corrupção, nos seguintes termos:

> Art. 4º-A. As pessoas jurídicas que celebrarem contrato com a administração pública deverão desenvolver programas de *compliance* a serem observados na definição de todas as estratégias da empresa.
>
> Art. 4-B. Os programas de *compliance* deverão observar as seguintes diretrizes: (...)

---

5. Registre-se que, apesar de vigente deste a data de sua publicação (01.04.2021), o legislador estabeleceu uma espécie de "regime de transição" pelo prazo de 2 (dois) anos, período no qual a nova lei de Licitações conviverá com as Leis 8.666/1993, 10.520/2002 e 12.462/2011, exceto quanto às disposições penais da Lei 8.666/1993, que foram revogadas de imediato. Durante o referido período, a Administração Pública poderá optar pela aplicação do novo marco regulatório ou da legislação tradicional, devendo ser indicada no edital de licitação a opção escolhida e vedada a aplicação combinada das citadas leis (art. 191 da Lei 14.133/2021).

A EXIGÊNCIA DE PROGRAMAS DE *COMPLIANCE* E INTEGRIDADE NAS CONTRATAÇÕES PÚBLICAS

Esse novo arcabouço legal enseja, porém, uma série de indagações e reflexões, notadamente no que diz respeito à razoabilidade e adequação das novas exigências para o efetivo alcance dos objetivos pretendidos, notadamente a maior transparência das contratações públicas e o combate a prática de irregularidades, desvios de ética, de conduta e de fraudes no âmbito das diversas avenças público-privadas.

3.1 *Compliance* e integridade no ordenamento jurídico brasileiro

No Brasil, a promulgação da Lei 12.846, de 1º de agosto de 2013, que dispõe sobre a responsabilização administrativa e civil de pessoas jurídicas pela prática de atos contra a Administração Pública, nacional ou estrangeira, revelou o esforço, com sinal positivo, para a ambiência de uma nova era de negócios e de relacionamento do Poder Público com o setor privado, em que a reputação de uma organização passa a ter valor econômico e no qual propina, suborno e congêneres deixam de ser 'custo' operacional de negócios para se tornarem infração prevista em lei.

Com o objetivo, assim, de responsabilizar, de forma objetiva, as pessoas jurídicas consideradas responsáveis por atos lesivos que atentem contra o patrimônio público nacional ou estrangeiro, contra princípios da Administração Pública ou contra os compromissos internacionais assumidos pelo Brasil (art. 4º), a lei estabelece as sanções aplicáveis, em cuja dosimetria devem ser levadas em consideração, entre outros critérios, "a existência de mecanismos e procedimentos internos de integridade, auditoria e incentivo à denúncia de irregularidades e a aplicação efetiva de códigos de ética e de conduta no âmbito da pessoa jurídica" (art. 7º, VIII).

A esse respeito, o Decreto federal 8.420, de 18 de março de 2015, que regulamenta a Lei Anticorrupção, define, como programa de integridade, o "conjunto de mecanismos e procedimentos internos de integridade, auditoria e incentivo à denúncia de irregularidades e na aplicação efetiva de códigos de ética e de conduta, políticas e diretrizes com objetivo de detectar e sanar desvios, fraudes, irregularidades e atos ilícitos praticados contra a administração pública, nacional ou estrangeira" (art. 41).

Atualmente, o mercado financeiro é o que se encontra mais avançado no tema, no qual a implementação de programas de integridade já se transformou em exigência regulatória por meio da Resolução 4.595, de 28 de agosto de 2017, do Banco Central do Brasil, nos seguintes termos:

> Art. 2º As instituições mencionadas no art. 1º devem implementar e manter política de conformidade compatível com a natureza, o porte, a complexidade, a estrutura, o perfil de risco e o modelo de negócio da instituição, de forma a assegurar o efetivo gerenciamento do seu risco de conformidade.

Este movimento vem, porém, se expandindo para outros setores e diversas inovações normativas vêm sendo propostas num esforço legislativo de incentivar amplamente as instituições privadas à adoção de medidas de *compliance* e integridade, independentemente do porte e da atividade, e sejam elas entidades do terceiro setor, sejam empresas de capital aberto ou fechado. Tramitam, hoje, perante o Senado e a

Câmara dos Deputados alguns projetos de lei, a exemplo do PL 10.219, de 2018, que propõe a alteração da Lei 9.096/1995, para dispor sobre responsabilidade objetiva dos partidos políticos pela prática de atos contra a Administração Pública e para estabelecer que, na aplicação de penas, seja considerada a existência de mecanismos internos de *compliance*.

Na esteira dessas mudanças, o Estado do Rio de Janeiro e o Distrito Federal assumiram a dianteira e editaram, em 2017 e 2018, as respectivas normas que exigem que as empresas contratadas pela respectiva Administração Pública direta, indireta e fundacional apresentem política interna de integridade, tendência seguida por outros Estados-membros (mencionados acima) e que possivelmente se tornará regra também no âmbito das contratações federais.

A medida é relevante e merece um estudo cuidadoso, sempre tendo em vista a finalidade primordial de qualquer processo de contratação da Administração Pública: sua vantajosidade econômica e a obtenção eficiente do interesse estatal pretendido.[6]

3.2 A Lei 7.753/2017, do Estado do Rio de Janeiro ("ERJ"), e a Lei 6.112/2018, do Distrito Federal ("DF"), alterada pela Lei 6.308/2019

Em razão do pioneirismo das duas normas, analisemos, de forma mais detida e comparada, as leis fluminense e distrital, que deram o pontapé inicial na exigência de programa de integridade às empresas que celebrarem contrato, consórcio, convênio, concessão, parceria público-privado ou avença similar com o Estado do Rio de Janeiro ou o DF.[7]

Como já dito, a exigência em questão tem como finalidade proteger a Administração Pública dos atos lesivos que resultem em prejuízos financeiros causados por irregularidades, desvios de ética e de conduta e fraudes contratuais; garantir a execução dos contratos em conformidade com as normas aplicáveis; reduzir os riscos inerentes aos contratos, provendo maior segurança e transparência na sua consecução; bem como obter melhores desempenhos e garantir a qualidade nas relações contratuais.

---

6. De acordo com Marçal Justen Filho (2009, p. 64): "Em regra, a vantagem relaciona-se com a questão econômica. O Estado dispõe de recursos escassos para custeio de suas atividades e realização de investimento. Portanto, e sem qualquer exceção, a vantagem para o Estado se relaciona com a maior otimização na gestão de seus recursos econômico-financeiros. O Estado tem o dever de realizar a melhor contratação sob o ponto de vista da economicidade. Isso significa que a contratação comporta avaliação como modalidade de relação custo-benefício. A economicidade é o resultado da comparação entre encargos assumidos pelo Estado e direitos a ele atribuídos, em virtude da contratação administrativa. Quanto mais desproporcional em favor do Estado o resultado dessa relação, tanto melhor atendido estará o princípio da economicidade. A economicidade exige que o Estado desembolse o mínimo e obtenha o máximo e o melhor".
7. Abordamos o pioneirismo dos programas de integridade nas contratações públicas estaduais em outra oportunidade (OLIVEIRA; ACOCELLA, 2021, p. 73-98).

Podemos debater, no entanto, se a finalidade pretendida resta efetivamente atendida por meio da exigência estabelecida, isto é, se se trata de instrumento adequado, razoável e necessário para resguardar a lisura nas contratações públicas.

No que diz respeito à lei do ERJ, em primeiro lugar, vale examinar a sua abrangência, que sujeita todas as contratações cujos limites em valor sejam superiores a R$ 1.500.000,00 para obras e serviços de engenharia, e R$ 650.000,00 para compras e serviços, mesmo que na forma de pregão eletrônico.[8] Por sua vez, a lei distrital estabelece, como limite superior, o montante de R$ 5.000.000,00, após alteração incluída pela Lei 6.308/2019.

As normas em questão, porém, ao estenderem a exigência a contratações de menor vulto (notadamente a lei do ERJ), tendem a onerar excessivamente o contratado e assoberbar em demasia a já complexa – e tendente a falhas – fiscalização contratual, comprometendo os resultados pretendidos, seja no que diz respeito à execução do seu objeto, seja quanto à prevenção contra fraudes e irregularidades.[9]

Nesse ponto, aliás, também é questionável a atribuição conferida, pela Lei 7.753/2017, ao gestor ou ao fiscal do contrato (art. 11) para fiscalizar a existência e implantação do Programa de Integridade por parte de cada empresa contratada pela Administração Pública estadual. Ocorre que o gestor de contrato, figura essencial da etapa de execução contratual, tem, como função principal, acompanhar o cumprimento, de forma proativa e preventiva, das regras e especificações técnicas estabelecidas no ajuste, assegurando a eficiência da contratação.

Ou seja, dentre uma gama de outras atividades, cabe ao gestor do Contrato: controlar os prazos contratuais; verificar a entrega de materiais, execução de obras ou a prestação de serviços; controlar todas as ocorrências relacionadas com a execução do contrato, determinando o que for necessário à regularização das faltas ou defeitos observados; atestar as notas fiscais emitidas pelo contratado; e acompanhar o cumprimento do cronograma físico-financeiro.

Assim, além da amplitude de funções técnicas, administrativas e operacionais que já cabe ao gestor contratual, a lei lhe atribui adicionalmente, nos 16 incisos do art. 4º, uma infinidade de atividades relacionadas ao acompanhamento da execução do programa de integridade das empresas contratadas, que vai desde a avaliação do comprometimento da alta direção da pessoa jurídica até a análise dos registros contábeis que reflitam de forma completa e precisa as transações da pessoa jurídica, passando

---

8. MORENO; AVELAR; BORTOLINI. 2017.

9. Some-se a isso, na fixação dos referidos valores pela lei do Estado do Rio (R$ 1.500.000,00 e R$ 650.000,00), utilizou-se, como referência, os montantes previstos no art. 23 da Lei 8.666/93 para a adoção da modalidade concorrência, os quais, contudo, foram posteriormente atualizados pelo Decreto 9.412/2018, passando para os valores, respectivamente, de R$ 3.300.000,00 e R$ 1.430.000,00. Em que pese não se cogitar que o regulamento – editado posteriormente – atinja automaticamente a lei fluminense, certamente os valores adotados pela lei estadual já estão defasados (OLIVEIRA, 2018, p. 25-32). Aliás, a Lei 14.133/2021 (nova Lei de Licitações) não prevê o valor estimado da contratação como parâmetro para escolha da modalidade de licitação.

pela avaliação de ações comprovadas de promoção da cultura ética e de integridade por meio de palestras, seminários, workshops, debates e eventos da mesma natureza.

Difícil, portanto, crer ser razoável um único agente administrativo ser apto a acompanhar e fiscalizar todas essas atividades sem comprometer sua missão primordial de assegurar a adequada e eficiente execução contratual.

No mesmo sentido estabelecia a Lei do DF que, porém, após a alteração promovida pela citada Lei 6.308/2019, transferiu tal atribuição a órgão ou entidade fiscalizadora própria, definida em ato do chefe de poder respectivo, o que parece ser mais adequado, na medida em que torna a atividade de fiscalização mais especializada, ganhando, consequentemente, em eficiência e efetividade (art. 13). Passou-se a prever, ainda, a realização da fiscalização mediante o critério da dupla visita, sendo a primeira voltada prioritariamente para orientação quanto ao saneamento de eventuais desconformidades levantadas.

Outro possível questionamento à lei fluminense diz respeito ao prazo previsto para implantação do programa de integridade: 180 dias corridos a partir da data de celebração do contrato (art. 5º), o que nos leva a interpretar que as normas de *compliance* deverão ser estruturadas tendo em vista o vínculo contratual firmado com o ente estatal, o que é corroborado pelo disposto no art. 3º da Lei, que define programa de integridade como:

> (...) o conjunto de mecanismos e procedimentos internos de integridade, auditoria e incentivo à denúncia de irregularidades e na aplicação efetiva de códigos de ética e de conduta, políticas e diretrizes com o objetivo de detectar e sanar desvios, fraudes, irregularidades e atos ilícitos praticados contra a administração pública do Estado do Rio de Janeiro.

No entanto, para que seja possível a implementação de um programa de *compliance*, existem inúmeros desafios da realidade corporativa que precisam ser superados, tais como: a avaliação ética e dos valores institucionais; a cultura individual e organizacional; a burocratização dos processos, o contexto regulatório abrangente; os custos da implementação do programa e a realidade concorrencial. Conforme esclarecem Coimbra e Manzi, para a implementação de uma política de integridade, a instituição deverá elaborar, primeiramente, um programa fundamentado na sua realidade, cultura, atividade, área de atuação e local de operação, sobretudo mediante o implemento de políticas, elaboração de um Código de Ética, criação de comitê exclusivo, treinamento permanente e disseminação da cultura, monitoramento do risco de *compliance*, revisão periódica, incentivos, assim como a criação de canal confidencial para recebimento de denúncias[10].

Ou seja, estruturar e efetivamente executar uma política de integridade não constituem tarefa simples, envolvendo, ao contrário, uma demorada etapa de maturação da identidade da corporação para, então, convertê-la em um programa e criar um ambiente de *compliance*.

---

10. COIMBRA; MANZI. 2010, p. 20.

Dessa forma, apesar de não haver dúvidas sobre a importância do *compliance* para a boa governança das organizações, sua eficácia depende de um processo a ser estruturado de forma rigorosa e minuciosa, o que pode demandar períodos mais prolongados. Mais do que a criação de um programa, sem a disseminação de uma cultura de *compliance* a política pretendida dificilmente obterá êxito.

Mais uma vez, a Lei do DF continha redação semelhante, que foi também revogada pela recente Lei 6.308/2019. Passou-se a estabelecer – o que parece ser mais coerente com a finalidade pretendida – que a exigência do programa de integridade dar-se-á tão logo celebrada a avença pactuada, incluindo a prorrogação ou renovação da relação contratual.[11]

Outra importante alteração consistiu na revogação da disposição que tratava da abrangência da Lei 6.112/2018: nos termos do revogado art. 2º, II, a exigência incidia inclusive aos contratos já em vigor com prazo de duração superior a 12 meses. Ou seja, as empresas já contratadas passariam a ter de estruturar e implementar programa de *compliance*, obrigação contratual não prevista originalmente. Tratava-se, pois, de hipótese de alteração contratual em razão da configuração de fato do príncipe, isto é, de álea econômica extraordinária e extracontratual, ensejando a incidência do art. 65, II, "d" da Lei 8.666/1993.[12]

Como se sabe, porém, a imposição de nova obrigação contratual tende a gerar novos custos à Contratada e, consequentemente, a quebra do equilíbrio econômico-financeiro inicial do pacto celebrado[13]. Agiu bem, portanto, o legislador distrital ao subtrair mais esta previsão.[14]

---

11. Note-se que o prazo de 180 dias foi mantido apenas no que diz respeito à vigência da relação contratual, isto é, a exigência em questão apenas será realizada em face das empresas contratadas que firmarem relação contratual com prazo de validade ou de execução igual ou superior a 180 dias.

12. Lei 8.666/1993: "Art. 65. Os contratos regidos por esta Lei poderão ser alterados, com as devidas justificativas, nos seguintes casos: (...) II – por acordo das partes: (...) d) para restabelecer a relação que as partes pactuaram inicialmente entre os encargos do contratado e a retribuição da administração para a justa remuneração da obra, serviço ou fornecimento, objetivando a manutenção do equilíbrio econômico-financeiro inicial do contrato, na hipótese de sobrevirem fatos imprevisíveis, ou previsíveis porém de consequências incalculáveis, retardadores ou impeditivos da execução do ajustado, ou, ainda, em caso de força maior, caso fortuito ou fato do príncipe, configurando álea econômica extraordinária e extracontratual."

13. A respeito das hipóteses cuja configuração demanda o reequilíbrio econômico-financeiro do contrato, o TCU expõe que "Segundo a Lei 8.666/1993, estariam aptos a desequilibrar a balança econômico-financeira estabelecida na assinatura do contrato todos os fatos imprevisíveis ou previsíveis, porém de consequências incalculáveis, desde que retardadores ou impeditivos da execução do ajustado. A aludida lei segue ao especificar algumas das hipóteses, como força maior, caso fortuito e fato do príncipe. (...):
(...) b) fato do príncipe: toda a determinação estatal, positiva ou negativa, geral, imprevista ou imprevisível que onera substancialmente a execução do contrato. Caracteriza-se por um ato geral do Poder Público, como a proibição de importar determinado produto e a indenização do expropriado por utilidade pública. 34. Em todos os casos, a teoria da imprevisão consiste no reconhecimento de que eventos novos, imprevistos e imprevisíveis pelas partes e a elas não imputados, refletindo sobre a economia ou na execução do contrato, autorizam sua revisão para ajustá-lo à sua situação superveniente." (Acórdão 1431/2017, Plenário, Rel. Min. Vital do Rêgo).

14. Mensurar o custo do programa de *compliance* não é tarefa fácil e demanda a consideração de diversos fatores, tais como: a necessidade de infraestrutura tecnológica; as competências técnicas dos profissionais de *compliance*, a educação corporativa abrangente; a integração do *compliance* com as áreas de negócio da

Importante ressaltar, ainda, que, diferente do que se deu até o momento no âmbito do ERJ, a Lei 6.112/2019, do DF, foi regulamentada por meio do Decreto 40.388, de 14 de janeiro de 2020, que dispõe sobre a avaliação dos programas de integridade das pessoas jurídicas que celebrem pacto com a Administração Pública direta ou indireta.

Analisadas, assim, as primeiras leis que passaram a tratar, no nosso Direito Administrativo, da exigência de programa de integridade no âmbito das contratações pública e seus pontos de maior polêmica, passemos a examinar brevemente as posteriores leis estaduais que caminharam no mesmo sentido.

3.3 As demais Leis estaduais

Não obstante a reprodução, em grande medida, do conteúdo encontrado nos diplomas legais do Estado do Rio de Janeiro (Leis 7.753/2017) e do DF (Lei 6.112/2018), vale pontuar brevemente algumas especificidades das normas legais posteriormente promulgadas por outros Estados da Federação.

(i) Lei 15.228/2018 – RS

No Estado do Rio Grande do Sul, a exigência de programa de integridade na celebração das avenças público-privadas está inserida na lei estadual que dispõe, de forma mais ampla, sobre a aplicação, no âmbito da Administração Pública estadual, da Lei 12.846 (Lei Anticorrupção).

Nessa linha, estabelece que o não cumprimento da obrigação contratual em questão acarreta a impossibilidade de nova contratação da empresa com o Estado até a sua regular situação, bem como a sua inscrição junto ao Cadastro Informativo das pendências perante órgãos e entidades da Administração Pública estadual – CADIN/RS, de que trata a Lei 10.697/1996.

(ii) Lei 4.730/2019 – AM

No âmbito do Estado do Amazonas, a respectiva lei estabelece, ao contrário do que se dá, por exemplo, no ERJ, que a avaliação do programa de integridade apresentado pela empresa contratada será efetuada por comissão formada por três membros, com a seguinte formação: um membro oriundo da Controladoria-Geral do Estado, que exercerá a função de Presidente da comissão; um membro oriundo da Procuradoria-Geral do Estado, que exercerá a função de Vice-Presidente; e um membro oriundo da Secretaria da Fazenda.

Portanto, confere-se a órgão constituído especificamente para essa finalidade e com a necessária expertise a complexa função consistente na análise da adequação

---

corporação; harmonização dos stakeholders, administração e exigências regulatórias; e custos de manutenção e governança (COIMBRA; MANZI. 2010, p 103).

do programa de integridade do parceiro privado, ficando incumbida ao gestor do contrato tão somente a fiscalização da implementação do programa. Com isso, aprimora-se o processo de verificação do efetivo atendimento das exigências relacionadas às obrigações de integridade da contratada.

(iii) Lei 20.489/2019 – GO

A Lei do Estado de Goiás que dispõe sobre o tema não apresenta particularidades relevantes em relação às demais leis estaduais. Estabelece uma série de medidas de integridade a ser observada pela empresa contratada em seu programa, que será avaliada, nos moldes da Lei do DF, por meio da apresentação de relatório do perfil e relatório de conformidade do programa.

Não prevê, no entanto, qual a autoridade responsável por sua análise e fiscalização, isto é, se o próprio gestor do contrato ou se outro órgão constituído especificamente para essa função.

(iv) Lei 16.722/2019 – PE

Por fim, no que diz respeito à lei pernambucana, publicada no final de 2019, chama atenção disposição que trata da eficácia postergada e abrangência da norma, de acordo com o objeto contratual, nos seguintes termos:

> Art. 6º A implementação de Programa de Integridade será exigida das pessoas jurídicas contratadas em razão da celebração, aditamento ou alteração de:
>
> I – contratos de obras, de serviços de engenharia, e de gestão com a administração pública firmados a partir de 1º de janeiro de 2021, desde que possuam o valor global da contratação igual ou superior a R$ 10.000.000,00 (dez milhões de reais);
>
> II – contratos de obras, de serviços de engenharia, e de gestão com a administração pública firmados a partir de 1º de janeiro de 2023, desde que o valor global da contratação seja igual ou superior a R$ 5.000.000,00 (cinco milhões de reais); e
>
> III – contratos administrativos em geral, não previstos nos incisos I e II, firmados a partir de 1º de janeiro de 2024, desde que o valor global da contratação seja igual ou superior a R$ 10.000.000,00 (dez milhões de reais).

Nota-se, portanto, que a exigência instituída pela lei de 2019 passa a valer a partir dos anos de 2021, 2023 e 2024, de acordo com o objeto contratual e o porte da contratação, tendo sido conferido um período de ajustamento do mercado às novas exigências para contratação com o poder público. Adicionalmente, o valor contratual utilizado como referência é bastante superior (R$ 5 e 10 milhões) em comparação com o previsto nas demais leis aqui analisadas, que, de forma geral, adotam como critério o valor previsto para a utilização da modalidade de licitação concorrência.

Mais uma disposição que se destaca de forma positiva na lei pernambucana diz respeito à competência para fiscalização da implantação do programa de integridade pela empresa contratada, cabendo à Secretaria da Controladoria Geral do Estado e às unidades de controle interno do órgão ou entidade contratante, a depender do caso. A esses órgãos fiscalizadores caberá: emitir certificado, com validade de 2 anos, de regularidade do programa de integridade, caso atingida a pontuação mínima estabelecida em regulamento; identificar a necessidade de adequações no programa de integridade, hipótese em que a contratada será notificada para promover adequações em até 60 (sessenta) dias; e proferir despacho final, quando verificada a sua desconformidade.

E, a fim de ser conferida ampla transparência e publicidade à política de integridade da empresa contratada, a mesma é obrigada a disponibilizar, em seu sítio eletrônico na internet, o teor do contrato administrativo ou de gestão, o organograma da empresa, contendo o nome completo de toda a diretoria administrativa, financeira e operacional, bem como a composição do seu quadro societário, indicando-se as pessoas responsáveis pela gestão e monitoramento do programa de integridade.

Percebe-se, portanto, que a lei do Estado de Pernambuco, última das citadas normas a ser publicada, resultou num aperfeiçoamento das anteriores, prevendo disposições mais razoáveis e adequadas às finalidades pretendidas: prover maior segurança e transparência às contratações públicas; otimizar a qualidade da execução contratual; evitar prejuízos financeiros para a Administração Pública, decorrentes da prática de irregularidades, desvios de ética, de conduta e de fraudes na celebração e na execução de contratos; e assegurar que a execução dos contratos se dê em conformidade com as normas legais e regulamentares aplicáveis a cada atividade contratada.

3.4   *Compliance* na Lei 14.133/2021 (nova Lei de Licitações)

Como brevemente mencionado supra, o art. 25, § 4º, da Lei 14.133/2021 inovou na regulação da matéria em âmbito federal, estabelecendo, também em linha com a tendência de se utilizar os procedimentos de contratação pública como ferramenta de indução à incorporação de políticas de *compliance* pelo mercado, o dever de se prever, nos editais da Administração Pública federal para contratações de grande vulto, a obrigatoriedade de implantação de programa de integridade pelo licitante vencedor, conferindo-se o prazo de até 6 (seis) meses após a celebração do contrato.

Acerca da nova previsão podemos destacar alguns pontos relevantes:

(i) a exigência se limitará às denominadas *contratações de grande vulto*, isto é, aquelas cujo valor estimado superar R$ 200 milhões (art. 6º, XXII); e

(ii) deverão ser estabelecidas, em regulamento, as medidas a serem adotadas, a forma de comprovação e as penalidades pelo seu descumprimento.

Mas não é só isso.

A nova Lei de Licitações demonstra a sua preocupação com a criação de incentivos à instituição de programas de integridade nas empresas participantes de licitações e de contratações públicas em outras passagens, a saber:

(i) o desenvolvimento pelo licitante de programa de integridade, conforme orientações dos órgãos de controle, constitui critério de desempate nos certames (art. 60, IV);

(ii) na aplicação de sanções em razão de infrações administrativas previstas na Lei de Licitações será considerada, dentre outros critérios, a implantação ou aperfeiçoamento de programa de integridade, conforme normas e orientações dos órgãos de controle (art. 155, § 1º, V).

(iii) a sanção pelas infrações previstas no art. 155, VIII (apresentação de declaração ou documentação falsa exigida para o certame ou de declaração falsa durante a licitação ou a execução do contrato) e XII (prática de ato lesivo previsto no art. 5º da Lei Anticorrupção), exigirá, como condição de reabilitação do licitante ou contratado, a implantação ou aperfeiçoamento de programa de integridade pelo responsável (art. 163, parágrafo único). Aqui, é importante destacar que a exigência de programa de integridade para reabilitação do licitante nos casos indicados pelo legislador representa importante incentivo para o autossaneamento (*self-cleaning*) das empresas punidas que deverão adotar medidas corretivas e preventivas, que reduzam o risco de prática de ilícitos, para recuperarem a sua condição de potencial contratante do Poder Público.[15]-[16]

No entanto, considerando-se que estamos tratando, aqui, da utilização das avenças públicas como ferramenta para o alcance de finalidades extraeconômicas, importante que façamos, para concluir, a seguinte análise: as exigências em questão podem comprometer a adequada execução contratual, bem como onerar injustificadamente a Administração Pública? Ou, ainda, é possível compatibilizar a exigência de programa de *compliance* com o papel primordial das licitações públicas relacionado à sua vantajosidade?

4. O DIFÍCIL BALANCEAMENTO ENTRE O PAPEL REGULATÓRIO E DE INCENTIVO DAS LICITAÇÕES PÚBLICAS E A DESEJÁVEL OBTENÇÃO DA PROPOSTA ECONOMICAMENTE MAIS VANTAJOSA PELA ADMINISTRAÇÃO

Em que pese a aparente boa intenção das leis analisadas acima como instrumentos de indução de práticas desejáveis de mercado, se, de um lado, o processo de criação do Direito deve voltar-se para uma atuação estratégica, capaz de afetar as escolhas individuais e canalizá-las na direção de critérios socioeconômicos relevantes, não se deve esquecer, de outro, as peculiaridades do entorno com que a política regulatória vai, em cada caso, interagir[17].

---

15. OLIVEIRA, 2021. p. 368.
16. As medidas de autossaneamento (*self-cleaning*) encontram previsão no direito comparado. Mencione-se, por exemplo, no direito comunitário europeu, o artigo 57º, item 6, da Diretiva 2014/24/EU. Disponível em: <https://eur-lex.europa.eu/legal-content/PT/TXT/?uri=celex%3A32014L0024>. Acesso em: 26 abr. 2021.
17. CALSAMIGLIA, 2001.

A esse respeito, Salomão Filho esclarece que o aparecimento ou não da cooperação é função direta da existência de condições (e instituições) que permitam seu desenvolvimento. Acrescenta, ainda, que as instituições requeridas pela cooperação devem ser as estritamente necessárias para criar as condições de seu aparecimento. E, uma vez criadas tais condições, o cumprimento das decisões públicas vai se fazer de forma natural, e não coercitiva.[18]

Importa verificar, transpondo-se, assim, esse raciocínio para a atividade licitatória, em que medida sua utilização como instrumento público de fomento ou de regulação pode acabar prejudicando o alcance de sua principal finalidade: a obtenção da proposta de preços mais vantajosa para a Administração, assegurada, sobretudo, pela mais ampla participação dos agentes econômicos interessados.

Isso porque, em primeiro lugar, o estabelecimento de determinados requisitos extraeconômicos que restringem a participação no certame licitatório tende a comprometer a competitividade e, consequentemente, a disputa entre os participantes por meio da redução dos respectivos preços ofertados à Administração. Ademais, quaisquer exigências e obrigações impostas ao contratado oneram a execução do objeto licitado, custos que, inevitavelmente, acabam sendo repassados para o órgão ou a entidade licitante.

Antes de ser proposta qualquer solução para esse conflito entre a economicidade da licitação e a promoção da medida de incentivo, o primeiro passo inevitável consiste em verificar o preciso conteúdo do dever que se impõe à Administração na busca da proposta mais vantajosa. Lógico é que a valoração da vantagem da proposta envolverá sempre uma avaliação econômica voltada para a busca do menor preço. No entanto, a mera vantagem financeira pode não se revelar suficiente ao alcance da finalidade almejada em concreto pela Administração, de forma que o critério de julgamento do menor preço não significa vedação ao estabelecimento de certas exigências também quanto à qualidade do objeto.

A maior vantagem revelar-se-á quando a Administração assumir o dever de realizar a prestação menos onerosa e o particular se obrigar a realizar a melhor e mais completa prestação. Configura-se, portanto, uma relação custo-benefício.

A esse respeito, o Tribunal de Contas da União já manifestou que:

> (...), proposta mais vantajosa não significa apenas preço mais baixo. Há que se considerar a tutela de outros valores jurídicos além do menor preço, como, por exemplo, o atendimento ao princípio da eficiência. Nada obstante, devo destacar que tal condição não abre caminho para contratação por qualquer patamar, como já ressaltado por essa Corte. O administrador continua a justificar os preços a que se propõe ajustar, e a demonstrá-los compatíveis também com as especificações dos serviços que serão prestados e com os profissionais que irão executá-los.[19]

---

18. SALOMÃO FILHO, 2002, p. 29-63.
19. CU, Acórdão 290/2006, Plenário. Relator Min. Augusto Nardes, julgamento: 15.03.2006.

Portanto, a análise em relação a quão vantajosa é a proposta deve levar em consideração, além do preço, outros fatores de igual relevo, como a eficiência e o aprimoramento técnico da contratação. Partindo-se, assim, dessa premissa – de que proposta mais vantajosa não equivale necessariamente àquela com menor preço – pode-se concluir que a atribuição de função indutora à licitação não afronta o seu escopo, mas, ao contrário, pode vir a incrementar a desejável qualidade das aquisições públicas. Entretanto, levando-se esse novo paradigma a um extremo, o objetivo econômico-financeiro da licitação pode acabar amplamente comprometido, atribuindo-se exagerada primazia a critérios extraeconômicos.[20]

Isso significa, portanto, a realização de uma análise de custo-benefício da medida de incentivo, isto é, uma análise comparativa entre os benefícios econômico-sociais que se quer por ela alcançar e os prejuízos que pode acabar impondo aos cofres públicos por meio de contratações mais onerosas.

Ou seja, a fixação de fatores de escolha do fornecedor contratado que vão além da escolha do menor preço deve se limitar a critérios diferenciadores razoáveis, passíveis de justificarem o tratamento desigual entre os interessados. E isso implicará a incidência do postulado da "vedação do excesso", a fim de que sejam adotadas tão somente as medidas estritamente necessárias ao alcance da finalidade pública pretendida.

Há que se atentar, ainda, para a necessidade e razoabilidade das exigências a serem impostas ao contratado. Isto é, havendo mecanismos igualmente adequados ao alcance do objetivo pretendido e menos onerosos, deve a Administração privilegiá-los.

Atualmente, já existem, por exemplo, instrumentos legais para acompanhamento da idoneidade das empresas contratadas pela Administração, como o Cadastro Nacional de Empresas Inidôneas e Suspensas (CEIS), disponibilizado pela CGU mediante consulta ao Portal da Transparência[21], contendo informações referentes às sanções administrativas impostas a pessoas físicas ou jurídicas que impliquem restrição ao direito de participar de licitações ou de celebrar contratos com a Administração Pública de qualquer esfera federativa (art. 43 do Decreto 8.420/2015).

No âmbito do Poder Judiciário, o Conselho Nacional de Justiça (CNJ), mantém, ainda, o Cadastro Nacional de Condenações Cíveis por Ato de Improbidade Administrativa e Inelegibilidade, instrumento utilizado no combate à corrupção, contendo informações sobre processos já julgados, que identificam entidades jurídicas ou pessoas físicas que tenham sido condenadas por improbidade, nos termos da Lei 8.429/1992 (Lei de Improbidade Administrativa).[22]

---

20. A partir da concepção da "função regulatória da licitação", o instituto na licitação não se presta, tão somente, para que a Administração realize a contratação de bens e serviços a um menor custo; o referido instituto tem espectro mais abrangente, servindo como instrumento para o atendimento de finalidades públicas outras, consagradas constitucionalmente (OLIVEIRA, 2018. p. 195).

21. Disponível em: <http://www.portaltransparencia.gov.br/>. Acesso em: 26 abr. 2021.

22. Disponível em: <https://www.cnj.jus.br/improbidade_adm/consultar_requerido.php>. Acesso em: 26 abr. 2021.

Esses instrumentos podem, assim, ser utilizados em qualquer processo de contratação da Administração Pública a fim de que a integridade do parceiro privado seja tanto verificada no processo licitatório como fiscalizada no decorrer da execução contratual, sem a imposição de um ônus excessivo que comprometa o objeto pretendido. Essa é, inclusive, a orientação do TCU, que recomendou, no Acórdão 1.793/2011, a verificação "durante a fase de habilitação das empresas, em atenção ao art. 97, caput e parágrafo único, da Lei 8.666/1993, além da habitual pesquisa já realizada no módulo Sicaf do sistema Siasg, a existência de registros impeditivos da contratação: 9.5.1.5.1. No Cadastro Nacional de Empresas Inidôneas e Suspensas/ CGU, disponível no Portal da Transparência (...); 9.5.1.5.2. por improbidade administrativa no Cadastro Nacional de Condenações Cíveis por Ato de Improbidade Administrativa disponível no Portal do CNJ."[23]

Não se pode deixar de ter em mente, ainda, que o Estado deve intervir – seja diretamente, seja por meio da atividade regulatória ou de fomento –, basicamente, quando houver falhas de mercado que se manifestem, entre outros fatores, por meio de competição insuficiente, externalidades negativas, assimetria de informações e altos custos de transação[24].

Diante disso, é possível perceber que as normas analisadas acima, editadas por entes estatais, exigem a institucionalização de *compliance* nas contratações de maior vulto econômico, o que parece razoável, uma vez que a aplicação da exigência nas contratações menos complexas e onerosas poderia acarretar o efeito perverso de afastar empresas potencialmente interessadas na contratação, em razão da elevação dos custos de transação.

5. CONCLUSÃO

Após aproximadamente uma década no Brasil, a disseminação da cultura de *compliance* ainda apresenta inúmeros desafios. Os custos financeiros decorrentes de sua implementação e a suposta dificuldade em se mensurar os seus benefícios e o valor que esta função agrega, bem como a complexidade do seu processo de estruturação influenciam, até hoje, na opção corporativa por se investir ou não em um programa de integridade.

Nesse sentido, revela-se essencial um ambiente regulatório que incentive o comprometimento do mercado na direção da conformidade. Diversas iniciativas governamentais e legislativas já vêm sendo adotadas nesse sentido, como relatado no estudo em tela. A eficiência de cada uma delas, porém, ficará condicionada à sua adequação e proporcionalidade aos objetivos pretendidos.

---

23. TCU, Acórdão 1.793/2011, Plenário, Rel. Min. Valmir Campelo, julgamento: 06.07.2011.
24. Por outro lado, há autores que atribuem ao Estado funções mais diretas na organização do mercado e condução da economia, a exemplo do professor Fabio Komparato, para quem a regulação do mercado tem no princípio da justiça social o seu fundamento de validade, e restrições à liberdade econômica estão vinculadas a três princípios constitucionais: legalidade, igualdade e proporcionalidade. Satisfeitas essas condições, o Estado teria uma margem de atuação ampla, incluindo a instituição de regimes regulatórios mais bruscos (COMPARATO, 1991. p. 24-28).

Como demonstrado, no caso específico da licitação como um instrumento de regulação em ascensão, sua adoção pode possibilitar ao poder público a indução de práticas social, ambiental e economicamente desejáveis, na medida em que: (i) consiste em uma importante compradora, usuária e consumidora de recursos; (ii) cria demanda, viabilizando a produção em larga escala e um efeito cascata sobre os fornecedores, multiplicando investimentos privados na direção desejada; e (iii) detém um significativo poder multiplicador, em razão da visibilidade de suas ações.

E, no que diz respeito às leis analisadas neste estudo, o vanguardismo dos Estados-membros e, mais recentemente, a nova Lei de licitações, revelam, nesse tocante, o crescente esforço de indução das organizações à adoção de sistemas de integridade. Porém, há que se ter cautela na sua adoção indiscriminada em todos e quaisquer processos de contratação da Administração Pública, na medida em que possa comprometer os objetivos primordiais do instituto licitatório: a vantajosidade e economicidade em prol dos cofres públicos, e a eficiente execução contratual.

6. REFERÊNCIAS

CALSAMIGLIA, Xavier. *Racionalidad individual y colectiva*: mecanismos económicos y jurídicos de articulación. Alicante, 2001.

COIMBRA, Marcelo de Aguiar; MANZI, Vanessa Alessi (Org.). *Manual de Compliance*. Preservando a boa governança e a integridade das organizações. São Paulo: Atlas, 2010.

COMPARATO, Fábio Konder. Regime constitucional do controle de preços. *Revista de Direito Público*, n. 9, SP/RJ, p. 24-28, jan.-mar. 1991.

DI PIETRO, Maria Sylvia Zanella. *Direito Administrativo*. São Paulo: Atlas, 2008.

JUSTEN FILHO, Marçal. *Comentários à Lei de Licitações e Contratos Administrativos*. 13. ed. São Paulo: Dialética, 2009.

MORENO, Maís; AVELAR, Mariana Magalhães; BORTOLINI, Rodrigo. *O Programa de Integridade no Rio de Janeiro: a nova lei 7.753, de 17 de outubro de 2017*. Disponível em: <https://www.migalhas.com.br/dePeso/16,MI267591,21048-O+Programa+de+Integridade+no+Rio+de+Janeiro+a+nova+lei+7753+-de+17+de>. Acesso em: 26 abr. 2019.

OLIVEIRA, Rafael Carvalho Rezende. *Nova lei de licitações e contratos administrativos*: comparada e comentada, Rio de Janeiro: Forense, 2021.

OLIVEIRA, Rafael Carvalho Rezende. *Licitações e contratos administrativos*. 7. ed. São Paulo: Método, 2018.

OLIVEIRA, Rafael Carvalho Rezende. Concorrência, tomada de preços e convite: os novos valores do Decreto 9.412/2018 e seus reflexos sistêmicos. *Solução em Licitações e Contratos*, n. 6, det./2018.

OLIVEIRA, Rafael Carvalho Rezende. ACOCELLA, Jéssica. A exigência de programas de *compliance* e integridade nas contratações públicas: os Estados-membros na vanguarda. In: OLIVEIRA, Rafael Carvalho Rezende; ACOCELLA, Jéssica (Coord.). *Governança corporativa e compliance*. 2. ed. Salvador: Juspodivm, 2021.

REICH, N. *Mercado y Derecho*. Trad. A. Font. Barcelona: Ariel, 1985.

SALOMÃO FILHO, Calixto (Coord.). *Regulação e Desenvolvimento*. São Paulo: Malheiros, 2002.

SUNSTEIN, C. *After the rights revolution*: reconceiving the Regulatory State. Harvard: Harvard University Press, 1990.

SOUTO, Marcos Juruena Villela. *Direito administrativo regulatório*. 2. ed. Rio de Janeiro: Lumen Iuris, 2005.

DESAFIOS E POSSIBILIDADES PARA A INCLUSÃO DA PESSOA COM DEFICIÊNCIA NA EMPRESA: O *COMPLIANCE* COMO INSTRUMENTO DE INCLUSÃO

Raquel Bellini de Oliveira Salles

Doutora e Mestre em Direito Civil pela Universidade do Estado do Rio de Janeiro (UERJ). Especialista em Direito Civil pela Università di Camerino – Itália. Coordenadora do projeto de extensão "Núcleo de Direitos das Pessoas com Deficiência" desenvolvido no âmbito da UFJF. Professora-Associada da Faculdade de Direito da Universidade Federal de Juiz de Fora (UFJF).

Arthur Rodrigues da Silva

Graduado em Direito na Universidade Federal de Juiz de Fora (UFJF). Atuou como aluno extensionista no "Núcleo de Direitos das Pessoas com Deficiência", da Faculdade de Direito da UFJF, de 2017 a 2019.

Sumário: 1. Introdução – 2. A pessoa com deficiência como empregada e a lei de cotas – 3. A pessoa com deficiência como empresária – 4. Inclusão, inovação e desenvolvimento econômico-social – 5. Instrumentos para a efetivação da inclusão da pessoa com deficiência na empresa e o papel do *compliance* – 6. Considerações finais – 7. Referências.

1. INTRODUÇÃO

A inclusão da pessoa com deficiência, especificamente no ambiente da empresa, é um assunto que já vem recebendo enfoque jurídico há um bom tempo no Brasil, sendo que a principal legislação reconhecida neste assunto é da década de 90. Trata-se da Lei 8.213 de julho de 1991 (também conhecida como "Lei de Cotas"), uma das principais formas de ingresso das pessoas com deficiência nas empresas[1], que estabelece regras claras sobre o dever legal do empresário de contratar uma porcentagem mínima de pessoas com deficiência a depender da quantidade de empregados.[2]

---

1. LIMA, A. S. de et al. Lei de Cotas e a (in)acessibilidade de pessoas com deficiência severa ao mercado de trabalho formal. In: FIUZA, César (Org.). *Temas relevantes sobre o Estatuto da Pessoa com Deficiência*. Salvador: Editora JusPodivm, 2018, p. 276-277.
2. Conforme se observa na referida norma, cresce o percentual à medida que aumenta o número de empregados: Art. 93. A empresa com 100 (cem) ou mais empregados está obrigada a preencher de 2% (dois por cento) a 5% (cinco por cento) dos seus cargos com beneficiários reabilitados ou pessoas portadoras de deficiência, habilitadas, na seguinte proporção: I) até 200 empregados...2%; II) de 201 a 500...3%; III) de 501 a 1.000...4%; IV) de 1.001 em diante...5%.

A progressiva atenção e tutela jurídica dada à inclusão deste grupo se intensificou no século XXI, tendo como seu ápice a Lei Brasileira de Inclusão (Lei 13.146 de julho de 2015), que trouxe uma série de garantias e proteções jurídicas às pessoas com deficiência em todas as esferas da vida, inclusive no que concerne ao direito ao trabalho, o que, por sua vez, relaciona-se diretamente à temática que se pretende abordar neste artigo. Referida lei teve sua promulgação motivada pela Convenção das Nações Unidas sobre os Direitos das Pessoas com Deficiência, que foi um marco jurídico para a garantia dos direitos humanos de tais pessoas no mundo todo.[3] Tal documento inovou ao instituir o modelo social da deficiência, segundo o qual é necessário, na observação da deficiência, que se associem impedimentos pessoais, de natureza mental, intelectual, física ou sensorial, aos obstáculos impostos ou provocados pela sociedade, sendo o rompimento destas barreiras imprescindível para o fim da exclusão e discriminação social das pessoas com deficiência.[4]

O novo paradigma busca entender a deficiência como resultado de uma interação entre os impedimentos pessoais, afetos a estruturas ou funções do corpo, e as barreiras presentes na sociedade, as quais impedem o exercício dos direitos pela pessoa com deficiência em condições de igualdade com as demais. É possível, assim, notar uma transposição de uma análise, antes restrita ao indivíduo, para uma nova concepção que considera a responsabilidade e o papel ímpar da sociedade no enfrentamento das deficiências.[5]

A perspectiva em voga é resultado da superação dos modelos da prescindência e médico ou de reabilitação. O primeiro vigorou majoritariamente durante a antiguidade e foi marcado pela exclusão da pessoa com deficiência. Tal modelo era carregado de um viés religioso, segundo o qual, à época, as pessoas com deficiência, além de serem consideradas inúteis para fins produtivos, comumente eram associadas a intervenções "diabólicas" e malignas das quais era necessário se livrar.[6] Por outro lado, o modelo médico, fruto da modernidade e dos avanços das pesquisas científicas, foi marcado pela compreensão da deficiência como produto de causas físicas e biológicas, sendo, desta forma, passível de reversão e reabilitação. Este modelo repousou em uma perspectiva estritamente individual e, segundo tal paradigma, a deficiência era vista como um "problema" do indivíduo que a possui[7], passível de tratamento e de cura. Entende-se atualmente superadas ambas as perspectivas justamente porque a deficiência deve ser compreendida e acolhida como manifestação da diversidade humana, sendo que seu enfrentamento deve ocorrer por meio da promoção da inclusão, proativamente pela sociedade.

---

3. A Convenção Internacional sobre os Direitos das Pessoas com Deficiência foi assinada em 2007, na cidade de Nova Iorque, com protocolo facultativo, e promulgada, no Brasil, em agosto de 2009, através do Decreto 6.949/09, sendo recepcionada no ordenamento jurídico interno com *status* de emenda constitucional, nos termos do art. 5º, § 3º, da Constituição Federal.

4. MADRUGA, S. *Pessoas com Deficiência e Direitos Humanos*. São Paulo: Saraiva, 2016. p. 196-197.

5. MADRUGA, S., op. cit., p. 196-197.

6. MADRUGA, S., op. cit., p. 34-35.

7. MADRUGA, S., op. cit., p. 35.

A Convenção buscou sedimentar o paradigma do modelo social que, sob a ótica garantista, visa efetivar os direitos humanos das pessoas com deficiência, conforme destaca Nelson Rosenvald:[8]

> O objetivo da CDPD é de permutar o paternalismo do atual modelo médico - que deseja reabilitar o "paciente" para se adequar à sociedade, por um modelo social de direitos humanos cujo desiderato é o de reabilitar a sociedade para eliminar os muros de exclusão comunitária.

Ressalta-se ainda que, para além da concretização do modelo social da deficiência, para que as normas gozem da efetividade pretendida, é indispensável que as mesmas sejam acompanhadas do *reconhecimento* social.[9] É preciso que haja um progressivo fomento ao *reconhecimento* social deste coletivo para que se possa falar em efetividade das normas, pois, do contrário, poderá ocorrer o desvio de finalidade da norma, a perder seu caráter promocional para uma perspectiva cada vez mais programática.[10] O *reconhecimento* é indispensável para a constituição de um processo inclusivo, pois está intrinsecamente ligado à valorização das individualidades, objetivando a concretização das realizações pessoais da coletividade, inclusive dos grupos vulneráveis, bem como o combate aos preconceitos e estigmas discriminatórios.[11]

O que se percebe de um modo geral é que, não obstante ter havido um grande avanço legislativo no sentido de garantir a isonomia no tratamento e nas oportunidades concedidas às pessoas com deficiência, grande parte dos postos de trabalho e dos cargos de gerência, chefia e alto comando das organizações não são ocupados por elas. Segundo dados do censo de 2010 do Instituto Brasileiro de Geografia e Estatística (IBGE), aproximadamente 46 milhões de pessoas da população brasileira possuem algum tipo de deficiência (o que representa 24% da população) e, embora o percentual seja expressivo considerando a população nacional, o número de pessoas com deficiência que possuem vínculo empregatício formal representa parcela ínfima do total de vínculos formais mantidos no Brasil. De acordo com as informações divulgadas pela Escola Nacional de Inspeção do Trabalho (ENIT), o número de pessoas com deficiência ocupantes de postos de trabalho formais avançou de 325.291 pessoas, em 2011, para 441.339 em 2017, atingindo 442.007 em 2018.[12]

---

8. ROSENVALD, N. O Modelo Social de Direitos Humanos e a Convenção sobre os Direitos da Pessoa com Deficiência – o fundamento primordial da Lei 13.146/2015. In: MENEZES, J. B. de (Org.). *Direito das pessoas com deficiência psíquica e intelectual nas relações privadas*. Rio de Janeiro: Editora Processo, 2016, p. 104.
9. HONNETH, A. *Luta por reconhecimento: a gramática moral dos conflitos sociais*. São Paulo: Editora 34, 2009.
10. BARBOZA, H. H.; ALMEIDA JUNIOR, V. de A. Reconhecimento, inclusão e autonomia da pessoa com deficiência: novos rumos na proteção dos vulneráveis. In: BARBOZA, H. H.; MENDONÇA, B. L. de; ALMEIDA JUNIOR, V. de A. (Coord.). *O Código Civil e o Estatuto da Pessoa com Deficiência*. Rio de Janeiro: Editora Processo, 2017, p. 2.
11. POLI, L. C. Lei brasileira da pessoa com deficiência: análise sob a ótica da teoria do reconhecimento em Honneth. In: FIUZA, César (Org.). *Temas relevantes sobre o Estatuto da Pessoa com Deficiência*. Salvador, JusPodivm, 2018, p. 148.
12. Disponível em: <https://enit.trabalho.gov.br/portal/index.php/inclusao-da-pessoa-com-deficiencia>. Acesso em: 08 dez. 2020.

Ainda que se note um relativo progresso na leitura dos dados, há um enorme caminho ainda a percorrer a fim de se alcançar a inclusão efetiva. Ao traçar um simples comparativo entre o número de pessoas com deficiência no país (aproximadamente 46 milhões) e, entre elas, o número daquelas que possuem emprego formal (442.007, segundo dado mais recente), já é possível compreender que, quando observada por um olhar inclusivo a fração é extremamente desproporcional.

A partir do cenário exposto, fica clarividente que é necessário pensar novos instrumentos capazes de concretizar a inclusão das pessoas com deficiência no âmbito das empresas, proporcionando-lhes autonomia, desenvolvimento e dignidade. Neste sentido, o presente trabalho analisa os principais óbices à inclusão, à permanência e ao crescimento da pessoa com deficiência no ambiente empresarial, tanto na posição de empregada quanto de empresária/empregadora. Enfim, mediante pesquisa documental pautada em fontes bibliográficas, legislativas e estatísticas, propõe-se a adoção de diversos instrumentos, entre eles o *compliance,* para a superação de barreiras que impedem ou dificultam a inserção das pessoas com deficiência nas organizações e no mercado de trabalho.

2. A PESSOA COM DEFICIÊNCIA COMO EMPREGADA E A LEI DE COTAS

Atualmente as empresas (pequenos e grandes negócios), ou seja, as atividades econômicas organizadas para a produção ou circulação de bens ou serviços para o mercado[13], são as maiores responsáveis pela geração de empregos. Muito se deve ao fato de que o movimento do empreendedorismo cresceu exponencialmente nos últimos anos.

Segundo relatório do Serviço Brasileiro de Apoio às Micro e Pequenas Empresas – SEBRAE[14], os pequenos negócios são responsáveis pela criação de oportunidades de emprego para 55% dos trabalhadores disponíveis no mercado, os grandes negócios para 44% e a Administração Pública para o 1% restante, o que só confirma a preponderância e o peso do setor privado nesta seara. A partir da análise de tais dados, percebe-se o papel relevante da empresa, amplamente considerada, na geração de empregos e na absorção da população no mercado de trabalho formal. Sendo os empreendimentos os maiores responsáveis pela criação de postos de trabalho e oportunidades de emprego, entende-se também que, em contrapartida, há grande responsabilidade deste setor quando o assunto é inclusão, atraindo para a sua esfera jurídica um dever legal de promovê-la no ambiente de trabalho.

---

13. TOMAZETTE, M. *Curso de direito empresarial*: Teoria geral e direito societário. São Paulo: Saraiva: Saraiva, 2018, v. 1, p. 67.
14. Serviço Brasileiro de Apoio às Micro e Pequenas Empresas – SEBRAE. *Relatório Especial do CAGED*: Primeiro emprego nos pequenos negócios. Brasília, julho de 2018. Disponível em: <https://www.sebrae.com. br/Sebrae/Portal%20Sebrae/Estudos%20e%20Pesquisas/Relat%C3%B3rio%20do%20CAGED%20-%20 Primeiro%20emprego%20nos%20pequenos%20neg%C3%B3cios%20-%202017.pdf>. Acesso em: 17 fev. 2021.

Não obstante, a realidade vivenciada pelas pessoas com deficiência é cercada de exclusão, discriminação e preconceitos que são reproduzidos constantemente no ambiente empresarial e no mercado de trabalho. É perceptível que um dos maiores obstáculos à efetivação da inclusão nos diversos ramos da sociedade, mas principalmente no âmbito empresarial, é a barreira cultural, fundamentada num estigma limitante e com repercussões capacitistas[15] na vida destas pessoas. A necessidade de desconstrução de uma visão equivocada acerca das pessoas com deficiência se torna iminente diante dos preconceitos e visões distorcidas sobre as possíveis qualificações e habilidades das mesmas.[16]

Em que pese o modelo social em nível normativo, o capacitismo persegue a realidade das pessoas com deficiência até os dias de hoje. A noção de que corpos diferentes dos padrões considerados "normais" não são capazes para a realização de determinado fim é fruto de uma histórica eugenia que foi direcionada a este grupo específico. Este preconceito em geral se manifesta de modo extremamente brando, pois as associações entre as pessoas com deficiência e alguns dos estigmas sociais são imediatas[17], naturalizadas.

A consequência deste panorama é que quando as pessoas com deficiência conseguem algum trabalho este comumente está associado a condições precárias, informalidade e baixa remuneração. Paralelamente, ainda se verifica que, por conta da exclusão social, as pessoas com deficiência acabam por ficar mais propensas à pobreza.[18]

Tal situação ocorre por conta da persistência do que Sidney Madruga chamou de círculo vicioso.[19] Este processo inicia-se já na infância da criança com deficiência que, desde logo, encontra entraves para o ingresso e permanência nas escolas, pois pouquíssimas instituições possuem uma educação inclusiva (com meios adequados de oferta de ensino de qualidade adaptado às suas limitações). O resultado de tal ocorrência é a formação de um jovem adulto com baixa qualificação profissional e formação acadêmica insatisfatória, o que será utilizado como motivo de impedimento para o seu ingresso e permanência no mercado de trabalho. Tem-se como efeitos de tais circunstâncias, ainda, a limitação do acesso aos recursos financeiros e aos meios que lhe possibilitem alcançar maiores perspectivas e qualidade de vida, todos ocasionados pela inacessibilidade ao mercado de trabalho.

---

15. Adriana Dias explica que "'capacitismo' é a concepção presente no social que lê as pessoas com deficiência como não iguais, menos aptas ou não capazes para gerir as próprias vidas", in: Por uma genealogia do capacitismo: da eugenia estatal a narrativa capacitista social, Anais do I Simpósio Internacional de Estudos sobre a Deficiência – SEDPcD/Diversitas/USP Legal, São Paulo: junho de 2013. Disponível em: <http://www.memorialdainclusao.sp.gov.br/ebook/Textos/Adriana_Dias.pdf>. Acesso em: 26 fev. 2021.

16. LUCA, G. D. de; FILHO, R. N. R. Direitos fundamentais da pessoa com deficiência: o trabalho como fonte de promoção da dignidade humana. In: FIUZA, César (Org.). *Temas relevantes sobre o Estatuto da Pessoa com Deficiência.* Salvador: JusPodivm, 2018, p. 262.

17. VENDRAMIN, C. *Repensando mitos contemporâneos*: o capacitismo. In: Simpósio Internacional Repensando Mitos Contemporâneos. UNICAMP: Campinas, 2019, p. 16-18.

18. MADRUGA, S., op. cit., p. 31-33.

19. MADRUGA, S., op. cit., p. 33.

Como visto, um dos principais canais de ingresso das pessoas com deficiência nas organizações, não obstante a problemática já evidenciada, verifica-se por meio das cotas nas sociedades empresárias que possuem no mínimo cem empregados. É, todavia, notável que esta não é a realidade da maioria dos negócios no país. Mas, considerando-se os limites deste trabalho, a reflexão proposta a seguir será direcionada a tal grupo de organizações.

A verdade é que a maioria dos empresários, ao se depararem com a obrigação legal de cumprimento da cota para as pessoas com deficiência, opta pelo mero cumprimento da lei, não se preocupando com efetivamente garantir meios de desenvolvimento e crescimento profissional para tais sujeitos. A inserção da pessoa com deficiência no ambiente empresarial é considerada, muitas vezes, como um alto custo para a organização, não havendo uma preocupação por parte da grande maioria dos empregadores com a promoção da inclusão.[20]

E quando se trata de ingresso das pessoas com deficiências severas o quadro é ainda pior, tendo em vista que, além de os empresários acreditarem no aumento dos gastos e na queda de sua lucratividade, há um estigma ainda maior. Por isso geralmente são contratadas pessoas com deficiências "leves", estando, portanto, as primeiras cada vez mais distantes de uma oportunidade concreta[21], o que é regressivo quando se observa a situação sob a ótica dos princípios fundantes de uma sociedade pluralista e democrática.[22]

São muitas as barreiras para o ingresso das pessoas com deficiência nas sociedades empresárias e a grande parte delas já é percebida logo no processo de recrutamento, em que a maioria das organizações peca pela rigidez e inflexibilidade.[23] Muito frequentemente a pessoa com deficiência chega, já com dificuldades, ao processo de recrutamento com um grande déficit em sua educação e capacitação técnica, pois a disparidade de oportunidades e a falta de inclusão social iniciou-se logo na sua infância desde a educação primária, acompanhando-a em toda sua trajetória estudantil e profissional.

Desta forma, faz-se necessário que as empresas compreendam tais questões estruturais e o seu papel inclusivo neste processo, ajustando o rigor técnico e optando pelo oferecimento de uma oportunidade, talvez a única na vida daquela pessoa com deficiência. A rigidez dos processos de recrutamento adotados por algumas organizações acaba por se tornar uma das maiores barreiras para o ingresso e inclusão das pessoas com deficiência, fortalecendo, assim, o círculo vicioso da pobreza, conforme já destacado por Sidney Madruga. O verdadeiro conceito de inclusão deve nortear

---

20. HIPOLITO, M. C. V. *Inclusão de Pessoas com Deficiência em Empresas do Setor Industrial.* Dissertação – UNICAMP: Campinas, 2020, p. 62.
21. LIMA, A. S. de. et al., op. cit., p. 273.
22. Conforme enuncia a Constituição Federal: Art. 7º São direitos dos trabalhadores urbanos e rurais, além de outros que visem à melhoria de sua condição social: (...) XXXI – proibição de qualquer discriminação no tocante a salário e critérios de admissão do trabalhador portador de deficiência.
23. HIPOLITO, M. C. V., op. cit., p. 47.

desde a elaboração de um processo de recrutamento que considere as peculiaridades de cada deficiência, a fim de proporcionar a participação e avaliação das habilidades de todos os concorrentes, até a elaboração de planos de carreiras e programas de capacitação internos para que as pessoas com deficiência já contratadas possam prosperar e evoluir profissionalmente.

A questão da baixa qualificação é apontada, tanto pelos empregadores quanto pelas próprias pessoas com deficiência, como um dos principais obstáculos[24] ao ingresso no mercado de trabalho.[25]

Está claro também, por outro lado, que a mera contratação, sem nenhuma medida concomitante de adaptação do meio ambiente para recepcionar adequadamente a pessoa com deficiência, está longe de concretizar a inclusão, estando mais próxima da ideia de integração. A integração representou um importante marco histórico, buscando romper com a exclusão social das pessoas com deficiência, tidas como completamente incapazes, para direcioná-las à possibilidade de se adaptarem à "normalidade" e ao modo de vida comum.[26] Se, porém, a integração teve sua relevância na história da luta das pessoas com deficiência, atualmente não é mais suficiente diante dos panoramas inclusivos. Diversamente da integração, a noção de inclusão enseja o reconhecimento da diversidade como algo natural e passível de promoção, bem como a identificação da responsabilidade da sociedade e o chamamento desta à ação, uma vez que os preconceitos e estigmas consolidados são fruto de sua construção e de sua conformação histórico-temporal.

O que se compreende é que o mero cumprimento da Lei de Cotas, nas porcentagens legais destacadas e da forma como em geral ocorre, muito pouco contribui para a verdadeira inclusão das pessoas com deficiência no mercado de trabalho, já que é necessário um exercício de reconhecimento por parte do empresário/empregador para com essas pessoas, no qual compreendam em que consistem suas vulnerabilidades e quais são suas potencialidades. No entanto, ocorre que, frequentemente, mesmo após a admissão, ainda há discriminação, pois, as empresas se preocupam em não possuir gastos de adaptação e readequação do ambiente e estrutura de trabalho, preferindo, assim, optar por manter as pessoas com deficiência contratadas restritas, por exemplo, às atividades administrativas, as quais requerem menos

---

24. HIPOLITO, M. C. V., op. cit., p. 47.
25. Sociedades empresárias como a rede Magazine Luiza S/A, porém, buscando uma perspectiva inclusiva e inovadora, vêm alterando esta concepção, reestruturando seus processos de recrutamento em prol da diversidade. Luiza Helena Trajano, presidente da sociedade, em entrevista ao programa Roda Viva, falou sobre a reestruturação do processo de trainee, após compreender o problema do racismo estrutural, e sobre a decisão de criar um programa de trainee voltado só para pessoas negras. Tal entendimento e ação se justificam, pois, a organização percebeu que esta minoria racial nem sequer chegava aos processos seletivos, pois, como afirmou a própria presidente: "a partida já é desigual". Um exemplo de compreensão do papel e dever inclusivo de uma organização em prol da diversidade. Disponível em: <https://www.youtube.com/watch?v=StMxG1OTLt8. Acesso em: 20 de janeiro de 2021. Cf. também o Programa de inclusão Magazine Luiza. Disponível em: <https://www.youtube.com/watch?v=tmalFyC574k>. Acesso em: 26 fev. 2021.
26. BARBOZA, H. H.; ALMEIDA JUNIOR, V. de A., op. cit., p. 10.

adaptação.[27] Nesse cenário, é comum que as pessoas com deficiência sofram com a falta de acessibilidade ou adaptabilidade do ambiente de trabalho que irá recebê-las, ocasionando em muitos casos baixo desempenho, pois, sem uma reestruturação adequada, a eficiência na prestação do serviço fica prejudicada, podendo levar até a uma estagnação de carreira. Tal não é interessante nem para a pessoa com deficiência (que poderá sofrer com o desestímulo), nem para o empregador (que poderá ter que arcar com a baixa produtividade).

Tais fatos só enfatizam o distanciamento presente entre a Lei de Cotas e o verdadeiro sentido de inclusão, sendo observada a perpetuação de condutas e posturas discriminatórias, inclusive por parte daqueles que cumprem a previsão legislativa.[28] Ressalta-se, ainda, que, muito embora a abordagem deste trabalho tenha sido voltada às sociedades empresárias com mais de cem funcionários, defende-se a adoção da perspectiva da inclusão de forma abrangente, desde as pequenas empresas até as grandes organizações, de modo que a ideologia e as práticas inclusivas sejam amplamente absorvidas pelo setor empresarial. Somente assim será possível fomentar o emprego e o desenvolvimento pessoal, financeiro, social e econômico em harmonia com a dignidade das pessoas com deficiência.

3. A PESSOA COM DEFICIÊNCIA COMO EMPRESÁRIA

Faz-se igualmente necessário refletir sobre a situação da pessoa com deficiência na posição de empresária quando se trata da efetividade da inclusão no âmbito da empresa. Tal discussão se torna relevante sobretudo quando se trata das pessoas com deficiências psíquicas ou intelectuais, pois o exercício da capacidade empresária está intimamente atrelado à capacidade civil das pessoas para a prática dos atos da vida civil. A capacidade de ser empresário é definida no artigo 972 do Código Civil, segundo o qual "podem exercer a atividade de empresário os que estiverem em pleno gozo da capacidade civil e não forem legalmente impedidos".

Destaca-se que somente é relevante para o presente debate a disposição atinente ao "pleno gozo da capacidade civil", em relação à qual, em tese, poderia surgir o questionamento acerca da situação específica das pessoas com deficiência psíquica e intelectual. Sendo assim, a capacidade empresarial está diretamente associada à capacidade civil, razão pela qual faz-se necessária a análise das alterações no regime das incapacidades.

A Lei Brasileira de Inclusão trouxe modificações profundas no regime das incapacidades, pois, anteriormente, o rol dos absolutamente incapazes (antigo artigo 3º

---

27. HIPOLITO, M. C. V., op. cit., p. 44.
28. CAOLI, C. *81% contratam pessoas com deficiência só para "cumprir lei"*. Disponível em: <http://g1.globo.com/concursos-e-emprego/noticia/2014/11/81-contratam-pessoas-com-deficiencia-so-para-cumprir-lei.html>. Acesso em: 07 mar. 2021.

do Código Civil[29]) abrangia "aqueles que não tiverem o necessário discernimento" entre aqueles impedidos juridicamente de exercer os seus direitos com autonomia e sem representação por um terceiro[30], o que se aplicava às pessoas com deficiência psíquica ou intelectual.[31] Com a promulgação da Lei 13.146/2015, houve o reconhecimento da capacidade civil das pessoas com deficiência como regra, enquanto presunção, sendo retiradas dos textos legais todas as associações diretas e indiretas das deficiências psíquicas ou intelectuais ao rol do regime das incapacidades absolutas.[32]

Por muito tempo as pessoas com deficiência psíquica ou intelectual sofreram com uma verdadeira decretação de sua morte civil, sendo as mesmas impedidas de praticarem todo e qualquer ato da vida, desde os atos de disposição patrimonial ou realização de negócios até aqueles direcionados ao campo existencial, tais como as decisões sobre a constituição de família, reprodução e matrimônio.[33] Desta maneira, foram historicamente negadas às pessoas com deficiência o desempenho de sua autonomia e o direito à autodeterminação, de modo absoluto, independentemente de como e em que medida se manifestavam suas limitações. Mesmo pessoas capazes de decidir sobre determinados aspectos de sua vida eram e são afastadas de sua autonomia, sob o argumento de "proteção" à sua vida, quando, na verdade, por muitas vezes, o que se observa é justamente uma completa anulação deste indivíduo que perde sua identidade, personalidade e autodeterminação, todos elementos fundamentais para uma vida digna.

Tem-se, por outro lado, a existência de um risco peculiar no exercício da atividade empresarial, que acomete tanto o empresário individual, cujo patrimônio pessoal fica totalmente exposto em razão da atividade, quanto os sócios de determinadas sociedades (sociedade em comum, como regra, e também as personificadas, nas quais, a depender da situação, poderá ocorrer a desproteção patrimonial com

---

29. Art. 3º São absolutamente incapazes de exercer pessoalmente os atos da vida civil: (...) II – *os que, por enfermidade ou deficiência mental, não tiverem o necessário discernimento para a prática desses atos*; (...). Art. 4º São incapazes, relativamente a certos atos, ou à maneira de exercê-los: (...) II – os ébrios habituais, os viciados em tóxicos, e os que, *por deficiência mental, tenham o discernimento reduzido*; III – *os excepcionais, sem desenvolvimento mental completo*; IV – os pródigos.

30. PEREIRA, C. M. da S. *Instituições de Direito Civil: Introdução ao direito civil*. Atual: MORAES, M. C. B. de M. Rio de Janeiro: Forense, 2017, v. I, p. 221-222.

31. MENEZES, J. B. de; CAMINHA, U. A capacidade do empresário e o novo Estatuto da Pessoa com Deficiência. *Revista de Direito Econômico e Socioambiental*, v. 8, n. 2. Disponível em: <https://periodicos.pucpr.br/index.php/direitoeconomico/article/view/16652/21348>. Acesso em: 20 fev. 2021.

32. Artigo 6º da Lei 13.146/2015: "A deficiência não afeta a plena capacidade civil da pessoa, inclusive para: I – casar-se e constituir união estável; II – exercer direitos sexuais e reprodutivos; III – exercer o direito de decidir sobre o número de filhos e de ter acesso a informações adequadas sobre reprodução e planejamento familiar; (...) V – conservar sua fertilidade, sendo vedada a esterilização compulsória; (...) VI – exercer o direito à guarda, à tutela, à curatela e à adoção, como adotante ou adotando, em igualdade de oportunidades com as demais pessoas."

33. MENEZES, J. B. de; CAMINHA, U. A capacidade do empresário e o novo Estatuto da Pessoa com Deficiência. *Revista de Direito Econômico e Socioambiental*, v. 8, n. 2. Disponível em: <https://periodicos.pucpr.br/index.php/direitoeconomico/article/view/16652/21348>. Acesso em: 20 fev. 2021.

a desconsideração da personalidade jurídica).[34] Há ainda a dimensão macro deste risco, que é marcada pela associação à estabilidade de mercado e financeira, pois a atividade de empresa se dá num contexto amplo, envolvendo a sociedade como um todo (fornecedores, empregados, consumidores, entre outros), que estarão expostos aos efeitos da gestão em questão.[35] A despeito de toda a complexidade e risco que envolve a atividade empresarial, o que se pretende é defender o fim do estigma e do preconceito para com as pessoas com deficiência, de modo que seja verificada, se for o caso, casuisticamente, a situação de cada indivíduo e suas condições de autonomia para só então, se for o caso, restringir sua capacidade.[36]

É inegável e notório que, em algumas situações, é realmente necessário um cuidado maior em face dos impedimentos sofridos por pessoas deficiência psíquica ou intelectual. No entanto, não se pode transformar as exceções em regra, a ponto de negar indiscriminadamente a possibilidade de exercício de empresa a toda e qualquer pessoa com deficiência psíquica ou intelectual, sob pena de se reduzir sua autonomia, autodeterminação e dignidade.

Portanto, conforme sabiamente observam Menezes e Caminha:[37]

> A resposta perpassa uma análise sobre o regime civil das incapacidades e nesse aspecto, a premissa aplicada pelas normas já citadas é a de que a deficiência não pode mais ser usada como um critério que, direta ou indiretamente, possa operar a modulação da capacidade civil da pessoa. O discernimento, ou seja, a capacidade natural de querer e compreender os efeitos jurídicos de um determinado ato, é que deve ser o critério balizador da sua capacidade de exercício. Foi isso o que propuseram a CDPD e o EPD – impedir que a deficiência venha a ser usada como elemento justificador da mitigação ou negação da capacidade civil.

Do mesmo modo, Pinheiro et al.[38] elucidam:

> O critério, portanto, a ser levado em conta não é o de exclusão, de per si, de todos que manifestam uma deficiência de ordem intelectual e/ou mental para poder ser empresários, ou o oposto disso, a partir da LBI, no sentido de que todos estarão aptos a ser empresários; o que deve nortear e servir como fundamento para atribuir a qualidade de empresário é o grau de discernimento manifestado caso a caso.

Se o fundamento da Convenção e da própria Lei Brasileira de Inclusão é favorável à presunção da capacidade plena das pessoas com deficiência psíquica ou intelectual, não há motivo para caminhar em sentido contrário, sendo que tal conduta poderá estimular o fomento de uma estigmatização que já foi e é tão prejudicial a este grupo

---

34. PINHEIRO, C. da R.; COSTA, T.; COSTA, T. Alguns reflexos do Estatuto da Pessoa com Deficiência na capacidade para o exercício de empresa. In: SALLES, R. B.; PASSOS, A. A.; LAGE, J. G. (Org.). *Direito, vulnerabilidade e pessoa com deficiência*. Rio de Janeiro: Editora Processo, 2019, p. 335.
35. PINHEIRO, C. da R; COSTA, T.; COSTA, T.., op. cit., p. 336.
36. MEMÓRIA, C. V. A capacidade da pessoa com deficiência psíquica ou intelectual para exercer atos de gestão empresarial. *Civilistica: revista eletrônica de direito civil*, v. 9, n. 1. Disponível em: <https://civilistica.emnuvens.com.br/redc/article/view/513>. Acesso em: 20 fev. 2021.
37. MENEZES, J. B. de; CAMINHA, U., op. cit., p. 414.
38. PINHEIRO, C. da R.; COSTA, T.; COSTA, T., op. cit., p. 340.

O *COMPLIANCE* COMO INSTRUMENTO DE INCLUSÃO

de pessoas.[39] Trata-se de movimento contrário à supressão histórica da autonomia e dos direitos das pessoas com deficiência e totalmente favorável à ampliação dos direitos humanos, devendo, por isso, ser preservado. Utilizar a vulnerabilidade para justificar a restrição infundada da capacidade civil de uma pessoa com deficiência é o mesmo que utilizar a deficiência como critério de aferição da capacidade, o que de certo modo retroage à situação anterior que se pretende combater atualmente.[40]

De modo contrário, as pessoas com deficiência, dado todo o histórico de discriminação e exclusão social que sofreram e ainda sofrem, devem ter todas as portas abertas, bem como o máximo incentivo para o exercício das mais variadas competências e atividades da vida, para que, assim, com reais oportunidades, possam decidir qual caminho seguir, respeitando suas peculiaridades, potencialidades, competências, habilidades e impedimentos.[41]

Caso observada na circunstância analisada uma limitação capaz de gerar prejuízo na prática de alguns atos[42], poderá haver a incidência ainda dos instrumentos da curatela e da tomada de decisão apoiada[43], ambos processados judicialmente e com os contornos dados pela Lei Brasileira de Inclusão. A curatela, após o advento da Lei 13.146/2015, passou a ter uma flexibilidade em sua aplicação, admitindo, de acordo com o caso concreto, uma modulação específica e adequada de seus efeitos, que incidirão somente nos atos em que se verificar a relativa incapacidade.[44] Admite-se então a tomada de decisão apoiada e a curatela, lembrando que a última não atuará mais como regra e como mecanismo de substituição de vontade, mas incidirá em caráter extraordinário, proporcional às circunstâncias do caso, com a menor duração possível e sempre observando o melhor interesse da pessoa com deficiência.

Assim, a deficiência, em abstrato, não pode mais ser vista como causa determinante da incapacidade civil de um indivíduo, sendo que as condições para o exercício de empresa devem ser aferidas concretamente, em cada caso, e não devem ser descartadas nem mesmo nas hipóteses em que haja a necessidade de curatela para alguns atos ou de apoio, após a constituição de apoiadores mediante o procedimento da tomada de decisão apoiada previsto pelo Estatuto da Pessoa com Deficiência.

---

39. MEMÓRIA, C. V., op. cit., p. 7.
40. MEMÓRIA, C. V., op. cit., p. 7.
41. MEMÓRIA, C. V., op. cit., p. 9.
42. Destaca-se o caráter restritivo da curatela, segundo o qual a mesma só poderá incidir sobre os atos de natureza patrimonial e negocial, conforme disposto no art. 85 da Lei Brasileira de Inclusão.
43. Segundo o art. 1.783-A do Código Civil: "A tomada de decisão apoiada é o processo pelo qual a pessoa com deficiência elege pelo menos 2 (duas) pessoas idôneas, com as quais mantenha vínculos e que gozem de sua confiança, para prestar-lhe apoio na tomada de decisão sobre atos da vida civil, fornecendo-lhes os elementos e informações necessários para que possa exercer sua capacidade".
44. SALLES, R. B. A responsabilidade civil das pessoas com deficiência e dos curadores após a Lei Brasileira de Inclusão. *Revista IBERC*, v. 4, n. 1. Disponível em: <https://revistaiberc.responsabilidadecivil.org/iberc/article/view/157/118>. Acesso em: 07 mar. 2021.

4. INCLUSÃO, INOVAÇÃO E DESENVOLVIMENTO ECONÔMICO-SOCIAL

A inclusão deve estar atrelada aos objetivos de uma organização, pois, conforme já apontado, só assim poderá se atingir com mais efetividade a finalidade das normas tratadas no presente trabalho. De acordo com o que foi evidenciado, as empresas são as principais responsáveis pela geração de postos de trabalho, devendo o comportamento dos empresários estar direcionado, portanto, à promoção da diversidade e da inclusão, conceitos que podem e devem ser compreendidos em harmonia com os de inovação e desenvolvimento da própria empresa e da sociedade.

A postura dos empresários pode ser determinante não só para a vida daquela pessoa com deficiência em questão, mas, de um modo geral, poderá atingir a sociedade como um todo numa perspectiva ampla de desenvolvimento econômico-social. É relevante destacar que a visão do empresário deve ser diferente daquela em que se acredita estar fazendo um favor ou uma caridade. Pelo contrário, o olhar deve ser sob uma perspectiva de quem enxerga potencial neste grupo de pessoas e sabe que a presença delas no interior da organização irá agregar em aprendizado, crescimento, inovação e produção.

A presença das pessoas com deficiência no interior de uma empresa poderá contribuir para que novas ideias, visões e objetivos surjam para a organização, como, por exemplo, a preocupação com a prestação de serviços e desenvolvimento de produtos inclusivos, de modo a ampliar o seu nicho de atuação no mercado. Deste modo, amplia-se também o público-alvo a que se destina a organização, tendo a oportunidade de ofertar produtos e serviços inovadores no mercado, já que as pessoas com deficiência, por óbvio, também são consumidoras e carecem da acessibilidade dos produtos e serviços que irão consumir. Em estudo acerca da conformidade (*compliance*) das sociedades empresárias norte-americanas com a legislação e com os parâmetros de acessibilidade tecnológica, ficou constatado que as organizações não têm cumprido com a vasta legislação estadunidense, de modo que os níveis de acessibilidade permanecem notavelmente baixos para acesso aos conteúdos e instrumentos tecnológicos (softwares, computadores, celulares, entre outros).[45]

A prestação de serviços e produção acessíveis é muito pouco explorada, configurando oportunidade para o desenvolvimento e crescimento de negócios. Faz-se necessária a desconstrução do estigma que ainda permanece sobre a questão, tornando-se imprescindível que os empresários modifiquem seu olhar e atentem para as qualidades, potenciais e habilidades que as pessoas com deficiência têm a oferecer. As barreiras atitudinais, comunicacionais e físicas só serão efetivamente derrubadas quando as pessoas com deficiência forem aceitas no ambiente organizacional e estiverem convivendo no dia a dia com as demais pessoas.

---

45. JAEGER, P. T. Internet Justice: Reconceptualizing the Legal Rights of Persons with Disabilities to Promote: Equal Access in the Age of Rapid Technological Change. *Review of Disability Studies*, v. 9, n. 1. Disponível em: <https://scholarspace.manoa.hawaii.edu/bitstream/10125/58553/257.pdf>. Acesso em: 18 abr. 2021.

O *COMPLIANCE* COMO INSTRUMENTO DE INCLUSÃO

Soma-se a isto o fato de que a atuação empresarial consentânea com as boas práticas sociais, como a promoção da inclusão e diversidade, tem sido vista com bons olhos pela população e pelos consumidores em geral. Em alguns casos pode-se falar até na criação de uma vantagem competitiva para a organização[46], para a sua imagem e valor agregado. Desta forma, o cumprimento dos deveres legais e o incentivo à inclusão, seguindo os princípios e diretrizes da Convenção, cria um ambiente mais favorável a uma avaliação positiva do consumidor frente ao produto e serviço que lhe é ofertado, o que também impacta favoravelmente nos resultados da organização.

Não se descuida do fato de que as empresas, por estarem inseridas num meio extremamente competitivo e por terem seus propósitos em particular, podem não ter a promoção da inclusão como fim precípuo, sendo que sua maior preocupação, em geral, é a de adotar a melhor estratégia de sobrevivência no mercado.[47] No entanto, nada impede que o fomento à inclusão social esteja incorporado na estratégia adotada e na construção da visão e dos valores da organização, pois, assim, além de se aproximar muito mais da ideia de inclusão, a empresa poderá também gerar um outro valor para a sua marca e sua imagem, posicionando-se no mercado positivamente como uma organização que se preocupa com a promoção da diversidade humana e do desenvolvimento social.

5. INSTRUMENTOS PARA A EFETIVAÇÃO DA INCLUSÃO DA PESSOA COM DEFICIÊNCIA NA EMPRESA E O PAPEL DO *COMPLIANCE*

Diante do cenário exposto, propostas de modificação organizacional, programas de recrutamento voltados para a diversidade e inclusão, reestruturação da visão da empresa, promoção e fomento de líderes qualificados e comprometidos com a inclusão das pessoas com deficiência são bem-vindos. Sendo assim, numa perspectiva de inovação a partir da consideração do potencial de contribuição das pessoas com deficiência para crescimento da empresa e aprimoramento de seu ambiente de trabalho, propõe-se o recurso a alguns instrumentos que podem favorecer a implementação de uma cultura inclusiva no interior das organizações.

Primeiramente, tem-se o *compliance* como ferramenta que pode servir efetivamente para a incorporação e assimilação da inclusão das pessoas com deficiência no contexto organizacional. O *compliance* é um instrumento que permite à organização se conformar com os regulamentos, normas vigentes externas e internas da sociedade, verificando os casos em que há o descumprimento das diretrizes éticas ou de regras e punindo os respectivos infratores. Desta forma, o *compliance* objetiva o cumprimento das regras internas e das normas jurídicas às quais a sociedade empresária

---

46. SERPA, D. A. F; FORNEAU, L. F. Responsabilidade social corporativa: uma investigação sobre a percepção do consumidor. *Revista de Administração Contemporânea*. v. 11, n. 3. Disponível em: <https://www.scielo.br/scielo.php?script=sci_arttext&pid=S1415-65552007000300005>. Acesso em: 22 fev. 2021.
47. SERPA, D. A. F; FORNEAU, L. F., op. cit.

está submetida, reduzindo os riscos de infração, bem como as chances de a mesma obter uma má reputação.[48]

Com a mudança da conjuntura política e econômica nacional, bem como com o avanço de investigações e fiscalizações no mercado, houve o surgimento de uma preocupação maior das companhias, dos consumidores e a da sociedade como um todo com a integridade e ética das organizações e é neste ponto que o *compliance* adquire protagonismo.[49] Em um cenário em que se verifica, majoritariamente, práticas discriminatórias e excludentes por parte das organizações, um programa de *compliance* inclusivo que aborde as principais questões éticas inerentes ao respeito e promoção da diversidade, enaltecendo as principais vantagens deste comportamento para as equipes de trabalho e para a organização como um todo, torna-se uma grande ferramenta para as mudanças estruturais propostas.

Com efeito, um programa de *compliance* não conta somente com o código de condutas, pois também deve abranger o estabelecimento de procedimentos internos de controle, como a realização de auditorias, fiscalizações específicas, criação de canais de denúncia, métodos e mecanismos de punição dos infratores e treinamentos voltados para o desenvolvimento da cultura do *compliance* na organização.[50] Então, se bem estruturado e desenvolvido, o programa de conformidade poderá causar modificações organizacionais, no todo, e, principalmente, comportamentais, nos gestores e líderes no contexto societário, que poderão fomentar uma cultura empresarial de acordo com os princípios inclusivos e diretrizes legais em favor da diversidade.

A vontade de estar de acordo com as normas de conduta ética internas e com o ordenamento jurídico, atualmente, através dos programas de *compliance,* deixa de ser apenas o cumprimento de um requisito formal e tem se tornado cada vez mais um mecanismo de proteção da reputação da sociedade empresária e, consequentemente, da continuidade de sua atividade, pois a confiança se tornou crucial para o crescimento e o destaque em qualquer negócio.[51] Por tais razões, acredita-se que a criação de um programa de *compliance,* comprometido com os valores, as diretrizes e as regras jurídicas atinentes à inclusão da pessoa com deficiência na organização, possa ser um primeiro passo rumo à modificação de comportamentos e estruturas discriminatórias, bem como à quebra de estigmas.

Nos Estados Unidos, revelou-se uma preocupação do Departamento de Justiça ao anunciar, no ano de 2010, que iria verificar se as sociedades empresárias estavam em conformidade com as normas atinentes à acessibilidade no tocante às suas tecnologias e ao seu conteúdo disponível na internet. Com o desenvolvimento e o avanço das tecnologias, a inacessibilidade à internet e ao seu conteúdo torna-se barreira isolante para as pessoas com deficiência na era informacional, que acabam

---

48. ANDRADE, T. G. *Compliance e isonomia nas organizações.* Dissertação – FUMEC. Belo Horizonte, 2019, p. 13.
49. ANDRADE, T. G., op. cit., p. 12.
50. ANDRADE, T. G., op. cit., p. 28.
51. ANDRADE, T. G., op. cit., p. 26.

sendo impedidas de participarem igualmente das relações profissionais, educacionais, culturais e sociais.[52]

Além do aspecto de conformidade legal, tal alinhamento tem sido reconhecidamente um fator relevante para a reputação das organizações em suas relações comerciais.[53] A Comissão de Credenciamento (CARF Internacional – *Commission on Accreditation of Rehabilitation Facilities*)[54] tem prestado auxílio às organizações na verificação de conformidade dos serviços prestados com as normas atinentes, como o exemplo das diretrizes de acessibilidades comunicacionais nos websites. Desta forma, além da certificação, as sociedades conseguem uma maior qualidade nos serviços prestados, uma vez que passam a estar em consonância com as legislações vigentes, podendo ainda estar na lista das empresas recomendadas pela Comissão.[55]

No Brasil, é notável que, para além da aproximação das sociedades empresárias às normas jurídicas, especialmente àquelas atinentes à tutela das pessoas com deficiência, o *compliance* será capaz de acrescer positivamente à imagem e confiança que os terceiros interessados nutrem em relação a determinada companhia.[56] Outrossim, o *compliance,* enquanto instrumento que visa diminuir ou prevenir os riscos de infração às normas legais e ao ordenamento jurídico como um todo, tende a ser específico em conformidade com a atividade empreendida e com os riscos a ela inerentes.[57] Assim sendo, e uma vez compreendido que o dever de inclusão sobrepuja o aspecto de caridade para atingir uma dimensão jurídica e legal, as sociedades empresárias devem incluir no contexto de suas atividades meios de enfrentamento dos aspectos discriminatórios e excludentes que rodeiam as pessoas com deficiência, tanto na posição de consumidor/terceiro interessado quanto na posição de colaboradores internos, gerentes, líderes, entre outras posições e cargos empresariais.

São notórios os impactos que um programa de *compliance* pode repercutir na estrutura organizacional das companhias, agindo seja na forma de reflexo positivo na imagem que as mesmas nutrem perante a sociedade, seja como mecanismo de atenuação de punições administrativas, seja como aparato promocional de direito.[58] Não se deve olvidar, sobretudo, do poder que um programa de integridade representa para o funcionamento e desenvolvimento da organização, enquanto estimulador de condutas e posturas eticamente desejáveis.

---

52. JAEGER, P. T., op. cit., p. 1-2.
53. SLIGAR, S. R.; ZENG, X. Website Accessibility and Readability Evaluation of Community Rehabilitation Programs. *Vocation Evaluation and Carrer Assessment Professionals Journal – VECAP*, v. 7, n. 2. Disponível em: <http://vecap.org/wp-content/uploads/2014/01/vecap-2011-vol-7-no-2.pdf#page=12>. Acesso em: 24 abr. 2021, p. 12.
54. Disponível em: <www.carf.org>.
55. SLIGAR, S. R.; ZENG, X., op. cit., p. 23.
56. OLIVA, M. D.; SILVA, R. da G. Notas sobre o *compliance* no direito brasileiro. *Quaestio Iuris*, v. 11, n. 4. Disponível em: <file:///C:/Users/arthu/Downloads/Texto%20Compliance%20Dezembro%20(1).pdf>. Acesso em: 24 abr. 2021.
57. OLIVA, M. D.; SILVA, R. da G, op. cit., p. 4.
58. OLIVA, M. D.; SILVA, R. da G., op. cit., p. 17.

Nesse contexto é que se destaca uma das principais características do *compliance*, que servirá precipuamente para o combate à discriminação e às estruturas organizacionais excludentes. Com o foco direcionado ao estímulo de comportamentos eticamente desejáveis em cadeia, os programas de integridade voltados à inclusão das pessoas com deficiência contribuirão para a superação de estigmas e preconceitos e impactarão positivamente na gestão das companhias. Do mesmo modo que os programas de *compliance* são capazes de fomentar uma cultura coorporativa de respeito à legalidade[59], também podem, se concretamente observados, atuar como verdadeiros instrumentos de inclusão nas sociedades empresárias.

Tão impactante quanto a criação de um programa de *compliance* (voltado também à inclusão e à diversidade) é, sem dúvidas, o engajamento dos gestores e líderes na causa, já que, assim, poderão propor modificações efetivas em estruturas internas que possam estar engessadas, a exemplo dos processos de admissão e das barreiras às adaptações do ambiente de trabalho.

Neste sentido, novas propostas de processos de recrutamento das pessoas com deficiência são indispensáveis, pois as barreiras já começam a tomar forma neste momento, uma vez que as organizações atuam com discriminação no âmbito da própria minoria no procedimento de admissão. Ressalta-se que algumas organizações[60], após compreenderem as complexidades que envolvem a discriminação e a exclusão social de minorias, já adotam um posicionamento mais aberto, elucidando uma interessante alternativa que é o oferecimento de qualificação e formação profissional-técnica internamente para as minorias, após a admissão. Assim, a organização abre mão da exigência de grandes qualificações, frente ao contexto histórico-social a que estas pessoas estão submetidas, para que, após a realização de um processo de admissão não discriminatório, possa oferecer capacitação e oportunidades de qualificação internamente às pessoas com deficiência.

A aposta no engajamento dos líderes é essencial e pode acionar o motor da quebra de paradigmas internamente, bem como estimular o surgimento de novas propostas para a qualificação e crescimento profissional das pessoas com deficiência. Espera-se com o engajamento dos líderes e gestores gerar uma reação em cadeia, em que eles estarão mais familiarizados e dispostos a levantar outras propostas extremamente relevantes que poderão impactar de modo generalizado na estrutura empresarial. Entre estas propostas estão também o uso e a capacitação para o manejo das tecnologias assistivas, a concepção e adaptação dos espaços físicos e virtuais de conformidade com um desenho universal, a acessibilidade comunicacional e a criação de uma comissão interna que possa desenvolver pesquisas, elaboração de sugestões e estratégias voltadas à inclusão das pessoas com deficiência, tanto no ambiente interno quanto no próprio produto ou serviço objeto da empresa.

---

59. OLIVA, M. D.; SILVA, R. da G., op. cit., p. 17.
60. COMODARO, Elaine. *Inclusão além das cotas*. TEDXFranca. Disponível em: <https://www.youtube.com/watch?v=2NRPJwgcjeE>. Acesso em: 07 mar. 2021. Informações inclusivas.

O uso e o incentivo ao desenvolvimento das tecnologias assistivas, aliados à preocupação principal de colocação competitiva da pessoa com deficiência no ambiente de trabalho, é um fator preponderante para a inclusão deste grupo nas organizações, uma vez que os recursos técnicos, os instrumentos e as ferramentas compatíveis com cada deficiência específica são fundamentais para a performance no trabalho do profissional no dia a dia.

Do mesmo modo, é preciso também que haja a concepção ou a adaptação razoável do ambiente de trabalho a fim de fortalecer a autonomia, independência e ampla participação das pessoas com deficiência, observando-se tanto quanto possível um desenho universal. O oferecimento de condições para que a pessoa com deficiência exerça sua função de modo produtivo e competitivo dentro da organização, contribuindo verdadeiramente para o crescimento e desenvolvimento desta, para além das questões já mencionadas, favorece também o cumprimento da função social da empresa, a qual não se confunde com a responsabilidade social, esta última de caráter mais assistencialista.[61]

Outrossim, sabe-se que a maioria das organizações, se não todas, atualmente, preocupam-se com a disseminação de valores entre seus colaboradores, gestores e líderes, que é justamente aquilo que as irá diferenciar das demais. Este conjunto de valores e princípios que orientam as atividades da empresa e o comportamento dos seus membros é conhecido como cultura organizacional e é justamente por meio dela que há a disseminação dos principais valores para toda a estrutura do empreendimento. Sendo assim, a cultura organizacional, como instrumento de propagação dos símbolos, valores, princípios e crenças pertencentes ao empreendimento, torna-se outra ferramenta relevante no processo de desconstrução de estigmas e fomento à diversidade no interior de uma empresa. Se uma organização se preocupa em disseminar – entre suas equipes de trabalho, grupos de fornecedores, seus gestores e demais interessados – símbolos, valores e conhecimentos atinentes à inclusão e à diversidade social, ficará mais fácil o processo de desconstrução dos estigmas e preconceitos enraizados, pois a filiação e o condicionamento dos comportamentos dos colaboradores e gestores à cultura organizacional tende a se naturalizar no interior das empresas.

6. CONSIDERAÇÕES FINAIS

Partindo de uma análise da normativa que determina a inclusão das pessoas com deficiência e de dados estatísticos a respeito da ocupação pelas mesmas de postos de trabalho nas empresas, demonstrou-se o descompasso entre o avanço no âmbito jurídico e a realidade. Ainda há muitos desafios para o ingresso e participação efetiva destas

---

61. SALLES, R. B.; PASSOS, A. A.; ZAGHETTO, N. B. A experiência extensionista do "Núcleo de Direitos das Pessoas com Deficiência" e necessidades prementes para a efetividade da Lei Brasileira de Inclusão. In: SALLES, R. B.; PASSOS, A. A.; LAGE, J. G. (Org.). *Direito, vulnerabilidade e pessoa com deficiência*. Rio de Janeiro: Editora Processo, 2019, p. 45-46.

pessoas no âmbito empresarial, o que se atribui, principalmente, às barreiras culturais, comunicacionais e atitudinais, alimentadas pelos estigmas limitantes e capacitistas que perseguem historicamente as pessoas com deficiência. São inegáveis as repercussões que o modelo social causou no âmbito jurídico quanto ao tratamento das pessoas com deficiência, determinando à sociedade e não à pessoa com deficiência o protagonismo e a proatividade necessária para a efetivação da inclusão. No entanto, tão só as alterações jurídicas, sem se desconsiderar sua relevância, não foram capazes de causar transformações estruturais no comportamento, na postura e na comunicação a respeito deste assunto. Ainda não é possível constatar uma cultura ou consciência geral inclusiva.

Na busca por soluções, identificaram-se alguns instrumentos que podem contribuir para a inclusão nas empresas, especialmente os programas de *compliance*, o engajamento dos líderes, gestores e colaboradores da empresa, a reestruturação dos processos de recrutamento, a internalização dos valores ligados à diversidade e inclusão na cultura organizacional, o estímulo à concepção e adaptação dos espaços físicos e virtuais de conformidade com um desenho universal e a oferta e capacitação para o manejo de tecnologias assistivas no âmbito empresarial. Além disso, entende-se que o *reconhecimento* social é tão imprescindível quanto os instrumentos propostos para o processo de inclusão, uma vez que é necessário o posicionamento e a mobilização da sociedade como um todo no sentido de quebrar as barreiras e construir novas pontes.

Enfim, ressalva-se que as propostas apresentadas não esgotam a solução do problema inicialmente posto, porque, como se trata de uma questão social e estrutural, também se fazem necessárias iniciativas interdisciplinares e intersetoriais em larga escala para serem levadas a efeito modificações profundas, entre elas a adoção de políticas públicas inclusivas eficientes, a fiscalização e cobrança de ações afirmativas por parte do governo, a educação inclusiva e a educação para a inclusão, capazes de encampar um plano de conscientização geral sobre a relevância da inclusão das pessoas com deficiência em todas as áreas e ambiências.

O caminho parece longo, mas seu percurso se mostra, além de possível e viável, necessário para a concretização dos direitos das pessoas com deficiência e da ordem constitucional que as tutela.

7. REFERÊNCIAS

ANDRADE, T. G. *Compliance e isonomia nas organizações*. Dissertação – FUMEC. Belo Horizonte, 2019. Disponível em: <https://repositorio.fumec.br/xmlui/bitstream/handle/123456789/602/thais_andrade_mes_dir_2019.pdf?sequence=1&isAllowed=y>. Acesso em: 15 jan. 2021.

BARBOZA, H. H.; ALMEIDA JUNIOR, V. de A. Reconhecimento, inclusão e autonomia da pessoa com deficiência: novos rumos na proteção dos vulneráveis. In: BARBOZA, H. H.; MENDONÇA, B. L. de; ALMEIDA JUNIOR, V. de A. (Coord.). *O Código Civil e o Estatuto da Pessoa com Deficiência*. Rio de Janeiro: Editora Processo, 2017.

BRASIL. Lei 8.213, de 24 de julho de 1991. Dispõe sobre os Planos de Benefícios da Previdência Social e dá outras providências. Brasília, julho de 1991. Disponível: <http://www.planalto.gov.br/ccivil_03/leis/l8213cons.htm>. Acesso em: 12 jan. 2021.

BRASIL. Constituição da República Federativa do Brasil. Disponível em: <http://www.planalto.gov.br/ccivil_03/constituicao/constituicao.htm>. Acesso em: 08 jan. 2021.

BRASIL. Decreto 6.949 de 25 de agosto de 2009. Convenção Internacional sobre os Direitos das Pessoas com Deficiência. Brasília, agosto de 2009. Disponível em: <http://www.planalto.gov.br/ccivil_03/_ato2007-2010/2009/decreto/d6949.htm>. Acesso em: 18 dez. 2020.

BRASIL. Lei 10.406, de 10 de janeiro de 2002. Brasília, janeiro de 2002. Disponível em: <http://www.planalto.gov.br/ccivil_03/leis/2002/l10406compilada.htm>. Acesso em: 10 dez. 2020.

BRASIL. Lei 13.146, de 6 de julho de 2015. Brasília, julho de 2015. Disponível em: <http://www.planalto.gov.br/ccivil_03/_ato2015-2018/2015/lei/l13146.htm>. Acesso em: 20 nov. 2020.

BRASIL. Escola Nacional de Inspeção do Trabalho (ENIT). Inclusão da Pessoa com Deficiência. Disponível em: <https://enit.trabalho.gov.br/portal/index.php/inclusao-da-pessoa-com-deficiencia>. Acesso em: 08 dez. 2020.

BRASIL. Censo Demográfico de 2020 e o Mapeamento das Pessoas com Deficiência no Brasil. Brasília, 2019. Disponível em: <https://www2.camara.leg.br/atividade-legislativa/comissoes/comissoes-permanentes/cpd/arquivos/cinthia-ministerio-da-saude>. Acesso em: 06 fev. 2021.

DIAS, A. Por uma genealogia do capacitismo: da eugenia estatal a narrativa capacitista social. *Anais do I Simpósio Internacional de Estudos sobre a Deficiência – SEDPcD/Diversitas/USP Legal*. São Paulo: junho de 2013. Disponível em: <http://www.memorialdainclusao.sp.gov.br/ebook/Textos/Adriana_Dias.pdf>. Acesso em: 26 fev. 2021.

GOMES, A. V. M. A inclusão da pessoa com deficiência no mundo do trabalho. In: MENEZES, J. B. de (Org.). *Direito das pessoas com deficiência psíquica e intelectual nas relações privadas*. Rio de Janeiro: Editora Processo, 2016.

HONNETH, A. *Luta por reconhecimento*: a gramática moral dos conflitos sociais. São Paulo: Editora 34, 2009.

HIPOLITO, M. C. V. *Inclusão de Pessoas com Deficiência em Empresas do Setor Industrial*. Dissertação – UNICAMP. Campinas, 2020. Disponível em: <http://repositorio.unicamp.br/bitstream/REPO-SIP/349301/1/Hipolito_MaizaVilela_D.pdf>. Acesso em: 02 fev. 2021.

JAEGER, P. T. Internet Justice: Reconceptualizing the Legal Rights of Persons with Disabilities to Promote: Equal Access in the Age of Rapid Technological Change. *Review of Disability Studies*, v. 9, n. 1. Disponível em: <https://scholarspace.manoa.hawaii.edu/bitstream/10125/58553/257.pdf>. Acesso em: 18 abr. 2021.

KAPITAMGO-A-SAMBA, K. K. Tecnologia assistiva na Convenção da ONU e no Estatuto Brasileiro da Pessoa com Deficiência. In: MENEZES, J. B. de (Org.). *Direito das pessoas com deficiência psíquica e intelectual nas relações privadas*. Rio de Janeiro: Editora Processo, 2016.

LIMA, A. S. de et al. Lei de Cotas e a (in)acessibilidade de pessoas com deficiência severa ao mercado de trabalho formal. In: FIUZA, César (Org.). *Temas relevantes sobre o Estatuto da Pessoa com Deficiência*. Salvador: JusPodivm, 2018.

LUCA, G. D. de; FILHO, R. N. R. Direitos fundamentais da pessoa com deficiência: o trabalho como fonte de promoção da dignidade humana. In: FIUZA, César (Org.). *Temas relevantes sobre o Estatuto da Pessoa com Deficiência*. Salvador: Editora JusPodivm, 2018.

MADRUGA, S. *Pessoas com Deficiência e Direitos Humanos*. São Paulo: Saraiva, 2016.

MEMÓRIA, C. V. A capacidade da pessoa com deficiência psíquica ou intelectual para exercer atos de gestão empresarial. *Civilística: revista eletrônica de direito civil*, v. 9, n. 1. Disponível em: <https://civilistica.emnuvens.com.br/redc/article/view/513>. Acesso em: 20 fev. 2021.

MENEZES, J. B. de (Org.). *Direito das pessoas com deficiência psíquica e intelectual nas relações privadas*. Rio de Janeiro: Editora Processo, 2016.

MENEZES, J. B. de; CAMINHA, U. A capacidade do empresário e o novo Estatuto da Pessoa com Deficiência. *Revista de Direito Econômico e Socioambiental*, v. 8, n. 2. Disponível em: <https://periodicos. pucpr.br/index.php/direitoeconomico/article/view/16652/21348>. Acesso em: 20 fev. 2021.

OLIVA, M. D.; SILVA, R. da G. Notas sobre o *compliance* no direito brasileiro. *Quaestio Iuris*. v. 11, n. 4. Disponível em: <file:///C:/Users/arthu/Downloads/Texto%20Compliance%20Dezembro%20(1). pdf>. Acesso em: 24 abr. 2021.

PEREIRA, A. C. C. *Inclusão de pessoas com deficiência no trabalho e o movimento da cultura organizacional: análise multifacetada de uma organização*. Dissertação – UFRGS. Porto Alegre, 2011. Disponível em: <https://www.lume.ufrgs.br/bitstream/handle/10183/29934/000778168.pdf?sequence=1&isAllowed=y>. Acesso em: 27 fev. 2021.

PEREIRA, C. M. da S. *Instituições de Direito Civil: Introdução ao direito civil*. Atual: MORAES, M. C. B. de M. Rio de Janeiro: Forense, 2017. v. I.

PINHEIRO, C. da R; COSTA, T.; COSTA, T. Alguns reflexos do Estatuto da Pessoa com Deficiência na capacidade para o exercício de empresa. In: SALLES, R. B.; PASSOS, A. A.; LAGE, J. G. (Org.). *Direito, vulnerabilidade e pessoa com deficiência*. Rio de Janeiro: Editora Processo, 2019.

POLI, L. C. Lei brasileira da pessoa com deficiência: análise sob a ótica da teoria do reconhecimento em Honneth. In: FIUZA, César (Org.). *Temas relevantes sobre o Estatuto da Pessoa com Deficiência*. Salvador: JusPodivm, 2018.

ROSENVALD, N. O Modelo Social de Direitos Humanos e a Convenção sobre os Direitos da Pessoa com Deficiência – o fundamento primordial da Lei 13.146/2015. In: MENEZES, J. B. de (Org.). *Direito das pessoas com deficiência psíquica e intelectual nas relações privadas*. Rio de Janeiro: Editora Processo, 2016.

SALLES, R. B.; PASSOS, A. A; ZAGHETTO, N. B. A experiência extensionista do "Núcleo de Direitos das Pessoas com Deficiência" e necessidades prementes para a efetividade da Lei Brasileira de Inclusão. In: SALLES, R. B.; PASSOS, A. A.; LAGE, J. G. (Org.). *Direito, vulnerabilidade e pessoa com deficiência*. Rio de Janeiro: Editora Processo, 2019.

SALLES, R. B. A responsabilidade civil das pessoas com deficiência e dos curadores após a Lei Brasileira de Inclusão. *Revista IBERC*, v. 4, n. 1. Disponível em: <https://revistaiberc.responsabilidadecivil. org/iberc/article/view/157/118>. Acesso em: 07 mar. 2021.

SERPA, D. A. F.; FORNEAU, L. F. Responsabilidade social corporativa: uma investigação sobre a percepção do consumidor. *Revista de Administração Contemporânea*. v. 11, n. 3. Disponível em: <https://www. scielo.br/scielo.php?script=sci_arttext&pid=S1415-65552007000300005>. Acesso em: 22 fev. 2021.

SLIGAR, S. R.; ZENG, X. Website Accessibility and Readability Evaluation of Community Rehabilitation Programs. *Vocation Evaluation and Carrer Assessment Professionals Journal – VECAP*, v. 7, n. 2. Disponível em: <http://vecap.org/wp-content/uploads/2014/01/vecap-2011-vol-7-no-2.pdf#page=12>. Acesso em: 24 abr. 2021.

TOMAZETTE, M. *Curso de direito empresarial*: Teoria geral e direito societário. São Paulo: Saraiva: Saraiva, 2018. v. 1.

VENDRAMIN, C. Repensando mitos contemporâneos: o capacitismo. *Simpósio Internacional Repensando Mitos Contemporâneos*. UNICAMP: Campinas, 2019.

PARTE II
PRÁTICA

A pesquisa

O grupo de pesquisa EDRESP – Empresa, Desenvolvimento e Responsabilidade – é uma iniciativa da Faculdade de Direito da Universidade Federal de Juiz de Fora. O objetivo do grupo é o aprofundamento do estudo sobre o papel da empresa e sua função social, sem olvidar novos arranjos para o desenvolvimento da atividade empresária e da necessidade de criação de mecanismos eficazes para o controle e a responsabilização pelo desvirtuamento do objeto social.

Desde a fundação do EDRESP em 2018, seus membros empenham esforços para compreender os sistemas de *compliance* das companhias no mercado de capitais. Tais estudos resultaram nas pesquisas desta seção em diversas frentes do direito: conflito de interesses, proteção de dados, concorrência, meio ambiente, direito do trabalho, anticorrupção, dentre outros.

A proposta desta apresentação consiste em expor os caminhos e procedimentos metodológicos adotados no curso das análises dos vários mecanismos de *compliance* referentes a empresas constantes do Novo Mercado instituído pela Bolsa de Valores, Mercadorias e Futuros mediante assinatura de contrato de adesão, contendo determinados padrões de governança.

A ideia desta apresentação não consiste em abordar o tema específico de cada um dos elementos institucionais de *compliance* (conformidade das ações empresariais com as normas e os valores éticos) abordados sob diferentes aspectos ao longo da primeira parte da obra.

Para que esta apresentação não se distancie da proposta mais específica a ser debatida pelos especialistas, constrói-se um esquema de análise metodológica que envolve a compreensão mais estrutural do processo de análise dos dados, mas também que aponte limitações relevantes para que se possa, no futuro, aprimorar essa dinâmica de análise de diferentes aspectos de *compliance*.

Assim sendo, a estrutura da apresentação metodológica contém uma primeira parte de análise do processo de coleta, organização e sistematização dos dados e uma segunda parte de apontamento de limitações para que se possa dar às pessoas interessadas e versadas no tema de *compliance* a exata dimensão de um longo e complexo processo de investigação.

Análise do processo de coleta, organização e sistematização dos dados, revisão de literatura e legislação

Para se alcançar o processo de elaboração coerente das perguntas-guia para coleta dos dados referentes ao universo de empresas públicas e privadas inscritas no Novo Mercado, realiza-se uma revisão prévia de literatura a qual tinha por objetivo compreender os processos de regulação e de autorregulação amplamente discutidos teoricamente nas referências consultadas.

Uma vez compreendida a estrutura teórica da regulação e os aspectos mais relevantes do *compliance* a partir de uma revisão de literatura, é preciso aprofundar o conhecimento sobre cada uma das estruturas a ser analisadas dentro dos contextos empresariais.

Além disso, são verificadas e escrutinadas as normativas referentes ao Novo Mercado, dado que elas são o ponto de reflexão mais central quando se trata de absorver as regras mais estruturais do sistema de *compliance*. Nesse sentido, são de fundamental relevância: o Regulamento do Novo Mercado, o Manual do Emissor (editado pela B3), o estatuto da B3 entre outros.

Elaboração das perguntas-guia para a coleta de dados das empresas em estudo

Uma vez realizadas as leituras teóricas e analisadas as legislações coletadas, inicia-se o processo de construção de perguntas-guia, quer dizer, perguntas em formato de formulário a serem respondidas com base nos dados existentes nos documentos empresariais e em bases de dados oficiais.

Estes formulários apresentam distinções relevantes, dado que cada âmbito escolhido de análise (conflito de interesses, concorrência, proteção de dados etc.) necessita de adequação tanto do ponto de vista da literatura previamente estudada quanto do ponto de vista da legislação específica aplicável.

No processo de coleta desses dados via formulário, construído a partir de perguntas-guia, foram produzidos memorandos, diários de pesquisa de forma a manter gravadas as ações efetivamente realizadas em cada momento da coleta dos dados.

Organização e sistematização dos dados coletados

Uma vez coletados os dados via formulários e verificados os diários de pesquisa, caminha-se no rumo da organização e da sistematização dos dados coletados. Nesse ponto, é preciso ordenar as respostas a cada uma das perguntas a fim de se poder, ao final, produzir inferências as quais demonstrem dados desconhecidos a partir destas respostas devidamente ordenadas.

Cada um dos âmbitos analisados, sob a perspectiva da avaliação de *compliance* das empresas listadas, gera um produto diferenciado sobre o nível de comprometimento destas empresas com as normas gerais coletadas previamente. Não há homogeneidade no resultado alcançado nos diversos âmbitos de análise.

Limitações metodológicas

É importante destacar algumas limitações de todo esse processo de coleta, análise e produção de dados referentes à estrutura do *compliance* nas empresas listadas no Novo Mercado.

Quanto à revisão de literatura, é importante apontar que há um relativo desequilíbrio com relação aos diferentes temas abordados no contexto desta pesquisa, uma vez que, em alguns temas, por exemplo, não há tanto subsídio teórico e legislativo quanto outro tema.

Por conta dessa diferença, a elaboração dos formulários para a coleta dos dados também não foi homogeneamente estruturada. Isso quer dizer que não foi possível uma produção sistematizada e padrão de perguntas-guia as quais pudessem ser replicadas em todos os âmbitos analisados de forma uniforme. Nesse sentido, é preciso ter em mente que a diversidade de âmbitos de incidência das regras de *compliance* é de tamanha variedade de sorte a dificultar uma construção de instrumentos de coleta de dados os quais evidenciem um mínimo denominador comum nos processos de condução da coleta.

Considerando todas as variáveis para a análise dos programas de *compliance* das companhias listadas no segmento de Novo Mercado da B3, bem como a necessidade do *enforcement* desses instrumentos, o resultado apresentado na segunda parte do livro, constitui o esforço dos pesquisadores do grupo EDRESP, em compreender SE e COMO as sociedades listadas no Novo Mercado apresentam seus programas de *compliance*; SE e COMO esses programas traduzem o compromisso firmado pelas próprias sociedades em relação ao mercado e, por fim, SE e COMO esses documentos são considerados pelos órgãos de controle e fiscalização do mercado brasileiro, em especial, pela B3.

A apresentação sobre os desafios metodológicos contaram com a valiosa contribuição do professor Marcos Vinício Chein Feres. Professor Titular da Universidade Federal de Juiz de Fora.

Caroline Pinheiro

Coordenadora do Grupo de Pesquisa 'Empresa, Desenvolvimento e Responsabilidade'. Professora da Universidade Federal de Juiz de Fora.

Alexandre Aguilar

Pesquisador do Grupo de Pesquisa 'Empresa, Desenvolvimento e Responsabilidade'.

COMPLIANCE: ENTRE TEORIA E PRÁTICA. REGULAÇÃO E AUTORREGULAÇÃO NO MERCADO DE CAPITAIS

Caroline da Rosa Pinheiro

Doutora pela Universidade do Estado do Rio de Janeiro – UERJ. Professora de Direito Empresarial da Universidade Federal de Juiz de Fora – UFJF. Coordenadora do Grupo de Pesquisa 'Empresa, Desenvolvimento e Responsabilidade' – EDResp.

Adrienny Rúbia de Oliveira Soares

Graduanda em Direito pela da Universidade Federal de Juiz de Fora – UFJF. Pesquisadora no Grupo de Pesquisa 'Empresa, Desenvolvimento e Responsabilidade' – EDResp.

Sumário: 1. Introdução – 2. Controle de mercado; 2.1 Regulação e CVM; 2.2 Autorregulação; 2.3 Interseções entre a regulação e a autorregulação: os papéis da CVM e da B3 – 3. Novo mercado e *compliance* – 4. Programas de integridade: instrumentos vinculantes? – 5. Considerações conclusivas – 6. Referências.

1. INTRODUÇÃO

Segundo Coleman, "poucos setores da economia capitalista possuem uma tão extensa capacidade autorregulatória como os mercados de capitais"[1]. A contemporaneidade tem sido marcada por uma crescente complexidade e incerteza advindas do desenvolvimento tecnológico que possibilitou, consequentemente, o desenvolvimento dos mercados transnacionais, com destaque para o mercado de capitais, onde risco e retorno estabelecem relação diretamente proporcional[2].

Diante da impossibilidade de se conferir certeza a esse cenário, o papel do Direito se destaca para proteção à confiança nas relações e operações estabelecidas no mercado de capitais – requisito indispensável à sua existência e seu adequado funcionamento. Isso significa dizer que a confiança sobre o mercado, bem como a segurança sobre suas operações ocorre em virtude do funcionamento de seus mecanismos de coordenação, bem como no desempenho segundo normas e meios de fiscalização dos

---

1. COLEMAN, W. D. Keeping the Shotgun Behind the Door: Governing the Securities Industry in Canada, the United Kingdom, and the United States apud MOREIRA, Vital. *Auto-Regulação Profissional e Administração Pública*. Coimbra: Livraria Almedina, 1997, p. 86.
2. TEIXEIRA FERRAZ, 2012.

entes competentes.[3] No ponto, destaca-se a relevância que a confiança possui para atrair investidores para países em desenvolvimento em economias globalizadas.[4]

Nesse contexto, a coordenação de mercado refere-se ao poder de fiscalização do Estado em relação às atividades econômicas, pois, por expressa imposição do artigo 173 do texto constitucional, a exploração direta pelo Estado só é admitida quando necessária aos imperativos da segurança nacional ou a relevante interesse coletivo. Sendo, portanto, assegurada a livre iniciativa privada, o Estado reserva para si a função de exercer o controle do mercado.

Nesse sentido, este estudo tem o objetivo de oferecer um panorama não exaustivo sobre as formas de controle do mercado – regulação, autorregulação e *compliance*, em específico – e sobre a relação entre seus respectivos entes competentes no mercado de capitais brasileiro, de modo a subsidiar a compreensão da análise dos parâmetros objetivos determinados pelo – direito ambiental, direito do consumerista, direito concorrencial, direito sancionador, direito trabalhista, dentre outros – abordados na segunda parte desta obra para avaliação dos programas de integridade das companhias listadas no segmento do Novo Mercado.

Debruça-se sobre a hipótese de que a exigência de programas de integridade como requisito ao ingresso no segmento do Novo Mercado[5] demonstra o caráter vinculativo dos documentos e o emprego deles como meios de fiscalização e controle exercido pela B3, ente autorregulador, sobre o mercado de capitais e o referido

---

3. De fato, para Teubner e Gáscon, a relevância do Direito está intrinsecamente relacionada aos processos sociais e econômicos, como se extrai do trecho: *[...] For me law has only a supportive role to play and the important things are social and economic learning processes within the corporation that may be supported by legal rules.* TEUBNER, Gunther; GASCÓN, Ricardo Valenzuela. Constitutional sociology and corporations. [s.l.], 1997. No mesmo sentido, aponta Aragão: *Assim, para este pensador, não é o Direito mas o mercado que cria os seus próprios meios de comunicação, que são protegidos e aplicados pelo Estado. O Direito, na sua opinião, não lhes dá o conteúdo, mas apenas as formas.* ARAGÃO, Alexandre Santos. O conceito jurídico de regulação da economia. In: JURUÁ (Org.). Revista de Direito Administrativo & Constitucional. 6. ed. Curitiba: [s. n.], p. 59-74, 2001.

4. Para compreensão mais aprofundada sobre o efeito das mudanças legislativas na proteção de credores e acionistas na atração de investimento em economias em transição: PISTOR, K. et al. Law and Finance in Transition Economies. *Economics of Transition.* [s.l.], v. 8, p. 324-368.

5. *Art. 31 A companhia deve elaborar e divulgar código de conduta aprovado pelo conselho de administração e aplicável a todos os empregados e administradores que contemple, no mínimo: I – os princípios e os valores da companhia; II – as regras objetivas relacionadas à necessidade de compliance e conhecimento sobre a legislação e a regulamentação em vigor, em especial, às normas de proteção à informação sigilosa da companhia, combate à corrupção, além das políticas da companhia; III – os deveres em relação à sociedade civil, como responsabilidade socioambiental, respeito aos direitos humanos, e às relações de trabalho; IV – o canal que possibilite o recebimento de denúncias internas e externas, relativas ao descumprimento do código, de políticas, legislação e regulamentação aplicáveis à companhia; V – a identificação do órgão ou da área responsável pela apuração de denúncias, bem como a garantia de que a elas será conferido anonimato; VI – os mecanismos de proteção que impeçam retaliação à pessoa que relate ocorrência potencialmente violadora do disposto no código, em políticas, legislação e regulamentação aplicáveis à companhia; VII – as sanções aplicáveis; VIII – a previsão de treinamentos periódicos aos empregados sobre a necessidade de cumprimento do disposto no código; IX – e as instâncias internas responsáveis pela aplicação do código.* B3 S.A. – BRASIL, BOLSA, BALCÃO. Regulamento do Novo Mercado. Disponível em: <http://www.b3.com.br/data/files/3A/60/99/CC/038CF610761CABF6AC094EA8/Regulamento%20 do%20Novo%20Mercado%20-%2003.10.2017%20(Sancoes%20pecuniarias%202020).pdf>. Acesso em: 14 jan. 2021.

COMPLIANCE: ENTRE TEORIA E PRÁTICA. REGULAÇÃO E AUTORREGULAÇÃO NO MERCADO DE CAPITAIS

segmento. Para tanto, a metodologia se deu pelo método indutivo a partir do estudo bibliográfico sobre as formas de controle do mercado, as normas de competência da CVM e da B3 acerca da adoção e do desenvolvimento de programas de *compliance*.

Por último, este artigo apresenta, além desta introdução, 4 seções: Controle de Mercado, que por sua vez compreende as subseções intituladas Regulação e CVM, Autorregulação e as Interseções entre a regulação e a autorregulação: os papéis da CVM e da B3; Novo Mercado e *compliance*; Programas de integridade: instrumentos vinculantes?; e Considerações Conclusivas.

2. CONTROLE DE MERCADO

O tema do controle de mercado remete à política econômica aplicada por um Estado. Em outras palavras, a escolha política e econômica sobre a forma de exercício das atividades econômicas gera em maior ou menor medida a necessidade do controle, isto é, da elaboração de normas, da prática de fiscalização e da cominação de sanções[6]. Considerando a ordem constitucional vigente e a política econômica predominante no Brasil, o escopo regulatório é essencialmente permitir o desenvolvimento do mercado e, concomitantemente, promover interesses constitucionais, haja vista a subsidiariedade da intervenção estatal[7].

A titularidade do controlador pode modificar de acordo com a modalidade de coordenação empregada no setor de mercado em foco. Nas seções a seguir, serão apresentadas a regulação, a autorregulação e o *compliance* como formas de controle do mercado.

2.1 Regulação e CVM

A denominação "regulação" é frequentemente utilizada como gênero, referindo-se à coordenação de mercado. Contudo, enquanto espécie de coordenação do mercado, o termo se refere ao controle exercido pelo Estado quando da elaboração de normas, da sua aplicação e fiscalização do exercício das atividades econômicas pelos agentes privados[8].

No ordenamento brasileiro, não foi formulada uma teoria geral da regulação.[9] Isso porque ela está relacionada às funções assumidas pelo Estado – por vezes diametralmente opostas: a ingerência direta na esfera econômica e a mera fiscalização da atividade exercida pelos particulares; a prestação do serviço público e a vigilância do mercado[10]. Por esse motivo, parte-se do pressuposto de que o termo regulação não só admite acepção ampla, de forma a permitir o estudo de suas diferentes concepções

---

6. ARAGÃO, 2001.
7. MARQUES NETO, 2011.
8. ARAGÃO, 2001.
9. Neste artigo, a expressão "regulação" se relaciona especificamente à regulação do mercado de capitais.
10. SALOMÃO FILHO, 2011.

e influências no Direito brasileiro, como também representa a *due process clause* em matéria econômica[11].

Segundo Cross e Prentice, o Direito restringe e regula ao mesmo tempo que permite o funcionamento do mercado.

> The law represents the rules created and enforced by a nation's governmental authority. The law implies the use of this government authority and power to impose and enforce certain rules. By its nature, this is a constraint on the purely voluntary transactions of a laissez faire market. The legal restrictions placed on the firm are inevitably controversial in a fundamentally capitalist society.[12-13]

Com o intuito de compreender o fundamento para essa restrição do Direito ao mercado puramente voluntário, nesta seção serão traçadas as noções gerais das teorias da regulação: a Teoria do Interesse Público, a Teoria ou Escola Neoclássica Econômica e as Teorias Institucionais.

De acordo com a Teoria do Interesse Público, o fim da regulação é a realização do interesse público, entendido como o interesse da coletividade[14]. Assim, em uma interface com o Direito Administrativo, a referida teoria se defronta com a dificuldade de conceituação de interesse público, uma vez que, conforme já indicado, tal tarefa está diretamente relacionada às funções assumidas pelo Estado e ao próprio conceito de serviço público, variáveis de acordo com o contexto político e econômico.

A Teoria ou Escola Neoclássica Econômica, por sua vez, contraria a teoria anterior ao afirmar que o fim da regulação é a necessidade de correção das falhas de mercado para que este livremente obtenha melhores resultados. Assim, essa teoria parte da noção de que o mercado ideal é aquele em que os agentes agem racionalmente em prol de seus interesses e coordenados por um sistema de preços[15]. Quando há falhas nesse sistema ou necessidade de direcioná-lo a objetivos acolhidos pelo ordenamento jurídico, é necessária a regulação[16].

Por último, ao explicar a relação entre as instituições e o desenvolvimento da sociedade, a Teoria da Economia Institucional defende a existência de um elo entre os membros das instituições consubstanciado em um interesse comum. Nesse sentido, a instituição reúne e subordina os indivíduos com interesses comuns, os quais, uma vez voluntariamente adeptos da instituição, passam a agir em conformidade com os arranjos institucionais. Ainda de acordo com essa teoria, as instituições se desenvolvem a fim de evitar incertezas e reduzir os riscos e custos gerados pela assimetria

---

11. SALOMÃO FILHO, 2015.
12. Tradução livre: O Direito representa as regras criadas e impostas por uma autoridade governamental. O Direito implica no uso dessa autoridade e no poder de impor e fiscalizar certas regras. Por sua natureza, isso é uma restrição às transações puramente voluntárias do mercado *laissez faire*. As restrições legais à empresa são inevitavelmente controversas numa sociedade fundamentalmente capitalista. CROSS, F. B.; PRENTICE, R. A. Law and corporate finance. *Law and Corporate Finance*, 2007, p. 1.
13. CROSS; PRENTICE, 2007, p. 1.
14. MITNICK, 1980.
15. MEIRELLES, 2010.
16. ARAGÃO, 2001.

COMPLIANCE: ENTRE TEORIA E PRÁTICA. REGULAÇÃO E AUTORREGULAÇÃO NO MERCADO DE CAPITAIS

de informações entre agentes. Por isso, volta-se não só para a Economia, mas para o estudo das instituições das demais Ciências Sociais.

A partir dessa breve exposição, é possível concluir que a principal diferença entre as referidas teorias advém da abordagem acerca da relação entre público e privado e entre governo e mercado. Não obstante, neste artigo compreende-se a regulação como uma opção de política econômica em que o Estado não exerce diretamente a atividade econômica, mas titulariza a competência para seu ordenamento e sua fiscalização[17].

Dessa maneira, a regulação compreende duas ideias: o estabelecimento e a implementação de regras e o restabelecimento do funcionamento equilibrado de um sistema[18]. A justificativa para essa ingerência se deve ao pressuposto de existência de forças de mercado, as quais obstam a atividade livre do mercado e ocasionam riscos à coletividade[19]. Calixto Salomão Filho (2011) sintetiza a regulação como a garantia institucional autônoma de correção e equilíbrio do mercado, com o propósito de conferir igualdade material aos *players*.

Nesse contexto, para exercer o papel regulatório sobre o mercado de capitais, foi criada a Comissão de Valores Mobiliários – ora tratada somente por CVM. Semelhante às agências reguladoras típicas da tradição de *common law*, a CVM – criada pela Lei 6.385/76 – consiste em uma autarquia vinculada ao Ministério da Fazenda, com patrimônio e personalidade jurídica próprios, dotada de autoridade administrativa independente, ausência de subordinação hierárquica, mandato fixo, estabilidade de seus dirigentes e autonomias financeira e orçamentária, destinada à regulação do mercado de capitais brasileiro. Logo, no bojo de suas atribuições está a regulação voltada à fiscalização das companhias abertas[20] e à consecução do interesse público na atividade das bolsas de valores[21]-[22].

Segundo a lei vigente, são competências da CVM (i) a emissão e distribuição de valores mobiliários no mercado; (ii) a negociação e intermediação no mercado de valores mobiliários; (iii) a negociação e intermediação no mercado de derivativos; (iv) a organização, o funcionamento e as operações das bolsas de valores; (v) a organização, o funcionamento e as operações das bolsas de mercadorias e futuros; (vi) a administração de carteiras e a custódia de valores mobiliários; (vii) a auditoria das companhias abertas; e (viii) os serviços de consultor e analista de valores mobiliários.

---

17. DIAS, BECUE, 2012.
18. MOREIRA, 2008.
19. DIAS, BECUE, 2012.
20. *Art. 8º Compete à Comissão de Valores Mobiliários: I – regulamentar, com observância da política definida pelo Conselho Monetário Nacional, as matérias expressamente previstas nesta Lei e na lei de sociedades por ações.* BRASIL. Lei 6.385 de 7 de dezembro de 1976. Dispõe sobre o mercado de valores mobiliários e cria a Comissão de Valores Mobiliários. Disponível em: <http://www.planalto.gov.br/ccivil_03/leis/L6385compilada.htm>. Acesso em: 04 jan. 2021.
21. Neste artigo, o emprego da expressão "bolsa de valores" considera o espaço físico e o sistema de negociação – atributos normativos que compõem o conceito econômico do termo e o caracterizam como espécie do gênero "mercado de valores mobiliários".
22. EIZIRIK et al 2019.

Ademais, a CVM estabelece ser propósito da autarquia zelar pelo funcionamento eficiente, pela integridade e pelo desenvolvimento do mercado de capitais, promovendo o equilíbrio entre a iniciativa dos agentes e a efetiva proteção dos investidores.[23]-[24]

Haja vista a complexidade do mercado de capitais e suas constantes variações no cenário econômico, além da pouca flexibilidade, à regulação exercida pela autarquia soma-se a autorregulação exercida pelas bolsas de valores [25]-[26]e a coordenação do próprio mercado pela via concorrencial – esta não será abordada neste artigo.

2.2 Autorregulação

A autorregulação, também compreendida como espécie de coordenação do mercado, diferencia-se essencialmente da regulação por ser exercida pelos próprios agentes de mercado. Diante dessa distinta titularidade,[27] faz-se necessário tratar das razões, das vantagens e dos riscos dessa forma de coordenação.

---

23. Disponível em: <https://www.gov.br/cvm/pt-br/acesso-a-informacao-cvm/institucional/missao-valores-e--objetivos-estrategicos>. Acesso em 04 jan. 2021.
24. Para cumprir sua função institucional, à CVM compete também às atividades fiscalizatória e sancionadora. Com o objetivo de averiguar o exercício das referidas competências, o Núcleo de Estudos em Mercados Financeiro e de Capitais da FGV Direito -SP elaborou o relatório "Além dos números da CVM: enforcement no mercado de capitais brasileiro" em que analisou os relatórios trimestrais divulgados pela autarquia sobre o tema. Disponível em: <https://5ad2dfdf-fdcf-4d2e-bad8-f0771e6e8846.filesusr.com/ugd/b5264b_32b-db3eef0954eef9cdf7f2a603de720.pdf?index=true>. Acesso em: 02 jul. 2021.
25. Na prática, o desenvolvimento das tecnologias de informação permitiu a globalização dos mercados financeiros, de modo que a sua coordenação atualmente ultrapassa as fronteiras nacionais para considerar também aspectos normativos internacionais: *[...] it also denotes a world where regulation is increasingly a hybrid of different systems of control, where statist regulation coevolves with civil regulation, national regulation expands with international and global regulation, private regulation coevolves and expands with public regulation, business regulation coevolves with social regulation, voluntary regulations expand with coercive ones and the market itself is used or mobilised as a regulatory mechanism.* LEVI-FAUR, David. Regulatory Capitalism. In: DRAHOS, Peter (Org.), *Regulatory Theory*: Foundations and applications. p. 293, 2017.
26. A complementaridade entre a coordenação de mercado exercida pelo ente público e pelo ente privado não é tema incontroverso. Lebaron e Rühmkorf apontam que a autorregulação pode enfraquecer a regulação pública, como se extrai do excerto a seguir: *While it has become commonplace to argue that public and private labour governance mechanisms can be complimentary, and that 'public and private regulatory efforts need to work with and build off on one another' (Locke, 2013, p. 177), our study highlights the possibility that the integration of private governance into public legislation can undermine and weaken effectiveness. There is a need for further study of this phenomenon, not only in home state legislation, but in relation to public governance of labour standards more generally.* LEBARON, Genevieve; RÜHMKORF, Andreas. Steering CSR Through Home State Regulation: A Comparison of the Impact of the UK Bribery Act and Modern Slavery Act on Global Supply Chain Governance. *Global Policy*, [s. l.], v. 8, n. 3, 2017, p. 26.
27. O fato de os próprios agentes de mercado titularizarem a autorregulação induz a indagações sobre a manutenção da unidade do ordenamento jurídico. Para Reimer (2016), uma vez que as normas que autorizam e incentivam a autorregulação encontram validade no próprio ordenamento jurídico, não há que se falar em exceção à unidade do sistema. REIMER, Philipp. "L'État, c'est le droit!" – Sobre a Atualidade da Teoria do Estado de Hans Kelsen em Face da Metamorfose do Poder Estatal. *Cadernos do Programa de Pós-Graduação em Direito* – PPGDir./UFRGS, Porto Alegre, v. 11, n. 1, p. 50-79, 2016. Por outro lado, de acordo com Marques Neto (2011), a autorregulação dos sistemas de mercado constitui pluralidade normativa e quebra da estruturação vertical da norma, restando, portanto, abalada a pirâmide de Kelsen. MARQUES NETO, Floriano de Azevedo. Regulação Estatal e Autorregulação na Economia Contemporânea. *Revista de Direito Público da Economia*, Belo Horizonte, ano 9, n. 33, p. 79-94, 2011.

A autorregulação engloba três características[28]: (i) a imposição de regras desenvolvidas pelos próprios regulados; (ii) a coletividade do fenômeno, visto ser fruto de uma organização estabelecida para o fim de autorregular o grupo; e (iii) o caráter privado, já que não decorre diretamente do Estado. De acordo com Luciana Pires Dias (2005), o termo se refere "[...] ao conjunto de normas autovinculantes que um determinado grupo impõe para si mesmo, seja espontaneamente ou por determinação do Estado". Para Calixto Salomão Filho (2011), a autorregulação intenta criar um ambiente semelhante à concorrência perfeita, no sentido de corrigir o mercado.

Segundo Ferraz (2012), a autorregulação e regulação não se confundem. Isso porque:

> Na realidade, a regulação e a autorregulação são duas formas (espécies) de coordenação da economia, devendo esse termo ser entendido de forma ampla como o ato de organizar de forma metódica, estruturar e ordenar a economia, com o objetivo de mantê-la sincrônica e harmoniosa. Assim, a autorregulação não pode ser espécie da regulação, pois aquela é uma forma de coordenação "não estatal", realizada pelos próprios agentes econômicos por meio de entidades profissionais privadas. Ou seja, a atividade de autorregulação está fora do âmbito de atuação do Estado, não podendo ser espécie de regulação (de acordo com os conceitos apresentados neste trabalho)[29].

Considerando o conceito de autorregulação, é notório o papel da *expertise* no processo de coordenação do mercado, haja vista que a inserção do regulador na *práxis* do regulado tende a conduzir a normas de maior qualidade e precisão, o que resulta em maior legitimidade e aderência e, por via de consequência, em maior eficácia[30]. Essa característica confere maior credibilidade à autorregulação em comparação à regulação, vez que o tamanho, a ineficiência e a complexidade estrutural do Estado podem privilegiar elites políticas, econômicas e burocráticas[31].

Ademais, os processos da autorregulação também tendem a ser mais céleres, o que constitui elemento essencial aos mercados de capitais. Simultaneamente, a redução de custos decorre da sua internalização pelo autorregulador, reduzindo as despesas estatais, a possibilidade de duplicidade de normas e a necessidade de fiscalização, em prol da legitimidade e aderência às normas[32].

Além das vantagens práticas da autorregulação em comparação à regulação, tal modelo também se justifica por permitir a incorporação de interesses da coletividade e garantias democráticas às medidas coordenatórias dos particulares, além de possibilitar a correção de falhas mercadológicas pelo setor com a necessária *expertise* e a persecução de seus interesses legítimos[33].

---

28. BECUE, DIAS, 2012.
29. TEIXEIRA FERRAZ, 2012, p. 69.
30. EIRICK et al, 2019; SUTINEN, KUPERAN, 1999.
31. STIGLER, 1975; MARQUES NETO, 2011.
32. DIAS, BECUE, 2012.
33. DEFANTI, 2018.

Quanto às suas modalidades, segundo Ferraz (2012), a autorregulação pode ser classificada como (i) de base legal ou (ii) de base voluntária. A primeira é marcada pela delegação, pelo Estado, de competência regulatória, a exemplo das Bolsas de Valores. A segunda, por sua vez, é marcada pela iniciativa exclusiva dos particulares que aderem às normas impostas pelo órgão regulador privado, a exemplo dos programas de integridade ou códigos de conduta.[34] No Brasil, entende-se que as duas modalidades coexistem no âmbito da B³ e do segmento do Novo Mercado, conforme será tratado na seção 3.

A divisão entre regulação e autorregulação, todavia, provoca significativo questionamento quanto à capacidade de os instrumentos autorregulatórios vincularem, de fato, a atividade empresarial – tema sobre o qual ainda não há consenso na doutrina. Na concepção de Ferraz (2012), a força vinculante só é conferida à autorregulação de base legal, pois esta é imposta ou reconhecida por lei, além de ser aplicado o regime jurídico de Direito Público. Para Otávio Yazbek (2007), a distinta natureza privada da autorregulação não implica na horizontalidade da relação entre as partes, mas numa subordinação sustentada pelo instrumental típico das relações entre agentes privados. Essa questão será tratada na seção 3, quando serão abordados os programas de integridade.

A despeito dos traços distintivos apresentados, a regulação e a autorregulação também compartilham obstáculos, tais quais a constituição de um regulador; as constantes mudanças do mercado; a administração do processo de coordenação; as atividades que assegurem a fiscalização e repressão de infrações; e a relação de cooperação entre os agentes regulador e autorregulador[35].

Tendo em vista os limites das referidas formas de coordenação do mercado, algumas medidas se mostram necessárias para lhes conferir maior efetividade, como: a supervisão pelo regulador estatal, a prestação de contas à sociedade e a responsabilização do autorregulador por suas ações e omissões[36].

Por outro lado, é possível que a autorregulação apresente riscos de conflito de interesses, afetando não só a definição clara de seus objetivos, mas também o rigor de aplicação das normas. Em outras palavras, a autorregulação, em virtude de sua natureza privada, pode privilegiar os interesses da classe que a institui. Dias e Becue (2012) evidenciam, ainda, que ela pode configurar medida de prevenção frente a uma regulação severa estatal. Há ainda o risco de as normas autorreguladoras serem impostas rigorosamente com o propósito de eliminar a concorrência, ou de revestir o ente autorregulador e os regulados de boa reputação perante *stakeholders*[37]. Em vista dos peculiares motivos que conduzem à autorregulação, Marques Neto[38] a conceitua

---

34. Também podem ser empregadas as denominações: *compliance* ou programa de *compliance* ou programa de conformidade.
35. DONAGGIO, 2016.
36. DONAGGIO, 2016.
37. DIAS, 2005.
38. 2011, p. 89.

COMPLIANCE: ENTRE TEORIA E PRÁTICA. REGULAÇÃO E AUTORREGULAÇÃO NO MERCADO DE CAPITAIS | **237**

como a "forma de regulação que surge a partir do interesse dos atores econômicos atuantes num dado subsistema, buscando a preservação das condições de exploração econômica, o fechamento deste sistema a novos entrantes ou a anulação ou absorção das interferências externas, de origem estatal ou não".[39]

Haja vista os referidos aspectos da autorregulação, passa-se a analisar a arquitetura da CVM e B3 enquanto agentes regulador e autorregulador do mercado de capitais, buscando garantir a independência da autorregulação e o funcionamento eficiente do mercado.

2.3 Interseções entre a regulação e a autorregulação: os papéis da CVM e da B3

Conforme abordado na seção 2.1, a CVM, enquanto autarquia vinculada ao Ministério da Fazenda, fiscaliza a administração do mercado de valores mobiliários exercida pela B3, de natureza privada.[40]-[41] A instrução 461/2007 da CVM explicita a distinção entre os papéis do agente regulador e do agente autorregulador, uma vez que, ao delegar a competência acerca da disciplina dos mercados, a autarquia reserva não só a sua competência para definição de um conteúdo mínimo normativo, como também para aprovação de normas e exigência de quaisquer alterações necessárias.[42]

---

39. Tais riscos adquirem maior proporção diante do monopólio de fato exercido pela B3 no mercado de capitais, apesar da inexistência de restrições legais à concorrência e da dissonância doutrinária a respeito dos efeitos deletérios do monopólio. Em face dessa realidade e da relevância da atividade autorregulatória do mercado de capitais para o desenvolvimento da economia brasileira, é inegável a necessidade de atenta fiscalização e coordenação estatal – razão pela qual se justifica inclusive a pesquisa consubstanciada na presente obra. Sobre o tema, ver: PEREIRA FILHO, Celso Roberto; MAFUD, Pedro Darahem. "Uma Nova Bolsa: a quem interessa". Disponível em: <http://conteudo.cvm.gov.br/export/sites/cvm/audiencias_publicas/ap_sdm/anexos/2013/sdm0513-manifestacaoPedro-MafudeCelso-Pereira_22-06-2013.pdf>. Acesso em: 02 jul. 2021.

40. Sobre a natureza jurídica das Bolsas de Valores, é de relevo para o presente artigo as considerações de Ary Oswaldo Mattos Filho (1986, p. 12), segundo o qual [...] as Bolsas de Valores são subordinadas na extensão do poder concedido pela lei às autoridades reguladoras do mercado, sendo que nos demais setores elas se comportam e se regem como associações civis iguais às demais. Elas se distinguem das demais associações civis na medida de sua autonomia perda em face do poder de controle criado por lei e outorgado ao Estado; porém, tal perda de uma fatia da autonomia não as transforma em exercentes de serviços delegados pelo Estado. MATTOS FILHO, Ary Oswaldo. A natureza jurídica das atividades das Bolsas de Valores. *Revista de Administração de Empresas.* v. 26, n. 1, p. 12. Rio de Janeiro, 1986. Ressalva-se, contudo, a desmutualização das bolsas de valores e a sua natureza empresária atual, exercida sob a forma de sociedade anônima, não obstante o interesse público na atividade privada e a consequente atenção estatal.

41. Destaca-se que a CVM, em sede de instrução, tratou da problemática sobre o conflito de interesses de uma entidade privada enquanto administradora do mercado de valores mobiliários, como se depreende do excerto: *[a] entidade administradora de mercado organizado deverá manter equilíbrio entre seus interesses próprios e o interesse público a que deve atender, como responsável pela preservação e autorregulação dos mercados por ela administrados.* BRASIL. Instrução Normativa 461, de 23 de outubro de 2007. Disciplina os mercados regulamentados de valores mobiliários e dispõe sobre a constituição, organização, funcionamento e extinção das bolsas de valores, bolsas de mercadorias e futuros e mercados de balcão organizado. Diário Oficial da República Federativa do Brasil, Brasília, DF, 23. Out. 2007. Disponível em: <http://conteudo.cvm.gov.br/export/sites/cvm/legislacao/instrucoes/anexos/400/inst461consolid.pdf>. Acesso em: 16 jan. 2021.

42. Ibidem. Art. 15. *Caberá à entidade administradora aprovar regras de organização e funcionamento dos mercados por ela administrados, abrangendo, no mínimo, o seguinte: I – condições para admissão e permanência como pessoa autorizada a operar nos mercados por ela administrados, inclusive na condição de sócio, quando exigida,*

A B3 [43]exerce atividades relacionadas à administração e autorregulação de sistemas de registro, negociação, compensação e liquidação do mercado de valores mobiliários. Sendo assim, a bolsa de valores exerce um duplo papel. Isso porque simultaneamente viabiliza a manutenção e fiscalização das operações no mercado secundário de valores mobiliários, voltado às transações rápidas e seguras entre investidores, e preserva padrões éticos de negociação por meio de regulamentação e fiscalização[44].

Paralelamente, as próprias companhias listadas na B3 buscam se adequar às normativas do regulador e do autorregulador para atuarem regularmente no mercado de capitais. Por esse ângulo, como será abordado na próxima seção, os programas de *compliance* se configuram como estratégias adotadas para a conformidade da companhia.

Diante da concomitância da CVM e da B3 na arquitetura do controle do mercado de capitais no Brasil, são suscitadas indagações quanto ao compromisso da B3 com a autorregulação enquanto sociedade anônima investida em seu propósito lucrativo. Em outros termos, tendo em vista que à companhia compete tanto a função econômica de viabilizar negociações no mercado, quanto a função coordenatória do mercado, resta em evidência a possibilidade de conflito de interesses. Para exemplificarmos, tem-se o corte de despesas referentes à função regulatória, a aplicação de penalidades brandas e a omissão da fiscalização[45].

Visando evitar o embaraço da autorregulação e o risco do conflito de interesses, a CVM lançou o Edital de Audiência Pública 06/2007 por meio do qual buscou aprimorar a discussão a respeito da desmutualização das bolsas de valores e da consequente possibilidade de conflito de interesses na autorregulação[46]. Considerando

---

observado o disposto no art. 51, § 2º; II – procedimento de admissão, suspensão e exclusão das pessoas autorizadas a operar nos mercados por ela administrados, inclusive na condição de sócio, quando exigida; III – definição das classes, direitos e responsabilidades das pessoas autorizadas a operar nos mercados por ela administrados; IV – definição das operações permitidas nos mercados por ela administrados, assim como as estruturas de fiscalização dos negócios realizados; V – condições para admissão à negociação e manutenção da autorização à negociação de valores mobiliários nos mercados por ela administrados, bem como as hipóteses de suspensão e cancelamento da autorização para negociação; e VI – criação e funcionamento de departamento de autorregulação, na forma da Seção II do Capítulo IV. Parágrafo único. A CVM poderá recusar a aprovação das regras ou exigir alterações, sempre que as considere insuficientes para o adequado funcionamento do mercado de valores mobiliários, ou contrárias a disposição legal ou regulamentar, observado, quanto à exigência de alterações, o procedimento descrito no Capítulo VIII.

43. Fusão entre BM&FBovespa e Cetip cria a B3, 5ª maior bolsa de valores do mundo. Disponível em: <https://agenciabrasil.ebc.com.br/economia/noticia/2017-03/fusao-entre-bmfbovespa-e-cetip-cria-b3-5a-maior--bolsa-de-valores-do-mundo>. Acesso em 13 jan. 2021.

44. EIZIRICK et al, 2019.

45. EIZIRIK et al, 2019.

46. *A premissa da qual se partiu aqui foi a de que, controlados os incentivos prejudiciais que podem surgir com a operação com objetivo de lucro, a desmutualização não enfraquece as responsabilidades das bolsas como entidades de autorregulação dos mercados que estão sob sua responsabilidade. Num cenário como esse, o valor do negócio das bolsas para seus sócios dependerá essencialmente da credibilidade e reputação de integridade dos mercados que administrem, o que pode ser visto como um incentivo positivo gerado por toda essa mudança. Mas é claro que a necessidade de equilibrar os interesses em jogo para que se garanta o interesse público traz desafios ao*

as manifestações obtidas na referida audiência pública, a autarquia tratou do tema na Instrução 461/2007, cujo capítulo IV (artigos 36 a 49), intitulado "Autorregulação dos Mercados Organizados de Valores Mobiliários", endereça especificamente: i) a independência funcional ou estrutural do sistema de autorregulação; ii) as exigências para composição desse sistema; e iii) a relação entre as penalidades cominadas pela CVM e pela B3. Portanto, passa-se a se debruçar sobre tais condições.

A separação – funcional ou estrutural – estabelecida pela IN 461/2007 na composição da B3 prevista pelos artigos 36 e 37, tem o propósito de assegurar a sua independência[47] e de preservar o funcionamento eficiente e a credibilidade do mercado. A autarquia, no artigo 41, impõe a exigência de aprovação de código de conduta específico para os integrantes do Conselho e do Departamento de Autorregulação, corroborando a independência das estruturas de autorregulação. Em observância à exigência, o papel autorregulatório no âmbito da B3 é exercido pelo Conselho de Supervisão da BSM[48].

No tocante à composição do Departamento de Autorregulação, o parágrafo 1º do artigo 38 é explícito ao vedar a participação de integrantes do Conselho de Administração e da Diretoria, além de empregados e prepostos que exerçam outras funções na sociedade, com exceção do Diretor do Departamento. Isto posto, infere-se a existência de uma blindagem entre os responsáveis pela autorregulação e aqueles que serão supervisionados.

Além disso, destaca-se o não cabimento de recurso à CVM das decisões proferidas pelo Conselho de Autorregulação, o que reforça a independência entre as competências de cada forma de coordenação do mercado de capitais. Não obstante, o artigo 49 e parágrafos permitem que o investigado requeira que a penalidade a ele imposta, ou a prestação acordada em termo de compromisso celebrado no âmbito da autorregulação, seja submetida à autarquia como base para a celebração de termo de compromisso. Permite-se ainda que a CVM reduza, quando do julgamento de infrações de sua competência, as penalidades já aplicadas no âmbito da autorregulação. Caso a penalidade tenha por objeto os mesmos fatos, limita-se a pena de multa prevista no artigo 11, § 1º da Lei 6.385/1976 à soma das penas de mesma natureza impostas pela autorregulação e aquela aplicada pela autarquia. Sendo assim, é evidente

---

regulador, que estão sendo enfrentados, na minuta, pelo estabelecimento de novos instrumentos para a supervisão da atividade autorreguladora pela CVM. Disponível em: <http://conteudo.cvm.gov.br/audiencias_publicas/ap_sdm/2007/sdm0607.html>. Acesso em 06 abr. 2021.

47. Consoante as disposições da ABNT NBR ISO 37301, a independência significa a ausência de quaisquer interferências ou pressão, ou ambos, com a função de compliance. Nesse contexto, é imprescindível que os processos de investigação sejam conduzidos sem conflito de interesses e que o pessoal competente para a função tenha acesso direto ao órgão diretivo.

48. O Conselho de Supervisão da BSM [...]atua na fiscalização e supervisão dos mercados administrados pela B3, sendo responsável por fiscalizar e supervisionar seus participantes e a própria Bolsa; identificar violações à legislação e à regulamentação vigentes; instaurar e conduzir processos administrativos disciplinares; e administrar o Mecanismo de Ressarcimento de Prejuízos (MRP). PIMENTA, Guilherme. BSM: um tribunal na bolsa de valores. JOTA, Brasília, 26 de junho de 2018. Disponível em: <https://www.jota.info/especiais/bsm-um-tribunal-na-bolsa-de-valores-26062018>. Acesso em: 14 jan. 2021.

o esforço para evitar o *bis in idem*[49] e a *reformatio in pejus*, tendo em vista o julgamento e a aplicação de penalidades tanto pela CVM quanto pela B3.

Apresentado o papel da CVM enquanto ente regulador e as exigências em relação ao ente autorregulador, passa-se a se debruçar sobre a autorregulação exercida pela B3, especificamente no que se refere ao segmento de Novo Mercado no mercado de capitais.

3. NOVO MERCADO E *COMPLIANCE*

Como consequência da autorregulação realizada pela B3, para ser autorizada a acessar o mercado de valores mobiliários, a companhia deve se adequar às normas do Regulamento de Acesso da B3[50], as quais englobam essencialmente a organização e os recursos humanos, financeiros e técnicos do requerente, além da idoneidade e aptidão profissional das pessoas que atuem em nome da companhia. Destaca-se, ainda, a concordância em se submeter às normas do agente autorregulador. Após a outorga da autorização de acesso, a companhia listada passa a ser titular de direitos e deveres perante a B3. Dentre os deveres, ressalta-se o acato e cumprimento das decisões do agente autorregulador, sujeito a penalidades aplicadas pela BSM, inclusive suspensão e revogação da autorização de acesso.

Ao requerer o acesso ao mercado de valores mobiliários, a companhia opta pelo segmento de mercado em que pretende se inserir, os quais se diferenciam quanto às exigências jurídicas e práticas de governança corporativa, o que proporciona aos investidores a escolha sobre onde alocar seu capital de acordo com os padrões que lhes interessem – padrões esses superiores aos já exigidos pela legislação brasileira. Esse sistema engloba os segmentos de mercado denominados Nível 1, Nível 2 e Novo Mercado[51]. Este, do qual a própria B3 S.A. faz parte, consiste no nível de mais elevada governança corporativa e se baseia em três pilares, segundo Salomão Filho (2011): (i) informação completa; (ii) reforço das garantias patrimoniais dos minoritários;

---

49. Semelhante controvérsia em relação às competências da CVM e do Banco Central. Sugere-se a leitura de: PIMENTA, Guilherme. CVM: competência concorrente com BC não fere princípio do *non bis in idem*. JOTA, Brasília, 05 de março de 2018. Disponível em: <https://www.jota.info/justica/cvm-competencia-concorrente-com-bc-nao-fere-principio-do-non-bis-in-idem-05032018#:~:text=Guilherme%20Pimenta&text=O%20colegiado%20da%20Comiss%C3%A3o%20de,do%20non%20bis%20in%20idem>. Acesso em: 02 jul. 2021.

50. O Regulamento de Acesso da B3 elenca os requisitos para outorga e manutenção da autorização de acesso e ainda explicita a possibilidade de alteração dos requisitos e condições de acesso e de suspensão (artigo 26) ou inclusive a revogação da autorização (artigo 11, § 5º). Entre os requisitos previstos no artigo 11, para o escopo desta obra, sobreleva-se a adesão à normativa da B3 e a submissão às regras e procedimentos de fiscalização, supervisão e auditoria pela B3 e BSM. Ademais, conforme o regulamento, quando da deliberação sobre a outorga de acesso, a B3 deve zelar pelo controle e administração de riscos, segurança, integridade e credibilidade do sistema de negociação, da câmara, da central depositária, do sistema de registro e do sistema de contratação de empréstimo administrados pela B3, tendo em vista sua exposição e de seus participantes (artigo 18). B3 S.A. – BRASIL, BOLSA, BALCÃO. Regulamento de Acesso da B3. Disponível em: <file:///C:/Users/Lenovo/Downloads/Regulamento%20de%20Acesso%20da%20B3_20201207%20(1).pdf>. Acesso em: 13 jan. 2021.

51. Existem também os segmentos Bovespa Mais e Bovespa Mais Nível 2 voltados ao fomento do crescimento de pequenas e médias empresas. Entretanto, tendo em vista a especialidade em relação a empresas de menor porte, esses segmentos não serão abordados neste artigo.

e (iii) proteções estruturais (existência apenas de ações ordinárias e resolução de conflitos pela via da arbitragem).

Consoante Salomão Filho (2015), o preço é comumente o elemento principal de transmissão de informações ao mercado. No entanto, o autor aponta para a eficiência social do produto como índice adequado para a demonstração dos compromissos e do impacto da atividade na sociedade. A criação do segmento do Novo Mercado, em razão do padrão diferenciado de governança, exemplifica a relevância atribuída a parâmetros outros além do preço para a tomada de decisão dos investidores.

Em síntese,

> A premissa básica que norteou a criação do Novo Mercado, segmento especial de listagem da BOVESPA para empresas que se comprometem com a adoção de padrões elevados de governança corporativa, foi de que a redução da percepção de risco por parte dos investidores influenciaria positivamente a valorização e a liquidez das ações. Especificamente, a Bolsa considerou que a percepção de menor risco ocorreria graças a direitos e garantias adicionais concedidos aos acionistas e a uma redução na assimetria de informações entre controladores / administradores das empresas e participantes do mercado (tradução livre).[52]

Teixeira Ferraz (2012) sistematiza as obrigações assumidas pelas companhias nos segmentos citados consoante as seguintes categorias: (i) requisitos adicionais para informações trimestrais; (ii) requisito adicional para o formulário de referência; (iii) calendário anual; (iv) política de negociação de valores mobiliários; (v) código de conduta; (vi) dever de informar; (vii) percentual mínimo de ações em circulação; (viii) arbitragem; (ix) limitação de voto; (x) disposições do estatuto social; (xi) contratação da alienação de controle da companhia; (xii) emissão exclusiva de ações ordinárias. O Nível 1 engloba as medidas (i) a (viii), enquanto o Nível 2 acrescenta àquelas obrigações as medidas (ix) a (xi). O Novo Mercado, por sua vez, caracteriza-se por adotar todas as referidas medidas.

A elaboração e divulgação de códigos de conduta se encontram entre as exigências para ingresso e permanência no segmento do Novo Mercado[53]. Os referidos

---

52. SANTANA, Maria Helena. The Novo Mercado. *Novo Mercado and its followers: Case Studies in Corporate Governance Reform*. Focus 5. 2006, p. 1. Disponível em: <https://www.ifc.org/wps/wcm/connect/45b-36361-1d58-4c1b-98f1-999c15dd76bd/Novo%2BMercado%2Btext%2Bscreen%2B4-21-08.pdf?MOD=A-JPERES&CVID=jtCwuvl>. Acesso em: 02 jul. 2021.

53. Op. cit. *Art. 1º Este regulamento disciplina as atividades: I. da B3, na qualidade de entidade administradora de mercado de bolsa: a) na verificação do atendimento, pelas companhias, aos requisitos mínimos para ingresso, permanência e saída do Novo Mercado; e b) na fiscalização das obrigações estabelecidas neste regulamento e na aplicação de eventuais sanções.*
(...)
Art. 84 As disposições deste regulamento não implicam qualquer responsabilidade para a B3 [...]
Art. 85 O ingresso no Novo Mercado não caracteriza recomendação de investimento na companhia por parte da B3 e não implica o julgamento ou a responsabilidade da B3 acerca da qualidade ou veracidade de qualquer informação por ela divulgada, dos riscos inerentes às atividades por ela desenvolvidas, da atuação e da conduta de seus acionistas, membros do conselho de administração, diretores, membros do conselho fiscal ou de quaisquer comitês ou órgãos de assessoramento ao conselho de administração referidos neste regulamento, funcionários e prepostos, ou de sua situação econômico-financeira.

programas de *compliance* se referem ao conjunto de procedimentos adotados por uma sociedade empresária visando à otimização do cumprimento de normas legais, regulamentos e políticas estabelecidas pela organização, de modo a orientar a gestão empresarial e a mitigar riscos e responsabilidades[54].

A definição de *compliance* segundo o Conselho Administrativo de Defesa Econômica é a seguinte:

> *Compliance* é um conjunto de medidas internas que permite prevenir ou minimizar os riscos de violação às leis decorrentes de atividade praticada por um agente econômico e de qualquer um de seus sócios ou colaboradores. Por meio dos programas de *compliance*, os agentes reforçam seu compromisso com os valores e objetivos ali explicitados, primordialmente com o cumprimento da legislação. Esse objetivo é bastante ambicioso e por isso mesmo ele requer não apenas a elaboração de uma série de procedimentos, mas também (e principalmente) uma mudança na cultura corporativa. O programa de *compliance* terá resultados positivos quando conseguir incutir nos colaboradores a importância em fazer a coisa certa. Uma vez que tais colaboradores podem apresentar diferentes motivações e graus de tolerância a riscos, o programa tem por função ditar valores e objetivos comuns, garantindo sua observância permanente. Programas de *compliance* podem abranger diversas áreas afetas às atividades dos agentes econômicos, como corrupção, governança, fiscal, ambiental e concorrência, dentre outras, de forma independente ou agregada.[55]

Nesse sentido, os programas de integridade destacam não só um compromisso com a observância da legalidade, mas também buscam conferir segurança jurídica à empresa em um verdadeiro controle dos riscos inerentes a cada setor da atividade empresarial. Ademais, a existência de programas de integridade tem sido reconhecida como um fator que atesta a seriedade do agente econômico[56] e seu compromisso com deveres éticos[57], o que se traduz em uma valoração positiva por parte dos *stakeholders* e consequentemente maior inserção no mercado. No mais, também pode indicar ao agente regulador, ou autorregulador no caso, uma mudança de comportamento do agente regulado.[58-59]

Para além da vantagem competitiva e negocial, também a Lei 12.846/2013 (Lei Anticorrupção) valora positivamente a existência de programas de integridade quando da dosimetria da pena. Ademais, em relação à imposição normativa, a CVM, por meio da Instrução 586/2017 que alterou a Instrução 480/2009[60], estabeleceu a

---

54. ALVES, PINHEIRO, 2017; PARKER, NIELSEN, 2017.
55. BRASIL, 2016, p. 9.
56. ALVES; PINHEIRO, 2017.
57. GÓIS, 2016.
58. DIAS; BECUE, 2012.
59. Tendo em vista a amplitude dos procedimentos de *compliance*, não raro são encontradas referências explícitas às expressões programas de integridade ou programas de *compliance*. Sendo assim, é indispensável um esforço interpretativo dos operadores dos programas e dos agentes de controle quando da identificação do objeto de *compliance*.
60. As obrigações descritas se encontram nos tópicos 9, 22 e 26 do Anexo 29-A da Instrução 480/2009 (texto consolidado). BRASIL. Comissão de Valores Mobiliários. Instrução 480 de 07 de dezembro de 2009. Dispõe sobre o registro de emissores de valores mobiliários admitidos à negociação em mercados regulamentados de valores mobiliários. Disponível em: <http://conteudo.cvm.gov.br/legislacao/instrucoes/inst480.html>. Acesso em: 02 jul. 2021.

COMPLIANCE: ENTRE TEORIA E PRÁTICA. REGULAÇÃO E AUTORREGULAÇÃO NO MERCADO DE CAPITAIS

obrigatoriedade de i) definição de estratégias que considerem os impactos sociais e ambientais; ii) avaliação periódica de riscos; iii) definição de valores e princípios éticos e zelo pela transparência; e iv) revisão anual do sistema de governança corporativa. Além disso, exige-se a manutenção de um Comitê de Auditoria, ou equivalente, responsável pelo gerenciamento de riscos e *compliance*, sendo que ao Conselho de Administração compete zelar pela observância dos programas de integridade.

Em suma, a adoção de programas de integridade se traduz na incorporação do interesse público à cultura e atividade empresárias e a sua consequente limitação:

[...] corporate actors have no motivation at all to change toward self-limitation. The natural tendency is expansion of the activities of the corporation, expansion of production, market share, power, profit. On the other side, outsiders, i.e. social movements, public opinion, political actors, possess a lot of motivation for limiting corporate expansionism but there is a lack of competence[61].

A título exemplificativo, são medidas necessárias e comuns na aplicação dos programas de integridade a independência de um setor interno à estrutura empresarial voltado para implementação e monitoramento do programa, a criação de canais de denúncias e a instrução de colaboradores[62].

Em virtude da relevância e complexidade da aplicação do *compliance*, para que o programa se materialize e não se constitua como mera tábula rasa, a ABNT NBR, no documento ABNT NBR ISO 37301, preconiza parâmetros para ação, planejamento, execução e checagem dos programas e da cultura de *compliance* de acordo com a natureza e com os riscos enfrentados, destacando o comprometimento da alta administração, o registro dos procedimentos, o monitoramento das medidas tomadas.

O Regulamento do Novo Mercado, por sua vez, tangencia a estrutura e o conteúdo do *compliance* ao estabelecer a independência das funções de *compliance* em relação às atividades operacionais[63] e o conteúdo mínimo a ser contemplado pelos códigos de conduta, entre os quais a referência a normas de proteção de informações sigilosas e combate à corrupção, os deveres em relação à sociedade civil, os canais de ouvidoria e as instâncias competentes internas. [64]_[65]

---

61. TEUBNER, GÁSCON, 1997, p. 8-9.
62. OLIVA, SILVA, 2018.
63. Op. cit. *Art. 24 A companhia deve implantar funções de compliance, controles internos e riscos corporativos, sendo vedada a acumulação com atividades operacionais.*
64. Ver nota 3.
65. A título exemplificativo, uma análise da Política de Compliance e Controles Internos da B3 de acordo com os parâmetros preconizados pela ABNT NBR ISO 37301 e pelo Regulamento do Novo Mercado revela lacunas no que tange a aspecto essencial do compliance: o fomento à cultura da integridade. Dito de outro modo, à política do ente autorregulador falta a explicitação dos interesses sociais relacionados à atividade da companhia contemplados pela política. Além disso, não menciona a existência e operação de canais de ouvidoria, nem as responsabilidades e medidas adotadas pela Alta Administração. Inobstante, o referido documento esclarece a ampla abrangência do compliance, os conceitos empregados e as competências dos órgãos e diretorias compreendidos nas ações do programa. Constata-se também que o referido documento é integralizado pelas demais políticas e pelo Código de Conduta disponibilizado pela B3. Este, por sua vez, evidencia os valores públicos incorporados pela companhia, os canais de ouvidoria e o apoio da Alta Administração. Ao final, estabelece expressamente a vinculatividade dos documentos ora analisados: *Em*

Não obstante, o capítulo 11 do Regulamento determina como 'disposições gerais' "11.1 A listagem do Emissor na B3 ou a admissão de seus valores mobiliários à negociação nos Mercados Organizados administrados pela B3 não caracterizam recomendação de investimento por parte da B3 e não implicam o julgamento ou a responsabilidade da B3 *acerca da qualidade ou veracidade de qualquer informação divulgada pelo Emissor*, dos riscos inerentes às atividades desenvolvidas pelo Emissor, ou de sua situação econômico-financeira". Tal previsão parece indicar que a B3 não considera o conteúdo das informações presentes nos programas de *compliance* das companhias listadas[66].

---

vista dos compromissos assumidos pela B3, como já destacado, mantemos monitoramento contínuo de possíveis infrações do Código e das demais políticas e normas internas da B3. Disponível em: <https://ri.b3.com.br/pt-br/governanca-corporativa/estatutos-codigos-e-politicas/>. Acesso em: 02 jul. 2021.

66. Em 27 de janeiro de 2020, o os membros do grupo de pesquisa EDRESP se reuniram virtualmente com o setor educacional da B3, após diversas tentativas de contato. O objetivo da reunião era justamente compreender a posição do órgão acerca da utilização do compliance como instrumento para auxiliar no controle e fiscalização das companhias do Novo Mercado. Não obstante a gentileza e cordialidade com que os pesquisadores foram tratados durante a reunião de 27/01/2021, muitas perguntas não foram respondidas. Na ocasião, os profissionais da área educacional pediram o encaminhamento das questões por e-mail, destacando que – provavelmente – o setor de Compliance da B3 responderia e/ou faria contato para uma nova reunião. Entretanto, até o momento da conclusão deste trabalho, não houve retorno. Merecem destaque as perguntas encaminhadas à B3:

Sobre o papel institucional da B3

1) Como o órgão compreende a sua atuação frente ao Mercado? A B3 exerce função pública?; 2) A B3 enquanto entidade autorreguladora, atuando de forma monopolística, submete-se à Lei de Acesso à informação?; 3) Sobre a natureza do compliance: para inclusão e/ou permanência de uma companhia no segmento do Novo Mercado , a B3 considera o compliance como instrumento de caráter vinculativo ou como instrumento meramente declaratório?; 4) A B3 considera que o compliance é um parâmetro a ser considerado pelo órgão para ingresso das companhias nos seus segmentos de listagem?; 5) A B3 considera que o compliance é um parâmetro a ser considerado pelo órgão para permanência das companhias nos seus segmentos de listagem?; 6) Como o compliance das companhias listadas no Novo Mercado é avaliado pela B3? Caso a B3 não avalie o conteúdo, solicitamos, gentilmente, a apresentação das razões. Caso avalie, com qual periodicidade?

Sobre a utilização do compliance como parâmetro a ser considerado pela B3

7) Como a B3 entende que deve considerar um programa de compliance fraco, falacioso e com potencial de induzir em erro o público investidor?; 8) Considerando que no Título II, capítulo I, Seção VIII (Fiscalização e Controle), artigo 24 do Regulamento do Novo Mercado determina que as companhias devem implementar funções de compliance; Considerando que na Seção X (Documentos da Companhia), artigo 31, inciso II determina a elaboração de código de conduta que contemple regras objetivas relacionadas à necessidade de compliance e conhecimento sobre a legislação e regulamentação em vigor; Considerando que o Capítulo IV, Seção I (Hipóteses de Aplicação de Sanções), em seu artigo 47, inciso I determina que cabe à B3 aplicar sanções à companhia e seus administradores e acionistas que descumprirem requisitos e obrigações estabelecidos neste regulamento; Considerando que o regulamento do novo mercado é documento jurídico e determina as diretrizes básicas para que as companhias ingressaram neste segmento e que, portanto, segue linguagem técnico-jurídica, quais as sanções aplicáveis: 8.1) às companhias que não apresentem parâmetros de compliance mínimos em conformidade com doutrina e legislação técnico-jurídicas? 8.2) aos acionistas e administradores que, deliberadamente, implementam um programa de compliance de fachada e não operacional?; 8.3) que permitem um adequado enforcement das regras de governança previstas para as companhias no novo mercado?; 9) Na percepção da B3 o compliance deve servir como instrumento de enforcement das regras do Novo Mercado?; 10) Na percepção da B3, enquanto entidade autorreguladora, o compliance das companhias do novo mercado devem ter, dentre seus parâmetros, um procedimento investigativo e sancionatório?; 11) Qual a interpretação do órgão sobre o parágrafo único do art. 31 do Regulamento do Novo Mercado que estabelece como optativa e não obrigatória a vinculação de terceiros, como fornecedores e prestadores de serviço, ao código de conduta da companhia?

COMPLIANCE: ENTRE TEORIA E PRÁTICA. REGULAÇÃO E AUTORREGULAÇÃO NO MERCADO DE CAPITAIS

A natureza vinculativa do documento, contudo, permanece objeto de debate, conforme se expõe a seguir.

4. PROGRAMAS DE INTEGRIDADE: INSTRUMENTOS VINCULANTES?

Conforme já abordado, uma das grandes questões em torno dos programas de integridade enquanto instrumentos de autorregulação é a sua vinculatividade e consequente exigibilidade. Em última análise, a vinculatividade do programa de integridade implica na atribuição de um valor jurídico ao documento por meio da obrigatoriedade de sua observância e a consequente fiscalização e sanção na hipótese de descumprimento.

De acordo com Teubner (2020), os códigos de conduta inverteram a hierarquia entre *hard law* e *soft law*[67]. Para o autor, as normas estatais devem ser qualificadas como não vinculantes e como *soft law*, ao passo que as regras privadas consubstanciadas nos códigos de conduta devem ser qualificadas como *hard law* e, portanto, vinculantes. Para Cross e Prentice (2007), em países em que a regulação se mostra inábil, os programas de integridade frequentemente consubstanciam normas mais rigorosas que as exigidas pelo regulador, de modo a atrair investidores.[68] Nessa perspectiva, corroborando a hipótese deste artigo, são os atores privados que decidem sobre a elaboração, conteúdo e aplicação dos códigos de conduta, por isso a liberdade para a instituição do referido documento implica na sua observância obrigatória, uma vez que tratam de matérias de relevância pública, como obrigações consumeristas, trabalhistas e ambientais.

De outro lado, como hipótese rival, o argumento para a não vinculatividade consiste na liberdade de organização interna das empresas por meio dos códigos de conduta, as quais objetivam não submeter suas normas internas ao controle jurisdicional. A atuação em contradição às disposições dos códigos de conduta pode ainda ser juridicamente qualificada como *venire contra factum proprium*, pois a divulgação desses documentos como normas internas à companhia e o argumento de que são meras declarações acerca das intenções da empresa são contraditórias.

Destaca-se ainda o conteúdo de relevância pública abordado pelos códigos de conduta, entre os quais se encontram obrigações consumeristas, trabalhistas e ambientais. Por essa razão, compreende-se que o valor dos códigos de conduta não se

---

67. Adota-se aqui a compreensão de Philipp Reimer (op. cit., p. 56), segundo o qual *hard law* é a norma jurídica positivada e a *soft law*, "textos proclamados ou pactuados por meio dos quais os seus autores explicitamente não pretendem estabelecer normas jurídicas."

68. Na concepção de Cross e Prentice (op. cit., p. 53) a vocação lucrativa das companhias pode conduzir à desnecessidade da regulação: *The existence of voluntary private disclosures, thus, would be considered evidence that the law is unnecessary and possibly inefficient. Private companies will go beyond legal requirements in dis- closing in order to attract capital, and they would presumably do so at the optimal level without making unnecessary disclosures, which inevitably add cost for the company.*

restringe à governança corporativa[69]-[70], isto é, às normas internas voltadas apenas à administração dos conflitos internos, pois

> [...] os códigos de conduta servem para perseguir objetivos de interesse público, reconduzindo a economia para a sociedade. Isso acontece, contudo, não por meio de uma intervenção estatal externa, mas por meio da reentrada: da internalização de demandas sociais nas decisões empresariais.[71]-[72]

Além da matéria e função dos códigos de conduta, a linguagem empregada e a publicidade conferida ao código também são fatores que influenciam na delimitação de sua natureza vinculativa ou não. Em relação à linguagem, quanto mais específica, com a descrição de condutas e sanções, por exemplo, maior a chance de o código ser considerado, em juízo, instrumento contratual vinculante.[73] Por outro lado, o uso de expressões genéricas e a pouca concretização de hipóteses de incidência e consequências jurídicas conduz à conclusão de que o código de conduta teria natureza não vinculante, pois apenas descreveria orientações à companhia e aos seus *stakeholders*.

No que tange à publicidade, a divulgação e distribuição do documento, especialmente a funcionários, indica a intenção da companhia em vincular os destinatários do documento às disposições dele. Compreendidos os códigos de conduta como documentos voluntários, impostos pelas próprias companhias e também coordenados por elas mesmas, seria possível concluir pela inexistência de uma fiscalização estatal.

Sob a ótica da competência, sublinha-se que o ente autorregulador exige a elaboração e divulgação dos programas de integridade como condição para ingresso no segmento do Novo Mercado. Em outras palavras, apenas é autorizado a atuar no mercado de capitais no referido segmento, aquelas companhias que adimplirem com a obrigação em tela. Sendo assim, para que o programa de integridade seja condição de acesso, é lógico inferir que lhe é conferido um valor jurídico, pois seria incoerente exigir um documento em que obrigações são assumidas de forma não vinculante. Para além disso, a B3, ao realizar um juízo de admissibilidade para ingresso no Novo Mercado, ratifica o cumprimento das exigências pertinentes, atribuindo legitimidade às informações prestadas. Desta feita, tendo em vista o interesse na uniformidade

---

69. Sobre a relação entre governança e *compliance,* ver: FRAZÃO, Ana. Governança corporativa e compliance como mecanismos para a superação da shareholder theory. JOTA, [s.l.] 02 de outubro de 2019. Disponível em: <https://www.jota.info/opiniao-e-analise/colunas/constituicao-empresa-e-mercado/governanca-corporativa-e-compliance-como-mecanismos-para-a-superacao-da-shareholder-theory-02102019>. Acesso em: 02 jul. 2021.
70. PINHEIRO, 2017.
71. TEUBNER, 2020, p. 11.
72. Texto original: *In addition to other institutions of economic democracy, corporate codes serve here to pursue goals of public interest, the re-embedding of the economy into society. That occurs, however, not through external state intervention but rather in the form of a reentry: the internalization of social demands in the decisions of the enterprise.*
73. REVAK, 2012.

e a confiança dos *stakeholders*[74], pressupõe-se a vinculatividade dos programas de integridade admitidos.[75]

Em face dos argumentos em torno da vinculatividade dos programas de integridade, é possível concluir que a efetividade dos programas não se limita ao *enforcement*, mas requer essencialmente a institucionalização dos interesses contemplados pelo programa, além de admitir o monitoramento por organizações interessadas:

> It is the internalization of public interests – societal interests but also interests of different social actors – within the profit-maximizing corporation. We talk about workers' participation and the involvement of other stakeholders. An important element is institutionalization of certain departments within the firm that are responsible for the ecology, for labor, or for compliance, or for the public interest of course, the "codes of conduct". This is an important institutionalization. And here again we have this ambivalence code of conduct can be just a pure window dressing without any effect whatsoever on the behavior of the firm. Just selling them as green or something. So again, the role of the outside pressure is so important so monitoring of codes of conduct by the ngo or a public interest litigation before that state's courts in order to check whether those codes of conduct are realized or not. This is an important thing to institutionalize self-limitative structure in the firm.

5. CONSIDERAÇÕES CONCLUSIVAS

A ordem econômica brasileira restringe a atuação direta estatal a hipóteses específicas, relegando a atividade econômica aos atores privados e reservando a sua coordenação. A relevância do mercado de capitais para o desenvolvimento econômico nacional é incontestável e pressuposto para o estudo empenhado nesta obra. Nesse sentido, este capítulo se propôs a averiguar se o arcabouço teórico e normativo relativo ao controle do mercado de capitais apontaria para a vinculatividade e consequente exigibilidade dos programas de integridade das companhias listadas no segmento do Novo Mercado. Para tanto, debruçou-se de modo indutivo sobre a sólida bibliografia relativa aos temas de regulação, autorregulação e *compliance* e sobre os instrumentos normativos afetos ao objeto de pesquisa: a Instrução Normativa 461/2007 da CVM,

---

74. Cross e Prentice (op. cit., p. 66) destacam a confiança dos investidores como uma commodity no mercado: Uniform legal requirements, such as those of mandatory disclosure, can serve to enhance affective trust. Such legalization can transform trust into a "commodity" that serves as an "entity that is familiar and subject to pressure to conform to established standards" and serves as a "dependable anchor for easier and more trusting relationships as trust becomes routinely and predictably available, formalized, and standardized." Once the nature of the disclosures and the government enforcement system become regularized, investors need not expend the time, effort, and resources to fully understand the scope of the disclosures and their remedies for opportunism, thus substantially reducing the transaction costs of individualized investments.

75. [...] considerando o impacto que os mesmos têm na confiança dos regulados – basta, por vezes, que um "manual de boas práticas" tenha o logotipo do regulador para ser internamente percepcionado pelos regulados como quase lei – e considerando, ainda, o interesse na uniformidade e omissão de conflitos de orientações, a sua criação pressupõe, como visto anteriormente, uma expressa permissão legal. LOPES, Pedro Moniz. Fontes de direito regulatório: da "hard law" à (alegada) "soft law". In: GOMES, CARLA AMADO. PEDRO, RICARDO. SARAIVA, RUTE. MAÇÃS, Fernanda. (Org.). *Garantia de direitos e regulação: perspectivas de Direito Administrativo*. Lisboa: AAFDL Editora, p. 316, 2020.

a Instrução Normativa 480/2009, o Regulamento de Acesso da B3 e o Regulamento do Novo Mercado.

No mais, foi adotada a concepção ampla de regulação, considerando a intrínseca relação com a política econômica adotada. Quanto à autorregulação, foram apresentadas as razões e os riscos pertinentes a tal modalidade de controle. Ingressando na seara da autorregulação, traçou-se a definição de *compliance*, os parâmetros para sua implementação consoante a ABNT NBR ISO 37301, a sua exigência e requisitos mínimos no Novo Mercado e a problemática referente à vinculatividade do instrumento.

A partir de tamanha análise, conclui-se que o programa de *compliance* se insere no contexto de coordenação do mercado e é referenciado como instrumento de integridade pelos entes coordenadores. Além do mais, o arcabouço normativo não só destaca a existência de estruturas de fiscalização e controle do mercado, como também a manutenção dos requisitos de acesso e listagem como condições de permanência, sugerindo um controle contínuo sobre o programa de integridade no Novo Mercado. Além disso, haja vista o propósito de incentivar os investidores por meio do oferecimento de segmento com maior padrão de governança corporativa, a não vinculatividade das práticas exigidas configuraria uma falácia, uma vez que a justificativa do segmento e a exigência dos programas de integridade implica na análise de seu conteúdo e qualidade. Em outras palavras, o objetivo de proteção aos investidores, e demais *stakeholders*, restaria prejudicado caso houvesse negligência ao caráter vinculativo dos programas de integridade.

Dessa forma, a hipótese tende a se confirmar. Assim, entende-se que a exigência de programas de integridade para listagem no segmento do Novo Mercado conduz a duas implicações basilares: i) o compromisso das companhias em se vincularem conteúdo dos às normas por ela estabelecidas; ii) o dever de fiscalização e sanção do autorregulador quanto ao cumprimento das normas estipuladas no programa de *compliance*.

6. REFERÊNCIAS

ABNT NBR ISO 37301. Sistemas de gestão de *compliance* – Requisitos com orientação para uso.

ALVES, Alexandre Ferreira de Assunção; PINHEIRO, Caroline da Rosa. O papel da CVM e da B3 na implementação e delimitação do programa de integridade (compliance) no Brasil. *Revista Brasileira de Direito Empresarial*. v. 3, n. 1, p. 40-60 Brasília, 2017.

ARAGÃO, Alexandre Santos. O conceito jurídico de regulação da economia. *Revista de Direito Administrativo & Constitucional*. Curitiba: Juruá, n. 6, 2001.

B3 S.A. – BRASIL, BOLSA, BALCÃO. Regulamento de Acesso da B3. Disponível em: fi<le:///C:/Users/Lenovo/Downloads/Regulamento%20de%20Acesso%20da%20B3_20201207%20(1).pdf>. Acesso em 13. Jan. 2021.

B3 S.A. – BRASIL, BOLSA, BALCÃO. Regulamento do Novo Mercado. Disponível em: <http://www.b3.com.br/data/files/B7/85/E6/99/A5E3861012FFCD76AC094EA8/Regulamento%20do%20Novo%20Mercado%20-%2003.10.2017%20(Sancoes%20pecuniarias%202019).pdf>. Acesso em: 23 jun. 2021.

BRASIL. Comissão de Valores Mobiliários. Edital de Audiência Pública 06/07. Disponível em: <http://conteudo.cvm.gov.br/audiencias_publicas/ap_sdm/2007/sdm0607.html>. Acesso em: 02 jul. 2021.

BRASIL. Comissão de Valores Mobiliários. Instrução 461 de 23 de outubro de 2007. Disciplina os mercados regulamentados de valores mobiliários e dispõe sobre a constituição, organização, funcionamento e extinção das bolsas de valores, bolsas de mercadorias e futuros e mercados de balcão organizado. Disponível em: <http://conteudo.cvm.gov.br/legislacao/instrucoes/inst461.html>. Acesso em: 02 jul. 2021.

BRASIL. Comissão de Valores Mobiliários. Instrução 480 de 07 de dezembro de 2009. Dispõe sobre o registro de emissores de valores mobiliários admitidos à negociação em mercados regulamentados de valores mobiliários. Disponível em: <http://conteudo.cvm.gov.br/legislacao/instrucoes/inst480.html>. Acesso em 02 jul. 2021.

BRASIL. Comissão de Valores Mobiliários. Relatório da Audiência Pública 06/07. Disponível em: <http://conteudo.cvm.gov.br/audiencias_publicas/ap_sdm/2007/sdm0607.html>. Acesso em: 02 jul. 2021.

BRASIL. Conselho Administrativo de Defesa Econômica. Guia Programas de Compliance. Brasília – DF, 2016. Disponível em: <https://cdn.cade.gov.br/Portal/centrais-de-conteudo/publicacoes/guias-do--cade/guia-compliance-versao-oficial.pdf>. Acesso em: 02 jul. 2021.

BRASIL. Constituição (1988). Constituição da República Federativa do Brasil. Brasília, DF: Senado Federal. 05 out. 1988. Disponível em: <http://www.planalto.gov.br/ccivil_03/constituicao/constituicao.htm>. Acesso em: 02 jul. 2021.

BRASIL. Lei 6.385 de 07 de dezembro de 1976. Dispõe sobre o mercado de valores mobiliários e cria a Comissão de Valores Mobiliários. Disponível em: <http://www.planalto.gov.br/ccivil_03/leis/l6385compilada.htm>. Acesso em: 02 jul. 2021.

BRASIL. Lei 12.846 de 01º de agosto de 2013. Dispõe sobre a responsabilização administrativa e civil de pessoas jurídicas pela prática de atos contra a administração pública, nacional ou estrangeira, e dá outras providências (Lei Anticorrupção). Disponível em: <http://www.planalto.gov.br/ccivil_03/_ato2011-2014/2013/lei/l12846.htm>. Acesso em: 02 jul. 2021.

CROSS, Frank B.; PRENTICE, Robert A. *Law and corporate finance.* Elgar Financial Law, 2007.

DEFANTI, Francisco. Um ensaio sobre a autorregulação: características, classificações e exemplos práticos. *Revista de Direito Público da Economia – RDPE*, v. 16, n. 63, p. 149-181, Belo Horizonte, 2018.

DIAS, Luciana Pires. *Regulação e Auto-Regulação no Mercado de Valores Mobiliários.* Dissertação (Mestrado) – Faculdade de Direito, Universidade de São Paulo, São Paulo, 2005.

DIAS, L. A. R.; BECUE, S. M. F. Regulação e autoregulação do mercado de valores mobiliários brasileiro: limites da autorregulação. *Ridb*, v. 1, n. 12, p. 7357-7388, 2012.

DONAGGIO, ANGELA. *Regulação e Autorregulação no Mercado de Valores Mobiliários: o caso dos segmentos especiais de listagem da BM&FBovespa.* Tese (Doutorado) – Faculdade de Direito, Universidade de São Paulo, São Paulo, 2016.

EIZIRIK, Nelson et al. *Mercado de Capitais – regime jurídico.* Mercado Secundário de Valores Mobiliários. 4 ed. São Paulo: Quartier Latin, 2019.

GÓIS, Veruska Sayonara de. A Lei de Compliance e sua Configuração Enquanto Política Pública Regulatória para o Setor Privado Brasileiro. *Revista Controle* – Doutrina e Artigos, [s. l.], v. 12, n. 2, p. 98-117, 2016.

MARQUES NETO, Floriano de Azevedo. Regulação Estatal e Autorregulação na Economia Contemporânea. *Revista de Direito Público da Economia*, Belo Horizonte, ano 9, n. 33, p. 79-94, 2011.

MEIRELLES, Dimária Silva. Teorias de mercado e regulação: por que os mercados e o governo falham? *Cadernos EBAPE.Br*, Rio de Janeiro, v. 8, n. 4, artigo 5, p. 644-660, dez. 2010.

MITNICK, Barry M. *The political economy of regulation: creating, designing and removing regulatory forms.* New York: Columbia University Press, 1980.

MOREIRA, Vital. *Auto-Regulação Profissional e Administração Pública.* Coimbra: Livraria Almedina, 1997.

OLIVA, Milena Donato; SILVA, Rodrigo Da Guia. Notas sobre o compliance no direito brasileiro. *Revista Quaestio Iuris*, Rio de Janeiro, v. 11, n. 04, p. 2708-2729, 2018.

PARKER, Christine; NIELSEN, Vibeke Lehmann. In: Peter Drahos (Org.). *Regulatory Theory*: Foundations and applications. Compliance: 14 questions. ANU Press.

PINHEIRO, Caroline da Rosa. *Os impactos dos programas de integridade (compliance) sobre os deveres e responsabilidades dos acionistas controladores e administradores de companhia.* Tese (Doutorado) – Faculdade de Direito, Universidade Estadual do Rio de Janeiro, Rio de Janeiro, 2017.

REVAK, Haley. Corporate codes of conduct: Binding contract or ideal publicity? *Hastings Law Journal*, v. 63, n. 6, p. 1645-1670, 2012.

SALOMÃO FILHO, Calixto. *O Novo Direito Societário.* 4. ed. São Paulo: Malheiros Editores: 2011.

SALOMÃO FILHO, Calixto. *Teoria crítico-estruturalista do direito comercial.* São Paulo: Marcial Pons Editora, 2015.

STIGLER, George J. *The theory of economic regulation.* The Bell Journal of Economics and Management Science, v. 2, n. 1, p. 3-21, Spring, 1971. Disponível em: <http://www.jstor.org/stable/3003160>. Acesso em 08 jan. 2021.

SUTINEN, Jon G.; KUPERAN, K. A socio-economic theory of regulatory compliance. *International Journal of Social Economics*, [s. l.], v. 26, n. 1-3, p. 174-193, 1999.

TEIXEIRA FERRAZ, Adriano Augusto. *A autorregulação do mercado de valores mobiliários brasileiro: A coordenação do mercado por Entidades Profissionais Privadas.* Dissertação (Mestrado) – Faculdade de Direito, Universidade Federal de Minas Gerais, Belo Horizonte, 2012.

TEUBNER, Gunther. *Politics, Governance, and the Law Transnational Economic Constitutionalism in the Varieties of Capitalism.* Global Perspectives. University of California Press. 2020.

TEUBNER, Gunther; RICARDO; GASCÓN, Ricardo Valenzuela. Constitutional sociology and corporations: a conversation with Gunther Teubner. *Tempo Social*, v. 31, n. 1, p. 323-334, São Paulo, 1997.

YAZBEK, Otávio. *Regulação do Mercado Financeiro e de Capitais.* Rio de Janeiro: Elsevier, 2007.

CONFLITO DE INTERESSES, NOVO MERCADO E EFICIÊNCIA AUTORREGULATÓRIA: O COMPROMISSO FIRMADO PELAS COMPANHIAS LISTADAS NA B3

Bárbara Simões Narciso

Graduanda do 10º período da Universidade Federal de Juiz de Fora (UFJF). Membro do Grupo de Pesquisa "Empresa, Desenvolvimento e Responsabilidade" e Bolsista de Iniciação Científica (PIBIC – UFJF) no projeto "A qualidade dos programas de integridade de compliance das empresas listadas no Novo Mercado brasileiro".

Sumário: 1. Introdução – 2. O conflito de interesses e a sua existência nas sociedades empresárias: conceito, extensão, consequências; 2.1 Função social e interesse social da empresa: *compliance* como instrumento para mitigação de conflito de interesse; 2.2 Conflito de interesses: visões minimalista e maximalista – 3. Papel da b3 no mercado de capitais: *enforcement* e função pública; 3.1 Regulamentação do conflito de interesses e eficácia do sistema de autorregulação da B3 – 4. Escopo metodológico da pesquisa; 4.1 A análise em si: o compromisso firmado pelas companhias do Novo Mercado em relação à mitigação do conflito de interesses – 5. Conclusão – 6. Referências.

1. INTRODUÇÃO

Cerne da disciplina societária, o Conflito de Interesses pode ser definido pela existência de um duplo interesse na decisão a ser tomada. Ou seja, ocorre sempre que o acionista, administrador, empregado e colaborador encontra-se em posição dupla frente à sociedade, possuindo, ao mesmo tempo, o dever legal de se posicionar a favor dos interesses da sociedade e o seu interesse privado. Dessa forma, torna-se inevitável o atendimento de um em detrimento de outro[1].

Assim, o conflito é estabelecido à medida que o integrante da empresa não tem apenas o seu interesse enquanto funcionário, gestor, acionista, mas também enquanto particular, podendo ter influência perante uma decisão a ser tomada na sociedade ou nas relações contratuais. E mais, toda a preocupação em relação ao problema do conflito se relaciona com sua extensão, porque toda sociedade composta por pessoas físicas, com seus respectivos interesses individuais é suscetível de experimentar situações de conflito.

A importância de estudar o tema deriva, portanto, da possibilidade de este duplo interesse refletir na coesão social e estabilidade do mercado, pré-requisitos essenciais para uma economia de sucesso. Além disso, o tema é tratado em diversas

---

1. AZEVEDO, FRANÇA, 2003, p. 658-660.

leis[2], embora ainda seja possível afirmar que apresenta controvérsia persistente no âmbito do direito societário – principalmente se aliado à persecução do interesse social da empresa[3].

Por isso, objetivo do presente trabalho é examinar a qualidade dos programas de integridade[4] das companhias listadas no segmento de Novo Mercado (NM) especialmente no que se refere ao parâmetro em tela, tendo por norte que as companhias listadas neste setor são consideradas as que possuem o mais alto grau de governança corporativa do mercado de capitais[5]. O estudo também compreende breve análise do papel da B3 (Brasil, Bolsa, Balcão) e da Comissão de Valores Mobiliários (CVM), considerando sua importância para o adequado funcionamento do mercado de capitais brasileiro.

Justificando a importância do tema e dispondo sobre institutos que impactam nos interesses societários, a função social, princípio orientador da atuação empresarial é, em sua base, a preocupação de que os direitos subjetivos possam – e devam – ser instrumentos de construção de uma sociedade mais justa, se apresentando como expressão última do compromisso da atividade empresarial com a dignidade da pessoa humana, "inclusive para o fim de ressaltar os deveres que resultam para a empresa"[6]. Por outro lado, o interesse social – "não redutível aos interesses dos sócios atuais"[7] – engloba tanto a atividade, cujo fim é a maximização dos lucros, quanto os interesses em torno da sociedade, com o fim de realizar o objeto social e cumprir sua função social. Assim, embora não sejam sinônimos, estão em constante interpenetração. O primeiro amplia e modifica o segundo já que, aliado ao direito subjetivo, estarão os deveres positivos e as obrigações de fazer decorrentes da interdependência social[8].

A relação desse interesse social, previamente estabelecido e ampliado pela função social, e os mecanismos de *compliance*, está no fato de que estes últimos atuam no interior da sociedade para materializar o melhor interesse da companhia, constituindo ferramentas de efetiva modificação no modo de agir da sociedade[9]. Isso ocorre na

---

2. Leis 6.404/76 – Lei das Sociedades por Ações –, que revogou por completo o Decreto-Lei 2.627/40; na Lei 10.303/01, que revogou parte da Leis das S.A; no decreto 8.420/15, que regulamentou a Lei 13.846/13 - Lei Anticorrupção; na lei 12.813/13, que regulamentou o conflito de interesse na Administração Pública; e na Lei Antitruste - 12.529/11, do CADE, que estruturou o Sistema Brasileiro de Defesa da Concorrência.
3. A noção de interesse social adotada no presente trabalho se coaduna à de Modesto Carvalhosa (2014, p. 510) em sua obra *Comentários à lei de sociedades anônimas*, o qual define o interesse social da empresa como "transcendência dos interesses individuais de cada acionista por um interesse comum a todos, definido no objetivo empresarial da companhia e nos fins sociais."
4. Programas de integridade são entendidos como "conjunto de procedimentos adotados por uma determinada sociedade, objetivando otimizar o cumprimento de normas legais, regulamentos e políticas estabelecidas pela organização, com o intuito de mitigar riscos e responsabilidades" (PINHEIRO, 2017, p .19).
5. Informação disponível em: <http://www.b3.com.br/pt_br/produtos-e-servicos/solucoes-para-emissores/segmentos-de-listagem/novo-mercado/> Acesso em: 10 ago. 2020.
6. FRAZÃO, 2009, p. 23.
7. SALOMÃO FILHO, 2002, p. 37.
8. FRAZÃO, 2009, p. 11.
9. Os programas se afastariam dos chamados programas de conformidade, percepção que pode ser verificada em trabalhos já realizados, como o de CUEVA, Ricardo Villas Bôas; FRAZÃO, Ana. *Compliance: perspectivas e desafios dos programas de conformidade*. Belo Horizonte: Fórum, 2018.

medida em que se estabelecem funções de garantia e funcional para cada indivíduo diante de situações concretas de risco, evitando a dissolução de responsabilidade e comportamentos contraditórios e ilícitos[10].

Por último, a análise dos programas de integridade divulgados pelas companhias - autorregulação de base voluntária e de caráter vinculativo[11] – deve ser sempre realizada em conjunto com a regulação de base legal – cumprida, no Brasil, pela CVM e B3 –, porque essa conjugação de esforços garante o cumprimento das normas, dotando o mercado de maior reputação e receptividade pelo público alvo[12]. E para isso, é necessário compreender como regulação, influi no *enforcement* dos programas e, consequentemente, na atuação da B3, o que é feito por Dias e Becue (2012).

Mas não só. A análise é importante porque a desmutualização[13] das bolsas gerou o alargamento da dimensão de influência de possíveis Conflitos de Interesses no desempenho da função pública realizadas pelos órgãos responsáveis, tendo em vista que passam a ter o lucro como objetivo[14].

Com isso em mente, além da revisão bibliográfica acerca do conflito de interesses em matéria societária, a pesquisa sobre a qualidade dos programas de integridade, e seus desdobramentos, é considerada do tipo de análise documental[15] e o método utilizado é prevalentemente dedutivo[16].

Pretende-se identificar, a partir de exame de todos os programas de integridade das empresas listadas no NM, se e como foi considerado o problema do conflito de interesses no *compliance* das companhias listadas nesse segmento.

Nesse sentido, a pergunta-problema que orienta o trabalho é: *o conflito de interesses constitui parâmetro que deve ser observado nos programas de integridade das companhias listadas no Novo Mercado?* Dada a extensão e problemática a respeito do conflito de interesses, que será explicitada na segunda parte do presente trabalho, a hipótese é de que, estando o conflito de interesses presente em toda e qualquer socie-

---

10. ALBUQUERQUE, 2018, p. 102.
11. TEUBNER, 2020, p. 10.
12. FERRAZ, 2012, p. 36.
13. A desmutualização se refere "à tendência de conversão das bolsas de associações, cujos membros são os corretores de valores mobiliários, para sociedades anônimas de capital aberto, cujos membros são acionistas, o que leva a mudança das entidades de associações sem fins lucrativos para sociedades com finalidade de lucro (FERRAZ, 2012, p. 105)."
14. FERRAZ, 2012, p. 108.
15. Este método de coleta de dados é responsável por eliminar, em partes, as esferas de influência do pesquisador em relação ao material analisado, suscitando questões relevantes e preliminares à análise, as quais apresentam-se como obstáculos a serem superados pelo sujeito, antes de este encontrar-se em condições de analisar o material coletado. In: CELLARD, André. *A análise documental*. POUPART, Jean. A pesquisa qualitativa: enfoques epistemológicos e metodológicos. Petrópolis: Vozes, 2008, p. 299-303).
16. O método prevalentemente dedutivo caminha da pesquisa ao caso, verificando hipóteses elaboradas a partir de um método teórico preestabelecido. Optou-se pela utilização da expressão "prevalentemente", porque "se tomarmos a indução e a dedução como 'operações intelectuais', ambas participam a todo tempo de um percurso de pesquisa." In: MACHADO, Maíra Rocha (Org.). *Pesquisar empiricamente o direito*. São Paulo: Rede de Estudos Empíricos em Direito, 2017. 428 p.

dade e em diferentes níveis hierárquicos, a sua presença nos programas integridade não é apenas desejável, mas de suma importância para o *enforcement* dos programas.

Em suma, com base no material investigatório coligido, o *enforcement* do *compliance* depende diretamente do papel desempenhado pela B3 frente à qualidade que se espera dos programas das companhias listadas no NM. Ou seja, depende diretamente do controle exercido pelo órgão em relação ao cumprimento das determinações do Regulamento do Novo Mercado.

Por todos esses fatores e tendo em consideração o papel a ser desempenhado pelos órgãos que controlam e fiscalizam o Mercado de Valores Mobiliários é que o exame dos programas de integridade das empresas listadas pelo Novo Mercado da B3 é fundamental, porque além de aumentar o compromisso firmado pelas companhias listadas, a publicidade e o exame desses documentos permite: (i) a verificação da forma como as empresas direcionam a solução de seus conflitos (externos e internos) (ii) o grau de conformidade das ações adotadas com a legislação vigente e, sobretudo, (iii) se o interesse da companhia é compatível com os valores preconizados constitucionalmente, considerando a Função Social da Empresa na perspectiva proposta por Ana Frazão (2009).

A pesquisa constitui parte das atividades do grupo de pesquisa "Empresa, Direito e Responsabilidade" ("EDRESP"), da Faculdade de Direito da Universidade Federal de Juiz de Fora que, durante o ano de 2020 dedicou-se, especificamente, à verificação da qualidade dos programas de integridade das companhias listadas no Novo Mercado, a partir de diferentes critérios. A análise dos programas sobre abordagem do parâmetro ora proposto foi realizada no período compreendido entre 15.01.2020 e 15.02.2020. A verificação de cada documento se deu a partir de critérios reunidos em um questionário, previamente estruturado com base em pesquisa sobre o conflito de interesses. E as conclusões alcançadas consideram o estudo teórico e os resultados obtidos.

2. O CONFLITO DE INTERESSES E A SUA EXISTÊNCIA NAS SOCIEDADES EMPRESÁRIAS: CONCEITO, EXTENSÃO, CONSEQUÊNCIAS

O conflito de interesses existe quando há um duplo interesse em uma ação a ser tomada e algumas de suas características podem ser enumeradas: i) existência de uma situação antagônica ou contraposta entre os interesses do colaborador e da sociedade; ii) existência de um nexo de causalidade entre o interesse extrassocial ou particular do sujeito em prejuízo do interesse social; ii) esse interesse extrassocial ou particular pode ser próprio ou de terceiro; iii) irrelevância da intenção do colaborador em causar prejuízo – ou não – à companhia e o conhecimento do mesmo a respeito da existência do conflito[17-18].

---

17. AZEVEDO; FRANÇA, 2003, p. 656.
18. No texto os autores reportam-se tão somente às figuras do sócio e do acionista, haja vista o contexto de sua elaboração, entretanto, como será melhor desenvolvido ao longo desta parte, impor a regra de não agir mediante conflito de interesse somente para essas funções é uma escolha simplista diante da realidade

Dessa forma, trata-se de um jogo normal de contradições, em que "uma das partes busca satisfazer seus interesses da melhor forma possível"[19], fazendo com que não haja mais uma atuação em conformidade com o interesse estabelecido, mas uma ação viciada, cujo resultado é a preponderância de um interesse – particular ou extrassocial – sobre o outro – o melhor interesse da sociedade[20].

Com o passar dos anos, essa estrutura faz com que a discussão a respeito dos múltiplos interesses envolvidos na sociedade torne-se, embora não proibida (e nem poderia sê-lo), totalmente estranha no bojo das sociedades[21]. Isso gera dois problemas: i) o fortalecimento da estrutura de monopólio e concentração de poder na sociedade, cujo reflexo pode ser o de fazer com o que o direito empresarial se sucumba à hierarquia e ii) o enfraquecimento das soluções encontradas para avaliar e sopesar a correta avaliação e distribuição dos benefícios entre interesses contrapostos, em virtude do binômio hierarquia e direito.

E como as normas criadas pelo direito constituem um corpo de regras organizativas de uma sociedade, esse pode ser frequentemente influenciado, "quando não determinado, pelas relações de poder e interesses na sociedade"[22]. Neste sentido, as regras podem ser cumpridas ou descumpridas muito mais em função dos interesses envolvidos na relação e de seu poder relativo do que da efetiva existência e do conteúdo de princípios e regras.

Por isso, é necessário mudar o método de interpretação do tema, já que a eficácia das soluções dependerá do grau concreto de influência que cada elemento do binômio tem sobre o funcionamento do sistema social e jurídico[23].

Mudar esse panorama exige passar por uma identificação clara dos interesses a serem protegidos pelos princípios e normas, a fim de que a preocupação em torno de sua extensão e importância seja identificada[24]. E realizar tal modificação estrutural importa reconhecer a função de organização às regras que disciplinam as relações entre particulares, aprofundando a capacidade de criar parâmetros cooperativos no interior de uma sociedade[25].

---

societária, tendo por norte a visão de que todos os trabalhadores devem estar igualmente comprometidos com o cumprimento da função social e do interesse social pré-estabelecido.

19. GRAU, FORGIONI, 2005, 30.
20. O Conflito de Interesses, enquanto matéria de direito societário, é inclusive amplamente reconhecido na Lei de Sociedades por Ações (LSA), por exemplo, nos arts. 115; 117, § 1º, "c" e "e"; 154, *caput* e § 1º.
21. De uma forma geral, a estrutura em torno do sistema jurídico leva à determinação de normas de conduta guiadas por padrões de poder e não por valores, se opondo à função valorativa de interesses, cerne da organização jurídica das relações sociais (SALOMÃO FILHO, 2015, p. 257).
22. SALOMÃO FILHO, 2015, p. 123.
23. SALOMÃO FILHO, 2015, p. 261.
24. Isso porque, embora a empresa capitalista seja a materialização dos interesses econômicos do empresário, existem outras alternativas possíveis e, dentre essas, a construção de uma empresa respeitosa "inclusive em relação aos interesses daqueles por ela afetados" (CALIXTO, 2015, p. 125).
25. SALOMÃO FILHO, 2006, p. 21.

Mas não só. Nem sempre o problema do conflito de interesses, identificado como conflito entre as pessoas envolvidas – sócios, credores, trabalhadores, colaboradores, comunidade etc. – será resolvido tão somente com a criação de uma regra[26]. Embora regras possam ser criadas, o seu cumprimento não é espontâneo. Portanto, não é suficiente sopesar os diversos interesses envolvidos, sendo imperiosa a adoção de uma postura ativa por parte da sociedade, objetivo primordial dos programas de *compliance*.

No mesmo sentido, essa postura ativa demanda a identificação de um princípio geral de conflito de interesses apto a demonstrar que é inadmissível a sobreposição de interesses particulares ao objetivo do negócio[27]. E a forma mais viável de tornar a discussão do conflito de interesses efetiva e garantir o eventual cumprimento das regras relativas a esse parâmetro é a adoção da solução organizativa, vendo nessa não uma forma de organização do poder controlador, mas antes uma forma de integração dos conflitos entre os fatores que podem operar na atividade empresarial.

Assim, as soluções de governança aumentarão a eficiência organizativa, reduzindo custos, principalmente em um país – o Brasil – que frequentemente se mostra ineficiente em defender os interesses dos *stakeholders* em momentos de crise de confiança[28]. E isso ocorre à medida que traz debates profundos compatíveis com as realidades social e econômica de cada sociedade.

Neste último ponto se encontra mais um demonstrativo do potencial que os mecanismos de *compliance* têm de fazer cumprir com interesse e função sociais da empresa, já que a garantia do cumprimento de princípios e normas criados pelo programa de integridade se dá mediante a natureza jurídica e vinculativa desse instrumento.

Quando as companhias divulgam os códigos corporativos, estes constituem autocontrato e são compreendidos como declarações sérias de autovinculação, sendo utilizados, inclusive, para fins de execução[29]. Dessa forma, o valor do programa não se refere tão somente às questões internas, mas antes à perseguição de interesses públicos, alinhando economia e sociedade via internalização de demandas sociais nas decisões empresariais.

Assim, como são os atores privados que decidem sobre elaboração, conteúdo e aplicação, a liberdade para a instituição do *compliance* reveste-se em observância obrigatória dos preceitos[30], cuja atuação contraditória pode constituir juridicamente *venire contra factum proprium*, haja vista a latente contradição entre a divulgação desses documentos como normas da companhia e o argumento de serem meras declarações acerca das intenções empresariais[31].

---

26. SALOMÃO FILHO, 2002, p. 90.
27. SALOMÃO FILHO, 2006, p. 26.
28. SALOMÃO FILHO, 2002, p. 93.
29. TEUBNER, 2020, p. 10.
30. De outro lado, o argumento para a não vinculatividade consiste na liberdade de organização interna das empresas por meio dos códigos de conduta, as quais objetivam não submeter suas normas internas ao controle jurisdicional (TEUBNER, 2020, p. 10).
31. TEUBNER, 2020, p. 9-10.

2.1 Função social e interesse social da empresa: *compliance* como instrumento para mitigação de conflito de interesse

Tendo por norte que a função social altera e amplia o interesse social, baliza estrutural e valorativa da gestão das sociedades empresárias[32], esse interesse é efetivado em dois momentos, podendo haver intercâmbio entre eles: i) por meio da tomada de decisões nas assembleias gerais e ii) por meio da atuação cotidiana dos órgãos administrativos dessa mesma companhia.

Para o primeiro caso, o interesse social leva em consideração os interesses dos acionistas reunidos na assembleia de deliberação, e para o segundo, os interesses dos diversos *stakeholders* na atuação diária da companhia[33].

Isso, em face do caráter marcadamente institucional e quase público[34] das companhias abertas[35], reforça a indispensabilidade do parâmetro do Conflito de Interesses quando da elaboração de um programa efetivo, haja vista que o parâmetro exercerá forte influência no desenho do programa de *compliance*. Por lógica, uma empresa multinacional, com milhares de colaboradores, "exigirá o estabelecimento de procedimentos de controle muito mais complexos que pequenas e médias empresas, limitadas tanto a nível territorial quanto a nível pessoal"[36].

Quanto maior o seu tamanho e a quantidade de colaboradores, maior será a presença de interesses diversos, e sem o devido controle, pode gerar a quebra do interesse social pela redução ao interesse dos sócios atuais, sem considerar o seu contexto de elaboração e os *stakeholders*[37]. Em resumo, pode fazer com que o interesse social passe a ser definido somente com relação ao seu primeiro momento de efetivação.

Soma-se a essa discussão o fato de que, apesar de a função social da empresa não ser somente norma programática, mas possuir dimensão ativa ou impulsiva da função social, há problemas em torno da sua efetivação, dentre eles i) ausência de imposição por parte da doutrina e legislação mais consolidada de um papel mais contributivo por parte das empresas, bem como de sugestão quanto à adoção de medidas específicas que colaborem para o bem-estar social, existindo, portanto, presunção de que

---

32. FRAZÃO, 2018, p. 10.
33. Ou seja, "nas tomadas de decisões pelos órgãos administrativos e que dizem mais respeito às atividades exercidas diariamente pela companhia do que às diretrizes gerais que adota" (CARVALHO, OLIVEIRA, 2013, p. 38).
34. Fábio Konder Comparato (2005, p. 558) pontua que, embora seja possível reconhecer a primazia do interesse particular dos sócios e da affectio societatis nas pequenas empresas, no que se refere à macroeconomia de capital aberto, "isto é impossível. Além dos interesses dos acionistas, que já não são homogêneos, deve aduzir-se o dos empregados e colaboradores autônomos da empresa, o da comunidade em que atua e o próprio interesse nacional, por vezes".
35. SALOMÃO FILHO, 2002, p. 31.
36. ALBUQUERQUE, 2018, p. 110.
37. Essa afirmação parte da visão institucionalista do interesse social, sendo que este se identifica como extra-acionário atribuído à própria empresa, contrapondo-se às teorias contratualistas, que sustentam ser o interesse social coincidente com o interesse do grupo de sócios. In: CAVALI, Rodrigo Costenaro. *O interesse da companhia e o conflito de interesses nas deliberações assembleares das sociedades por ações*. Monografia apresentada na Faculdade de Direito da Universidade Federal do Paraná, Curitiba, 2001, p. 9. Disponível em: <https://acervodigital.ufpr.br/handle/1884/43691>. Acesso em: 3 jul. 2020.

a atividade empresarial, por si só, cumpre papel social; ii) ausência de indicativos de como as companhias podem cumprir a função social e; iii) ausência de imposição de sanção específica quando há descumprimento dessa função[38].

Os programas de *compliance*, nesse aspecto, possuem como principal fundamento justamente o cumprimento da função social da empresa, já que demandam uma postura empresarial de enfrentar a corrupção e o déficit ético na gestão empresarial e as diversas formas de práticas abusivas, a partir da utilização de ferramentas para mudanças no comportamento dos agentes, realizando não só a promoção de uma cultura de boa governança, mas também a fiscalização efetiva das pessoas naturais que a presentam ou representam[39-40].

Ao impor um comportamento empresarial ativo, além de auxiliar no cumprimento de condutas legais, éticas e transparentes, rompe com o paradigma do *shareholder value* mediante a consecução de interesse social moldado pela função social da empresa. Evita, portanto, risco de excesso de poder por gestores – aumentando a possibilidade de condutas com interesses extrassociais – e falta de *accountability*, justamente por expandir os destinatários dos deveres fiduciários de lealdade e diligência[41].

2.2 Conflito de interesses: visões minimalista e maximalista

Entretanto, faz-se necessário destacar que as soluções de governança apenas guardam sentido para as correntes maximalistas, já que as minimalistas defendem que o controle empresarial deve estar voltado aos interesses dos acionistas, os quais são "sintetizados pela maximização do valor da empresa, já que os interesses das outras partes estão protegidos por contratos a serem cumpridos antes da distribuição de lucros entre os sócios"[42]. Em suma, defendem que o papel das regras corporativas é dirimir conflitos corporativos que envolvem o tema de investimento.

Por outro lado, os maximalistas orientam-se por uma política de valorização dos múltiplos interesses que constituem a sociedade empresária, articulando a noção de governança corporativa à realidade na qual a empresa está inserida, importando esta situação para o estabelecimento de regras e políticas. Em resumo, a exclusiva proteção dos acionistas "não levaria em conta nem a realidade econômica da empresa, que é mais completa do que as relações entre seus sócios, nem tampouco a relação da empresa com o seu entorno institucional"[43].

Mas não só. Estabeleceria a sociedade empresária como redutível aos interesses dos acionistas, englobando o fim de maximização dos lucros e investimento e excluin-

---

38. TARTAGLIA, 2018, p. 26.
39. ATHAYDE; FRAZÃO, 2018, p. 76.
40. O compliance é, pois, "por iniciativa própria do agente privado, o elemento motriz das mudanças, e não uma simples consequência de incentivos públicos" (ATHAYDE; FRAZÃO, 2018, p. 307).
41. FRAZÃO, 2009.
42. SCHAPIRO; MARINHO, 2018, p. 1432.
43. SCHAPIRO; MARINHO, 2018, p. 1432.

do os demais interesses existentes em torno da sociedade, quais sejam: a realização de seu objeto social e o cumprimento de sua função social.

Portanto, em observância ao conceito de conflito de interesses e à noção de que todos os trabalhadores devem estar igualmente comprometidos com a persecução do interesse social, com base no explanado no tópico 2.1, a corrente minimalista colocaria em centralidade os acionistas e excluiria outros interesses a serem protegidos pelas regras corporativas. Excluiria do âmbito de atuação da governança corporativa e dos mecanismos de *compliance*, interesses outros, que não os dos próprios acionistas, o que pode causar diversos problemas, conforme será visto no tópico 4.2.

3. PAPEL DA B3 NO MERCADO DE CAPITAIS: *ENFORCEMENT* E FUNÇÃO PÚBLICA

O alinhamento entre os interesses públicos e a busca do maior benefício empresarial possível é realizado pela complementação em vários níveis que a regulação e autorregulação exercem entre si.

A regulação é desprovida de conceito unívoco, mas pode ser definida como o uso da autoridade pública para a definição e aplicação de regras e padrões de comportamento em determinado modelo econômico[44]-[45]. De maneira geral, reflete a atuação estatal com objetivo de fiscalizar e ordenar conduta de particulares e outros entes públicos-[46]-[47]. Todavia, a regulação não abarca apenas comandos e controles governamentais. A regulação é gênero, dos quais são espécies a heterorregulação, emanada do Estado; e autorregulação, regulação do próprio mercado ao ditar o cumprimento dos agentes às normas autovinculantes.[48]-[49]

A autorregulação, portanto, é realizada pelo setor privado, constituindo atividade interventiva de ente privado sobre ente privado[50], preocupando-se com as

---

44. Nesse sentido estão os trabalhos desenvolvidos por Armando Castelar Pinheiro e Jairo Saddi, em "Economia e mercados" (2005); e Adriano Augusto Teixeira Ferraz, em "Autorregulação do mercado de valores mobiliários brasileiro: A coordenação do mercado por Entidades Profissionais Privadas (2012).

45. A expressão "modelo econômico" foi utilizada porque "[a] regulação da economia é fenômeno multifacetário, dotado de grande heterogeneidade, não apenas ao longo da história, mas também dentro dos Estados singularmente considerados, que empregam distintas estratégias regulatórias em função das necessidades concretamente verificadas na sociedade e na economia. In: ARAGÃO, Alexandre Santos de. *O conceito Jurídico de Regulação da Economia. Revista de Direito Mercantil, Industrial, Econômico e Financeiro*, São Paulo, n. 122, p. 62-63, abr.-jun. 2001.

46. DIAS; BECUE, 2012, p. 7361.

47. No mesmo sentido, Angela Donaggio (2016, p. 42). Entretanto, há outras significações possíveis, já que nas palavras de Salomão Filho (2008, p. 21) a regulação "engloba todas as formas de organização da atividade econômica através do Estado, seja a intervenção através da concessão de serviço público ou exercício de poder de polícia". In: SALOMÃO FILHO, Calixto. *Regulação da Atividade Econômica (princípios e fundamentos jurídicos)*. 2. ed. São Paulo: Malheiros, 2008.

48. DIAS, 2005, p. 119.

49. Isso reforça caráter obrigatório da autorregulação, devido à imposição de regras desenvolvidas pelos próprios regulados (DIAS, BECUE, 2012. p. 7366).

50. Trata-se, portanto, de uma modalidade de regulação, cuja ocorrência se verificando quando um grupo de pessoas ou entidades agem conjuntamente com o fito de estabelecer uma "função reguladora em relação a eles próprios e outros que aceitam e respeitam a sua autoridade em prol de um interesse comum" (DONAGGIO, 2016, p. 185).

implicações da autorregulação no que se refere à responsabilização pela atuação de ente privado e ao controle público[51].

E em relação ao mercado de capitais, a ordenação dessas condutas está associada à correção de falhas de mercado e, dentre elas, a regulação do conflito de interesses, visando gerar eficiência econômica e proteção de investidores[52]. No Brasil, essa regulação é definida, principalmente, pelas Leis 6.404/76 e 6.385/76, Comissão de Valores Mobiliários (CVM) e atuação da B3[53].

Com base nos atores elencados, pode-se subdividir a autorregulação do mercado de capitais em duas: a de base legal e a de base voluntária[54]. A primeira é imposta ou estabelecida pelo Estado, sendo delegada a entidades a competência regulatória – embora permaneçam independentes e privadas – e o dever de fiscalização sobre os membros e operações nelas realizadas, na qualidade de órgãos auxiliares da CVM (art. 17, Lei n. 6.385/76)[55-56].

Assim, a Comissão de Valores Mobiliários exerce a função regulatória do Mercado de Valores Mobiliários, cuja atuação encontra previsão legal no art. 8º, § 1º da Lei da CVM[57]. A B3, por seu turno, também se ocupa do cumprimento das normas dos mercados[58]. Porém, na condição de ente privado, exercendo controle autorregulatório[59-60].

---

51. DONAGGIO, 2016, p. 195.
52. DIAS; BECUE, 2012, p. 7362.
53. A B3 surge como resultado da fusão da BM& F Bovespa e da Cetip ocorrida em 2017, processo que " torna as bolsas mais lucrativas e preparadas para a competição global e confere maior liquidez aos valores mobiliários por ela negociados. Um exemplo desse fenômeno ocorreu em fevereiro de 2008, quando a Bovespa e a BM&F, através da integração de suas atividades, criaram a BM&FBOVESPA, única bolsa em operação no mercado de valores mobiliários brasileiro (FERRAZ, 2012, p. 108).
54. DIAS; BECUE, 2012, p. 7368.
55. "[A] autorregulação de base legal é imposta ou reconhecida pelo Estado e goza de força vinculante em relação àqueles agentes econômicos definidos por lei. Ela está regida por normas de direito público, devendo ser observada de forma cogente pelos envolvidos (FERRAZ, 2012, p. 77).
56. "[A] CVM outorga poderes de autorregulação para as entidades profissionais privadas ou estabelece mecanismos de coordenação entre a regulação e a autorregulação (principalmente para evitar a sobreposição de esforços)" (FERRAZ, 2012, p. 114).
57. "Art. 8º Compete à Comissão de Valores Mobiliários: § 1º O disposto neste artigo não exclui a competência das Bolsas de Valores, das Bolsas de Mercadorias e Futuros, e das entidades de compensação e liquidação com relação aos seus membros e aos valores mobiliários nelas negociados". Disponível em: <http://www.planalto.gov.br/ccivil_03/leis/l6385.htm>. Acesso em: 05 set. 2020.
58. A fim de exercer suas atividades, a B3 possui segmentos de listagem – Bovespa Mais, Bovespa Mais Nível 2, Novo Mercado, Nível 2, Nível 1 e Básico – de acordo com o grau de governança corporativa das sociedades que a compõem. A finalidade da criação desses segmentos foi a melhor alocação do papel fiscalizador da B3 de acordo com padrões determinados. É o que observa da análise do Regulamento do Novo Mercado: Seção X: Documentos da Companhia.
59. A Instrução Normativa 461/2007 da CVM dispõe em seu art. 9º que "[o]s mercados organizados de valores mobiliários serão obrigatoriamente estruturados, mantidos e fiscalizados por entidades administradoras autorizadas pela CVM, constituídas como associação ou como sociedade anônima, e que preencham os requisitos desta Instrução".
60. A relação existente entre a CVM e as Bolsas de Valores – no caso em tela, B3 – é aquela em "que o regulador estatal tem poder-dever sobre as atividades de autorregulação de emissores, inclusive as referentes aos segmentos de listagem. Essa competência resulta, não de mera vontade de poder do Estado, mas de previsão

Já a regulação de base voluntária[61] é proveniente da iniciativa exclusiva e espontânea de particulares – sem ingerência do Estado –, que aderem às regras impostas pelo órgão regulador privado – B3 –, por meio dos Códigos de Conduta[62]. Todavia, como a elaboração de regras pelas próprias companhias aumentam de forma substancial os riscos oferecidos pelo Conflito de Interesses, como o "corporativismo tendente a reduzir o grau de excelência e rigidez dos comandos ou de sua aplicação" e "o conteúdo da regulação voltado à satisfação dos fins pretendidos pelos regulados e não ao bem-estar da coletividade"[63], a B3 desempenha papel crucial quanto à fiscalização e ao *enforcement* exercido sobre as empresas listadas no segmento do Novo Mercado[64-65-66].

O seu papel de implementação do *compliance* no Brasil é o de, paralelamente à atuação indireta do Estado, atender ao interesse social, porque sua respectiva área de atuação se relaciona com uma das áreas da atividade empresária das companhias listadas, qual seja, o mercado de valores mobiliários[67]. A *expertise* tende, pois, a assegurar a melhor qualidade da regulação e, por consequência, dotar o mercado de maior reputação e receptividade pelo público alvo, o que também diz respeito à legitimidade da norma. Por isso, a coordenação do mercado de capitais é, e sempre deve ser, realizada por meio da interação da autorregulação de base legal e voluntária, que se completam a todo o momento[68].

Além disso, deve-se pontuar que função da B3 não se esgota na possibilidade de fiscalização, mas se estende às determinantes de mudança cultural no Brasil, no sentido de impor mais respeito à governança corporativa e elaboração de programas de integridade eficientes e comprometidos. O papel da B3 determina o aperfeiçoa-

---

legal e regulatória da autorregulação dos segmentos, bem como de o sistema brasileiro se apresentar como predominantemente 'dirigido pelo Estado' (DONAGGIO, 2016, p. 7)".

61. A autorregulação de base privada é aquela, "por meio da qual entidades profissionais privadas estabelecem e implementam normas e padrões relativos a seus associados sem que haja interferência do Estado, sendo a sujeição voluntária e a relação contratual" (FERRAZ, 2012, p. 77). Portanto, essa relação está submetida às normas de regência do direito privado.

62. Como exemplos de autorregulação de base voluntária, para além da B3, tem-se: ANBIMA (Associação Brasileira das Entidades dos Mercados Financeiro e de Capitais); ABRASCA (Associação Brasileira das Companhias Abertas); ANCORD (Associação Nacional das Corretoras e Distribuidora de Títulos e Valores Mobiliários, Câmbio e Mercadoria) e APIMEC (Associação dos Analistas e Profissionais de Investimento do Mercado de Capitais).

63. DIAS; BECUE, 2012, p. 7369.

64. PINHEIRO, 2017, p. 9.

65. Dispondo sobre o papel da B3 e da CVM na implementação do instituto do compliance no Brasil ALVES e PINHEIRO (2017) apontam que, paralelamente à atuação indireta do Estado, a B3 realiza uma regulação mais direta sobre as regras que devem ser seguidas pelas companhias listadas, sempre com o objetivo de atender ao interesse social, porque sua respectiva área de atuação se relaciona com uma das áreas da atividade empresárias das companhias listadas, qual seja, o mercado de valores mobiliários.

66. Os segmentos criados pela B3 classificam as empresas em níveis diferenciados de acordo com a adoção de boas práticas de governança corporativa (Nível 1, Nível 2, e Novo Mercado), cuja ordem é sempre quanto ao maior ou menor cumprimento das regras impostas pela B3. Portanto, quanto mais adequadas às normas deste órgão autorregulador, melhor é a classificação da empresa frente à B3, servindo, inclusive, como parâmetro concorrencial (ALVES, PINHEIRO, 2017, p. 54-55).

67. ALVES; PINHEIRO, 2017, p. 48.

68. FERRAZ, 2012, p. 36.

mento do mercado de capitais, induzindo a adoção de regras pelas sociedades listadas e elevando o patamar dos instrumentos utilizados para divulgação de práticas ao público investidor.

3.1 Regulamentação do conflito de interesses e eficácia do sistema de autorregulação da B3

Com a desmutualização da bolsa e considerando sua prerrogativa fiscalizatória em relação aos seus membros e as operações realizadas, podem surgir Conflitos de Interesses no exercício da autorregulação, tendo em vista que passam a ter o lucro como objetivo[69]. Em outras palavras, os conflitos passam a ser gerados pela "incompatibilidade entre uma administração comprometida com a geração de lucro para criar valor ao acionista", cujo interesse é majoritariamente privado e "uma administração comprometida com a integridade do mercado"[70]-[71], cujo interesse é marcadamente público e deve refletir coesão social e estabilidade do mercado. E essa é uma possibilidade na qual se encaixa a B3.

Tendo em vista que o órgão exerce autorregulação baseada em acordos de natureza privada, pode/deve fiscalizar e aplicar penalidades em decorrência de eventuais infrações[72]. Isto porque a natureza da relação estabelecida entre a Bolsa e o emissor – companhia listada – é de caráter institucional, baseada no poder disciplinar das instituições privadas. "Trata-se, portanto, de relação institucional para a qual o contrato[73] é um mero instrumento"[74].

Como a autorregulação alinhada aos objetivos mais amplos da regulação existe em função das imperfeições de mercado, para mitigar conflitos em defesa de interesses coletivos[75], a capacidade de *enforcement* da B3, depende da utilização de meios eficazes para adaptar o disposto em normas e legislação à realidade em que vivencia[76].

O *compliance* é, nesse sentido, instrumento de autorregulação por excelência e que, portanto, deve se prestar a esclarecer as medidas de mitigação de conflito de interesses pelas companhias, já que o objetivo de tal mitigação "serve à manutenção da coesão social e da estabilidade, pré-requisitos essenciais para uma economia de mercado de sucesso"[77].

---

69. FERRAZ, 2012, p. 108.
70. CALABRÓ, 2010, p. 19.
71. Embora haja uma separação estrutural entre atividades de administrativas e autorregulatórias, ela não é absoluta, já que "muitas atividades servem às duas esferas, de administração [..] como, por exemplo, a admissão, suspensão ou exclusão de negociação de valores mobiliários, a criação de regras de funcionamento do mercado, a admissão de novos participantes" (CALABRÓ, 2010, p. 19).
72. FERRAZ, 2012, p. 129.
73. O art. 5º do Regulamento do Novo Mercado dispõe que "O ingresso no Novo Mercado é efetivado por meio da celebração de contrato de participação no Novo Mercado entre a companhia e a B3"
74. DONAGGIO, 2016, p. 7.
75. DONAGGIO, 2016, p. 116.
76. ALBUQUERQUE, 2018, p. 139.
77. DONAGGIO, 2016, p. 116.

Em virtude disso, a B3 estabelece requisitos à entrada no Novo Mercado[78], tendo como instrumento de observância às diretrizes éticas a elaboração e divulgação de Código de Conduta. Exige da companhia listada que no instrumento sejam observadas regras "objetivas relacionadas à necessidade de *compliance* e conhecimento sobre a legislação e a regulamentação em vigor, em especial, às normas de proteção à informação sigilosa da companhia, combate à corrupção, além das políticas da companhia", na Seção X (Documentos da Companhia), art. 31, II, Regulamento do Novo Mercado[79].

Ademais, no Título II, capítulo I, Seção VIII (Fiscalização e Controle), artigo 24 do Regulamento do Novo Mercado, determina que as companhias devem implementar funções de *compliance*; e no Capítulo IV, Seção I (Hipóteses de Aplicação de Sanções), em seu artigo 47, inciso I determina que cabe à B3 aplicar sanções à companhia e seus administradores e acionistas que descumprirem requisitos e obrigações estabelecidos neste regulamento.

Depara-se, nesse ponto, com o risco central de conflito de interesses em razão da desmutualização: quando interesses comerciais de "curto prazo da bolsa podem suplantar os incentivos de longo prazo de se preservar uma reputação de provedora de um mercado justo e em perfeita ordem, obtendo a confiança do investidor"[80]. Em outras palavras, a B3, como entidade autorreguladora do mercado, pode decidir por reduzir os padrões regulatórios em busca de maiores lucros a curto prazo. E esse é um dos argumentos centrais para a realização da análise documental proposta no presente trabalho: a verificação do *enforcement* da B3 e da qualidade dos programas listados no Novo Mercado.

Isso leva em consideração que o Regulamento do Novo Mercado é documento jurídico e determina diretrizes básicas para o ingresso das companhias nesse segmento e, portanto, vincularia à companhia.

4. ESCOPO METODOLÓGICO DA PESQUISA

Por isso, levando em consideração a revisão bibliográfica realizada ao longo do trabalho, em conjunto com leitura de legislação, regulamentos e documentos internos da B3, principalmente relacionada à regulação e ao Conflito de Interesses, foi realizada uma análise sistêmica dos dados coletados das sociedades empresárias listadas no setor de "Novo Mercado" da B3, no período compreendido entre 15 de janeiro de 2020 a 15 de fevereiro de 2020, por meio da submissão a um questionário

---

78. Informação disponível em: <http://www.b3.com.br/pt_br/regulacao/estrutura-normativa/listagem/>. Acesso em: 08 set. 2020.
79. Também existe a exigência de elaboração de uma política de transação com partes relacionadas nos arts. 32, IV e 35 do mesmo regulamento.
80. PINTO, 2006, p. 12.

previamente estruturado para verificar a existência e qualidade dos documentos disponibilizados para o mercado[81].

Estabeleceu-se três premissas para a elaboração do questionário: i) o conflito de interesses adotado pelo programa de integridade deve, necessariamente, abarcar todos os envolvidos na atividade, desde o colaborador até o acionista majoritário, tendo em vista o marco teórico previamente estabelecido para o parâmetro em questão e toda a complexidade que envolve as decisões tomadas sob conflito de interesses; ii) há a necessidade de estabelecimento de uma política interna capaz de lidar com o problema em conformidade com a sua extensão – maior ou menor dependendo da complexidade da sociedade. Com isso, estabeleceu-se que seria necessário buscar, em todos os mecanismos de *compliance*, se eles possuíam uma "Política de Conflito de Interesses" ou uma "Política de Transação com Partes Relacionadas".

O objetivo não era exaurir a análise que envolve o parâmetro, tendo em vista que essa seria uma pesquisa cujos desdobramentos são extensos e cuja absorção dos resultados demandaria complexidade maior do que a suportável sem uma primeira análise do que o mercado oferece em termos de mitigação do Conflito.

Buscou-se; portanto, não a exploração do Conflito de Interesses enquanto questão puramente societária em torno dos votos conflitantes com o interesse da companhia – assunto que é mais adequadamente abordado em Estatutos, em razão de sua natureza –, mas sim enquanto solução organizativa, no sentido de verificação da forma como as empresas direcionam a solução de seus conflitos (externos e internos), o grau de conformidade das ações adotadas com a legislação vigente e, sobretudo, se o interesse da companhia é compatível com os valores preconizados constitucionalmente, considerando a Função Social da Empresa. Isso porque o *compliance* é ferramenta capaz de gerar debate compatível com a realidade social e econômica de cada sociedade.

Tem-se, portanto, a terceira premissa: iii) observar se os programas apresentavam conceitos de Conflito de Interesses que se adequassem à realidade de cada sociedade.

Assim, buscava-se identificar uma preocupação da companhia listada em realizar, minimamente, uma adaptação da política exigida às suas necessidades.

4.1 A análise em si: o compromisso firmado pelas companhias do Novo Mercado em relação à mitigação do conflito de interesses

Para isso, o questionário se dividiu em duas etapas. Na etapa preliminar[82], sob o viés de identificação das questões circunstanciais da análise, foram elaboradas as

---

81. Abriu-se o site da B3 < http://www.b3.com.br/pt_br/>, na aba "acesso rápido"; clicou-se em "empresas listadas" e, depois, clicou-se em "segmento" e, por fim, "Novo Mercado". Em seguida, clicou-se em "empresas listadas" e, dentro desta aba, clicou-se em "segmento". Na aba "selecione", clicou-se em "Novo Mercado", contou-se, então, 142 (cento e quarenta e duas empresas) empresas listadas em ordem alfabética.

82. Comum a todos critérios desenvolvidos no âmbito do eixo de pesquisa do grupo EDRESP, tais como critério do consumidor, concorrencial, sancionatório, de proteção de dados, trabalhista, ambiental, estatais, entre outros.

perguntas a seguir delineadas: análise feita por (pergunta 1)[83]; nome da sociedade empresária em análise (pergunta 2); período de análise (pergunta 3)[84]; data da análise (pergunta 4) e; horário da análise (pergunta 5);

Em seguida, sob o viés quantitativo, investigou-se quantas companhias, no universo das 142 analisadas, eram estatais (pergunta 6). A companhia estatal, pela natureza institucional e estrutura de controle mais complexas, já que a avaliação de seu desempenho, e a própria gestão executiva das empresas, está sujeita tanto às necessidades de seu controlador imediato, o governo; quanto aos interesses difusos de seu controlador indireto, a sociedade, as tensões próprias das sociedades anônimas são potencializadas porque o Estado é o acionista controlador. Com isso, os conflitos de interesses usuais entre acionistas minoritários, controladores e administradores são amplificados, uma vez que tais organizações não perseguem apenas a maximização de seus resultados, mas também procuram dar consecução ao seu mandato de política pública[85-86].

Por isso, uma análise do Conflito de Interesses não pode ignorar a presença ou ausência de estatais na mitigação desse parâmetro. Como resultado, foi obtido que as estatais representavam 4,2% das companhias listadas no Novo Mercado[87].

Em continuação, questionou-se qual era a "área de atuação da sociedade (pergunta 7)[88], já que essa setorização, por todo o exposto nas demais seções, pode ter impacto no interesse social e, por consequência, na conceituação do conflito de interesses adotada pela companhia – desdobramento da terceira premissa de elaboração do questionário[89].

Foram elaboradas, por último, na etapa preliminar, as perguntas relacionadas a existência de um programa de integridade lato sensu por parte da sociedade (pergunta 8)[90] e, a posição desses, se centralizado ou difuso, no sítio eletrônico da sociedade

---

83. Campo destinado à identificação do pesquisador responsável pela coleta dos dados.
84. Período compreendido entre 15 de janeiro a 15 de fevereiro, conforme explicitado no ponto 4.1.
85. SCHAPIRO, MARINHO, 2018, p. 1427.
86. E essa realidade também se alinha à perspectiva de o Estado ser agente regulador da economia, possuindo a faculdade de intervir na atividade econômica estabelecidos em lei quanto ao incentivo, à regulação e ao planejamento da economia (ALVES, PINHEIRO, 2017, p. 48). Ademais, a Lei 13.303/2016 – Lei das Estatais – exige regras de governança corporativa e práticas relativas ao *compliance* no estatuto dessas companhias, conforme se verifica em leitura dos arts. 6º e 9º do referido dispositivo.
87. BB Seguridade Participações S.A.; BCO Brasil S.A.; CIA Saneamento de Minas Gerais-Copasa MG; CIA Saneamento Básico Est São Paulo; Petrobras Distribuidora S/A.
88. Setorização realizada pela B3: instituições financeiras; bens industriais; comunicação; consumo cíclico; consumo não cíclico; materiais básicos; petróleo, gás e biocombustíveis; saúde; tecnologia da informação; utilidade pública; outros.
89. 0,7% (1 companhia) é do setor de instituições financeiras; 14,8% (21) de bens industriais; 1,4% (2) de comunicação; 32,4% (46) de consumo cíclico; 9,9% (14) consumo não cíclico; 4,2% (6) de materiais básicos; 4,9% (7) de petróleo, gás e biocombustíveis; 8,5% (12) saúde; 3,5% (5) de tecnologia da informação; 7,7% (11) de utilidade pública, 12% (7) de financeiro; outros.
90. A pergunta, em sentido literal, constava como "[a] sociedade possui um programa de integridade lato sensu?"

(pergunta 9)[91]. Para essa ocasião, objetivou-se obter, em um panorama quantitativo, quantas companhias, no universo das 142 sociedades empresárias listadas ao tempo da perquirição, de fato disponibilizavam à comunidade documentos aptos a evidenciar os padrões de integridade assumidos[92]. Para este efeito, considerou-se programa de integridade lato sensu todo e qualquer documento – anexo ou não – disponibilizado para consulta no(s) endereço(s) eletrônico(s) das empresas analisadas, desde que esses mesmos documentos estivessem relacionados com o cumprimento de normas, políticas e legislação vigentes[93][94].

Além disso, por programa "centralizado" entendeu-se aquele que em somente uma página do site foi possível encontrar todos os documentos de integridade, ou, alternativamente, toda a matéria concentrada em documento único. Por outro norte, "difuso" o programa que se encontrava diluído em vários documentos, distribuídos em partes diferentes do site. Apesar de não influir na qualidade do programa de integridade, o fato de classificá-lo enquanto centralizado ou difuso é importante, pois reforça a noção de transparência e facilidade de acesso às informações a respeito do *compliance*[95].

A análise dos documentos disponibilizados pelas empresas listadas auxilia na verificação quanto ao dever desse órgão de fiscalizar e fazer cumprir suas normas, garantindo eficiência, proteção aos investidores e equidade do mercado e, por esse motivo, partiu-se para a etapa qualitativa e específica do critério em comento.

Questionadas sobre se "o programa menciona o termo conflito de interesses" (pergunta 10), 132 companhias realizavam menção, ao passo que 10 não. A princípio, os documentos que compõem o rol de programa de integridade lato sensu são os documentos, por excelência, capazes de demonstrar a preocupação em destacar,

---

91. "Se a empresa possui um programa ele é: a) centralizado ou b) difuso".
92. Dentre o rol de documentos considerados, encontram-se a seguir listados: Código de Conduta e Ética, Política de Controles Internos, Política de Saúde, Segurança e Qualidade de Vida, Política de Direitos Humanos, Política da Qualidade, Política de Diversidade e Inclusão, Política de Investimentos Socioambientais e Doações, Política de Gestão Ambiental, Política de Controles Internos, Política Anticorrupção, Política de Gestão Integrada de Riscos, Política de Gestão de Derivativos, Política de Partes Relacionadas, Código de Conduta, Política de Divulgação de Ato ou Fato Relevante, Política de Negociação de Valores Mobiliários, Política de Indicação, Política de Governança Corporativa, Política de Privacidade, Política para Contratação de Serviços Extra-Auditoria de seus Auditores Independentes, Política de Doações de Produtos e Apoio à Projetos, Política de Destinação de Resultados e Distribuição de Dividendos, Política de Segurança da Informação, Política de Indicação de Administradores, Política de Remuneração de Administradores, Política de Conflito de Interesses, Política de Transação com Partes Relacionadas, e outros.
93. Estatutos Sociais, Informes Brasileiros de Governança Corporativa e Acordo de Acionistas foram desconsiderados, porque os primeiros tão somente constituem a empresa (art. 45, CC/2002), os segundos, constituem mera divulgação periódica das práticas de governança adotadas internamente pela sociedade, não integrando o programa de *compliance* os terceiros detêm natureza de instrumento parassocial, desprovidos das características que o *compliance* possui.
94. A existência de um único documento dentre os elencados no rol acima foi suficiente para enquadrar a sociedade empresária como possuidora de programa de integridade lato sensu. Sendo assim, objetivou-se num primeiro momento atestar a presença de conteúdo autorregulatório e não sua qualidade.
95. No total, 55 sociedades empresárias possuíam um programa de integridade considerado difuso, enquanto o restante (86), a partir da disposição de seus documentos, detinha programa de integridade centralizado.

através dos compromissos firmados pelo *compliance*, as estratégias adotadas com objetivo de mitigar conflitos. Quanto mais específicos são os documentos e os termos utilizados para cada situação abarcada no programa, mais útil ele será[96]. Portanto, começar a tratar do problema de Conflito de Interesses a partir do termo reforça o caráter vinculativo do *compliance* ao parâmetro.

Em continuação, questionou-se se "existe, no programa, detalhamento de hipóteses específicas de conflitos de interesses" (pergunta 11), assim entendida como qualquer particularização de uma atividade, de maneira geral, que consista em ação realizada mediante conflito de interesses. Ou seja, programas que apresentavam exemplos, mesmo genéricos, sobre o que é conflito de interesses para a empresa – desde que já houvesse mencionado o termo para explanar as situações[97]. Das companhias analisadas, 93,7% (133) não apresentavam, ao passo que 6,3% (9) afirmavam essa preocupação.

Ademais, a eficácia de um sistema de *compliance* exige que o desejo de respeito ao ordenamento jurídico seja generalizado – em todos os níveis da atividade[98]. Por isso, constitui condição primordial que todos os membros adquiram consciência dos conflitos aplicáveis ao seu ambiente de trabalho e de tomada de decisões, primeira premissa de elaboração do questionário. Neste sentido, a pergunta 12 se ocupou em averiguar se "o programa dirige a preocupação com o conflito de interesses para todos os colaboradores da empresa (funcionário, administrador, *compliance officer*, acionista, terceiro, subcontratado etc.)".

Resumidamente, em razão da ampliação dos interesses envolvidos na atividade empresarial, como exposto nos tópicos 2.1, 2.2 e 3.1, os possíveis conflitos deles decorrentes deixam de se referir apenas aos acionistas e gestores[99], fazendo-se necessário abarcar todos os envolvidos na atividade empresarial. O objetivo do presente questionamento foi; portanto, verificar se os programas mencionavam todos os envolvidos na atividade quando da preocupação relativa ao parâmetro em tela. 11, 3% (16 companhias) não mencionavam todos os colaboradores[100].

Por consequência, questionou-se se o programa abordava alguma das espécies de conflito de interesses relativas a cada função da pergunta anterior (pergunta 13)[101], porque para bem definir uma regra de Conflito de Interesses a primeira tarefa

---

96. SALOMÃO FILHO, 2015, p. 263.
97. A CCR SA dispõe que uma vez identificadas situações que envolvam partes relacionadas ou conflito de interesses, acionistas e administradores deverão "ausentar-se das discussões e abster-se de votar e de tomar decisões com relação às matérias em discussão." Disponível em: <http://ri.ccr.com.br/governanca-corporativa/politicas-estatuto-codigo-de-etica-e-acordo-de-acionistas/>. Acesso em: 18 jan. 2020.
98. ALBUQUERQUE, 2018, p. 110.
99. FRAZÃO, 2018, p. 11.
100. A expressão "todos os colaboradores" não exigia que a companhia listasse todas as possibilidades de colaboradores. Bastava menção semelhante à realizada pela Centro de Imagem Diagnósticos S.A: "Esta Política aplica-se a Companhia, todas as suas entidades controladas [...], seus funcionários, administradores, membros dos comitês de assessoramento" Disponível em: <http://ri.alliar.com/conteudo_pt.asp?idioma=0&conta=28&tipo=61237>. Acesso em: 15 jan. 2020.
101. "O programa menciona alguma das espécies de conflito de interesses atinentes a cada função da questão anterior?"

é identificar e definir hipóteses que podem gerar riscos para os objetivos societários, o grau do risco gerado[102] e as esferas de deveres e responsabilidades de cada ofício, já que em determinadas funções – como administradores – há mais responsabilidades para com a persecução do interesse social. Em 88% dos documentos analisados (125 companhias) não houve menção aos deveres e às responsabilidades de outros agentes que não os acionistas e administradores.

Por último, pontuou-se a necessidade de verificar se "o programa diz como irá mitigar o conflito de interesses" (pergunta 14), materializando a segunda premissa.

A CVM estabelece no Pronunciamento Técnico 05/10 que a transação com parte relacionada (TPR) é "a transferência de recursos, serviços ou obrigações entre uma entidade que reporta a informação e uma parte relacionada, independentemente de ser cobrado um preço em contrapartida". E, para estes efeitos, consideram pessoas e entidades relacionadas, em rol exemplificativo, aquelas que detêm controle pleno ou compartilhado e influência significativa sobre o conteúdo da informação, estejam sob controle comum e forneçam serviços relacionados à entidade relacionada[103].

Além disso, a Carta Diretriz 4 do Instituto de Governança Corporativa pontua que, embora essas transações sejam justificáveis por agregarem valor às organizações com baixo custo de transação – em virtude do relacionamento entre as partes contratantes –, podem ser prejudiciais às organizações e aos seus sócios, sobretudo, se considerado que constituem potencialmente conflito de interesses, a elas inerente, aliado aos custos altos de monitoramento[104].

Para que sejam válidas, é necessária a observância da razoabilidade, ou seja, as TPR precisam ser justificadas e contratadas com base nas condições de mercado, não se submetendo exclusivamente aos interesses particulares de seus acionistas que, majoritariamente, atuam como investidores e têm a expectativa de retorno do seu capital em forma de dividendo ou aumento do valor de suas ações.

A B3, por seu turno, como exposto no ponto 3.1, o Regulamento do Novo Mercado – nos arts. 32, IV e 35 – exige a existência de "Política de Transação com Partes Relacionadas", cujo conteúdo mínimo é o auxílio na identificação de situações individuais que possam envolver conflitos de interesses.

Como consequência circunstancial dessas transações, há maiores desafios quanto à competitividade, conformidade, transparência, equidade e proporcionalidade das decisões tomadas; à proteção dos investimentos minoritários frente ao *tunneling*, transformando as deliberações em formas de extração de riqueza em detrimento dos acionistas minoritários; ao monitoramento do *propping*, que pode reduzir o

---

102. SALOMÃO FILHO, 2006, p. 29.
103. Pronunciamento Técnico CPC 05, 2010. Disponível em: <http://conteudo.cvm.gov.br/export/sites/cvm/menu/regulados/normascontabeis/cpc/CPC_05_R1_rev06_Consolidado.pdf>. Acesso em: 30 mar. 2020.
104. IBGC. Transações entre partes relacionadas / Instituto Brasileiro de Governança Corporativa. Coordenação: João Laudo de Camargo e Luiz Spinola. São Paulo, SP - IBGC, 2014 (Série Cartas Diretrizes, 4). Disponível em: <https://conhecimento.ibgc.org.br/Paginas/Publicacao.aspx?PubId=23343>. Acesso em: 30 mar. 2020.

bem-estar social geral, distorcendo a concorrência na economia e alocando mal os recursos públicos em transações com estatais, além de reduzir o espaço de empresas privadas na quebra de condições de igualdade, entre outros[105].

Por isso, foram analisados mecanismos específicos para o assunto, como: Transações com Partes Relacionadas e Demais Situações de Potencial Conflito de Interesse", "Política de Conflito de Interesses" ou outros mecanismos com a mesma finalidade, porém com nomes distintos. Esses foram os documentos considerados para fins de mitigação do conflito.

Segundo o artigo 47 do mesmo Regulamento, a ausência de um dos documentos exigidos importa em sanção para a companhia[106]. Observou-se pela análise que 49,3% listadas no momento da análise (70 companhias) não cumpriam tal exigência no período da análise documental[107].

Resultado da análise documental

Da análise dessas políticas inferiu-se que, embora 50,7% tenham observado o conteúdo da pergunta 14, os documentos em si não revelavam uma postura positiva de adaptação da empresa frente às exigências da B3. Ou seja, limitavam-se ao conteúdo mínimo exigido e à mitigação do Conflito frente aos acionistas e administradores[108].

Centrar a análise somente nessas figuras pode ser justificável, na medida em que possuem o dever de não trabalhar exclusivamente em razão dos seus interesses[109], mas não é justificativa apta à não submeter os deveres dos sócios minoritários, terceiros, colaboradores e trabalhadores à apreciação quando da elaboração do documento[110].

Não se questiona, em nenhuma hipótese, que o *compliance* representa um papel pedagógico na esfera de interesses dos administradores e acionistas, gerando consequência no agir da sociedade. Questiona-se, sim, a ausência de menção aos outros ofícios presentes no corpo social das companhias (assistentes, gerentes, colaboradores gerais,

---

105. MILHAUPT; PARGENDLER, 2018, p. 3.
106. O art. 47 dispõe que "Art. 47 Cabe à B3 aplicar sanções à companhia e aos seus administradores e acionistas da companhia nas seguintes hipóteses: I: descumprimento dos requisitos e das obrigações estabelecidos neste regulamento; e II descumprimento de determinações da B3 relacionadas às obrigações constantes deste regulamento."
107. A companhia COSAN LOGÍSTICA S.A. encontra-se nas demais empresas que não apresentaram uma Política de Conflito de Interesses, porque embora houvesse menção desse instrumento no Código de Conduta, a política não se encontrava disponível no sítio eletrônico da mesma durante o período de análise, o que representa quebra da transparência nas informações. Disponível em: <https://www.cosan.com.br/sobre-a--cosan/estatuto-politicas-e-codigo-de-conduta/>. Acesso em: 18 jan. 2020.
108. Embora no início das políticas se mencionasse que se referia a todos os trabalhadores, só havia menções expressas para administradores e acionistas.
109. VILELA, 2012, p. 9.
110. Considerando que o agir dessas funções representa, muitas vezes, o agir da própria sociedade, o compliance se situa na tentativa de conformar suas atuações e propiciar segurança jurídica na delimitação de suas ações (PINHEIRO, 2017, p. 22). Entretanto, um programa não seria efetivo se somente se destinasse a esses ofícios nem tampouco seria capaz de induzir e/ou modificar a visão corporativa para o cumprimento das regras individualmente.

estagiários etc.). Nenhuma companhia listada e analisada demonstrou preocupação quanto a isso nessas políticas. Isto porque, 93,7% das companhias não detalhavam minimamente hipóteses de Conflito de Interesses, limitando-se a responder o questionamento 10 (menção ao termo conflito de interesses) e apenas 12% revelavam compromisso em explicitar hipóteses de incidência do parâmetro para todos os colaboradores.

Ademais, as TPR, objeto da pergunta 14 (menção sobre a forma de mitigação do conflito de interesses), e a respectiva observância de seus preceitos fundamentais é imprescindível para a verificação do grau de excelência e rigidez dos comandos elaborados pelo próprio emissor, visto que sua ausência pode ser capaz de afastar as condições de mercado que devem ser impostas a todas as companhias.

Portanto, as três premissas adotadas para a perquirição da análise documental, quais sejam envolvimento de todos os colaboradores; estabelecimento de uma política interna capaz de mitigar conflitos e; adaptação dessa política visando os interesses da companhia – representando uma adaptação da política exigida às suas necessidades –, não restaram suficientemente abarcadas pelas companhias, seja porque o conflito de interesses é visto sob o ponto de vista meramente societário, que envolve os votos conflitantes e o melhor interesse da companhia – uma hipótese lato sensu para justificar a possível ausência de mitigação nos programas de integridade –, seja porque a B3 não contribui para com o *enforcement* do *compliance* no que tange ao parâmetro em tela.

O papel de pressão externa, no sentido de fiscalização e sancionamento, é crucial no tangente à institucionalização da estrutura autolimitativa – e autocontratual – que compõem os mecanismos traduzidos em políticas e códigos de conduta. Estes representam, em última instância, a internalização dos interesses públicos – interesses sociais e de diferentes atores sociais e do mercado – dentro da corporação que visa a maximização do lucro.

É nesse sentido que os programas devem constituir instrumentos de caráter vinculativo. Caso contrário, o objetivo do contrato de natureza privada firmado entre emissor e órgão autorregulador perde sentido e o *compliance* torna-se, quando muito, "pura fachada, sem qualquer efeito sobre o comportamento da empresa"[111]-[112]. Por isso, a fiscalização por parte do órgão autorregulador é tão importante para verificar se os códigos estão sendo cumpridos ou não; já que o cumprimento vai garantir a institucionalização da estrutura autolimitativa firmada entre emissor e companhia.

Pela análise, portanto, observa-se latente contradição entre a setorização estabelecida pelo Novo Mercado, com a obrigatoriedade de divulgação de mecanismos de *compliance*; a divulgação desses documentos como normas internas à companhia, revestindo-se em conteúdo vinculativo[113] e; o respectivo cumprimento dos preceitos pelas companhias listadas.

---

111. TEUBNER; GÁSCON, 1997, p. 10.
112. No trecho original, tal trecho encontra-se grafado como "[a]nd here again we have this ambivalence code of conduct can be just a pure window dressing without any effect whatsoever on the behavior of the firm."
113. Vide tópico 2.

5. CONCLUSÃO

O Conflito de Interesses pode se apresentar como falha, gerando impactos na confiabilidade do mercado de capitais perante investidores, além dos impactos internos. Nesse sentido, confirma-se a hipótese estabelecida, no sentido de que regras para mitigação de conflito de interesses devem ser consideradas como parte importante do *compliance*, sobretudo quando se trata das companhias listadas no Novo Mercado da B3.

Entretanto, para melhor responder à pergunta de pesquisa, procedeu-se à análise das 142 empresas listadas considerando os aspectos metodológicos retromencionados. Após, à análise dos elementos que compõem os instrumentos analisados, precipuamente as Políticas de Transação com Partes Relacionadas e os Códigos de Conduta e Ética.

Neste turno, considerou-se em etapa anterior à análise documental que os programas de integridade das companhias listadas no Novo Mercado expressariam o mais alto padrão de governança relativamente ao Conflito de Interesses, em virtude do exposto ao longo dessa perquirição e do caráter vinculativo desses programas.

Entretanto, a análise realizada colide com a inferência de que o Novo Mercado apresenta as sociedades com o mais alto padrão de governança corporativa, ao menos não em relação ao conflito de interesses. Como instrumento de viabilização da observância às normas jurídicas e éticas capazes de superar as deficiências do modelo regulatório tradicional, a qualidade desses dados permite o questionamento acerca do papel desempenhado pela B3 relativamente ao *enforcement* dos programas, já que se verificou que (i) a as empresas direcionam a solução de seus conflitos (internos e externos) centradas nas figuras tipicamente listadas pela LSA – acionistas e administradores – e; (ii) o grau de conformidade em relação aos padrões exigidos pelo Regulamento do Novo Mercado não é seguido adequadamente.

Neste turno, importa pontuar que, embora o *compliance* conste como requisito fundamental à setorização conferida pelo Novo Mercado, a B3 não o utiliza como instrumento de controle de mercado. Isso em face dos materiais disponíveis nos sítios eletrônicos das companhias listadas, os quais servem de aparato da presente pesquisa, resguardadas as limitações próprias à natureza desta pesquisa, a saber, acesso integral aos dados das Companhias e às ações internas eventualmente empreendidas e não divulgadas por estas.

Os resultados mostram a perspectiva de que o cumprimento das normas apresenta conteúdo declaratório, que, a princípio, não vincula o compromisso sustentado no programa de integridade.

6. REFERÊNCIAS

ALBUQUERQUE, Eduardo Lemos Lins de. *Compliance e crime corporativo*. Belo Horizonte: Editora D'Plácido, 2018.

ALVES, Alexandre Ferreira de Assumpção; PINHEIRO, Caroline da Rosa. O papel da CVM e da B3 na implementação e delimitação do programa de integridade (compliance) no Brasil. *Revista Brasileira de Direito Empresarial.* v. 3, n. 1, p. 40-60. Brasília, jan.-jun. 2017. Disponível em: <https://www.researchgate.net/publication/322586773_O_PAPEL_DA_CVM_E_DA_B3_NA_IMPLEMENTA-CAO_E_DELIMITACAO_DO_PROGRAMA_DE_INTEGRIDADE_COMPLIANCE_NO_BRASIL>.

ATHAYDE, Amanda; FRAZÃO, Ana. Leniência, *compliance* e o paradoxo do ovo ou da galinha: do *compliance* como instrumento de autorregulação empresarial. In: CUEVA, Ricardo Villas Bôas; FRAZÃO, Ana (Coord.). *Compliance: perspectivas e desafios dos programas de conformidade.* Belo Horizonte: Fórum, 2018.

AZEVEDO, Erasmo Valladão e FRANÇA, Novaes. *Temas de direito societário, falimentar e teoria da empresa. Decisão da CVM no caso "Sistel-Previ".* 2003.

CALABRÓ, Luiz Felipe Amaral. *Teoria Palco-Platéia* – A Interação entre Regulação e Autorregulação do Mercado de Bolsa. Tese de Doutorado apresentada na Universidade de São Paulo, 2010. Disponível em: <https://teses.usp.br/teses/disponiveis/2/2132/tde-25082011-111452/pt-br.php>.

CARVALHO, Gabriela Cerqueira de; OLIVEIRA, Flávia Jardim de. O controle gerencial e a responsabilização do administrador em caso de conflito de interesse. *Revista Discente DIREITO GV.* ano 02, v. 01 n. 03, p. 48. São Paulo, jul. 2013, Disponível em: <https://direitosp.fgv.br/publicacoes/revista/artigo/controle-gerencial-responsabilizacao-administrador-caso-de-conflito-de-in>.

DIAS, Leonardo Adriano Ribeiro; BECUE, Sabrina Maria Fadel. *Regulação e Autorregulação do Mercado de Valores Mobiliários Brasileiro: Limites da Autorregulação.* Disponível em: <http://www.cidp.pt/revistas/ridb/2012/12/2012_12_7357_7388.pdf>. Acesso em: 26 out. 2020.

DONAGGIO, Angela Rita Franco. *Regulação e Autorregulação no Mercado de Valores Mobiliários: o caso dos segmentos especiais da listagem da BM&FBovespa.* São Paulo: s.n., 2016.

FERRAZ, Adriano Augusto Teixeira. *A Autorregulação Do Mercado De Valores Mobiliários Brasileiro*: A coordenação do mercado por Entidades Profissionais Privadas. Tese de Mestrado. Belo Horizonte: Universidade Federal de Minas Gerais, 2012.

FRAZÃO, Ana. *Função Social da Empresa.* São Paulo. 2018. Disponível em: <https://enciclopediajuridica.pucsp.br/verbete/222/edicao-1/funcao-social-da-empresa>. Acesso em: 22 jun. 2020.

FRAZÃO, Ana. Função social da empresa na constituição de 1988. *Direito Civil Contemporâneo.* Obcursos Editora – Brasília, 2009.

GRAU, Eros Roberto; FORGIONI, Paula. *O Estado, a empresa e o contrato.* São Paulo: Malheiros Editora, 2003.

MILHAUPT, Curtis J; PARGENDLER, Mariana. *RPTs in SOEs*: Tunneling, Propping, and Policy Channeling (March 1, 2018). Disponível em: <https://papers.ssrn.com/sol3/papers.cfm?abstract_id=3119164>.

PINHEIRO, Caroline da Rosa. *Os impactos dos programas de integridade (compliance) sobre os deveres e responsabilidades dos acionistas controladores e administradores de companhia.* Tese de Doutorado apresentada na Universidade do Estado do Rio de Janeiro, 2017.

PINTO, João Paulo Campos Maia. *Desmutualização das bolsas de valores: um estudo sobre a desmutualização e sua aplicação no cenário brasileiro.* Pontifícia Universidade Católica do Rio de Janeiro. Departamento de Economia, 2006. Disponível em:<http://www.econ.puc-rio.br/uploads/adm/trabalhos/files/Joao_Paulo_Campos_Maia_Pinto.pdf>. Acesso em: 11 jan. 2021.

SALOMÃO FILHO, Calixto. *Teoria crítico-estruturalista do direito comercial.* São Paulo: Marcial Pons, 2015.

SALOMÃO FILHO, Calixto. Conflito de interesses – a oportunidade perdida. *O novo direito societário.* São Paulo: Malheiros Editores LTDA, 2002.

SALOMÃO FILHO, Calixto. Breves acenos para uma análise estruturalista do contrato. *Revista de Direito Mercantil, Industrial, Econômico e Financeiro.* São Paulo: Editora: Malheiros LTDA. 2006.

SCHAPIRO, Mario Gomes; MARINHO, Sarah Morganna. Conflito de Interesses nas Empresas Estatais: Uma análise dos casos Eletrobrás e Sabesp. *Rev. Direito Práx.* v. 9, n. 3, p. 1424-1461. Rio de Janeiro, 2018.

TARTAGLIA. *Compliance como método de auxílio ao cumprimento da função social da empresa*: interações entre a função social da empresa e compliance. Disponível em: <http://www.faacz.com.br/reposi-torio_de_tccs/2018/2018%20-%20CDI%20-%20Alexandra%20Catherine%20Pianca%20Tartaglia.pdf>. Acesso em: 25 jun. 2020.

TEUBNER, Gunther. Politics, Governance, and the Law Transnational Economic Constitutionalism in the Varieties of Capitalism. *Global Perspectives*. University of California Press. 2020.

TEUBNER, Gunther; RICARDO, By; GASCÓN, Valenzuela. *Constitutional sociology and corporations*. [s. l.], 1997.

O *COMPLIANCE* DE DADOS PESSOAIS DAS SOCIEDADES DO "NOVO MERCADO"

Alexandre Aguilar Santos

Graduado em Direito pela Universidade Federal de Juiz de Fora (UFJF); Pesquisador na EDRESP – Empresa, Desenvolvimento e Responsabilidade (UFJF); Pesquisador do Grupo "Direito & Tecnologia" da Universidade Federal de Minas Gerais – DTEC-UFMG. Advogado.

Sumário: 1. Introdução – 2. O debate literário; 2.1 Arquitetura de controle: Autorregulação, B3 e o Novo Mercado; 2.2 O *Compliance* de Dados Pessoais – 3. Metodologia: análise dos documentos das companhias; 3.1 O procedimento de coleta de dados; 3.2 Análise preliminar dos documentos; 3.3 A análise propriamente dita – 4. Discussão dos resultados – 5. Conclusão – 6. Referências.

1. INTRODUÇÃO

Com o tratamento de dados pessoais, agentes públicos e privados predizem o comportamento dos indivíduos por traçarem um *profiling* e, consequentemente, adquirem vantagens políticas ou competitivas[1]. Consequência disso, são as tomadas de decisões automatizadas feitas por algoritmos sem que as pessoas tenham conhecimento efetivo da interferência, até mesmo, em matéria de direitos fundamentais, como educação, saúde, pleno emprego, dentre outros[2].

Há, então, aumento do poder econômico por parte desses agentes que atuam com independência em relação aos dados pessoais. Tal poder transcende o espectro das relações privadas para concepção de seu caráter de interesse público, uma vez que somente a coleta de dados em massa possui caráter de aumentar o poder de controle de uma organização. Essa coleta é feita sem que as pessoas tenham conhecimento que

---

1. É possível apontar a importância dos dados nas métricas que computam os rendimentos empresariais (*non-gaap metrics*) e seria plausível o cálculo dos dados como parâmetro a ser levado em consideração nas fusões e aquisições de empresas. Todavia, essas métricas não são consideradas pelo GAPP (*generally accepted accounting principles*) que é o sistema de compatibilidade padrão dos EUA.
2. Alguns exemplos que o autor explicita sobre a influência do dado no (i) Direito à saúde: cruzamento de dados genéticos e dados comportamentais das pessoas estabelecem o valor que será pago, por exemplo em um plano de saúde; (ii) Direito à educação: Os dados na matrícula na escola em que, dependendo da nota, lugar onde a criança vive, essa criança será colocada em grupos iguais entre si com a intenção de potencializar a educação. No entanto, isso provoca uma pasteurização do ambiente educacional, não deixando com que as crianças conheçam outras realidades que não as suas. (iii) Direito ao pleno emprego: sistemas como o LinkedIn se utilizam de triagens dos candidatos com base em critérios pré-definidos pela plataforma; (iv) Direito à informação: dados pessoais que são cruzados e determinam o que o usuário verá no seu feed de notícias e modo como formar sua visão de mundo sobre determinados assuntos, influenciando, dessa forma, em seu comportamento; (v) Direito à liberdade: dados usados para estipular o cálculo da pena com base nos dados públicos (MONTEIRO, 2018).

questões relevantes sobre suas vidas estão sendo decididas por algoritmos[3]. Para que haja a descentralização do poder, as relações jurídicas que envolvem dados pessoais devem ser harmonizadas, também, com valores da ordem econômica constitucional[4].

A LGPD, bem como sua norma inspiradora (*General Data Protection Regulation – GDPR*)[5], é instrumento jurídico necessário para traçar os limites e diretrizes para utilização dos dados pessoais, sem impedir o desenvolvimento econômico, tecnológico e a inovação. Em outras palavras, a norma busca encontrar parâmetros para propiciar o crescimento do país em uma economia digital e tutelar direitos da personalidade e a autodeterminação informativa dos sujeitos (art. 2º, LGPD). Por isso, este estudo foca na verificação se os direitos relativos à proteção de dados estão em equilíbrio com o desenvolvimento econômico ou se existe uma sobreposição deste sobre aqueles.

Para se inferir sobre o balanceamento da relação titular e agentes de tratamento, é preciso levar em conta o princípio da *accountability* e seus desdobramentos na LGPD. O princípio da *accountability* na lei em comento "é, a ideia de que agentes de tratamento de dados pessoais devem se comprometer com a adoção de medidas que deem real efetividade às regras a eles aplicáveis."[6]. Sendo assim, para estimular um ambiente seguro em matéria de proteção de dados, é necessário, também, o fortalecimento das estruturas de dentro para fora. Em outras palavras, é preciso analisar a autorregulação feita pelas organizações para concluir sobre desníveis de poder.

Para tanto, foi escolhido o espaço amostral das companhias no maior grau de governança do Brasil, ou seja, as sociedades listadas no setor de "Novo Mercado" da B3 (Brasil, Bolsa, Balcão).

Nesse sentido, faz-se a seguinte pergunta de pesquisa: *As companhias do "Novo Mercado" refletem grau de governança em proteção de dados condizente com o setor de listagem?* A hipótese a ser testada é que as sociedades que compõem o "Novo Mercado" não necessariamente refletem alto grau de governança em privacidade. Tal hipótese será corroborada (ou não) a partir da análise dos documentos pertinentes e publicizados pela B3, bem como pelas sociedades empresárias em seus sítios eletrônicos oficiais.

Antes da coleta dos dados, foi necessário elaborar um processo metodológico a partir da análise documental proposta por André Cellard, a qual torna possível destrinchar a lógica interna por traz desses documentos, quais sejam, os códigos de

---

3. Algoritmos são "sequências predefinidas de comandos automatizados que, com base em dados pessoais e não pessoais, chegam a conclusões que podem sujeitar alguém a uma determinada ação, a qual pode ou não ter impacto significativo na sua vida". (MONTEIRO, 2018, p. 4-5).

4. Analogamente às reflexões da constitucionalização do direito antitruste FRAZÃO, Ana. A necessária constitucionalização do Direito da Concorrência. *Direitos Fundamentais e Jurisdição Constitucional*. São Paulo: Ed. RT, 2014, v. 1, p. 141.

5. Regulation (EU) 2016/679 of the European Parliament and of the Council of 27 April 2016 on the protection of natural persons with regard to the processing of personal data and on the free movement of such data, and repealing Directive 95/46/EC (General Data Protection Regulation).

6. CARVALHO, p. 372, 2021.

O *COMPLIANCE* DE DADOS PESSOAIS DAS SOCIEDADES DO "NOVO MERCADO"

boas práticas e os avisos de privacidade. Nesse sentido, o fundamento desta pesquisa empírica consiste justamente em evidenciar que a temática da proteção de dados ainda esbarra na lógica meramente de mercado, sem a observância dos princípios adotados pela LGPD. Além disso, este trabalho tem o condão de servir de alerta ao mercado sobre a urgência de adequação dos processos internos, conforme a realidade de cada organização.

Dessa forma, este artigo será dividido em quatro partes. A primeira constitui-se em desenvolvimento dos referenciais teóricos, institucionais e legislativos essenciais para promover a análise dos dados. O segundo item é dedicado à metodologia e seu processo na interpretação dos dados coletados a partir dos documentos. Na última parte, serão discutidos os resultados encontrados, demonstrando as inferências descritivas a partir dos dados coletados nos sítios eletrônicos da B3 e das companhias que compõem o Novo Mercado. Finalmente, serão resumidos na conclusão o processo metodológico e avaliadas as inferências a partir da hipótese e suas variáveis.

2.   O DEBATE LITERÁRIO

2.1   Arquitetura de controle: Autorregulação, B3 e o Novo Mercado

A regulação é denotada como o uso da autoridade pública, normalmente por agências especializadas, para definir e aplicar regras e padrões de comportamento em um determinado nicho. Philip Selznick, Robert Baldwin e Martin Cave se referem a ideia de regulação como o controle exercido por uma autoridade pública nas atividades consideradas valiosas pela comunidade[7].

No entanto, a regulação não só conota comandos e controles governamentais, mas também engloba outras variações, como a regulação do próprio mercado (autorregulação)[8] ao ditar o cumprimento dos agentes a normas autovinculantes[9].

Ao contrário, há quem defenda que a autorregulação não consegue direcionar a conduta dos agentes pelo seu caráter voluntário[10] e pelo oportunismo inerente à atividade empresária[11]. Dessa forma, somente o Estado, agindo na persecução pública, conseguiria balizar e ditar normas que realmente vinculassem, nesse caso, a atividade empresarial. Por outro lado, segundo Gunther Teubner (2020), a autorregulação seria uma nova modalidade de *hard law*, uma vez que somente a organização conseguiria implementar normas efetivamente precisas e vinculativas a seus processos internos. Na Europa, os tribunais exercem um controle rigoroso do conteúdo dos códigos, na medida em que possuem obrigações de interesse público e caráter vinculativo[12]. Nesse

---

7. SELZNICK, 199.
8. BENNET et al, 2003.
9. DIAS, 2015.
10. REVAK, 2012.
11. FORGIONI, 2016.
12. Nesse mesmo entendimento, a sociedade empresária Walmart foi condenada por intervir na vida privada de seus funcionários, pela proibição de relações entre os mesmos prevista no Código de Conduta da

sentido, a Lei Europeia Contra Concorrência Desleal prevê sanções às sociedades empresárias que fornecerem dados falsos sobre a observação do código de conduta ao qual a empresa se obrigou de forma vinculativa[13].

Importante mencionar sobre o papel da Comissão de Valores Mobiliários, da Autoridade Nacional de Proteção de Dados (ANPD) e da própria B3. A primeira, no papel de órgão regulador do mercado de valores mobiliários, no art. 8º, § 1º, da Lei 6.385/76, há a previsão sobre o papel fiscalizatório da CVM e o poder de conduzir o *enforcement* de boas práticas corporativas para, ao final, garantir segurança jurídica ao mercado. De maneira geral, a ANPD, atuando também como órgão regulador, tem a função de destrinchar a LGPD, bem como de fiscalizar o comprometimento das organizações com a lei de dados pessoais. A B3, por sua proximidade com o mercado e por utilizar de seus próprios recursos financeiros para realizar o controle sobre o cumprimento das regras de listagem, também possui o dever de garantir o *enforcement* das regras que assegurem a qualidade e segurança dos investidores. Nesse contexto, a B3 divulga sua atuação como órgão autorregulador, também, mas não somente, em seu Relatório de *Enforcement*[14]. A partir do documento, extrai-se que das 222 notificações emitidas em 2019, 175 resultaram na aplicação de sanções pela B3, 11 delas sendo multas.

Nessa toada, a companhia que deseja comercializar suas ações no mercado de capitais, deve confeccionar e divulgar uma série de documentos[15] adequados não apenas ao regramento de listagem específico (Básico, Bovespa Mais, Bovespa Mais Nível 2, Nível 1 e Novo Mercado) como também à LGPD. A finalidade da criação desses segmentos foi o de melhor alocar o papel fiscalizador da B3 de acordo padrões determinados. Dentre essas subdivisões, será importante para este trabalho avaliar as companhias listadas no nível que constitui o maior grau de governança corporativa, ou seja, as sociedades empresárias listadas no segmento de "Novo Mercado"[16].

---

companhia. Em sede de recurso, o Tribunal fez decair o argumento do Walmart que o código teria caráter voluntário. Além disso, o caso Lidl mostra o quão difícil é sustentar o argumento de voluntariedade e não vinculação dos documentos depois que a companhia se obriga a cumprí-los e perquerir o bem comum. A Lidl foi processada por conduta anticompetitiva, quando da falsa alegação, em suas propagandas, de que estaria cumprindo com todas suas obrigações de seu código. Desse modo, as cortes são capazes de assegurar o poder vinculante dos códigos (*enforcement*) e também podem aplicar o instituto do *venire contra factum proprium*, pela contradição da adoção de códigos como fontes sérias de obrigações e ao mesmo tempo a companhia buscar, em sede de litígio, natureza não vinculativa desses documentos (TEUBNER, 2020).

13. "Juridification by the courts, with which the legal qualification of the corporate codes enters into newfound land, runs in two opposing directions. On the one side, the courts exert strict control of the contents of the codes, insofar as the codes burden employees or consumers; on the other side, the courts transform the codes into binding state law, insofar as they contain obligations in the public interest" (TEUBNER, p. 7, 2020).

14. Disponível em: <http://www.b3.com.br/pt_br/regulacao/regulacao-de-emissores/atuacao-sancionadora/sancoes-aplicadas.htm>. Acesso em: 28 out. 2020.

15. Ver: Regulamento do Novo Mercado: Seção X: Documentos da Companhia. Disponível em: <http://www.b3.com.br/data/files/B7/85/E6/99/A5E3861012FFCD76AC094EA8/Regulamento%20do%20Novo%20Mercado%20-%2003.10.2017%20(Sancoes%20pecuniarias%202019).pdf>. Acesso em 14 out. 2020.

16. "O Novo Mercado foi lançado no ano de 2000 e é um conjunto de companhias que se encontra no nível mais avançado de governança corporativa. O Novo Mercado adota voluntariamente práticas de governança

O *COMPLIANCE* DE DADOS PESSOAIS DAS SOCIEDADES DO "NOVO MERCADO"

Exige-se, então, que a companhia elabore e implemente sistemas de gestão em compliance que deverá ser aprovado pela alta administração e que será aplicado aos administradores e empregados. Esse sistema permite a existência de *compliance* efetivo, garantindo não só a segurança jurídica de investidores e das companhias listadas na B3, mas também preconiza o interesse público ao combater fraudes dentro do mercado[17].

Considerando as características do Novo Mercado e o papel que se espera da B3 em relação ao controle e fiscalização, serão analisados os documentos de integridade dessas companhias, uma vez que são indicadas pela B3 como sociedades diferenciadas em matéria de governança, o que, obviamente, valoriza os ativos negociados no mercado de capitais nacional. Mais especificamente, será sopesada a robustez do programa de integridade (*compliance*) em matéria de privacidade e proteção de dados, para inferir se tais documentos apresentam padrões condizentes com o que se espera, nesse particular, das companhias que integram o "Novo Mercado".

2.2   O *Compliance* de Dados Pessoais

Dada sua importância, o *compliance* deve ser adotado em qualquer perspectiva de adequação, vista a gama de abrangência do instituto em "n" matérias, como: concorrência, anticorrupção, trabalhista, dentre outros. Neste artigo, importa saber sobre o papel do *compliance* como garantidor de tratamento adequado de dados nos limites estabelecidos pela LGPD, por determinações do órgão regulador (Autoridade Nacional de Proteção de Dados) e autorregulador (B3), além dos parâmetros estabelecidos pelos próprios agentes de tratamento (BRASIL, 2018).

No Brasil, os agentes econômicos coletam os dados pessoais sem que haja devida prestação de contas (*accountability*). Em particular, a proteção de dados pessoais é uma questão sensível. Isso porque, além dos agentes econômicos, o próprio Estado precisa das informações dos cidadãos para alcançar seus objetivos de eficiência[18]. Não obstante a necessidade desses entes, o jurisdicionado também precisa de segurança para ver tutelada sua privacidade, a sua autodeterminação informativa, os direitos humanos, o livre desenvolvimento da personalidade, dentre outros fundamentos trazidos pela LGPD.

Ressalta-se, porém, que a LGPD trouxe disposições abertas[19], mesmo convergindo os diplomas de proteção de dados existentes[20] e importando conceitos previstos

---

corporativa, além das obrigações legais. O principal ponto do Novo Mercado é a exigência de que o capital social da companhia seja composto somente por ações ordinárias, ou seja, as assembleias de acionistas só podem emitir ações com direito a voto" (SMETANA, 2015, p. 44).

17. ALVES; PINHEIRO, 2017.
18. BENNET; RAAB, 2003.
19. FRAZÃO, 2018.
20. Algumas leis setoriais que regulavam certos aspectos das relações jurídicas envolvendo Dados Pessoais: Código de Defesa do Consumidor (Lei Lei 8.078/90); Lei do Cadastro Positivo (Lei 12.414/11); Marco Civil da Internet (Lei 12.965/14); Lei de Acesso à Informação (Lei 12.527/11).

no *General Data Protection Regulation* (GDPR), sendo necessário que vários artigos trazidos pela lei de dados pessoais sejam trabalhados pela Autoridade Nacional de Proteção de Dados (ANPD) e também pelos próprios agentes econômicos (corre-gulação).

Desse modo, não é possível que se fale em LGPD sem o *compliance*, pois este servirá para resguardar órgãos públicos e privados da interpretação, às vezes errônea[21], do judiciário, além de internalizar uma lei aberta à realidade de cada organização[22].

Em respeito aos princípios da transparência, segurança, prevenção, respon-sabilização e prestação de contas, o art. 50 da LGPD inaugura o capítulo de boas práticas e de governança, estabelecendo que controladores e operadores poderão formular regras de boas práticas e de governança que regulamentem o regime de funcionamento, procedimento, dentre outros fatores. Além disso, a lei prevê que tais práticas devem ser consideradas pelo controlador e operador, em clara alusão à utilização do *compliance* por parte dos agentes de tratamento como mecanismo que realiza a comprovação das medidas adotadas para proteção de dados (BRASIL, 2018).

É importante observar que, mesmo existindo seção específica sobre governança, a LGPD possui várias disposições que devem ser levadas em consideração para que se produza um programa de *compliance* em privacidade adequado.

No cenário das sociedades do Novo Mercado, a adoção dessa postura de pre-venção de riscos é materializada com a confecção de Códigos de Ética e de Conduta, Políticas Procedimentos e Controles internos, Investigações Internas, Treinamentos, Canais de Denúncia, auditoria, *Due diligence, risk assessment* etc.[23] Em matéria de proteção de dados, além dos documentos anteriores, a organização precisa elaborar (i) *data mapping* para indicar onde estão os dados tratados pela organização, (ii) *Privacy Impact Assessment* (PIA) para analisar a conformidade de um projeto, produto ou serviço, (iii) Relatório de Impacto à Proteção de Dados (RIPD) para identificação dos riscos do processamento de dados da atividade empresária.

Desse modo, a adoção dos programas de integridade também é obrigatória às sociedades empresárias listadas na B3 no setor de "Novo Mercado". Tal obrigação, além de ser oriunda da própria LGPD, é imposta pelos artigos 24 e 31 do Regulamento de Listagem do Novo Mercado. Nessas sociedades, os documentos elencados acima deverão estar dispostos em seus sistemas de gestão de compliance, excetuando o Data Map, o PIA e o RIPD, que normalmente não são divulgados ao público[24].

---

21. Para mais detalhes, ver BARBOSA, Leonardo; PINHEIRO, Caroline; AGUILAR, Alexandre. O Judiciário e a LGPD: desafios de adequação. *Jota*, 2020. Disponível em: <https://www.jota.info/opiniao-e-analise/artigos/o-judiciario-e-a-lgpd-desafios-de-adequacao-20092020>. Acesso em: 20 set. 2020.

22. "Peter Hustinx, the head of Netherlands Data Protection Authority has argued that privacy codes of practice have been developed for four different purposes: to avoid legislation, to anticipate legislation, to implement legislation and to supplement legislation (Hustinx, 1991)". (BENNETT; RAAB, p. 121).

23. SAAVEDRA, 2020.

24. Esse último somente quando solicitado pela Autoridade Nacional de Proteção de Dados.

A LGPD não apenas se ocupou em estabelecer diretrizes gerais de um programa em proteção de dados, como também fixou, no art. 50, § 2º, exigências mínimas para um compliance efetivo:

§ 2º Na aplicação dos princípios indicados nos incisos VII e VIII do caput do art. 6º desta Lei, o controlador, observados a estrutura, a escala e o volume de suas operações, bem como a sensibilidade dos dados tratados e a probabilidade e a gravidade dos danos para os titulares dos dados, poderá:

I – implementar programa de governança em privacidade que, *no mínimo*:

a) demonstre o comprometimento do controlador em adotar processos e políticas internas que assegurem o cumprimento, de forma abrangente, de normas e boas práticas relativas à proteção de dados pessoais;

b) seja aplicável a todo o conjunto de dados pessoais que estejam sob seu controle, independentemente do modo como se realizou sua coleta;

c) seja adaptado à estrutura, à escala e ao volume de suas operações, bem como à sensibilidade dos dados tratados;

d) estabeleça políticas e salvaguardas adequadas com base em processo de avaliação sistemática de impactos e riscos à privacidade;

e) tenha o objetivo de estabelecer relação de confiança com o titular, por meio de atuação transparente e que assegure mecanismos de participação do titular;

f) esteja integrado a sua estrutura geral de governança e estabeleça e aplique mecanismos de supervisão internos e externos;

g) conte com planos de resposta a incidentes e remediação; e

h) seja atualizado constantemente com base em informações obtidas a partir de monitoramento contínuo e avaliações periódicas;

II – demonstrar a efetividade de seu programa de governança em privacidade quando apropriado e, em especial, a pedido da autoridade nacional ou de outra entidade responsável por promover o cumprimento de boas práticas ou códigos de conduta, os quais, de forma independente, promovam o cumprimento desta Lei. (grifo nosso) (Brasil, 2018)

Embora existam requisitos mínimos, uma lei genérica confere a necessidade de se buscar na doutrina e na experiência estrangeira as formas de estar em *compliance* com uma lei que trata sobre dados pessoais.

Bons programas de *compliance* discriminam todos os riscos. Estes dependem do volume de dados tratados pelo órgão público ou privado para averiguação, necessitando, muitas vezes, de auditoria específica[25].

A figura anterior demonstra de maneira geral o caminho a ser seguido por um programa de integridade. Primeiro, é necessário conhecer a organização a fundo e prepará-la para o projeto através de treinamentos, definição de grupos de trabalhos específicos e planejamento. A segunda etapa consiste em mapear os fluxos de dados da organização, a qual pode se dar através do *Record of Processing Activities* (ROPA). Depois, para averiguar o que não está de acordo com as normativas de proteção de dados, elabora-se um Relatório de Impacto à Proteção de Dados Pessoais para opera-

---

25. FRAZÃO, 2018.

cionalizar os riscos dentro de um universo razoável de previsibilidade (racionalidade limitada)[26].

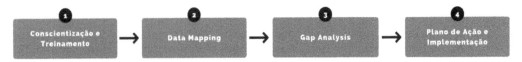

Ao final, depois de traçados os riscos, os agentes deverão elaborar um plano de ação para implementar as medidas necessárias. Ao implementar o plano de ação, muda-se os fluxos dos dados pessoais que deverão seguir os documentos oficiais das organizações: políticas, código de conduta (e/ou Boas Práticas), avisos de privacidade (*privacy notes*). Collin J. Bennett e Charles D. Raab (2003) fazem uma distinção sobre os dois últimos tipos de documentos. Enquanto o código de conduta – chamado pelo autor de *privacy code of conduct* – seria o documento para nortear a alta administração e seus funcionários no tratamento de dados, o *privacy note*[27] seria o documento direcionado ao titular de dados para que ele tenha ciência de seus direitos. Ambos os documentos serão analisados neste trabalho.

Tanto no código de conduta de conduta em privacidade quanto no aviso de privacidade é necessário discriminar quais dados serão tratados, em quais hipóteses e para qual finalidade. Ainda, os documentos precisam conter instrumentos especiais para o cenário de tratamento de dados sensíveis, uma vez que trazem maior risco para o titular ao interferir em direitos da personalidade que carecem de maior proteção. Isso permitirá que os indivíduos envolvidos com o tratamento consigam diferenciar o tipo de dado e, consequentemente, dar atenção especial às hipóteses sensíveis de tratamento[28].

Além disso, o art. 50, § 2º, inciso I, alínea "c" impõe a necessidade de que o *compliance* de dados pessoais esteja à altura do risco da atividade, diferenciando a robustez do programa caso a caso. Isso quer dizer que uma companhia de Recursos Humanos, que lida frequentemente com dados sensíveis, deverá ter um programa de *compliance* em privacidade mais robusto que uma loja de sapatos, que lida com um volume menor de dados pessoais.

O art. 51 ainda diz que "[a] autoridade nacional estimulará a adoção de padrões técnicos que facilitem o controle pelos titulares dos seus dados pessoais." Sem a ANPD funcionando plenamente por conta do atraso legislativo em sua regulamentação[29], podemos extrair alguns exemplos da experiência europeia, como a confecção de cláusulas padrão, a necessidade de certificação dos agentes econômicos[30] ou a

---

26. JOLLS; SUSTEIN; THALER, 1998.
27. *Privacy commitments*, por Bennett e Raab, ou privacy policy, ou política de privacidade, ou aviso de privacidade.
28. FRAZÃO, 2018.
29. BARBOSA; PINHEIRO; AGUILAR, 2020.
30. Collin J. Bennett e Charles Raab, em 2003, já escreviam sobre os critérios para efetivar a governança em privacidade, indicando que as certificações (*privacy seals*) seriam um passo importante para efetividade do *compliance* em privacidade (BENNET; RAAB, p. 129).

adoção de políticas de governança em privacidade como requisito para celebração de contratos[31].

O programa de *compliance* em proteção de dados também deve garantir que as principais pessoas envolvidas na atividade empresária (administradores, diretoria etc.) ou do órgão público estejam em compasso com a implementação de práticas de conformidade (Reino Unido), além de meios de comunicação adequados entre o encarregado (*Data Protection Officer*) e os administradores.

O art. 50, § 2º, ainda prevê o "plano de resposta a incidentes e remediação" com indicação de mecanismos para comunicação tempestiva à ANPD (Brasil, 2018) e, se for o caso, o porquê da comunicação não ter sido imediata; a natureza dos dados; os titulares afetados; as medidas tomadas para proteção dos dados; os riscos oriundos dos incidentes; as medidas de reversão ou mitigação dos dados. Ainda, o programa deve também mencionar os instrumentos para apurar os responsáveis e sua razoável punição.

Ana Frazão[32] orienta que o programa de governança em privacidade deve discriminar sobre regulação da tecnologia (*privacy by design*), em que "a escolha da tecnologia na oferta de produtos e serviços é pensada, desde o início, para a proteção dos dados pessoais". Um desdobramento disso seria o desenvolvimento de tecnologias amigáveis que possam assegurar o seu controle sobre seus dados pessoais (*privacy enhancing technologies* – PET).

Como veremos no próximo capítulo, os agentes ainda confundem o conteúdo do código de conduta em privacidade e dos avisos de privacidade. O primeiro deve seguir a seção de governança e boas práticas como demonstrado acima. Sobre o *privacy note*, Collin J. Bennet e Charles Raab afirmam:

> Os compromissos de privacidade tendem a ser compromissos relativamente breves, muitas vezes com um tom mais público do que substantivo, e são muitas vezes concebidos para consumo externo do que para afetar o funcionamento interno da organização. Também não são produzidos como resultado de uma análise cuidadosa e minuciosa das informações pessoais da organização. Além disso, as políticas de privacidade tendem a ser declarações do que a gestão de topo acredita estar acontecendo (e deveria acontecer) e não um instrumento abrangente de autoregulação que vincula os empregados e reflete um profundo entendimento das práticas organizacionais. Os compromissos de privacidade podem informar as pessoas sobre certos direitos – de acesso e correção, de não divulgação e assim por diante. Mas também tendem a fazer perguntas cruciais sobre a forma como esses direitos podem ser exercidos.[33]

---

31. FRAZÃO, 2018.
32. 2018, p. 711.
33. Tradução livre de: "Privacy commitments tend to be relatively brief pledges, often more public-relation in tone that substantive, and they are often designed more for external consumption than to affect the internal functioning of the organization. They also have probably not been produced as a result of a careful and thorough analysis of organization's personal information holdings. They tend to be statements of what top management believes is happening (and ought to happen) rather than a comprehensive instrument of self-regulation that binds employees and reflects a deep understanding of organizational practices. Privacy commitments may inform data subjects about certain rights – to access and correction, to opt-out of disclosures and so on. But they may also tend to finesse crucial questions about how those rights might be exercised" (BENNET; RAAB, op. cit., p. 123).

A fórmula dos *privacy notes* segue as regras do art. 9° da LGPD, as quais impõem que o documento deverá conter: finalidade do tratamento, forma e duração do tratamento, identificação do controlador, informações de contato com o controlador, informações sobre compartilhamento de dados, responsabilidade dos agentes e os direitos do titular. Ao contrário das normativas europeias (União Europeia, 2009), a LGPD não diz se seria necessário ter um aviso específico para *cookies*. Dessa forma, há a possibilidade de abrigar um capítulo específico para cookies dentro do próprio *privacy note*.

Neste trabalho, o foco é o conteúdo do art. 50, § 2°, inciso I, da Lei Geral de Proteção de Dados, ou seja, os requisitos para um programa de governança em privacidade das sociedades listadas no "Novo Mercado". Para tanto, foram analisados os códigos de boas práticas e subsidiariamente os *privacy notes* das companhias listadas. Este último, seguindo as regras do art. 9° da LGPD.

3. METODOLOGIA: ANÁLISE DOS DOCUMENTOS DAS COMPANHIAS

3.1 O procedimento de coleta de dados

O Prof. Dr. Marcos Chein Feres, em capítulo dedicado exclusivamente para trazer a metodologia das pesquisas feitas nas diversas áreas do compliance, explica o procedimento de coleta de dados de forma detalhada. Por isso, sugere-se que a leitura do capítulo em comento.

3.2 Análise preliminar dos documentos

Mais uma vez, ressalta-se a importância da leitura do artigo exclusivo sobre metodologia desta obra para correta compreensão dos passos dados pelos pesquisadores. De maneira geral, a pesquisa documental necessita de análise preliminar, no intuito de extrair tudo o que o documento representa para que o pesquisador possa inferir de maneira adequada[34]. É necessário, dessa forma, analisar o contexto em que o documento foi produzido, o autor ou os autores, a autenticidade, a confiabilidade do texto, a natureza, os conceitos-chave e a lógica interna do texto[35].

3.3 A análise propriamente dita

Utilizando-se do questionário estruturado, foi realizada análise documental preliminar para compreender os programas de integridade e a política de privacidade das sociedades do "Novo Mercado" da B3. O esforço se justifica, uma vez que a adoção de um programa de integridade não é suficiente para que seja materializada a proteção ao titular de dados pessoais. Por ter condão de diminuição da punição das infrações, pela sociedade conseguir diversificar seu capital com a atração de investidores que, em tese, buscam por segurança a partir da análise dos documentos

---

34. CELLARD, 2012.
35. CELLARD, 2012.

da empresa e pela vantagem competitiva auferida, deve-se analisar a robustez ou a ineficiência do programa de integridade.

Com base no item 1.3, houve a necessidade de construção de *standard* de análise pelo pesquisador para responder à pergunta de pesquisa. Para formular o questionário, limitou-se à análise do art. 50, § 2º, inciso I e do art. 9 da LGPD, e as perguntas foram dispostas na tabela a seguir (Tabela 1), com seções de 1 (um) a 6 (cinco), sendo as quatro primeiras perguntas de caráter geral sobre programas de *compliance* e a última seção com perguntas específicas sobre programa de boas práticas em privacidade e *privacy notes*. Primeiramente, foi feita revisão de literatura, adotando o livro *"The Governance of Privacy"* de Charles D. Raab e Collin J. Bennet como marco teórico do trabalho. Os autores destacam diversos requisitos para que se tenha a governança da privacidade plena dentro de organizações. Destaca-se dentre o *framework* de Raab et. al a adoção dos chamados *"privacy codes of conduct"* que seriam documentos que norteariam a atividade empresária e os *"privacy commitments"* que seriam documentos que fariam a ponte entre a organização e a sociedade/titulares de dados pessoais.

Por esta ser uma pesquisa documental, levou-se em consideração os padrões mínimos impostos em seções específicas da LGPD e em dispositivos acessórios que influenciam na efetividade de um programa de *compliance* de dados pessoais. Ressalta-se que não era qualquer tipo de dado tratado pela sociedade empresária que nos importava, mas sim dados pessoais (art. 1, LGPD). Assim, para a construção do questionário, foi observado o art. 50 e seguintes da LGPD, onde o legislador estabeleceu os requisitos mínimos para um programa de governança em privacidade e o art. 9º, onde está a "receita do bolo" para criação de uma política de privacidade.

Ainda, foi levado em consideração para construção do questionário o art. 18 da LGPD, onde se encontra as nuances sobre os direitos dos titulares; o art. 11 sobre as hipóteses de tratamento de dados pessoais; art. 38 sobre o relatório de impacto a proteção de dados, documento importante que é confeccionado antes do programa de governança e da política de privacidade e que avalia o grau de risco da organização pelos dados que são tratados; art. 41 determina que nos documentos deve estar indicado o encarregado de dados pessoais (*data protection officer*); e o art. 46 e seguintes que também foram bases importantes para construção do questionário, uma vez que falam sobre a segurança e sigilo dos dados, o que impacta diretamente na responsabilidade civil e administrativa em caso de ocorrência de incidentes de segurança.

A LGPD, mesmo trazendo uma gama de parâmetros, ainda é uma lei aberta que necessita de regulamentação pela Autoridade Nacional de Proteção de Dados. Tal órgão acaba de ser estruturado e ainda não funciona em sua plena efetividade. Sendo assim, pela LGPD ser quase que uma cópia do Regulamento Geral de Proteção de Dados Europeu (RGPD), foi analisado os parâmetros e exigências emitidas pelas agências reguladoras europeias como a ICO – *Information Comissioner's Officer* (Reino Unido), CNIL – *Commission Nationale de l'Informatique et des Libertés* e pareceres sobre *compliance* de dados pessoais da *European Data Protection Board* (EDPB).

Tabela 1 – Questionário

Seção 1
1. Nome da Sociedade Empresária em Análise
Seção 2 – A sociedade
2. A sociedade é uma estatal? 3. Qual é a área de atuação da sociedade? (Setor: análise com base nas divisões pré-estabelecidas pela B3)[36]
Seção 3 – O programa de integridade
4. A sociedade possui um programa de integridade (*lato sensu*)?[37]-[38] 5. Se a empresa possui um programa ele é centralizado ou difuso?[39]-[40]
Seção 4 – O programa em proteção de dados
6. O programa em análise menciona "dados" e/ou "proteção de dados" e/ou privacidade? (A menção deve estar relacionada a dados pessoais/ proteção de dados pessoais) 7. A menção é completa ou superficial?
Seção 5 – Dos Requisitos do art. 50, § 2º, I da LGPD "implementar programa de governança em privacidade que, no mínimo:"

---

36. Setorização da B3 (Brasil, Bolsa, Balcão): instituições financeiras; bens industriais; comunicação; consumo cíclico; consumo não cíclico; materiais básicos; petróleo, gás e biocombustíveis; saúde; tecnologia da informação; utilidade pública; outros. Disponível em: <http://www.b3.com.br/pt_br/produtos-e-servicos/negociacao/renda-variavel/acoes/consultas/classificacao-setorial/>. Acesso em: 11 out. 2020.

37. Durante a análise das companhias no segmento de "Novo Mercado", foi considerado programa de integridade *lato sensu* (Q.4) todo e qualquer documento – anexo ou não – disponibilizado para consulta no(s) endereço(s) eletrônico(s) das empresas analisadas, desde que, com o intuito de mitigar riscos, esses mesmos documentos estejam relacionados com o cumprimento de normas, políticas e legislação vigente. Código ou Manual de Ética e de Conduta; Políticas Anticorrupção, de Controles Internos, de Dividendos e Histórico, de Divulgação de Informações Relevantes, Financeira, de Gerenciamento de Riscos, de Indicação e Remuneração dos Administradores, de Negociação, de Negociação de Valores Mobiliários de Emissão, de Preservação de Sigilo, de Prevenção e Combate à Lavagem de Dinheiro e ao Financiamento ao Terrorismo, de Relacionamento com o Cliente e Fornecedores, de Remuneração Variável, de Segurança da Informação, de Sustentabilidade, de Transações com Partes Relacionadas; Regimentos Internos; Relatório de Sustentabilidade; Programa de *Compliance* ou Integridade, entre outros.

38. A título de exemplificação, compreendeu-se a existência de programa de *compliance lato sensu* para a TPI – Triunfo Participações e Investimentos S.A.: Código de Conduta (17 páginas), Política Triunfo Meio Ambiente (2 páginas), Política Anticorrupção (11 páginas), Política Triunfo de Sustentabilidade (3 páginas), Política de Transações com Partes Relacionadas (3 páginas) e Política de Divulgação e Negociação com Valores Mobiliários de Emissão da Companhia (25 páginas). Considerou-se, também, *lato sensu* para a Tupy S.A. o Código de Ética e Conduta (20 páginas) e a Norma de Conflito de Interesses (10 páginas). Portanto, independentemente da quantidade e extensão dos documentos, em ambos os casos, pode-se constatar a existência de programas de integridade.

39. Levando em conta a dificuldade do pesquisador em achar os documentos, o *layout* e a disposição dos documentos podem ser diferentes nos endereços eletrônicos das companhias. Dessa forma, em caso positivo sobre a existência de programa de *compliance lato sensu*, passa-se a outra pergunta: "Se a empresa possui um programa de integridade, ele é: Centralizado ou Difuso" (Q.5). Nesse sentido, por "Centralizado" entende-se que, em somente uma página do *site*, é possível encontrar todos os documentos de integridade, ou toda a matéria concentrada em um documento uno. Noutra perspectiva, "Difuso" significa que o programa está diluído em vários documentos, distribuídos em partes diferentes do site, sem documento uno.

40. Apesar de não influir na qualidade do programa de integridade, o fato de classificá-lo enquanto centralizado ou difuso é importante, pois reforça a noção de transparência e a facilidade de acesso às informações a respeito do *compliance*. Citou-se a VALE S.A. como exemplo de programa difuso, contudo, o site principal da empresa apresenta caminhos intuitivos para encontrar os documentos. Entretanto, notou-se que muitas companhias não dão ênfase a estes documentos, o que pode gerar dificuldades em localizá-los na página principal do site, sendo por vezes necessário buscar uma aba a parte, denominada "Investidores", que direciona o pesquisador a uma outra página.

O *COMPLIANCE* DE DADOS PESSOAIS DAS SOCIEDADES DO "NOVO MERCADO"

Pergunta	Base na LGPD
8. O programa prevê que para que haja celebração de contratos com outra empresa, esta deva ter prévia certificação ou adoção de política de governança em proteção de dados? 9. O programa prevê promoção de treinamentos para orientação de funcionários sobre práticas de governança em proteção de dados pessoais?	a) demonstre o comprometimento do controlador em adotar processos e políticas internas que assegurem o cumprimento, de forma abrangente, de normas e boas práticas relativas à proteção de dados pessoais;
10. O programa contém a previsão de quais dados podem ser coletados?	b) seja aplicável a todo o conjunto de dados pessoais que estejam sob seu controle, independentemente do modo como se realizou sua coleta;
11. O programa prevê a integração do Programa de governança em privacidade com a estrutura geral de governança da sociedade empresária? 12. O programa prevê alertas aos funcionários sobre hipóteses sensíveis de tratamento, ou seja, aquela em que há mais risco para o titular, permitindo aos funcionários identificar quais são essas hipóteses, bem como demonstrar a necessidade de cuidado intensificado nesses casos?	c) seja adaptado à estrutura, à escala e ao volume de suas operações, bem como à sensibilidade dos dados tratados;
13. O programa menciona a adoção de Relatório de Impacto à Proteção de Dados Pessoais?	d) estabeleça políticas e salvaguardas adequadas com base em processo de avaliação sistemática de impactos e riscos à privacidade;
14. O programa indica quais são os direitos dos titulares de dados e como exercê-los?	e) tenha o objetivo de estabelecer relação de confiança com o titular, por meio de atuação transparente e que assegure mecanismos de participação do titular;
15. O programa menciona a interação das diversas áreas dentro da empresa?[41]	f) esteja integrado a sua estrutura geral de governança e estabeleça e aplique mecanismos de supervisão internos e externos;
16. O programa contém instrumentos de detecção e remediação de condutas incompatíveis com o programa e a LGPD?	g) conte com planos de resposta a incidentes e remediação; e
17. O documento menciona sobre a revisão periódica do programa em proteção de dados?	h) seja atualizado constantemente com base em informações obtidas a partir de monitoramento contínuo e avaliações periódicas;
Seção 6 – Dos Requisitos do art. 9º da LGPD[42]	
18. O programa explica as finalidades da coleta desses dados?	I – finalidade específica do tratamento;
19. O programa menciona sobre o ciclo de vida dos dados pessoais?	II – forma e duração do tratamento, observados os segredos comercial e industrial;
20. O indica a existência de DPO (Data Protection Officer)	IV – informações de contato do controlador;
21. O programa menciona sobre compartilhamento de dados e sua finalidade?	V – informações acerca do uso compartilhado de dados pelo controlador e a finalidade;
22. O programa diferencia os diferentes papéis e responsabilidades dos atores envolvidos no programa em proteção de dados?	VI – responsabilidades dos agentes que realizarão o tratamento; e
23. O programa contém previsão de como os dados vão ser acessados pelos titulares de dados?	VII – direitos do titular, com menção explícita aos direitos contidos no art. 18 desta Lei.

---

41. As interações multidisciplinares ao longo do projeto de adequação são essenciais para que o jurídico, as áreas operacionais, técnicas e de segurança possam estar alinhadas das práticas mais adequadas em cada situação, entendendo *gaps* e tomando medidas para remediá-los.
42. O Art. 9º, III da LGPD, o qual diz que no aviso de privacidade deve conter a identificação do controlador, não foi analisado. Isso porque, quando a sociedade publicizava seu aviso de privacidade, raras as vezes havia a identificação da sociedade no documento. Existia algum tipo de identificação, mas não a caracterização da própria sociedade como controladora. Pela dúvida se, tão somente, a identificação seria o bastante sem a caracterização da própria sociedade como controladora, a pergunta foi desconsiderada.

A partir disso, constatou-se que as sociedades empresárias no maior grau de governança estão classificadas pela B3, em sua grande maioria, como consumo cíclico, como se vê dos resultados na Figura 1 (Q.3).

Gráfico 1 – Classificação das sociedades empresárias do "Novo Mercado"

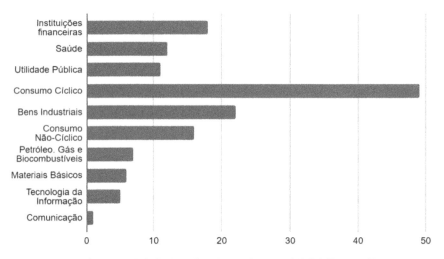

Contagem de 2. Qual é a área de atuação da sociedade? (Setor: análise com ba...

Fonte: Dados coletados pelo autor diretamente do site oficial da B3 (Brasil, Bolsa, Balcão)
Nota: (¹) Período da coleta de dados: 15/07/2020 a 15/08/2020

À época da coleta dos dados, das 146 sociedades empresárias, 145 possuíam um programa de integridade (*lato sensu*). Tal resultado se deu, pois no período de análise a sociedade anônima D1000 Varejo Farma Participações S.A. entrou para a categoria "Novo Mercado", porém, sem a divulgação dos documentos em seu site oficial.

No total, 7 sociedades empresárias possuíam um programa de integridade considerado difuso, enquanto o restante (138)[43], a partir da disposição de seus documentos, detinham programa de integridade centralizado.

Adentrando na seção 4, relativa ao programa em privacidade, foram considerados para a resposta, tanto o programa de integridade, quanto à política de privacidade, para precaver o pesquisador de qualquer confusão logística da companhia a respeito da localização do conteúdo necessário em cada documento. Dessa forma, foram obtidos os resultados da Figura 2.

---

43. Não foram considerados os documentos da D1000 Varejo Farma Participações S.A, pois a mesma não divulgou seus documentos em seu site oficial no período de análise deste trabalho.

Gráfico 2 – O programa em análise menciona "dados" e/ou "proteção de dados" e/ou "privacidade"?

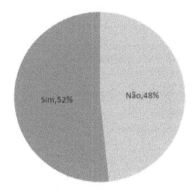

Fonte: Dados coletados pelo autor diretamente das políticas de privacidade, Código de Boas Práticas/ Código de Conduta/ Código de Ética/ Programa de *Compliance* disponíveis nos sítios eletrônicos sociedades anônimas listadas no setor de "Novo Mercado" da B3 (Brasil, Bolsa, Balcão).

Nota: (¹) Período da coleta de dados: 15/07/2020 à 15/08/2020.

Das 76 sociedades empresárias que mencionaram dados e/ou dados pessoais e/ou privacidade em seus programas de governança, 18 trazem os conceitos de forma clara, completa e detalhada. Por outro lado, 58 sociedades empresárias citavam os termos de forma superficial (Q.7).

Na seção 5, relativa ao programa de governança e os requisitos estabelecidos no art. 50, § 2º, inciso I, da LGPD, foram consideradas as 76 companhias que mencionaram dados e/ou dados pessoais e/ou privacidade para extrair sobre a qualidade dos programas de integridade (Tabela 2).

Tabela 2 – Resultados da Seção 5 e 6 do Questionário Estruturado (Tabela 1)

Pergunta	Número de respostas Afirmativas ("Sim")	Número de respostas Negativas ("Não")
8. O programa prevê que para que haja celebração de contratos com outra empresa, esta deva ter prévia certificação ou adoção de política de governança em proteção de dados?	12	64
9. O programa prevê promoção de treinamentos para orientação de colaboradores sobre práticas de governança em proteção de dados pessoais?	3	73
10. O programa contém a previsão de quais dados podem ser coletados?	15	61
11. O programa prevê a integração do Programa de governança em privacidade com a estrutura geral de governança da sociedade empresária?	7	69
12. O programa prevê alertas aos funcionários sobre hipóteses sensíveis de tratamento, ou seja, aquela em que há mais risco para o titular, permitindo aos funcionários identificar quais são essas hipóteses, bem como demonstrar a necessidade de cuidado intensificado nesses casos?	2	74

13. O programa menciona a adoção de relatoria de Impacto à Proteção de Dados Pessoais?	2	74
14. O programa indica quais são os direitos dos titulares de dados e como exercê-los?	11	65
15. O programa menciona a interação das diversas áreas dentro da empresa?	1	75
16. O programa contém instrumentos de detecção e remediação de condutas incompatíveis com o programa e a LGPD?	4	72
17. O documento menciona sobre a revisão periódica do programa em proteção de dados?	16	60
18. O programa explica as finalidades da coleta desses dados?	17	59
19. O programa menciona sobre o ciclo de vida dos dados pessoais?	14	62
20. O indica a existência de DPO (Data Protection Officer)	6	70
21. O programa menciona sobre compartilhamento de dados e sua finalidade?	12[44]	61
22. O programa diferencia os diferentes papéis e responsabilidades dos atores envolvidos no programa em proteção de dados?	3	73
23. O programa contém previsão de como os dados vão ser acessados pelos titulares de dados?	11	65

Fonte: Dados coletados pelo autor diretamente das políticas de privacidade, Código de Boas Práticas/ Código de Conduta/ Código de Ética/ Programa de *Compliance* disponíveis nos sítios eletrônicos das sociedades listadas no setor de "Novo Mercado" da B3 (Brasil, Bolsa, Balcão)

Nota: ([1]) Período da coleta de dados: 15/07/2020 a 15/08/2020

4. DISCUSSÃO DOS RESULTADOS

Anteriormente, foi levado em consideração que as companhias do "Novo Mercado" não necessariamente possuem programas de integridade que expressam os mais altos padrões de governança, principalmente em matéria de privacidade e proteção de dados. Isso demonstra que as obrigações da LGPD ainda não foram atendidas adequadamente pelo mercado, ou seja, há um desequilíbrio entre o direito fundamental à proteção dos dados pessoais[45] e a livre-iniciativa.

Para responder à pergunta de pesquisa, levou-se em consideração os documentos das 146 sociedades empresárias. Foram analisados seus autores, o contexto, a confiabilidade e autenticidade dos documentos. Após isso, investigou-se os elementos que estruturam os documentos relativos à privacidade de usuários e investidores.

Inferiu-se que os documentos detêm natureza jurídica ao vincularem a conduta da sociedade empresária e terceiros. Tais documentos possuem linguagem demasiadamente formal, com expressões que podem não ser entendidas por todos, além

---

44. 3 (três) sociedades empresárias mencionam sobre compartilhamento, mas não sobre sua finalidade.
45. DONEDA, 2011.

de possuírem mais termos vagos do que conteúdo substantivo. Além dessas características, os *privacy notes*, tal como estão dispostos, respaldam o argumento de que esses documentos são direcionados ao público externo e não tem o intuito de afetar o funcionamento da organização.

Sobre o conteúdo acerca da privacidade e proteção de dados de usuários e investidores, ao total, constatou-se que 48% das sociedades não fazem menção à privacidade e/ou proteção de dados em seus "programas". Dos outros 52%, percebe-se que larga maioria não observa os princípios da transparência, segurança, responsabilidade e prestação de contas trazidos pela LGPD. Em breve síntese, conclui-se que, das 146 companhias listadas no Novo Mercado, apenas a ENGGIE S.A cumpriu os requisitos estabelecidos pelo questionário estruturado (Tabela 1).

Mesmo que se argumente que o período de análise desta pesquisa se encontrava dentro do período de *vacacio legis* da LGPD, é esperado que essas sociedades externalizem altos padrões de governança. Ainda, muitas dessas sociedades negociam na bolsa europeia e também se submetem aos *standards* do GDPR. Ainda que assim não se entenda, "a transparência, a necessidade de segurança jurídica e a boa-fé contratual dentro da relação consumerista já seriam suficientes" para justificar a adoção de boas práticas corporativas para resguardar o titular de dados pessoais[46]. Importante dizer que a adequação à LGPD demanda tempo, ou seja, as companhias que não se adequarem até quinze de agosto de 2020, data limite desta pesquisa, muito dificilmente estarão em *compliance* no dia de produção dos efeitos da lei de dados pessoais.

Os dados da Tabela 2 corroboram com a hipótese inicial deste trabalho, qual seja, as sociedades do "Novo Mercado" não necessariamente apresentam um nível de governança adequado em matéria de proteção de dados e privacidade.

Apenas 12 (doze) sociedades demonstram certificar seus parceiros de negócios sobre padrões mínimos de privacidade e 2 (duas) mostram a adoção ao Relatório de Impacto à Proteção de Dados; 4 (quatro) possuem mecanismos contra condutas incompatíveis com a lei de dados pessoais; A LGPD não foi assertiva quanto ao regime de responsabilidade civil adotado pela lei nem sobre o que seria considerado dano. A partir dos resultados, percebe-se que as sociedades em análise não podem contar com a LGPD e nem com uma delimitação do risco em seus próprios processos. A não adoção de medidas mitigadoras de risco das sociedades, como certificação de parceiros e adoção de Relatório de Impacto (quando cabível), pode impactar a sociedade e trazer riscos ao titular de dados, uma vez que o compartilhamento de dados com terceiros não certificados expressa a negligência em averiguar as nuances do tratamento de dados pessoais, além da sociedade trazer para si o risco de eventual reparação civil com o compartilhamento desses dados.

Além disso, *3 (três) sociedades dizem que há treinamento para seus funcionários, 2 (duas) mostram ter mecanismos de alerta aos funcionários sobre hipóteses sensíveis de*

---

46. FERNANDES, 2019.

tratamento; 1 (uma) aponta a interação entre as áreas da sociedade; 7 (sete) integram o programa de privacidade com a estrutura geral de governança. Um programa de governança em privacidade precisa se manter após confecção de um plano de ação e implementação. Isso somente é possível quando a organização constrói uma cultura forte de governança da privacidade que não se limita ao Jurídico ou ao time de TI da organização. É necessário que a cultura de proteção de dados seja linear desde as formas de como se dá a prospecção de clientes até a tomada de decisão da alta administração. É impossível que um bom plano de adequação à LGPD se mantenha sem a interação das diversas áreas e sem instruir colaboradores sobre os riscos dos fluxos de dados da sociedade.

Sobre os outros requisitos do art. 9 da LGPD, *15 (quinze) sociedades mostram ao público quais dados a sociedade empresária irá coletar; 17 (dezessete) falam sobre a finalidade, 11 (onze) discriminam sobre os direitos dos titulares de dados; 11 (onze) dispõem sobre como os dados vão ser acessados pelos titulares; 6 (seis) indicam seu encarregado de dados pessoais; 3 (três) diferenciam os papéis dos atores envolvidos no tratamento; 12 (doze) falam sobre o compartilhamento e finalidade de dados com terceiros; e 14 (catorze) incluíram disposição sobre ciclo de vida dos dados pessoais na organização.* O Privacy Note não é apenas o documento legalmente exigido para divulgar práticas de proteção de informações pessoais, ele também é a maneira de mostrar ao titular que a organização é confiável e que possui procedimentos adequados para lidar com suas informações pessoais. Não disponibilizar ou disponibilizar um documento sem algum dos pontos trazidos pelo art. 9 da LGPD viola os princípios da finalidade, adequação, livre acesso, transparência, responsabilização e prestação de contas. Pelos resultados, constata-se a deficiência do documento, confirmando os dizeres de Charles D. Raab e Collin J. Bennet – que muito já foi mencionado neste artigo – as organizações produzem seus *privacy notes* sem a intenção de alterar a estrutura de privacidade da organização.

Por fim, *16 sociedades dizem que o programa em privacidade será submetido à revisão periódica.* Após a implementação do Plano de Ação, é necessário que os sistemas de gestão de compliance em proteção de dados sejam monitorados. Isso pode ser feito por auditorias internas para averiguar se a alta direção até seus funcionários estão cumprindo com as normas estabelecidas pela lei e pela própria sociedade. Além disso, a revisão periódica é importante para identificar suas falhas no programa após algum tempo da implementação. A LGPD, em seu capítulo sobre o ressarcimento de danos, por exemplo, mais especificamente no art. 44, inciso III, dispõe que a técnica usada à época será considerada para qualificar se o processamento de dados é irregular ou não. Sendo poucas as sociedades estudadas que evidenciaram nos seus documentos sobre a revisão do programa, é possível concluir o aumento na matriz de risco das companhias.

Observado o tratamento de dados no Mercado de Capitais e colidindo com a hipótese contrária de que as sociedades do Novo Mercado apresentam necessariamente altos padrões de governança em matéria de proteção de dados, infere-se que as sociedades analisadas ainda precisam percorrer um longo caminho para que estejam adequadamente adaptadas aos padrões estabelecidos pela LGPD.

Ainda, é importante mencionar as limitações deste trabalho. Sem uma Autoridade Nacional de Proteção de Dados (ANPD) funcionando a todo vapor para discriminar os conceitos abertos da LGPD e com evoluções tecnológicas diárias é impossível a implementação do que seria um *full compliance* de dados pessoais. Outrossim, considerando se tratar de uma pesquisa documental, deve-se reconhecer seu caráter limitador, ou seja, o pesquisador não pode apresentar uma interpretação considerando o processo como um todo, visto que não tem acesso às medidas que são adotadas na prática por cada uma das companhias examinadas. Entretanto, os resultados da pesquisa revelam que o compromisso firmado em matéria de proteção de dados pelas sociedades listadas, bem como as informações apresentadas ao público, ainda carece de aprimoramento além de não estarem compatíveis com níveis elevados de governança.

5. CONCLUSÃO

Este trabalho faz parte de um projeto de pesquisa mais amplo, o qual analisa diferentes aspectos do *compliance* em proteção de dados, além das diversas nuances dos programas de integridade das companhias integrantes do mercado de capitais.

No entanto, conclui-se neste artigo que os programas de integridade não estão adequadamente compatibilizados com a lei. A partir dos resultados alcançados, constata-se uma realidade problemática do mercado: a má qualidade dos programas de integridade das sociedades empresárias no maior nível de governança do país no que tange privacidade e proteção de dados. Nesse mesmo sentido, os resultados corroboram com a hipótese de que o segmento de listagem não revela necessariamente um grau de adesão das companhias com a lei.

Após analisar os documentos relativos à governança em privacidade de 146 sociedades empresárias, constata-se que pouco mais da metade das companhias (52%) mencionam algo relativo a dados pessoais. Além disso, de acordo a tabela 2, é perceptível o caminho longínquo até a adequação com a LGPD. Em resumo, somente 1 (uma) sociedade empresária conseguiu cumprir com todos critérios estabelecidos pelo questionário estruturado (Tabela 1), ou seja, os requisitos mínimos do art. 50, § 2º, inciso I da LGPD, o que corrobora com o entendimento que ainda há uma sobreposição da livre iniciativa perante direitos extrapatrimoniais oriundos dos dados pessoais.

A governança da privacidade, através da regulação e da corregulação, engana quem tenta observar um equilíbrio entre privacidade e vigilância. O simples fato da criação de normas não significa que a vigilância esteja diminuindo de forma proporcional. Por isso a importância de que órgãos reguladores, autorreguladores e demais setores do Poder Judiciário busquem a harmonização entre transformação digital e tutela dos direitos da proteção de dados.

6. REFERÊNCIAS

ALVES, Alexandre Ferreira de Assumpção; PINHEIRO, Caroline da Rosa Pinheiro. O papel da CVM e da B3 na implementação e delimitação do programa de integridade. *Revista Brasileira de Direito Empresarial*, Brasília, v. 3, n. 1, jan.-jun. 2017.

B3 S.A. – BRASIL, BOLSA, BALCÃO. *B3: o resultado da combinação entre a BM&FBOVESPA e a CETIP.* Disponível em: <http://www.bmfbovespa.com.br/pt_br/institucional/sobre-a-bm-fbovespa/quem--somos/>. Acesso em: 11 out. 2020.

B3 S.A. – BRASIL, BOLSA, BALCÃO. *Regulamento do Novo Mercado.* Disponível em: <http://www.b3.com.br/data/files/B7/85/E6/99/A5E3861012FFCD76AC094EA8/Regulamento%20do%20Novo%20Mercado%20-%2003.10.2017%20(Sancoes%20pecuniarias%202019).pdf>. Acesso em: 14 out. 2020.

BALDWIN, Robert; CAVE, Martin. *Understanding Regulation*: Theory, Strategy, and Practice, Oxford University Press: Oxford, 1999.

BARBOSA, Leonardo; PINHEIRO, Caroline; AGUILAR, Alexandre. O Judiciário e a LGPD: desafios de adequação. *Jota*, 2020. Disponível em: <https://www.jota.info/opiniao-e-analise/artigos/o-judiciario-e-a-lgpd-desafios-de-adequacao-20092020>. Acesso em: 20 set. 2020.

BENNETT, Collin J; RAAB, Charles D. *The Governance of Privacy: Policy instruments in global perspective.* Ashgate: Hampshire. 2003.

BIONI, Bruno. *Proteção de Dados Pessoais: a função e os limites do consentimento.* Rio de Janeiro: Forense, 2018.

BRASIL. Lei 10.709 de 10 de janeiro de 2002. Institui o Código Civil. *Diário Oficial da União.* Brasília, 10.01.2002.

BRASIL. Lei 12.846, de 1º de agosto de 2013. Dispõe sobre a responsabilização administrativa e civil de pessoas jurídicas pela prática de atos contra a administração pública, nacional ou estrangeira, e dá outras providências. *Diário Oficial da União.* Brasília. 1º.08.2013.

BRASIL. Lei 13.709 de 14 de agosto de 2018. Dispõe sobre a proteção de dados pessoais e altera a lei 12.965 de 23 de abril de 2014 (Marco Civil da Internet). *Diário Oficial da União.* Brasília, 15.08.2018 (LGPD).

BRASIL. Decreto 8.420, de 18 de março de 2015. Regulamenta a Lei 12.846, de 1º de agosto de 2013, que dispõe sobre a responsabilização administrativa de pessoas jurídicas pela prática de atos contra a administração pública, nacional ou estrangeira e dá outras providências. *Diário Oficial da União.* Brasília 18.03.2015.

BRASIL. Instrução Normativa 461, de 23 de outubro de 2007. Disciplina os mercados regulamentados de valores mobiliários e dispõe sobre a constituição, organização, funcionamento e extinção das bolsas de valores, bolsas de mercadorias e futuros e mercados de balcão organizado. *Diário Oficial da República Federativa do Brasil*, Brasília, DF, 23 out. 2007. Disponível em: <http://www.cvm.gov.br/export/sites/cvm/legislacao/instrucoes/anexos/400/inst461consolid.pdf>. Acesso em: 14 out. 2020.

CARVALHO, Vinícius Marques de; MATTIUZZO, Marcela; PONCE, Paula Pedigoni. Boas práticas e governança na LGPD. In: DONEDA, Danilo et al. *Tratado de proteção de dados pessoais.* Rio de Janeiro: Forense, 2021.

CELLARD, André. A análise documental. *A Pesquisa Qualitativa*: enfoques epistemológicos. 3. ed. Petrópolis – RJ: Vozes, 2012.

COMPARATO, Fábio Konder; SALOMÃO FILHO, Calixto. *O poder de controle nas sociedades anônimas.* 5. ed. Rio de Janeiro: Forense, 2008.

CUEVA, Ricardo Villas Bôas. Funções e Finalidades dos Programas de Compliance. In: CUEVA, Ricardo Villas Bôas; FRAZÃO, Ana (Coord.). *Compliance: perspectivas e desafios dos programas de conformidade.* 3. reimp. Belo Horizonte: Fórum, 2018.

DIAS, Luciana Pires. *Regulação e Auto-Regulação no Mercado de Valores Mobiliários*. Dissertação de Mestrado apresentada na Universidade de São Paulo, 2005. Disponível em: <http://www.b3.com.br/pt_br/regulacao/regulacao-de-emissores/atuacao-sancionadora/sancoes-aplicadas.htm>. Acesso em 28 out. 2020.

DONAGGIO, Ângela Rita Franco. *Regulação e Auto-Regulação no Mercado de Valores Mobiliários*: o caso dos segmentos especiais de listagem da BM&FBovespa. Dissertação de Doutorado apresentada na Universidade de São Paulo, 2016.

DONEDA, Danilo. *Da privacidade à proteção de dados pessoais*. Rio de Janeiro: Renovar, 2006.

EUROPEAN DATA PROTECTION BOARD (EDPB). *Guidelines 4/2019 on Article 25 Data Protection by Design and by Default*. Luxembourg: Publications Office of the European Union, 2020. Disponível em: <https://edpb.europa.eu/sites/edpb/files/consultation/edpb_guidelines_201904_dataprotection_by_design_and_by_default.pdf>. Acesso em: 11 out. 2020.

FERNANDES, Elora Raad. *A proteção de dados de crianças e adolescentes no Brasil: um estudo de caso do Youtube*. (Dissertação de Mestrado em Direito e Inovação) Juiz de Fora: Universidade Federal de Juiz de Fora. 2019.

FRAZÃO, Ana. A necessária constitucionalização do Direito da Concorrência. In: *Direitos Fundamentais e Jurisdição Constitucional*. São Paulo: Ed. RT, 2014, v. 1.

FRAZÃO, Ana. Compliance de dados pessoais. In: TEPEDINO, Gustavo et al (Coord.). *A Lei Geral de Proteção de Dados Pessoais e suas Repercussões no Direito Brasileiro*. São Paulo: Thomson Reuters Brasil, 2019.

FRAZÃO, Ana. Regulação jurídica, corrupção e compliance: Um exame da questão à luz das relações entre direito, ética e moral – Parte I. *Jota*, 2018. Disponível em: <https://www.jota.info/opiniao-e-analise/colunas/constituicao-empresa-e-mercado/regulacao-juridica-corrupcao-e-compliance-26062018>. Acesso em: 08 ago. 2020.

FORGIONI, Paula Andrea. *Contratos Empresariais: Teoria Geral e Aplicação*. São Paulo: Ed. RT, 2016.

INFORMATION COMMUSIONER'S OFFICE (ICO). *Decision Making Structure*. Reino Unido. Disponível em: <https://ico.org.uk/about-the-ico/who-we-are/decision-making-structure/>. Acesso em: 11 out. 2020.

JOLLS, Christine; SUNSTEIN, Cass R; THALER, Richard. A Behavioral Approach to Law and Economics. *Stanford Law Review*, v. 50, n. 5. 1998.

MAJONE, Giandomenico. Regulation and its modes. In: MAJONE, G. *Regulating Europe*, Londres: Macmillan, 1996.

MONTEIRO, Renato Leite. *Existe um direito à explicação na Lei Geral de Proteção de Dados no Brasil?* Instituto Igarapé, 2018, artigo estratégico n. 39.

PINHEIRO, Caroline da Rosa. *Os impactos dos programas de integridade (compliance) sobre os deveres e responsabilidade dos acionistas controladores e dos administradores de companhia*. (Tese Doutorado em Empresa e Atividades Econômicas). Rio de Janeiro: Universidade do Estado do Rio de Janeiro, 2017.

PRIEST, Margot. The Privatization of Regulation: Five Models of Self-Regulation, *Ottawa Law Review*, v. 29. 1998.

REVAK, Haley. Corporate Codes of Conduct: Binding Contract or Ideal Publicity? *Hastings Law Journal* 63. 2012.

SAAVEDRA, Giovani Agostini. Compliance de Dados. In: DONEDA, Danilo et al. *Tratado de proteção de dados pessoais*. Rio de Janeiro: Forense, 2021.

SELZNICK, Philip. Focusing Organizational Research on Regulation. In: NOLL, Roger G. (Ed.). *Regulatory Policy and the Social Sciences*, University of California Press: Berkeley. 1985.

SMETANA, Tais Bastos e Santos. *Os processos administrativos sancionadores julgados pela CVM e sua relação com o compliance: um estudo com as empresas listadas no índice de governança corporativa.* 2015. 168 f. Dissertação (Mestrado em Ciências Contábeis) – Pontifícia Universidade Católica de São Paulo, São Paulo, 2015, p. 44. Disponível em: <https://sapientia.pucsp.br/handle/handle/1612>. Acesso em: 17 jul. 2020.

TEUBNER, Gunther. Politics, Governance, and the Law Transnational Economic Constitutionalism in the Varieties of Capitalism. *Global Perspectives.* University of California Press. 2020.

UNIÃO EUROPEIA, *Directiva 2009/136/EC* do Parlamento Europeu e do Conselho que altera a Directiva 2002/22/CE relativa ao serviço universal e aos direitos dos utilizadores em matéria de redes e serviços de comunicações electrónicas, a Directiva 2002/58/CE relativa ao tratamento de dados pessoais e à protecção da privacidade no sector das comunicações electrónicas e o Regulamento (CE) n. 2006/2004 relativo à cooperação entre as autoridades nacionais responsáveis pela aplicação da legislação de defesa do consumidor, , 25 nov 2009.. Disponível em: <https://edps.europa.eu/sites/edp/files/publication/dir_2009_136_pt.pdf>. Acesso em: 11 out. 2020.

UNIÃO EUROPEIA. Regulation (EU) 2016/679 of the European Parliament and of the Council of 27 April 2016 on the protection of natural persons with regard to the processing of personal data and on the free movement of such data, and repealing Directive 95/46/EC (General Data Protection Regulation).

COMPLIANCE CONSUMERISTA: UM ESTUDO DA QUALIDADE DOS PROGRAMAS DE INTEGRIDADE DAS COMPANHIAS LISTADAS NO NOVO MERCADO BRASILEIRO

Ana Luísa Macêdo Carvalho

Graduanda em Direito pela Universidade Federal de Juiz de Fora (UFJF). Membro do Grupo de Pesquisa Empresa, Desenvolvimento e Responsabilidade (EDRESP).

Yasmin Oliveira Dutra

Graduanda em Direito pela Universidade Federal de Juiz de Fora (UFJF). Membro do Grupo de Pesquisa Empresa, Desenvolvimento e Responsabilidade (EDRESP).

Sumário: 1. Introdução – 2. *Compliance*, autorregulação e bolsa de valores – 3. *Compliance* consumerista – 4. Avaliação do *compliance* consumerista: a construção do questionário e a coleta de dados; 4.1 A coleta de dados: metodologia utilizada; 4.2 A construção do questionário: fundamentos e considerações gerais; 4.3 A construção do questionário: fundamentos específicos; 4.3.1 Os princípios da igualdade nas contratações e da proteção à vida, saúde e segurança; 4.3.2 Os princípios da proteção contra a publicidade enganosa ou abusiva e do dever de informar; 4.3.3 O princípio da prevenção e reparação de danos morais e materiais; 4.4 Para além dos números: considerações sobre os dados colhidos e compilados – 5. Considerações finais – 6. Referências.

1. INTRODUÇÃO

O amadurecimento do capitalismo e o movimento de globalização, bem como a exposição dos agentes públicos e privados a complexos riscos deles decorrentes, geram à ciência jurídica uma série de desafios que acompanham a modernidade, dentre os quais merece destaque o controle de condutas em desacordo com as prescrições legais e de práticas de ilícitos.

O estudo do *compliance* ganha particular pertinência, pois o instituto engendra em si uma forma de, por meio de um sistema de autorregulação, incentivar o comportamento virtuoso[1] dos agentes privados submetidos às diversas formas de intervenção do Estado na economia. Ao implementar uma cultura interna transparente, o

---

1. Segundo Frazão (2018), o temor geral de estar sujeito aos mecanismos coercitivos estatais, característico do sistema comando-controle, é substituído pelo cálculo preciso que possibilitará ao agente econômico concluir pela racionalidade ou não da prática da infração.

compliance apresenta a potencialidade de atenuar riscos, reduzir custos operacionais, minorar eventuais sanções e corroborar com a sustentabilidade e lucratividade da atividade empresarial a partir do incremento da competitividade e estabilidade no âmbito negocial[2]. Tudo isso, frisa-se, partindo da premissa de conformidade com as previsões legais pertinentes.

O presente trabalho é, nesse contexto, desdobramento de pesquisas desenvolvidas no âmbito do Grupo EDRESP (Empresa, Direito e Responsabilidade). Em seu segmento de estudo sobre o fenômeno jurídico do *compliance*[3], o grupo tem por esforço principal a tentativa de designar parâmetros objetivos idôneos e aptos a otimizar a análise da efetividade dos programas de integridade, com o fito de conferir robustez a referida ferramenta e evitar o esvaziamento de seu conteúdo prático pela disseminação de modelos genéricos e superficiais não consentâneos com os efeitos dele decorrentes.

Do ponto de vista metodológico, visando a maior profundidade de análise possível, este estudo consubstancia um recorte do tema retromencionado, cujo questionamento norteador remete à pertinência e possibilidade de adoção da proteção do consumidor como critério idôneo de exame do *compliance* empresarial.

Para isso, a investigação, na espécie, foi estruturada em dois momentos. O primeiro, engendrado em outro trabalho, de caráter teórico, teve o condão de perquirir se a proteção do consumidor seria, de fato, um critério objetivo passível (ou merecedor) de compor programas de integridade de sociedades empresárias, ou seja, se a ordem jurídica pátria dá subsídios à construção de uma teoria do *compliance* consumerista. Para tanto, recorreu-se ao método de revisão bibliográfica dos valores e ditames aplicáveis, notadamente a função social da empresa em contraponto aos demais princípios norteadores da ordem econômica da Constituição de 1988, categoria da qual a própria Defesa do Consumidor é parte.

O segundo momento, materializado nesta pesquisa empírica, tem como escopo central o estudo dos programas de *compliance* das companhias listadas no segmento de Novo Mercado da B3 (Brasil, Bolsa e Balcão), com fito de tangenciar a qualidade, diz-se o grau de conformidade com a legislação consumerista, dos compromissos firmados pelas sociedades de capital aberto através de seus documentos formais de integridade e transparência. Para isso, os programas de integridade em apreço foram submetidos pelo próprio pesquisador a um questionário estruturado – isto é, composto por perguntas cujas respostas foram preestabelecidas.

---

2. EDINGER, 2017, p. 8.
3. Previsto inicialmente na Lei 12.846/2013 e regulamentado pelo Decreto 8.420/2015, o *compliance*, designação que deriva do inglês *to comply* – "estar de acordo com/em conformidade com" –, tem sua efetivação através dos denominados programas de integridade ou de *compliance,* na forma de documentos formais variados.

COMPLIANCE CONSUMERISTA **299**

Em virtude de todo o exposto, ao empreender a presente análise, não sem razão, esperou-se confirmar a hipótese de que as sociedades listadas no segmento do "Novo Mercado" da B3 (Brasil, Bolsa e Balcão)[4] não somente adotam programas de *compliance*, mas sobretudo disponibilizam documentos relativos à integridade que dispõem de conteúdo autorregulatório suficiente. Neste trabalho isso significa ser compatível com os ditames de Proteção do Consumidor presentes no ordenamento pátrio, os quais apresentam disciplina jurídica própria, fundante na própria Constituição Federal de 1988.

Por derradeiro, a presente análise será empreendida em três partes. Na primeira seção, no intuito de justificar o escopo de investigação escolhido, abordar-se-á o papel da Bolsa de Valores (B3) enquanto agente a cargo da autorregulação do mercado de capitais nacional e, portanto, da delimitação dos contornos do *compliance* no âmbito pátrio. Em seguida, pretende-se adentrar o conteúdo que dá subsídios à presente investigação, visando estabelecer a pertinência, os limites e as potencialidades do que se entende por *compliance consumerista*, demonstrando ao leitor a base da análise empírica que será efetuada na sequência. Ao final, será realizada a demonstração dos métodos, justificativas e resultados concernentes à aplicação do questionário, evidenciando a forma como a proteção do consumidor é abordada nos programas de integridade das companhias listadas no Novo Mercado e, quiçá, lançando proposições de possíveis perspectivas e mudança de paradigmas vindouros.

2. *COMPLIANCE,* AUTORREGULAÇÃO E BOLSA DE VALORES

A regulação ou heterorregulação, compreendida como intervenção do Estado nos processos econômicos privados[5], isto é, no exercício da livre iniciativa, realiza-se por meio da elaboração e aplicação de normas e da fiscalização dos agentes atuantes no mercado[6].

O questionamento[7] sobre sua suficiência para impor efetiva padronização de comportamento abre espaço para novos arranjos regulatórios aptos a propiciar a superação dos incentivos econômicos da conformidade em relação à ilicitude e, no limite, a impactar na proteção da confiança dos agentes econômicos.

---

4. Fruto da combinação entre BM&FBOVESPA e a Central Depositária de Títulos Privados (Cetip) em 2017, a B3 é uma pessoa jurídica de direito privado, mais precisamente uma sociedade de capital aberto, que figura como entidade organizadora dos mercados de bolsa de valores e de balcão organizado; e, paralelamente negocia suas ações (B3SA3) no Novo Mercado.
5. GRAU, 2002, p 136.
6. FERRAZ, 2012, p. 27.
7. Em meio à complexidade da sociedade contemporânea, Frazão (2018) assinala a necessidade de novas alternativas, distintas da lógica punitivo-sancionatória, para a coordenação dos mercados e novos incentivos ao cumprimento de normas jurídicas, passíveis de aproximar o direito da moral e da ética. De igual maneira, para Westerman (2009), é latente a adoção pelo globo de novas articulações e figuras regulatórias, como agências reguladoras e organizações autorregulatórias.

A autorregulação, nesse panorama, surge como a forma de organização da economia por um conjunto de normas autovinculantes imposta por dado grupo ou indivíduo a si mesmo[8], daí porque, na visão de Vital Moreira, ela importa na transformação dos agentes econômicos em autores e destinatários simultâneos da regulação, condicionando o exercício de suas próprias atividades econômicas[9]. Por este motivo, para Teubner (2020), a autorregulação, ao lograr a construção de normas congruentes com os processos internos das companhias, consubstancia verdadeira *hard law*.

A despeito da ausência de unanimidade[10] sobre sua significação, na esteira de Luiz Felipe Amaral Calabró (2010), diz-se que o ato de autorregular-se remete à capacidade de um organismo de perceber estímulos internos e externos e estabelecer regras próprias de estruturação, funcionamento e reação, visando seu equilíbrio.

Em atuação complementar à Comissão de Valores Mobiliários[11], a B3, na qualidade de entidade administradora[12] de mercado organizado, pode ser considerada responsável pela preservação e autorregulação dos ambientes negociais por ela administrados, já que, na forma do art. 14 da Instrução Normativa 461/2007 da própria CVM, deve promover o equilíbrio entre seus interesses próprios e o interesse público. Nesse passo, com motor de gerar eficiência econômica e proteção de investidores, a Bolsa de Valores detém verdadeira função de interesse público, de cunho regulatório, a desempenhar[13].

Relativamente à sua competência[14-15] de estruturação, manutenção e fiscalização de Mercados Organizados[16], cabe à Bolsa de Valores alinhar a conduta das

---

8. DIAS, 2005, p. 119.
9. 1997, p. 53.
10. Ângela Donaggio (2016, p. 187 a 189), em geral, atribui-se três significados ao termo autorregulação: (i) ausência de regulação no sentido da capacidade de funcionamento "equilibrado" da economia, isto é, quando – ao menos teoricamente – não seria necessária a imposição de normas por ator externo aos agentes; (ii) regulação de um determinado grupo por meio de normas voluntárias e autovinculação voluntária, nomeada como "autorregulação pura ou privada"; e, (iii) autorregulação como capacidade de determinado grupo de se regular mediante reconhecimento oficial e com meios de direito público.
11. Lei n. 6.385/76, art. 5º. É instituída a Comissão de Valores Mobiliários, *entidade autárquica em regime especial, vinculada ao Ministério da Fazenda, com personalidade jurídica e patrimônio próprios, dotada de autoridade administrativa independente, ausência de subordinação hierárquica*, mandato fixo e estabilidade de seus dirigentes, e autonomia financeira e orçamentária. (destacamos)
12. A propósito de conceituar a terminologia, o art. 9º da Instrução Normativa 461/2007 da CVM dispõe que: "Os mercados organizados de valores mobiliários serão obrigatoriamente estruturados, mantidos e fiscalizados por entidades administradoras autorizadas pela CVM, constituídas como associação ou como sociedade anônima, e que preencham os requisitos desta Instrução."
13. EIZIRIK, GAAL, PARENTE, HENRIQUES, 2019, p. 293.
14. Art. 17, Lei 6.385/76. As Bolsas de Valores, as Bolsas de Mercadorias e Futuros, as entidades do mercado de balcão organizado e as entidades de compensação e liquidação de operações com valores mobiliários terão autonomia administrativa, financeira e patrimonial, operando sob a supervisão da Comissão de Valores Mobiliários. § 1º Às Bolsas de Valores, às Bolsas de Mercadorias e Futuros, às entidades do mercado de balcão organizado e às entidades de compensação e liquidação de operações com valores mobiliários incumbe, como órgãos auxiliares da Comissão de Valores Mobiliários, fiscalizar os respectivos membros e as operações com valores mobiliários nelas realizadas.
15. Artigo 3º, Estatuto Social da B3. A Companhia tem por objeto social exercer ou participar em sociedades que exerçam as seguintes atividades: (...) Parágrafo único. No âmbito dos poderes que lhe são conferidos pela Lei 6.385/1976 e pela regulamentação vigente, a Companhia deverá: (a) *regulamentar a concessão de autorizações de acesso aos distintos sistemas de negociação*, de registro, de depositária

sociedades a boas práticas corporativas, impondo padrões de comportamento ético e compatível com a legislação aplicável, bem como garantindo o cumprimento das obrigações[17] assumidas pelos agentes regulados quando do ingresso nos segmentos de listagem. Isto, seja através de seu poder fiscalizatório, seja sancionatório[18], sendo o último, mister pontuar, notadamente chancelado pela CVM[19].

Para Adriano Ferraz[20], a legitimidade da autorregulação no mercado de capitais nacional é reforçada por esta dinâmica. Vejamos:

> A CVM, inclusive, reconheceu as vantagens da autorregulação em texto intitulado "Regulação do Mercado de Valores Mobiliários: Fundamentos e Princípios", segundo o qual: [...] *uma entidade autorreguladora, pela sua proximidade das atividades de mercado e melhor conhecimento das mesmas, dispõe de maior sensibilidade para avaliá-las e normatizá-las, podendo agir com maior presteza e a custos moderados.* A elaboração e o estabelecimento, pela própria comunidade, das normas que disciplinam suas atividades fazem com que a aceitação dessas normas aumente e a comunidade se sinta mais responsável no seu cumprimento, diminuindo-se a necessidade de intervenção do órgão regulador.

---

e de liquidação de operações administrados pela Companhia ou por sociedades por ela controladas ("Autorizações de Acesso"); (b) *estabelecer normas de conduta necessárias ao bom funcionamento e à manutenção de elevados padrões éticos de negociação nos mercados administrados pela Companhia*, nos termos da regulamentação aplicável; (c) regulamentar as atividades dos detentores das Autorizações de Acesso nos sistemas e nos mercados administrados pela Companhia; [...] (g) *aplicar penalidades aos infratores das normas legais, regulamentares e operacionais cujo cumprimento incumbe à Companhia fiscalizar.* (destacamos) Disponível em: <https://s3.amazonaws.com/mz-filemanager/5fd7b7d8-54a-1-472d-8426-eb896ad8a3c4/3ce92acd-4d82-4eac-84d6-0e9e6f244a52_estatuto%20social%20b3. pdf>. Acesso em: 05 mar. 2021.

16. Para fins de otimizar organização e fiscalização, além do segmento básico de negociação, a B3 possui segmentos especiais de listagem – Bovespa Mais, Bovespa Mais Nível 2, Novo Mercado, Nível 2, Nível 1 – categorizados conforme o grau de adoção pelas companhias de práticas diferenciadas de governança corporativa.

17. Dentre a série de deveres impostos aos emissores listados no Novo Mercado, cita-se, a título de exemplificação as exigências de que estes devem ter o capital composto exclusivamente por ações com direito a voto, ou seja, ações ordinárias (ON); implantar área de Auditoria Interna, função de Compliance e Comitê de Auditoria (estatutário ou não estatutário); e, se comprometer a resolver toda e qualquer disputa ou controvérsia relacionada aos instrumentos de autorregulação perante a Câmara de Arbitragem do Mercado, cf. Ver mais em, Regulamento do Novo Mercado, sobretudo na Seção X: Documentos da Companhia. Disponível em: <http://www.b3.com.br/data/files/B7/85/E6/99/A5E3861012FFCD76AC094EA8/Regulamento%20do%20Novo%20Mercado%20-%2003.10.2017%20(Sancoes%20pecuniarias%202019). pdf>. Acesso em: 05 mar. 2021.

18. Nos termos do art. 47 do Regulamento do Novo Mercado: Cabe à B3 aplicar sanções à companhia e aos seus administradores e acionistas da companhia nas seguintes hipóteses: descumprimento dos requisitos e das obrigações estabelecidos neste regulamento; e descumprimento de determinações da B3 relacionadas às obrigações constantes deste regulamento. Em adendo, o art. 55 do mesmo Regulamento dita que a Bolsa pode aplicar quaisquer das seguintes sanções: (i) advertência por escrito; (ii) multa; (iii) censura pública, divulgada no website da B3 e outros meios de difusão de dados; (iv) suspensão da companhia do Novo Mercado; e (v) saída compulsória do Novo Mercado.

19. Art. 17, IN 461/2007. Caberá à entidade administradora de mercados organizados de valores mobiliários aprovar normas de conduta necessárias ao seu bom funcionamento e à manutenção de elevados padrões éticos de negociação nos mercados por ela administrados, detalhando as obrigações de seus administradores, empregados, prepostos e sócios controladores, bem como das pessoas autorizadas a operar, seus administradores, empregados e prepostos. § 1º *A entidade administradora estabelecerá sanções em caso de descumprimento das normas referidas no caput, respeitado sempre o direito de defesa.* (destacamos)

20. 2012, p. 89-90.

Não sem razão, do mesmo contexto lógico é extraído o amparo à implementação dos programas de *compliance*. Por apresentar escopo de mitigação de riscos corporativos decorrentes do descumprimento de obrigações legais e regulatórias[21] e função de construção de uma cultura de transparência, integridade, confiabilidade e credibilidade empresariais, a adoção do *compliance* tem influência direta na "aceitação do valor intrínseco das regras jurídicas e no potencial transformador que estas podem ter no seio social"[22].

Programas de integridade figuram, pois, como verdadeiros instrumentos a serviço de uma autorregulação regulada, na medida em que estabelecem, na forma de códigos, regulamentos e outros documentos formais, parâmetros comportamentais a serem adotados no seio das sociedades empresárias, em acordo com a normativa positivada no ordenamento jurídico. Significa dizer, angariam a propagação de padrões de ética e transparência empresariais, baseados no cumprimento da legalidade.

Sem mencionar a Lei Anticorrupção[23] e outros diplomas legais, a incorporação desse mecanismo na estrutura organizativa das sociedades compõe um dos pilares da exigência por altos níveis de Governança Corporativa[24] no mercado de capitais. Com efeito, o Regulamento de Emissores[25] e, mais especificamente, o Regulamento de Listagem no Novo Mercado em seus arts. 24 e 31[26] informa seu dever de implementar

---

21. CUEVA, 2018, p. 54.
22. FRAZÃO, 2018, p. 06.
23. Art. 7º, Lei 12.846/2013. Serão levados em consideração na aplicação das sanções: (...) VIII – a existência de mecanismos e procedimentos internos de integridade, auditoria e incentivo à denúncia de irregularidades e a aplicação efetiva de códigos de ética e de conduta no âmbito da pessoa jurídica.
24. Por apresentarem escopos distintos, a governança corporativa e o *compliance* não se confundem. A primeira se ocupa essencialmente da gestão das organizações, no sentido de dirimir conflitos e reduzir disparidades internas, e o segundo atua na mitigação de risco e no fomento da sustentabilidade da sociedade através da conformação com a normativa aplicável. Todavia, estes conceitos encontram-se intimamente relacionados, na medida em que, se de um lado, não há como exercer boas práticas de governança sem lançar mão do cumprimento das normas sob as quais a empresa se submete, de outro lado, ambos institutos detém os mesmos objetivos macro, quais sejam propiciar o desenvolvimento de uma atuação empresária transparente, pautada na integridade e na credibilidade, o que, no limite, possibilita a permanência das companhias no mercado, a preservação de seus ativos e, por conseguinte, a majoração de lucro obtido através da atividade empresarial.
25. O termo designa a "Entidade autorizada ou que tenha pleiteado autorização para ter os valores mobiliários de sua emissão admitidos à negociação em Mercados Organizados administrados pela B3", conforme Regulamento Para Listagem De Emissores E Admissão À Negociação De Valores Mobiliários, disponível em: <http://www.b3.com.br/pt_br/regulacao/estrutura-normativa/listagem/>. Acesso em: 05 mar. 2021.
26. Art. 24. A companhia deve *implantar funções de compliance,* controles internos e riscos corporativos, sendo vedada a acumulação com atividades operacionais.
   Art. 31. A companhia deve elaborar e divulgar *código de conduta aprovado pelo conselho de administração* e aplicável a todos os empregados e administradores *que contemple, no mínimo*: I – os princípios e os valores da companhia; II – as regras objetivas relacionadas à necessidade de compliance e conhecimento sobre a legislação e a regulamentação em vigor, em especial, às normas de proteção à informação sigilosa da companhia, combate à corrupção, além das políticas da companhia; III – os deveres em relação à sociedade civil, como responsabilidade socioambiental, respeito aos direitos humanos, e às relações de trabalho; IV – o canal que possibilite o recebimento de denúncias internas e externas, relativas ao descumprimento do código, de políticas, legislação e regulamentação aplicáveis à companhia; V – a identificação do órgão ou da área responsável pela apuração de denúncias, bem como a garantia de que a elas será conferido anonimato; VI – os mecanismos de proteção que impeçam retaliação à pessoa que relate ocorrência potencialmente violadora do disposto no código, em políticas, legislação e regulamentação aplicáveis à companhia; as

funções de *compliance*, elaborando e divulgando código de conduta a ser aprovado pelo conselho de administração em observância ao conteúdo mínimo prescrito. Em outras palavras, elucidam Alves e Pinheiro (2017):

> [...] a B3, em conjunto com a CVM, atua como verdadeiro órgão promotor do *compliance* no Brasil. Ao impor regramentos na listagem e agir como garantidor de seu cumprimento, por meio de coerção, a B3 acaba por exigir que as sociedades que queiram comerciar valores no mercado de capitais adotem um programa de integridade sério, que conduza à valorização de suas ações. Desse modo, ao editar essas exigências, a B3 também acaba por auxiliar na delimitação dos contornos de um *compliance* efetivo, protegendo não só os interesses privados da sociedade e seus integrantes, mas igualmente o interesse público de combate a fraudes.

Fato é que a imperatividade de garantir programas de integridade efetivos, decorrente da natureza vinculativa[27] deste autocontrato, apta a ensejar a confiabilidade das informações divulgadas, e das benesses[28] à ele vinculadas, é reforçada quando se tratam das emissoras atuantes no Novo Mercado, porquanto os pressupostos de admissão nesse espaço importam em óbvia valorização das ações negociadas. Em vista disso, forçosa a análise do grau de *compliance* dessas companhias, o qual, no caso da presente pesquisa, significa conformidade com a Política Nacional das Relações de Consumo, nos termos a serem expostos na sequência.

3. *COMPLIANCE* CONSUMERISTA

Toda e qualquer análise que pretenda tangenciar a efetividade do *compliance*, dada sua potencialidade e abrangência, deve proceder necessário recorte. Essa premissa, muito embora capaz de apontar para a escolha ora formulada, segundo a qual a proteção do consumidor é critério merecedor de incorporação nos programas de integridade, não a justifica.

Do ponto de vista normativo, a defesa do consumidor enquanto disciplina jurídica autônoma tem como referência a promulgação da Lei 8.078/1990, a saber, o Código de Defesa do Consumidor.

Contudo, fato é que, para além de consubstanciar direito e garantia fundamental, a matéria figura como princípio que conforma a própria ordem econômica e

---

sanções aplicáveis; VII – a previsão de treinamentos periódicos aos empregados sobre a necessidade de cumprimento do disposto no código; VIII – e as instâncias internas responsáveis pela aplicação do código. Parágrafo único. O código de conduta pode abranger terceiros, tais como fornecedores e prestadores de serviço. (grifo nosso)

27. TEUBNER, 2020, p. 10.

28. A título de exemplificação, o art. 7º, inc. VIII, da Lei 12.846/2013 dispõe que a "existência de mecanismos e procedimentos internos de integridade, auditoria e incentivo à denúncia de irregularidades e a aplicação efetiva de códigos de ética e de conduta no âmbito da pessoa jurídica" deve ser considerada em casos de responsabilização civil e administrativa de pessoas jurídicas que praticaram atos contra a administração pública. Portanto, por figurar como atenuante em punição de infrações, cujo bem jurídico tutelado é a coisa pública per si, forçosa avaliação acerca da conformidade entre o programa de integridade e os objetivos de implementação, sob pena de compliance artificial e inócuo se valer injustamente deste benefício.

financeira entabulada na Constituição Federal de 1988, razão pela qual condiciona o exercício da empresa, tanto no panorama externo, relacionando-se com uma gama de outros princípios norteadores da livre iniciativa, quanto internamente, por força da incidência da função social da empresa em seu interesse social.

Em verdade, não sem oposições[29], a ideia de função social da empresa enquanto poder-dever, isto é, imposição pela ordem jurídica de que vinculada à prerrogativa de explorar a propriedade privada esteja incumbência de observar determinado fim social, importa em verdadeiro condicionamento de que titular do controle das sociedades empresárias não seja alheio aos interesses da coletividade, devendo adotar não somente abstenções, mas também condutas positivas, a fim de legitimar de seu direito.

A despeito das grandes discussões[30] relativas à medida da internalização destes interesses, ou seja, à definição dos propósitos condicionadores dos rumos da tomada de decisão no meio organizativo, a tônica da função social impõe que o exercício da empresa, enquanto instituição fundamental no âmbito econômico, social e político, deve "ser relacionado à criação de uma organização capaz de estruturar da forma mais eficiente – e aqui eficiência é a distributiva e não a alocativa – as relações jurídicas que envolvem a sociedade"[31].

Notadamente, a propagação dos efeitos de sua atuação, seja diretamente, por força do feixe de obrigações assumidas, seja indiretamente, em virtude de seu papel na conformação do que se entende por economia popular, faz com que as companhias a considerem, em seu processo de tomada de decisão, consumidores, empregados, comunidade, demais agentes econômicos e outros interessados.

De outra parte, funciona a função social da empresa, na qualidade de derivação direta da função social da propriedade, como princípio e vetor que orienta e sistematiza a ordem econômica e financeira constitucional.

No ponto, o esforço de compatibilização dos diversos interesses e princípios envoltos no exercício da livre iniciativa, dentre os quais se insere a defesa do consumidor, não apenas informa a ampliação do rol de destinatários da atividade[32], re-

---

29. Desde o nascedouro da função social da empresa na doutrina pátria, muito já se questionava acerca da dificuldade, ou até da conveniência, de impor, por força do instituto, deveres positivos e limitações a direitos subjetivos relacionados às sociedades empresárias, posto que a empresa capitalista, como organização produtora, têm a obtenção de lucro como essência. Neste raciocínio, obrigar as companhias "a exercer uma função social *ad extra* no seio da comunidade em que operam, apresenta vício lógico insanável de contradição" (COMPARATO, 1996, p. 44).

30. No que tange ao contratualismo *versus* institucionalismo, em suas dimensões clássicas, a leitura do primeiro tinha o interesse social como coincidente com o interesse dos sócios, atuais ou futuros, em prejuízo de quaisquer interesses externos, em contraponto à posterior perspectiva delineada pelo institucionalismo publicista, segundo a qual o interesse social, não redutível ao interesse dos sócios, pressupõe a função econômica pública da sociedade empresária, de sorte que "em sentido semelhante, o institucionalismo integracionista considera interesse social o interesse comum de sócios e não sócios, materializado na preservação da empresa" (SALOMÃO FILHO, 2002). Hodiernamente, pode-se atribuir protagonismo ao embate entre *shareholders* e dos *stakeholders*.

31. SALOMÃO FILHO, 2002, p. 43.

32. FRAZÃO, 2018.

forçando a noção de interesse social constitucionalmente adotada, mas ainda revela que o intento harmonizador da normativa consumerista retira sua razão de ser da própria Constituição Federal[33]. Ora, a pertinência da proteção do consumidor no âmbito empresarial e a conexão entre tais matérias são inequivocamente vislumbradas na estruturação da Política Nacional de Relações de Consumo empreendida pela legislação de regência, cuja característica principal é o esforço de harmonização dos interesses e perspectivas dos agentes envolvidos.

Assim, mais que superar a desigualdade entre partes relacionadas no consumo[34], salvaguardando as necessidades dos consumidores quanto à sua dignidade, saúde, segurança, proteção econômica e melhoria da sua qualidade de vida, a Lei 8.078/90 dita verdadeira filosofia de ação que conjuga tais prerrogativas a um projeto de "desenvolvimento econômico e tecnológico, viabilizando-se os princípios da ordem econômica de que trata o art. 170 da Constituição Federal, e educação – informação de fornecedores e consumidores quanto aos seus direitos e obrigações"[35].

Na linha do exposto, conclui-se que, como destinatário final de produtos e serviços, o consumidor é, certamente, ente social partícipe da cadeia produtiva e, portanto, merecedor de que seus interesses sejam internalizados na tomada de decisão empresarial, fato que encontra justificação na própria função social da empresa e suas inferências no interesse social das companhias.

Ademais, dada sua potencialidade autorregulatória, conteúdo harmonizador e inegável sintonia com o texto constitucional, nada mais plausível que a legislação em comento possa, e até deva, funcionar como subsídio para que os *players* do mercado de capitais, sobretudo aquelas que compõem o segmento de listagem do "Novo Mercado" da B3, assumam o protagonismo de sua atuação através da autorregulação promovida pela adoção do *compliance* consumerista em seus programas de integridade.

---

33. Art. 5º, CRFB, 1988. Todos são iguais perante a lei, sem distinção de qualquer natureza, garantindo-se aos brasileiros e aos estrangeiros residentes no País a inviolabilidade do direito à vida, à liberdade, à igualdade, à segurança e à propriedade, nos termos seguintes: XXXII – Estado promoverá, na forma da lei, a defesa do consumidor.

    Art. 170. A ordem econômica, fundada na valorização do trabalho humano e na livre iniciativa, tem por fim assegurar a todos existência digna, conforme os ditames da justiça social, observados os seguintes princípios: I – soberania nacional; II – propriedade privada; III – função social da propriedade; IV – livre concorrência; V – defesa do consumidor; VI – defesa do meio ambiente; VI – defesa do meio ambiente, inclusive mediante tratamento diferenciado conforme o impacto ambiental dos produtos e serviços e de seus processos de elaboração e prestação; VII – redução das desigualdades regionais e sociais; VIII – busca do pleno emprego; IX – tratamento favorecido para as empresas brasileiras de capital nacional de pequeno porte. IX – tratamento favorecido para as empresas de pequeno porte constituídas sob as leis brasileiras e que tenham sua sede e administração no País. Parágrafo único. É assegurado a todos o livre exercício de qualquer atividade econômica, independentemente de autorização de órgãos públicos, salvo nos casos previstos em lei.

    Art. 48, ADCT. O Congresso Nacional, dentro de cento e vinte dias da promulgação da Constituição, elaborará código de defesa do consumidor.

34. MATHIAS, 2010, p. 63.

35. GRINOVER, 2019, p. 09.

4. AVALIAÇÃO DO *COMPLIANCE* CONSUMERISTA: A CONSTRUÇÃO DO QUESTIONÁRIO E A COLETA DE DADOS

4.1 A coleta de dados: metodologia utilizada

Ultrapassadas as bases teóricas para admissão da Defesa do Consumidor como critério passível de incorporação em programas de integridade de qualidade, resta esclarecer o processo de obtenção e tratamento dos dados colhidos durante o estudo das políticas de *compliance* dos integrantes do segmento de Novo Mercado da B3.

A coleta e apreciação dos dados desenvolveu-se no interregno de 15.01.2020 a 15.02.2020, momento em que foram examinados[36] os sítios eletrônicos das 143 emissoras que à época compunham o referido segmento de listagem, disponibilizados na plataforma da própria Bolsa de Valores na aba referente ao Novo Mercado, para consequente extração dos respectivos programas de *compliance* (quando) fornecidos ao público.

O estudo, ora empreendido através do método de análise documental[37], deu-se por meio da construção e aplicação de questionário estruturado[38], composto por perguntas fechadas e, não raro, dicotômicas.

---

36. Do ponto de vista coletivo, o grupo EDRESP elaborou procedimento padrão para a efetivação desta pesquisa, visando evitar ou reduzir disparidades entre documentos acessados e, portanto, resultados obtidos entre pesquisadores e critérios diversos. Além de utilizar um diário de pesquisa de contribuição conjunta de todos os membros do grupo, destinado a computar seus avanços e fazer relatos do processo, os pesquisadores, para acessar os programas de integridade disponíveis, seguiram o seguinte caminho: a partir do site oficial da B3, clicou-se nos links "empresas listadas" e "segmento", onde foi selecionada a opção "Novo Mercado"; clicou-se no nome da companhia, buscando localizar a seção do sítio em que era disponibilizado os documentos referentes à integridade a partir de palavras-chave como "Códigos", "*Compliance*", "Governança Corporativa" "Integridade", "Políticas".

37. Para a apreciação das políticas de integridade dessas sociedades empresárias, partiu-se da metodologia da análise documental proposta por André Cellard, a qual compreende, em síntese, a investigação de cinco elementos: (i) contexto – exame do contexto social global em que o documento foi produzido, que permite interpretá-lo conforme os valores preconizados à época de sua elaboração –; (ii) autor – estudo acerca do background do redator, a fim de identificar em nome do que, de quem e de quais interesses ele fala –; (iii) autenticidade e confiabilidade do texto – arguição acerca da origem, ideologia e interesses sociais do autor, com vistas a assegurar a qualidade da informação transmitida; (iv) natureza do texto – verificação da estrutura por meio do qual foi vinculado, constatando a finalidade para a qual foi escrito –; (v) conceitos-chave e lógica interna do texto – parte-se, por fim, à análise dos termos empregados pelo autor, do desenvolvimento de seus argumentos, extraindo-se, por completo, o sentido do próprio documento.

38. Faz-se necessário ressaltar que o questionário possuía uma seção preliminar, em que, sob um panorama quantitativo, investigou-se quantas companhias, no universo de sociedades empresárias listadas no segmento "Novo Mercado" da B3, de fato disponibilizam à comunidade documentos aptos a evidenciar os padrões de integridade assumidos, aqui denominados programa de integridade *lato sensu*. Na ocasião, entre as companhias que possuíam programa de integridade *lato sensu*, verificou-se também se esse era centralizado – documentos concentrados em única aba, página ou arquivo uno – ou difuso – documentos localizados em diversas páginas ou partes separadas no *site* –, a fim de constatar o grau de dificuldade em localizar os referidos arquivos nos sítios eletrônicos das companhias. Ademais, foi assinalado se as sociedades empresárias eram ou não estatais, bem como qual era sua respectiva área de atuação, tendo em vista classificação setorial da própria B3, disponível em: <http://www.b3.com.br/pt_br/produtos--e-servicos/negociacao/renda-variavel/acoes/consultas/classificacao-setorial/>. Diante disso, dentre as sociedades empresárias em questão: 3% eram estatais; encontravam-se distribuídas em dez setores (bens

COMPLIANCE CONSUMERISTA **307**

Nesse sentido, pelo método indutivo, extraiu-se da doutrina, jurisprudência e, principalmente, da legislação e disposições normativas aplicáveis, conteúdo para as perguntas do questionário, tendo em vista o combate às práticas ilícitas pelas sociedades empresárias no âmbito consumerista. O método dedutivo, por sua vez, foi utilizado para o exame, por meio desses questionários, dos documentos[39] publicizados pelas companhias listadas no segmento do Novo Mercado, com a finalidade de averiguar, qualitativamente, o compromisso com a defesa do consumidor constante nos programas de integridade.

Prestados tais esclarecimentos, passa-se à elucidação da construção do questionário propriamente dito e da avaliação dos resultados obtidos.

4.2   A construção do questionário: fundamentos e considerações gerais

A princípio, a elaboração das perguntas específicas retirou subsídio direto das disposições da Lei 8.078/1990, ou seja, do Código de Defesa do Consumidor, cuja eleição foi, não sem razão, baseada na completude da regulamentação da matéria efetivada pelo diploma.

Por ser um subsistema autônomo, norteado por carga principiológica própria, consentânea com a tábua axiológica constitucional, o diploma realiza verdadeiro corte horizontal no ordenamento jurídico, na medida em que toca o maior número de matérias atinentes às relações consumeristas, ainda que essas possam ser reguladas indiretamente por outras normativas[40].

Entretanto, a própria extensão da Lei 8.078/1990, traduzida em cerca de cento e dezenove artigos vigentes, configura óbice à utilização, para os presentes fins, da integralidade de seu texto, tornando inexecutável a tarefa de coleta e análise de dados. Assim, por conferirem, per si, ampla proteção aos consumidores, consagrando princípios constitucionais basilares de proteção suficientes para o cumprimento dos objetivos aos quais a lei se propôs[41], considerou-se que os sete primeiros dispositivos da Lei 8.078/1990 fornecem substrato teórico bastante a formulação do questionário estruturado.

---

industriais – 13%; comunicação – 1%; consumo cíclico – 31%; financeiro – 12%; materiais básicos – 5%; petróleo, gás e biocombustíveis – 5%; saúde – 8%; tecnologia de informação – 4%; utilidade pública – 8%; outros – 13%); e todas possuíam programa de integridade lato sensu, sendo 76% deles centralizados e 24% difusos.

39. Para os fins dessa pesquisa, entendeu-se como tal Código ou Manual de Ética e de Conduta; Políticas Anticorrupção, de Controles Internos, de Dividendos e Histórico, de Divulgação de Informações Relevantes, Financeira, de Gerenciamento de Riscos, de Indicação e Remuneração dos Administradores, de Negociação, de Negociação de Valores Mobiliários de Emissão, de Preservação de Sigilo, de Prevenção e Combate à Lavagem de Dinheiro e ao Financiamento ao Terrorismo, de Relacionamento com o Cliente e Fornecedores, de Remuneração Variável, de Segurança da Informação, de Sustentabilidade, de Transações com Partes Relacionadas; Regimentos Internos; Relatório de Sustentabilidade; Programa de Compliance ou Integridade, entre outros documentos.

40. NUNES, 2018, p. 78.

41. NUNES, 2018, p. 121.

Dentro desse recorte, porém, verificou-se não haver razão[42] para a incorporação de todos os dispositivos, razão pela qual tão somente o 6º[43] figurou como fundamento das perguntas específicas a seguir expostas, já que apresenta os direitos básicos do consumidor, ou seja, as principais garantias conferidas pela Lei 8.078/1990 cuja responsabilidade de materialização é dos próprios fornecedores.

Assim, com fim de verificar a qualidade do *compliance* consumerista dos programas de integridade das companhias listadas no segmento do Novo Mercado da B3, foram confeccionadas 09 (nove) perguntas baseadas na carga principiológica atrelada à matéria, lê-se cada um dos incisos do art. 6º do CDC, através das quais se efetivou o processo de coleta e observação dos dados entre janeiro e fevereiro de 2020[44-45], cujos resultados passam a ser apresentados.

---

42. Com efeito, os arts. 1º a 3º e 7º da Lei 8.078/1900 apresentam somente conceitos essenciais para a configuração da relação de consumo, bem como para a interpretação da legislação consumerista, pelo que não compreendem as garantias que devem ser asseguradas aos consumidores pelos fornecedores e, por conseguinte, não foram utilizados como fundamento para a construção das perguntas. De igual maneira, os arts. 4º e 5º disciplinam a Política Nacional das Relações de Consumo, cujos princípios fundantes orientam as atividades de aplicação, controle, fiscalização e interpretação dessa legislação pelo Estado, não por agentes privados. Em virtude disso, não há porquê serem utilizados, pois objetiva-se analisar os programas de integridade elaborados por sociedades, não pelo Poder Público.

43. Art. 6º São direitos básicos do consumidor: I – a proteção da vida, saúde e segurança contra os riscos provocados por práticas no fornecimento de produtos e serviços considerados perigosos ou nocivos; II – a educação e divulgação sobre o consumo adequado dos produtos e serviços, asseguradas a liberdade de escolha e a igualdade nas contratações; III – a informação adequada e clara sobre os diferentes produtos e serviços, com especificação correta de quantidade, características, composição, qualidade, tributos incidentes e preço, bem como sobre os riscos que apresentem; IV – a proteção contra a publicidade enganosa e abusiva, métodos comerciais coercitivos ou desleais, bem como contra práticas e cláusulas abusivas ou impostas no fornecimento de produtos e serviços; V – a modificação das cláusulas contratuais que estabeleçam prestações desproporcionais ou sua revisão em razão de fatos supervenientes que as tornem excessivamente onerosas; VI – a efetiva prevenção e reparação de danos patrimoniais e morais, individuais, coletivos e difusos; VII – o acesso aos órgãos judiciários e administrativos com vistas à prevenção ou reparação de danos patrimoniais e morais, individuais, coletivos ou difusos, assegurada a proteção Jurídica, administrativa e técnica aos necessitados; VIII – a facilitação da defesa de seus direitos, inclusive com a inversão do ônus da prova, a seu favor, no processo civil, quando, a critério do juiz, for verossímil a alegação ou quando for ele hipossuficiente, segundo as regras ordinárias de experiências; IX – (Vetado); X – a adequada e eficaz prestação dos serviços públicos em geral; Parágrafo único. A informação de que trata o inciso III do *caput* deste artigo deve ser acessível à pessoa com deficiência, observado o disposto em regulamento.

44. A busca dos resultados através da navegação nos sítios eletrônicos das sociedades emissoras, bem como da apreciação de seus documentos de integridade foi empreendida ao longo desses dois meses, sendo repetida quantas vezes fossem necessárias para identificar a localização dos programas de *compliance*, preferivelmente o mais recente possível. Significa dizer que a mesma companhia pode ser sido "examinada" mais de uma vez nesse ínterim. Para efeito ilustrativo, cita-se a companhia SINQIA S.A, cuja documentação de integridade somente foi encontrada em um segundo momento. Percorrido o sítio, não foi identificada seção atinente ao *compliance*, sendo pesquisados os termos "Código", "Compliance", "Programa de integridade", sem sucesso. Posteriormente, adentrando a aba documentos, situou-se o respectivo Código de conduta na seção pertinente ao ano de 2014. Documentação disponível em: <https://ri.sinqia.com.br/>. Acesso: em 31 jan. 2020.

45. Registra-se que a presente pesquisa utilizou-se do segundo interregno de coleta de dados designado pelo grupo, a saber, de 15.07.2020 a 15.08.2020 para proceder a correção das respostas ao quesito acerca da caracterização do programa de integridade como *latu sensu* em relação a 6 sociedades, quais sejam CCX Carvão da Colômbia S.A., Helbor Empreendimentos S.A., Moura Dubeux Engenharia S.A., Ômega Geração S.A., Priner Serviços Industriais S.A. e Sinqia S.A. Isso porque, ante as disparidades entre pesquisadores quanto à data e horário (devidamente circunscritos no lapso temporal pré-estabelecido) da coleta, outros

4.3   A construção do questionário: fundamentos específicos

De antemão, adverte-se que em vista dos programas de integridade remeterem, no mais das vezes, à documentação muito densa e esparsa, para os fins da presente investigação foram considerados todos os dados relativos à figura do consumidor, independente de integrarem tópico ou nicho próprio a este *stakeholder*, o qual por vezes não era encontrado[46]. Ademais, adverte-se que frases genéricas ou declarações demasiado abertas[47] que apontavam para a promessa de observância de direitos e prerrogativas de forma geral não importaram em cumprimento dos requisitos traduzidos nas questões a seguir expostas.

Ainda preliminarmente, considerou-se necessário averiguar se os programas de *compliance* examinados ao menos mencionavam os verbetes "consumidor", "consumo" ou "cliente". O objetivo dessa pergunta preliminar foi constatar a existência de qualquer autorregulação sobre a matéria consumerista no programa de integridade, independente de seu conteúdo.

4.3.1   Os princípios da igualdade nas contratações e da proteção à vida, saúde e segurança

Quanto à parte específica, positivado no art. 6°, I, do CDC, o princípio da proteção à vida, saúde e segurança compreende direitos básicos que derivam da noção de dignidade da pessoa humana, positivada na Constituição Federal de 1988 (art. 1°, III) e na própria Lei 8.078/1990 (art. 4°, *caput*), apresentando quadro de proteção amplo, que assegura tanto o conforto material[48], quanto o moral e psicológico. Diante disso, é imprescindível a previsão, no programa de integridade, de mecanismos de controle de qualidade e segurança dos produtos ou serviços oferecidos no mercado, para que a vida, saúde e segurança dos consumidores não seja colocada em risco, pelo que a essa garantia destinou-se uma questão

---

membros lograram localizar documentação hábil a configurar programa de *compliance*, a qual não fora de antemão identificada por estas pesquisadoras. Assim, visando atenuar incorreções e injustiça nos resultados obtidos, foi preterida a estrita observância do ínterim pré-designado para a pesquisa em favor da maior exatidão e veracidade dos dados coletados.

46. A título de exemplificação, a emissora BRF S.A., ao tempo da pesquisa, não possuía seção tratando especificamente do cliente, o qual foi mencionado um total de 04 vezes ao longo de documento de 28 páginas, denominado Manual de Transparência. Documentação disponível em: <https://www.brf-global.com/>. Acesso em: 12 fev. 2020.

47. A Cia Saneamento de Minas Gerais-COPASA MG, por exemplo, asseverou no respectivo programa de integridade o seguinte: "Somos motivados a atender bem o cliente.". O fato de apontar para a consideração do cliente como figura merecedora de tutela ensejou resposta positiva quanto à menção (primeira questão), todavia em nada contribuiu na perquirição acerca, ilustrativamente, da proteção contra a publicidade enganosa ou abusiva, um dos pontos do questionário. Documentação disponível em: <http://www.copasa. com.br/wps/portal/internet/>. Acesso em: 12 fev. 2020.

48. O conforto material está relacionado não só à aquisição de bens de primeira necessidade, mas também aos relacionados à cultura e ao lazer, esses últimos, assegurados pela CF/88, art. 6°, *caput* (NUNES, 2018, p. 121).

Outra prerrogativa basilar encontra-se veiculada no inciso II deste artigo. Como desdobramento expresso do direito fundamental à isonomia, previsto no art. 5º, caput da Constituição Federal de 1988, o princípio da igualdade nas contratações determina que o fornecedor, categoria que não exclui as companhias listadas no segmento do "Novo Mercado", não pode discriminar[49] ou distinguir os consumidores que utilizam seus produtos ou serviços. Diante disso, observou-se a necessidade de avaliar se o programa de integridade da sociedade empresária dispõe acerca do tratamento igualitário ou veda o tratamento discriminatório dos consumidores pelos colaboradores ou funcionários.

4.3.2 Os princípios da proteção contra a publicidade enganosa ou abusiva e do dever de informar

O art. 6º, IV, do CDC estabelece que a proteção contra a publicidade enganosa ou abusiva[50] por parte dos fornecedores, bem como contra métodos coercitivos ou desleais, é direito do consumidor, sendo as bases conceituais dessa garantia assentadas nos arts. 36 a 38 e nos tipos penais dos arts. 67 a 69 do mesmo diploma.

A publicidade consiste em meio de apresentação ou venda do produto ou serviço, anunciando-o, descrevendo-o, oferecendo-o, divulgando-o ou propagando-o. Via de consequência, deve ser restringida, pois impacta diretamente as informações que serão divulgadas aos consumidores, influenciando sua tomada de decisão no caso concreto[51].

Nesse sentido, uma das perguntas averigua a precípua divulgação de produtos ou serviços mediante publicidade enganosa e abusiva. Ainda, considerou-se relevante questionar se há ao menos menção aos termos "propaganda" ou "publicidade", com vistas a observar a existência de qualquer autorregulação da matéria, ainda que não expressamente traduzida na citada proibição.

No mesmo sentido, o princípio do dever de informar, positivado nos incisos II e III do artigo em análise, obriga o fornecedor a prestar todas as informações acerca

---

49. A propósito, não se confunde o tratamento discriminatório proibido pelo princípio da isonomia da diferenciação protetiva consentânea com o preceito constitucional, pautada, sobretudo, na verificação de correlação lógica da discriminação com o tratamento jurídico atribuído em face da desigualdade e afinidade entre essa correlação e os valores protegidos no ordenamento constitucional. Assim, tem-se como exceção a própria aplicação do princípio em seu aspecto material, como o tratamento diferenciado a gestantes, idosos e portadores de deficiência física ou psicológica (NUNES, 2018, p. 126).

50. Nos termos do art. 37 da Lei 8.078/90 é proibida toda publicidade enganosa ou abusiva, cuja definição é entabulada em seus parágrafos, quais sejam: § 1º É enganosa qualquer modalidade de informação ou comunicação de caráter publicitário, inteira ou parcialmente falsa, ou, por qualquer outro modo, mesmo por omissão, capaz de induzir em erro o consumidor a respeito da natureza, características, qualidade, quantidade, propriedades, origem, preço e quaisquer outros dados sobre produtos e serviços. § 2º É abusiva, dentre outras a publicidade discriminatória de qualquer natureza, a que incite à violência, explore o medo ou a superstição, se aproveite da deficiência de julgamento e experiência da criança, desrespeita valores ambientais, ou que seja capaz de induzir o consumidor a se comportar de forma prejudicial ou perigosa à sua saúde ou segurança. § 3º Para os efeitos deste código, a publicidade é enganosa por omissão quando deixar de informar sobre dado essencial do produto ou serviço.

51. NUNES, 2018, p. 128.

do produto e do serviço, como características, qualidades, riscos, preços e quaisquer outros dados relevantes, de maneira clara e precisa, não se admitindo falhas ou omissões. A garantia afeta diretamente à concretização da transparência, objetivo Política Nacional das Relações de Consumo, art. 4º, *caput*, do mesmo diploma[52], abrangendo o conteúdo dos contratos vinculados à relação.

Em decorrência disso, é fundamental que a companhia possua política de publicização de informações sobre as características dos produtos e serviços oferecidos no mercado, bem como acerca da origem dos processos, insumos e mão de obra utilizados na cadeia produtiva, haja vista a informação se tratar de dever indispensável à relação consumerista, não podendo o produto ou serviço ser colocado no mercado sem sua observância[53]. Questionou-se, portanto, trata da (i) publicização de informações sobre as características dos produtos e serviços que a empresa oferece no mercado e (ii) das características e origem dos processos, insumos e mão de obra utilizados na cadeia produtiva de bens e serviços.

A inegável possibilidade das informações divulgadas se mostrarem insuficientes torna imprescindível, ainda, que exista um meio pelo o qual o consumidor possa contatar as companhias para sanar eventuais dúvidas ou solicitar esclarecimentos sobre os produtos, serviços ou até mesmo sobre a própria companhia, angariando amplo conhecimento sobre aquilo que adquire ou venha a adquirir.

Partindo do pressuposto que a transparência ultrapassa a mera divulgação e que o direito à informação contempla tanto o direito de ser informado – dever de alguém lhe informar –, quanto o de se informar – prerrogativa de alguém buscar ativamente pela informação –[54], indagou-se se o programa de integridade menciona existência de canal de ouvidoria, por meio do qual pode ser realizado contato direto pelo consumidor com o fornecedor.

De igual maneira, uma questão tratou das formas de contato direto disponibilizadas pela sociedade empresária, pois entende-se que, quanto mais forem, mais acessível é a companhia ao consumidor. De todo modo, a simples existência de canal de contato já é imprescindível para a prevenção e reparação de danos morais e materiais, princípio que será explicado a seguir.

4.3.3   O princípio da prevenção e reparação de danos morais e materiais

Nos termos do art. 6º, VII, o princípio da prevenção e reparação de danos morais e materiais determina que o consumidor tem direito ao efetivo ressarcimento, caso sofra qualquer tipo de dano. Relativamente aos danos materiais, a compensação deve

---

52. Art. 4º A Política Nacional das Relações de Consumo tem por objetivo o atendimento das necessidades dos consumidores, o respeito à sua dignidade, saúde e segurança, a proteção de seus interesses econômicos, a melhoria da sua qualidade de vida, bem como a *transparência* e harmonia das relações de consumo, atendidos os seguintes princípios: (grifo nosso)
53. NUNES, 2018, p. 126.
54. NUNES, 2018, p. 66-70.

ser integral, incluindo os danos emergentes e lucros cessantes, no intuito de manter estável o patrimônio do consumidor. Ademais, a utilização da expressão "efetiva prevenção e reparação" pelo legislador no dispositivo informa que está vedada a tarifação no momento do cálculo do *quantum* indenizatório[55].

Julgou-se, pois, relevante averiguar se os programas de integridade preveem (i) meios extrajudiciais de resolução de conflitos, bem como (ii) meios de compensação ou ressarcimento em caso de danos ao consumidor, para que o princípio da prevenção e reparação de danos morais e materiais seja, com efeito, materializado.

4.4 Para além dos números: considerações sobre os dados colhidos e compilados

Pontuados os princípios justificadores e dispositivos legais associados à elaboração de cada uma das perguntas formuladas, seguem os resultados colhidos e compilados da análise dos programas de integridade das companhias listadas no Novo Mercado da B3:

Tabela 1 – Dados colhidos da aplicação do Questionário Estruturado

Pergunta	"Sim"	"Não"
O programa de integridade dispõe acerca do tratamento igualitário ou veda o tratamento discriminatório dos consumidores pelos colaboradores ou funcionários?	61,9%	38,1%
O programa de integridade menciona o termo "publicidade" ou "propaganda"?	38,5%	61,5%
O programa trata de vedação à propaganda ou publicidade enganosa ou abusiva?	21%	79%
O programa trata da publicização de informações sobre as características dos produtos e serviços que a empresa oferece no mercado?	10,8%	89,2%
O programa trata da publicização das características e origem dos processos, insumos e mão de obra utilizados pela empresa em sua cadeia produtiva de bens e serviços?	1,4%	98,6%
O programa menciona a existência de canal de ouvidoria, por meio do qual pode ser realizado contato direto pelo consumidor com a empresa fornecedora?	54,2%	45,8%
O programa prevê meios extrajudiciais de solução de conflitos com os consumidores?	2,4%	97,6%
Se constatado dano ou prejuízo sofrido em razão do produto ou serviço oferecido pela empresa, o programa de integridade prevê meios de compensação ou ressarcimento ao consumidor?	2,1%	97,9%
Há previsão, no programa de integridade, de mecanismos de controle de qualidade e segurança dos produtos ou serviços oferecidos no mercado?	5,9%	94,1%

O exame da tabela informa que, malgrado o questionamento acerca da existência de menção aos termos "consumidor", "cliente" ou "consumo" nos programas de *compliance* tenha apontado, de forma significativa (98% respostas positivas), para a existência de autorregulação consumerista, o efetivo tratamento da matéria não se mostrou igualmente satisfatório.

---

55. NUNES, 2018, p. 131-132.

Com efeito, quanto aos questionamentos atinentes à divulgação de informações e transparência, percebe-se que muito embora exista considerável número de companhias mencionando a "publicidade" ou "propaganda" como questões pertinentes a seu *compliance* (38,5%), inclusive através de expressa vedação à publicidade enganosa ou abusiva (21%), ínfima parcela das emissoras se ocupa de dispor acerca dos dados sensíveis, seja no plano das características de produtos e serviços (10,8%), seja dos processos e insumos empregados em sua produção (1,4%).

Na mesma linha, apenas 5,9% das companhias em exame dispõe em seus documentos de integridade a respeito do efetivo emprego de mecanismos de controle de qualidade e segurança dos produtos ou serviços, em patente desconsideração do interesse do consumidor de ver, nos códigos e promessas de condutas de seus fornecedores, a devida obediência ao princípio da proteção à vida, saúde e segurança.

Relativamente ao tratamento direto do consumidor, observa-se o comprometimento com o preceito da isonomia, vez que 61,9% das emissoras se alinham com a vedação de tratamento discriminatório. Contudo, o mesmo não é verdade com relação à atenuação de danos e prevenção da judicialização, porquanto é praticamente nula a parcela de programas de integridade que preveem medidas de ação quando um elemento conflituoso, *v.g.* dúvida, dano, prejuízo ou outros, já incidiu sobre a relação companhia fornecedora-consumidor. Ora, apenas 2,4% listam meios[56] extrajudiciais de solução dos conflitos diretos com consumidores, ao passo que 2,1% comprometem-se a, constatado dano decorrente produto ou serviço, compensar ou reparar de alguma forma o consumidor.

Não se ignora os desafios que envolvem a efetiva concretização de medidas consensuais ou extrajudiciais de resolução de conflitos, variáveis de acordo com a casuística, bem como a existência de figuras e meios disponíveis à intermediação[57] dessas pelejas. Todavia, o que se questiona é a total inexistência de efetivos esforços envidados nesse sentido.

De todo modo, alinhados ao princípio da informação e transparência, 54,2% dos programas de *compliance* mencionaram a existência de canais de ouvidoria que abarcavam, de maneira expressa ou não excludente, o cliente e forneciam devidos esclarecimentos e dados quanto aos meios de comunicação disponíveis.

Destaca-se que, a despeito da confiabilidade esperada dos documentos formais acessados, por conta da vinculação exercida sobre a conduta da sociedade empresária e terceiros, a presente pesquisa não é alheia à transitoriedade e natural adaptabilidade

---

56. Destaca-se que a resposta "sim" somente foi assinada quando, de fato, foram enumerados mecanismos, como acordos, devoluções e outros, não apenas assertivas genéricas de compromisso com os métodos alternativos de resolução de conflitos ou promessas vazias.

57. Ilustrativamente, cite-se a plataforma Consumidor.gov, através da qual é possível que consumidores comuniquem-se diretamente com as sociedades participantes, que se comprometem a receber, analisar e responder as reclamações em até 10 dias. Informações disponíveis em: <https://www.consumidor.gov.br>. Acesso em 18 mar. 2021.

das assertivas neles firmadas. Daí, entende-se que a falta de subsunção ótima de dada companhia aos critérios ora estabelecidos não mina sua possibilidade de se adequar plenamente à normativa e principiologia orbitante sobre a temática consumerista.

Ademais, apesar dos cuidados objetivos direcionados a minar influências e subjetividades oriundas da interferência ou da mera presença do pesquisador[58], é bem verdade que a leitura de dados, por envolver o exercício de descrição do mundo, implica necessariamente em ação sobre e interação com o mesmo, sendo praticamente impossível representação completamente desinteressada da realidade[59].

Por derradeiro, importa consignar que o presente estudo limitou-se a apreciar o teor dos programas de integridade disponibilizados pelas companhias emissoras listadas no Novo Mercado da B3, não tangenciando, portanto, a conformidade entre as respectivas práticas empresariais e compromissos assumidos perante terceiros e sociedade por meio desses documentos.

Em tempo, a despeito desta constatação não influir na qualidade dos programas de *compliance*, impende salientar que, na tentativa de encontrar os respectivos documentos de cunho autorregulatório, verificou-se que grande quantidade das sociedades listadas no Novo Mercado não apresentam sua documentação concernente à integridade no sítio principal direcionado ao público, antes separando neste uma aba denominada "Investidores", cujo condão é direcionar o navegante a um novo espaço eletrônico responsável por tratar dessas e outras questões corporativas. Nestes casos, é inegável que existe um incremento na dificuldade de localização dos documentos de integridade, reforçada do ponto de vista do presente critério, uma vez que o consumidor, possivelmente, não irá acessar uma aba direcionada a um ator tão distinto quanto o investidor, inviabilizando seu acesso aos programas de conformidade.

5. CONSIDERAÇÕES FINAIS

Partindo do pressuposto que a proteção do consumidor consiste em parâmetro idôneo de verificação da qualidade dos programas de integridade das companhias, analisou-se, por meio de questionário estruturado, os compromissos firmados pelas emissoras do Novo Mercado da B3 em relação à materialização dos direitos básicos e das principais garantias conferidas pelo diploma normativo mais relevante em termos de legislação consumerista pátria.

Apresentados os dados colhidos e compilados, constatou-se que, a maioria dos programas de integridade examinados não atendeu, parcial ou totalmente, aos quesitos constantes no questionário. Nesse sentido, os resultados alcançados são, indubitavelmente, problemáticos, haja vista que, independente do setor de atuação,

---

58. GAUTHIER, 1984, p. 296-297.
59. TAYLOR, 2000, p. 24.

na condição de destinatário final, o consumidor é agente indispensável para o fornecimento de bens e serviços no mercado com o escopo de lucro.

No entanto, embora a conclusão da análise não tenha sido satisfatória, faz-se necessário ressaltar que quase todos (98%) os programas de *compliance* mencionam o termo "consumidor", "cliente" ou "consumo" e que dois quesitos constantes no questionário – tratamento igualitário dos consumidores e existência de canal de ouvidoria – apresentam mais resultados positivos do que negativos. Desse modo, ainda que os direitos do consumidor tenham sido abordados de maneira incipiente nos programas de integridade, neles já existe conteúdo autorregulatório mínimo da matéria consumerista, apto a desenvolvimento futuro.

Por fim, cabe ressaltar que o presente artigo não objetivou averiguar cumpre à B3 a função de analisar qualitativamente os programas de compliance das companhias por ela listadas. Pelo contrário, as sociedades empresárias do segmento do Novo Mercado foram escolhidas para este estudo única e exclusivamente por se caracterizarem (ou ao menos por deverem se caracterizar) pelos mais elevados níveis de governança corporativa.

6. REFERÊNCIAS

ALVES, Alexandre Ferreira de Assumpção; PINHEIRO, Caroline da Rosa Pinheiro. O papel da CVM e da B3 na implementação e delimitação do programa de integridade. *Revista Brasileira de Direito Empresarial*, v. 3, n. 1, p. 40-60. Brasília, jan.-jun. 2017.

BRASIL. Constituição da República Federativa do Brasil de 1988. Diário Oficial da República Federativa do Brasil, Brasília, DF, 05 out. 1988. Disponível em: <http://www.planalto.gov.br/ccivil_03/constituicao/constituicaocompilado.htm>.

BRASIL. Instrução Normativa 461, de 23 de outubro de 2007. Disciplina os mercados regulamentados de valores mobiliários e dispõe sobre a constituição, organização, funcionamento e extinção das bolsas de valores, bolsas de mercadorias e futuros e mercados de balcão organizado. Diário Oficial da República Federativa do Brasil, Brasília, DF, 23 out. 2007. Disponível em: <http://www.cvm.gov.br/export/sites/cvm/legislacao/instrucoes/anexos/400/inst461consolid.pdf>.

BRASIL. Lei n. 6.385/76, de 7 de setembro de 1976. Diário Oficial [da] República Federativa do Brasil. Poder Legislativo, Brasília, DF, 09 dez. 1976. Disponível em: <http://www.planalto.gov.br/ccivil_03/leis/l6385.htm>.

BRASIL. Lei 8.078, de 11 de setembro de 1990. Diário Oficial [da] República Federativa do Brasil. Poder Legislativo, Brasília, DF, 12 set. 1990. Disponível em: <http://www.planalto.gov.br/ccivil_03/leis/l8078compilado.htm>.

BRASIL. Lei 12.846, de 1º de agosto de 2013. Diário Oficial [da] República Federativa do Brasil. Poder Legislativo, Brasília, DF, 02 ago. 2013. Disponível em: <http://www.planalto.gov.br/ccivil_03/_ato2011-2014/2013/lei/l12846.htm>.

CELLARD, André. *A análise documental*. A Pesquisa Qualitativa: enfoques epistemológicos. 3. ed. Petrópolis – RJ: Vozes, 2012.

COMPARATO, Fábio Konder. Função social da propriedade dos bens de produção. *Direito público*: estudos e pareceres. São Paulo: Saraiva, 1990.

COMPARATO, Fábio Konder. O Direito e o Avesso. *Dossiê Crise do Congresso: Estudos avançados*. São Paula, v. 23, n. 67, p. 07-22, jan. 2009.

COMPARATO, Fábio Konder. Estado, Empresa e Função Social. *Revista dos Tribunais*. v. 732, p. 38-46. São Paulo: Ed. RT, out. 1996.

CRIVELARI, Aline. *O Papel Do Antitruste Brasileiro Na Consecução Do Desenvolvimento Sustentável:* A Abordagem Da Questão Ambiental Na Análise Antitruste. Tese de Mestrado apresentada na Faculdade de Direito da Universidade de Brasília, 2018.

CUEVA, Ricardo Villas Bôas; FRAZÃO, Ana (Coord.). *Compliance*: perspectivas e desafios dos programas de conformidade. 3. reimp. Belo Horizonte: Fórum, 2018.

DIAS, Luciana Pires. *Regulação e Auto-Regulação no Mercado de Valores Mobiliários*. Dissertação de Mestrado apresentada na Universidade de São Paulo, 2005.

DIAS, Leonardo Adriano Ribeiro; BECUE, Sabrina Maria Fadel. *Regulação e Autorregulação do Mercado de Valores Mobiliários Brasileiro*: Limites da Autorregulação, 2012, p. 7368. Disponível em: <http://www.cidp.pt/revistas/ridb/2012/12/2012_12_7357_7388.pdf>.

DONAGGIO, Ângela Rita Franco. *Regulação e Auto-Regulação no Mercado de Valores Mobiliários*: o caso dos segmentos especiais de listagem da BM&FBovespa. Dissertação de Doutorado apresentada na Universidade de São Paulo, 2016.

EDINGER, Carlos. Programas de Integridade Anticorrupção: Autonomia e Heteronomia. *Revista dos Tribunais*. v. 977/2017. p. 267-285. mar. 2017.

FERRAZ, Adriano Augusto Teixeira. *A Autorregulação do Mercado de Valores Mobiliários Brasileiro: A coordenação do mercado por Entidades Profissionais Privadas*. Dissertação de Mestrado apresentada na Universidade Federal de Minas Gerais, 2012.

FRAZÃO, Ana. *Corrupção e compliance*: um exame à luz das relações entre direito, ética e moral (Parte I). Disponível em: <https://jota.info/opiniao-e-analise/colunas/constituicao-empresa-e-mercado/corrupcao-e-compliance-27062018>.

FRAZÃO, Ana. *Corrupção e compliance*: um exame à luz das relações entre direito, ética e moral (Parte II). Disponível em: <https://jota.info/opiniao-e-analise/colunas/constituicao-empresa-e-mercado/corrupcao-e-compliance-04072018>.

FRAZÃO, Ana. *Corrupção e compliance:* um exame à luz das relações entre direito, ética e moral (Parte III). Disponível em: <https://jota.info/opiniao-e-analise/colunas/constituicao-empresa-e-mercado/corrupcao-e-compliance-11072018>.

FRAZÃO, Ana. Função Social da Empresa. In: COELHO, Fábio Ulhoa; ALMEIDA, Marcus Elidius Michelli de (Coord.). *Enciclopédia Jurídica da PUCSP*. São Paulo: Pontifícia Universidade Católica de São Paulo, 2018. t. IV (recurso eletrônico): direito comercial

FRAZÃO, Ana. *Função social da empresa*: repercussões sobre a responsabilidade civil de controladores e administradores de S/As. Rio de Janeiro: Renovar, 2011.

GÓIS, Veruska. A Lei de Compliance e sua Configuração Enquanto Política Pública Regulatória para o Setor Privado Brasileiro. *Revista Controle, Doutrina e Artigos*, v. 12, n. 2, Fortaleza, 2014.

GRAU, Eros Roberto. *A Ordem Econômica Na Constituição De 1988 (Interpretação e Crítica)*. 14. ed. São Paulo: Malheiros Editores, 2010.

GAUTHIER, B. (Org.) (1984). *Recherche* sociale – De la problématique à la collecte des données. Québec: Presses de l'Université du Québec.

GRINOVER, Ada Pellegrini et al. *Código Brasileiro de Defesa do Consumidor*: comentado pelos autores do anteprojeto: direito material e processo coletivo: volume único. Colaboração Vicente Gomes de Oliveira Filho e João Ferreira Braga. 12. ed. Rio de Janeiro: Forense, 2019.

MAZZUOLI, Valerio de Oliveira; CUNHA, Matheus Lourenço Rodrigues da. Compliance: de instrumento de sustentabilidade empresarial a mitigador de violações a direitos humanos e fundamentais. *Revista Jurídica UNIGRAN*. v. 20. n. 39. Dourados, MS, jan.-jun. 2018.

MOREIRA, Vital. *Auto-Regulação Profissional e Administração Pública*. Coimbra: Livraria Almedina, 1997.

NUNES, Rizzatto. *Curso de direito do consumidor*. 12. ed. São Paulo. Saraiva Educação, 2018. Disponível em: <https://integrada.minhabiblioteca.com.br/#/books/9788553600793/>. Acesso em: 13 jun. 2020.

PINHEIRO, Caroline da Rosa Pinheiro. *Os impactos dos programas de integridade (compliance) sobre os deveres e responsabilidade dos acionistas controladores e administradores de companhia*. Tese de Doutorado apresentada na Universidade do Estado do Rio de Janeiro, 2017.

SALOMÃO FILHO, Calixto. *O novo direito societário*. São Paulo: Malheiros Editores, 2002.

SALOMÃO FILHO, Calixto. *Regulação da Atividade Econômica (Princípios e Fundamentos Jurídicos)*. São Paulo: Malheiros Editores, 2001.

SALOMÃO FILHO, Calixto. *Teoria Crítico-Estruturalista do Direito Comercial*. Madrid, Barcelona, Buenos Aires, São Paulo: Marcial Pons, 2015.

TAYLOR, Charles. *Argumentos filosóficos*. Trad. Adail Sobral. São Paulo: Loyola, 2000.

THEODORO Jr., Humberto. *Direitos do Consumidor*. Grupo GEN, 2020. 9788530992941. Disponível em: <https://integrada.minhabiblioteca.com.br/#/books/9788530992941/>. Acesso em: 17 mar. 2021.

TEUBNER, Gunther. *Politics, Governance, and the Law Transnational Economic Constitutionalism in the Varieties of Capitalism*. Global Perspectives. University of California Press. 2020.

WESTERMAN, Pauline. Who is regulating the self? self-regulation as outsourced rule-making. In: HERTOGH Marc; WESTERMAN, Pauline. *Self-Regulation and the Future of the Regulatory State International and Interdisciplinary Perspectives*. Groningen: University of Groningen, 2009.

COMPLIANCE TRABALHISTA: CONTEÚDO MÍNIMO E EFICIÊNCIA AUTORREGULATÓRIA DA B3

Bárbara Simões Narciso

Graduanda do 10º período da Universidade Federal de Juiz de Fora (UFJF). Membro do Grupo de Pesquisa "Empresa, Desenvolvimento e Responsabilidade" e Bolsista de Iniciação Científica (PIBIC–UFJF) no projeto "A qualidade dos programas de integridade de compliance das empresas listadas no Novo Mercado brasileiro".

Caroline de Andrade

Advogada em Direito imobiliário, graduada em Direito pela Universidade Federal de Juiz de Fora em 2019.

Sumário: 1. Introdução – 2. Mercado de capitais e o *compliance* trabalhista; 2.1 *Compliance* trabalhista e seu conteúdo mínimo; 2.2 Autorregulação, função pública da B3 e *compliance* trabalhista – 3. Resultados da pesquisa, 3.1 Metodologia – Construção do questionário e procedimento de coleta dos dados; 3.2 Análise de dados; 3.2.1 Resultado da análise – Parte geral; 3.2.2 Resultado da análise – Parte sobre "Questões Internas"; 3.2.3 Resultado da análise – Parte sobre "Questões Externas" – 4. Discussão dos resultados – 5. Conclusão – 6. Referências.

1. INTRODUÇÃO

Considera-se *compliance* o conjunto de procedimentos, cujo objetivo é otimizar o cumprimento de normas[1], auxiliando não só na melhoria da qualidade de vida de todos os integrantes das organizações, mas também na fiscalização mais condizente com a realidade ao criar incentivos positivos para que os empregadores cumpram as normas vigentes. É, em suma, instrumento de viabilização da observância às normas jurídicas e éticas capaz de superar as deficiências do modelo regulatório tradicional[2].

Neste contexto, o *compliance* trabalhista surge como ferramenta que demanda uma postura positiva por parte dos agentes em face da condução ética e íntegra do negócio, melhorando o ambiente empresarial interno, não somente com a redução do passivo trabalhista proveniente de penalidades administrativas e indenizações judiciais, mas também com a garantia de uma gestão empresarial apta a "não suprimir nenhum direito trabalhista e criar um ambiente saudável para o trabalhador[3]".

---

1. PINHEIRO, 2017, p. 19.
2. FRAZÃO, 2018.
3. GONÇALVES, KRUPPA, 2020.

É, portanto, mecanismo, por excelência, de valorização do trabalho, na medida em que estabelece normas de combate à corrupção, ao déficit ético na gestão empresarial e às práticas abusivas para com os trabalhadores. Por isso, um programa de integridade trabalhista visa respeitar garantias constitucionalmente asseguradas, impondo, controlando e remediando as condições de trabalho nas empresas, relativamente à sua cadeia de fornecimento. Tal fato gera uma série de questionamentos acerca do que deve ser incluído ou não nos programas de cumprimento normativo, como o cumprimento deve ser avaliado e quem deve controlar a sua aplicação de maneira a assegurar, ao mesmo tempo, maior transparência e discrição ao processo de implementação desses[4].

Com isso em mente, o presente estudo busca investigar a efetividade do compromisso com a matéria trabalhista nos programas de integridade (*compliance*) das companhias listadas no segmento do "Novo Mercado" ("NM"), bem como a pertinência dessa matéria para a efetividade de um programa de integridade. Considera-se como pressuposto que a importância do *compliance* trabalhista se justifica pela necessidade de respeito à dignidade da pessoa humana também em seu ambiente laboral[5]-[6], em conformidade com o artigos 170, incisos VI e VIII[7], e 225[8] da Constituição[9].

Ademais, a pesquisa leva em consideração o amplo espectro de fontes formais e materiais do Direito do Trabalho, mas especialmente, no plano internacional, as Convenções e Recomendações da Organização Internacional do Trabalho (OIT), e, no plano nacional, a aprovação das Leis 13.429/17 – Lei da Terceirização – e 13.467/17 – Reforma Trabalhista –, tendo como norte as modificações da legislação trabalhista, que tendem a sua desregulamentação e flexibilização.

O foco desta pesquisa é verificar e avaliar o conteúdo dos programas de *compliance* em matéria trabalhista das companhias listadas no Novo Mercado[10] da B3

---

4. LOCKE, AMENGUAL, MANGLA, 2009, p. 320.
5. No contexto da atual de pandemia de Covid-19, sua importância ganha ainda mais destaque diante da insegurança jurídica que se instaurou pela promulgação sequencial de normas e decisões judiciais em matéria trabalhista, como as Medidas Provisórias 927, 936, 944 e 945, de 2020, a ADI 6363-DF e as Leis 13.979 e 13.982, de 2020, sendo que o despreparo na gestão desses riscos empresariais já é sentido no aumento de ações que envolvem o tema. Segundo o "Termômetro Covid-19 na Justiça do Trabalho", desde 1º de janeiro de 2020, 50.647 novos processos relacionados direta ou indiretamente com a crise já foram abertos no Brasil. Ver mais informações em: <https://www.datalawyer.com.br/dados-covid-19-justica-trabalhista>. Acesso em: 02 jul. 2020.
6. A necessidade de se respeitar a dignidade da pessoa humana em seu ambiente laboral, o direcionamento ao Direito Social e a concretização desse Direito é prevista na Constituição Federal de 1988 é de responsabilidade não somente da atuação do Estado, como também da sociedade (SEVERINO, 2019, p. 10).
7. Art. 170 da Constituição atribuiu à ordem econômica a função de assegurar princípios como a defesa do meio ambiente – inciso VI – e o pleno emprego – inciso VIII.
8. Dispõe sobre o direito a um ambiente ecologicamente equilibrado.
9. Em resumo, representa a efetivação da função social da empresa, permitindo a compatibilidade entre os princípios da livre iniciativa e do valor social do trabalho, estruturantes da ordem econômica, consoante artigo 170, *caput* e incisos III e IV, do mesmo diploma.
10. O Novo Mercado foi lançado no ano de 2000 e é um conjunto de companhias que se encontra no nível mais avançado de governança corporativa. O seu principal ponto é exigir que o capital social da companhia seja

(Brasil, Bolsa, Balcão) -órgão autorregulador- porque este desempenha um papel crucial quanto à implementação do *compliance* no mercado de capitais brasileiros.

A partir das regras estabelecidas em seu regulamento, a B3 estabeleceu um segmento destinado à negociação de ações de empresas que adotem voluntariamente práticas de governança adicionais às exigidas pela legislação brasileira. Sua implementação, nesse contexto, tornou-se referência perante a transparência exigida por investidores de capital aberto, justificando o recorte para a análise do setor em questão[11]. Ademais, considera-se seu dever de exigir e fiscalizar o cumprimento assumido pelas companhias listadas.

Nesse contexto, o problema de pesquisa que orienta a presente perquirição é: os programas das empresas listadas no segmento de Novo Mercado consideram/preveem a valorização do trabalho, bem como os demais parâmetros da legislação? A hipótese é de que os programas examinados, por estarem listados no mais alto nível de cobrança relativamente à governança corporativa, possuem níveis satisfatórios de mitigação do parágrafo, com regras que impactam positivamente as relações trabalhistas.

Além da revisão bibliográfica acerca do *compliance* trabalhista, a pesquisa sobre a qualidade dos programas de integridade é qualitativa[12], porque, como desdobramento do objetivo principal, será feita análise mais profunda do aspecto trabalhista nos programas das companhias listadas no segmento do Novo Mercado – objeto de estudo – e o método utilizado é o indutivo[13].

2. MERCADO DE CAPITAIS E O *COMPLIANCE* TRABALHISTA

2.1 *Compliance* trabalhista e seu conteúdo mínimo

Inicialmente, no plano internacional, observa-se que o Brasil está entre os membros fundadores da Organização Internacional do Trabalho (OIT) e participa da Conferência Internacional do Trabalho desde sua primeira reunião. Desse modo, das 190 convenções assinadas pelos membros tripartites do ente, 97 foram ratificadas

---

composto somente por ações ordinárias, ou seja, as assembleias de acionistas só podem emitir ações com direito a voto (ALVES, PINHEIRO, 2017, p. 55).

11. Informação disponível em: <http://www.bmfbovespa.com.br/pt_br/listagem/acoes/segmentos-de-listagem/novo-mercado/>. Acesso em: 04 set. 2019.

12. Optou-se pelo método qualitativo em lugar de outros, porque, este "[d]e forma resumida, possibilita ver os fenômenos sociais em seus contextos e pode ser conjugado com métodos quantitativos, envolvendo muitas variáveis e fontes de evidência", além de " ser de fundamental importância para auxiliar à pesquisa quantitativa na definição de suas categorias e na elaboração de seus questionários e suas variáveis. (IGREJA, 2017, p. 16)". Como essa pesquisa é apenas primeira parte de um trabalho com o objetivo de realizar questionários para fins de análise quantitativa – além da qualitativa –, o presente método parece o mais adequado para tal fim.

13. Este método prevê um tipo de operação cognitiva em que as hipóteses são geradas das "emergências da observação", a saber, revisão bibliográfica. Ademais, há a inversão da lógica hipotético-dedutiva; é realizada primeiramente uma aproximação com o tema para posterior escolha dos referenciais teóricos, com intuito de refutar ou confirmar as hipóteses previamente estabelecidas (CAPPI, 2017, p. 395-396).

pelo Estado brasileiro[14], recebendo de modo geral o status de norma infraconstitucional, com exceção das que tratam sobre Direitos Humanos, que ingressaram no ordenamento pátrio como diploma supralegal[15].

Não obstante, a OIT também elabora recomendações, que são documentos de caráter programático expedidos por um ente internacional a fim de anunciar aperfeiçoamentos normativos considerados relevantes para serem adotados pelos Estados. Nesse sentido, são consideradas fontes materiais do Direito do Trabalho, cumprindo relevante papel político e cultural de incentivar o avanço legislativo interno dos Estados[16].

A partir dessas fontes e considerando os quatro direitos fundamentais e universais dos trabalhadores, entende-se primeiramente que o *compliance* é ferramenta de transparência, diálogo, prevenção e solução de conflitos individuais e coletivos quando integra a presença de sindicatos em episódios de violação à legislação[17], atendendo às Convenções 98 e 135 e à Recomendação 163 da OIT, ratificadas no Brasil.

Dessa forma, deve promover como boas práticas (i) a negociação coletiva em combate às práticas antissindicais, (ii) o treinamento dos funcionários para negociação e (iii) o acesso dos sindicatos aos relatórios de análise periódica de riscos e demais informações necessárias para uma negociação menos desnivelada.

Em segundo lugar, no que se refere à eliminação de todas as formas de trabalho forçado ou obrigatório e à abolição efetiva do trabalho infantil, o posicionamento e a adoção de políticas sobre a matéria no programa de *compliance* se justifica também pelo cumprimento das Convenções 29, 138 e 182 e Recomendações 146 e 190 da OIT[18].

Por sua vez, o compromisso de eliminar a discriminação[19] em matéria de emprego e ocupação deve ser abordado pelas empresas de modo a abranger tanto a fase

---

14. Observa-se que o Decreto 10.088/2019 "consolida atos normativos editados pelo Poder Executivo Federal que dispõem sobre a promulgação de convenções e recomendações da Organização Internacional do Trabalho – OIT ratificadas pela República Federativa do Brasil", de modo que, conforme seu artigo 2º, todas foram reproduzidas integralmente em seus Anexos, em ordem cronológica, podendo ser acessado em: <http://www.planalto.gov.br/ccivil_03/_Ato2019-2022/2019/Decreto/D10088.htm#art5>. Acesso em: 28 dez. 2020.

15. Nesse contexto, de acordo com a Declaração da OIT sobre os Princípios e Direitos Fundamentais no Trabalho, seus membros, ainda que não ratificarem internamente as convenções, devem assumir o compromisso de respeitar, promover e tornar realidade os princípios relativos aos direitos fundamentais que são objeto dessas convenções. Disponível em: <https://www.ilo.org/public/english/standards/declaration/declaration_portuguese.pdf>. Acesso em: 28 dez. 2020.

16. DELGADO, p. 183, 2019.

17. MORO, 2018.

18. Todas ratificadas pelo Brasil, do artigo 6º da Convenção Americana de Direitos Humanos (CADH), dos artigos 5º, XLVII, 7º, XXXIII, e 227 da Constituição Federal, do artigo 402 da Consolidação das Leis Trabalhistas (CLT) e do Estatuto da Criança e do Adolescente (ECA).

19. A Recomendação 111 da OIT conceitua "discriminação" como toda "distinção, exclusão ou preferência fundada na raça, cor, sexo, religião, opinião política, ascendência nacional ou origem social", cujo efeito seja a destruição ou alteração das igualdades de tratamento e qualquer outra "exclusão ou preferência que tenha por efeito destruir ou alterar a igualdade de oportunidades ou tratamento", ambas em matéria de emprego ou profissão.

pré-contratual (processos de recrutamento e seleção), quanto a contratual da relação empregatícia[20].

Para tanto, os programas de integridade devem vincular as tomadas de decisão e relações interpessoais internas e externas da sociedade a atitudes íntegras, de modo que todos se reconheçam iguais em dignidade e direitos. Além disso, devem adotar políticas preventivas, como treinamentos periódicos sobre o tema, e combativas, capazes de reconhecer em quais situações essas condutas se iniciam, a fim de remediá-las e aplicar as sanções disciplinares cabíveis, reforçando as orientações do Código de Conduta.

Destaca-se, neste ponto, que a diversidade nas empresas representa não só o comprometimento destas com a responsabilidade social, mas também um forte diferencial competitivo. Uma política de inclusão bem estruturada e eficiente transforma a cultura organizacional e inclui novas perspectivas e experiências ao seu repertório, aumentando o potencial de inovação e mitigação de riscos nas tomadas de decisão complexas, conforme registra o estudo realizado pela McKinsey & Company[21].

No ordenamento brasileiro, um sistema de proteção à diversidade aplicável ao Direito do Trabalho foi efetivamente organizado somente após a Constituição Federal de 1988. Estruturado no conceito de Estado Democrático de Direito, ele exige que a sociedade civil, inclusive as empresas, se mostre democrática e inclusiva em relação a pessoas ou tipos de contratos relevantes para o aperfeiçoamento do sistema social, profissional, econômico, cultural e jurídico[22].

Assim, duas políticas legais de cotas devem ser observadas pelos programas de *compliance* no Brasil, quais sejam, (i) o contrato de aprendizagem, regulado nos artigos 428 a 433 da CLT, e (ii) e a cota protetora dos empregados beneficiários previdenciários reabilitados e das pessoas portadoras de deficiência, regulada pelo artigo 93 da Lei 8.213/91, a Lei Previdenciária. Contudo, diante de sua condição pouco abrangente, outras ações afirmativas devem ser adotadas voluntariamente

---

20. Tudo isso conforme disposto no artigo 3°, IV, da Constituição Federal, sendo de essencial observância pelos empregadores a fim de concretizar os direitos fundamentais previstos nos artigos 5°, *caput* e inciso I, e 7°, XXX, XXXI, XXXII e XXXIV do mesmo diploma. No plano legislativo interno, pode-se relacionar, ainda, os artigos 5°, 6° e 373-A da CLT, a Lei 9.029/95, A lei proíbe a discriminação em razão de sexo, origem, raça, cor, estado civil, situação familiar ou idade para acesso ao emprego ou sua permanência; a Lei 10.741/03, proíbe a discriminação em razão da idade (mais de 60 anos) no emprego, os quais reforçam os preceitos constitucionais.

21. Firma global de consultoria de gestão que atende empresas líderes, governos, organizações não governamentais e organizações sem fins lucrativos, sobre o estado da diversidade corporativa na América Latina chegou às seguintes conclusões: "As empresas da América Latina que adotam a diversidade tendem a superar outras empresas em práticas-chave de negócios como inovação e colaboração, e seus líderes são melhores em promover a confiança e o trabalho em equipe. Elas também costumam ter ambientes de trabalho mais felizes e uma melhor retenção de talentos. Tudo isso se traduz tanto em uma saúde organizacional mais sólida quanto em resultados: empresas que adotam a diversidade têm uma probabilidade significativamente maior de alcançar uma performance financeira superior à de seus pares que não o fazem." Disponível em: <https://www.mckinsey.com/br/our-insights/diversity-matters-america-latina#>. Acesso em: 29 dez./2020.

22. DELGADO, 2019, p. 640.

pelas empresas, a fim de atender outros grupos de diversidade, com relação à idade, gênero, orientação sexual e raça/etnia[23].

Para finalizar este ponto de discussão sobre combate à discriminação, é imperioso ressaltar a importância da inclusão nos programas de integridade de políticas que regulamentem especificamente os processos seletivos, a contratação e a demissão de seus colaboradores, para que discriminações não ocorram nesses momentos cruciais das relações de trabalho.

Ademais, a legislação trabalhista possui uma gama ampla de fontes, o que resulta em um escopo normativo bem complexo e exigência de profissionais qualificados na gestão dos riscos regulatórios. Uma das técnicas que se apresenta é o *know your employee* – útil tanto na investigação social de quem é o funcionário, quanto na realização das políticas internas da empresa –, que permite conhecer o histórico do funcionário antes da contratação, além de verificar se ele se adequa às condutas exigidas não só pela empresa, como também pelo programa de integridade[24].

Já a rescisão, um dos momentos mais delicados da relação empregatícia e o ponto que gera um número elevado de demandas trabalhistas, exige a adoção de boas práticas ao realizar a comunicação da dispensa – independente dos motivos do desligamento – e ao efetivar os direitos do ex-empregado, a fim de evitar possíveis custos com ações judiciais devido a violações trabalhistas[25].

O quesito a ser observado pelo *compliance* trabalhista é a promoção de boas relações interpessoais de trabalho e a aplicação de estratégias coletivas e organizacionais que previnam, remediem e reprimam casos de violência psicológica e sexual[26] entre seus colaboradores.

Conforme ensinamentos de Rodolfo Pamplona e Claiz Gunça[27], Lis Soboll define a violência psicológica no trabalho como "um conjunto de comportamentos que ofende e humilha, uma vez que é constituída de atos ou processos agressivos, os quais transgridem as regras que garantem a harmonia e o convívio social no contexto do trabalho". Além disso, Soboll explica que os mecanismos pelos quais essa violência se manifesta podem ser explícitos ou sutis, envolvendo "abusos, maus-tratos, isola-

---

23. Um exemplo é o programa *trainee* exclusivo para pessoas negras, aberto pelo Magazine Luiza, em setembro de 2020.
24. FRANÇA, 2018, p. 160.
25. A CLT – Consolidação das Leis do Trabalho – dispõe em seu art. 29, § 4º que o empregador não pode efetuar anotações desfavoráveis à conduta do empregado; que na hipótese de dispensa sem justa causa o empregador oportunize ao empregado a opção de manter o plano de saúde, desde que ele mesmo assuma o custo do benefício, dentre outras medidas.
26. A violência sexual é composta pelo assédio sexual e por agressões físicas e psicológicas de natureza sexual. Segundo Maurício Godinho Delgado (2019, p. 1466), o assédio dessa natureza pode ser definido como uma "conduta de importunação maliciosa e reiterada, explícita ou não, com interesse e conotações libidinosos, de uma pessoa física em relação a outra", que, no ambiente de trabalho, envolvem diferenças de posição hierárquica e chantagens ou ameaças profissionais.
27. 2020, p. 65.

COMPLIANCE TRABALHISTA: CONTEÚDO MÍNIMO E EFICIÊNCIA AUTORREGULATÓRIA DA B3

mento, perseguição, humilhação, intimidação, manipulação, ameaças, contradições, constrangimentos ou pressões exageradas".

Desse modo, há diversos tipos de violência psicológica, entre as quais se destacam estresse, *burnout*, gestão por injúria, agressões pontuais e assédio moral. O estresse é um estado de tensão que pode ser desencadeado por variados fatores, como más condições ou ritmo acelerado de trabalho, assédio sexual, violência física, intimidações ou represálias. Já o *burnout*, também conhecido como síndrome do esgotamento profissional, é uma enfermidade resultante de um estado de estresse crônico provocado por trabalho excessivo.

A gestão por injúria, por sua vez, "é o tipo de comportamento despótico de certos administradores, despreparados, que submetem os empregados a uma pressão horrível ou os tratam com violência, injuriando-os e insultando-os, com total falta de respeito"[28]. Trata-se de uma forma de agressão explícita e que atinge a coletividade dos trabalhadores. Quanto às agressões pontuais, essas se caracterizam por atos abusivos, autoritários e hostis que constrangem, desrespeitam e humilham a vítima, mas ocorrem de modo pontual.

Nesse contexto, destaca-se que todos estes tipos de violência psicológica se diferenciam em algum ponto do assédio moral, sendo eles, respectivamente, a intencionalidade, a forma e extensão das agressões e a habitualidade[29].

Diante disso, o objetivo é vislumbrar no programa de *compliance* menção a medidas que promovam um ambiente de trabalho sadio, organizado, com demanda emocional equilibrada, metas alcançáveis e boas relações interpessoais. Em outras palavras, trata-se, aqui, da existência de técnicas para acabar com o preconceito entre funcionários, com os abusos cometidos por superiores e fazer orientações para que todos se tratem com respeito e cordialidade, garantindo o bem-estar de todos[30].

Entre essas estratégias, podem ser mencionadas a pesquisa de clima e reuniões periódicas para revisar e redimensionar a organização laboral, a realização de treinamentos regulares sobre os temas, a implementação de canais de denúncia anônimos e a aplicação de medidas disciplinares que alterem o padrão das relações interpessoais, principalmente as verticais.

Superados esses pontos, o programa de integridade deve dispor sobre o cumprimento das disposições legais e regulamentares sobre segurança e medicina do trabalho. Isso porque a proteção da saúde e segurança do trabalhador é um direito fundamental disposto no artigo 7º, XXII, da Constituição Federal, que reflete a pro-

---

28. HIRIGOYEN, 2002, p. 28.
29. Rodolfo Pamplona e Claiz Gunça (2020, p. 65) propõem que "assédio moral laboral é a tortura psicológica perpetrada por um conjunto de ações ou omissões, abusivas e intencionais, praticadas por meio de palavras, gestos e atitudes, de forma reiterada e prolongada, que atingem a dignidade, a integridade física e mental, além de outros direitos fundamentais do trabalhador, comprometendo o exercício do labor e, até mesmo, a convivência social e familiar".
30. NOVELLI, 2016.

teção da dignidade da pessoa humana e do valor social do trabalho, fundamentos da República Federativa do Brasil, conforme artigo 1º, III e IV, do mesmo diploma[31].

No entanto, o que se constata no Brasil é um padrão de gestão da força do trabalho predominantemente predatório, no qual o comportamento empresarial se caracteriza por extrair o máximo do trabalhador sem considerar qualquer limite ao processo de acumulação, caminhando em um sentido de dilapidação, inutilização ou eliminação física dos empregados.[32]

Essa dinâmica da acidentalidade é pró-cíclica, tendendo a crescer em conjunto com a expansão econômica[33], haja vista a lógica concorrencial ilegítima de redução ilegal dos custos trabalhistas. Esta cultura pode ser alterada pelos programas de *compliance*, que instrumentalizam o cumprimento das normas de preservação da saúde e segurança do empregado, nos termos do artigo 157 da CLT e, consequentemente, a manutenção da produtividade e reputação empresarial.

Por fim, no que tange às questões internas da companhia, é imprescindível a autorregulação sobre o monitoramento da execução do trabalho e do uso de redes sociais e/ou *websites* por seus dirigentes e colaboradores.

O monitoramento dos funcionários na execução do trabalho é oriundo do poder fiscalizatório do empregador, que permite a verificação e o acompanhamento das atividades dos empregados. Em razão do progresso da informação e do acesso facilitado a informações pessoais, atualmente inclui-se o monitoramento eletrônico – de e-mails e vídeos –; o rastreamento de computadores e localização dos trabalhadores; o uso do telefone e sítios eletrônicos navegados pelos empregados, já que a partir da base de dados denominada "big data", desenvolve-se um sistema capaz de analisar uma quantidade significativa de dados[34]. Portanto, é necessário que esses dados sejam geridos de forma a respeitar o limite entre pessoal e profissional, a fim de não configurarem condutas abusivas e que constranjam o empregado.

Por outro lado, o uso das redes sociais e *websites* pelos funcionários também deve ser abordado, tendo em vista os riscos sobre a imagem e reputação da companhia[35]. Segundo a pesquisa Reputação Corporativa 2020 da Weber Shandwick, em parceria com a KRC Research, a reputação corporativa tem impacto considerável nos resultados da empresa, chegando a representar 63% do seu valor de mercado na visão dos

---

31. Na legislação infraconstitucional, a matéria é disciplinada no Capítulo V da CLT e nas Normas Regulamentadoras (NRs), editadas pelo antigo Ministério do Trabalho a partir de decisões em comissões aprovadas pelas próprias empresas.
32. FILGUEIRAS, 2017, p. 30.
33. FILGUEIRAS, 2017, p. 21.
34. RAMOS; GOMES, 2019, p. 139.
35. Por outro lado, o uso das redes sociais e *websites* pelos funcionários também deve ser abordado, tendo em vista os riscos sobre a imagem e reputação da companhia. Foi o que ocorreu, por exemplo, com uma unidade do Burger King, localizada na Av. Faria Lima em São Paulo. Em março de 2014, alguns funcionários foram filmados tomando banho na caixa d'água do restaurante. O vídeo foi divulgado e, atualmente, tem mais de um milhão de visualizações. Disponível em: <https://epocanegocios.globo.com/Informacao/Acao/noticia/2014/03/funcionarios-do-burger-king-que-nadavam-em-caixa-dagua-sao-demitidos.html>.

executivos[36]. Por isso, os limites éticos nas redes sociais devem ser trabalhados por treinamentos educacionais e políticas de uso.

Em relação às questões externas indispensáveis, Locke, Amengual e Mangla[37] pontuam em estudo sobre a aplicação do *compliance* na seara trabalhista que a prevalência de relações de poderes assimétricas entre compradores globais e seus fornecedores – globalmente dispersos – têm relação também com o cumprimento ou não de normas estabelecidas no programa de integridade. Isso porque a influência econômica que uma dada marca pode exercer sobre seus fornecedores – e consequentemente sobre a cadeia de valor[38] – se traduz na capacidade que aquela tem de impor o cumprimento dos códigos de conduta.

Nesse sentido, e em razão da função social e do valor social do trabalho, a preocupação em relação ao cumprimento das regras trabalhistas deixa de se referir tão somente ao ambiente interno da empresa e passa a se referir a toda a cadeia de produção, haja vista que todos os trabalhadores envolvidos são igualmente merecedores de tutela. E é condição primordial do *compliance* que todos adquiram a consciência do que envolve a atividade desenvolvida pela empresa, "visto que a eficácia de um sistema de cumprimento exige esse desejo generalizado em todos os níveis"[39].

Por tudo isso, e em consideração aos reflexos que a cadeia de valor gera para a responsabilização dos envolvidos na violação diversos direitos envolvidos[40] – e dentre eles o *race to the bottom*[41], uma forma de coibir essa atitude é impondo, no topo da cadeia de produção, o cumprimento das regras impostas.

---

36. Disponível em: <https://www.webershandwick.com/news/corporate-reputation-2020-everything-matters-now/>.
37. 2009, p. 323.
38. As cadeias de valor expressam a fragmentação dos processos de produção, em que a produção é, majoritariamente, realizada em diversos locais, com os insumos cruzando fronteiras diversas vezes durante a produção. Representam, portanto, a descentralização e fragmentação da produção e da influência econômica de grandes empresas ao redor do globo. Este é o entendimento firmado em ROLAND, Manoela C., SOARES, Andressa O., BREGA, Gabriel R., OLIVEIRA, Lucas de S., CARVALHO, Maria Fernanda C. G., ROCHA, Renata P. Cadeias de Valor e os impactos na responsabilização das empresas por violações de Direitos Humanos. *Cadernos de Pesquisa Homa*. v. 1, n. 5, 2018.
39. ALBUQUERQUE, 2018, p. 110.
40. Dentre esses reflexos, um dos maiores é impedir a responsabilização dos envolvidos em possíveis violações a direitos – de qualquer natureza –, porque cria-se uma estrutura tão fragmentada, que esta acaba favorecendo a emergência de um cenário em que pouquíssimas empresas controlam o mercado, causando diversas consequências. Isso porque há uma complexidade organizativa muito densa e insumos que entram e saem de fronteiras diversas vezes até a obtenção do produto final impossibilitando a identificação do verdadeiro responsável.
41. Um dos maiores fatores do cenário que envolve a cadeia de valor, em nível global, é o fenômeno conhecido como "race to the bottom" (ou corrida para baixo), "no qual países, sobretudo aqueles do Sul Global, buscam progressivamente flexibilizar as exigências feitas às empresas que operam em seu território, almejando com isso atrair investimentos de transnacionais. Dessa forma, as regulações trabalhistas são geralmente mais flexíveis e os governos locais oferecem diversas benéfices na busca pela movimentação econômica que o capital estrangeiro promove". In: ROLAND, Manoela C., SOARES, Andressa O., BREGA, Gabriel R., OLIVEIRA, Lucas de S., CARVALHO, Maria Fernanda C. G., ROCHA, Renata P. Cadeias de Valor e os impactos na responsabilização das empresas por violações de Direitos Humanos. *Cadernos de Pesquisa Homa*. v. 1, n. 5, 2018.

Neste ponto, portanto, reforça-se a amplitude do *compliance*, o qual deve abarcar terceiros e subcontratados. E trabalhar com as políticas que esse instrumento oferece ao longo da cadeia, além de assegurar o alinhamento "dos serviços prestados pelo fornecedor aos valores da contratante e às normas estabelecidas pelos órgãos regulamentadores"[42], permite conhecer o seu cliente – técnica chamada de *know your customer* –, passível de ser realizada até mesmo por meio da terceirização indireta.

Engloba-se, aqui, a perspectiva de que o *know your customer* não só se relaciona com conhecer o "parceiro" antes de contratá-lo, mas garantir que continua seguindo a legislação trabalhista e os valores estipulados pelo programa, já que sem controle externo as alegações de responsabilidade social das empresas – e a consequente observação à legislação trabalhista – pode servir simplesmente como estratégia de marketing. Imperiosa é, portanto, a realização de monitoramentos independentes.[43-44]

Em atenção a isso, a exequibilidade de monitoramento deve ser garantida por meio não só da exigência de documentações relativas ao *compliance* e à atividade realizada ao longo do processo de produção, assegurando-se contra a manutenção de riscos ao direito trabalhista, mas também de sua fiscalização, tanto quanto possível. Assim, será mais fácil prevenir casos de corrupção em contratações intermediárias – cuja incidência é alta – adotando medidas apropriadas de identificação e mitigação de riscos antes, durante e ao término da contratação.[45]

Um canal de denúncia é, em síntese, o mecanismo responsável por permitir que seus próprios funcionários ou terceiros – com quem a empresa mantenha relações comerciais – a possibilidade de informar, confidencialmente a existência de atos irregulares, indevidos ou contrários à legislação, os quais podem gerar riscos de diversas naturezas para a corporação[46].

Isso facilita e amplia o alcance das regras impostas, tendo em vista que os canais de denúncia funcionam como elemento reativo e preventivo de um programa de integridade. Reativo, porque permite que a empresa reaja de maneira adequada contra os atos praticados e preventivo, porque ajuda a inibir comportamentos letivos por aumentar a probabilidade de descobertas dos atos em desconformidade. Entretanto, segundo Albuquerque (2018), a simples criação de um canal de denúncias não garante a sua utilização. É necessário, pois, haver divulgação massiva do mecanismo e proteção de eventuais denunciantes, a fim de que o sistema criado seja acessível.

---

42. FRANÇA, 2018, p. 55.
43. LOCKE, AMENGUAL, MANGLA, 2009, p. 324.
44. Os autores pontuam que "[w]ithout external monitoring, claims of corporate social responsibility may simply be a new marketing ploy. For consumers to be able to "hold companies accountable," they need accurate information, provided by independent monitors, who are not simply working on behalf of the companies themselves".
45. NUNES, 2019, p. 32.
46. ALBUQUERQUE, 2018, p. 119-120.

Todavia, nenhuma das providências mencionadas é possível sem a realização de treinamento periódico também com os prestadores de serviço. A responsabilidade pela gestão do *compliance* não é – e não deve ser – exclusiva de um determinado setor, mas de cada um na organização, a fim de contribuir para a eficiência de todos os processos da empresa e assegurar a longevidade dos padrões éticos[47]. É medida que se impõe o efetivo controle e a orientação à aplicação do programa de *compliance,* sob pena de se criarem técnicas apenas teóricas que não serão aderidas pelos colaboradores ou não serão suficientemente compreendidas.

Em outras palavras, a promoção de treinamentos para a orientação dos funcionários cumpre dois papéis fundamentais: i) educativo, correspondente a ensiná-los a forma ética de atuar em cada atividade que venham a desempenhar; e ii) cultural, relacionado ao processo de convencimento sobre a importância que o cumprimento das regras estabelecidas em códigos e políticas têm para a mitigação de riscos[48]. Em vez de simplesmente utilizar-se de ameaça de sanções e realização de auditorias para impulsionar mudanças de comportamento, são necessários instrumentos que resolvam conjuntamente o problema, partilhem a informação e provoquem a difusão das melhores práticas[49], interesse que deve ser mútuo entre os envolvidos na atividade empresarial.

2.2 Autorregulação, função pública da B3 e *compliance* trabalhista

A regulação pode ser definida como uma forma de intervenção indireta do Estado na economia, por meio da qual são impostos normas e padrões de comportamento com fim de influenciar instituições estatais ou privadas. Nesse sentido, constata-se a premissa de que apenas o Estado é sujeito apto a regular o mercado[50].

Contudo, para esta pesquisa, adota-se uma compreensão mais ampla; de que a intervenção na atividade econômica por meio de regulação pode ser desempenhada tanto por agentes públicos (heterorregulação), quanto privados (autorregulação), através da elaboração de normas, imposição de mecanismos de *enforcement* e repressão de infrações[51]. Dessa forma, o foco deste capítulo é a autorregulação, espécie de regulação que ocorre quando uma organização coletiva privada desenvolve e impõe para si mesma um conjunto de normas e recomendações sobre sua própria atividade, responsabilizando-se pela fiscalização dos participantes e imposição de sanções por eventuais descumprimentos[52].

---

47. SEVERINO, 2019, p. 43.
48. ALBUQUERQUE, 2018, p. 123.
49. LOCKE, AMENGUAL, MANGLA, 2009, p. 321.
50. GRAU, 2017, p. 37.
51. DONAGGIO, 2016, p. 41.
52. FERRAZ, 2012, p. 70-71.

No mercado de capitais, a heterorregulação é desempenhada pelo Estado sobre as relações societárias por meio da Comissão de Valores Mobiliários (CVM)[53]. Além da atribuição fiscalizatória, a CVM desenvolve importante papel na condução do *enforcement* de boas práticas corporativas, tendo em vista sua competência para aplicar penalidades aos infratores, previstas tanto na Lei 6.385/76, quanto em suas Instruções Normativas. A autarquia tem a capacidade, portanto, de ditar quais condutas devem ser estimuladas ou inibidas pelas companhias.

Como órgão auxiliar à CVM e atuando sob sua supervisão, a B3, resultado da fusão da BM&F Bovespa e da Cetip ocorrida em 2017, desempenha, por sua vez, uma autorregulação de base legal no mercado de capitais, haja vista que seus deveres de regulamentar e fiscalizar os respectivos membros foram outorgados pelo Estado através do art. 17, *caput* e parágrafo único, da Lei 6.385/76. Nesse sentido, observa-se, ainda, que, apesar da natureza privada, uma vez que se constitui sob a forma de sociedade por ações, a B3 exerce funções de interesse público[54] e, portanto, função pública ao alinhar outras sociedades às boas práticas corporativas.

Além disso, em 2007 foi publicada a Instrução Normativa 461/07 pela CVM que trouxe um capítulo específico sobre autorregulação, denominado "Autorregulação dos Mercados Organizados de Valores Mobiliários", e em seu art. 14 dispõe que "[a] entidade administradora de mercado organizado deverá manter equilíbrio entre seus interesses próprios e o interesse público a que deve atender, como responsável pela preservação e autorregulação dos mercados por ela administrados".

Esse sistema de regulação da B3 faz sentido na medida em que foram implementados segmentos de listagem de acordo com o nível de Governança Corporativa da companhia, estabelecendo o Novo Mercado como composto pelas companhias com mais alto grau de Governança Corporativa. Exige-se, segundo o Regulamento do Novo Mercado, que a companhia seja constituída de ações ordinárias, direito a voto, *compliance*, Comitê de Auditoria e Auditoria Interna.

Em matéria trabalhista a importância do papel da B3 se relaciona, atualmente, com os desafios que as missões normativas da OIT enfrentam na atualidade, tais como a busca por um regime de trabalho verdadeiramente humano[55] – desafio tecnológico; a capacidade de adaptar a organização do trabalho às restrições do ambiente natural – desafio ambiental – e; o esforço para evitar com que a corrida pela competitividade

---

53. Autarquia federal criada pela Lei 6.385/76, cuja função é regulamentar a organização, o funcionamento e as operações do mercado de capitais brasileiro (art. 8°, I, da Lei 6.385/76), bem como fiscalizar permanentemente as atividades e os serviços nele desenvolvidas (art. 8°, III, da Lei 6.385/76).

54. EIZIRIK, 2019, p. 293.

55. Todos os riscos associados à revolução digital "estão relacionados a uma desumanização cada vez maior do trabalho. O controle físico sobre os trabalhadores é agora combinado com o controle cerebral. Os trabalhadores conectados fazem parte de uma rede de comunicação que está de plantão 24 horas por dia para processar um volume sempre crescente de informações. Seu desempenho é avaliado com base em indicadores que estão divorciados de sua própria experiência de tarefas. Nos hospitais, por exemplo, a administração que utiliza métodos quantitativos tem sido acusada de "cuidar do indicador ao invés do paciente" (SUPIOT, 2020, p. 119). Tradução livre.

às custas da redução do custo de força de trabalho se opere no cenário geopolítico – desafio institucional. Este último, em especial, tem o potencial de fazer com que países deixem de ratificar tratados que definem a aplicação de normas universais relativamente às regras de trabalho e, consequentemente, ao respeito aos direitos do trabalhador[56].

Paralelamente, a atuação das empresas, nesse cenário, também sofreu modificações. A evolução tecnológica gerou a fragmentação das redes de produção, criando as cadeias de produção – conforme exposto em tópico 2.1 –, as quais, em certo grau, são responsáveis pela diluição de responsabilidade e pelo fenômeno do *race to the bottom*. Nesse cenário, pontua-se que nenhuma instituição foi até o presente momento capaz de harmonizar as normas de direito privado que regem o mercado "com as dimensões não mercadológicas de trabalho, saúde, cultura e meio ambiente, que são regidas pelo direito público"[57].

Entretanto, algumas empresas, no intuito de i) evitar a irresponsabilidade ao longo da rede de produção e ii) evitar a submissão à legislação restritiva nos países em que atuam, criaram seus próprios padrões de responsabilidade, seja por meio da implementação de ISO e programas de responsabilidade social, seja por meio de programas de *compliance*.

Assim, a função desempenhada pela B3 no mercado de capitais não se esgota na possibilidade de fiscalização, mas se estende às determinantes de mudança cultural no Brasil, no sentido de impor mais respeito à governança corporativa e elaboração de programas de integridade eficientes e comprometidos nos seios das companhias relativamente a toda a cadeia global de trabalho e fornecimento, impedindo que a criação de programas de compliance configurem *venire contra factum proprium*[58] e revista os documentos com caráter vinculativo. Além de determinar o aperfeiçoamento do mercado de capitais, induzindo a adoção de regras pelas sociedades listadas e elevando o patamar dos instrumentos utilizados para divulgação de práticas ao público investidor, ela permite a verificação acerca da irresponsabilidade ao longo da cadeia.

É por todo este cenário exposto que, a fim de investigar a existência e a qualidade do *compliance* trabalhista no Brasil, se escolheu as companhias listadas no Novo Mercado como espaço amostral para esta pesquisa.

---

56. SUPIOT, 2020, p. 118-123.
57. SUPIOT, 2020, p. 122.
58. Como são os atores privados que decidem sobre elaboração, conteúdo e aplicação, a liberdade para a instituição do *compliance* reveste-se em observância obrigatória dos preceitos, cuja atuação contraditória pode constituir juridicamente *venire contra factum proprium*, haja vista a latente contradição entre a divulgação desses documentos como normas da companhia e o argumento de serem meras declarações acerca das intenções empresariais (TEUBNER, 2020, p. 9-10). Essa interpretação impede que as empresas utilizem o compliance para descumprir as normas expedidas pelos órgãos competentes.

3. RESULTADOS DA PESQUISA

3.1 Metodologia – Construção do questionário e procedimento de coleta dos dados

Visando atender aos requisitos necessários à análise documental, foi realizada verificação sistêmica dos dados coletados das companhias listadas no setor de "Novo Mercado" da B3, no período compreendido entre 15 de julho de 2020 a 15 de agosto de 2020, por meio da submissão, pelo próprio pesquisador, a um questionário previamente estruturado. Este instrumento foi composto por perguntas cujas respostas foram preestabelecidas e o objetivo era verificar a existência e qualidade dos documentos disponibilizados para o mercado especificamente no que se refere às relações de trabalho.

Para elaboração desse questionário, o primeiro passo foi a realização de revisão de literatura acerca de conceito, histórico, função e alcance do *compliance*, bem como buscar legislação pertinente ao tema. Deste estudo, o rol de parâmetros do art. 42 do Decreto 8.420/15, que regulamenta a Lei 12.846/13, foi adotado como norte para análise de determinados pontos do *compliance* trabalhista[59].

O Decreto menciona a necessidade de adotar diligências na contratação e supervisão de terceiros e da importância da Lei 13.429/17, por isso foram acrescentadas perguntas para analisar também o tratamento despendido ao trabalho temporário e à terceirização.

O segundo passo foi pesquisar materiais que tratassem precisamente do critério trabalhista, a fim de entender os reflexos do instituto nas relações de trabalho e os pontos indispensáveis a serem enfrentados neste quesito. Contudo, encontrou-se certa dificuldade neste ponto, uma vez que os artigos selecionados restringiam-se, de forma geral, à defesa da aplicação no instituto também pelo ramo trabalhista a partir da perspectiva da realização da responsabilidade e função social da empresa e redução de riscos e demandas judiciais. Não foi encontrado um estudo que enfrentasse o conteúdo trabalhista mínimo de um programa de integridade.

Para transpor esse obstáculo, a solução encontrada foi examinar e selecionar os princípios e institutos fundamentais do Direito do Trabalho tanto no âmbito nacional, quanto internacional para estruturar o questionário. Assim, o ponto de partida foi a Declaração da OIT sobre os Princípios e Direitos Fundamentais do Trabalho, que estabelece como compromisso imprescindível de todos seus membros respeitar, promover e tornar realidade (i) a liberdade sindical e o reconhecimento efetivo do

---

59. Dentre os quais podemos destacar: (i) a realização de treinamentos periódicos de funcionários e terceiros sobre o programa de integridade; (ii) a instituição de canais de denúncia de irregularidades, abertos e amplamente divulgados a funcionários e terceiros, e de mecanismos destinados à proteção de denunciantes de boa-fé; (iii) a aplicação de medidas disciplinares em caso de violação do programa de integridade; (iv) a adoção de mecanismos de detecção, investigação e remediação de condutas incompatíveis com o programa, bem como de (v) diligências na contratação e supervisão de terceiros.

direito de negociação coletiva; (ii) a eliminação de todas as formas de trabalho forçado ou obrigatório; (iii) a abolição efetiva do trabalho infantil; e (iv) a eliminação da discriminação em matéria de emprego e ocupação.

A partir disso, destrinchou-se o dever de eliminação da discriminação, por meio da análise das Convenções e Recomendações da OIT, da Constituição Federal e da Consolidação das Leis Trabalhistas, o que resultou na seleção de novos pontos de suma importância como (i) a proibição de distinção, exclusão ou preferência com base em origem, raça, sexo, cor, idade; (ii) a igualdade entre os empregados quanto à oportunidade e forma de tratamento; (iii) cumprimento das cotas de aprendizagem e portadores de deficiência e (iv) o combate à violência no ambiente de trabalho, o que abarca a promoção de relações interpessoais respeitosas e o combate de condutas que caracterizem assédio moral e sexual[60].

Após estudo e seleção destes pontos, intimamente relacionados com a saúde mental, foi adicionada uma pergunta para perquirir sobre a abordagem e o cumprimento das normas de saúde e segurança do trabalho pelas companhias, tendo em vista que essas protegem a vida e a saúde física do colaborador.

Outro ponto que se considerou sensível e de extrema importância para o controle de riscos e responsabilidades das companhias e que deve estar bem estruturado em seus programas de integridade trabalhista foram os procedimentos de contratação e demissão dos colaboradores[61].

Por último, diante do atual cenário de discussão sobre boas práticas em tecnologia e a promulgação da Lei Geral de Proteção de Dados, entendeu-se por bem incluir questões específicas sobre o tema, a fim de analisar o grau de regulamentação do poder de fiscalização do empregador, o que abrange o monitoramento do trabalho e do uso de redes sociais, e de adequação das companhias às novas normas em proteção dos dados, em todas as fases da relação: pré contratual, contratual e pós contratual.

Desse estudo, resultaram vinte e duas matérias de grande relevância e consideradas pelo pesquisador como indispensáveis em um *compliance* trabalhista, conforme já apresentado mais profundamente no item 1.1 deste artigo, a partir das quais foram elaboradas as perguntas da parte específica do questionário, que serão apresentadas em momento oportuno.

Quanto à parte genérica, esta é composta pelos quatro primeiros questionamentos, aplicados a fim de investigar se (i) a companhia era uma estatal, (ii) qual sua

---

60. Retirados, respectivamente da Recomendação 111 da OIT e art. 3º, IV, CF; Recomendação 111 da OIT; artigos 428 a 433 da CLT e Lei 8.213/91.
61. Essa conclusão adveio de dados coletados dos *rankings* de assuntos mais recorrentes na Justiça do Trabalho, disponíveis no site do Tribunal Superior do Trabalho. Em 2020, por exemplo, nos três primeiros lugares estavam o aviso prévio, a multa de 40% do FGTS e a multa do art. 477 da CLT.

área de atuação, (iii) se possuía um programa de integridade e (iv) qual era o nível de publicidade dos documentos e o grau de dificuldade de acessá-los[62]-[63].

Como pressuposto de análise, tem-se que i) o programa de integridade apenas pode ser considerado completo ao incluir, dentre outras questões, o *compliance* trabalhista, haja vista sua essencialidade como instrumento de efetivação da dignidade da pessoa humana e da função social da empresa, princípios que equilibram o exercício da livre iniciativa com a valorização do trabalho e ii) nesse sentido, que o *compliance* trabalhista é fundamental para realização do interesse social compatível com os interesses assegurados pela Constituição, pelas leis e, ainda, além dos normativamente tutelados.

Todas as anotações e outras observações do pesquisador sobre cada programa de integridade foram realizadas em um diário de pesquisa compartilhado com os demais pesquisadores para facilitar posterior análise dos dados coletados[64].

3.2   Análise de dados

O questionário elaborado é composto por vinte e sete perguntas que foram subdivididas em cinco seções: (i) A sociedade; (ii) O programa de integridade; (iii) O critério trabalhista; (iv) Questões internas; e (v) Questões externas, sendo que as três primeiras compõem a parte geral da análise e as duas últimas a parte específica,

---

62. Neste turno, foram considerados programa de integridade *lato sensu*, em rol exemplificativo: Política de Controles Internos, Política de Saúde, Segurança e Qualidade de Vida, Política de Direitos Humanos, Política de Diversidade e Inclusão, Política de Investimentos Socioambientais e Doações, Política de Gestão Ambiental, Política de Controles Internos, Política Anticorrupção, Política de Gestão Integrada de Riscos, Política de Gestão de Derivativos, Política de Partes Relacionadas, Código de Conduta, Política de Divulgação de Ato ou Fato Relevante, Política de Negociação de Valores Mobiliários, Política de Indicação, Política de Governança Corporativa, Política de Privacidade, Política para Contratação de Serviços Extra-Auditoria de seus Auditores Independentes, Política de Doações de Produtos e Apoio à Projetos, Política de Destinação de Resultados e Distribuição de Dividendos, Política de Segurança da Informação, Política de Indicação de Administradores, Política de Remuneração de Administradores.

63. Para obter esses documentos, objetos da análise, o pesquisador percorreu sempre o mesmo caminho para todas as empresas. Como exemplo: Site da B3 > Empresas Listadas > Segmento > Novo Mercado > Centro de Imagem Diagnosticos S.A. > https://www.alliar.com/ri > Investidor > http://ri.alliar.com/default_pt.asp?idioma=0&conta=28 > Governança Corporativa > Estatuto e Políticas > Código de Conduta. Não encontrado ou impossível de acessar o site da empresa através do link disponibilizado na página de listagem da B3, recorria-se à pesquisa no Google do "nome da empresa + RI", como ocorreu com a Aliansce Sonae Shopping Centers S.A., veja: Site da B3 > Empresas Listadas > Segmento > Novo Mercado > Aliansce Sonae Shopping Centers S.A. > https://ri.alianscesonae.com.br/ > Não foi possível acessar o site > Google > Aliansce Sonae Shopping Centers S.A. RI > https://ri.alianscesonae.com.br/ > Governança Corporativa > Estatutos, Códigos e Políticas > Código de Ética e Conduta + Política Anticorrupção. Acesso em 19 jul. 2020.

64. Observa-se que o pesquisador também recorreu à pesquisa no Google de documentos mencionados, mas não localizados diretamente no site da empresa, como ocorreu com o Código de Conduta da CVC BRASIL OPERADORA E AGÊNCIA DE VIAGENS S.A., de modo que o caminho anotado foi: Site da B3 > Empresas Listadas > Segmento > Novo Mercado > CVC BRASIL OPERADORA E AGÊNCIA DE VIAGENS S.A. > https://ri.cvc.com.br/default.aspx > Governança Corporativa > Estatuto Social e Políticas > Não foi encontrado Código de Conduta no site, apenas pelo Google. Acesso em 8 ago. 2020.

COMPLIANCE TRABALHISTA: CONTEÚDO MÍNIMO E EFICIÊNCIA AUTORREGULATÓRIA DA B3 **335**

que se debruça sobre a consistência do *compliance* trabalhista nas companhias listadas no Novo Mercado[65].

Assim, passa-se à apresentação das perguntas e os respectivos resultados obtidos.

3.2.1   Resultado da análise – Parte geral

Em análise da parte geral, os questionamentos em relação às companhias se subdividiram em questionar: se a sociedade é estatal (pergunta n. 1); qual a sua área de atuação (pergunta n. 2); se a sociedade possui um programa de integridade *lato sensu* (pergunta n. 3) e, se sim; se o programa é centralizado ou difuso (pergunta n. 4);

A empresa estatal, classificada em empresa pública e sociedade de economia mista, além de suas subsidiárias, é regulamentada, conforme o artigo 173, § 1º, II, da Constituição Federal, pelo regime próprio das empresas privadas, incidindo, desse modo, as normas do Direito do Trabalho sobre suas relações empregatícias. Além disso, seu estatuto jurídico, previsto na Lei 13.303/16, determina a adoção obrigatória de programas de integridade na gestão. Neste diapasão, o objetivo deste questionamento é identificar as empresas estatais listadas na B3 (5 companhias) para, em conjunto com as seguintes questões, analisar o cumprimento do artigo 9º da Lei 13.303/16 e se há a inclusão ou não do critério trabalhista no programa de integridade.

A área de atuação da sociedade (pergunta n. 2) foi analisada em conformidade com a classificação preestabelecida pela B3. A setorização estabelecida e os resultados obtidos no momento da análise foram: instituições financeiras (18 companhias); bens industriais (22); comunicação (12); consumo cíclico (49); consumo não cíclico (15); materiais básicos (6); petróleo, gás e biocombustíveis (7); saúde (12); tecnologia da informação (5); utilidade pública (11); outros (nenhuma).

Em continuação, considerou-se programa de integridade *lato sensu* (pergunta n. 3) todo documento – anexo ou não – disponível para consulta no endereço eletrônico da companhia analisada cujo intuito seja mitigar riscos, desde que relacionados ao cumprimento de regras, políticas e legislação vigente. Nesta etapa, de cunho quantitativo, objetivou-se verificar a existência de documento de conteúdo autorregulatório e não sua qualidade. Portanto, a presença de apenas um documento foi suficiente para enquadrar a sociedade como possuidora de programa de integridade (100% das companhias analisadas). A análise sobre a qualidade do(s) documento(s) fica reservada para as partes sobre "questões internas" e "questões externas" nos tópicos subsequentes.

---

65. A expressão "questões internas" foi utilizada para nomear as situações jurídicas atinentes às relações trabalhistas entre a companhia analisada e seus empregados. Por sua vez, a expressão "questões externas" foi empregada para se referir às situações jurídicas referentes às relações trabalhistas entre as sociedades contratadas pela companhia analisada e seus empregados, bem como às relações diretas entre a companhia analisada e os empregados terceirizados ou prestadores de serviços.

Por último, o programa de integridade é considerado centralizado quando dispõe em apenas uma página todos os documentos ou apenas um documento, e difuso quando distribui os documentos do programa de integridade em diversas áreas separadas do site. Idem comentário anterior (pergunta n. 4). 138 foram considerados centralizados e 7 difusos.

3.2.2   Resultado da análise – Parte sobre "Questões Internas"

O primeiro questionamento específico sobre o critério trabalhista (pergunta n. 5), de cunho quantitativo, foi se "o programa em análise menciona os termos 'trabalho', 'trabalhador', 'empregado' ou 'colaborador'". O objetivo residia em constatar se o *compliance* da companhia apresentava conteúdo direcionado especificamente às relações laborais, ou seja, se possuía um *Compliance* Trabalhista. Todas as 146 empresas analisadas mencionavam.

As demais perguntas, de cunho qualitativo foram, em relação às questões internas, se: o programa prevê o combate a práticas antissindicais e o incentivo a negociações coletivas (pergunta n. 6); se posiciona contra o trabalho infantil e o trabalho forçado ou obrigatório (pergunta n. 7); prevê a promoção da igualdade entre os empregados quanto à oportunidade e forma de tratamento (pergunta n. 8); coíbe toda distinção, exclusão e/ou preferência, com base em raça, sexo, orientação sexual, religião, opinião política, nacionalidade, origem social, idade ou deficiência (pergunta n. 9); dispõe sobre o cumprimento das disposições legais e regulamentares sobre segurança e medicina do trabalho (pergunta n. 10); regulamenta o procedimento de contratação e demissão de seus empregados (pergunta n. 11); menciona sobre o cumprimento das cotas de aprendizagem e portadores de deficiência (pergunta n. 12); promove a adoção de relações interpessoais respeitosas, metas razoáveis e/ou prazos compatíveis (pergunta n. 13); se posiciona contra práticas de assédio moral e sexual (pergunta n. 14); estabelece normas e/ou limites éticos para o uso de redes sociais e/ou websites por seus dirigentes e colaboradores (pergunta n. 15).

Ademais, se: o programa previa sobre o monitoramento dos funcionários na execução do trabalho (pergunta n. 16); – normas sobre a coleta e o tratamento de dados pessoais de candidatos de processos seletivos, contratados e ex-funcionários (pergunta n. 17); a promoção de treinamentos para orientação de seus funcionários sobre práticas de governança no âmbito trabalhista (pergunta n. 18); continha instrumentos de detecção, investigação e remediação de condutas incompatíveis com o programa (pergunta n. 19); previa a promoção de treinamentos para orientação de seus funcionários sobre práticas de governança no âmbito trabalhista (pergunta n. 20); canais de denúncia de irregularidades, abertos e amplamente divulgados aos funcionários (pergunta n. 21) e, se sim, se previa a proteção de denunciantes de boa-fé (pergunta n. 21.1).

Como resultados, respectivamente, tem-se que: 76 companhias previam combate às práticas antissindicais, 12 previam incentivo a negociações coletivas e 70 não mencionavam nenhuma das anteriores (pergunta n. 6); 118 se posicionavam contra o trabalho infantil, 119 contra o trabalho forçado/obrigatório e 27 não mencionavam nenhuma das anteriores (pergunta n. 7); 96 previam promoção de igualdade quanto à oportunidade, 110 quanto à forma de tratamento e 14 não mencionavam nenhuma da anteriores (pergunta n. 8). Em relação à pergunta n. 9:

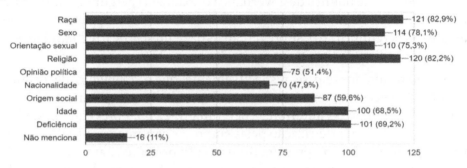

Em continuação, 117 companhias dispunham sobre o cumprimento de normas de segurança e medicina do trabalho (pergunta n. 10); 67 regulamentavam o procedimento de contratação de seus funcionários, 6 a demissão de seus empregados e 79 não mencionavam nenhuma das alternativas (pergunta n. 11); nenhum apresentava cumprimento de cotas sobre aprendizagem, 1 apresentava para portadores de deficiência e 145 não nenhuma das alternativas (pergunta n. 12); 133 promoviam a adoção de relações interpessoais respeitosas, 13 metas compatíveis, nenhuma prazos compatíveis e 13 não mencionavam as hipóteses anteriores (pergunta n. 13).

Seguindo, 136 programas se posicionavam contra o assédio moral; 137 contra o sexual e 9 não mencionavam nenhuma das anteriores (pergunta n. 14); 98 programas estabeleciam normas e/ou limites éticos para o uso de redes sociais e/ou websites por seus dirigentes e colaboradores, ao passo que 48 não (pergunta n. 15); 95 previam o monitoramento dos funcionários na execução do trabalho e 51 não (pergunta n. 16); 3 previam normas sobre coleta e tratamento de dados pessoais de candidatos de processos seletivos, 21 de contratados, 1 de ex-funcionários e 125 não faziam menção sobre coleta e tratamento de dados (pergunta n. 17); 133 não indicavam promoção a treinamentos para orientação de seus funcionários sobre práticas de governança no âmbito trabalhista (pergunta n. 18); 134 apresentavam instrumentos de detecção, 130 de investigação e 88 remediação de condutas incompatíveis com o programa e 6 não mencionavam (pergunta n. 19); 138 previam a aplicação de medidas disciplinares em caso de violação do programa de integridade (pergunta n. 20); 130 previam canais de denúncia de irregularidades, abertos e amplamente divulgados aos funcionários e 128 sobre a proteção de denunciantes de boa-fé (pergunta n. 21).

3.2.3 Resultado da análise – Parte sobre "Questões Externas"

Relativamente às questões externas, que envolvem terceiros, os questionamentos foram se o programa em análise: continha normas sobre terceirização e/ou trabalho temporário (pergunta n. 22); sobre a possibilidade de subcontratação ou quarteirização pelas empresas contratadas (pergunta n. 23); sobre treinamento periódico para seus prestadores de serviço e práticas de governança e padrões éticos da empresa (pergunta n. 24); se previa como requisito para celebração de contratos com outra empresa, adoção de política de governança trabalhista (pergunta n. 25); se estabelecia meios de fiscalização de seus contratantes quanto ao cumprimento da legislação trabalhista (pergunta n. 26); se previa canais de denúncia de irregularidades, abertos e amplamente divulgados a terceiros (pergunta n. 27).

Como resultados têm-se, respectivamente, que o *compliance* de 4 companhias continha normas sobre terceirização, 4 sobre trabalho temporário e 139 não mencionavam nenhuma das anteriores (pergunta n. 22); 25 previam possibilidade de subcontratação ou quarteirização pelas empresas contratadas e 121 não mencionavam (pergunta n. 23); 136 previam treinamento periódico para seus prestadores de serviço sobre as práticas de governança e os padrões éticos da empresa e 110 não mencionavam (pergunta n. 24); nenhuma previu como requisito para celebração de contratos com outra empresa a adoção política de governança trabalhista (pergunta n. 25); 14 estabeleciam meios de fiscalização de seus contratantes quanto ao cumprimento da legislação trabalhista e 132 não mencionavam (pergunta n. 26); 116 previam canais de denúncia de irregularidades, abertos e amplamente divulgados a terceiros (pergunta n. 27).

4. DISCUSSÃO DOS RESULTADOS

Da análise obtida, cujas percepções dos resultados são individuais e baseados na revisão bibliográfica prévia, observa-se que 29 companhias (19,9%) tiveram resultado negativo no que diz respeito à proteção da saúde e segurança do trabalhador como direito fundamental – artigo 7º, XXII, da Constituição Federal e que, em última instância, reflete a proteção da dignidade da pessoa humana e do valor social do trabalho – artigo 1º, III e IV, do mesmo diploma. Isso, num país cujo padrão de gestão da força de trabalho é predominantemente predatório, reforça a necessidade de diminuição dessa porcentagem para zero, a fim de que a cultura da lógica concorrencial ilegítima de redução ilegal dos custos trabalhistas não se perpetue[66].

Em relação à utilização das políticas de governança e do *compliance* ao longo da cadeia de produção – envolvendo, consequentemente, outras empresas com que se celebra contratos –, esta é medida que assegura o alinhamento "dos serviços prestados pelo fornecedor aos valores da contratante e às normas estabelecidas pelos órgãos

---

66. FILGUEIRAS, 2017, p. 21-30.

regulamentadores"[67], pano de fundo das perguntas n. 23 e 25. Dessa forma, mesmo com a terceirização indireta é possível conhecer o seu cliente – técnica chamada de *know your customer* – por meio da exigência de documentações relativas ao *compliance* e à atividade[68] realizada ao longo do processo de produção, assegurando-se contra a manutenção de riscos ao direito trabalhista. Assim, será mais fácil prevenir casos de corrupção em contratações intermediárias – cuja incidência é alta – adotando medidas apropriadas de identificação e mitigação de riscos antes, durante e ao término da contratação[69]-[70].

Sobre os resultados da pergunta n. 25 (146 empresas com resultado negativo), em relação à adoção de um programa de integridade trabalhista por toda a cadeia de valor da empresa, pontua-se que, em razão da função social e do valor social do trabalho, a preocupação em relação ao cumprimento das regras trabalhistas deixa de se referir tão somente ao ambiente interno da empresa e passa a se referir a toda a cadeia de produção, haja vista que todos os trabalhadores envolvidos são igualmente merecedores de tutela. E é condição primordial do *compliance* que todos adquiram a consciência do que envolve a atividade desenvolvida pela empresa, "visto que a eficácia de um sistema de cumprimento exige esse desejo generalizado em todos os níveis"[71].

Por tudo isso, e em consideração aos reflexos que a cadeia de valor gera para a responsabilização dos envolvidos na violação diversos direitos envolvidos[72] – e dentre eles o *race to the bottom*, responsável pela flexibilização das condições de trabalho e da legislação trabalhista[73]–, uma forma de coibir essa atitude é impondo, no topo da

---

67. FRANÇA, 2018, p. 55.
68. Nesse cenário, as práticas de *know your customer*, em síntese, "constituem em exigir documentos "de regularidades econômicas, jurídicas e fiscais; obter e analisar dados cadastrais; criar rotina de atualização de cadastros; obter conhecimento da origem do patrimônio do cliente; conhecer a origem e destino dos recursos movimentados; identificar, analisar, decidir e reportar as situações que possam configurar indícios da ocorrência de crimes e análise de riscos quanto ao local, tipo de atividade e tipo de serviços" e adaptando para a área trabalhista "utilizando o procedimento de know your customer é possível conhecer o prestador de serviços antes de contratá-lo; fazer o levantamento da documentação de sua empresa; confirmar a integralização do capital social alegado; verificar a origem do patrimônio; inspecionar previamente o local de trabalho para verificar a estrutura e condições de higiene e segurança; avaliar o histórico dos sócios da tomadora e analisar os possíveis riscos (FRANÇA, 2018, p. 160).
69. Inclusive sobre esse ponto, a autora complementa que"[n]as hipóteses em que o contrato possui cláusulas de *compliance*, estabelecendo que as partes devem cumprir as leis anticorrupção aplicáveis ao contrato, em caso de violação, é possível que a parte lesada encerre a relação sem maiores discussões. Isto porque este tipo de cláusula, conforme elucidado acima traz obrigações relacionadas à compliance para as partes, portanto seu descumprimento, levaria à uma rescisão antecipada do contrato", podendo se apresentar como uma saída vantajosa e rápida.
70. NUNES, 2019, p. 32.
71. ALBUQUERQUE, 2018, p. 110.
72. Dentre esses reflexos, um dos maiores é impedir a responsabilização dos envolvidos em possíveis violações a direitos – de qualquer natureza –, porque cria-se uma estrutura tão fragmentada, que esta acaba favorecendo a emergência de um cenário em que pouquíssimas empresas controlam o mercado, trazendo para esse diversas consequências. Isso porque há uma complexidade organizativa muito densa e insumos que entram e saem de fronteiras diversas vezes até a obtenção do produto final, impossibilitando a identificação do verdadeiro responsável. Op. cit.
73. Um dos maiores fatores do cenário que envolve a cadeia de valor, em nível global, é o fenômeno conhecido como "race to the bottom" (ou corrida para baixo), "no qual países, sobretudo aqueles do Sul Global, buscam

cadeia de produção, o cumprimento das regras impostas. Nesse ponto se demonstra a importância de explorar a capacidade de amplitude do *compliance*, devendo este atingir terceiros e subcontratados (pergunta n. 23).

E essa capacidade de ampliar o programa começa ao prever treinamentos periódicos para contratados e prestadores de serviços (perguntas n. 18 e 24), reforçando a cultura de que responsabilidade pela gestão do *compliance* não é – e não deve ser – exclusiva de um determinado setor, mas de cada um na organização, a fim de contribuir para a eficiência de todos os processos da empresa e assegurar a longevidade dos padrões éticos[74]. É medida que se impõe o efetivo controle e orientação à aplicação do programa de *compliance*, sob pena de se criarem técnicas apenas teóricas que não serão aderidas pelos colaboradores ou não serão suficientemente compreendidas.

Em outras palavras, a promoção de treinamentos para a orientação de funcionários e terceiros cumpre dois papéis fundamentais: i) educativo, correspondente à ensiná-los a forma ética de atuar em cada atividade que venham a desempenhar; e ii) cultural, relacionado ao processo de convencimento sobre a importância que o cumprimento das regras estabelecidas em códigos e políticas têm para a mitigação de riscos[75]. Em vez de simplesmente utilizar-se de ameaça de sanções e realização de auditorias para impulsionar mudanças de comportamento, são necessários instrumentos que resolvam conjuntamente o problema, partilhem a informação e provoquem a difusão das melhores práticas[76], interesse que deve ser mútuo entre os envolvidos na atividade empresarial.

Outros pontos que merecem destaque se referem ao ditame constitucional de igualdade material, cujo resultado em consideração às cotas de aprendizagem e deficiência (pergunta n. 12) foi ínfimo.

5. CONCLUSÃO

Conclui-se neste artigo que os programas de integridade das companhias listadas no segmento de Novo Mercado da B3 consideram a valorização do trabalho, bem como os parâmetros da legislação trabalhista, de forma insuficiente. Isso porque, dentre todos os pontos analisados pela pesquisa, apenas cinco são tratados por mais de 90% das sociedades em seus documentos, havendo alguns que foram negligenciados de modo quase absoluto, como as informações sobre o *compliance* trabalhista nas cadeias de valor.

---

progressivamente flexibilizar as exigências feitas às empresas que operam em seu território, almejando com isso atrair investimentos de transnacionais. Dessa forma, as regulações trabalhistas são geralmente mais flexíveis e os governos locais oferecem diversas benéfices na busca pela movimentação econômica que o capital estrangeiro promove". In: ROLAND, Manoela C., SOARES, Andressa O., BREGA, Gabriel R., OLIVEIRA, Lucas de S., CARVALHO, Maria Fernanda C. G., ROCHA, Renata P. Cadeias de Valor e os impactos na responsabilização das empresas por violações de Direitos Humanos. *Cadernos de Pesquisa Homa*. v. 1, n. 5, 2018.

74. SEVERINO, 2019, p. 43.
75. ALBUQUERQUE, 2018, p. 123.
76. LOCKE, AMENGUAL, MANGLA, 2009, p. 321.

A partir disso, pode-se realizar as seguintes constatações: (i) o segmento de listagem da companhia não revela seu nível de comprometimento com a legislação trabalhista; (ii) os documentos que compõem seus programas de integridade são considerados meramente declaratórios pela B3, o que demonstra o uso falho do instituto e traz insegurança ao mercado de capitais; (iii) os programas de integridade das sociedades do considerado mais alto nível de governança corporativa são incompletos e tornam-se ineficazes ao negligenciar as relações trabalhistas e não prezar pela dignidade da pessoa humana de forma minuciosa; e (iv) as companhias analisadas não cumprem com sua função social.

6. REFERÊNCIAS

ALBUQUERQUE, Eduardo Lemos Lins de. *Compliance e crime corporativo*. Belo Horizonte: Editora D'Plácido, 2018.

BRASIL. [Constituição (1988)]. *Constituição da República Federativa do Brasil*. Disponível em: <http://www.planalto.gov.br/ccivil_03/constituicao/constituicao.htm>.

BRASIL. Decreto-Lei 5.452, de 1º de maio de 1943. Aprova a Consolidação das Leis do Trabalho. *Diário Oficial da União*, Poder Executivo, Rio de Janeiro, RJ, 09 ago. 1943, Seção 1, p. 11937. Disponível em: <http://www.planalto.gov.br/ccivil_03/decreto-lei/del5452.htm>. Acesso em: 20 set. 2019.

BRASIL. Lei 13.467, de 13 de julho de 2017. Altera a Consolidação das Leis do Trabalho (CLT), aprovada pelo Decreto-Lei 5.452, de 1º de maio de 1943, e as Leis nos 6.019, de 3 de janeiro de 1974, 8.036, de 11 de maio de 1990, e 8.212, de 24 de julho de 1991, a fim de adequar a legislação às novas relações de trabalho. *Diário Oficial da União*. Poder Legislativo, Brasília, DF, 14 jul. 2017, Seção 1, p. 1-6. Disponível em: <http://www.planalto.gov.br/ccivil_03/_ato2015-2018/2017/lei/l13467.htm>.

CAPPI, Riccardo. A "teorização fundamentada nos dados". In: MACHADO, Maíra Rocha (Org.). *Pesquisar empiricamente o direito*. São Paulo: Rede de Estudos Empíricos em Direito, 2017.

DECLARAÇÃO DA OIT SOBRE OS PRINCÍPIOS E DIREITOS FUNDAMENTAIS NO TRABALHO. 19.06.1998. Disponível em: <https://www.ilo.org/public/english/standards/declaration/declaration_portuguese.pdf>.

DELGADO, Mauricio Godinho. *Curso de direito do trabalho*. 18. ed. São Paulo: LTr, 2019.

DONAGGIO, Angela Rita Franco. *Regulação e Autorregulação no Mercado de Valores Mobiliários*: o caso dos segmentos especiais da listagem da BM&FBovespa. São Paulo: s.n., 2016.

FERRAZ, Adriano Augusto Teixeira. *A Autorregulação Do Mercado De Valores Mobiliários Brasileiro: A coordenação do mercado por Entidades Profissionais Privadas*. Tese de Mestrado. Belo Horizonte: Universidade Federal de Minas Gerais, 2012.

FILGUEIRAS, Vitor Araújo. Saúde e Segurança do Trabalho no Brasil. In: FILGUEIRAS, Vitor Araújo (Org.). *Saúde e segurança do trabalho no Bras.il* Brasília: Gráfica Movimento, 2017.

FRANÇA, Jaíne Gouveia Pereira; O compliance trabalhista como ferramenta para evitar ações judiciais. *Revice – Revista de Ciências do Estado, Belo Horizonte*, v. 3, n. 1, p. 147-169, jan.-jul. 2018. Disponível em: <file:///C:/Users/B%C3%A1rbara/Downloads/5090-Texto%20do%20artigo-15865-1-10-20180723.pdf>.

FRAZÃO, Ana. Função Social da Empresa. In: COELHO, Fábio Ulhoa; ALMEIDA, Marcus Elidius Michelli de (Coord.). *Enciclopédia Jurídica da PUCSP*. São Paulo: Pontifícia Universidade Católica de São Paulo, 2018. t. IV: direito comercial.

GONÇALVES, Anselmo; KRUPPA, Roberta Potzik Soccio Compliance Trabalhista: Labor Compliance. *Âmbito Jurídico*, 2020. Disponível em: <https://ambitojuridico.com.br/cadernos/direito-do-trabalho/compliance-trabalhista/> Acesso em: 30 mar. 2020.

GRAU, Eros Roberto. *A ordem econômica na Constituição de 1988*. 14. ed. São Paulo: Malheiros, 2010.

HIRIGOYEN, Marie-France. *Mal-estar no trabalho*: redefinindo o assédio moral. Rio de Janeiro: Bertrand Brasil, 2002.

IGREJA, Rebecca Lemos O Direito como objeto de estudo empírico: o uso de métodos qualitativos no âmbito da pesquisa empírica em Direito. In: MACHADO, Maíra Rocha (Org.). *Pesquisar empiricamente o direito*. São Paulo: Rede de Estudos Empíricos em Direito, 2017.

LOCKE, Richard; AMENGUAL, Matthew; MANGLA, Akshay. Virtue out of Necessity? Compliance, Commitment, and the Improvement of Labor Conditions in Global Supply Chains. *Politics & Society*, v. 37, n. 3, p. 319-351, set. 2009.

MORO, Luís Carlos. *Compliance* trabalhista. In: CUEVA, Ricardo Villas Bôas; FRAZÃO, Ana (Coord.). *Compliance*: perspectivas e desafios dos programas de conformidade. Belo Horizonte: Fórum, 2018.

EIZIRIK, Nelson et al. *Mercado de capitais: regime jurídico*. 4. ed. São Paulo: Quartier Latin, 2019.

NOVELLI, Breno. *Implementação de programa de compliance e seus impactos na área trabalhista*. Disponível em: <https://www.direitonet.com.br/artigos/exibir/9732/Implementacao-de-programa-decompliance-e-seus-impactos-na-area-trabalhis>ta. Publicado em: 08 maio. 2016.

NUNES, Mariana Rodrigues Cursino Osorio. *Rescisão de Contratos por Questões de Compliance*. – São Paulo, 2019. 43 f. Disponível em: <http://dspace.insper.edu.br/xmlui/bitstream/handle/11224/2510/MARIANA%20RODRIGUES%20CURSINO%20OSORIO%20NUNES_trabalho.pdf?sequence=1>.

PINHEIRO, Caroline. *Compliance* sob a perspectiva da função social da empresa e da governança corporativa. In: CUEVA, Ricardo Villas Bôas; FRAZÃO, Ana (Coord.). *Compliance*: perspectivas e desafios dos programas de conformidade. 3. reimp. Belo Horizonte: Fórum, 2018.

SEVERINO, Dandara Benedett. O compliance trabalhista e sua aplicação na esfera empresarial, 2019. Disponível em: <https://www.riuni.unisul.br/handle/12345/9111>.

SUPIOT, Alain. The tasks ahead of the ILO at its centenary. *International Labour Review*, v. 159 n. 1, p. 117-136, 2020.

PROGRAMAS DE CONFORMIDADE: UMA ANÁLISE SOBRE GOVERNANÇA E SUSTENTABILIDADE DAS COMPANHIAS DO NOVO MERCADO

Brenda Dutra Franco

Graduada em Direito pela Universidade Federal de Juiz de Fora (UFJF), membro do Grupo de Pesquisa Empresas, Desenvolvimento e Responsabilidade (EDResp) da UFJF e do Grupo de Pesquisa Grupo de Pesquisa em Direito Ambiental e Desenvolvimento Sustentável do UniCEUB.

Sumário: 1. Introdução – 2. Breves notas sobre a autorregulação e os programas de integridade; 2.1 A Autorregulação e o papel da B3 para o Mercado de Capitais brasileiro; 2.2 Efetivação dos Programas de Integridade – 3. Conformidade ambiental; 3.1 Importância da proteção ao Meio Ambiente nos Programas de Integridade; 3.2 Governança e Sustentabilidade – 4. As companhias do novo mercado e seus programas de integridade; 4.1 Apresentação dos resultados – Parte geral; 4.2 Apresentação dos resultados – Parte específica – 5. Considerações finais – 6. Referências.

1. INTRODUÇÃO

A humanidade ingressou, a partir do final do século XVIII, em nova era geológica[1], denominada Antropoceno, o que requer um comportamento apropriado para evitar que a situação ambiental se agrave[2]-[3].

Ao passo que houve a tomada de consciência humana acerca de sua forma de intervenção no meio ambiente, notou-se que a atuação do homem não é suportável pelo meio ambiente natural, a nova era, neste sentido, necessita de novas perspectivas e nova ética humana para a natureza e sua preservação[4].

Conforme definido pela Política Nacional do Meio Ambiente (Lei n 6.938/81) em seu art. 3ª "entende-se por meio ambiente o conjunto de condições, leis, influências e interações de ordem física, química e biológica, que permite, abriga e rege a vida em todas as suas formas", sendo este o foco da presente pesquisa. Nota-se que

---

1. Pode-se dizer que o Antropoceno se iniciou no final do século XVIII, quando passou a se analisar o degelo das calotas polares e o aumento global de concentrações de dióxido de carbono e metano (CRUTZEN, 2002, p. 23).
2. Relatórios IPCC – Painel Intergovernamental sobre Mudanças Climáticas, são relatórios periódicos que disponibilizam informações com evidências científicas sobre as mudanças climáticas, seus impactos e possíveis riscos futuros. Informação disponível em: <https://www.ipcc.ch/>. Acesso em: 31 jul. 2021.
3. CRUTZEN, 2002, p. 23.
4. VENÂNCIO, 2017, p. 31.

o Direito Ambiental brasileiro optou pela regulação jurídica a partir de um conceito amplo do meio ambiente[5].

O meio ambiente, conforme José Afonso da Silva[6], por possuir uma compreensão ampla do termo[7], pode-se dividir em: meio ambiente artificial (espaço urbano construído, abarca também o meio ambiente do trabalho), meio ambiente cultural (patrimônio histórico como obra do homem), e meio ambiente natural (composto por atmosfera, águas, solo, subsolo, fauna, flora e patrimônio genético, como disposto no artigo 225, da Constituição Federal de 1988[8]). Já Ingo Sarlet[9] compreende que a divisão deveria ser feita somente entre meio ambiente natural e meio ambiente humano – o qual englobaria o meio ambiente urbano, cultural e do trabalho.

Para esta pesquisa é será utilizado o termo meio ambiente como equivalente À meio ambiente natural, sendo relevante observar se e como as sociedades empresárias estão agindo frente a valores constitucionais de sustentabilidade, tendo por base normativa o art. 225 e o art. 170, inciso VI[10], da Constituição Federal de 1988 (CRFB/88)[11].

A finalidade principal deste estudo, é observar como e se as companhias estão se posicionando frente ao mercado sobre a preservação do meio ambiente, para além do mapeamento dos programas de integridade das companhias listadas no Novo Mercado da Brasil, Bolsa e Balcão (B3)[12].

---

5. SARLET, 2021, p. 360.
6. 2019, p. 21-24.
7. Inclusive o STJ apresentou em sua jurisprudência o conceito "amplo" de Meio Ambiente, "com a Constituição Federal de 1998, passou-se a entender também que o meio ambiente se divide em físico ou natural, cultural, artificial e do trabalho. Meio ambiente físico ou natural é constituído pela Flora, fauna, solo, água, atmosfera etc., incluindo os ecossistemas (art. 225, § 1º, incisos I e VII). Meio ambiente cultural constitui-se pelo patrimônio cultural, artístico, arqueológico, paisagístico, manifestações culturais, populares etc. (art. 215, §§ 1º e 2º). Meio ambiente artificial é o conjunto de edificações particulares ou públicas, principalmente urbanas (art. 182, art. 21, inciso XX e art. 5º, inciso XXIII), e meio ambiente do trabalho é o conjunto de condições existentes no local de trabalho relativos a qualidade de vida do trabalhador (art. 7º, inciso XXXIII e art. 200)" (STJ REsp 725257/MG, 1ª Turma, Rel. Min. José Delgado, j. 10.04.2007).
8. Art. 225. Todos têm direito ao meio ambiente ecologicamente equilibrado, bem de uso comum do povo e essencial à sadia qualidade de vida, impondo-se ao poder público e à coletividade o dever de defendê-lo e preservá-lo para as presentes e futuras gerações.
9. 2021, p. 372 e 373.
10. Art. 170. A ordem econômica, fundada na valorização do trabalho humano e na livre iniciativa, tem por fim assegurar a todos existência digna, conforme os ditames da justiça social, observados os seguintes princípios: (...) VI – defesa do meio ambiente, inclusive mediante tratamento diferenciado conforme o impacto ambiental dos produtos e serviços e de seus processos de elaboração e prestação.
11. Como justificativa ao recorte escolhido, como a legislação ambiental é esparsa no diploma normativo brasileiro, se fosse estabelecido um recorte a partir de uma legislação ambiental, perderia o sentido da pesquisa em analisar se e como as sociedades empresárias demonstravam nos seus programas integridade a preocupação com o meio ambiente.
12. A Brasil, Bolsa e Balcão (B3), surgiu em 2017 a partir da fusão entre BM&FBovespa e a Cetip – consideradas até então os principais órgãos do sistema financeiro –, tornando-se uma das principais bolsas de mercado de capitais e financeiro do mundo. Histórico Brasil, Bolsa e Balcão (B3). Disponível em: <https://ri.b3.com.br/pt-br/b3/historico/>. Acesso em: 10 jul. 2020.

Entende-se, neste estudo particular, que o programa de integridade é o *locus* adequado para verificação, por parte das instituições, das medidas adotadas (ou não) pelas companhias. O desenvolvimento da cultura organizacional de uma sociedade empresária parte da implementação do programa de integridade – alcançando não somente a atividade empresária em si, mas também os *stakeholders*[13].

A B3 se apresenta como pessoa jurídica de direito privado – sociedade de capital aberto – que atua como fiscalizadora e organizadora dos mercados de bolsa de valores e balcão. Esse papel autorregulador da B3 se iniciou nos anos 2000, a partir da delegação de poder feita pela legislação e pela Comissão de Valores Mobiliários (CVM) para este órgão.[14]

É inegável a importância do papel da B3, uma vez que sua atuação pode conduzir ao estabelecimento de parâmetros para que a sociedade empresária tenha um *compliance*[15] efetivo, prezando pela proteção não só do interesse privado dessas sociedades como também do interesse público em combater fraudes.

O regulamento do Novo Mercado[16] propõe os requisitos para as sociedades que pretendem constituir esse segmento de listagem e, dentre elas, a que se apresenta crucial para o presente estudo é a obrigatoriedade de divulgação do código de conduta (art. 31)[17], o qual é um dos principais documentos analisados no presente estudo, além de outros documentos como parte do programa de integridade da companhia.

Neste âmbito, questiona-se se os programas de integridade são adequados e capazes de contribuir com a preservação do meio ambiente, mitigando os riscos decorrentes das atividades empresariais, como altos níveis de poluição dos rios, mares,

---

13. O conceito de *stakeholders* a ser adotado neste trabalho é a definição dada por Freeman, considerando como qualquer grupo ou indivíduo que possam sofrer consequências a partir do posicionamento e dos objetivos da companhia (FREEMAN, 1994, p. 24).
14. Previsão permitida pelo parágrafo 4º do artigo 21 da Lei n. 6385-1976 e pela ICVM 312-99.
15. De acordo com o artigo 41 do Decreto 8.420/2015, a definição estabelecida ao programa de integridade (*compliance*) consiste em um "conjunto de mecanismos e procedimentos internos de integridade (...) na aplicação efetiva de códigos de ética e de conduta, políticas e diretrizes com objetivo de detectar e sanar desvios, fraudes, irregularidades e atos ilícitos", sendo balizado de acordo com o tipo de atividade empresarial desenvolvida pela pessoa jurídica.
16. Listagem. Regulamento do Novo Mercado. Disponível em: <http://www.b3.com.br/pt_br/regulacao/estrutura-normativa/listagem/>. Acesso em: 10 jul. 2020.
17. Art. 31 A companhia deve elaborar e divulgar código de conduta aprovado pelo conselho de administração e aplicável a todos os empregados e administradores que contemple, no mínimo: I. os princípios e os valores da companhia; II. as regras objetivas relacionadas à necessidade de *compliance* e conhecimento sobre a legislação e a regulamentação em vigor, em especial, às normas de proteção à informação sigilosa da companhia, combate à corrupção, além das políticas da companhia; III. os deveres em relação à sociedade civil, como responsabilidade socioambiental, respeito aos direitos humanos, e às relações de trabalho; IV. o canal que possibilite o recebimento de denúncias internas e externas, relativas ao descumprimento do código, de políticas, legislação e regulamentação aplicáveis à companhia; V. a identificação do órgão ou da área responsável pela apuração de denúncias, bem como a garantia de que a elas será conferido anonimato; VI. os mecanismos de proteção que impeçam retaliação à pessoa que relate ocorrência potencialmente violadora do disposto no código, em políticas, legislação e regulamentação aplicáveis à companhia; VII. as sanções aplicáveis; VIII. a previsão de treinamentos periódicos aos empregados sobre a necessidade de cumprimento do disposto no código; e IX. as instâncias internas responsáveis pela aplicação do código. Parágrafo único. O código de conduta pode abranger terceiros, tais como fornecedores e prestadores de serviço.

desastres ambientais irreversíveis. Busca-se, então, apresentar os resultados obtidos a partir da análise dos documentos divulgados pelas companhias listadas no Novo Mercado como parte de seu programa de integridade, sendo certo que o escopo da investigação foi centrado no exame do grau de conformidade dos programas analisados no âmbito do Direito Ambiental.

Os referenciais teóricos utilizados foram separados conforme os temas. Para a definição de meio ambiente e o estudo dos princípios ambientais, partiu-se da doutrina ambiental referência de José Afonso da Silva e Ingo Sarlet, além da legislação constitucional e infraconstitucional. No que tange ao estudo da autorregulação, foi utilizado Gunther Teubner por entender que, apesar de voluntário, a autorregulação é um instrumento vinculativo. E, por fim, para definição de *compliance* ambiental buscou-se textos relacionados à gestão ambiental, sendo estabelecido Dechant como principal autor.

Segundo o entendimento de Dechant, as práticas empresariais devem incluir a defesa ao meio ambiente, pois é mais benéfico para a sociedade empresária prevenir os riscos do que arcar com futuros impactos ambientais. Nesse sentido, incentiva-se a elaboração de um programa de conformidade ambiental que inclua em suas disposições, por exemplo, auditorias periódicas, políticas ambientais e avaliação do impacto ambiental da companhia. Ressalta-se, também, o papel dos investidores e do processo de mudança de cultura interna – envolvendo os funcionários nas iniciativas de gestão ambiental – e externa – tornando públicas e transparentes as ações que estão sendo tomadas pelas companhias em prol do meio ambiente[18].

A hipótese é de que as companhias listadas do Novo Mercado assumem compromissos consistentes em relação à proteção ao meio ambiente e sustentabilidade[19] e modificam a forma de atuação no meio ambiente, de modo a atingir seus objetivos de lucro sem degradá-lo[20].

A metodologia foi realizada a partir de revisão bibliográfica com relação aos princípios ambientais, a partir de uma análise da legislação constitucional e infraconstitucional sobre o tema. Em segundo momento foi elaborado questionário, considerando a proteção do meio ambiente como princípio a ser observado pelos programas de integridade e como os programas fazem isso, pautando-se na análise documental dos programas de integridade, com base no proposto por André Cellard[21] acerca da pesquisa documental, que necessita de análise preliminar para que o pesquisador possa extrair adequadamente as informações necessárias.

Em primeiro momento, será analisado o papel da autorregulação no mercado e suas implicações na sociedade ao lado do Poder Público com a heterorregulação.

Em seguida serão analisados aspectos basilares do *compliance*, considerando formas para sua efetiva aplicação devido ao seu aspecto autorregulatório. É impor-

---

18. DECHANT, 1994.
19. ATHAYADE; FRAZÃO, 2018, p. 302.
20. DECHANT, 1994, p. 9.
21. 2012, p. 299.

UMA ANÁLISE SOBRE GOVERNANÇA E SUSTENTABILIDADE DAS COMPANHIAS DO NOVO MERCADO **347**

tante para tal estudo frisar o papel do *compliance* ambiental ou, também denominado, programa de integridade ambiental ou programa de conformidade ambiental[22] – ainda pouco explorado – e a busca pelo desenvolvimento sustentável, com observância dos ditames da Constituição Federal e do Projeto de Lei 5442/2019. Ademais, para fins de atualização da pesquisa, considera-se fundamental a inclusão de um breve estudo sobre a Governança Ambiental, Social e Corporativa (ESG[23]).

Sinteticamente, o objetivo da pesquisa é o de analisar, especificamente, o nível de comprometimento das companhias listadas no segmento do Novo Mercado da B3 em matéria ambiental, de forma que os resultados apresentados, demonstram, ao menos em relação às companhias listadas nesse segmento, o que parece ser: (i) sua posição em relação às regras de proteção ao meio ambiente e (ii) sua estratégia para o desenvolvimento de políticas de sustentabilidade para seus negócios.

O propósito deste trabalho é a demonstração dos resultados obtidos a partir da análise dos programas de integridade das companhias listadas no Novo Mercado da B3. Este estudo, especificamente, refere-se à análise dos programas de integridade sob a ótica do *compliance* ambiental.

O recorte do questionário consistiu na forma de abordagem dos programas sobre a preservação do meio ambiente, devido ao seu impacto direto na sociedade e a importância de sua preservação respeitando a legislação ambiental vigente, parâmetro para análise dos programas[24], demonstrando a postura que tem sido adotada pelas sociedades do Novo Mercado em relação às políticas de proteção ambiental e/ou sustentabilidade.

2. BREVES NOTAS SOBRE A AUTORREGULAÇÃO E OS PROGRAMAS DE INTEGRIDADE

2.1 A Autorregulação e o papel da B3 para o Mercado de Capitais brasileiro

A excessividade do diploma normativo[25] gera a crise da regulação, reconhece-se, na realidade, não somente como um problema quantitativo, mas também qualitativo[26]. Busca-se, portanto, diferentes alternativas para a efetividade da aplicação das normas,

---

22. No presente artigo, as expressões *"compliance"*, "programas de integridade" e "programas de conformidade" serão utilizadas como sinônimos, por conta da nomenclatura específica de "Programa de Conformidade Ambiental" utilizada pelo PL 5442/2019. No entanto, faz-se mister estabelecer as devidas definições, programas de conformidade é a nomenclatura proveniente da tradução do termo em inglês *compliance*, seria então "a qualidade de cumprir os procedimentos, de agir de acordo com as rotinas de controle", porém o termo conformidade não foi o suficiente para estabelecer o que era necessário, passou-se a utilizar a nomenclatura integridade, evoluindo para "designar uma pessoa cujo caráter moral não foi violado" (MELO, 2019, p. 27).
23. Sigla em inglês.
24. É importante evidenciar que os mais diversos documentos (denominados de diferentes formas pelas sociedades listadas) foram acessados e examinados, por exemplo: programas de integridade, código de ética, código conduta, programa de *compliance*.
25. Também denominado "inundação de leis" "explosão legal" "juridificação" ou em inglês "overregulation" (NUSDEO, 2018, p. 37).
26. NUSDEO, 2018, p. 38.

pois há um limite do sistema econômico de absorção dos elementos presentes nos sistemas jurídicos e políticos.[27]

Há duas formas de regulação do mercado: a heterorregulação, através do Poder Público e a autorregulação, decisão autônoma da empresa em aprimorar seus valores e suas práticas empresariais[28]. Observa-se a "redefinição do papel do Estado, portanto, e de transferência ao âmbito privado de funções que anteriormente eram desempenhadas pelo público, impondo-se diretamente às empresas a gestão dos riscos por elas criados"[29].

A autorregulação pauta-se, prioritariamente, mais na decisão autônoma da sociedade em aprimorar seus valores e suas práticas empresariais, do que na mera aquisição/criação de um documento denominado programa de integridade, cuja finalidade se presta apenas à obtenção de mais concessões do Poder Público[30]. Importante destacar que não se refere a uma ampla discricionariedade às sociedades empresárias, mas sim em uma corregulação entre o setor público e privado[31].

Não por outra razão, Adriano Augusto Teixeira Ferraz[32] complementa a caracterização da autorregulação com outros elementos:

[...] (iii) há a fiscalização e a eventual aplicação de sanções disciplinares pelas entidades profissionais privadas em relação aos seus membros; (iv) não existe interferência estatal na atividade de autorregulação, apesar de haver as modalidades desse instituto que são impostas ou reconhecidas oficialmente pelo Estado e dotadas, portanto, dos poderes que a ela forem atribuídos pelo Estado; e (v) existe a possibilidade de sua ocorrência por meio de autovinculação dos agentes econômicos, com base voluntária.

O que se propõe é que os agentes públicos e privados atuem de maneira complementar, sendo observado que a autorregulação possui maior efetividade para acompanhar as transformações econômicas recorrentes, por ser mais flexível[33].

A partir da autorregulação ocorre a coordenação do mercado pelos agentes econômicos, que são organizados através de entidades profissionais privadas. A realização desse 'fenômeno', fundamental ao bom funcionamento da economia, ocorre no Brasil através do *enforcement*[34] das normas, pela atuação dos órgãos de controle[35].

---

27. TEUBNER apud NUSDEO, 2018, p. 41.
28. ATHAYDE; FRAZÃO, 2018, p. 303.
29. SARAIVA, 2015, p. 138.
30. ATHAYADE; FRAZÃO, 2018, p. 303.
31. SARAIVA, 2015, p. 131.
32. 2012, p. 71.
33. FERRAZ, 2012, p. 78.
34. Usa-se o termo "*enforcement*" dos órgãos autorreguladores para medir e avaliar a sua influência e efetividade sobre os programas de integridade. Trata-se de como a B3, por exemplo, avalia padrões de conduta e como atua quando as empresas desrespeitam o que foi pré-estabelecido (ALVES; PINHEIRO, 2017, p. 57).
35. Como por exemplo a Comissão de Valores Mobiliários (CVM), B3, Conselho Administrativo de Defesa Econômica (CADE), dentre outros, que orientam a criação de normas de conduta pelas próprias companhias, fazem recomendações, pareceres de orientação e outros documentos de conteúdo normativo, que passam a reger a atividade dos participantes submetidos e caracterizam a autorregulação (FERRAZ, 2012, p. 71).

A observância efetiva desses compromissos pelos órgãos de controle, fazem com que o documento de integridade não seja meramente uma declaração de intenções e sim uma norma vinculativa[36]-[37]. Este raciocínio não decorre somente do estudo sobre o papel do *compliance*, mas também sobre o papel das entidades, ou seja, da B3 em relação às informações divulgadas pelas companhias listadas e a relação dessas informações com o regulamento do Novo Mercado.

Nos anos 2000, com a delegação de poder feita pela legislação e pela Comissão de Valores Mobiliários (CVM)[38], a B3 assumiu papel de órgão autorregulador do mercado de capitais brasileiro. Para isso, a B3 se dedica a estabelecer diretrizes normativas a serem observadas pelas sociedades empresárias ao atuarem no mercado[39].

Essa atuação vem permitindo uma mudança da realidade brasileira, no sentido de gerar maior visibilidade ao ideal de governança corporativa e de programas de integridade como instrumentos fundamentais para o desenvolvimento interno e externo das companhias.

A autorregulação torna-se mais efetiva ao utilizar os programas de integridade como *enforcement*, sendo não apenas mecanismo de repreensão em casos de descumprimento legal, mas também de estímulo para estabelecimento de uma postura mais ética na companhia e aliada às práticas de boa governança corporativa.

Assim, seria possível o *enforcement* efetivo utilizando o *compliance* como parâmetro a ser considerado pelos órgãos responsáveis pelo funcionamento do mercado e até pelas próprias companhias, para verificação do cumprimento normativo e/ou aplicação de eventual sanção em caso de descumprimento[40].

Parece razoável afirmar que um dos primeiros passos a serem considerados pelas companhias seja o mapeamento de suas atividades e dos riscos envolvidos, bem como a mensuração de impactos ao meio ambiente, objetivo central desta pesquisa. A partir dessa premissa, as sociedades devem buscar não apenas a construção, mas a permanente revisão de seus programas de integridade, visando a mitigação dos riscos causados pela atividade empresarial, a partir de medidas adotadas para prevenir, detectar e, eventualmente, responsabilizar internamente os agentes que descumprirem os compromissos firmados pela companhia.

Neste sentido, o *compliance* constitui mecanismo de autorregulação regulada necessária e indispensável para as atividades empresariais alcançarem seu crescimento econômico de forma sustentável, uma vez que deve estabelecer os requisitos

---

36. TEUBNER, 2020, p. 10.
37. Em seu texto, Teubner argumenta sobre como as empresas multinacionais, nos últimos anos, estiveram envolvidas em diversos escândalos que chocaram o público em geral ao redor do mundo – situações como: catástrofes ecológicas, trabalho escravo, trabalho infantil e corrução e aponta sobre como os códigos de conduta estão começando a desempenhar um papel de regulação interna das companhias (TEUBNER 2020, p. 8).
38. Previsão permitida pelo § 4º, art. 21 da lei n. 6385-1976 e pela ICVM 312-99.
39. ALVES; PINHEIRO, 2017, p. 55.
40. FRAZÃO; MEDEIROS, 2018, p. 74.

a serem considerados no desempenho da atividade a partir dos diferentes parâmetros instituídos pelas mais variadas legislações e instituições[41].

2.2 Efetivação dos Programas de Integridade

A aplicação do *compliance* visa garantir a efetividade do cumprimento de normas, pois entende-se que "existe um grau ótimo de atuação do Estado, que, depois de ultrapassado, torna-o uma máquina pesada e ineficiente, com uma burocracia que concorre com o desenvolvimento da produção, a qual visava inicialmente melhorar"[42].

É importante destacar que o programa de integridade pode contribuir para a eficiência dos negócios sociais na medida em que seu adequado funcionamento reduz os riscos de danos que podem ser praticados pelas empresas no exercício de suas atividades – um programa de integridade adequado além de gerar benefícios, tal como previsto na Lei Anticorrupção brasileira (Lei 12.846/13), também se torna em um atrativo para novos investidores, influenciados pela redução da assimetria informacional em relação à companhias, bem como pelo funcionamento de estruturas de fiscalização e controle instituídas pelo *compliance,* que induz positivamente o desenvolvimento de uma gestão empresarial adequada em matéria de conformidade.

Deve-se considerar cinco pilares para a instituição dos programas de integridade[43]: (i) o comprometimento e apoio da alta gestão, já que a implementação de um *compliance* adequado depende do comprometimento com a cultura de ética e integridade disseminada na sociedade; (ii) o estabelecimento de uma instância responsável pelo Programa de Integridade – a companhia deve ter funcionários voltados para a manutenção do *compliance*; (iii) a realização de análise de perfil de riscos, considerando que o programa deverá ser formulado de acordo com o porte e a área de atuação da empresa; (iv) a estruturação das regras e dos instrumentos e; (v) a elaboração de estratégias de monitoramento contínuo[44].

Os cinco pilares impactam não apenas na redução de ilícitos de corrupção, mas também na prevenção, detecção, remediação e sanção interna pela prática de atos que não se coadunam com a política de sustentabilidade adotada pela companhia.

O objetivo é estabelecer programas de integridade bem estruturados, que abarquem as complexidades das sociedades, para que, a partir disso, haja a manutenção da legalidade e ética nas práticas empresariais. Parte-se, nesse sentido, "da premissa

---

41. GONSALES, 2018.
42. DERANI, 2008, p. 94.
43. Como parâmetro da Lei 12.846/2013, a Controladoria-Geral da União (CGU) elaborou um documento denominado "Programa de Integridade – Diretrizes para Empresas Privadas" a fim de auxiliar as sociedades empresárias no processo de implementação ou aperfeiçoamento de seus programas de integridade.
44. Deve ser realizado monitoramento contínuo do programa de integridade para garantir sua efetividade, como a realização de relatórios regulares relacionados a implementação do Programa de Integridade e o registro das informações obtidas através do canal de denúncias.

de que tais programas, se consistentes e efetivos, podem ter papel na modificação da própria cultura empresarial"[45].

Além disso, espera-se que as sociedades empresárias busquem cumprir regras (*to comply*), por conta de receio de punição e multas devido aos impactos ambientais ou por conta do rechaçamento social da companhia por falta de comprometimento ambiental – o que representaria problemas ao considerar os *stakeholders*[46-47].

A combinação de motivações calculadas, normativas e sociais, além de conscientização, gera a busca pela conformidade das regras e a capacidade de cumprir o que promove o *compliance*[48].

Como motivação para a implementação dos programas de integridade, Winter e May (2001, p. 678) apresentam as três bases para sua adequada constituição. Primeiramente, as motivações calculadas, uma vez que o cumprimento de regras evita multas e sanções, tornando a aplicação do *compliance* mais benéfico financeiramente do que não possuí-lo. Em seguida, o compromisso normativo (motivação normativa), que consiste na relação entre dever moral (dever cívico) e importância de determinado regulamento; a soma desses dois conjuntos determina a vontade normativa de cumprir. E, por fim, a motivação social, a qual se refere à vontade de se regulamentar para obter a aprovação de integrantes da sociedade importantes para o funcionamento da empresa (*stakeholders*).

A partir de estratégias de mitigação de riscos personalizadas, espera-se das sociedades empresárias um maior comprometimento em relação ao cumprimento de normas, não somente internas, mas também externas, sendo esse conjunto normativo organizado no programa de integridade.

A incorreta adoção dos programas de integridade, bem como a atuação superficial dos órgãos de controle sobre este documento prejudica não apenas o mercado, mas o meio ambiente, seja pelos inúmeros exemplos em que não foi considerada a política de sustentabilidade para tomada de decisão, prevenção, monitoramento e – muito menos – aplicação de sanções internas por violação do *compliance*, seja pelos órgãos de controle que, muitas vezes, reforçam o equivocado entendimento de que os programas de integridade são documentos meramente declaratórios.

3. CONFORMIDADE AMBIENTAL

É de suma relevância demonstrar o embasamento jurídico realizado para a pesquisa e a defesa da instituição ou manutenção do critério ambiental nos programas

---

45. ATHAYADE; FRAZÃO, 2018, p. 302.
46. Nesse contexto, é importante observar a conexão existente com os interessados e relacionados às práticas das sociedades empresárias, incluindo o meio ambiente devido ao seu valor coletivo e a necessidade de sua preservação em nome da sociedade civil e das gerações futuras.
47. WINTER; MAY, 2001, p. 675.
48. WINTER; MAY, 2001, p. 675.

de integridade, ocasionando o denominado *compliance* ambiental, programa de integridade ambiental ou programa de conformidade ambiental.

Ademais, é importante analisar a Governança Ambiental, Social e Corporativa (ESG) como instrumento para a implementação de práticas da gestão ambiental aos Programas de Integridade.

3.1 Importância da proteção ao Meio Ambiente nos Programas de Integridade

A menção do meio ambiente e sua proteção em diversos dispositivos normativos, seja na Constituição Federal ou em legislação infraconstitucional, demonstra a inegável relevância para o tema, conforme será apresentado.

O conceito de meio ambiente a ser utilizado na pesquisa, de acordo com o exposto na introdução, baseia-se na classificação do meio ambiente como natural[49], tendo como parâmetro o art. 225 da CRFB/88 e o art. 3 da Política Nacional do Meio Ambiente (PNMA).

Em 1981, no Brasil, a Lei n. 6.938, estabeleceu a PNMA, marco na evolução da disciplina do direito ambiental no país, sendo o primeiro momento em que houve a preocupação com o equilíbrio ambiental e a gestão dos recursos naturais. Em seguida, no processo evolutivo normativo brasileiro ocorreu a inserção do meio ambiente na Constituição Federal em 1998, no artigo 225[50].

---

49. SILVA, 2019, p. 21 e SARLET, 2021, p. 372.
50. Art. 225. Todos têm direito ao meio ambiente ecologicamente equilibrado, bem de uso comum do povo e essencial à sadia qualidade de vida, impondo-se ao poder público e à coletividade o dever de defendê-lo e preservá-lo para as presentes e futuras gerações. § 1º Para assegurar a efetividade desse direito, incumbe ao poder público: I – preservar e restaurar os processos ecológicos essenciais e prover o manejo ecológico das espécies e ecossistemas; II– preservar a diversidade e a integridade do patrimônio genético do País e fiscalizar as entidades dedicadas à pesquisa e manipulação de material genético; III – definir, em todas as unidades da Federação, espaços territoriais e seus componentes a serem especialmente protegidos, sendo a alteração e a supressão permitidas somente através de lei, vedada qualquer utilização que comprometa a integridade dos atributos que justifiquem sua proteção; IV – exigir, na forma da lei, para instalação de obra ou atividade potencialmente causadora de significativa degradação do meio ambiente, estudo prévio de impacto ambiental, a que se dará publicidade; V – controlar a produção, a comercialização e o emprego de técnicas, métodos e substâncias que comportem risco para a vida, a qualidade de vida e o meio ambiente; VI – promover a educação ambiental em todos os níveis de ensino e a conscientização pública para a preservação do meio ambiente; VII – proteger a fauna e a flora, vedadas, na forma da lei, as práticas que coloquem em risco sua função ecológica, provoquem a extinção de espécies ou submetam os animais a crueldade. § 2º Aquele que explorar recursos minerais fica obrigado a recuperar o meio ambiente degradado, de acordo com solução técnica exigida pelo órgão público competente, na forma da lei. § 3º As condutas e atividades consideradas lesivas ao meio ambiente sujeitarão os infratores, pessoas físicas ou jurídicas, a sanções penais e administrativas, independentemente da obrigação de reparar os danos causados. § 4º A Floresta Amazônica brasileira, a Mata Atlântica, a Serra do Mar, o Pantanal Mato-Grossense e a Zona Costeira são patrimônio nacional, e sua utilização far-se-á, na forma da lei, dentro de condições que assegurem a preservação do meio ambiente, inclusive quanto ao uso dos recursos naturais. § 5º São indisponíveis as terras devolutas ou arrecadadas pelos Estados, por ações discriminatórias, necessárias à proteção dos ecossistemas naturais. § 6º As usinas que operem com reator nuclear deverão ter sua localização definida em lei federal, sem o que não poderão ser instaladas. § 7º Para fins do disposto na parte final do inciso VII do § 1º deste artigo, não se consideram cruéis as práticas desportivas que utilizem animais, desde que sejam manifestações cultu-

Não tardou para que o desenvolvimento sustentável[51] se tornasse um princípio do direito ambiental brasileiro. Somado a isso, o princípio do desenvolvimento sustentável, especificamente, encontra-se disposto em diversos diplomas normativos brasileiros, como no art. 4, incisos I e VI, da Política Nacional do Meio Ambiente (Lei 6.938/81); no art. 2, incisos I e II, da Lei da Política Nacional de Recursos Hídricos (Lei 9.433/97); no art. 6, incisos I e II, da Lei da Mata Atlântica (Lei 11.248/06); no art. 3, inciso IV, da Lei da Política Nacional sobre Mudança de Clima (Lei 12.187/09); no art. 6, incisos III, IV e V, da Lei da Política Nacional de Resíduos Sólidos (Lei 12.305/10) e, por fim, no art. 1º-A, parágrafo único do Código Florestal (Lei 12.652/12).

É necessário destacar que o desenvolvimento sustentável não só é um princípio do direito ambiental, também se configura como um princípio reitor da ordem econômica constitucional, de acordo com o art. 170, inciso VI da CRFB/88[52]. Assim, a noção de sustentabilidade deve ser estabelecida tendo em vista os âmbitos econômico, social e ambiental[53].

O princípio do desenvolvimento sustentável confronta diretamente o direito de propriedade e a livre iniciativa – também previstos no art. 170 da CRFB/88 no *caput* e no inciso II, respectivamente – e "se presta a desmistificar a perspectiva de um capitalismo liberal-individualista em favor dos valores e princípios constitucionais ambientais"[54].

Ademais, a Corte Constitucional Brasileira reconheceu o princípio do desenvolvimento sustentável como fator imprescindível e com o objetivo de equilibrar a economia e a ecologia[55].

Importante destacar outros princípios ambientais, fundamentais para a aplicação e desenvolvimento do Direito Ambiental, presentes no diploma normativo

---

rais, conforme o § 1º do art. 215 desta Constituição Federal, registradas como bem de natureza imaterial integrante do patrimônio cultural brasileiro, devendo ser regulamentadas por lei específica que assegure o bem-estar dos animais envolvidos.

51. Em abril de 1987 foi publicado o Relatório Brundtland: O Nosso Futuro Comum, na Comissão Mundial sobre Meio Ambiente e Desenvolvimento, (CMMAD), sublinhou as possibilidades de materialização de um estilo de desenvolvimento sustentável que se encontram diretamente relacionadas com a superação da pobreza, com a satisfação das necessidades básicas de alimentação, saúde e habitação, com uma nova matriz energética que privilegie fontes renováveis de energia e com um processo de inovação tecnológica cujos benefícios sejam compartilhados por países ricos e pobres (CMMAD, 1991).

52. Art. 170. A ordem econômica, fundada na valorização do trabalho humano e na livre iniciativa, tem por fim assegurar a todos existência digna, conforme os ditames da justiça social, observados os seguintes princípios: [...] VI – defesa do meio ambiente; [...]

53. SARLET, 2021, p. 566.

54. SARLET, 2021, p. 564.

55. "O princípio do desenvolvimento sustentável, além de impregnado de caráter eminentemente constitucional, encontra suporte legitimador em compromissos internacionais assumidos pelo Estado brasileiro e representa fator de obtenção do justo equilíbrio entre as exigências da economia e as da ecologia, subordinada, no entanto, a invocação desse postulado, quando ocorrente situação de conflito entre valores constitucionais relevantes, a uma condição inafastável, cuja observância não comprometa nem esvazie o conteúdo essencial de um dos mais significativos direitos fundamentais: o direito à preservação do meio ambiente, que traduz bem de uso comum da generalidade das pessoas, a ser resguardado em favor das presentes e futuras gerações". (ADI 3540 MC, Relator(a): Celso de Mello, Tribunal Pleno, julgado em 01/09/2005, DJ 03-02-2006 PP-00014 EMENT VOL-02219-03 PP-00528).

e aplicáveis para a presente pesquisa, como princípio do poluidor-pagador[56], da prevenção[57] e da precaução[58].

Apesar do vasto arcabouço normativo em matéria ambiental[59], a política ambiental brasileira ainda carece de efetividade, a produção de efeitos concretos e o devido grau de cumprimento das suas normas pelos destinatários ainda encontra-se incipiente frente ao esperado em termos mercadológicos e ecológicos[60].

Considerando a legislação constitucional e infraconstitucional em matéria ambiental, bem como a necessidade de adoção de programas de integridade compatíveis com tais exigências, seja com objetivo de melhorar a gestão ambiental, seja com o de fazer frente ao mercado competitivo. Espera-se que as sociedades empresárias possuam programas de integridade adequadamente estruturados, com adoção de práticas que reflitam, dentre outros elementos essenciais, o compromisso ambiental.

Com o intuito de assegurar a incorporação de medidas de preservação ambiental aos programas de integridade, foi elaborado Projeto de Lei 5.442/2019[61-62], a fim de regulamentar os programas de conformidade ambiental, proposto pelos deputados

---

56. "...coloca-se a necessidade de vincular juridicamente o gerador de tais custos ambientais (ou seja, poluidor), independentemente de ser ele o fornecedor (ou produtor) ou mesmo o consumidor, com o propósito de ele ser responsabilizado e, consequentemente, arcar com tais custos ecológicos, exonerando a sociedade desse encargo" (SARLET, 2021, p. 545).

57. Entende-se que o princípio da prevenção objetiva "antecipar a ocorrência do dano ambiental na sua origem evitando-se, assim que este venha a ocorrer" (SARLET, 2021, p. 617).

58. O princípio da precaução estabelece que "diante da dúvida e da incerteza científica a respeito da segurança e das consequências do uso de determinada substância ou tecnologia, o operador do sistema jurídico deve ter como fio condutor uma postura precavida, interpretando os institutos jurídicos que regem tais relações sociais com a responsabilidade e a cautela que demanda a importância essencial dos bens jurídicos ameaçados (vida, saúde, qualidade ambiental e até mesmo, em alguns casos, a dignidade da pessoa humana), inclusive em vista das futuras gerações" (SARLET, 2021, p. 624).

59. A legislação brasileira, em matéria ambiental é organizada através de diversos diplomas normativos, por exemplo: (a) Lei da Política Nacional do Meio Ambiente (Lei 6.938/1981), (b) Lei dos Crimes Ambientais (Lei 9.605/1998), (c) Lei de Recursos Hídricos (Lei 9.433/1997), (d) Novo Código Florestal Brasileiro (lei 12.651/2012), (e) Lei da Exploração Mineral (Lei 7.805/1989), (f) Lei da Política Nacional dos Resíduos Sólidos (Lei 12.305/2010), entre outros.

60. NUSDEO, 2010, p. 403.

61. A matéria tramita em regime ordinário. Foi distribuída às Comissões de Desenvolvimento Econômico, Indústria, Comércio e Serviços; Meio Ambiente e Desenvolvimento Sustentável; Finanças e Tributação (Mérito e Art. 54, RICD) e Constituição e Justiça e de Cidadania (Art. 54 RICD). A proposição está sujeita à apreciação conclusiva pelas Comissões (Art. 24 II).

62. Em parecer dado pela relatora Dep. Joenia Wapichana (REDE-RR), em 15 de junho de 2021, essa votou pela aprovação do PL, destacando a importância do *compliance* ambiental "(...) ao mesmo tempo em que promove a observância das exigências legais, o *compliance* ambiental é uma importante ferramenta para a redução de riscos ambientais relacionados às atividades das pessoas jurídicas exploradoras de atividade econômica. Conforme destaca a doutrina especializada, vários são os requisitos para que os Programas de *compliance* ambiental sejam efetivos, como, por exemplo, a necessidade de treinamentos periódicos, a análise de riscos, o monitoramento contínuo do programa de conformidade e a adaptação do programa ao porte e especificidades da pessoa jurídica. (...)". Disponível em: <https://www.camara.leg.br/proposicoesWeb/fichadetramitacao?idProposicao=2224581>. Acesso em: 20 jul. 2021.

federais Rodrigo Antonio de Agostinho Mendonça (PSB/SP) e Luiz Flávio Gomes (PSB/SP)[63].

Esse projeto de lei propõe o estabelecimento de normas que sirvam de incentivo para a implementação dos programas de conformidade ambiental e de parâmetros para sua avaliação. O objetivo é, nessa perspectiva, regulamentar o *compliance* ambiental e incentivar a sua adoção, seguindo o padrão estabelecido inicialmente pelo Decreto Federal 8.420/2015[64].

3.2 Governança e Sustentabilidade

Ao discutir a observância do meio ambiente como critério a ser (necessariamente) considerado nos programas de integridade, vale pontuar que essa estratégia também pode contribuir para atrair investidores, pois impacta diretamente na imagem institucional e reputação da sociedade empresária[65]. Não por outra razão, o presente estudo confere significativa importância para informações que são divulgadas pelas companhias listadas no Novo Mercado.

À medida que estudos acerca dos impactos ambientais das sociedades empresárias são realizados e divulgados, é esperado que as empresas se preocupem e mudem a maneira de produção e atuação no meio ambiente, de forma que possam crescer e lucrar sem degradar o meio ambiente[66].

De acordo com o autor[67], podem ser observadas cinco melhores práticas acerca da gestão ambiental. A primeira consiste na implementação de missão e valores que

---

63. Conforme última consulta realizada, o Projeto de Lei encontra-se em "Situação: Pronta para Pauta na Comissão de Desenvolvimento Econômico, Indústria, Comércio e Serviços (CDEICS)", tendo sido apresentado em 09 de outubro de 2019. Informação disponível em: <https://www.camara.leg.br/proposicoesWeb/fichadetramitacao?idProposicao=2224581>. Acesso em: 13 ago. 2021.

64. Art. 42. Para fins do disposto no § 4º do art. 5º, o programa de integridade será avaliado, quanto a sua existência e aplicação, de acordo com os seguintes parâmetros: I – comprometimento da alta direção da pessoa jurídica, incluídos os conselhos, evidenciado pelo apoio visível e inequívoco ao programa; II – padrões de conduta, código de ética, políticas e procedimentos de integridade, aplicáveis a todos os empregados e administradores, independentemente de cargo ou função exercidos; III – padrões de conduta, código de ética e políticas de integridade estendidas, quando necessário, a terceiros, tais como, fornecedores, prestadores de serviço, agentes intermediários e associados; IV – treinamentos periódicos sobre o programa de integridade; V – análise periódica de riscos para realizar adaptações necessárias ao programa de integridade; [...]; IX – independência, estrutura e autoridade da instância interna responsável pela aplicação do programa de integridade e fiscalização de seu cumprimento; [...]; XI – medidas disciplinares em caso de violação do programa de integridade; XII – procedimentos que assegurem a pronta interrupção de irregularidades ou infrações detectadas e a tempestiva remediação dos danos gerados; XIII – diligências apropriadas para contratação e, conforme o caso, supervisão, de terceiros, tais como, fornecedores, prestadores de serviço, agentes intermediários e associados; XIV – verificação, durante os processos de fusões, aquisições e reestruturações societárias, do cometimento de irregularidades ou ilícitos ou da existência de vulnerabilidades nas pessoas jurídicas envolvidas e XV – monitoramento contínuo do programa de integridade visando seu aperfeiçoamento na prevenção, detecção e combate à ocorrência dos atos lesivos previstos no art. 5º da Lei 12.846, de 2013.

65. CARNEIRO, 2020, p. 174.

66. DECHANT, 1994, p. 9.

67. 1994, p. 10.

promovam defesa ao meio ambiente e compromisso a longo prazo, prezando pela responsabilidade social. Em seguida, a elaboração de uma estrutura para gerenciar iniciativas de cunho ambiental, estabelecendo um programa de integridade personalizado de acordo com a realidade ambiental – sendo estabelecidas auditorias, políticas ambientais, avaliação do impacto que a atividade empresária produz no meio ambiente.

A terceira prática apresentada refere-se à prevenção de danos, o "processo verde"[68] – a sociedade empresária possui um custo melhor prevenindo um dano ambiental do que lidando com ele depois de ocorrido. Em quarto, destaca-se a importância de investimentos em parcerias com *stakeholders* também preocupados com a questão ambiental. E, por último, mas não menos importante, o processo de educação interno e externo – ao assumir essa responsabilidade, a companhia compromete-se a envolver os funcionários nas iniciativas de gestão ambiental, bem como informar o público acerca dos esforços realizados pelas empresas em benefício do meio ambiente – a facilidade de acesso a essa informações[69] são cruciais para o processo de educação ambiental, ajudando no envolvimento de todos no tipo de comportamento ambiental que a empresa aspira[70-71].

Como já mencionado, as medidas de gestão apresentadas podem ser encorajadas a partir da utilização dos programas de *compliance* pelos órgãos que fiscalizam o mercado. Dessa forma, ao analisar um programa de integridade a B3, por exemplo, seguindo as práticas propostas, pode-se – a partir do documento divulgado pela companhia – verificar, por exemplo, se são adotadas diretrizes mínimas para conformidade ambiental e, ainda, se as informações disponibilizadas ao mercado são compatíveis com a conduta praticada.

Tendo em vista que o *compliance* pode representar uma vantagem competitiva no mercado, grande parte da lógica para melhorar o desempenho ambiental é defensivo, com o intuito de evitar multas maiores ou piores – sendo considerado, dessa forma, o potencial lucrativo de políticas públicas. Nota-se a necessidade de obser-

---

68. Tradução livre.
69. Ao se referir à disponibilização da informação, pretende-se que a mesma seja oportuna, confiável e consistente, sendo relevante para os *stakeholders* avaliarem o comportamento empresarial e assegurar a sustentabilidade das empresas para eventuais decisões de compra ou de investimento. As práticas ambientais que podem ser divulgadas incluem, por exemplo, as medidas das emissões, resíduos, poluição, os riscos das alterações climáticas que uma empresa enfrenta e a conservação de recursos ambientais e naturais (ALSAYEGH; RAHMAN; HOMAYOUN, 2020, p. 3).
70. Os benefícios internos da melhoria das condições de saúde e segurança incluem um impacto positivo na motivação dos funcionários, bem como incentivam em um maior compromisso e lealdade para com a sociedade empresária, o que pode levar a um aumento da produtividade e redução dos custos de recrutamento e formação. Já os benefícios externos das práticas de ESG estão relacionados com o seu efeito na reputação da companhia e na confiança dos consumidores no valor da marca, proporcionando à sociedade empresária vantagem competitiva sustentável, supõe-se que o elevado cumprimento das normas aumentará a legitimidade organizacional e a performance sustentável (ALSAYEGH; RAHMAN; HOMAYOUN, 2020, p. 7).
71. DECHANT, 1994, p. 10.

vância dos princípios: do poluidor-pagador, da prevenção e da precaução, descritos anteriormente.

Embora o caminho para buscar o ambientalismo como vantagem competitiva exige tempo, esforço e dinheiro, as recompensas podem e se estendem além do impacto negativo de curto prazo na linha de fundo. Em última análise, esse comportamento das sociedades de maneira generalizada em termos de melhoria da gestão ambiental, pode definir novos rumos para os negócios globais, exigindo padrões mais elevados para a manutenção da empresa no mercado[72].

As sociedades empresárias têm notado, que para a sua devida manutenção e crescimento no mercado, é necessária a implementação da Governança Ambiental, Social e Corporativa (ESG), pois perceberam que dificilmente alcançarão os patamares desejados sem prestar a devida atenção às suas estratégias de sustentabilidade e sem divulgar informações relacionadas ao ESG, que inclui várias dimensões relacionadas com o ambiente, a sociedade e o governo[73].

A integração das estratégias do ESG na gestão permite às sociedades empresárias desenvolverem vantagem competitiva – a qual deve corresponder com as expectativas da comunidade global –, aumentando a eficiência operacional e a reputação, além de mitigar seus riscos e impactos ambientais[74].

Assim como o *compliance* as práticas relacionadas ao ESG possuem como objetivo diminuir a assimetria informacional entre os gestores e os *stakeholders*. Para a verdadeira efetivação do desenvolvimento sustentável e sua aplicação nos programas de integridade, é necessário que a lógica do mercado, bem como a dos órgãos que o regulam e fiscalizam, não seja meramente protocolar em matéria de *compliance* – tratando-o, como instrumento meramente declaratório – e sim se torne um documento vinculativo.

Ressalte-se quanto ao ponto, que a preocupação em relação à consolidação de programas efetivos não deve fazer parte somente do universo do empresário, pessoa física ou jurídica. É fundamental que os órgãos de controle do mercado atuem proativamente e utilizem as informações divulgadas através de programas como parâmetro para o controle da atuação das sociedades. No presente trabalho, o recorte considera o papel da B3 em relação aos programas divulgados pelas companhias listadas no segmento de Novo Mercado.

Nesse aspecto, destaque-se que a própria B3 determina no Manual do Emissor: "4.4 O Emissor é integralmente responsável pela integridade e veracidade das informações e dos documentos fornecidos à B3 para análise de seu pedido de listagem e admissão de seus valores mobiliários à negociação, *não cabendo à B3 qualquer responsabilidade pela verificação da integridade e veracidade de tais informações e*

---

72. DECHANT, 1994, p. 12.
73. ALSAYEGH; RAHMAN; HOMAYOUN, 2020, p. 1.
74. ALSAYEGH; RAHMAN; HOMAYOUN, 2020, p. 2.

documentos"[75]. Ou seja, apesar do órgão possuir – como parte de suas funções – o controle e fiscalização do mercado de capitais, a adoção desse tipo de regra parece eximir a B3 de exercer adequadamente suas funções.

Assim, de acordo com as regras atuais, é possível afirmar que a atuação da B3 não contribui com o *enforcement* dos programas divulgados pelas companhias listadas. Por outro lado, diversamente do que propõe a pesquisa empreendida, fomenta a criação de programas meramente declaratórios, isto é, não vinculantes.

Todavia, uma vez que o direcionamento dos esforços e dos recursos utilizados pelas sociedades são compatíveis com os compromissos por elas assumidos em seus programas de *compliance*, amplamente divulgados e se esses documentos são pautados no desenvolvimento da atividade econômica de uma forma sustentável, seguindo as normas de proteção ao meio ambiente. É razoável afirmar que esses compromissos, então, não apenas podem, como devem ser exigidos pelos órgãos de controle, por acionistas e demais *stakeholders* o que, certamente, influenciará futuros investidores, impactando, diretamente, na dinâmica do mercado e na atuação de seus órgãos[76]-[77].

Apesar das ideias bem apresentadas e das intenções muitas vezes legítimas das companhias ao estabelecerem seus próprios códigos de conduta, é necessário observar como parece anacrônico o comportamento do mercado, visto que, já aconteceram casos em que há alta no valor das ações mesmo depois de um grande desastre ambiental[78]. Não por outra razão, a atuação dos órgãos de controle se torna tão elementar para o adequado funcionamento do próprio mercado.

Em mercados avançados, como dos países desenvolvidos, o setor privado possui um papel fundamental na promoção de práticas ESG – as quais não são ainda obrigatórias, tratam de uma mudança voluntária de governança, impulsionada por *stakeholders*. No entanto, economias emergentes, como o Brasil, ainda há necessidade de desenvolver tais práticas, esse envolvimento voluntário, implica que as sociedade empresárias assumam papéis na resolução de questões sociais – o que indicaria indica o respeito pelos direitos humanos, a qualidade do emprego, a responsabilidade do produto, e as relações comunitárias – promovendo a companhia no mercado e aumentando o bem-estar social do país em que estão inseridas[79].

---

75. Disponível em: <http://www.b3.com.br/pt_br/regulacao/estrutura-normativa/listagem/>. Acesso em: 10 ago. 2021.
76. Teubner em seu texto utilizou alguns casos exemplificativos sobre programas de integridade e seu caráter vinculativo, como o caso Lidl que foram processados por práticas de anticoncorrenciais ao prestarem informações e realizarem falsas propagandas de que estava cumprindo com as obrigações estabelecidas em seu código de conduta - tal situação demonstra como tem sido difícil paras as companhias em internalizar as auto-obrigações estabelecidas (TEUBNER, 2020, p. 10).
77. TEUBNER, 2020, p. 10.
78. ELIAS, Juliana. Ação da Vale bate recorde histórico: mercado já esqueceu Brumadinho? Disponível em: <https://www.cnnbrasil.com.br/business/2020/07/30/acao-da-vale-bate-recorde-historico-mercado-ja-esqueceu-brumadinho>. Acesso em: 12 abr. 2021.
79. YOON; LEE; BYUN, 2018, p. 3 e 4.

UMA ANÁLISE SOBRE GOVERNANÇA E SUSTENTABILIDADE DAS COMPANHIAS DO NOVO MERCADO | **359**

Com o intuito de observar as práticas de gestão ambiental no Brasil, foi realizado recorte de pesquisa pautado nas companhias do Novo Mercado da B3, a partir da análise de seus programas de integridade, considerando que estas sociedades empresárias possuem o mais alto padrão de governança corporativa.

4. AS COMPANHIAS DO NOVO MERCADO E SEUS PROGRAMAS DE INTEGRIDADE

Os dados foram coletados no período compreendido entre 15 de janeiro e 15 de fevereiro de 2020. Ao todo foram examinadas 142 empresas de acordo com a listagem divulgada pela B3[80].

A análise se deu por meio de aplicação de um questionário previamente estruturado com respostas preestabelecidas, conforme Anexo 1, e o exame de programas de integridade disponibilizados pelas sociedades empresárias em seus endereços eletrônicos de relações com investidores, ou seja, em documentos públicos.

O referido questionário[81] foi sistematizado em duas partes através de um formulário dividido em: uma *parte geral* destinada a identificar características gerais da sociedade empresária avaliada, como seu ramo de atuação e se é implementada na companhia políticas de integridade e uma *parte específica* em que se verifica, se, nos documentos apresentados como parte do programa de *compliance* das companhias, há adoção de políticas internas voltadas à questão ambiental, bem como se possui alguma certificação ambiental[82], relatório de sustentabilidade anual ou se a companhia já recebeu algum prêmio por sua atuação em termos de proteção ao meio ambiente[83].

---

80. Os parâmetros normativos utilizados foram: art. 225, art. 170, inciso VI CRFB/88, Decreto 8.240/15 e Projeto de Lei 5442/2019.

81. A análise considera as informações disponibilizadas pelas companhias em seu endereço eletrônico, geralmente em parte dedicada à "Relações com Investidores". Na sequência, a pesquisa é direcionada para a área de governança onde comumente constam os programas de integridade, código de conduta e ética, sendo realizada uma análise prévia desses documentos para responder o questionário. Por fim, a pesquisa considera também a existência (ou não) de um relatório anual de sustentabilidade ou alguma outra área do site destinada à sustentabilidade e ao meio ambiente. Um exemplo de companhia examinada com tais características é a Natura S.A. a qual além de possuir um site claro e com informações objetivas sobre suas políticas de integridade, apresenta também um relatório de sustentabilidade satisfatório e atualizado de acordo com o seu propósito. Informação disponível em: <https://natu.infoinvest.com.br/>. Acesso em: 26 jan. 2020.

82. Um dos quesitos de análise para observação do *compliance* ambiental é se a empresa possui um relatório anual de sustentabilidade, o qual consta quais atividades foram desenvolvidas em termos de desenvolvimento sustentável e apresenta possíveis prémios ou certificações de suas ações em prol do meio ambiente.

83. Conforme apresentado no endereço eletrônico da Vale S.A., por exemplo, consta a seguinte informação: "Em relação às certificações de sistemas de gestão ambiental (ISO 14001), assim como às voltadas à qualidade (ISO 9001), alteramos na maioria de nossas operações, em 2017, o modelo de certificação de Single Site (que considerava cada unidade operacional isoladamente) para o Multisite (operações e as áreas corporativas são avaliadas concomitantemente). Essa alteração traz a simplificação dos documentos e processos, principalmente os de natureza técnica e operacional." A certificação ambiental apresentada fora concedida pré Brumadinho. Informação disponível em: <http://www.vale.com/PT/aboutvale/transparencia-e-sustentabilidade/ambiental-gestao-ambiental/Paginas/default.aspx>. Acesso em: 31 mar. 2021.

Com a finalidade de tornar a pesquisa mais apurada e precisa possível, foi realizado um "diário de pesquisa" com nome do pesquisador, a data/hora/período da análise e a sociedade empresária em estudo, para controle da análise e posterior consulta dos dados coletados[84].

A partir deste estudo, a elaboração do questionário levou em consideração os seguintes pressupostos: se a companhia possui ou não um programa de integridade (ou seja, se o mesmo está disponível no site de forma transparente), se esse programa/documento aborda de alguma forma o chamado 'meio ambiente natural', se é possível verificar, a partir das informações divulgadas pelas companhias, alguma preocupação com relatório de sustentabilidade e sua periodicidade de elaboração. Além disso, a pesquisa buscou verificar a área de atuação da companhia e o risco de sua atividade para o meio ambiente. Por fim, observou-se, também, se a sociedade possui certificações ou prêmios que demonstrem aspectos relacionados com sua atuação em matéria de meio ambiente.

4.1 Apresentação dos resultados – Parte geral

Conforme explicado na introdução do presente trabalho, a metodologia utilizada considerou revisão bibliográfica acerca do meio ambiente e sobre como utilizar a prova documental como elemento da pesquisa[85].

Para formulação do questionário e na sequência análise dos programas de integridade das empresas do novo mercado. Importante esclarecer conforme descrito no item 2 que a política de meio ambiente adotada no Brasil considera regras e princípios pulverizados numa complexa legislação infraconstitucional.

Nesse sentido, as perguntas contidas no questionário (Anexo 1) cujos resultados e análise serão apresentados abaixo consideraram de forma prioritária a observância das empresas em relação ao cumprimento dos artigos 225 e 170, inciso VI, da CRFB-88, ou seja, entendeu-se que a primeira análise a ser feita nos programas deveria considerar se e como os valores ambientais contidos no artigo 225 se apresentavam[86].

Inicialmente, considerou-se *lato sensu* todos os documentos disponíveis para consulta nos sítios eletrônicos das companhias relacionados ao *compliance*[87], que pudessem demonstrar a presença de um programa de integridade implementado e elaborado pela companhia em estudo – na data e hora pesquisadas – sendo a grande maioria no endereço eletrônico de 'relações com investidores'. Os documentos con-

---

84. Esse documento pertence aos arquivos Grupo de Pesquisa Empresa, Desenvolvimento e Responsabilidade (EDResp) da Universidade Federal de Juiz de Fora.
85. CELLARD, 2012, p. 299.
86. Objetivo da pesquisadora considera que a depender do andamento, mapeamento básico, para ver se continham ao menos o conteúdo, foi a primeira análise dos programas, vai ter aprimoramento em futuras análises.
87. A primeira pergunta elaborada foi: "A sociedade possui um programa de integridade lato sensu?", pretende-se vislumbrar quantas empresas já disponibilizam de maneira pública seu programa de integridade para que possíveis interessados possam ter acesso.

UMA ANÁLISE SOBRE GOVERNANÇA E SUSTENTABILIDADE DAS COMPANHIAS DO NOVO MERCADO

siderados, dentre outros, foram: Código ou Manual de Ética e de Conduta; Relatório de Sustentabilidade e Programa de *Compliance* ou Integridade[88].

Ademais, ressalta-se que a existência de tão somente um dos documentos foi considerada suficiente para atestar a existência de programa de integridade *lato sensu*, pois nessa etapa de análise objetivou-se verificar se havia ou não algum documento com caráter autorregulatório que pudesse refletir os compromissos assumidos pelas companhias[89].

Posteriormente, o segundo questionamento constitui analisar "se a companhia possui um programa de integridade Centralizado ou Difuso". Se ele era centralizado, significa que deve conter todos os documentos sobre integridade localizados em um mesmo local no sítio eletrônico de maneira a facilitar o acesso. Por outro lado, se o programa era difuso, contendo seus documentos espalhados pelo site da empresa. Essa pergunta pretendeu demonstrar o grau de dificuldade apresentado pelo pesquisador, investidor ou outro membro da sociedade civil para encontrar os documentos de integridade no endereço eletrônico da sociedade empresária[90].

Após a devida avaliação da parte geral do questionário com os elementos quantitativos da pesquisa, o estudo se debruçou acerca das características qualitativas, ou seja, voltadas especificamente para o critério ambiental.

4.2 Apresentação dos resultados – Parte específica

O questionário (Anexo 1) foi elaborado pela pesquisadora a partir da literatura sobre *compliance, compliance* ambiental, Constituição Federal de 1988, além da legislação sobre o meio ambiente, incluindo, por fim o PL 5442/2019, a fim de observar qual seria a importância de ter o meio ambiente como critério para constituição e implementação de um programa de integridade consolidado.

As principais perguntas, em síntese, foram: (i) se os documentos de integridade continham menção acerca do meio ambiente ou termos afins que se refiram ao meio ambiente natural; (ii) se havia algum documento extra, por exemplo: um relatório de sustentabilidade periódico ou alguma política de sustentabilidade minimamente evidenciada; e, por fim, (iii) se havia indicação de certificação ambiental ou prêmio relacionado à proteção do meio ambiente pelas companhias.

---

88. Como forma de exemplificação, pode-se observar a Anima Holding S.A., analisando no dia 16 de janeiro de 2020, às 17 horas e 18 minutos, de acordo com o seu sítio eletrônico es seguindo o seguinte passo a passo (sítio eletrônico de relações com investidores disponibilizado pela B3, aba "governança corporativa", em seguida "Estatutos, Códigos e Políticas" e por fim Código de Ética e Conduta; e também a aba "Relatório de sustentabilidade". Os documentos encontrados foram Código de ética (34 páginas) e Relatório de sustentabilidade 2017-2018 (205 páginas).

89. Conforme resultados obtidos, 97,9% das companhias analisadas possuíam algum documento com caráter autorregulatório.

90. De acordo com a análise realizada, 96,5% das companhias listadas possuem seus documentos autorregulatórios reunidos em uma mesma página em seu endereço eletrônico.

As perguntas elaboradas não têm por objetivo qualificar ou desqualificar o programa de integridade. Na verdade, a pesquisa consiste em observar qual vem sendo a postura adotada pelas sociedades do Novo Mercado em relação à proteção e à preservação do meio ambiente e a sua inclusão como parte essencial de seus programas de integridade, sobretudo considerando a ampla disseminação do instituto no Brasil após sua regulamentação pelo Decreto 8.420/2015

De acordo com os resultados apresentados para a primeira pergunta, acerca das companhias apresentarem programas de integridade que contivessem ao menos palavras como "sustentabilidade", "políticas ambientais", "preservação ambiental" ou termos afins referentes ao meio ambiente natural, 86,6% das companhias mencionavam, de alguma forma, o meio ambiente em seus documentos de integridade[91].

Ao considerar que essas companhias são listadas no segmento do mercado que representa segmento de listagem que reúne as empresas com as melhores práticas de governança corporativa[92], a premissa era que as sociedades apresentassem, necessariamente, em seus programas de integridade medidas efetivas sobre a proteção do meio ambiente, buscando a mitigação de riscos da atividade empresarial exercida.

A menção ao meio ambiente de maneira generalizada, sem apontar o contexto e a forma como as práticas de proteção e desenvolvimento sustentável seriam implementadas, se mostrou muito frequente. Com a finalidade de afunilar ainda mais as companhias que se empenham com práticas efetivas de preservação do meio ambiente, foi inserida a seguinte pergunta no questionário: *a sociedade empresária possui algum documento sobre relatório de sustentabilidade ou política de sustentabilidade?*" O resultado obtido demonstrou que somente *48,6%* das companhias avaliadas contavam com o relatório de sustentabilidade[93] de maneira clara, ou seja, menos da metade das companhias listadas se tiveram a preocupação em demonstrar as medidas adotadas ou desempenho obtido na área ambiental[94].

---

91. Pode-se observar a Camil Alimentos S.A., analisada no dia 21 de janeiro de 2020, às uma hora e doze minutos, de acordo com o seu sítio eletrônico disponibilizado pela B3 e seguindo o seguinte passo a passo: aba "investidores", em seguida "governança corporativa", por fim "Políticas e Códigos", acessando o Código de ética, 16 de setembro de 2019, 48 páginas. Em sua menção acerca do meio ambiente, se dispõe da seguinte forma (p. 32): "...respeitamos e adequamos nossas atividades à legislação ambiental, preservando o meio ambiente, incentivando e valorizando atitudes responsáveis para com a natureza e os animais." Apesar de não possuir um relatório de sustentabilidade, a empresa possui um espaço acerca de "Sustentabilidade e responsabilidade social" com um singelo resumo de algumas atividades praticadas durante os anos de 2019 e 2020 (de acordo com a última visita ao sítio eletrônico).

92. Informação dos segmentos de listagem da B3. Informação disponível em: <http://www.b3.com.br/pt_br/produtos-e-servicos/solucoes-para-emissores/segmentos-de-listagem/novo-mercado/>. Acesso em: 13 ago. 2021.

93. Os relatórios das companhias têm alargado a matéria que divulgam para os *stakeholders*, não incluem mais somente a informação financeira tradicional, mas também informações relacionadas à Governança Ambiental, Social e Corporativa (ALSAYEGH; RAHMAN; HOMAYOUN, 2020, p. 4).

94. Como forma de compreender melhor esse documento, pode-se observar como por exemplo a empresa Aliansce Sonae Shopping Centers, à época da análise – 16 de janeiro de 2020, às 20h12 – foi o relatório de sustentabilidade mais atualizado, datado de 8 de novembro de 2019 – o documento em específico, deno-

UMA ANÁLISE SOBRE GOVERNANÇA E SUSTENTABILIDADE DAS COMPANHIAS DO NOVO MERCADO **363**

A fim de aprimorar a análise, a terceira pergunta *"A sociedade empresária possui algum tipo de certificação ambiental?"* buscou mapear as sociedades que possuíam certificações ambientais que consagraram a sua postura exemplar no quesito "proteção do meio ambiente".

Quanto às certificações, *38,7%* das companhias possuíam algum tipo de comprovação, que são fundamentais no processo de revalidação das atividades prestadas e de suas políticas de sustentabilidade. A título de ilustração, a companhia Fleury S.A. – analisada no dia 26 de janeiro de 2020, às 00h42, contava com duas certificações relacionadas ao meio ambiente: ISE B3[95] (2019) e ISO 14001[96] (2018).

Em seguida, foi questionado se *"a sociedade empresária possui algum prêmio em relação a sua atuação positiva na preservação do meio ambiente"*, somente *19,1%* das sociedades analisadas apresentavam, nos documentos divulgados, informações que remetessem às boas práticas ambientais. Pode-se observar que a sociedade empresária Natura & CO holding S.A. – analisada dia 26 de janeiro de 2020, às 16h24 – recebeu o Prêmio 2019 *UN Global Climate Action Award*[97].

Ou seja, ao passo que a pesquisa se afunilou de maneira mais específica às exigências em matéria ambiental, o número de companhias que possuíam documentos ou o reconhecimento ambiental necessário, diminuiu. Essa informação, por si só, demonstra que a preocupação com o desenvolvimento sustentável e a mitigação de riscos em favor do meio ambiente ainda é algo que deve ser trabalhado com muito

---

minado de "Política Aliansce Sonae de Sustentabilidade", com 6 páginas descrevendo medidas para gestão embasada em valores socioambientais (ESG).

95. No próprio site da B3, há o Índice de Sustentabilidade Empresarial (ISE B3). Trata-se de uma iniciativa pioneira na América Latina e tem como proposta ser: "uma ferramenta para análise comparativa da performance das empresas listadas na B3 sob o aspecto da sustentabilidade corporativa, baseada em eficiência econômica, equilíbrio ambiental, justiça social e governança corporativa". Tal índice busca propiciar o desenvolvimento sustentável sem perda de ganhos econômicos. Baseia-se na eficiência econômica e no equilíbrio ambiental, valorizando as empresas que estabelecem o meio ambiente como uma de suas prioridades no desenvolvimento de atividades econômicas. O objetivo principal dessa certificação é auxiliar os investidores a realizarem investimentos socialmente responsáveis e por consequência fazer com que as empresas adotem melhores práticas de sustentabilidade empresarial. Esse índice se preocupa com a avaliação das empresas sob o ponto de vista socioambiental. ISE B3. Disponível em: <http://iseb3.com.br/> Acesso em: 07 mar. 2020.

96. A certificação ABNT NR ISO 14001:2015 trata sobre a implementação de um Sistema de Gestão Ambiental (SGA) que visa proteger o meio ambiente e em sua versão também possibilita ganhos econômicos, pois ao se alocar de uma melhor forma os recursos, gera uma redução de custos; trata-se de um direcionamento estratégico pautado no desenvolvimento sustentável. Essa certificação serve para as empresas que almejam estabelecer um sistema de gestão ambiental, sendo que para isso depende de fatores como: "a política ambiental da organização, da natureza das atividades por ela desenvolvidas, dos seus produtos e serviços, dos locais e das condições nas quais o sistema funciona e do atendimento aos requisitos legais e estatutários do mercado que atua". ISO 14001 – Sistema de Gestão ambiental. Disponível em: <https://certificacaoiso.com.br/iso-14001/> Acesso em: 07 mar. 2020.

97. Premiação concedida pela Organização das Nações Unidas (ONU), a qual é considerada a mais importante de mudanças climáticas do mundo, sendo a primeira vez que a Natura é premiada por essa organização. Disponível em: <https://www.natura.com.br/blog/inovacao/natura-ganha-o-premio-mais-importante-de--mudancas-climaticas-do-mundo>. Acesso: 26 jan. 2020.

mais cuidado pelas companhias listadas no Novo Mercado, tanto interna quanto externamente.

Não obstante algumas companhias tenham demonstrado certa preocupação em mencionar a proteção ao meio ambiente e desenvolvimento sustentável em seus documentos de integridade, seja a partir da elaboração de relatórios de sustentabilidade e também pela busca por certificações ambientais, é fundamental que ocorra o aperfeiçoamento do *compliance* em matéria ambiental, sobretudo para que os programas reflitam não apenas as intenções das sociedades, mas também demonstrem – efetivamente – as ações adotadas. Nesse sentido, o aprimoramento do programa de integridade ambiental demonstra-se necessário não apenas no âmbito das companhias, como também por parte dos órgãos de controle do mercado brasileiro, instituições que também são responsáveis pelo *enforcement* dos programas divulgados.

Nessa linha, o papel do *compliance* ambiental como instrumento de autorregulação, conforme observado, é fundamental para a gestão ambiental, as sociedades empresárias devem observar suas respectivas áreas de atuação e, a partir delas, traçar estratégias para melhor adequar os programas de integridade com objetivo de porem em prática os compromissos firmados em matéria ambiental. Reforça-se, também, a necessidade de atualização periódica do *compliance*, pois a revisão das práticas instituídas evita a existência de programas defasados, que aumentam o risco de ocorrência de desastres ambientais irreparáveis[98].

É fundamental fomentar, exigir e utilizar os programas de integridade como instrumentos para garantia de controle e fiscalização de proteção ao meio ambiente e desenvolvimento sustentável. Programas estruturados e comprovadamente efetivos, com instrumentos auxiliares para o acompanhamento das práticas empresariais, relatórios de sustentabilidade periódicos, com informações sobre o desempenho dos mecanismos utilizados pelas companhias para prevenção, detecção e indicação e demonstração das s medidas adotadas para mitigar o risco ambiental (monitoramento), além de manutenção das certificações ambientais devidamente atualizadas.

5. CONSIDERAÇÕES FINAIS

Este estudo teve como tema o *compliance* ambiental – também denominado de programa de integridade ambiental ou de programa de conformidade ambiental – e como objetivo principal analisar as sociedades empresárias listadas no Novo Mercado

---

98. Como exemplo de falhas no *compliance,* tem-se os desastres ambientais recentes de Mariana (2015) e Brumadinho (2019) ocasionados pela Vale S.A., conforme informações disponíveis em sítios eletrônicos, as consequências são sentidas até hoje pelo meio ambiente e pela população. Disponível em: <https://exame.com/negocios/relatorio-sobre-brumadinho-confirma-falhas-na-governanca-da-vale-diz-mpf/> e <https://g1.globo.com/mg/minas-gerais/noticia/2021/08/11/cnj-faz-audiencias-para-ouvir-atingidos-pelo-rompimento-da-barragem-de-fundao-em-mariana.ghtml> e <https://g1.globo.com/mg/minas-gerais/noticia/2019/01/25/ha-3-anos-rompimento-de-barragem-de-mariana-causou-maior-desastre-ambiental--do-pais-e-matou-19-pessoas.ghtml>. Acesso em: 13 ago. 2021.

da B3, observando seus documentos de integridade e seu compromisso ambiental. Para tanto, a partir de uma revisão bibliográfica, foram estabelecidos conceitos iniciais de autorregulação, do papel da B3 e dos programas de integridade.

O papel autorregulador da B3 se demonstra fundamental para que haja o *enforcement* dos programas de integridade, pois além de proteger os interesses privados da sociedade empresária, realiza o interesse público de combate à fraude e à corrupção. Especificamente quanto ao *compliance*, observou-se a sua necessidade para que as companhias busquem crescimento econômico sustentável, de maneira ordenada e respeitando os parâmetros legais. Espera-se das sociedades empresárias comprometimento em relação ao cumprimento de normas, não somente internas, mas também externas – sendo esse conjunto normativo organizado no programa de integridade.

No que tange aos aspectos ambientais, tema central da pesquisa, para garantir conformidade em matéria ambiental, é necessária a estruturação de um programa de integridade consolidado e que vise efetivamente estabelecer práticas de preservação ambiental e mitigação de riscos a partir da atividade desempenhada. O compromisso ambiental deve ser observado e monitorado, não apenas pelas companhias listadas no Novo Mercado da B3, mas também pelos órgãos reguladores.

Conforme os dados apresentados, a implementação do programa de conformidade ambiental ainda está sendo difundida. Por esse motivo, o que se encontra, no momento, acerca do *compliance* ambiental nas companhias listadas no Novo Mercado, são informações esparsas e expressões genéricas nos endereços eletrônicos das companhias listadas.

Ao ser aplicado o instrumento para melhoria da gestão ambiental, deve-se implementar práticas que reflitam efetivamente a preocupação da companhia com a defesa ao meio ambiente, na linha proposta por Dechant. Elaborar um programa de conformidade ambiental, mitigar os riscos ambientais, observar o papel dos *stakeholders*, investidores e dos funcionários, envolvendo-os nas iniciativas de gestão ambiental e informando a sociedade civil acerca dos esforços realizados em prol do meio ambiente, além de informar, periodicamente sobre as ações adotadas, garantindo a transparência e a fidelidade das informações divulgadas, afastando distorções entre a teoria supostamente prevista nos programas e a realidade vivenciada no exercício da atividade empresarial, é fundamental para que ocorra a correta adoção e instrumentalização dos programas de integridade, pelas próprias sociedades empresariais e pelos órgãos que controlam o mercado.

Nesse sentido, faz-se mister ressaltar a importância da implementação do ESG – ou seja de uma Governança Ambiental, Social e Corporativa – combinando a eficiência, crescimento sustentável e o valor da sociedade empresária no mercado para que ao aplicar a legislação ambiental em vigor no Brasil, possa ter avanços significativos em matéria de conformidade ambiental, tal como sugerido no PL 5.442/2019.

6. REFERÊNCIAS

ALSAYEGH, Maha Faisal; RAHMAN, Rashidah Abdul; HOMAYOUN, Saeid. Corporate Economic, Environmental, and Social Sustainability Performance Transformation through ESG Disclosure. Sustainability: Economic and Business Aspects of Sustainability, [s. l.], v. 12, p. 1-20, 2020. DOI 10.3390/su12093910. Disponível em: <https://www.mdpi.com/2071-1050/12/9/3910>. Acesso em: 18 ago. 2021.

ALVES, Alexandre Ferreira de Assumpção; PINHEIRO, Caroline da Rosa. O papel da CVM e da B3 na implantação e delimitação do programa de integridade (compliance) no Brasil. Revista Brasileira de Direito Empresarial | e-ISSN: 2526-0235 | Brasília | v. 3 | n. 1 | p. 40 – 60 | jan.-jun. 2017.

ATHAYDE, Amanda; FRAZÃO, Ana. Leniência, Compliance, e o paradoxo do ovo ou da galinha: do compliance como instrumento de autorregulação empresarial. In: CUEVA, Ricardo Villas Bôas; FRAZÃO, Ana (Coord.). Compliance: perspectivas e desafios dos programas de conformidade. Belo Horizonte: Fórum, 2018.

BRASIL. Política Nacional do Meio Ambiente. Lei 6.938, de 31 de agosto de 1981. Disponível em: <http://www.planalto.gov.br/ccivil_03/leis/l6938.htm>. Acesso em: 31 jul. 2021

BRASIL. Constituição (1988). Constituição da República Federativa do Brasil. Brasília, DF: Senado Federal: Centro Gráfico, 1988. Disponível em: <http://www.planalto.gov.br/ccivil_03/constituicao/Constituicao.htm>. Acesso em 30 mar. 2019.

BRASIL. Lei 12.846, de 1º de agosto de 2013. Diário Oficial [da] República Federativa do Brasil, Brasília, DF. Disponível em <http://www.planalto.gov.br/ccivil_03/_ato2011-2014/2013/lei/l12846.htm>. Acesso em: 28 jul. 2020.

CÂMARA DOS DEPUTADOS. Projeto de Lei n. 5442/2019. Disponível em: <https://www.camara.leg.br/proposicoesWeb/fichadetramitacao?idProposicao=2224581>. Acesso em: 1º ago. 2020.

CGU. Programa de Integridade – Diretrizes para Empresas Privadas. Disponível em: <https://www.gov.br/cgu/pt-br/centrais-de-conteudo/publicacoes/integridade/arquivos/programa-de-integridade-diretrizes-para-empresas-privadas.pdf>. Acesso em: 28 de jul. 2020.

CELLARD, André. A análise documental. A Pesquisa Qualitativa: enfoques epistemológicos. 3. ed. Petrópolis – RJ: Vozes, 2012.

CMMAD. Comissão Mundial Sobre Meio Ambiente e Desenvolvimento. Nosso futuro comum. 2. ed. Rio de Janeiro: Fundação Getúlio Vargas. 1991, p. 46.

DECHANT, Kathleen, et al. Environmental Leadership: From Compliance to Competitive Advantage [and Executive Commentary]. The Academy of Management Executive (1993-2005), v. 8, n. 3, 1994, p. 7–27. JSTOR. Disponível em: <www.jstor.org/stable/4165201>. Acesso em: 13 jun. 2020.

DERANI, Cristiane. Direito Ambiental Econômico. 3. ed. São Paulo: Saraiva, 2008.

ELIAS, Juliana. Ação da Vale bate recorde histórico: mercado já esqueceu Brumadinho? Disponível em: <https://www.cnnbrasil.com.br/business/2020/07/30/acao-da-vale-bate-recorde-historico-mercado-ja-esqueceu-brumadinho>. Acesso em: 12 abr. 2021.

FERRAZ, Adriano Augusto Teixeira. A autorregulação do mercado de valores mobiliários brasileiro: A coordenação do mercado por Entidades Profissionais Privadas. Dissertação apresentada ao Curso de Pós-Graduação da Faculdade de Direito da Universidade Federal de Minas Gerais como requisito parcial para obtenção do grau de mestre em Direito na Área de Concentração em Direito Empresarial. Orientador: Osmar Brina Corrêa-Lima. Belo Horizonte. 2012.

FRAZÃO, Ana; MEDEIROS, Ana Rafaela Martinez. Desafios para a efetividade dos programas de compliance. In: CUEVA, Ricardo Villas Bôas; FRAZÃO, Ana (Coord.). Compliance: perspectivas e desafios dos programas de conformidade. Belo Horizonte: Fórum, 2018.

FREEMAN, R. E. Strategic Management: A Stakeholder Approach. Boston: Pitman, 1984.

GONSALES, Michele S.: A aplicação do conflito de interesses sob o aspecto material. Disponível em: <https://www.conjur.com.br/2018-jul-04/michele-gonsales-conflito-interesses-aspecto-material>. Acesso em: 24 mar. 2020.

MELO, Valdir. Programas de Conformidade e a busca de Integridade em Organizações. *Texto para discussão / Instituto de Pesquisa Econômica Aplicada*. Brasília: Rio de Janeiro: Ipea, 2019.

NUSDEO, Ana Maria de Oliveira. Regulação Econômica e Proteção do Meio Ambiente. In: SHAPIRO, Mario Gomes (Coord.). *Direito Econômico Regulatório*. São Paulo: Saraiva, 2010. (Série GV-law).

NUSDEO, Ana Maria de Oliveira. *Direito ambiental & Economia*. Curitiba: Juruá, 2018.

SARAIVA, Renata. *Criminal compliance* como instrumento de tutela ambiental: a propósito da responsabilidade penal das empresas. Dissertação de Mestrado apresentada ao Programa de Pós-Graduação em Direito da Faculdade de Direito da Universidade de Lisboa como requisito parcial para a obtenção do título de Mestre em Direito, área de especialização em Ciências Jurídico-Ambientais. Orientador: Paulo de Sousa Mendes. 2015.

SILVA, José Afonso da. *Direito Ambiental Constitucional*. 11. ed. São Paulo: Malheiros, 2019.

TEUBNER, Gunther. *Politics, Governance, and the Law Transnational Economic Constitutionalism in the Varieties of Capitalism*. Global Perspectives. University of California Press. 2020.

TRENNEPOHL, Terence e TRENNEPOHL, Natascha (Coord.). São Paulo: Thomson Reuters Brasil, 2020. (Coleção compliance; l. 2)

WINTER, S., & MAY, P. (2001). Motivation for Compliance with Environmental Regulations. *Journal of Policy Analysis and Management*, 20(4), 675-698. Disponível em: <www.jstor.org/stable/3325778>. Acesso em: 03 ago. 2020.

YOON, Bohyun; LEE, Jeong Hwan; BYUN, Ryan. Does ESG Performance Enhance Firm Value? Evidence from Korea. Sustainability, [s. l.], v. 10, p. 01-18, 2018. Disponível em: https://www.mdpi.com/2071-1050/10/10/3635. Acesso em: 17 ago. 2021.

ENFORCEMENT E *COMPLIANCE*: DESAFIOS DOS PROGRAMAS DE INTEGRIDADE NA APLICAÇÃO DE SANÇÕES. UM PANORAMA DO NOVO MERCADO

Carolina Guimarães Ayupe

Mestranda em Direito e Inovação na Universidade Federal de Juiz de Fora. Graduada em Direito pela Universidade Federal de Juiz de Fora. Graduada em Relações Internacionais, modalidade EAD, pela Uninter.

Hugo Vidigal Ferreira Neto

Mestrando em Direito e Inovação na Universidade Federal de Juiz de Fora. Graduado em Direito pela Universidade Federal de Juiz de Fora.

Sumário: 1. Introdução: breve contextualização quanto ao surgimento do *compliance* – 2. *Compliance* e sanção: a necessidade de *enforcement* dos programas de integridade; 2.1 A natureza jurídica do *compliance*; 2.2 A importância da sanção como mecanismo de *enforcement* dos programas de integridade – Impactos na associação diferencial – 3. O controle pela B3 do mercado de capitais – recomendação ou obrigação?; 3.1 O que esperar no Novo Mercado – 4. O *enforcement* dos programas das companhias listadas no Novo Mercado (realidade); 4.1 Metodologia e análise empregadas; 4.2 Critério investigativo-sancionatório e análise de dados do Novo Mercado – 5. Considerações finais – 6. Referências.

1. INTRODUÇÃO: BREVE CONTEXTUALIZAÇÃO QUANTO AO SURGIMENTO DO *COMPLIANCE*

Nos Estados Unidos da América, no início do século XX, surgiu a ideia de *compliance*, ou programa de integridade. A partir desse instrumento, o Estado buscou fiscalizar e regular o mercado, atribuindo aos empresários o encargo de dirigirem suas atividades, desde que observassem normas legais e éticas preestabelecidas pelo regulador[1].

Os programas de integridade, assim, surgiram como um instrumento de política autorregulatória, servindo como Códigos de Ética que norteiam as atividades e condutas empresariais, buscando "assegurar o respeito à legalidade dentro da empresa e, muito especialmente, prevenir e descobrir condutas ilícitas que possam praticar seus administradores e empregados"[2].

---

1. TOMAZ, 2018.
2. NIETO MARTÍN, 2018, p. 62.

Tais mecanismos representam o conjunto de controles internos de uma corporação, voltados ao dever de cumprimento normativo e *enforcement* dessas normas (ou seja, a capacidade de fazer cumpri-las, por meio de procedimentos investigativos de apuração de desvios e aplicação de penalidades), visando ao gerenciamento de riscos e à prevenção de ilícitos, que possam prejudicar a imagem de uma instituição[3].

Essa ideia se amolda ao desenvolvimento ocorrido, sobremaneira a partir das décadas de 80 e 90, quando se percebeu que a postura tradicional do Estado como executor de todas as políticas econômico-jurídicas era insuficiente, ou que o Estado não podia mais combater a criminalidade econômica com uso de força bruta, cortes e prisões[4].

O Estado, diante de uma política global, assume um papel de ente regulador geral e promove o estímulo a produções regulatórias específicas, advindas das próprias corporações e agentes econômicos. A isso se denomina o "capitalismo regulatório", termo que melhor expressa o papel do Ente Político que, ao invés de somente editar leis, edita diretrizes gerais que permitem adaptação às próprias normas de regência apresentadas pelas Sociedades Empresariais.

Nessa mesma linha é que o Constituinte Brasileiro, expressa, por meio do artigo 174, *caput*, da Constituição Federal: "Como agente normativo e regulador da atividade econômica, o Estado exercerá, na forma da lei, as funções de fiscalização, incentivo e planejamento, sendo este determinante para o setor público e indicativo para o setor privado".

Percebe-se, então, que na linha do capitalismo regulatório, o planejamento econômico estatal é indicativo para o setor privado. Nada obstante, o artigo 173 da Constituição Federal prevê que a atuação direta do Estado na economia deve ser subsidiária, mas deve ele regular a atuação dos agentes econômicos e reprimir abusos cometidos por esses últimos[5].

Assim, o *compliance* permite uma regulação interna eficiente e que, se por um lado dá margem a uma discricionariedade societária, por outro, adequa-se à pretensão de intervenções pontuais na autonomia das corporações[6]. O termo *compliance*, eminentemente aberto, cumpre bem seu papel, pois permitem englobar diversas formas de produção normativa *interna corporis* que privilegiem o cumprimento normativo.

---

3. RIBEIRO e DINIZ, 2015.
4. VERÍSSIMO, 2017.
5. Como exemplo, percebe-se os §§ 4º e 5º do referido artigo 173 da Constituição Federal que, respectivamente, estabelecem: "A lei reprimirá o abuso do poder econômico que vise à dominação dos mercados, à eliminação da concorrência e ao aumento arbitrário dos lucros"; e "A lei, sem prejuízo da responsabilidade individual dos dirigentes da pessoa jurídica, estabelecerá a responsabilidade desta, sujeitando-a às punições compatíveis com sua natureza, nos atos praticados contra a ordem econômica e financeira e contra a economia popular".
6. Intervenções pontuais que visam à manutenção de um ambiente de livre mercado competitivo e íntegro, na mesma medida em que se busca evitar abusos do próprio poder regulatório, por intermédio da metarregulação (reflexão sobre a própria regulação e sua legitimidade).

Por outro lado, é certo também que o instituto se funda em parâmetros mínimos de eficácia, conforme será desenvolvido ao longo do trabalho.

Importante pontuar que, como marco legislativo nacional em matéria de *compliance*, o Decreto n. 8420/2015, ao regulamentar a Lei Anticorrupção, conceituou os Programas de Integridade como um "conjunto de mecanismos e procedimentos internos de integridade, auditoria e incentivo à denúncia de irregularidades e na aplicação efetiva de códigos de ética e de conduta, políticas e diretrizes com objetivo de detectar e sanar desvios, fraudes, irregularidades e atos ilícitos praticados contra a administração pública, nacional ou estrangeira".

Tal conceito, conquanto voltado aos fins específicos da Lei Anticorrupção (combate aos ilícitos praticados em detrimento da administração pública), apresenta parâmetros que podem ser aplicados não somente para os ilícitos de corrupção, mas também em relação às mais diversas áreas de atuação da pessoa jurídica (ambiental, concorrencial, trabalhista etc.), sobretudo como um mecanismo de fomento a uma cultura organizacional adequada. As questões que permeiam o estudo do instrumento são: como será operacionalizado? Como medir sua eficácia?

Tais perguntas são importantes considerando o propósito do instituto, vocacionado a promover o cumprimento de todas as normas ordenamento jurídico, que não apenas se volta para práticas lesivas à Administração, mas sim para tutelar a organização social como um todo e o devido respeito ao exercício de direitos sociais por seus integrantes[7].

O legislador nacional[8], com efeito, atento às mudanças e evoluções do Direito Societário, sobretudo considerando sua preocupação com o interesse social, a dirigir a conduta dos acionistas e administradores[9], bem como com práticas de Governança Corporativa e resguardo dos interesses dos *stakeholders*, previu normas que tratam dos programas de integridade[10].

---

7. Especialmente em períodos de crise, como o da pandemia de Covid-19, o *compliance* pode servir como mecanismo de reafirmação dos princípios éticos básicos previstos na Constituição em seu artigo 3º. Destarte, servem de instrumento de superação de impasses entre a sociedade empresária e a população e a preservação dos direitos dos trabalhadores que, agora mais do que nunca, necessitam de terem asseguradas suas garantias.

8. Nota-se, ainda, a preocupação de diversas leis, no âmbito dos Estados da Federação, de exigirem a implantação, por parte das pessoas jurídicas de direito privado, de programas de integridade, como condição para contratação com o poder público. Citam-se como exemplos a Lei Estadual 16.722/2019 do Estado de Pernambuco; a Lei Distrital 6.308/2019 do Distrito Federal; a Lei Estadual 20.489, do Estado de Goiás; entre outras.

9. Destaca-se, nesse aspecto, o art. 115 da Lei das S.A., que dispõe que "o administrador deve exercer as atribuições que a lei e o estatuto lhe conferem para lograr os fins e no interesse da companhia, satisfeitas as exigências do bem público e da função social da empresa." Verifica-se uma preocupação do legislador com o cumprimento da função social da empresa, que vai muito além dos meros interesses dos acionistas da companhia.

10. Pode-se nesse aspecto citar como exemplos: (1) A Lei 12.846 de 2013, que desenvolve políticas anticorrupção; (2) O Decreto 8.420, que se preocupou em definir a estruturação dos Programas de Integridade, de modo a garantir-lhes efetividade e seu constante aprimoramento. Ao seu turno, a análise feita na presente pesquisa levou em conta sobretudo os parâmetros expressamente referidos pelo Decreto, em seu art. 42, para fins de

Uma vez delimitadas tais premissas iniciais, deve-se reconhecer que a simples confecção de um documento intitulado "programa de integridade" não revela por si só real preocupação com o cumprimento normativo, sendo objetivo do presente trabalho aferir, empiricamente, a real eficácia dos programas de integridade de companhias listadas no Novo Mercado, segmento de listagem da B3 que reúne as sociedades com os mais altos níveis de Governança Corporativa. Adota-se como recorte de análise o chamado critério investigativo-sancionatório, que engloba a investigação e aplicação de sanções a comportamentos tidos como desviantes no seio corporativo (conceito a ser mais bem desenvolvido no decorrer do presente artigo).

Busca-se, com a pesquisa proposta, verificar se a finalidade dos institutos vem sendo cumprida. Não se desconhece, porém, que a área de atuação da pessoa jurídica influencia sobremaneira os aspectos de seu programa de integridade aos quais a sociedade empresária dará maior ênfase. A título exemplificativo, espera-se que uma pessoa jurídica atuante em mineração tenha controles normativos mais rígidos sobre a legislação ambiental, do que uma pessoa jurídica que exerça atividades consumeristas, que focará sua atenção no Código de Defesa do Consumidor, apesar de ambas terem de se atentar minimamente a tais especificidades. Do mesmo modo, espera-se que uma instituição financeira possua comandos mais rígidos no que tange ao combate à lavagem de capitais, sobretudo diante do disposto na Lei 9613/1998.

Portanto, por mais que se espere um núcleo comum entre os programas de integridade, descartar as peculiaridades do ramo empresarial de cada companhia seria malferir o próprio princípio da igualdade em seu aspecto material, além de constituir violação à livre iniciativa. Por outro lado, há parâmetros mínimos a serem considerados por qualquer programa de integridade[11] (existência de canais de denúncia, processo investigativo, sanções aplicáveis aos infratores, previsão de princípios éticos básicos, proibição de condutas discriminatórias, entre outros).

Assim, o presente artigo busca, por meio de métodos de revisão de literatura (a conferir o aporte teórico necessário para análise) e experimental (a permitir verificação empírica de dados, por intermédio de questionários), analisar dois parâmetros básicos dos programas de integridade, a saber, a previsão de mecanismos de investigação de condutas desviantes e a aplicação de sanções para tais condutas. Ao final, são apresentados e discutidos os dados obtidos, a fim de extrair conclusões acerca da qualidade dos programas apresentados.

---

avaliação da existência e aplicação do programa de integridade; (3) A Lei 9.613 de 98 que, em seu artigo 10 e 11, trata de linhas gerais que devem ser adotadas a fim de evitar delitos de lavagem de capitais.

11. A despeito da necessidade de existirem cláusulas comuns entre todos os programas de integridade, deve-se atentar que muitas são colocadas de modo genérico. Nesse sentido, costuma-se encontrar cláusulas que somente indicam contato para realizar a denúncia ou, quando tratam de eventuais sanções, usam expressões como "dentre outras". Assim, por exemplo, no Código de Ética e Conduta da sociedade B2W, em sua página 27, há menção a que Violações ao Código de Ética e Conduta em *medidas disciplinares* ou demissão. Isso conforme o código de ética disponibilizado no sítio: https://ri.b2w.digital/governanca-corporativa/codigo-de-etica-e-conduta.

ENFORCEMENT E COMPLIANCE: DESAFIOS DOS PROGRAMAS DE INTEGRIDADE NA APLICAÇÃO DE SANÇÕES

Desde já se faz importante delimitar um conceito inicial: entende-se por programa de integridade *lato sensu* o conjunto das mais diversas medidas, mesmo que assim não denominadas, que busquem garantir atuação, em âmbito corporativo, conforme ao ordenamento jurídico, considerando-se, na análise, as respectivas especificidades do âmbito de atuação corporativo, sobretudo conforme o objeto social.[12] A partir de tal conceito, serão realizadas, na presente pesquisa, todas as demais considerações teóricas acerca dos referidos programas.

2. *COMPLIANCE* E SANÇÃO: A NECESSIDADE DE *ENFORCEMENT* DOS PROGRAMAS DE INTEGRIDADE

2.1 A natureza jurídica do *compliance*

Ao analisar os códigos de conduta, Teubner (2020) aponta que com estes operou-se uma inversão na tradicional hierarquia entre a lei estatal, vista como superior, e as leis privadas como subordinadas à primeira. Com tal inversão, as normas públicas passam a prover recomendações não vinculantes, ao passo em que as próprias corporações implementam normas precisas e cogentes, o que constituiria uma nova forma de *hard law*. Assim, não mais as instituições estatais, mas as próprias corporações decidiriam a respeito do conteúdo dos códigos de conduta.

Conforme o autor, cabe questionar, nesse cenário, se os códigos de conduta podem ser considerados cogentes no âmbito judicial, e não meramente declaratórios. No âmbito dessa discussão, pontua o autor, se por um lado as empresas insistem no caráter não cogente de suas normas, por vezes são invocadas as regras de revisão contratual e eficácia horizontal dos direitos fundamentais[13], a fim de exercer o controle judicial de tais códigos.

Até mesmo pode-se invocar o *venire contra factum proprium*, em defesa da natureza vinculativa dos programas de integridade, conforme Teubner (2020), na medida em que é contraditório o comportamento das empresas de, ao implementá-los, tratar os códigos de conduta como vinculantes, ao passo em que, perante o Judiciário, defender serem tais códigos não cogentes.

Nesse mesmo sentido, argumenta Revak (2012) que a própria ideia de que as corporações possam estabelecer códigos de conduta sem eficácia é inquietante, na medida em que se cria uma imagem positiva para a empresa, ao mesmo tempo em que esta não assume nenhuma real obrigação de seguir as normas por ela estabelecidas.

---

12. Esse conceito de programa de integridade *lato sensu* foi justamente o adotado quando da realização da pesquisa empírica, relativa ao critério sancionatório dos programas de *compliance* das sociedades do Novo Mercado, conforme será mais bem desenvolvido no tópico 3.

13. Conforme Guther Teubner (2020), os códigos de conduta permitem romper com a noção de direitos fundamentais centrada no ator estatal, permitindo o reconhecimento da eficácia direta dos direitos fundamentais nas relações privadas.

Conforme o autor, isto configuraria verdadeira publicidade enganosa, a desvirtuar a própria razão de se estabelecerem os códigos de conduta.

Tal discussão permeia a natureza jurídica dos programas de integridade, que deve ser analisada, ao menos em um primeiro ponto, principalmente a partir da ideia de ato jurídico. Os atos jurídicos em sentido *lato* são aqueles que possuem como substrato fático uma ação humana volitiva, ao passo que esses atos podem ser classificados como atos jurídicos *stricto sensu* e negócios jurídicos. Os primeiros são os atos jurídicos que a vontade do indivíduo está presente somente em sua feitura, mas não em seus efeitos; já os negócios jurídicos correspondem aos atos que possuem a vontade tanto em seu pressuposto fático quanto em seus efeitos[14].

Cabe analisar, então, em qual dessas categorias os programas de integridade se enquadram. Por certo que a feitura de um programa de integridade, enquanto complexo de disposições que buscam mediar a conduta no seio da pessoa jurídica e o ordenamento ético-jurídico, possui etiologia na vontade daqueles responsáveis por dirigir as corporações, como assembleias e quadros acionários. Assim, enquadra-se como ato jurídico *lato sensu*.

Ademais, os programas de integridade possuem efeitos que decorrem tanto de previsões legais e regulamentares, como é o caso do § 4º do artigo 5º do Decreto 8.420 de 2015, bem como oriundos da vontade do empresário, como, por exemplo, hipóteses aptas a desencadear uma investigação interna ou auditoria. Em razão disso, os programas de *compliance* podem ser pensados como negócios jurídicos, pois possuem a vontade em seu pressuposto fático quanto em seus efeitos, conforme acima aludido.

Estabelecido que os programas de integridade são considerados negócios jurídicos, sua força vinculante impacta em vários ramos do Direito, como o Civil e o Penal, por exemplo.

No que toca ao Direito Civil, o artigo 113 do Código Civil é claro ao dizer que os negócios jurídicos devem ser interpretados conforme a boa-fé e os usos do lugar da celebração. Conforme Pereira (2017), a norma aponta para a boa-fé objetiva que, dentre seus corolários, importa em fazer surgir deveres jurídicos. Dentre esses deveres está o que é conhecido como *venire contra factum proprium*, ou seja, a proibição de se exercer posição jurídica de forma contraditória com o comportamento anteriormente assumido[15].

Dessarte, reitera-se ser contraditório uma corporação anunciar abertamente um "programa de intenções" oriundo de sua vontade e que possuem repercussões jurídicas e se comportar contrariamente a ele, logo em seguida. Há, *in casu*, um atentado aos padrões de conduta e comportamento esperados por aqueles que, em comparação com o padrão de expectativa médio das pessoas, atuam no mercado jurídico e no cotidiano, ou seja, fere-se a boa-fé objetiva.

---

14. REALE, 2002.
15. CORDEIRO, 2013.

ENFORCEMENT E COMPLIANCE: DESAFIOS DOS PROGRAMAS DE INTEGRIDADE NA APLICAÇÃO DE SANÇÕES

No âmbito criminal, as repercussões são tão perceptíveis quanto as do Direito Civil. Pode-se apontar, por exemplo, as hipóteses em que um funcionário, chamado a chefiar o departamento de integridade da pessoa jurídica, recebe os poderes suficientes para tanto e assume a responsabilidade de sustar e evitar atividades lesivas. Há, aqui, a configuração de um papel garantidor por meio da vontade, nos termos do artigo 13, § 2º, alínea "b" do Código Penal. No mesmo sentido, caso seja um dos diretores de pessoa jurídica, por exemplo, pode ser responsabilizado por crimes ambientais nos termos do artigo 2º da Lei 9.605 de 1998.

Em síntese, defende-se que os programas de integridade possuem natureza jurídica de negócios jurídicos com força vinculante, não meras cartas de intenções, sob pena de ferir a boa-fé objetiva e de tornar tábula rasa a teoria que tanto caminhou a respeito dos negócios jurídicos.

2.2 A importância da sanção como mecanismo de *enforcement* dos programas de integridade – Impactos na associação diferencial

Conforme elucidado, os programas de integridade funcionam como instrumentos autorregulatórios e também metarregulatórios[16] construídos pelas companhias, mas devidamente pautados em normas jurídicas e ético-axiológicas, advindas da sociedade, na medida em que a empresa cumpre função social, mas também, em razão de uma necessidade mercadológica de zelar por seu patrimônio e imagem.

Tais instrumentos devem vincular o comportamento da organização, o que faz com que o empresário, pessoa física ou jurídica, possa comprovar através do funcionamento do programa de integridade que buscou rechaçar um comportamento antinormativo, tendo em vista que o instituto não possui caráter meramente declaratório.

Portanto, é com base nesse instrumental que, considerando a pretensão de conformidade dos programas, fundamental é a sua capacidade de fazer cumprir as normas (*enforcement*) e, com isso, expurgar ou, ao menos, reduzir, os comportamentos desviantes. Para esta parte do estudo, valer-se-á da teoria criminológica da associação diferencial, conforme passa a ser exposto.

Os estudos acerca da criminalidade corporativa tiveram início no século XX, nos Estados Unidos, em um contexto no qual foram descobertos esquemas de corrupção grandiosos e grandes fraudes. Nesse cenário, dentre as chamadas teorias da aprendizagem social da criminologia, emerge a Teoria da Associação Diferencial[17].

As teorias do comportamento até então desenvolvidas viam na pobreza e nas patologias sociais marcos explicativos para condutas criminosas, porém, Edwin Su-

---

16. Como apontam COGLIANESE e MENDELSON (2010), a definição de metarregulação pode variar muito. Alguns apontam como interação entre regulação governamental e autorregulação; enquanto outros referem a ela como interações de diferentes atores regulatórios ou de níveis de regulação. Conforme PARKER et al (2004, p. 6, tradução nossa), pode-se dizer que metarregulação é "cada camada [de regulação] que regula a própria regulação de outros em várias combinações de influências horizontais e verticais".

17. FERRAZ, 2015.

therland, criminólogo estadunidense, defendeu que a chave para a compreensão da conduta humana não estaria em marcos de personalidade, mas sim nos processos de aprendizagem da conduta desviante. Seus estudos futuramente viriam a consagrar o atual Direito Penal Econômico[18].

Sutherland percebeu que indivíduos de classes sociais favorecidas muitas vezes escapavam aos órgãos de persecução penal, e, consequentemente, os delitos por eles praticados sequer integravam as estatísticas oficiais[19]. Diante de tais constatações, o criminólogo cunhou o conceito de crime de colarinho branco, aquele "cometido por uma pessoa de respeitabilidade e alto status social no curso de sua atividade"[20-21]

Conforme as premissas da associação diferencial, um dado comportamento, seja ele criminoso ou não, é assimilado por um agente por meio da aprendizagem, quando em contato com outros agentes, que definem uma dada conduta de forma favorável ou, ao revés, a rechaçam[22]. Assim, o comportamento criminoso é reflexo da interação dos indivíduos que violam normas[23], é "produto de socialização no qual o criminoso e o conformista [com a lei] são orientados por muitos princípios idênticos"[24].

A criminalidade não é, pois, resultado de um deficiente processo de socialização, senão produto de uma socialização diferencial[25], que se consolida na medida em que um indivíduo "em uma situação apropriada se engaja em tal comportamento criminoso se, e somente se, o peso das definições favoráveis excede o peso das definições desfavoráveis"[26].

No meio empresarial, com efeito, os agentes corporativos tendem a adotar comportamentos semelhantes aos de seus pares, o que acaba por desenvolver uma ideologia geral presente nos indivíduos imersos no seio das atividades empresárias[27]. Os comportamentos apreendidos acabam por criar uma cultura que é internalizada no âmbito da atividade empresarial e reproduzida pelos que nela ingressam.

Diante disso, na medida em que os criminosos de colarinho branco possuem o apoio de seus pares quando da violação de leis, que entendem serem desprezíveis em

---

18. VIANA, 2019.
19. O criminólogo, ao longo de 17 anos de pesquisa, analisou as práticas criminosas das 70 maiores empresas nos Estados Unidos da América, coletando informações de decisões administrativas, judiciais, extrajudiciais, entre outras.
20. SUTHERLAND, 2015, p. 33 e 34.
21. Interessante ressaltar que Sutherland não era um jurista, mas sim sociólogo, motivo pelo qual sua ideia de crime, nos olhos de um jurista, poderia muitas vezes ser uma infração administrativa. Para o presente trabalho o conceito se enquadra ainda melhor, pois muitas das condutas enfrentadas pelos programas de integridade podem não ser tipificadas penalmente, mas podem ferir normas administrativas, concorrenciais e, até mesmo, cíveis.
22. SUTHERLAND, 2015.
23. SOUZA e JAPIASSÚ, 2017.
24. FERRO, 2015, p. 148.
25. VIANA, 2019.
26. SUTHERLAND, 2015, p. 351.
27. SUTHERLAND, 2015.

seu conteúdo, "suas consciências normalmente não os incomodam"[28], na medida em que vão assimilando a cultura e a racionalização dos negócios.

Em suma, Sutherland entende que os comportamentos desviantes não se diferenciariam, em sua origem, dos demais comportamentos, mesmo que lícitos, pois, sendo aprendizagem, é uma consequência de um processo de desenvolvimento do indivíduo no seio de um agrupamento social.

É nessa esteira que Sutherland vê o comportamento criminoso como o resultado de um influxo maior de valores antinormativos do que de valores conformes ao ordenamento. Portanto, o crime não se reduz aos *street crimes*[29] e, muito menos, é *conditio sine qua non* para sua ocorrência um déficit social ou econômico do indivíduo. Ademais, em que pese a subestimação da criminalidade econômica, é de se reconhecer que os crimes de colarinho branco geram grande dano econômico, afetando um número indeterminado de pessoas[30].

Situação interessante com os desvios corporativos, é que o próprio agente não entende sua conduta como tal, mas antes como de respeitabilidade elevada. Por isso, aliado ao poderio econômico do desviante, é que Sutherland desenvolve a ideia de que estudar empiricamente a criminalidade empresarial é algo de difícil realização, pois as estatísticas oficiais estão muito aquém do verdadeiro número de infrações cometidas, o que se convencionou chamar na criminologia de *cifras douradas*[31-32].

Sutherland pontuou, ainda, que, a despeito do cometimento reiterado de delitos no âmbito corporativo, o empresário não se enxergava como um verdadeiro infrator, mas sim como um cidadão respeitável – e assim a sociedade também o via dessa mesma maneira. Isto porque o criminoso de colarinho branco, em razão de seu elevado *status* social, sequer era tratado com os mesmos procedimentos criminais aos quais eram submetidos os criminosos comuns.

É diante desse cenário que os programas de integridade (*compliance*) vêm para atuar e servir de instituto preventivo e, por vezes, repressivo da criminalidade e do desvio corporativo. Por isso, nos séculos XX e XXI, os ordenamentos jurídicos mundiais e as sociedades tomam posição reativa perante a criminalidade corporativa, exigindo maior transparência, eticidade e conformidade das atividades empresárias com a lei[33].

---

28. SUTHERLAND, 2015, p. 340.
29. *Street crimes*, ou crimes de rua, são aqueles cometidos violentamente, como os homicídios, latrocínios, roubos ou ainda os que, mesmo não cometido mediante violência ou grave ameaça, são recorrentes nos meios comuns e não restritos a uma criminalidade da classe alta, como os furtos e os estelionatos.
30. VIANA, 2019.
31. GONZAGA, 2020.
32. A ideia de cifras douradas se conjuga com a ideia de cifras negras. Cifras negras seriam as infrações que, apesar de cometidas, não chegam ao conhecimento das autoridades, ou seja, é a diferença entre a criminalidade real e a criminalidade aparente. As cifras douradas, por sua vez, representam "as práticas antissociais impunes praticadas por aqueles que detêm o poderio político e econômico" (VIANA, 2019, p. 200).
33. TOMAZ, 2018.

Os programas de integridade, ao primarem pela ética e cumprimento normativo, influenciam nos influxos recebidos pelo agente, de sorte que a aprendizagem de práticas contrárias às normas é rechaçada, coibindo a interação entre indivíduos que violam normas.

É assim que os criminólogos apontam que, na criminalidade econômica, sobretudo nos últimos anos, o poder público tem se valido de estratégias de política criminal de prevenção (como o whistle-blowers e canais de denúncia). Essa espécie de prevenção é pontual, agindo sobre agentes e locais específicos, a fim de romper o desenvolvimento do comportamento delitivo e o nexo de causalidade de fontes "seguras" de comportamentos desviantes[34].

O pensamento de Sutherland é ainda mais interessante para o seio corporativo quando se leva em conta que, por ser ele um sociólogo de formação e não um jurista, seu entendimento de "crimes de colarinho branco" é mais abrangente que o conceito criminal hodiernamente difundido de fato típico, ilícito e culpável. Nesse sentido, conforme VIANA (2019), para além de uma concepção dogmática de crime, Sutherland se preocupa com a ideia de danosidade social como delito. Dessa maneira, a aplicação da teoria da associação diferencial se relaciona de maneira simbiótica com programas de integridade. Explica-se.

Quando Sutherland desdobra sua concepção de associação diferencial aos "crimes de colarinho branco", explica de forma mais abrangente as condutas desconformes ocorridas dentro de uma corporação, por meio de um processo interacional. Por sua vez, os programas de integridade visam justamente a disseminar uma conduta íntegra no seio da empresa (prevenção geral positiva), e coibir tais práticas desconformes (non-compliance). Sob essa segunda vertente, a teoria da associação diferencial permite uma melhor compreensão de como o comportamento desviante é assimilado, e como se dará seu combate mais efetivo por meio do *compliance*, que devem voltar-se justamente a coibir influxos favoráveis à violação de normas. Com isso, o *compliance* atua, não só como *enforcement* de comportamentos desejáveis pela ordem jurídica, mas também evitando a assimilação de comportamentos delituosos.

Pode-se sintetizar o raciocínio apresentado da seguinte maneira: (1) Os programas de integridade, ao firmarem uma cultura conforme ao ordenamento jurídico, geram influxos de comportamentos escorreitos em níveis maiores que os indivíduos recebem influxos antinormativos, inibindo-se, em consequência o non-compliance; (2) Partindo-se da aprendizagem social, os programas de integridade devem voltar-se, sobretudo, a evitar a interação de agentes violadores de normas; (3) Para tanto, a possível sanção presente nos programas de integridade produz não só o *enforcement* das condutas a serem privilegiadas (prevenção geral positiva), mas também inibe um ambiente favorável à assimilação de comportamentos delituosos. Assim, pode-se dizer que os programas de compliance criam influxos negativos à normalização do

---

34. VIANA, 2019.

ENFORCEMENT E COMPLIANCE: DESAFIOS DOS PROGRAMAS DE INTEGRIDADE NA APLICAÇÃO DE SANÇÕES | **379**

desvio, variável esta que deve ser levada em conta na atual sistemática da criminologia corporativa.

3. O CONTROLE PELA B3 DO MERCADO DE CAPITAIS – RECOMENDAÇÃO OU OBRIGAÇÃO?

O paradigma do Estado regulador traz consigo uma série de desafios, dentre os quais a necessidade de assegurar que os particulares efetivamente cumpram as normas preestabelecidas, ao mesmo tempo em que o ente estatal deixe de realizar um controle tão incisivo sobre as atividades econômicas. A fim de cumprir esse objetivo, no Brasil, a Comissão de Valores Mobiliários (CVM) exerce a função regulatória do mercado de valores mobiliários.

Juntamente com a CMV, a B3 (Brasil Bolsa e Balcão)[35] também se ocupa do cumprimento das normas e proteção dos mercados. Porém, na condição de ente privado, exerce o controle autorregulatório[36]. Nesse sentido, a B3 vem implementando normas e sanções que resguardam práticas corporativas éticas e conformes com o ordenamento jurídico, de modo a resguardar a mudança de cultura que os programas de integridade trouxeram no mercado. Com efeito, no Estatuto da B3, é dedicado um capítulo ao exercício da atividade autorregulatória da B3:

> Artigo 73. A fiscalização e a supervisão (i) das operações cursadas nos Mercados administrados pela Companhia e suas sociedades controladas, (ii) da atuação dos titulares de Autorizações de Acesso, e (iii) das atividades de organização e acompanhamento de mercado desenvolvidas pela própria Companhia e suas sociedades controladas, serão exercidas por sociedade controlada que tenha por objeto o exercício dessa atividade, sem prejuízo das competências previstas para o Presidente estabelecidas na forma da regulamentação em vigor.

A B3 pode ser vista, então, como exercente de atividade regulatória, porque cria regras que devem ser cumpridas pelos agentes de maneira a impor padrões de comportamento que, se descumpridos, implicam em sanções[37].

Por sua vez, os empresários, na medida em que necessitam do mercado de capitais, a fim de obter recursos e de expandir suas atividades, necessitam, em contrapartida, seguir boas práticas de Governança Corporativa conformes com as políticas instituídas pela B3. Nesse sentido, ao determinar os regramentos na listagem, deve atuar a B3 como garante de seu cumprimento.

---

35. A B3 é uma sociedade anônima, ou seja, pessoa jurídica de direito privado, cujo objeto, na forma de seu Estatuto Social, é o de, sobretudo, administrar mercados organizados de títulos e valores mobiliários, zelando pela organização, funcionamento e desenvolvimento de mercados livres e abertos para a negociação.
36. As Bolsas de Valores, de acordo com DONAGGIO (2016), podem atuar como mecanismos autorreguladores, responsáveis pelo *enforcement* de boas práticas corporativas, de tal forma a oferecer sinais de credibilidade aos investidores e acionistas. Essa atuação encontra previsão legal no art. 8º, § 1º da Lei da CVM, que estabelece que as competências da autarquia, dentre as quais a fiscalizatória, não exclui a das bolsas de valores.
37. ALVES e PINHEIRO, 2017.

Dessa forma, as companhias, a fim de se manterem no mercado, devem demonstrar uma imagem sólida e transparente não somente aos seus *shareholders*, mas também a toda a sociedade. Para tanto, a elaboração de um programa de integridade adequado às diretrizes do órgão autorregulador (B3), se revela estratégia fundamental, sobretudo naquele segmento em que são exigidos os mais elevados padrões de Governança Corporativa, qual seja, o Novo Mercado.

No entanto, não basta a existência do programa de integridade, mas sim uma atuação constante da B3, voltada a verificar se tal programa é efetivamente cumprido (*enforcement*). Nesse aspecto, as sanções (submissão a processo administrativo disciplinar; cominação de penalidades, inclusive o ressarcimento dos prejuízos, entre outras), exercem papel fundamental, de reforço das normas eventualmente violadas, a fim de evitar ilícitos futuros.

Ademais, não há como ignorar a influência que a B3, diante de seu papel institucional, exerce nos agentes que negociam valores no mercado, de forma que as empresas por ela listadas como cumpridoras dos mais altos padrões de Governança Corporativa, ao mesmo tempo em que se beneficiam desse aval do órgão autorregulador perante os *stakeholders*, devem, em contrapartida, zelar pelo *enforcement* de seus programas. Desse modo, verifica-se uma relação mutuamente benéfica, e, sobretudo, com reflexos positivos para a sociedade como um todo.

Nessa perspectiva, pode-se dizer que a B3, como entidade autorreguladora, deve importar-se com interesses que ultrapassam os fins estritamente privados, direcionando as companhias, sobretudo as listadas nos mais exigentes segmentos, para a efetiva adoção de práticas alinhadas com o mais alto nível de governança. Muda-se, então, o paradigma corporativo da companhia também de dentro para fora, na medida em que esta impõe e fiscaliza – ainda que dentro de seus limites e atribuições – comportamentos que impactam o mercado, mas que vão além das formalidades objetivas que justificam tão somente a persecução de lucros.

3.1   O que esperar no Novo Mercado

A fim de exercer suas atividades, a B3 possui segmentos de listagem – Bovespa Mais, Bovespa Mais Nível 2, Novo Mercado, Nível 2, Nível 1 e Básico – de acordo com o grau de Governança Corporativa das sociedades que a compõem.

No Novo Mercado, são admitidas sociedades constituídas tão somente de ações ordinárias, com direito a voto, e que possuem área de Auditoria Interna, função de Compliance e Comitê de Auditoria. Trata-se de sociedades com o mais alto padrão de Governança Corporativa, entendida como "a responsabilidade da administração e dos diretores de supervisionar as metas e estratégias de uma sociedade e promover a implementação delas em seu seio."[38].

---

38. PINHEIRO, 2017, p. 42.

Na forma do art. 24 do Regulamento do Novo Mercado, a companhia deverá implantar funções de *compliance*. A fim de concretizar essa norma, exige-se da companhia a elaboração de código de conduta aprovado pelo conselho de administração e aplicável a todos os empregados e administradores. Nele deverão ser elencadas "as regras objetivas relacionadas à necessidade de *compliance* e conhecimento sobre a legislação e a regulamentação em vigor, em especial, às normas de proteção à informação sigilosa da companhia, combate à corrupção, além das políticas da companhia" (art. 31, II, Regulamento do Novo Mercado).

No tocante a essa atuação sancionatória da B3, é importante destacar que foi estabelecido, no Capítulo IV, Seção I (Hipóteses de Aplicação de Sanções), em seu artigo 47, inciso I que cabe à B3 aplicar sanções à companhia e seus administradores e acionistas que descumprirem requisitos e obrigações estabelecidos neste regulamento, no tocante às regras do Novo Mercado. O Regulamento Novo Mercado dispõe até mesmo acerca de sanções como a retirada compulsória da listagem, caso haja descumprimento de obrigações previstas no regulamento por período superior a nove meses, conforme dispõe o artigo 59 do Regulamento do Novo Mercado.

4. O *ENFORCEMENT* DOS PROGRAMAS DAS COMPANHIAS LISTADAS NO NOVO MERCADO (REALIDADE)

4.1 Metodologia e análise empregadas

Considerando ser exigência para o ingresso no Novo Mercado a existência de um programa de integridade, é de se esperar que ele seja efetivo. Também se espera que a B3, valendo-se das prerrogativas da autorregulação regulada, tome medidas adequadas a fim de aperfeiçoar o *compliance* das sociedades que a integram, inclusive com a aplicação de sanções.

Nesse diapasão, foi realizada pesquisa empírica, a fim de verificar a compatibilidade dos programas de integridade do Novo Mercado com as premissas teóricas acima elucidadas, valendo-se de análise documental e de um método experimental. Para tanto, foram elaborados questionários, relativos a diversos critérios que se espera estejam presentes em um programa de integridade efetivo, considerando os parâmetros legais sobre o tema, dentre os quais o critério investigativo-sancionatório, cuja análise foi feita pelos autores do presente artigo.

Com base no questionário, foram avaliados os programas de integridade constantes de um universo de 143 sociedades listadas no segmento do Novo Mercado da B3, no período compreendido entre 15 de janeiro a 15 de fevereiro de 2020.

O método utilizado para a análise dos documentos foi o experimental: a submissão do objeto de pesquisa (os documentos) ao quadro controlado das premissas teóricas, a fim de que se possa verificar seus atributos[39]. A esse respeito, considerou-se

---

39. MEZZAROBA e MONTEIRO, 2014.

como documento o texto escrito e informativo constante nos sítios eletrônicos das empresas listadas pela B3 no campo "Novo Mercado" e relacionados com os programas de integridade[40].

4.2 Critério investigativo-sancionatório e análise de dados do Novo Mercado

Conforme elucidado na primeira parte do presente trabalho, os programas de integridade servem como instrumentos de *enforcement* normativo, prevenção de condutas desviantes e de realização de políticas sancionatórias no seio de uma sociedade empresária. Assim, permitem uma mudança ético-jurídica, tanto por um aspecto preventivo quanto repressivo, o que influirá no fluxo de comandos pró-normativos, inspirando positivamente na associação diferencial.

Partindo de tais premissas, desenvolveu-se o que aqui se chama de "critério ou parâmetro investigativo-sancionatório" dos programas de integridade, ou seja, a presença de mecanismos de investigação e sanção de condutas desconformes com o ordenamento jurídico e com as normativas *interna corporis* da sociedade. Tal critério se reserva como a parcela do programa destinada a dispor sobre a investigação de condutas que atentem contra o ordenamento jurídico e as normativas da própria sociedade e, eventualmente, a aplicação de determinada sanção ao infrator.

Dessarte, entende-se que tal critério dos programas de integridade se apresenta como parâmetro necessário para que se possa aferir a qualidade do instrumento, sobretudo considerando o seu potencial no ambiente corporativo e jurídico.

A partir dos estudos desenvolvidos e da revisão bibliográfica, formulou-se um questionário a respeito do critério investigativo-sancionatório para que se pudesse aferir a compatibilidade dos programas de integridade das sociedades do Novo Mercado com o critério aqui analisado. Sobretudo, partindo-se das premissas anteriormente delineadas acerca da associação diferencial, buscou-se verificar, empiricamente, o potencial dos programas de integridade analisados em reforçar a aprendizagem de práticas éticas e conformes ao ordenamento jurídico (finalidades preventiva e repressiva da criminalidade corporativa).

O questionário aplicado foi dividido da seguinte forma[41]:

---

40. Cabe ressaltar que a análise do que se considerou documento no presente texto foi restritiva quando comparada com a concepção mais moderna do termo. Nesse sentido, CELLARD (2008) aduz que a evolução temporal ampliou sobremaneira o conceito de documento, qualificando como tal tudo aquilo que é fonte de conhecimento histórico. Nada obstante, para fins de delimitação do trabalho, considerou-se uma concepção mais restrita de documento.
41. Na coleta de dados, houve a definição de um diário de pesquisa também predefinido, em que todos os pesquisadores tinham acesso simultâneo para edição e complementação. O objetivo de tal documento era demonstrar o caminho realizado pelos pesquisadores para encontrar o documento analisado, tecer comentários a respeito da análise e pontuar a data em que tal análise foi realizada.

ENFORCEMENT E COMPLIANCE: DESAFIOS DOS PROGRAMAS DE INTEGRIDADE NA APLICAÇÃO DE SANÇÕES | **383**

1) identificação do pesquisador responsável pelo exame do programa de integridade, horário de análise, data e razão social da companhia submetida à análise;

2) tipo de sociedade (se estatal ou não) e ramo de atuação;

3) Identificação do tipo de documento que constitui o Programa de Integridade, se lato sensu, bem como se era difuso ou coletivo;

4) a respeito do critério sancionatório, onde se faz uma análise em seus pormenores a respeito do objeto de pesquisa específica deste capítulo.

A primeira parte serviu como um preâmbulo, a fim de possibilitar a identificação dos pesquisadores que submeteram a sociedade empresarial a análise, bem como horário, data e especificação da sociedade empresarial dentre as listadas no Novo Mercado[42]. A segunda parte objetivou fornecer dados sobre a sociedade empresarial em si, buscando-se apurar, por meio de informações presentes no próprio site da B3, seu ramo de atuação e se ela era uma estatal ou não.

A terceira parte é uma análise específica dos programas, mas não ainda do critério sancionatório em si. Trata-se de análise quantitativa, a fim de especificar se: *a)* há um programa de integridade *lato sensu*[43]; *b)* se o programa, caso existente, é difuso ou concentrado[44-45].

Na quarta parte do questionário, foram elaborados quesitos relativos à existência de alguma medida ou procedimento para investigação de potenciais infrações, bem como a existência de penalidades gradativas para o cometimento de tais infrações[46].

Isto porque o critério investigativo-sancionatório constitui aspecto específico dos programas de integridade, cujos objetivos são justamente as investigações de eventuais

---

42. As presentes questões serviram para poder estabelecer a distinção e especificar qual era o objeto de análise, a fim de possibilitar uma quantificação escorreita dos dados posteriormente.

43. Considerou-se como tais todos os documentos disponíveis na página *web* relacionados ao cumprimento de normas e do ordenamento jurídico, ainda que minimamente. Destaca-se que, em que pese a existência de *compliance* seja requisito para o ingresso no Novo Mercado, uma das companhias não apresentou programa de integridade *lato sensu*.

44. É possível, sem que sejam desvirtuadas suas finalidades essenciais, que a política de *compliance* de determinada pessoa jurídica esteja fragmentada em diversos documentos. Diante disso, na pesquisa realizada, houve uma preocupação em verificar toda a documentação disponibilizada pelas companhias analisadas em seus sítios eletrônicos, a fim de aferir se, em uma perspectiva global, estava presente ou não uma política de integridade. Nesse sentido é que se entendeu como programa de integridade concentrado aquele constante em um ou mais documentos, mas presentes no mesmo sítio eletrônico. Ao passo que um programa difuso seria aquele se encontra em mais de um arquivo, diluído em mais de uma página ou partes separadas no site, sem um documento uno. Na coleta de dados, verificou-se que 100% das companhias apresentaram programa considerado pelos pesquisadores como concentrado.

45. Esse quesito, apesar de eminentemente quantitativo, não considerou como programa difuso, a hipótese em que os mesmos documentos relativos ao programa de integridade fossem repetidos em diversos locais do *site* da sociedade, tão somente sob formato diferente. Nesse sentido, foi o ocorrido com a empresa SLC Agricola S.A. Ao se clicar na aba "Código de Ética" e em seu Código de Conduta (presente em abas diversas), verificou-se que o mesmo documento foi reproduzido em partes diferentes do *site*, sem que, no entanto, houvesse modificação em seu conteúdo.

46. O aspecto qualitativo dos programas foi verificado nessa parte do questionário, tendo em vista a existência de pergunta a respeito do número de medidas sancionatórias existentes e qualidade dos procedimentos investigativos (previsão do procedimento, responsáveis por sua condução e medidas que assegurem o contraditório e a ampla defesa).

violações, seguido de uma possível imposição das sanções disciplinares cabíveis aos infratores, sanções essas que se espera estejam previstas nos próprios programas.

Portanto, trabalha-se com dois aspectos[47]:

(1) O investigativo, a fim de apurar o eventual comportamento violador; (2) O sancionatório, a fim de implementar a sanção àquele que violou a normativa vigente e, com isso, implementar um influxo superior de comandos conformes à ordem jurídica, consoante a associação diferencial. Dessarte, pode-se observar, que somente se deve aplicar sanções disciplinares caso esteja comprovada a ocorrência da irregularidade.

Quanto ao critério investigativo-sancionatório, em um primeiro momento foi analisado especificamente o aspecto sancionatório do critério a partir de duas perguntas: *(1) o programa contém a palavra "sanção" ou "medidas disciplinares"?; (2) o programa adota alguma medida sancionatória para o seu descumprimento?*

Dos resultados da coleta de dados (organizados nos gráficos a seguir), tem-se que: 91,2% dos programas possuíam as palavras "sanção/medidas disciplinares"; 16,5% não indicam qualquer medida sancionatória para o seu descumprimento; 59,9% dos programas continham a expressão "investigação"; e 14,1% dos programas não apresenta sequer procedimentos investigatórios.

Interessante notar que uma expressiva quantidade das corporações possui, em seus programas de integridade, menção às palavras "sanção" ou "medidas disciplinares", de modo que, ao menos quantitativamente, poder-se-ia dizer que há uma indicação do aspecto aqui estudado. Nesse sentido, 90,6% das corporações fazem tais menções.

Nada obstante, a pergunta 4.2 permite realizar uma análise qualitativa dos programas de integridade. Percebe-se que 35,2% apresentam uma excelência na variedade de sanções, ao passo que 16,1% apresentam bons parâmetros, e 15,7%, regulares. Logo, 67,1% apresentam uma variedade satisfatória de sanções, e 32,8% apresenta-se deficitária nesse critério.

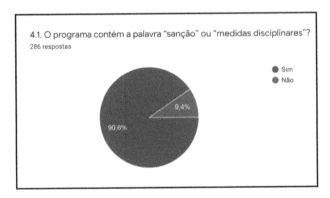

---

47. No questionário, buscou-se verificar a presença das palavras "investigação", "sanção" e "medidas disciplinares", bem como "penalidades" ou "pena". Em seguida, uma vez presentes tais termos no corpo do programa de integridade, questionou-se acerca das medidas e procedimentos adotados em si.

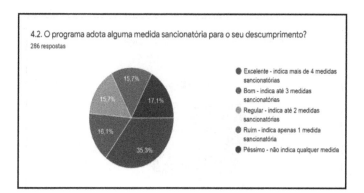

Em seguida foi estudado o aspecto sancionatório do critério por meio de mais duas perguntas: *(3) o programa contém a palavra investigação?; (4) o programa adota alguma medida ou procedimento para investigação de potenciais infrações?*

No tocante à parte investigativa, percebe-se um déficit ainda maior do que quanto ao complemento sancionatório, de sorte que somente 59,4% dos programas comentam sobre investigação e 40,6% sequer mencionam a palavra.

A segunda questão buscou passar uma malha fina pelos programas de integridade, pois mesmo aqueles que não apresentassem a palavra "investigação" poderiam, de fato, apresentar alguma forma de procedimento investigatório.

Nessa análise, 85,3% apresentaram um procedimento investigativo satisfatório, de maneira a serem considerados regulares, bons ou excelentes. Excelente, caso indicasse o procedimento da investigação, os responsáveis e medidas que assegurem o contraditório e a oportunidade de defesa; bom, caso indicasse o procedimento de investigação e os responsáveis pela sua realização; regular, caso indicasse minimamente o procedimento da investigação; e, por fim, ruim, caso não indique nem mesmo o procedimento investigatório.

Porém, somente 7% de fato demonstram um procedimento completo, apontando, inclusive, os responsáveis pela investigação e as medidas que o asseguram. Nada obstante, 14,7% sequer apresentam tal procedimento. É de se observar que aqui, um percentual considerável de corporações que sequer apresentam um sistema investigativo, muito menos um apto a assegurar o direito daqueles que possam sofrer eventual punição por descumprimento do programa.

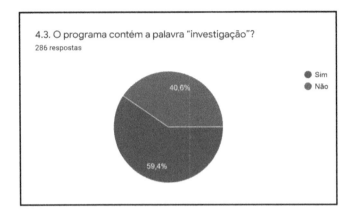

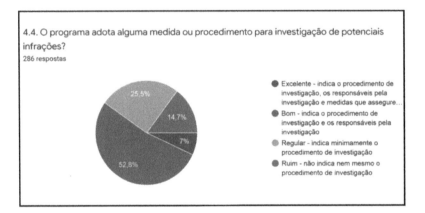

Outra observação que pode ser extraída da análise de dados relaciona-se à existência de gradação das penalidades aplicáveis, de acordo com a gravidade das condutas praticadas. Tal critério, de suma importância para se aferir a proporcionalidade das medidas adotadas, bem como evitar eventuais arbitrariedades, se revelou insuficiente em quase metade das companhias.

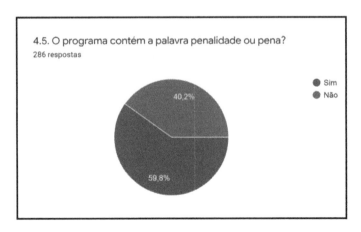

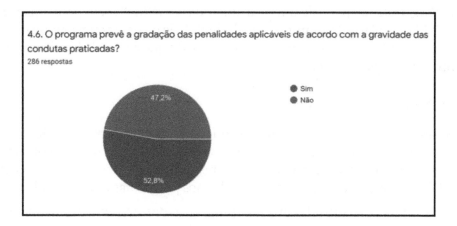

Em síntese, para um segmento, como o Novo Mercado, que preza por uma Governança Corporativa consolidada, ou ao menos assim é o que se espera, os 47,2% deficitários é uma quantidade expressiva, pois, apesar de não demonstrar a maioria, permite que gere uma séria dúvida na qualidade dos programas do segmento quanto ao aspecto investigativo-sancionatório.

Verifica-se, portanto, que considerável parcela das sociedades apresentou programas de integridade, no que tange ao objeto de análise, sem os parâmetros necessários de qualidade, a fim de garantir investigações e aplicação eficiente e adequada de sanções.

Tais conclusões permitem inferir a insuficiência da atuação da B3 em seu papel fiscalizatório das companhias listadas, considerando-se que a exigência de a sociedade apresentar um programa de integridade não deve ser vista como mera formalidade, mas sim, deve visar ao aprimoramento dos padrões de Governança Corporativa das companhias, e ser, portanto, objeto de fiscalização por parte da B3. Nesse sentido, a aferição quanto conteúdo dos referidos programas de integridade, por parte da B3, se faz essencial, embora não seja verificada na prática[48].

Nesse mesmo sentido, a constatação de insuficiência pode demonstrar uma contradição com a própria ideia do segmento Novo Mercado. Tal segmento, que preza pela alta Governança Corporativa e, conforme o artigo 24 de seu regulamento, necessita de um programa de *compliance*, foi criado pela própria B3 enquanto exercente de papel regulador. Mostra-se preocupante, em um mercado que se preza pela transparência, lisura e confiabilidade jurídica, que o próprio regulador se mostra leniente com os parâmetros por ele mesmo estabelecidos.

Diante desse cenário, verifica-se um enfraquecimento do próprio instrumento, na medida em que este é utilizado em seu sentido tão somente declaratório, e não

---

48. Com efeito, na data de 27 de janeiro de 2021 houve uma reunião do grupo de pesquisa EDRESP – Empresa, Desenvolvimento e Responsabilidade, com a B3 e, nessa ocasião foi informado que a B3 não realizava qualquer verificação do conteúdo dos programas de integridade divulgados pelas companhias listadas.

vinculativo. Trata-se, pois, de um instrumento cosmético[49], sem preocupação com sua efetividade. A falta de comprovação da qualidade dos programas causa prejuízos ao mercado e enfraquece o próprio programa, dado que a falta de fiscalização vai de encontro ao seu *enforcement*.

5. CONSIDERAÇÕES FINAIS

A partir do que foi exposto, conclui-se que os programas de integridade, enquanto negócios jurídicos, possuem força jurídica vinculante. Interpretação em contrário viria a ferir a boa-fé objetiva, tornando-os meras recomendações, e normas de *soft law*. Logo, defende-se que as disposições contidas nos programas devem ser observadas.

Nesse sentido, na medida em que os programas de integridade funcionam como instrumentos autorregulatórios e também metarregulatórios, construídos pelas corporações, e devidamente pautados em normas jurídicas e ético-axiológicas, são poderosos mecanismos indutores de comportamentos conformes ao ordenamento jurídico, por parte dos agentes a eles submetidos.

Em tal cenário, a teoria da associação diferencial, no âmbito da criminologia, permite compreender os mecanismos de aprendizagem de comportamentos desviantes no seio da corporação, de modo que os programas de integridade possam, em sentido contrário, neutralizar tais condutas transgressoras, e evitar sua assimilação pelos agentes.

Em síntese, na medida em que os programas consolidam uma cultura conforme ao ordenamento jurídico, geram influxos de comportamentos escorreitos em níveis maiores que os indivíduos recebem influxos antinormativos, inibindo-se, em consequência o *non-compliance*.

Voltando-se para uma análise do critério investigativo-sancionatório dos programas de integridade, conclui-se que a teoria da associação diferencial permite constatar que o sancionamento de condutas corporativas transgressoras dos programas de integridade produz não só o *enforcement* das condutas a serem privilegiadas (prevenção geral positiva), mas também inibe um ambiente favorável à assimilação de comportamentos delituosos. Dessa maneira, pode-se dizer que os programas de compliance criam influxos negativos à normalização do desvio.

Sob outra vertente, conforme anteriormente exposto, a B3, no caso brasileiro, pode atuar como mecanismo autorregulador, responsável pelo *enforcement* de boas práticas corporativas, de tal forma a oferecer sinais de credibilidade aos investidores e acionistas.

Sobretudo, portanto, no segmento do Novo Mercado, no qual são esperados os mais altos padrões de Governança Corporativa, e, consequentemente, a adoção de funções de *compliance*, a B3 deve exercer, conforme defendido, função fiscalizatória

---

49. NIETO MARTÍN, 2018.

quanto ao conteúdo dos programas de integridade das companhias listadas, de modo que tais instrumentos não cumpram papel meramente declaratório, e sim vinculante.

A fim de verificar, empiricamente, o cumprimento de tal papel por parte da B3, empreendeu-se uma coleta e análise qualitativa e quantitativa de dados, o que permitiu que fossem feitas diversas constatações. Ao fim da análise, concluiu-se que os programas analisados, de um modo geral, não atingiram uma qualidade mínima, conforme os dados percentuais acima elencados. Aspectos essenciais, como, por exemplo, a gradação das penalidades aplicáveis e existência de procedimentos investigatórios precisos, se revelaram insuficientes em considerável parcela das companhias analisadas.

Logo, o problema de se os programas de integridade das Corporações do Novo Mercado apresentam um aspecto investigativo-sancionatório adequado se revelou com uma resposta aquém do esperado. Conjuntamente a isso, a ausência de uma fiscalização mais contundente da B3 demonstra que a Companhia, apesar de principiar a função reguladora ao criar o Novo Mercado, não leva a cabo o escopo dessa função que, em última análise, é a de trazer a segurança, não somente econômica, mas também jurídica e ética para o mercado.

Nesse sentido, conclui-se que os programas de integridade no âmbito do Novo Mercado, e no que tange especificamente à função investigativo-sancionatória, apesar de teoricamente vinculantes, acabam por não possuir, faticamente, a força que poderiam ter a partir da teoria da associação diferencial.

6. REFERÊNCIAS

ALVES, Alexandre Ferreira de Assumpção; PINHEIRO, Caroline da Rosa. O papel da CVM e da B3 na implementação e delimitação do programa de integridade (*compliance*) no Brasil. *Revista Brasileira de Direito Empresarial*, v. 3, p. 40-60, 2017.

CELLARD, André. A análise documental. In: POUPART, Jean. *A pesquisa qualitativa*: enfoques epistemológicos e metodológicos. Petrópolis: Vozes, 2008.

COGLIANESE, Cary; MENDELSON, Evan. Meta-Regulation and Self-Regulation. In: BALDWIN, Robert; CAVE, Martin; LODGE, Martin (Ed.). *The Oxford Handbook of Regulation*. Oxford: Oxford University Press, 2010.

CORDEIRO, Antônio Manuel da Rocha e Menezes. *Da boa-fé no direito civil*. Coimbra: Almedina, 2013.

DONAGGIO, Angela Rita Franco. *Regulação e autorregulação no mercado de valores mobiliários*: o caso dos segmentos especiais de listagem da BM & FBovespa. 2016. Tese (Doutorado) – Faculdade de Direito, Universidade de São Paulo, 2016.

FERRAZ, Hamilton Gonçalves. Uma introdução à teoria da associação diferencial: origens, atualidades, críticas e repercussões no Direito penal econômico. *Revista de Estudos Jurídicos UNESP*, Franca, ano 19, n. 30, 1-27, ago-dez, 2015.

FERRO, Ana Luiza Almeida. Sutherland: a teoria da associação diferencial e o crime de colarinho branco. *De jure*: revista jurídica do Ministério Público do Estado de Minas Gerais, n. 11, Belo Horizonte, jul.-dez. 2008.

GONZAGA, Christiano. *Manual de criminologia*. 2. ed. São Paulo: Saraiva Educação, 2020.

MEZZAROBA, Orides; MONTEIRO, Cláudia Servilha. *Manual de metodologia da pesquisa no direito*. 6. ed. São Paulo: Saraiva, 2014.

NIETO MARTÍN, Adán (Coord.). *Manual de cumprimento normativo e responsabilidade penal de pessoa jurídica*. Florianópolis: Tirant lo Blanch, 2018.

PARKER, Christine; SCOTT, Colin; BRAITHWAITE, John. Introduction. In: PARKER, Christine; SCOTT, Colin; LACEY, Nicola; BRAITHWAITE, John (Ed.). *Regulating Law*. New York: Oxford University Press, 2004.

PEREIRA, Caio Mário da Silva. *Instituições de direito civil*. 30. ed., rev. e atual por Maria Celina Bodin de Moraes. Rio de Janeiro: Forense, 2017. v. I.

PINHEIRO, Caroline da Rosa. *Os impactos dos programas de integridade (compliance) sobre os deveres e responsabilidades dos acionistas controladores e administradores de companhia*. Tese (doutorado). Universidade do Estado do Rio de Janeiro, faculdade de Direito, 2017.

REALE, Miguel. *Lições preliminares de direito*. 27. ed. São Paulo: Saraiva, 2002.

REVAK, Haley. Corporate Codes of Conduct: Binding Contract or Ideal Publicity? *Hastings Law Journal*, [s. l.], v. 63, n. 1, 2012.

SOUZA, Artur de Brito Gueiros; JAPIASSÚ, Carlos Eduardo Adriano. Criminologia e delinquência empresarial: da cultura criminógena à cultura do compliance. *Revista Quaestio Iuris*, v. 10, p. 1031-1051, 2017.

SUTHERLAND, Edwin H. *Crime de colarinho branco*: versão sem cortes. Rio de Janeiro: Revan, 2015.

TEUBNER, Gunther. Transnational Economic Constitutionalism in the Varieties of Capitalism. Global Perspectives, [s. l.], 2020.

TOMAZ, Roberto Epifanio (Org.). *Descomplicando o compliance*. Florianópolis: Tirant Lo Blanch, 2018.

VERÍSSIMO, Carla. *Compliance*: incentivos à adoção de medidas anticorrupção. São Paulo: Saraiva, 2017.

VIANA, Eduardo. *Criminologia*. 7. ed. Salvador: JusPodivm, 2019.

O COMPROMISSO CONCORRENCIAL NOS PROGRAMAS DE INTEGRIDADE DAS COMPANHIAS DO NOVO MERCADO[1]

Caroline Victor Soeiro Cabral

Graduada em Direito pela Universidade Federal de Juiz de Fora. Pesquisadora do grupo Empresa Desenvolvimento e Responsabilidade (EDResp).

Sumário: 1. Introdução – 2. *Compliance* e concorrência: a importância dos programas de integridade para o mercado de capitais – 3. *Compliance* e cade: principais fatores para um programa adequado em matéria de concorrência – 4. *Compliance* e os desafios do novo mercado – 5. *Compliance* concorrencial nos programas listados: uma apresentação dos resultados do questionário, com base na análise dos programas de integridade das companhias do novo mercado; 5.1 Panorama quantitativo; 5.2 Panorama qualitativo – 6. Conclusão – 7. Referências.

1. INTRODUÇÃO

O presente estudo busca investigar a efetividade do compromisso com a matéria concorrencial presente nos programas de integridade (*compliance*) das Companhias listadas no segmento do "Novo Mercado" ("NM"), de acordo com os parâmetros da Brasil, Bolsa, Balcão ("B3"). Em teoria, tais Companhias possuem os melhores padrões de governança corporativa no mercado brasileiro, pois atendem de forma satisfatória aos requisitos em matéria de regulação, conforme será demonstrado no tópico 4, onde discute-se o papel e a função pública da B3, e, assim, os desafios do *compliance* no contexto do Novo Mercado.

Em contrapartida, será detalhado no tópico 2 o entendimento de que o mercado é o espaço de atuação dos agentes – que se relacionam com os outros, igualmente essenciais à lógica mercadológica e, por consequência, à economia. A partir da obra "Os fundamentos do Antitruste", afere-se que o Direito Concorrencial, ou Antitruste, consiste em uma técnica que o Estado se apoia para implementar políticas públicas, com o objetivo de coibir o abuso econômico, em prol da tutela da livre-concorrência. Logo, compreende-se a concorrência como elemento vital para o funcionamento do mercado, e consequente manutenção do bem-estar social – uma vez que toda sociedade se submete à dinâmica da economia e está sujeita aos seus efeitos.

Conforme será melhor explorado no tópico 3, a tutela da livre concorrência no Brasil se faz, principalmente, com fundamento na Lei 12.529/2011 (Lei de Defesa da Concorrência – "LDC") e pela ação do Conselho Administrativo de Defesa Econômica

---

1. Este artigo é fruto do Grupo de Pesquisa Empresa, Desenvolvimento e Responsabilidade ("EDResp") da Universidade Federal de Juiz de Fora ("UFJF") vinculado ao CNPq.

– CADE – que estabelece diretrizes para alinhar a legislação pátria ao funcionamento pleno do mercado e à preservação da livre concorrência. Considerando a preocupação com a agenda concorrencial face ao *compliance*, o CADE promulgou um guia[2] para orientar os agentes privados na observância das balizas concorrenciais, uma vez que as sanções e infrações correspondentes à violação destes parâmetros são graves, podendo gerar, inclusive, processos na esfera cível e criminal.

Destarte, através do método dedutivo, e considerando as observações acima expostas, pretende-se, a partir do exame dos programas de integridade das empresas listadas no segmento do NM, identificar se e como as orientações estabelecidas pelo CADE foram consideradas no *compliance* das Companhias listadas. Destaca-se a importância da presença de tais recomendações, considerando, dentre outras questões, o teor das sanções derivadas de eventuais violações às boas práticas concorrenciais.

A metodologia será detalhadamente explicada no tópico 5, dedicado à apresentação dos dados coletados. Basicamente, esta consiste na construção de um questionário estruturado de acordo com as peculiaridades da seara concorrencial, em conexão ao *compliance*. Ademais, a pesquisa é parte das atividades do grupo de pesquisa "Empresa, Direito e Responsabilidade" ("EDRESP"), da Faculdade de Direito da Universidade Federal de Juiz de Fora que, durante o ano de 2020 dedicou-se, especificamente, à verificação da qualidade dos programas de integridade das Companhias do Novo Mercado a partir de diferentes critérios. O presente trabalho busca, portanto, aferir: (i) a relevância conferida ao *compliance* concorrencial a partir da análise dos documentos e (ii) a influência (ou não) da B3 na qualidade dos programas de integridade.

A análise dos programas foi feita no período compreendido entre 15/01/2020 e 15/02/2020. A verificação de cada documento se deu a partir de parâmetros reunidos em um questionário, previamente estruturado com base em estudos e pesquisa sobre *compliance* concorrencial.

As conclusões apresentadas neste artigo relacionam-se com o resultado da análise dos dados obtidos através do questionário, com a investigação sobre os parâmetros concorrenciais do *compliance*. Para tanto, baseou-se nas lições de Paula Forgioni na obra "Os Fundamentos do Antitruste" e de Ana Frazão, com ênfase na obra "Direito da Concorrência", harmonizando o entendimento proposto pelas professoras em matéria de concorrência com as disposições da legislação pátria e do Guia do CADE sobre o tema.

A partir do exposto, por meio da análise de dados empreendida, busca-se confirmar a hipótese de que as empresas listadas no segmento do Novo Mercado contam com programas de integridade satisfatoriamente estruturados, os quais podem auxiliar na tutela da concorrência.

---

2. Disponível em: <http://www.cade.gov.br/acesso-a-informacao/publicacoes-institucionais/guias_do_Cade/guia-compliance-versao-oficial.pdf>.

2. *COMPLIANCE* E CONCORRÊNCIA: A IMPORTÂNCIA DOS PROGRAMAS DE INTEGRIDADE PARA O MERCADO DE CAPITAIS

A fim de compreender a concorrência e a sua ligação com o Direito, destaca Humberto Lima de Lucena Filho[3]:

"A atividade econômica, parcela da ação humana, é objeto de regulação e de regulamentação pelo Direito. A visão isolacionista da Economia, desprovida de uma noção ética, como um sistema que se ocupa meramente de transações voluntárias orientadas pela alocação de recursos em um ambiente de escassez sem a preocupação das consequências possivelmente acarretáveis não se sustenta na pós-modernidade".

Sabe-se que, a partir do século XIX, todo mercado global desenvolveu considerável complexidade, o que intensificou a produção de normas jurídicas atreladas à economia. Cria-se então a necessidade de regulação da movimentação do capital, e, logo, da concorrência. Desde a Antiguidade grega e Romana, onde o monopólio do sal assegurava ao governo uma grande fonte de renda. Até o desenvolvimento do liberalismo econômico na Revolução Industrial, a concorrência se identifica com um modelo de organização de mercado[4], e, nessa linha, pode-se vislumbrar a importância do fator concorrencial na história e no desenvolvimento da economia.

Nesse panorama, a observância e tutela deste importante elemento tem relevância para o Estado. Todavia, é preciso destacar que os entes privados também possuem sua parcela de protagonismo no que tange à sua atuação e respeito às normas concorrenciais, haja vista importância da livre concorrência e a oxigenação do mercado. Tem assim o condão de evitar prejuízos aos consumidores, expostos de forma lesiva às ações que inviabilizam esse instrumento de regulação.

Logo, considera-se a potencialidade da adoção do *compliance* enquanto ferramenta de autorregulação, e, conforme se afere das lições da professora Ana Frazão, existem grandes expectativas de que o *compliance*, como instrumento de viabilização de observância das normas jurídicas e éticas, possa superar as deficiências do modelo regulatório tradicional, baseado no comando e no controle[5].

Este instrumento, se existente e operante, conforme estipula o Art. 7º, VIII, da Lei 12.846/2013[6], serve como atenuante em casos de infração, de forma que se faz

---

3. LUCENA FILHO, Humberto Lima de. *Ordem Econômica e Dumping Social*: Possibilidade de Análise pelo Sistema Brasileiro de Defesa da Concorrência. 2016. p. 155.
4. FORGIONI, Paula Andrea. *Os fundamentos do antitruste*, 2015. P. 38.
5. Afinal, os programas de integridade estão alicerçados na valorização da autonomia privada dos agentes econômicos, a fim de estimular a participação destes na adoção, difusão e exigência do cumprimento legal da legalidade e ética empresarial em relação a todos os empregados, colaboradores e administradores de empresa. Trata-se, portanto, de uma mudança de "dentro para fora" que desafia os agentes econômicos a saírem de sua postura passiva tradicional" (CUEVA, Ricardo Villas Bôas; FRAZÃO, Ana (Coord.). *Compliance*: perspectivas e desafios dos programas de conformidade. 3. reimp. Belo Horizonte: Fórum, 2018).
6. Art. 7º Serão levados em consideração na aplicação das sanções: I – a gravidade da infração; II – a vantagem auferida ou pretendida pelo infrator; [...] III – a consumação ou não da infração; *VIII – a existência de meca-*

necessária a investigação dos objetivos aos quais este se presta, e, do mesmo modo, quais os mecanismos que as Companhias dispõem para efetivá-los. Sem dúvidas, a Lei Anticorrupção, como é conhecida, serviu como força motriz para alavancar o *compliance* no Brasil.

Contudo, houve um marco legal prévio, qual seja, a própria entes privados também possuem sua parcela de protagonismo no que tange à sua atuação e respeito às normas concorrenciais, haja vista importância da livre concorrência e a oxigenação do mercado. Tem assim o condão de evitar prejuízos aos consumidores, expostos de forma lesiva às ações que inviabilizam esse instrumento de regulação, conhecida como Lei de Defesa da Concorrência - LDC, que também fixou incentivos à "boa--fé" do hipotético infrator[7], o que poderia se traduzir pela existência do programa de integridade. Mas, segundo afirmam Anne Riley e Daniel D. Sokol, o *compliance* antitruste deve estar na agenda não em função do temor de eventual execução, mas porque ética e conformidade nos negócios é o certo a se fazer[8].

Além disso, a presença de uma estrutura de *compliance* voltada à questão concorrencial constitui um fator relevante para prevenir e dissuadir a ocorrência de infrações à ordem econômica, conforme pontua Guilherme Missali Teno Castilho[9]. Dessa forma, pode-se assegurar uma aplicação mais substantiva da legislação antitruste, fazendo do *compliance* uma ferramenta estratégica, que contribui para as autoridades concorrenciais atuarem na frente preventiva, em prol de desencorajar comportamentos anticompetitivos.

Portanto, ressalta-se que o mercado se beneficia do fomento da cultura do *compliance* no que tange à seara concorrencial, vez que se minora o risco de condutas anticompetitivas, as quais prejudicam a dinâmica de oferta e demanda, ultimamente atingindo os consumidores. Concomitantemente, este processo transmite uma mensagem positiva ao ambiente corporativo, consolidando a lógica do *compliance* na qual os agentes assumem uma postura ética, dispostos a zelar pela integridade do mercado. Importa, assim, identificar um alinhamento de iniciativa tanto das autoridades quanto dos agentes econômicos, a fim de se verificar avanços gradativos em direção ao amadurecimento da política de defesa da concorrência[10].

---

nismos e procedimentos internos de integridade, auditoria e incentivo à denúncia de irregularidades e a aplicação efetiva de códigos de ética e de conduta no âmbito da pessoa jurídica.

7. Art. 45. Na aplicação das penas estabelecidas nesta Lei, levar-se-á em consideração: I – a gravidade da infração; II – *a boa-fé do infrator*; III – a vantagem auferida ou pretendida pelo infrator [...].

8. RILEY, Anne; SOKOL, D. Daniel. Rethinking Compliance. Journal of Antitrust Enforcement (August 25, 2014), p. 45-46. Disponível em: <http://papers.ssrn.com/sol3/papers.cfm?abstract_id=2475959>. Acesso em: 07 jan. 2021.

9. CASTILHO, Guilherme Missali Teno. Programa de *Compliance* Antitruste: a hora e a vez de repensá-lo no ordenamento concorrencial brasileiro. *RDC*, v. 3, n. 1, p. 5-27, maio 2015.

10. Ibidem. p. 17.

3. *COMPLIANCE* E CADE: PRINCIPAIS FATORES PARA UM PROGRAMA ADEQUADO EM MATÉRIA DE CONCORRÊNCIA

Uma vez compreendido a interseção entre concorrência e *compliance,* deve-se traçar o panorama brasileiro na tutela deste elemento, sobre o qual é fundamental destacar a Lei 8.884/1994, a Lei Antitruste por excelência, a qual transformou o Conselho Administrativo de Defesa Econômica – CADE em Autarquia, além de versar sobre aspectos da prevenção e da repressão às infrações contra a ordem econômica. Posteriormente, a Lei 10.149 de 2000 alterou e acrescentou dispositivos à esta última, complementando as funções do CADE.

Por sua vez, a Lei 12.529/2011, a LDC, instituiu no Brasil a nova organização do Sistema Brasileiro de Defesa da Concorrência (SBDC)[11], da qual o CADE é parte fundamental, adquirindo, por esse diploma, melhor delimitação do seu funcionamento. Nesse novo desenho institucional, renovou-se a preocupação de promoção das inovações legislativas em matéria de concorrência, apurando a preocupação com os fins pretendidos pela autoridade antitruste. Com isso, o *compliance* ganhou espaço na agenda concorrencial – vide interpretação do CADE sobre o tema, uma vez que a Lei Antitruste admite que os esforços para prevenção de ilícitos sejam utilizados como atenuantes frente a possíveis sanções[12].

Antes mesmo da promulgação do "Guia Programas de *Compliance* – Orientações sobre estruturação e benefícios da adoção dos programas de *compliance* concorrencial", documento cuja análise representou parte essencial do presente estudo, o CADE, em sede de jurisprudência, já havia disciplinado alguns aspectos dos programas de integridade com preocupação concorrencial, tendo em vista que a LDC não consagrava a potencialidade deste instrumento de forma impositiva.

A título de exemplo, verifica-se existência de Termos de Compromisso de Cessação (TCC), que contemplam a adoção obrigatória do programa de *compliance* com o fito de "incrementar regras internas de prevenção a infrações concorrenciais"[13]. Constatando-se a crescente importância do *compliance,* o CADE, em 2016, promulgou o Guia supramencionado, objetivando "estabelecer diretrizes não vinculantes para as empresas a respeito desses programas [*compliance* concorrencial], especificamente, no âmbito da defesa da concorrência". Segundo o diploma, os agentes econômicos devem estabelecer práticas que não violem a LDC, buscando a Autarquia um meio

---

11. Com suporte no Art. 3º da LDC, o SBDC compõe-se pelo conjunto de órgãos governamentais responsáveis pela defesa da ordem econômica e dos ditames constitucionais de liberdade de iniciativa, livre concorrência, função social da propriedade, direito dos consumidores e repressão ao abuso do poder econômico. Atualmente, esses órgãos governamentais que formam o SBDC são o Conselho Administrativo de Defesa Econômica – CADE e a Secretaria de Acompanhamento Econômico do Ministério da Fazenda.

12. FRAZÃO, Ana. *Direito da Concorrência.* São Paulo: Saraiva, 2013. p. 286.

13. Processo Administrativo 08012.011142/2006-79 (Requerente: Lafarge Brasil S.A.); Processo Administrativo 08012.002493/2005-16 (Requerente: JBS S.A.). Em ambos exemplos, encontra-se a cláusula genérica "3.1. Adoção de Programa de *Compliance*", que, dentre outras disposições, contém imposição de divulgação do programa de *compliance* concorrencial, bem como a execução de treinamento efetivo de todos os funcionários direta ou indiretamente ligados à atividade operacional e comercial.

de incentivar uma atitude proativa por parte dos entes privados, entrementes, a implementação de programas de *compliance* concorrencial.

Noutro giro, conforme destacado no tópico anterior, a promulgação da Lei Anticorrupção (12.846/2013), assim como o Decreto 8.420/2015, responsável pela regulamentação e disciplina desta, foram importantes instrumentos para a consolidação dos programas de *compliance*, e serviram de estímulo para a publicação do Guia do CADE. O professor Gunther Teubner estabelece que essa arquitetura de autorregulação é, essencialmente, uma espécie de *hard law* – vez que somente a organização, internamente, teria a capacidade de implementar regramento efetivo, o qual de fato estivesse vinculado a seus processos e organização[14].

Assim, parâmetros como os elencados nos Artigos 41 e 42 do Decreto 8.429/15 fornecem algumas referências para a estruturação dos programas, como os padrões de ética, a ênfase em treinamentos, as revisões periódicas e o monitoramento contínuo visando o aperfeiçoamento das disposições em integridade. Estas e outras disposições servem de subsídio ao Guia do CADE, que se utiliza as diretrizes para traçar recomendações para prevenção das condutas anticompetitivas – direcionando as orientações para "criação de um programa interno às organizações que seja efetivo em evitar em evitar práticas que possam vir a ser entendidas como infrações colusivas ou unilaterais"[15].

Nessa seara, há posições relevantes como a do Ministério da Justiça dos Estados Unidos – "DOJ", que estabelecem que a política de combate às condutas anticompetitivas deve acompanhar um leque de sanções rígidas, com o condão de desencorajá-las em definitivo[16]. Atualmente, o CADE fomenta a implementação de programas de *compliance* robustos, com certas vantagens para tanto, como a eventual redução no peso das sanções em caso de violação concorrencial.

Porém, na linha do DOJ, tal abordagem se traduz em uma mera política, afastando-se da premissa encabeçada pela lógica norte-americana: "*compliance is (or, should be) a culture, not just a policy*"[17]. Nessa lógica, se determinada companhia deixa de cumprir seu próprio programa de integridade, essa questão não deve dizer respeito ao papel do Estado, vez que o *compliance* é instrumento interno de impulso à cultura de integridade e responsabilidade no seio da organização.

Entretanto, a presente tese se baseia na estratégia do CADE, que, através do fomento à adequada implementação do programa de integridade, busca incentivar, dentro das empresas, a criação de uma cadeia de comprometimento que tem o po-

---

14. TEUBNER, Gunther. Politics, Governance, and the Law Transnational Economic Constitutionalism in the Varieties of Capitalism. *Global Perspectives*. University of California Press. 2020, p. 11.

15. Conselho Administrativo de Defesa Econômica. Guia de programas de Compliance – Orientações sobre estruturação e benefícios da adoção dos programas de compliance concorrencial. Janeiro, 2016. p. 7.

16. Snyder, Brent. Compliance is a culture, not just a policy. DOJ. 2014. Disponível em: <https://www.justice.gov/atr/file/517796/download>. Acesso em 23 fev. 2021.

17. Ibidem.

tencial de inspirar confiança em investidores e parceiros comerciais, uma vez que as violações concorrenciais geram questionamentos acerca da ética e do modelo de negócios das organizações. Assim, considerando o papel institucional da Autarquia, o Guia foca em orientar a criação e execução de um programa de integridade hábil a mitigar a necessidade de exercício da função repressiva do órgão, consistente em investigar e punir infrações à ordem econômica.

Outrossim, importa ressaltar que o Guia foi o norte da elaboração do questionário que orientou a coleta de dados para esta pesquisa, cujos resultados serão expostos no tópico 5. Entende-se que as disposições deste documento promulgado pela Autarquia não têm pretensão de exaurir todo conteúdo de um programa de integridade, mas, compreendendo a autoridade do CADE na questão, assim como os benefícios do *compliance* no contexto de mercado, leva-se em conta os principais fatores destacados no Guia para avaliar a qualidade de um programa em matéria de integridade.

Assim, faz-se mister abordar a relevância que o CADE, repetidamente, confere aos diferentes riscos que determinada organização está exposta, pois estes variam de acordo com seu porte, posição de mercado, setor de atividades, objetivos. O órgão faz menção expressa ao fato de que não há um modelo único de programa de *compliance* e que, portanto, cabe a cada organização o estudo minucioso dos riscos aos quais se expõe, classificando-os e priorizando as atividades de *compliance* sobre aquelas que apresentam maior risco associado. Logo, compreende-se que o Guia deixa claro que é preciso conhecer bem o mercado e as especificidades da área de atuação da empresa, de modo que um programa de integridade robusto reflita este conhecimento, sob pena de se mostrar genérico, e, porquanto, ineficaz.

Por certo, essa preocupação foi reproduzida na confecção do questionário mencionado, assim como outras, conexas à esta. Por exemplo, o CADE faz menção à importância da revisão periódica dos programas, considerando o dinamismo do mercado, o que modifica as condições de concorrência. Ainda que não haja a determinação de um intervalo ideal, a periodicidade deve, necessariamente, constar na agenda de *compliance*, ao menos como esforço de avaliação.

Em relação aos treinamentos, segundo o CADE, constituem um método adequado para transmissão (na própria companhia e para os seus *stakeholders*) dos objetivos e regras em matéria de integridade. Acompanha essa recomendação o respectivo registro das atividades realizadas, de modo a fortalecer a atualização e a consolidação do programa, reforçando internamente os compromissos assumidos.

Por fim, o CADE também estipula mecanismos de monitoramento dos programas, e, dentre estes, a existência de punições internas, que atendam às balizas da legislação concorrencial e, é claro, trabalhista. Tais sanções têm o condão de fortalecer o programa internamente e entre os colaboradores, bem como de realizar conformidade das práticas adotadas com as determinadas pela legislação.

De acordo com o aludido anteriormente, as recomendações feitas pelo CADE em seu Guia de *Compliance* foram compiladas em forma de questionário, com o propósito de avaliar os programas das empresas listadas pela B3 no segmento do Novo Mercado.

Diante da importância do Novo Mercado, que desde o ano 2000 é o segmento caracterizado pelo alto padrão de governança corporativa, e por reunir Companhias que adotam um conjunto de práticas diferenciadas aos olhos do mercado, delimita-se a influência deste segmento na qualidade do mercado de capitais brasileiro, e, assim, dedica-se o próximo tópico ao seu estudo.

4. *COMPLIANCE* E OS DESAFIOS DO NOVO MERCADO

Como vislumbrado, o presente estudo foi baseado na avaliação, em matéria de integridade, com foco no aspecto concorrencial dos programas de *compliance* das empresas listadas no segmento do Novo Mercado, o qual, conforme será explicado, reúne as empresas que ostentam os melhores padrões em termos de governança corporativa. A justificativa dessa escolha é pautada na necessidade de compreensão do papel que é desempenhado pela B3 no mercado brasileiro – tanto no aspecto da sua função pública, enquanto expoente de autorregulação, quanto em relação ao fomento, desenvolvimento e implementação do *compliance*.

Nesse ínterim, destacam-se as reflexões da professora Ângela Donnagio, que aponta que o sistema brasileiro de regulação de mercado compreende simultaneamente as atividades do regulador estatal e do autorregulador – sendo esse subordinado à autoridade governamental. Desse modo, o bom funcionamento da regulação do mercado de valores é de responsabilidade mútua do regulador estatal e das entidades autorreguladoras, e que esta também depende da cooperação entre as instituições envolvidas. Tal dinâmica justificaria exatamente o caráter público das Bolsas, cujas regras integram o sistema jurídico de normas do mercado de valores mobiliário, tendo caráter coativo[18].

Noutro plano, insta ressaltar, brevemente, a distinção entre o *compliance* e a governança corporativa. Tem-se que o primeiro consiste em instrumento da segunda, na medida em que, para atingir sua finalidade de conciliação de interesses para melhor condução da sociedade, gerando valor para atração de investimentos, a governança corporativa se apoia em linhas mestras, a saber: transparência, integridade, prestação de contas e responsabilidade corporativa[19]. Desse modo, no pilar da integridade, o *compliance* integra um conjunto de rotinas e práticas concebidas para prevenir riscos de responsabilidade empresarial decorrentes do descumprimento de obrigações legais

---

18. DONAGGIO, Ângela Rita Franco. *Regulação e Auto-Regulação no Mercado de Valores Mobiliários: o caso dos segmentos especiais de listagem da BM&FBovespa*. Dissertação de Doutorado apresentada na Universidade de São Paulo, 2016.
19. WALD, Arnoldo. O governo das empresas. *Revista de Direito Bancário, do Mercado de Capitais e da Arbitragem*, São Paulo, ano 5, n. 15, jan.-mar. 2002, p. 56.

O COMPROMISSO CONCORRENCIAL NOS PROGRAMAS DE INTEGRIDADE

ou regulatórias[20] – reforçando, afinal, a estrutura de governança, concomitantemente contribuindo para o resguardo da sociedade e da atração de investimentos.

Sob a luz de tais conceitos, passa-se a explorar a B3, que, no ano de 2000, ocasião na qual ainda era denominada "Bovespa", representando a Bolsa de Valores do Estado de São Paulo, inaugurou o Novo Mercado, que corresponde à segmentação das Companhias de capital aberto de acordo com os níveis diferenciados de governança corporativa – Nível 1, Nível 2, Novo Mercado. Quanto mais adequadas às normas do Novo Mercado é a Companhia, quanto melhor é a sua classificação na B3, e, logo, maior é a tendência de valorização das suas ações[21].

De acordo com o Estatuto Social da B3, concentra-se, no âmbito dos seus poderes, que são conferidos pela Lei 6.385/1976[22], a regulamentação da concessão de autorizações de acesso aos distintos sistemas de negociação[23], o estabelecimento de normas de conduta necessárias ao bom funcionamento e à manutenção de elevados padrões éticos de negociação nos mercados administrados pela Companhia, nos termos da regulamentação aplicável[24], e a aplicação de penalidades aos infratores das normas legais, regulamentares e operacionais, cujo cumprimento incumbe à Companhia fiscalizar[25].

Lado outro, pode-se validar que a atividade da B3 consiste em uma forma de regulação, uma vez que há a criação de regras as quais os agentes devem cumprir para então, poder, efetivamente, participar no mercado. Diversos exemplos deste arcabouço regulatório encontram-se dispostos no Regulamento do Novo Mercado[26], como a previsão do art. 31 e seguintes do documento, que estabelece a necessidade de *disclosure* do código de conduta da Companhia, assim como divulgação de políticas ou "documentos formais equivalentes".

A partir destas coordenadas, entende-se que, ao impor regramentos em termos de listagem, e, concomitantemente, agir como garantidor de seu cumprimento de maneira coercitiva, ao menos em tese, a B3 acaba por criar um sistema que exige que as sociedades que tenham intenção de comercializar valores no mercado de capitais

---

20. CUEVA, Ricardo Villas Bôas. *Funções e Finalidades dos Programas de* Compliance. In: CUEVA, Ricardo Villas Bôas; FRAZÃO, Ana (Coord.). Compliance: perspectivas e desafios dos programas de conformidade. 3. reimp. Belo Horizonte: Fórum, 2018.

21. DE ASSUMPÇÃO ALVES, Alexandre Ferreira, Caroline Da Rosa Pinheiro. *O Papel da CVM e da B3 na Implementação e Delimitação do Programa de Integridade (Compliance) No Brasil*. 2017. p. 55.

22. Lei que dispõe sobre o *mercado de valores mobiliários* e a criação da Comissão de Valores Mobiliários (CVM).

23. Estatuto B3, Art. 3°, Parágrafo único, "a".

24. Estatuto B3, Art. 3°, Parágrafo único, "b".

25. Estatuto B3, Art. 3°, Parágrafo único, "g".

26. Art. 31. A companhia deve elaborar e divulgar código de conduta aprovado pelo conselho de administração e aplicável a todos os empregados e administradores que contemple, no mínimo: I – princípios e valores da companhia [...] IV – o canal que possibilite o recebimento de denúncias internas e externas, relativa ao descumprimento do código, de políticas, legislação e regulamentação aplicável à companhia [...] VII – sanções aplicáveis; VIII – previsão de treinamentos periódicos aos empregados sobre a necessidade de cumprimento do disposto no código; e IX – instâncias internas responsáveis pela aplicação do código.

adotem um programa de integridade de qualidade, o que é um chamariz de segurança para os investidores, que visam à valorização no mercado acionário[27].

Ainda que existam certos problemas práticos na estruturação de programas de *compliance*, como destaca Ana Frazão, que considera a complexidade e os custos de implementação destes, tanto na seara antitruste como na seara anticorrupção, por se tratarem de mecanismos abrangentes e, de certa forma, permanentes, a professora enfatiza a importância de se verificar quais os incentivos para a implementação[28]. A listagem do Novo Mercado concentra essa espécie de incentivo, compreendendo que, uma vez que a Companhia adote todos padrões de governança corporativa exigidos, sendo autorizada sua participação no segmento, cria-se um atrativo instantâneo para investimentos, consolidando assim uma posição privilegiada no mercado de capitais.

Nessa dinâmica, merece atenção novamente a função pública desempenhada pela B3 enquanto agente autorregulador. No Brasil, desde 1979[29], a regulação de mercado abarca a autorregulação, o que tem por objetivo evitar a centralização de poder e contribuir para a eficiência de fiscalização[30]. A Bolsa de Valores, nesse meio, enquanto entidade autorreguladora, está sujeita à vigilância da Comissão de Valores Mobiliários, a qual dita diretrizes para atuação no mercado de capitais[31].

Com efeito, Calixto Salomão Filho e Fábio Konder Comparato destacam na Constituição Federal o relevo da função regulatória que os agentes privados desempenham no mercado, sendo que este papel estaria expresso nos Artigos 170[32] e 174[33] da Carta Magna. Segundo as lições dos doutrinadores, a Constituição, orientada pela concepção de "democracia econômica", estende aos atores privados o protagonismo no que tange à atividade regulatória, contribuindo para o desenvolvimento da

---

27. DE ASSUMPÇÃO ALVES, Alexandre Ferreira, Caroline Da Rosa Pinheiro. *O Papel da CVM e da B3 na Implementação e Delimitação do Programa de Integridade (Compliance) No Brasil.* 2017. P. 57.
28. FRAZÃO, Ana. *Direito da Concorrência.* São Paulo: Saraiva, 2013. p. 285.
29. BRASIL. Comissão de Valores Mobiliários. *Regulação do mercado de valores mobiliários: fundamentos e princípios,* 1979. Rio de Janeiro. Disponível em: <https://www.investidor.gov.br/portaldoinvestidor/export/sites/portaldoinvestidor/galerias/arquivos-historias-interativas/RegulacaoDoMercadoDeValoresMobiliarios.pdf>. Acesso em; 07 jan. 2020.
30. DONAGGIO, Ângela Rita Franco. p. 385, 2016.
31. BRASIL. Comissão de Valores Mobiliários. 1979, p. 9: "A. Autorregulação. I. Objetivo. A adoção pela CVM no sistema de autorregulação para determinadas atividades no mercado de valores mobiliários objetiva aumentar a eficiência da atividade regulatória, evitando a centralização excessiva do poder de editar normas e fiscalizar seu cumprimento".
32. Art. 170. A ordem econômica, fundada na valorização do trabalho humano e na livre-iniciativa, tem por fim assegurar a todos existência digna, conforme os ditames da justiça social, observados os seguintes princípios: I – soberania nacional; II – propriedade privada; III – função social da propriedade; IV – livre concorrência; V – defesa do consumidor; VI – defesa do meio ambiente, inclusive mediante tratamento diferenciado conforme o impacto ambiental dos produtos e serviços e de seus processos de elaboração e prestação; VII – redução das desigualdades regionais e sociais; VIII – busca do pleno emprego; IX – tratamento favorecido para as empresas de pequeno porte constituídas sob as leis brasileiras e que tenham sua sede e administração no País; Parágrafo único. É assegurado a todos o livre exercício de qualquer atividade econômica, independentemente de autorização de órgãos públicos, salvo nos casos previstos em lei.
33. Art. 174. Como agente normativo e regulador da atividade econômica, o Estado exercerá, na forma da lei, as funções de fiscalização, incentivo e planejamento, sendo este determinante para o setor público e indicativo para o setor privado.

O COMPROMISSO CONCORRENCIAL NOS PROGRAMAS DE INTEGRIDADE

ordem econômica e incentivo à probidade nas trocas mercadológicas, favorecendo a internalização das pautas de integridade.

No que diz respeito à influência da Lei Maior no mercado, retorna-se aos ensinamentos de Ana Frazão, que aponta a essencial aproximação entre Direito da Concorrência e Constituição. Tal proximidade é imperativa, uma vez que a repressão ao abuso de poder econômico traduz implicações com o Estado Democrático de Direito, na medida que afeta a salvaguarda das liberdades e da democracia, o que é garantido por meio de uma ordem econômica firmada em princípios constitucionais deontológicos e vinculantes[34]. Nesse patamar, a Constituição direciona os limites da economia, direcionando seus objetivos à realização dos princípios fundamentais.

Logo, na medida em que se interpreta o mercado como construção social, uma soma de interações entre o público e privado, que contém propósitos de difícil e imprecisa identificação, influenciadas por uma série de práticas, instituições e regras sociais e jurídicas, sabe-se que não há possibilidade de consenso sobre o que seria o um patamar ideal de regulação para o pleno funcionamento dos mercados, assim como não há régua modelo para níveis de concorrência[35].

Contudo, é nessa toada que se opera o caminho da prevenção, através do fortalecimento do *compliance* – mecanismo cujo potencial revela possíveis mudanças de paradigma quanto à atuação dos agentes no mercado, corroborando à lógica do valor da ética e da conformidade. Nessa linha, a B3, ao estimular as Companhias a incorporarem os programas de integridade, fornecendo balizas para esta introdução, e, concomitantemente, traçando estratégias de fiscalização[36] destas iniciativas, espelha a função pública da Bolsa de Valores, uma vez que se identifica um alinhamento com os ditames constitucionais que permeiam a ordem econômica, com objetivo de preservar os princípios elencados no Art. 170, dentre eles, a livre concorrência.

Assim, é natural que haja uma expectativa em relação ao papel institucional que a B3 exerce sobre o mercado. Não por outra razão, espera-se que sua atuação reverbere diretamente no aprimoramento dos programas de *compliance*, sobretudo considerando o potencial deste instrumento em matéria de concorrência. Nesse sentido, justifica-se a escolha dos programas de integridade das empresas listadas no Novo Mercado, uma vez que, se essas Companhias pertencem ao seleto rol de sociedades, classificadas pela B3, sendo consideradas como as que possuem os melhores padrões de governança do mercado brasileiro, é natural, ao menos em tese, que o *compliance* por elas instituído reflita essa realidade. No próximo tópico, serão apresentados os resultados obtidos pela análise considerando a verificação dos parâmetros concorrenciais adotados no *compliance* dessas Companhias.

---

34. FRAZÃO, Ana. *Direito da Concorrência*. São Paulo: Saraiva, 2013. p. 30.
35. Ibidem, p. 33.
36. Regulamento do Novo Mercado. Disponível em: <http://www.b3.com.br/pt_br/regulacao/estrutura-normativa/listagem/>. Acesso em: 07 jan. 2021.

5. *COMPLIANCE* CONCORRENCIAL NOS PROGRAMAS LISTADOS: UMA APRESENTAÇÃO DOS RESULTADOS DO QUESTIONÁRIO, COM BASE NA ANÁLISE DOS PROGRAMAS DE INTEGRIDADE DAS COMPANHIAS DO NOVO MERCADO

Conforme brevemente apresentado na Introdução, o presente trabalho é fruto de pesquisa empírica, ou seja, baseiam-se as seguintes conclusões em experimentação, utilizando-se de fatos conhecidos para conhecer fatos que ainda desconhecemos[37]. Segundo Lee Esptein e Gary King, a palavra "empírico" denota evidência sobre o mundo baseada em observação ou experiência, e, essa evidência pode ser numérica (quantitativa) ou não numérica (qualitativa). Assim, a pesquisa é empírica na medida em que é baseada em observações do mundo – essencialmente, *dados*, o que, de acordo com os autores, é apenas um termo para designar fatos sobre o mundo.

Feito breve introito acerca das propriedades da pesquisa empírica, ratifica-se que o trabalho se desenvolveu por meio da análise dos programas de integridade *latu sensu* das empresas do Novo Mercado, a partir da submissão, pelo próprio pesquisador, a um questionário estruturado – composto por perguntas cujas respostas foram preestabelecidas. Nesse sentido, os tópicos anteriores apresentaram as balizas que orientaram a confecção deste questionário, e, entre o período definido de 15.01.2020 a 15.02.2020, foram submetidos à análise os dados dos programas de integridade de 142 (cento e quarenta e duas) Companhias, à época elencadas na listagem do Novo Mercado.

Entretanto, é importante ressaltar que há limitações próprias ao objeto de pesquisa – o que dificulta aferir um "*compliance* ideal". Isso se dá uma vez que os documentos analisados são aqueles expostos ao público, encontrados nos sítios eletrônicos das Companhias analisadas. Logicamente, através destes não se pode avaliar o dia a dia de uma companhia, quanto menos os eventuais planos de adaptação ao próprio programa que podem existir enquanto iniciativas internas. Logo, certifica-se tal limitação, antes de se adentrar no resultado da coleta de dados.

Assim, buscou-se, em linhas gerais, por meio do aparato metodológico ora em exposição, investigar: (I) em panorama *quantitativo*, o número de Companhias, no universo de Empresas listadas no Novo Mercado da B3, que, de fato, seguem o Regulamento disposto pelo segmento, disponibilizando ao público os documentos que guardam matéria de integridade e, (II) em cenário *qualitativo*, como as Companhias refletem o compromisso com a questão concorrencial.

Neste processo, a expectativa centrou-se em revelar que as empresas listadas pela B3 no segmento do Novo Mercado não simplesmente contavam com os Programas de Integridade como um mero item de *check list*, mas que esses documentos apresentam escopo autorregulatório sólido, no recorte deste trabalho, em relação à questão concorrencial, em respeito às normas do ordenamento pátrio e às diretrizes do CADE.

---

37. EPSTEIN, Lee; KING, Gary. Pesquisa Empírica em Direito: As Regras de Inferência. São Paulo: Direito GV, 2013 (Coleção Acadêmica Livre). p. 11.

5.1   Panorama quantitativo

Para a consecução do objetivo supramencionado, utilizou-se a referida estrutura de questionário. Oportunamente, explica-se, de forma mais detalhada, a construção do mesmo. Após averiguação de dados iniciais do exame, dentre os quais se inserem informações do pesquisador, da data/hora/período da análise e da sociedade empresária em estudo, a primeira pergunta que se apresenta no questionário é: "A sociedade possui um programa de integridade *lato sensu*?" Tal questionamento pretende averiguar, de plano, quantas empresas do Novo Mercado disponibilizam ao público seus documentos em matéria de integridade.

Utiliza-se a expressão *lato sensu*, nesse sentido, para se referir a todo tipo de documento – anexo ou não – disponível para consulta no(s) sítio(s) eletrônico(s) – comercial, institucional ou publicitário – da sociedade analisada, na data e hora pesquisadas, desde que relacionado com o cumprimento de normas, políticas e legislação vigente, com vistas a mitigar riscos e eventuais responsabilizações.

A título de ilustração, alguns exemplos de documentos enquadrados na definição são: Código ou Manual de Ética e de Conduta; Políticas Anticorrupção, de Controles Internos, Divulgação de Informações Relevantes, Financeira, de Gerenciamento de Riscos, de Indicação e Remuneração, de Relacionamento com o Cliente e Fornecedores, de Remuneração Variável, de Segurança da Informação, de Sustentabilidade, de Transações com Partes Relacionadas; Regimentos Internos; Relatório de Sustentabilidade; Programa de Compliance ou Integridade, entre outros. Assim, encontrar somente um destes documentos se fez suficiente para atestar a existência de programa de integridade *lato sensu* – tendo em vista que se objetivou, no primeiro instante, tão somente averiguar a uma presença mínima de conteúdo autorregulatório, sem juízo de valor momentâneo acerca da sua extensão ou qualidade.

Noutro giro, documentos como Estatuto Social e demais espécies de atos constitutivos não foram incluídos como documentos aptos a vincular matéria de integridade, tendo em vista que a principal finalidade destes não adentra a esfera de mitigação de riscos e responsabilização de administradores. Do mesmo modo, excluem-se do rol documentos como o Informe Brasileiro de Governança Corporativa, que consiste em mera divulgação de práticas de governança adotadas pela sociedade, o que não se confunde com o programa de *compliance*.

Para ilustrar a dinâmica, compreendeu-se para a TPI – Triunfo Participações e Investimentos S.A.[38]: Código de Conduta (17 páginas), Política Triunfo Meio Ambiente (2 páginas), Política Anticorrupção (11 páginas), Política Triunfo de Sustentabilidade (3 páginas), Política de Transações com Partes Relacionadas (3 páginas) e Política de Divulgação e Negociação com Valores Mobiliários de Emissão da Companhia (25 páginas). Por outro lado, considerou-se *lato sensu* para a Tupy S.A. o Código de Ética

---

38.   Disponível em: <https://www.triunfo.com/governanca-corporativa/estatuto-social-politicas-e-regimentos/>.

e Conduta (20 páginas)[39] e a Norma de Conflito de Interesses (10 páginas)[40]. Ou seja, independente do número de documentos ou extensão dos mesmos, em ambos os casos pode-se constatar a existência de programas de integridade, cumprindo assim o requisito de pertencimento do Novo Mercado.

Superada a questão da existência de um ou mais documentos aptos a configurar a noção de programa de integridade, passa-se à segunda questão: "Se a empresa possui um programa de integridade, ele é: Centralizado ou Difuso". Novamente, aponta-se que este não é um questionamento de caráter essencialmente qualitativo. A partir do mesmo, buscou-se vislumbrar a maior ou menor dificuldade do pesquisador para localizar o programa no sítio eletrônico da Companhia analisada. Nesse sentido, por "Centralizado" entende-se que em somente uma página do *site* pode-se encontrar todos os documentos de integridade, ou, alternativamente, toda a matéria concentrada em um documento uno. Noutra perspectiva, "Difuso" significa que o programa está diluído em vários documentos, distribuídos em partes diferentes do site, sem documento uno.

Desse modo, ilustra-se a Vale S.A. teve seu programa considerado como "difuso", vez que no setor "Governança Corporativa"[41] do site há opção de *download* do Código de Conduta, e, uma outra aba, dedicada às Políticas[42], e outro setor "Sustentabilidade", onde encontra-se o Relatório de Sustentabilidade[43], importante parte do programa de integridade da Companhia. Em contrapartida, encarou-se o programa de integridade da Rumo S.A. como "centralizado", pois ao navegar a página inicial do site em direção ao setor direcionado à Governança Corporativa, encontra-se a aba "Estatutos, Códigos e Políticas"[44], local onde encontra-se, separados tão somente por data de divulgação, os documentos em matéria de integridade.

Apesar de não influir na qualidade do programa de integridade, considera-se que o fato de classificá-lo enquanto centralizado ou difuso é importante pois reforça a noção de transparência e a facilidade de acesso às informações de *compliance*. Citou-se a Vale S.A. como exemplo de programa difuso, contudo, o site principal da empresa apresenta caminhos intuitivos para encontrar os documentos. Entretanto, notou-se que muitas empresas listadas no segmento do Novo Mercado não dão ênfase à estes documentos, percebendo-se as dificuldades em localizá-los na página principal do site, direcionada ao públicos, sendo por vezes necessário buscar uma aba a parte, denominada "Investidores", que direciona o pesquisador a um outro endereço ele-

---

39. Disponível em: <https://www.canalconfidencial.com.br/eticatupy/files/CodigodeEticaTupy2014_portuguesWEB.pdf>.
40. Disponível em: <https://www.canalconfidencial.com.br/eticatupy/files/Cartilha_Norma_de_Conflito_de_Interesses_com_termo_PT.pdf>.
41. Disponível em: <http://www.vale.com/brasil/PT/investors/corporate-governance/Paginas/default.aspx>.
42. Disponível em: <http://www.vale.com/brasil/PT/investors/corporate-governance/policies/Paginas/default.aspx>.
43. Disponível em: <http://www.vale.com/brasil/PT/sustainability/relatorio-de-sustentabilidade-2019/Paginas/default.aspx.
44. Disponível em: <http://ri.rumolog.com/governanca-corporativa/estatuto-codigos-e-politicas/>.

O COMPROMISSO CONCORRENCIAL NOS PROGRAMAS DE INTEGRIDADE **405**

trônico, onde encontra-se conteúdo relativo a estas questões, por exemplo, a EDP – Energias do Brasil S.A.[45].

Em suma, das 142 sociedades empresárias analisadas, 98,6% apresentaram resultado positivo em relação à pergunta "A sociedade possui um programa de integridade *latu sensu*?" Vislumbra-se, nesse sentido, que quase a totalidade das empresas listadas no Novo Mercado cumprem, de algum modo, com a exigência de disponibilização dos programas de *compliance*. Quanto à segunda questão explanada "Se a empresa possui um programa, ele é: centralizado ou difuso", 78,6% das Companhias apresentaram programas centralizados, ou seja, apenas uma página do site com todos os documentos ou a disponibilização de um só documento concentrado, enquanto 21,4% contam com um programa difuso, vários documentos distribuídos em partes separadas do site, sem documento uno.

5.2 Panorama qualitativo

Uma vez satisfeita a parte geral do questionário[46], correspondente à parcela *quantitativa* do estudo, conforme explicado no tópico 5.1, adentra-se, a partir de então, no aspecto *qualitativo*, que corresponde, no presente recorte, à presença do parâmetro concorrencial em programas de integridade.

Conforme detalhado no tópico 3, a parcela do questionário que explora, de fato, a questão concorrencial, foi confeccionada com base nas diretrizes elencadas pelo Guia do CADE, em observância aos dispositivos legais que rezam sobre concorrência e, concomitantemente, programas de *compliance*, conforme já apresentado no tópico supramencionado.

De plano, a pergunta inaugural delimita: "O programa menciona o termo Concorrência?". Nesse plano, importa frisar, considerou-se menção à concorrência caso fosse encontrada cartilha de concorrência apartada. No geral, constatou-se que a maioria das Companhias incluem o termo – 81,4% dos programas, enquanto 18,6% das empresas analisadas sequer fazem referência à questão concorrencial.

Em seguida, passa-se a empregar, com maior realce, o escopo fornecido pelo Guia do CADE, e a questão em voga destaca um dos aspectos que a Autarquia confere significativo relevo, qual seja: os treinamentos. Não só consoante à concorrência, os treinamentos consistem em método frequentemente indicado pelas autoridades em *compliance*, e, portanto, o parâmetro foi essencial na avaliação das Companhias do Novo Mercado. Assim, quanto à indagação: "O programa faz menção a quaisquer treinamentos direcionados aos funcionários, no sentido de prepará-los para enfrentar questões concorrencialmente sensíveis?" – de forma surpreendente, 76,4% das

---

45. Disponível em: <https://edp.infoinvest.com.br>.
46. Composta, respectivamente, das informações acerca do pesquisador, do período e da hora de análise, das informações gerais do programa de integridade em análise (qual a companhia, área de atuação – de acordo com a classificação fornecida pela B3 e se essa é ou não Estatal) e das questões sobre programa lato sensu, centralizado ou difuso, explanadas no tópico 5.1.

Companhias apresentaram resultado negativo, enquanto somente 23,6% indicavam expressamente a previsão de treinamentos. Entretanto, entende-se que a ausência de *disclosure* desta informação não é, necessariamente, um indicativo de que a empresa não possua treinamentos, apesar de essa ser uma pauta expressa nas recomendações do CADE.

Ato contínuo, questionou-se: "O programa aponta métodos de documentação das iniciativas voltadas ao *Compliance* Concorrencial?" Novamente, como vislumbrado no tópico 3, o CADE considera a documentação uma estratégia eficiente na estruturação de programas robustos, na medida que permite à companhia visualizar os esforços empreendidos nesta seara, proporcionando gradativa evolução dos *features* do programa. Todavia, quanto aos resultados, somente 5% das Companhias analisadas apresentaram em seus programas esta previsão, enquanto em 95% não se encontra qualquer referência a esforços de documentação das iniciativas do *compliance*.

Ainda, um ponto sublinhado pelo CADE é a necessidade de prever a revisão e adaptação periódica do programa, considerando que as condições de mercado, e, portanto, o cenário concorrencial, é volátil, e, nesse sentido, o programa deve estar preparado para adaptar-se a tais mudanças, cumprindo o propósito de prevenção às violações concorrenciais. Nesse ponto, busca-se responder: "Há previsão de revisão e adaptação do programa, a ser realizado de forma periódica?" Apenas 6,5% das Companhias analisadas contam com esta diligência expressa nos seus programas, enquanto 93,5% não apontam se há ou não esta cautela.

Destaca-se, ainda, que a professora Ana Frazão aponta que é essencial que um programa de *compliance* na seara antitruste seja constantemente supervisionado e atualizado, o que, sem dúvidas, consiste em algo custoso, e que, por esse motivo, os incentivos para sua implementação devida devem ser avaliados com prudência[47].

Não obstante, a pergunta: "O programa aponta medidas a serem adotadas considerando os riscos de mercado inerentes às particularidades da atividade?"– que encerra o questionário, é fruto da premissa de que um programa de integridade robusto deve refletir, propriamente, a empresa e o contexto de mercado em que ela se insere, sendo cuidadosamente modelado vez consideradas as peculiaridades da Companhia, o grau de exposição com parceiros, fornecedores e concorrentes.

Desse modo, o programa que vela sobre a concorrência deve estabelecer mecanismos que observam estas particularidades, evitando cláusulas genéricas[48]. Nesse aspecto, Guilherme Favaro Corvo, seguindo o que é enfatizado pelo CADE e por toda literatura do Direito Antitruste, ressalta que o "modelo do tamanho único" (*one*

---

47. FRAZÃO, Ana. *Direito da Concorrência*. São Paulo: Saraiva, 2013. P. 285.
48. Por exemplo, o extrato do Código de Ética da Vulcobras Azaleia: "O relacionamento com concorrentes da Vulcobras deve ser pautado por respeito e em observância aos valores éticos constantes neste Código, devendo ser evitadas quaisquer ações e/ou práticas que possam caracterizar concorrência desleal ou práticas que possam afetar a livre concorrência entre outros".

size does not fit it all)[49] não é condizente para estruturar um programa de *compliance* concorrencial, uma vez que o foco do programa pode mudar, seja de acordo com os mercados e territórios de atuação da empresa, seja com o conhecimento do nível de exposição a riscos.

Assim, quanto ao preenchimento das respostas da pergunta posta em questionário, em relação à preocupação em indicar medidas específicas, considerando o contexto em que a Companhia está inserida, 92,9% das empresas indicaram resultados entre "Péssimo" (o programa não menciona qualquer medida), "Ruim" (o programa indica apenas uma medida) e "Regular (o programa indica até duas medidas) – 27,9%; 35%; 30%, respectivamente. Lado outro, somente 7,1% das Companhias demonstraram resultados entre "Bom" (o programa indica até três medidas) e "Excelente" (o programa indica mais de quatro medidas).

Por fim, questionou-se: "O programa faz menção a possíveis sanções voltadas especificamente para danos concorrenciais?". A pergunta considera o *compliance* como um processo de privatização da prevenção do delito através de "sistemas autorreferenciais de autorregulação regulada"[50], e faz jus à importância de se internalizar as disposições do *compliance*, buscando fomentar o *enforcement* entre os próprios colaboradores da empresa, uma vez que os programas de integridade pretendem concretizar a moralidade do comportamento que está sendo regulado, colocando um preço no descumprimento das normas[51]. Quanto às empresas do Novo Mercado, 85,7% não mencionam possíveis sanções voltadas aos danos concorrenciais – logo, somente 14,3% contam com previsões explícitas neste aspecto.

6. CONCLUSÃO

Em conclusão, a presente pesquisa, apoiada em estudos doutrinários acerca do *compliance* e do Direito da Concorrência, buscou ressaltar a importância deste elemento à ordem econômica, e, consequentemente, a necessidade de observância das normas concorrenciais por parte das Companhias privadas, especialmente, no Brasil, aquelas listadas no Novo Mercado da B3 – devido ao elevado padrão de governança corporativa que é atribuído especialmente a essas.

Nessa toada, contemplando o *compliance* como requisito fundamental à rotulação conferida pelo Novo Mercado, e, considerando esta ferramenta como objeto de grande valor no desenvolvimento da autorregulação, observou-se o papel do CADE no tocante ao fomento do *compliance* como aparato frente aos desafios particulares do

---

49. RIBAS, Guilherme Favaro Corvo. *Programas de Compliance Antitruste*, 2008. p. 331.
50. SIEBER, Ulrich. Programas de "compliance" en el derecho penal de la empresa: Una nueva concepción para controlar la criminalidad económica. In: OLAECHEA, Urquizo; VÁSQUEZ, Abanto; SÁNCHEZ, Salazar. *Homenaje a Klaus Tiedemann*. *Dogmática penal de derecho penal económico y política criminal*. Lima: Fondo, 2001. v. 1, p. 205-206. In: FRAZÃO, Ana. *Direito da Concorrência*. São Paulo: Saraiva, 2013, p. 282.
51. RILEY, Anne; SOKOL, D. Daniel. Rethinking compliance. *Journal of Antitrust Law*. Disponível em: <http://papers.ssrn.com/sol3/papers.cfm?abstract_id=2475959>.

combate às práticas anticoncorrenciais. Assim, através do estudo do Guia fornecido pela Autarquia, foram extraídos parâmetros para avaliar o compromisso concorrencial nos programas de integridade do Novo Mercado, sendo estes transformados em questionário para estimar, em números, a presença destes indicadores nos programas de integridade.

Os resultados da análise de dados, resguardadas as limitações próprias à natureza desta pesquisa, a saber, o acesso integral aos dados das Companhias e às ações internas eventualmente empreendidas e não divulgadas por estas, demonstraram que, apesar da expectativa de que todas as empresas listadas no segmento do Novo Mercado contenham programas de integridade satisfatoriamente estruturados, os quais podem auxiliar na tutela da concorrência, os programas, aparentemente, falham ou em divulgar as políticas de forma completa ou em preencher todos os requisitos elencados e recomendados pelo CADE.

Em suma, pode-se aferir que esses, da forma como ora se apresentam ao público a partir dos sítios eletrônicos das Companhias, apresentam conteúdo supostamente declaratório, que, a princípio, não vinculam os compromissos sustentados no programa de integridade.

7. REFERÊNCIAS

BRASIL. Constituição da República Federativa do Brasil de 05 de outubro de 1988. Disponível em: <http://www.planalto.gov.br/ccivil_03/constituicao/constituicao.htm>. Acesso em: 07 jan. 2021.

BRASIL. Decreto Regulamentador 8.420 de 18 de março de 2015. Disponível em: http://www.planalto.gov.br/ccivil_03/_ato2015-2018/2015/decreto/d8420.htm. Acesso em: 07 jan. 2021.

BRASIL, BOLSA, BALCÃO, B3. Empresas Listadas: Novo Mercado. Disponível em: <http://www.b3.com.br/pt_br/produtos-e-servicos/negociacao/renda-variavel/empresas- listadas.htm>. Acesso em: 07 jan. 2021.

BRASIL, BOLSA, BALCÃO, B3. Regulamento do Novo Mercado. Disponível em: <http://www.b3.com.br/pt_br/regulacao/estrutura-normativa/listagem/>. Acesso em: 07 jan. 2021.

BRASIL. COMISSÃO DE VALORES MOBILIÁRIOS. Regulação do mercado de valores mobiliários: fundamentos e princípios, 1979. Rio de Janeiro. Disponível em: <https://www.investidor.gov.br/portaldoinvestidor/export/sites/portaldoinvestidor/galerias/arquivos-historias-interativas/RegulacaoDoMercadoDeValoresMobiliarios.pdf>. Acesso em: 07 jan. 2020.

BRASIL. Lei 12.846 de 1º de agosto de 2013. Lei Anticorrupção. Disponível em: <http://www.planalto.gov.br/ccivil_03/_ato2011-2014/2013/lei/l12846.htm>. Acesso em: 07 jan. 2021.

CASTILHO, Guilherme Missali Teno. Programa de Compliance Antitruste: a hora e a vez de repensá-lo no ordenamento concorrencial brasileiro. *RDC*, v. 3, n. 1, maio, 2015.

CADE, CONSELHO ADMINISTRATIVO DE DEFESA ECONÔMICA. Guia de programas de *Compliance* – Orientações sobre estruturação e benefícios da adoção dos programas de *compliance* concorrencial. Janeiro, 2016.

COMPARATO, Fábio Konder; SALOMÃO FILHO, Calixto. *O poder de controle nas sociedades anônimas*. 5. ed. Rio de Janeiro: Forense, 2008.

CUEVA, Ricardo Villas Bôas; FRAZÃO, Ana (Coord.). *Compliance*: perspectivas e desafios dos programas de conformidade. 3. reimp. Belo Horizonte: Fórum, 2018.

DE ASSUMPÇÃO ALVES, Alexandre Ferreira, Caroline Da Rosa Pinheiro. *O Papel da CVM e da B3 na Implementação e Delimitação do Programa de Integridade (Compliance) No Brasil.* 2017.

DONAGGIO, Ângela Rita Franco. *Regulação e Auto-Regulação no Mercado de Valores Mobiliários*: o caso dos segmentos especiais de listagem da BM&FBovespa. Dissertação de Doutorado apresentada na Universidade de São Paulo, 2016.

EPSTEIN, Lee; KING, Gary. *Pesquisa Empírica em Direito*: As Regras de Inferência. São Paulo: Direito GV, (Coleção Acadêmica Livre). 2013.

FORGIONI, Paula Andrea. *Os fundamentos do antitruste.* 8. ed. rev., atual. e ampl. São Paulo: Ed. RT, 2015.

FRAZÃO, Ana. *Direito da Concorrência.* São Paulo: Saraiva, 2013.

LUCENA FILHO, Humberto Lima de. *Ordem Econômica e Dumping Social*: Possibilidade de Análise pelo Sistema Brasileiro de Defesa da Concorrência, 2016.

RIBAS, Guilherme Favaro Corvo. Programas de Compliance Antitruste. In: ZANOTTA, Pedro; BRANCHER, Paulo (Org.). *Desafios Atuais do Direito da Concorrência.* São Paulo: Singular, 2008.

RILEY, Anne; SOKOL, D. Daniel. *Rethinking Compliance. Journal of Antitrust Enforcement.* August, 2014.

SYNER, Brent. *Compliance is a culture, not just a policy.* DOJ. 2014. Disponível em: https://www.justice.gov/atr/file/517796/download. Acesso em: 23 fev. 2021.

TEUBNER, Gunther. Politics, Governance, and the Law Transnational Economic Constitutionalism in the Varieties of Capitalism. *Global Perspectives.* University of California Press, 2019.

WALD, Arnoldo. O governo das empresas. Revista de Direito Bancário, do Mercado de Capitais e da Arbitragem, São Paulo, ano 5, n. 15, jan.-mar. 2002. In: TOMAZETTE, Marlon. *Curso de direito empresarial*: teoria geral e direito societário. 9. ed. São Paulo: Saraiva Educação, 2018. v. 1.

B3 E LEI 13.303/2016: UMA ANÁLISE DOS PROGRAMAS DE INTEGRIDADE DAS ESTATAIS LISTADAS NO NOVO MERCADO À LUZ DAS EXIGÊNCIAS DA LEI 13.303/2016

Gabriel Ribeiro Brega

Graduando em direito da Universidade Federal de Juiz de Fora. Pesquiador do grupo Empresa, Desenvolvimento e Responsabilidade (EDResp).

Natanael Santos da Costa

Graduando em Direito pela Universidade Federal de Fora (UFJF) com formação complementar de um semestre na Universidad Santo Tomás, no Chile. É pesquisador no grupo de pesquisa EDRESP – Empresa, Desenvolvimento e Responsabilidade nas áreas de Compliance e Governança Corporativa e ESG.

Sumário: 1. Introdução – 2. *Compliance* nas empresas estatais; 2.1 *Compliance;* 2.2 Lei das Estatais – 3. Metodologia; 3.1 Da seleção do espaço de análise; 3.2 Da análise preliminar dos documentos; 3.3 Da análise propriamente dita – 4. Resultado – 5. Conclusão – 6. Referências.

1. INTRODUÇÃO

As empresas estatais possuem um enorme poder na economia global. De acordo com um estudo realizado em 2013, das 2.000 maiores empresas do mundo (integrantes do *ranking* Forbes Global 2.000) àquela época, mais de 10% eram estatais. Juntas, elas foram responsáveis por vendas no montante total de US$ 3,6 trilhões em 2011, o que equivalia a cerca de 6% do PIB global[1]. Na lista elaborada pela Forbes em 2021, quatro das dez maiores companhias eram controladas por algum Estado.[2]

No Brasil, o poder das empresas controladas pelo Estado é ainda maior. O mesmo estudo revelou que, na época, 5 das 10 maiores companhias do país eram estatais. Hoje, a maior empresa brasileira de capital aberto continua a ser a Petrobrás[3], sociedade de economia mista controlada pela União.

---

1. BÜGE et al, 2013.
2. Disponível em: <https://www.forbes.com/lists/global2000/#777bc5755ac0>. Acesso em: 29 maio 2021.
3. De acordo com a edição de 2020 da lista da Forbes em comento. Disponível em: <https://forbes.com.br/listas/2020/05/global-2000-as-maiores-empresas-brasileiras-de-capital-aberto-em-2020/#foto18>. Acesso em: 22 mar. 2021.

De acordo com um levantamento realizado pelo Observatório das Estatais da Fundação Getúlio Vargas (FGV), em 2017, o Brasil possuía um total de 446 empresas estatais, sendo 154 na União, 232 nos estados e 60 nos municípios. Segundo o Boletim das Empresas Estatais Federais (BRASIL, 2020), divulgado pelo Ministério da Economia, no primeiro trimestre de 2020, as empresas estatais da União possuíam um total de 473.330 empregados.

Nesse sentido, percebe-se a enorme importância que esses agentes, ainda hoje, possuem no cenário econômico e social nacional. Por tal motivo, existe grande preocupação acerca dos padrões de governança e *compliance* adotados por essas empresas. A necessidade de adoção desses mecanismos no âmbito dessas companhias foi positivada a partir da adoção da Lei 13.303, de 30 de junho de 2016, que lhes trouxe exigências de transparência, controle e gestão de riscos e administração[4]-[5].

Obviamente, esses aspectos já vinham sendo considerados – em certa medida – pelas grandes companhias, sobretudo as que negociavam no mercado internacional, além de serem destacados de forma clara na Lei das Sociedades por Ações (Lei 6.404/76). Todavia, a adoção expressa pela Lei específica das estatais traduz um importante reforço para companhias com participação do Estado.

Nessa toada, mesmo antes dessa Lei, parte das empresas estatais já se submetiam a exigências de governança e *compliance*. Ademais, algumas sociedades de economia mista nacionais estão listadas nos segmentos de Novo Mercado, bem como nos Níveis 1 e 2 de governança da B3 (Brasil, Bolsa, Balcão – antiga BM&FBovespa), tendo de se submeter a seus Regulamentos – que exigem certos padrões de integridade. Assim, referidas sociedades empresárias têm, hoje, de se submeter às disposições tanto da Lei 13.303/2016, quanto das normativas internas aos segmentos diferenciados da B3.

Ante o exposto, o presente trabalho tem o escopo de escrutinar a qualidade dos programas de integridade que são, hoje, adotados no âmbito de empresas estatais. Para tanto, elegeu-se como espaço amostral as sociedades de economia mista listadas no setor de "Novo Mercado" da B3, as quais, ao menos a princípio, estão submetidas a maiores exigências de governança justamente por fazerem parte deste segmento de listagem. Nesse sentido, a pesquisa tem o intuito de responder ao seguinte questionamento: *as empresas estatais listadas no "Novo Mercado" da B3 refletem as exigências de governança e compliance da Lei 13.303/2016?*

A hipótese diante da pergunta proposta é de que referidas companhias não necessariamente possuem elevados padrões de integridade tão somente por estarem listadas nesse setor. A propósito, nos últimos anos, tornou-se frequente a divulgação,

---

4. Vale destacar, porém, que essas exigências já haviam sido veiculadas, anteriormente, em resoluções aprovadas desde 2010 pela Comissão Interministerial de Governança Corporativa e de Administração de Participações Societárias da União (CRISTÓVAM; BERGAMINI, 2019). Este órgão foi criado em 2007, pelo Decreto 6.021, tendo o intuito, conforme consta do próprio texto legal, de tratar de matérias relacionadas com a governança corporativa nas empresas estatais federais e da administração de participações societárias da União.

5. CRISTÓVAM; BERGAMINI, 2019.

na mídia, de notícias acerca de escândalos de corrupção nas estatais brasileiras - com destaque para os ocorridos na maior delas, a Petrobrás.[6]

A perquirição do problema *sub examine*, feita a partir de revisão bibliográfica sobre o tema, terá como marco teórico as ideias desenvolvidas por Gunther Teubner (2020), em seu artigo *"Politics, Governance, and the Law Transnational Economic Constitutionalism in the Varieties of Capitalism"*. No texto, o autor destaca que os códigos de conduta, uma vez divulgados pelas sociedades empresárias, devem ter caráter vinculante para elas, sob pena de se comprometer a efetividade dos mecanismos de integridade.

Nesse diapasão, o trabalho se utiliza do método indutivo, procedendo a uma análise documental dos programas de integridade das companhias que integram o espaço amostral eleito. Referida análise será feita com base num questionário, que contém os requisitos mínimos (sem a pretensão de esgotá-los) a serem cumpridos por um *compliance* de qualidade pelas empresas estatais, e cuja elaboração se deu a partir das exigências da lei das estatais e das considerações da doutrina. Assim, o julgamento da qualidade dos programas apreciados se dará pelo cotejo comparativo entre seu conteúdo e as disposições do questionário, procedendo-se à análise dos documentos com base no procedimento descrito por Cellard (2012).

Portanto, este artigo será dividido em três partes. A primeira consiste em uma breve análise da Lei 13.303 de 2016, bem como no desenvolvimento teórico das noções de *compliance*, governança e autorregulação. Em seguida, apresentar-se-á a metodologia utilizada no trabalho e o modo de coleta e interpretação de dados. Por fim, serão expostas e analisadas as informações coletadas, com vistas a se chegar a uma resposta ao problema posto.

2. *COMPLIANCE* NAS EMPRESAS ESTATAIS

2.1 *Compliance*

A "regulação" consiste em um conceito extremamente controvertido, dada sua inerente polissemia. Conforme destacado por Donaggio:

> "regular" também pode significar o ato de governar ou dirigir de acordo com uma regra; regularizar uma situação desordenada por um processo dinâmico de correção; criar ou impor regras por meio de coerção, uma opção de política econômica, um processo político ou até o resultado das interações entre regulador e regulado, isto é, pode ser a relação entre regulador e regulado[7]

Contudo, destaca a autora, que, em todas as acepções, o conceito de regulação possui como elemento principal a interferência em alguma atividade, de modo a go-

---

6. Disponível em: <http://g1.globo.com/economia/negocios/noticia/2015/11/petrobras-reafirma-que-perda--com-corrupcao-calculada-e-de-r-62-bi.html>. Acesso em: 29 maio 2021.
7. 2016, p. 32.

verná-la, alterá-la, controlá-la ou conduzi-la com determinado fim[8]. Assim, para fins da realização da presente pesquisa, considerar-se-á a regulação como gênero, do qual a autorregulação e a heterorregulação são espécies: a primeira sendo desenvolvida pelos próprios agentes regulados, e a segunda, pelo Estado[9]-[10].

Nessa toada, entende-se a autorregulação enquanto atividade interventiva de um ente privado sobre outros entes privados. Todavia, a própria autorregulação é objeto de polissemia, sendo-lhe conferidos três principais sentidos: primeiro, o de ausência de regulação, ou seja, ausência de necessidade de imposição de normas por atores externos; segundo, o de adesão, por um grupo, a normas voluntárias, designando a "autorregulação pura ou privada"; terceiro, o de capacidade de um grupo se regular por meio do reconhecimento oficial pelo direito público, e utilizando-se de meios deste – denominada autorregulação pública, de base legal ou "corregulação"[11].

Quanto a este último sentido, que deve ser concebido como misto, fruto de uma contribuição mútua, há quem considere ser o modelo mais compatível de co-ordenação atual do capitalismo na economia, em que pesem discussões acerca do melhor arquétipo a ser implementado. Nele haveria uma coordenação, em porções variadas de cooperação, entre Estado, Mercado e a autorregulação, intermediada por agentes econômicos[12].

No âmbito da autorregulação situa-se o *compliance* (termo que, literalmente, designa o ato de cumprir), ou programa de integridade, enquanto conjunto de pro-cedimentos utilizado por sociedades empresárias a fim de otimizar o cumprimento de normas legais, regulamentos e políticas por elas estabelecidas, com o intuito de mitigar riscos[13]. Assim, diz respeito à observância, pelas companhias, de parâmetros regulatórios, legais ou não, que impactam no desenvolvimento de sua política insti-tucional para persecução do objeto social, a fim de eliminar vícios. Nesse diapasão, não se afigura como mera postura de seguimento de regras, moldando-se, na reali-dade, como "linha mestra de orientação da sociedade empresária", ligada à ideia de contenção de riscos e de garantia de segurança jurídica[14].

Não obstante, parte-se, neste trabalho, de uma noção dos programas de inte-gridade enquanto dotados de um caráter vinculante. Isso porque, entende-se que os "códigos de conduta" elaborados pelas sociedades empresárias, uma vez por estas divulgados, ser-lhe-iam exigíveis, de modo que as companhias poderiam ser pena-lizadas, por órgãos de controle (seja judicial, seja em outras instâncias), no caso de

---

8. DONAGGIO, 2016.
9. Aqui, o termo "heterorregulação" será utilizado como sinônimo de regulação estatal. Vale destacar que, diversas vezes, o próprio termo "regulação" é utilizado nesse sentido.
10. DIAS; BECUE, 2012.
11. DONAGGIO, 2016.
12. FERRAZ, 2012.
13. PINHEIRO, 2017, p. 18.
14. PINHEIRO, 2017, p. 20.

seu descumprimento[15]. Assim, afasta-se a ideia de que teriam um caráter meramente voluntarista, dotando-lhes de uma natureza de *hard law*, no que vale transcrever:

> Juridification by the courts, with which the legal qualification of the corporate codes enters into newfound land, runs in two opposing directions. On the one side, the courts exert strict control of the contents of the codes, insofar as the codes burden employees or consumers; on the other side, the courts transform the codes into binding state law, insofar as they contain obligations in the public interest.[16-17]

Nesse sentido, embora entendido como instrumento de autorregulação, o compliance constitui meio de autorregulação regulada, ou corregulação, no terceiro sentido de "autorregulação" descrito por Donaggio, conforme desenvolvido acima. Aliás, seu cumprimento passa a ser exigível das sociedades empresárias, sob pena, inclusive, de sofrerem sanções. Tal entendimento vai ao encontro daquilo que é propugnado por parte expressiva da doutrina, que sustenta que se o programa de integridade não fosse interpretado como dotado de caráter vinculante, tal instrumento poderia constituir simples meio de publicidade para as companhias, impactando positivamente suas relações públicas, sem, em contramão, assumirem compromisso efetivo com o divulgado[18].

Lado outro, a governança corporativa designa o:

> [...] sistema pelo qual as empresas e demais organizações são dirigidas, monitoradas e incentivadas, envolvendo os relacionamentos entre sócios, conselho de administração, diretoria, órgãos de fiscalização e controle e demais partes interessadas.

> As boas práticas de governança corporativa convertem princípios básicos em recomendações objetivas, alinhando interesses com a finalidade de preservar e otimizar o valor econômico de longo prazo da organização, facilitando seu acesso a recursos e contribuindo para a qualidade da gestão da organização, sua longevidade e o bem comum[19].

O instituto se baseia em quatro princípios basilares: transparência, equidade, prestação de contas e responsabilidade corporativa[20]. Dessa forma, é um instituto que, embora em muitos pontos coincida com o *compliance*, deste se difere: enquanto a governança corporativa se destina mais à resolução de conflitos internos nas sociedades empresárias (notadamente aqueles associados ao conflito de agência), o programa de integridade visa a garantir a adequação destas à legalidade e ao interesse público, tendo escopo mais amplo[21].

---

15. TEUBNER, 2020.
16. TEUBNER, 2020, p. 9.
17. Tradução livre: a "juridificação" pelos tribunais, com a qual a qualificação legal dos códigos empresariais entra em terras novas, corre em duas direções opostas. Por um lado, os tribunais exercem rígido controle sobre o conteúdo dos códigos, desde que os códigos sobrecarreguem funcionários ou consumidores; por outro lado, os tribunais transformam os códigos em leis vinculantes do Estado, contanto que contenham obrigações de interesse público.
18. REVAK, 2012.
19. IBGC, 2015, p. 20.
20. IBGC, 2015.
21. PINHEIRO, 2017.

Também nesse sentido vão os ensinamentos de Griffith (2016), que destaca que, embora tanto o *compliance* quanto a governança corporativa digam respeito à implementação de mecanismos internos de controle na sociedade empresária, são fundamentalmente distintos. A governança corporativa diria respeito a mecanismos de direção e controle da corporação, sendo submetida ao Conselho de Diretores da sociedade. Já o *compliance*, na visão do autor, adviria da força do próprio Estado (ou seja, de um elemento exógeno), consistindo na adoção de um conjunto de procedimentos internos pela empresa a fim de adaptar seu comportamento a normas (não necessariamente legais) aplicáveis.

Ainda, em que pese o conteúdo do *compliance* variar de acordo com as características da sociedade empresária, seria possível atribuir-lhe um conteúdo mínimo, composto de quatro elementos: i) o nexo estrutural – enquanto desenvolvimento de procedimentos e políticas de adaptação da atividade empresarial a normas, com delegação de responsabilidades nesse processo –; ii) o fluxo informacional – enquanto abertura de canais de diálogo entre funcionários e administradores –; iii) o monitoramento – enquanto forma de garantir o seguimento às políticas elaboradas –; iv) e o cumprimento com base na avaliação de riscos – enquanto avaliação dos riscos e das medidas necessárias para saneá-los[22].

Na realidade brasileira, destaca-se, como agente para a concreção de tais mecanismos, não só o Estado e as próprias empresas, mas também outras entidades privadas, como é o caso da B3 (Brasil, Bolsa, Balcão), entidade administradora autorizada pela CVM[23]. Dentre inúmeras outras funções, possui em seu cerne o papel de agente autorregulador, estabelecendo regras de organização do mercado e fiscalizando seu respectivo cumprimento[24].

Aliás, a Bolsa de Valores em comento possui os chamados "Níveis de Governança Corporativa", os quais nada mais são do que segmentos de listagem especiais de ações que seguem diferentes normas. Caso uma companhia deseje que suas ações sejam negociadas em um desses segmentos, tem de firmar um acordo, intitulado "Contrato de Participação", pelo qual se vincula às regras e medidas estipuladas pela B3, atinentes à proteção dos investidores, à transparência, entre outros assuntos que via de regra não são exigidos pela legislação federal[25].

Nesse aspecto, a B3 se enquadra como um agente de controle dessas regras, exercendo, ao menos em princípio, verdadeira função pública de fiscalizar as companhias que se vinculam às suas listagens especiais de ações. Os segmentos em questão são classificados de acordo com o rigor das medidas de *compliance* e governança exigidas, sendo, em ordem decrescente de exigência: Novo Mercado, Nível 2, Nível 1, Bovespa

---

22. GRIFFITH, 2016.
23. Art. 9º da Instrução CVM 461/07.
24. FILHO; MAFUD, 2013.
25. FERRAZ, 2012.

Mais Nível 2, Bovespa Mais Nível 1 e Segmento Básico.[26] Sobretudo no que diz respeito ao Novo Mercado[27] e sua função dúplice[28], ponto focal da análise ora proposta, a B3 tem a premissa de aplicar sanções nas companhias reguladas, podendo as sanções variar de uma mera advertência escrita, passando por multa, censura pública, suspensão, até mesmo retirada compulsória da listagem (B3, 2017)[29].

Em conformidade com art. 17, § 1º, da Lei 6.385/76 e art. 15, inciso V, da Instrução CVM 461/07, a B3 conta com a Diretoria de Emissões (DIE) que tem como atribuição regular os agentes emissores listados em aspectos orientadores, sancionadores e normativos, o que ressalta ainda mais a afirmação da função normativa vinculante da B3.

Segundo Santos (2020), a forma como o sistema de controle da B3 funciona se justificaria, pois esta teria maior proximidade com o mercado, utilizando-se de recursos financeiros próprios na checagem de cumprimento dos requisitos da listagem, além de possuir o dever de garantir o *enforcement* das regras que assegurem a qualidade e segurança aos investidores.

2.2 Lei das Estatais

A Lei 13.303, de 30 de junho de 2016, também denominada Lei das Estatais – proveniente dos projetos de Lei 555/2015, no Senado Federal, e 4.918/2016, na Câmara dos Deputados –, preencheu uma lacuna legislativa existente no ordenamento jurídico brasileiro, desde a Emenda Constitucional 19, de 1998, que alterou o § 1º do artigo 173 da Constituição Federal, estabelecendo que lei dispusesse sobre o estatuto jurídico das empresa pública, sociedade de economia mista[30] e de suas

---

26. Disponível em: <http://www.b3.com.br/pt_br/produtos-e-servicos/solucoes-para-emissores/segmentos--de-listagem/sobre-segmentos-de-listagem/>. Acesso em: 29 maio 2021.
27. O Novo Mercado tem sua origem ligada à necessidade de adoção de um maior comprometimento com boas práticas de governança corporativa, e maior transparência aos acionistas, muito devido aos inúmeros casos de colapsos financeiros em mercados desenvolvidos, como os casos da Inglaterra e dos Estados Unidos, sendo sua criação expoente na Europa na década de 1990 (SILVA, 2017).
28. "[É] possível dizer que o Novo Mercado possui função dúplice, no sentido de: (i) ser um segmento destinado a sociedades recém-constituídas que tenham potencial e realizem a negociação de suas ações nas bolsas de valores; e (ii) ao mesmo tempo, adotem regras rígidas de compliance e governança corporativa, visando atender sempre e, em primeiro lugar aos interesses da companhia e não somente do bloco de controle. [...] Todavia, destaca-se que companhias já consolidadas e que tem alcançado pleno desenvolvimento no seu ramo de segmento, desde que sigam as regras do novo mercado, poderão também listar suas ações neste segmento" (SILVA, 2017, p. 114-115).
29. Disponível em: <http://www.b3.com.br/pt_br/regulacao/regulacao-de-emissores/atuacao-sancionadora/regulamentos-dos-segmentos-especiais.htm>. Acesso em: 30 maio 2021.
30. Empresas estatais é um gênero, composto das espécies empresa pública e sociedade de economia mista. Estas são conceituadas da seguinte maneira: "A empresa pública é pessoa jurídica de direito privado, integrante da Administração Indireta, criada por autorização legal, sob qualquer forma societária admitida em direito, cujo capital é formado por bens e valores oriundos de pessoas administrativas, que prestam serviços públicos ou executam atividades econômicas [...]. Já a Sociedade de economia mista é pessoa jurídica de direito privado, integrante da Administração Indireta, criada por autorização legal, sob a forma societária de sociedade anônima, cujo capital é formado por bens e valores oriundos de pessoas administrativas e de particulares, com controle acionário do Estado, que prestam serviços públicos ou executam atividades econômicas" (OLIVEIRA, 2018, p. 119).

subsidiárias que explorem atividade econômica de produção ou comercialização de bens ou de prestação de serviços[31].

O novo regime jurídico possui duas ideias centrais, que representam a mistura entre aspectos de direito público e características de direito privado nas empresas estatais, quais sejam:

(a) "publicização" das regras de governança corporativa, com restrição da liberdade estatal no provimento das posições de comando, aliada à imposição de deveres de transparência, eficiência e controle na gestão das empresas; (b) "privatização" do ambiente contratual, com o incremento da autonomia contratual e diminuição da unilateralidade na construção das relações com fornecedores e demais stakeholders[32].

Nesse sentido, percebe-se que a Lei supramencionada vivifica as aludidas recomendações propugnadas pelo Instituto Brasileiro de Governança Corporativa (IBGC), bem como atos de autorregulação predecessores referentes à regulamentação do Novo Mercado, Nível 1 e 2 de Governança Corporativa, com o fulcro de propugnar o robustecimento de práticas de *compliance* nas empresas estatais e de conferir-lhes maior transparência[33].

A lei das estatais estabelece regras e condutas de governança corporativas em três grandes eixos, concernentes à administração, à transparência, à gestão e ao controle de riscos[34].

Em seu artigo 8º, o diploma traz uma série de exigências de transparência para as empresas em comento, dentre as quais se destaca a elaboração de uma carta anual (que deve ser amplamente divulgada) contendo os compromissos de consecução de objetivos de políticas públicas pela empresa, em atenção ao interesse que fundamentou sua constituição[35]. No mesmo sentido, estabelece o dispositivo a obrigatoriedade de divulgação atualizada de informações relevantes das companhias, o que inclui fatores de risco, dados econômico-financeiros, atividades desenvolvidas, dentre outros (BRASIL, 2016).

---

31. CRISTÓVAM; BERGAMINI, 2019.
32. FERRAZ, 2018, p. 134.
33. FERRAZ, 2018.
34. CRISTÓVAM; BERGAMINI, 2019.
35. O art. 173 da Constituição Federal estabelece que "a exploração direta de atividade econômica pelo Estado só será permitida quando necessária aos imperativos da segurança nacional ou a relevante interesse coletivo, conforme definidos em lei." (BRASIL, 1988). De acordo com o art. 27 da Lei 13.303, a função social da empresa estatal consistirá neste relevante interesse coletivo ou imperativo de segurança nacional. Sobre essa disposição, destaca Fontes Filho: "A ideia difusa da 'função social da empresa', reiterada pelo art. 27 da Lei 13.303, cria orientações passíveis de variadas interpretações. Se antes essa interpretação ocorria no âmbito do ministério supervisor, produzindo demandas pela atuação da estatal em políticas públicas muitas vezes distintas de sua missão, após a promulgação da nova Lei das Estatais, que fortaleceu a autonomia dos administradores, interpretar e perseguir a 'função social' pode se tornar um arbítrio do conselho e executivos, aumentando seu poder discricionário" (FONTES FILHO, 2018, p. 216).

Ademais, embora, em seu cerne, a Lei 13.303/2016 tenha como objetivo fundamental o estabelecimento de mecanismos de controle de conflito de agência[36-37], adotando diversos instrumentos para tal (como a supramencionada transparência), é possível identificar em suas disposições a exigência da adoção de uma verdadeira política de *compliance* nas sociedades empresárias – sendo o próprio termo expressamente mencionado no § 4º do Artigo 9º.

Nessa toada, em seu Art. 9º, § 1º há estipulação da adoção por parte da empresa de um Código de Conduta e Integridade, que deve, em suma, dispor acerca: dos princípios e valores da sociedade; de um canal de denúncias internas e externas; de mecanismos de proteção aos denunciantes; da aplicação de sanções no caso de violação às regras; da previsão de treinamentos, dentre outras questões (BRASIL, 2016). Vale destacar que o espírito da lei é no sentido de impor um maior comprometimento da alta direção da estatal com o programa de integridade, adotando a lógica do *tone at the top* ou *tone from the top*[38].

Há, ainda, a exigência da instituição de uma área responsável pela verificação de cumprimento de obrigações e gestão de riscos, bem como de uma auditoria interna e um Comitê de Auditoria Estatutário. Este, em específico, constitui importante medida adotada pela lei, sendo responsável, segundo o Artigo 24, por atribuições como a supervisão das auditorias, o monitoramento dos mecanismos de controle interno, a avaliação de riscos e o recebimento de denúncias (Brasil, 2016).

Ora, chega-se ao questionamento de quais seriam as vantagens advindas com adoção das práticas de *compliance* e governança corporativa pelas empresas estatais brasileiras. A vista disto, Fontes Filho e Picolin (2008), afirmam:

> Boas práticas de governança, que reduzem a assimetria de informações entre investidores e gestores ou empreendedores, e o equilíbrio de direitos entre acionistas majoritários e minoritários fortalecem o mercado de capitais como mecanismo de financiamento às empresas. Esse fortalecimento amplia o nível de liquidez do mercado, o que reduz o prêmio de risco e torna menos onerosa a captação de recursos pela empresa. A isso deve se acrescer a proteção legal aos credores, tanto de crédito quanto de equity. Esse sistema de equilíbrio nas relações e segurança legal, ao facilitar o fluxo de recursos às empresas, tem papel importante para a promoção do desenvolvimento econômico e financeiro dos países.[39]

Sob esta perspectiva, pode-se afirmar que há a tendência para a adoção e concretização dos mais elevados níveis de governança corporativa, com o fim de se criar e perpetuar um ambiente empresarial que tenha como premissas a responsabilidade,

---

36. "Os conflitos de agência na empresa moderna decorrem de uma separação entre a propriedade, dos acionistas, e o controle da empresa, nas mãos dos gestores, modelo predominante em contextos de propriedade pulverizada, mas pouco significativo quando a propriedade concentrada é majoritária" (FONTES FILHO, 2018, p. 213).
37. PINHO; RIBEIRO, 2018.
38. CRISTÓVAM; BERGAMINI, 2019.
39. FONTES FILHO; PICOLIN, 2008, p. 1167.

a transparência, e, que suas ações sejam realizadas em consonância com todo o ordenamento jurídico[40].

Destarte, à luz das considerações acima tecidas – tanto acerca do compliance, quanto sobre a Lei 13.303/2016 –, procedeu-se à análise dos programas de integridade das estatais listadas no "Novo Mercado", mediante se passa a expor.

3. METODOLOGIA

3.1 Da seleção do espaço de análise

A fim de perquirir a qualidade do *compliance* realizado por empresas estatais, à luz da legislação especificamente a elas concernente – conforme questionamento levantado na introdução –, procedeu-se a uma análise documental sistemática dos programas de integridade das sociedades de economia mista que estão listadas no setor de "Novo Mercado" da B3, durante o período compreendido entre 01 de abril de 2021 e 01 de maio de 2021.

A seleção das empresas analisadas foi feita a partir do sítio eletrônico oficial da B3, que elenca as sociedades listadas nos seus segmentos específicos, sendo acessível por meio dos *links* em sequência: "empresas listadas"[41], "segmentos"[42] e, logo após, "Novo Mercado" na barra de rolagem. Foram apresentadas, então, pela página, 146 companhias, das quais foram selecionadas tão somente as estatais, delimitando-se o espaço de análise a cinco empresas, quais sejam: BB Seguridade Participações S.A., BCO Brasil S.A., CIA Saneamento de Minas Gerais –Copasa MG, CIA Saneamento Básico Est São Paulo e Petrobras Distribuidora S.A.

Em seguida, os programas de integridade dessas cinco estatais foram localizados e analisados com base num questionário previamente elaborado, a fim de se verificar sua qualidade, considerando, principalmente, as exigências previstas na Lei 13.303/16. A localização dos documentos em questão, em geral, seguiu o mesmo itinerário, tendo sido retirados do próprio site oficial das sociedades. Tome-se, a título de exemplo, a companhia "BCO Brasil S.A.". Na própria lista do "Novo Mercado", clicou-se no nome da sociedade, e, em seguida, na aba "dados da companhia"[43], em seu endereço eletrônico, disponibilizado no item "site"[44]. Na nova página, clicou-se na opção "Relações com Investidores"[45], disponível na seção "Sobre nós". Em segui-

---

40. CRISTÓVAM; BERGAMINI, 2019.
41. Disponível em: <http://www.b3.com.br/pt_br/produtos-e-servicos/negociacao/renda-variavel/empresas--listadas.htm>. Acesso em: 25 mar. 2021.
42. Disponível em: <http://www.b3.com.br/pt_br/produtos-e-servicos/negociacao/renda-variavel/empresas--listadas.htm>. Acesso em: 31 mar. 2021.
43. Disponível em: <http://www.b3.com.br/pt_br/produtos-e-servicos/negociacao/renda-variavel/empresas--listadas.htm>. Acesso em: 31 mar. 2021.
44. Disponível em: <www.bb.com.br>. Acesso em: 31 mar. 2021.
45. Disponível em: <https://ri.bb.com.br/?_ga=2.108128258.1267328348.1617205923-19654286.1617205923&pk_vid=8081f5cb820610bb16172061493f04f8>. Acesso em: 31 mar. 2021.

da, na aba "Governança e Sustentabilidade" selecionou-se "Governança: Códigos, Indicadores e Compliance"[46]. Por fim, na subpágina "Programa de Compliance", clicou-se no link do programa[47].

Vale destacar que buscou-se analisar o *compliance*, desenvolvido pelas estatais, em sentido *lato*, de modo que foram submetidos a exame todos os documentos elaborados e apresentados pelas companhias, com o intuito de promover o cumprimento a normas. Dessa forma, embora algumas sociedades possuíssem especificamente um documento nomeado "Programa de Integridade" (ou semelhante), a análise não se restringiu a este, sendo estudadas outros documentos, como os Códigos de Conduta e documentos relativos a políticas específicas.

Todavia, não foram incluídas as políticas que não possuíam um vínculo direto com o escopo do presente estudo, como, a título de exemplo, aquelas relativas a proteção de dados, dentre outras. Ademais, tampouco foram analisados documentos que apresentavam o resultado do processo de *compliance*, como as Cartas Anuais de Políticas Públicas e Governança Corporativa[48] e os Informes sobre o Código Brasileiro de Governança Corporativa – Companhias Abertas[49]. Aliás, estes documentos possuem caráter casuístico, referindo-se a práticas efetivamente adotadas em períodos específicos, ao passo em que esta pesquisa tem o condão de analisar os compromissos assumidos (em caráter abstrato) pelas companhias.

A título de exemplo, do Banco do Brasil ("BCO Brasil S.A") foram analisados os seguintes documentos: "Código de Ética (2019-2020)", "Código de Governança Corporativa", "Programa de Compliance do Banco do Brasil", "Política Específica de Prevenção e Combate à Lavagem de Dinheiro, ao Financiamento do Terrorismo e à Corrupção" e "Diretrizes de Indicação e Sucessão".

3.2   Da análise preliminar dos documentos

De acordo com Cellard (2012), toda análise documental deve se iniciar com uma análise preliminar e crítica dos documentos que serão posteriormente avaliados,

---

46. Disponível em: <https://ri.bb.com.br/governanca-e-sustentabilidade/governanca-codigos-indicadores-e--compliance/>. Acesso em: 31 mar. 2021.

47. Disponível em: <https://api.mziq.com/mzfilemanager/v2/d/5760dff3-15e1-4962-9e81-322a0b3d0bb-d/7429c82c-cdd7-9d81-78c6-c03e5be5d4a9?origin=2>. Acesso em: 31 mar. 2021.

48. Conforme supramencionado, a Carta Anual é uma exigência específica do artigo 8º da Lei 13.303, que determinada que referido documento deve conter, entre outros aspectos, "divulgação tempestiva e atualizada de informações relevantes, em especial as relativas a atividades desenvolvidas, estrutura de controle, fatores de risco, dados econômico-financeiros, comentários dos administradores sobre o desempenho, políticas e práticas de governança corporativa e descrição da composição e da remuneração da administração" (BRASIL, 2016).

49. Trata-se de um documento que deve ser anualmente divulgado por todas as companhias abertas registradas na categoria A, de acordo com exigência da Instrução 586 da CVM, de 2017. Nele, as sociedades devem informar ao mercado se seguem ou não as práticas elencadas no "Código Brasileiro de Governança Corporativa – Companhias Abertas" elaborado pelo GT Interagentes (grupo de Trabalho integrado por 11 instituições relacionadas ao mercado de capitais, dentre as quais estão o IBGC e a B3). Disponível em: <https://www.ibgc.org.br/destaques/pratique-explique>. Acesso em: 1º maio 2021.

centrando-se tal exame primevo em 5 aspectos: o contexto do texto; seus autores; sua autenticidade e confiabilidade; sua natureza; sua lógica interna e os conceitos-chave de que se utiliza.

Primeiramente, em relação ao contexto, conforme elucidado na Introdução deste trabalho, os documentos analisados foram elaborados num cenário de crescente preocupação com a regulação das empresas estatais, cujo impacto se mantém de grande relevância na economia nacional. Especificamente, remontam ao período posterior à edição da Lei 13.303, que trouxe uma série de exigências de governança e integridade às estatais.

No que diz respeito ao autor do material analisado, os documentos foram elaborados pelas próprias empresas analisadas, quais sejam, as cinco sociedades de economia mista listadas no "Novo Mercado" da B3. Estas, presume-se, possuem os mais elevados padrões de governança, conforme o supramencionado acerca dos segmentos da Bolsa. Contudo, tendo em vista que os documentos são fornecidos pelas próprias companhias, não há, em princípio, garantia de sua objetividade, ou mesmo de sua efetiva correspondência à realidade, aspectos estes que remontam à necessidade de atribuição de um caráter vinculativo a eles, conforme propugnado por Teubner (2020). Assim, tendo em vista essas limitações, a pesquisa que ora se realiza não tem o condão de aferir se o que tais documentos contêm efetivamente é realizado – o que demandaria uma análise por outros meios –, mas, sim, a qualidade em abstrato do que é apresentado como *compliance* das companhias listadas.

Outrossim, os documentos foram retirados dos *sites* oficiais das empresas analisadas, o que garante sua autenticidade e confiabilidade,[50] sendo textos institucionais. Quanto à natureza, tendo em vista o referencial teórico ora adotado, assume-se que os documentos tenham caráter jurídico-normativo, e não meramente dispositivo, de modo a vincular a totalidade da empresa – desde administradores, até subsidiárias – ao seu cumprimento.

Por fim, à exceção daqueles que versam sobre políticas mais específicas – como o relativo à elegibilidade a cargos –, os textos possuem, em geral, uma linguagem simples e de fácil compreensão, valendo-se, muitas vezes, de imagens e exemplos a fim de elucidar seus comandos. Os conceitos-chave normalmente são explicados em um glossário ao final ou ao início dos documentos, de modo a torná-los compreensíveis, inclusive, a pessoas não habituadas à área.

---

50. Cabe, ressalte-se, ressalva quanto à confiabilidade, tendo em vista que não há como se afirmar, de fato, que tais documentos sejam utilizados internamente na sociedade, ou se existem outros que não são publicizados.

3.3 Da análise propriamente dita

Após a análise preliminar, procedeu-se à principal, a qual foi realizada com base num questionário[51], previamente elaborado, contendo os requisitos mínimos a serem preenchidos por um *compliance* de qualidade à luz da Lei 13.303/2016.

Todas as perguntas contidas no questionário, abaixo reproduzido, derivam direta ou indiretamente de alguma disposição específica da Lei. No caso de derivação indireta, foram elaboradas com base nos estudos doutrinários realizados sobre a regulação, ou em questionamentos logicamente derivados de seu conteúdo.

1. Razão Social da Sociedade de Economia Mista em análise
2. Qual a área de atuação da Sociedade de Economia Mista (conforme classificação da B3)?
3. A Sociedade de Economia Mista possui programa de integridade (código de conduta e integridade) *lato sensu*?
4. Se a Sociedade de Economia Mista possui programa de integridade (código de conduta e integridade) ele é centralizado ou difuso?
5. O código de conduta e integridade dispõe sobre os princípios/valores da sociedade de economia mista? (art. 9º, § 1º, inciso I, Lei 13.303/2016)
6. O código de conduta e integridade dispõe sobre a missão da sociedade de economia mista? (art. 9º, § 1º, inciso I, Lei 13.303/2016)
7. O código de conduta e integridade dispõe sobre a visão da sociedade de economia mista? (art. 9º, § 1º, inciso I, Lei 13.303/2016)
8. O código de conduta e integridade possui orientações sobre a prevenção de conflito de interesses? (art. 9º, § 1º, inciso I, Lei 13.303/2016)
9. O código de conduta e integridade possui orientações sobre a vedação de atos de corrupção e fraude? (art. 9º, § 1º, inciso I, Lei 13.303/2016)
10. O código de conduta e integridade prevê mecanismos combativos a outros delitos de natureza econômica?
11. O código de conduta e integridade dispõe sobre instâncias internas responsáveis pela aplicação do próprio instrumento? (art. 9º, § 1º, inciso II, Lei 13.303/2016)
12. O código de conduta e integridade dispõe sobre canal de denúncias que possibilite o recebimento de denúncias internas e externas relativas ao descumprimento do próprio instrumento e das demais normas internas, éticas e obrigacionais? (art. 9º, § 1º, inciso III, Lei 13.303/2016)
13. O código de conduta e integridade prevê ampla divulgação do canal de denúncias a empregados?
14. O código de conduta e integridade prevê ampla divulgação do canal de denúncias a administradores?
15. O código de conduta e integridade prevê ampla divulgação do canal de denúncias a terceiros?
16. O código de conduta e integridade dispõe sobre mecanismos de proteção que impeçam qualquer espécie de retaliação a pessoa que utilize o canal de denúncias? (art. 9º, § 1º, inciso IV, Lei 13.303/2016)
17. O código de conduta e integridade dispõe sobre as sanções aplicáveis em caso de violação/descumprimento às regras do próprio instrumento? (art. 9º, § 1º, inciso V, Lei 13.303/2016)
18. O código de conduta e integridade prevê o comprometimento e participação ativa da Alta Administração na sua implementação?
19. Há estabelecimento, por parte do código de conduta e integridade, do papel e forma específica de atuação da Alta Administração como agente de disseminação da cultura de integridade?
20. O código de conduta e integridade dispõe sobre previsão de treinamentos periódicos, no mínimo anuais, sobre o próprio instrumento, a empregados e administradores?
21. O código de conduta e integridade prevê medidas que incentivam seus acionistas a exercer seus direitos a voto no interesse da companhia? Por exemplo, rechaçando votos abusivos que prejudiquem a companhia ou causem vantagem individual? (art. 115, Lei 6.404/1976)

---

51. A atual versão do questionário foi elaborada por estes autores a partir de uma adaptação de uma versão inicial, elaborada pelos pesquisadores Victor Chebli e Pedro Lemos, os quais, porém, tiveram de deixar o grupo de pesquisa.

22. O código de conduta e integridade prevê mecanismos que incentivam a lealdade e que impeçam ou que rechaçam a utilização, por parte dos administradores ou controladores, de informações privilegiadas para a obtenção de benefícios próprios? (art. 155, Lei 6.404/1976)
23. O código de conduta e integridade prevê área responsável pela função de *compliance*, de riscos e de controles internos?
24. Há previsão sobre a independência e autonomia de atuação da área responsável pelo *compliance*?
25. O código de conduta e integridade prevê algum mecanismo de prevenção ou controle dos impactos ambientais gerados pela atividade?
26. O código de conduta e integridade prevê algum mecanismo de prevenção ou controle dos impactos trabalhistas gerados pela atividade?
27. O código de conduta e integridade prevê algum mecanismo de prevenção ou controle contra atos anticoncorrenciais?
28. O código de conduta e integridade prevê algum mecanismo de proteção aos acionistas minoritários?
29. O código de conduta e integridade prevê atualização de seu conteúdo?
30. O código de conduta e integridade prevê mecanismos de autoavaliação e aprimoramento de suas medidas?
31. O código de conduta e integridade faz referência ao Comitê de Auditoria Estatutário? (Art. 9º, inciso I, Lei 13.303/2016)
32. O código de conduta e integridade especifica se a área de compliance deve se reportar diretamente ao Conselho de Administração, ou se somente por meio do Comitê de Auditoria Estatutário?
33. O código de conduta e integridade faz referência à auditoria interna como processo separado ao de compliance?
34. O código de conduta e integridade dispõe sobre a divulgação de carta anual de governança corporativa? (art. 8º, incisos I e VIII, Lei 13.303/2016)
35. O código de conduta e integridade dispõe sobre a divulgação de relatório integrado ou de sustentabilidade? (art. 8º, inciso IX, Lei 13.303/2016)

Destarte, realizou-se um cotejo comparativo entre os quesitos do questionário e os documentos integrantes do programa de integridade das empresas, respondendo-se às perguntas com base em seu conteúdo.

4. RESULTADO

Das cinco sociedades de economia mista analisadas, duas eram do setor de utilidade pública (Companhia de Saneamento de Minas Gerais e Companhia de Saneamento Básico do Estado de São Paulo, respectivamente, Copasa e Sabesp), duas eram do setor financeiro (Banco do Brasil e BB Seguridade) e uma era da área de Petróleo, Gás e Biocombustíveis (Petrobrás Distribuidora). Referida classificação segue a realizada pela própria B3, estando disponível no link indicado na seção 2.1 deste trabalho.

Todas as sociedades possuem programa de integridade (*lato sensu*) difuso, ou seja, distribuído em diferentes documentos, o que permite à companhia se debruçar com mais detalhamento sobre temas específicos. Em todos eles, foram indicados de forma expressa os princípios, os valores, a missão e a visão das empresas, conforme exigência constante do artigo 9º, § 1º, inciso I, da Lei 13.303/2016. Ademais, seguindo determinação do mesmo dispositivo, todas trouxeram orientações sobre a prevenção de conflitos de interesses e a vedação a corrupção e fraudes – prevendo, inclusive, mecanismos combativos a outros delitos de natureza econômica, como a lavagem de dinheiro e, em alguns casos, o financiamento ao terrorismo. Vale destacar que muitas

ANÁLISE DOS PROGRAMAS DE INTEGRIDADE À LUZ DAS EXIGÊNCIAS DA LEI 13.303/2016 **425**

das companhias possuíam, inclusive, políticas específicas destinadas ao combate da corrupção e à resolução de conflitos de interesses.[52]

Igualmente, todos os programas dispuseram sobre instâncias internas responsáveis pela aplicação do instrumento, e instituíram canais para o recebimento de denúncias internas e externas relativas ao descumprimento de suas disposições (conforme exigências do artigo 9º, § 1º, incisos II e III, da Lei 13.303/2016). Nesse aspecto, algumas companhias estudadas estabeleceram diversas formas de acesso ao denunciante, tendo destaque as companhias BB Seguridades e Banco do Brasil, pois disponibilizam canais de denúncias por sua *intranet* corporativa, telefone, e-mail, 0800 da ouvidoria, informando também endereço para casos de denúncias na modalidade presencial. Já outras companhias optaram pela centralização das demandas em apenas duas formas de contato (*site* e telefone 0800), como é o caso da Petrobrás Distribuidora[53] e a Companhia de Saneamento Básico do Estado de São Paulo (Sabesp). Por fim, a Companhia de Saneamento Básico do Estado de Minas Gerais (Copasa) trouxe em seu programa de integridade a previsão apenas do *site* para o seu canal de denúncia, não informando acerca da existência de e-mail ou telefone para tal fim – destes meios, tem-se conhecimento apenas a partir do acesso ao *site* informado, o que, comparada às outras companhias ora estudadas, que explicitam já em um primeiro momento todos seus canais de denúncias, mostra-se como um obstáculo ao acesso ao canal.

Outrossim, as cinco sociedades empresárias analisadas dispuseram, em seu instrumento, conforme determinação constante do art. 9º, § 1º, inciso IV da Lei 13.303/2016, a respeito de mecanismos de proteção destinados a impedir qualquer espécie de retaliação a pessoa que utilize o canal de denúncias. Merece destaque, neste ponto, o programa de integridade da Petrobrás Distribuidora, que possui documento autônomo e específico sobre o tema, chamado "Recebimento e Tratamento de Demandas de Ouvidoria", no qual a questão é trabalhada em detalhes, garantindo a segurança dos denunciantes.

No que concerne à previsão das sanções aplicáveis em caso de violação às regras do instrumento, exigida pelo art. 9º, § 1º, inciso V da Lei 13.303/2016, embora todos os programas tenham-na feito, fizeram-na de forma superficial. Aliás, limitaram-se

---

52. Merece menção, neste aspecto, a Companhia de Saneamento de Minas Gerais (COPASA), que possui documentos específicos e autônomos dispondo sobre Anticorrupção e Conflito de Interesses, além de tratar de tais temas no Código de Ética Geral.

53. Não obstante, a Petrobrás Distribuidora dispõe de três diferentes espaços virtuais para o recebimento de denúncias: "Serviço de Atendimento ao Consumidor: Dúvidas, sugestões, elogios ou reclamações relacionadas aos programas, produtos e serviços oferecidos pela BR (clientes). Ouvidoria: Suspeita de qualidade do combustível, adulteração de bombas, mau atendimento em postos revendedores ou reclamações relacionadas a empresas que prestam serviços à BR. Dúvidas, sugestões, elogios, reclamações (força de trabalho). Canal de Ética: Suspeita ou conhecimento de desvios, violação ou potencial transgressão de princípios éticos, políticas, normas, leis e regulamentos, ou outras condutas impróprias, tais como violência física ou psicológica, danos patrimoniais (furto, roubo, utilização indevida), fraude, corrupção, suborno, lavagem de dinheiro e demais desvios de conduta." (Petrobrás Distribuidora, 2021, p. 30).

a remeter a outros documentos, como sistemas disciplinares internos, ou a estabelecer que as sanções seriam definidas pelo Conselho de Ética (ou órgão análogo). Não houve, assim, em nenhum dos documentos analisados – aos menos naqueles contendo as condutas prescritas – uma detalhada discriminação da sanção que cada violação implicaria.

Com relação ao comprometimento e à participação ativa da Alta Administração para a implementação do programa, e sua forma específica de atuação como agente de disseminação da cultura de integridade, todos os programas trataram do tema de forma expressa. Todavia, cabe a ressalva de que, ao se analisar comparativamente os resultados, notou-se que algumas empresas tiveram o cuidado de dedicar uma parte específica de seu Código de Conduta ao papel da Alta Administração na disseminação do programa de integridade; já outras se ativeram a direcionar a função ativa de todos os agentes em uma forma *lato sensu*, o que já abordava a Alta Administração. Assim, neste caso, não houve a criação de um tópico específico para tratar da Alta Administração, mas ela foi expressamente incluída como destinatária do programa.

Quanto à previsão de treinamentos periódicos, somente três das empresas analisadas trataram do tema de forma completa. Isso porque, a Lei 13.303/2016 exige que os treinamentos sejam, no mínimo, anuais (art. 9º, § 1º, VI), de modo que esperava-se um detalhamento dos treinamentos, principalmente com relação à sua periodicidade. Não obstante, a Petrobrás Distribuidora e a COPASA, embora trouxessem a previsão de treinamentos periódicos, não estabeleceram, de forma expressa, a periodicidade deles (se anuais, semestrais etc.), não atendendo, assim, ao comando legal em sua totalidade.

Outrossim, todos os programas dispuseram sobre a política de gestão de risco para os administradores, de modo que todas as partes conheçam os princípios e valores da estatal, conforme exigência do art. 9º, § 1º, inciso VI, da Lei 13.303/2016. Lado outro, no que concerne aos mecanismos de incentivo dos acionistas minoritários a exercer seus direitos de voto no interesse da companhia, com base no art. 115, da Lei 6.404/76, todos os programas foram silentes, não sendo verificado nenhuma previsão mínima sobre o direito do voto de acionistas.

Ainda, todas as sociedades empresárias trataram de mecanismos para incentivar a lealdade dos administradores ou controladores, e impedir a utilização, por parte deles, de informações privilegiadas para a obtenção de benefícios próprios, conforme previsão do art. 155, da Lei 6.404/1976.

Faz-se necessário pontuar que todos os programas tiveram o cuidado de designar a área responsável pela parte de *compliance*, riscos e controles internos, prevendo a sua autonomia e independência com relação a outras áreas, com o fulcro de garantir melhor desenvolvimento dos setores responsáveis pela verificação e conformidade das políticas propugnadas nos documentos analisados.

Com relação à legislação ambiental, todas as companhias trataram de meios de prevenção ou controle dos impactos ambientais gerados por sua atividade, em que pese essa previsão ter sido superficial em alguns programas, que não trouxeram maiores detalhes sobre sua política de ação. No que concerne à previsão de mecanismos de prevenção e controle dos impactos trabalhista que possam vir a ser gerados pela atividade, apenas a Copasa não atendeu a este requisito, não sendo verificado nos documentos analisados qualquer menção a referidos instrumentos.

Em contrapartida, apenas a Petrobrás Distribuidora e o Banco do Brasil dispuseram em seus programas de integridade sobre mecanismos de prevenção ou controle contra atos anticoncorrenciais, sendo as outras companhias silentes quanto a tal quesito. Já no que diz respeito aos mecanismos de proteção a acionistas minoritários, nenhuma das companhias analisadas trata do tema.

Outrossim, todos os programas dispõem acerca da atualização de seu conteúdo, além de mecanismos de autoavaliação e aprimoramento de suas medidas. Nesse aspecto, vale destacar o programa de integridade da Copasa, que estabelece de forma explícita a responsabilidade da Auditoria Interna para avaliar a efetividade do plano, e da Superintendência de Compliance para verificar os resultados alcançados com sua implantação, o que deve ser reportado ao Comitê de Auditoria Estatutário. Isso porque, a sociedade se baseia em um modelo pautado em três linhas de defesa:

> O Sistema de Controle Interno da Copasa MG tem por finalidade proporcionar segurança razoável à realização dos objetivos relacionados a operações, divulgação e conformidade, em consonância com a metodologia do Committee of Sponsoring Organizations of the Treadway Commission (COSO). A Copasa MG adota o modelo das Três Linhas de Defesa de acordo com a Declaração de Posicionamento do Instituto dos Auditores Internos – IIA Global, o qual relaciona as funções organizacionais aos níveis de controle interno da Companhia, quais sejam:
>
> 1ª Linha: Nível da gestão operacional – gestores das unidades e responsáveis diretos pelos processos, que gerenciam e possuem responsabilidade sobre os riscos, pois podem implementar as ações corretivas para resolver deficiências em processos e controles.
>
> 2ª Linha: Gestores corporativos de riscos, compliance e controles internos, responsáveis pela supervisão da conformidade, a verificação, o monitoramento, a prevenção e a análise integrada dos riscos.
>
> 3ª Linha: Auditoria Interna, proporcionando uma avaliação independente quanto à adequação, suficiência e eficácia dos sistemas de controles e gestão de riscos.
>
> Dessa forma, as atividades de controle não são exclusividade de determinada unidade organizacional, devendo ser realizadas em todos os níveis.[54]

Ainda, conforme exigência do artigo 9º, I da Lei 13.303/2016, os documentos de todas as companhias fazem expressa referência ao Comitê de Auditoria Estatutário. Das cinco, quatro estabelecem que a área responsável pelo *compliance* deve se reportar ao Conselho de Administração diretamente, ao passo em que uma dispõe que referida comunicação deve ser feita sempre com intermediação do Comitê de Auditoria Estatutário.

---

54. COPASA, 2020, p. 3.

Conforme supramencionado, a própria Lei analisada promove certa confusão entre os institutos do *compliance* e de auditoria interna[55], atribuindo-lhes funções idênticas em certas disposições. Entretanto, do universo de análise, apenas o Banco do Brasil S.A. tratou os dois processos de forma indistinta, embora tenha mencionado ambos. Os demais programas fazem uma clara e precisa identificação de cada um dos institutos atrelados ao seu programa, diferenciando os conceitos de *compliance*, auditoria interna, auditoria externa e governança corporativa.

No que diz respeito à Carta Anual de Governança Corporativa e ao Relatório Integrado (ou de Sustentabilidade), em que pese referidos documentos não terem sido analisados, questionou-se se o programa de integridade fazia referência – o que constitui pressuposto mínimo para uma efetiva integração e complementação entre os diferentes documentos. Conquanto todas as sociedades dispusessem de ambos os documentos em suas páginas, apenas duas citaram o Relatório Integrado, e nenhuma mencionou a Carta Anual.

Por fim, todas as sociedades empresárias dispunham de documento próprio relativo às regras para a contratação de administradores e membros do Conselho Fiscal. Em todos eles, mencionavam-se todas as normas contidas na Lei 13.303/2016 concernentes à contratação, e, em sua maioria, dispunha-se de um órgão específico para verificar o atendimento a essas condições (normalmente designado de Comitê de Elegibilidade, ou nome semelhante).

5. CONCLUSÃO

As empresas estatais possuem uma considerável importância no cenário socio-econômico nacional. Por tal motivo, a preocupação com a adoção de boas práticas empresariais no âmbito de suas operações cresceu significativamente nos últimos anos, processo este que atingiu sua máxima expressão com a promulgação da Lei 13.303/2016.

Referido diploma disciplinou as sociedades empresárias com participação estatal – sejam empresas públicas, sejam sociedades de economia mista –, trazendo-lhes uma série de exigências, vinculadas, sobretudo, à adoção de mecanismos de *compliance* e governança corporativa. Contudo, parte das estatais já se submetiam a normas de tal natureza, por assumirem a forma de sociedades anônimas (enquadrando-se às exigências da Lei das S.A.), por serem negociadas em segmentos especiais da B3, entre outros motivos.

Ante esse cenário, o presente trabalho buscou determinar a qualidade, em abstrato, dos programas de integridade adotados pelas estatais brasileiras, à luz das exigências trazidas pela Lei 13.303/2016. Para tanto, elegeu-se como espaço de análise as sociedades de economia mista listadas no segmento de "Novo Mercado" da B3 –

---

55. CRISTÓVAM; BERGAMINI, 2019.

por serem, em tese, as que seguem os mais altos padrões de governança corporativa –, procedendo-se a um cotejo analítico entre seus programas e um questionário contendo disposições da Lei das Estatais.

Da análise realizada, conclui-se que, de fato, o compliance divulgado pelas estatais listadas no "Novo Mercado" atende às exigências legais. A imensa maioria dos quesitos elaborados obtiveram uma resposta positiva para todas as cinco sociedades empresárias, que, em diversos casos, assumiram, inclusive, compromissos para além daqueles exigidos pela Lei – como no caso da adoção de diferentes linhas de defesa.

Contudo, vale ressaltar que houve desvios pontuais, como no caso da periodicidade anual dos treinamentos, exigência expressa da Lei, e que não foi atendida por duas das empresas analisadas. O mesmo pode ser afirmado em relação a previsões atinentes a questões específicas como impactos trabalhistas, práticas anticoncorrenciais e abusos acionários, os quais, embora não expressamente previstos pela Lei 13.303/2016, constituem elemento essencial de um *compliance* e uma governança de qualidade – exigíveis a partir da cláusula geral contida no art. 6º do diploma.

Para além desses aspectos, todos os programas carecem de maior coesão e sistematicidade. Isso porque, em geral, estão formalizados em documentos esparsos, em diversos pontos desarmônicos e sem referências recíprocas. Embora a criação de políticas específicas para temas específicos seja de vital importância para se debruçar sobre temas cujo aprofundamento em documentos mais gerais (como os Códigos de Conduta) seria inviável, uma maior conexão entre eles mostra-se necessária – por exemplo, pela mera inserção de um *link*, no documento geral, no ponto em que este tratar de tema regulado também em política específica.

Outro ponto de destaque se refere à linguagem utilizada nos programas. Em certa medida, com destaque para os documentos da Petrobrás Distribuidora, todas as sociedades empresárias se valeram de uma linguagem excessivamente dispositiva. Os documentos foram dominados por verbos e expressões como "recomendamos", "apoiamos" e "valorizamos", o que sugere um menor nível de comprometimento com as disposições veiculadas. Não obstante, como destacado na análise preliminar, este estudo não teve o condão de analisar a efetividade dos programas, isto é, se de fato são cumpridos – dada a impossibilidade de, pelo método adotado, fazê-lo –, mas tão somente de aferir sua qualidade em abstrato.

Destarte, em que pesem as considerações feitas, a hipótese inicialmente formulada, no sentido de que o compliance e a governança das estatais brasileiras não seguiriam as exigências legais, não foi confirmada. De fato, constatou-se um elevado grau de elaboração dos documentos, que atenderam a quase todos os quesitos elaborados.

6. REFERÊNCIAS

BÜGE, M. et al. State-owned enterprises in the global economy: reason for concern? Vox: CEPR's Policy Portal, 2013. Disponível em: <https://voxeu.org/article/state- owned-enterprises-global-economy--reason-concern>. Acesso em: 23 mar. 2021.

BRASIL. Constituição da República Federativa do Brasil. Brasília, DF: Senado, 1988. Disponível em: <http://www.planalto.gov.br/ccivil_03/Constituicao/Constituicao.htm#art173>. Acesso em: 27 mar. 2021.

BRASIL. Lei 13.303, de 30 de junho de 2016. Dispões sobre o Estatuto Jurídico das Empresas Públicas, da sociedade de economia mista e de suas subsidiárias no âmbito da União, dos Estados, do Distrito Federal e dos Municípios. Disponível em: <http://www.planalto.gov.br/ccivil_03/_Ato2015-2018/2016/Lei/l13303.htm>. Acesso em: 27 mar. 2021.

B3. BRASIL, BOLSA, BALCÃO. Regulamento do Novo Mercado. 2017. Disponível em: <http://www.b3.com.br/data/files/B7/85/E6/99/A5E3861012FFCD76AC094EA8/Regulamento%20do%20Novo%20Mercado%20-%2003.10.2017%20(Sancoes%20pecuniarias%202019).pdf>. Acesso em: 29 maio 2021.

CELLARD, André. A análise documental. *A Pesquisa Qualitativa: enfoques epistemológicos*. 3. ed. Petrópolis – RJ: Vozes, 2012.

COPASA. Plano de Integridade. Superintendência de Compliance: PRG-CSMG-001/2. 2020. Disponível em: <https://www.copasa.com.br/wps/wcm/connect/30ac676f-67bb-4635-87ec-812bd28a2494/Plano_de_Integridade_1.pdf?MOD=AJPERES&CVID=ngcUxm9>. Acesso em: 16 maio 2021.

CRISTÓVAM, J. S. DA S.; BERGAMINI, J. C. L. Governança corporativa na Lei das Estatais: aspectos destacados sobre transparência, gestão de riscos e compliance. *Revista de Direito Administrativo*, v. 278, n. 2, p. 179–210, 2019. Disponível em: <http://bibliotecadigital.fgv.br/ojs/index.php/rda/article/view/80054>. Acesso em: 23 mar. 2021.

DIAS, L. A. R.; BECUE, S. M. F. Regulação e Autorregulação do Mercado de Valores Mobiliários Brasileiro: Limites da Autorregulação. *Revista Direito Empresarial*, v. 1, n. 12, p. 13-35, 2012.

FERRAZ, Adriano Augusto Teixeira. **A** *Autorregulação do Mercado de Valores Mobiliários Brasileiros*: A coordenação do mercado por Entidades Profissionais Privadas. Orientador: Osmar Brina Corrêa-Lima. 2012. 164 p. Dissertação (Mestrado em Direito) – Faculdade de Direito, Universidade Federal de Minas Gerais, Belo Horizonte, 2012. Disponível em: <https://repositorio.ufmg.br/handle/1843/BUOS-8XNLXN>. Acesso em: 20 mar. 2021.

FERRAZ, Luciano. Estatuto das empresas estatais e governança corporativa no Brasil. In: GOMES, C. A.; NEVES, A. F.; NETO, E. B (Org.). *A Prevenção da Corrupção e Outros Desafios à Boa Governação da Administração Pública*. Centro de Investigação de Direito Público. Universidade de Lisboa, 2018.

FILHO, Celso Roberto Pereira; MAFUD, Pedro Darahem. *Uma Nova Bolsa*: A Quem Interessa? CVM, Comissão de Valores Mobiliários, ano 2013, p. 1-27, 13 jun. 2013. Disponível em: <http://conteudo.cvm.gov.br/export/sites/cvm/audiencias_publicas/ap_sdm/anexos/2013/sdm0513-manifestacaoPedro-MafudeCelso-Pereira_22-06-2013.pdf>.Acesso em: 30 maio 2021.

FONTES FILHO, J. R. A governança corporativa em empresas estatais brasileiras frente à Lei de Responsabilidade das Estatais (Lei 13.303/2016). *Revista do Serviço Público*, v. 69, p. 181–209, 2018. Disponível em: <https://revista.enap.gov.br/index.php/RSP/article/view/3276>. Acesso em: 27 mar. 2021.

FONTES FILHO, Joaquim Rubens; PICOLIN, Lidice Meireles. Governança corporativa em empresas estatais: avanços, propostas e limitações. *Revista de Administração Pública* (RAP), Rio de Janeiro, 2008, v. 42, ed. 6, p. 1163-1188, nov.-dez. 2008. Disponível em: <https://www.scielo.br/scielo.php?pid=S0034-76122008000600007&script=sci_abstract&tlng=pt>. Acesso em: 23 mar. 2021.

GRIFFITH, S. J. Corporate Governance in an Era of Compliance. *William & Mary Law Review*, v. 57, n. 6, p. 2075–2140, 2016.

HOLLAND, Márcio. Uma proposta de metodologia para avaliação de conformidade legal. *Seminário: a nova Lei das Estatais*. Brasília, Tribunal de Contas da União, 29 de maio de 2017. Disponível em: <http://fgvprojetos.fgv.br/sites/fgvprojetos.fgv. br/files/arquivos/marcio_holland.pdf>. Acesso em: 23 mar. 2021.

INSTITUTO BRASILEIRO DE GOVERNANÇA CORPORATIVA. Código de melhores práticas de governança corporativa. São Paulo: IBGC, 2015. Disponível em: <https://conhecimento.ibgc.org.br/Lists/Publicacoes/Attachments/21138/Publicacao-IBGCCodigo-CodigodasMelhoresPraticasdeGC-5aEdicao.pdf>. Acesso em: 23 mar. 2021.

OLIVEIRA, Rafael Carvalho Rezende. *Curso de Direito Administrativo*. 6. ed. rev. Rio de Janeiro: Forense, 2018.

PINHEIRO, C. DA R. *Os Impactos dos Programas de Integridade (Compliance) sobre os Deveres e Responsabilidades dos Acionistas Controladores e Administradores de Companhia*. Rio de Janeiro: Universidade do Estado do Rio de Janeiro, Faculdade de Direito. 2017.

PINHO, Clóvis Alberto Bertolini de; RIBEIRO, Marcia Carla Pereira. Corrupção e compliance nas empresas públicas e sociedades de economia mista: racionalidade das disposições da Lei de Empresas Estatais (Lei 13.303/2016). *Revista Direito Administrativo*, Rio de Janeiro, v. 277, ed. 1, p. 241-272, jan.-abr. 2018. DOI https://doi.org/10.12660/rda.v277.2018.74808. Disponível em: <http://bibliotecadigital.fgv.br/ojs/index.php/rda/article/view/74808>. Acesso em: 22 mar. 2021.

PETROBRAS DISTRIBUIDORA. Código de Conduta Ética. 2021. Disponível em: <https://www.br.com.br/wcm/connect/0756e9bd-aca5-4a5e-b04b-6304c025f008/br-codigo-conduta-etica-2021.pdf?MOD=AJPERES&CVID=nyybJMX&CVID=nyybJMX&CVID=nyybJMX>. Acesso em: 11 maio 2021.

REVAK, Haley. Corporate Codes of Conduct: Binding Contract or Ideal Publicity? *Hastings Law Journal*, v. 63, p. 1646-1669, 2012. Disponível em: <https://repository.uchastings.edu/hastings_law_journal/vol63/iss6/9/>. Acesso em: 17 fev. 2021.

SANTOS, Alexandre Aguilar. *O Compliance de Dados Pessoais Das Sociedades do "Novo Mercado"*. Juiz de Fora: Universidade Federal de Juiz de Fora, 2020.

SILVA, Anderson Rodrigues da. *Aspectos Regulatórios da Bolsa de Valores no Brasil*. Orientador: Maria Eugênia Finkelsten. 2017. 135 p. Dissertação (Mestrado em Direito Comercial) - Pontifícia Universidade Católica de São Paulo, São Paulo, 2017. Disponível em: <https://tede2.pucsp.br/bitstream/handle/20876/2/Anderson%20Rodrigues%20da%20Silva.pdf>. Acesso em: 30 maio 2021.

TEUBNER, G. *Politics, Governance, and the Law*: Transnational Economic Constitutionalism in the Varieties of Capitalism. Global Perspectives, University of California Press. 2020. Disponível em: <https://online.ucpress.edu/gp/article/1/1/13412/110924/Transnational-Economic-Constitutionalism-in-the>. Acesso em: 23 mar. 2021.

Anotações